2024년 고용노동통계연감

고용노동부

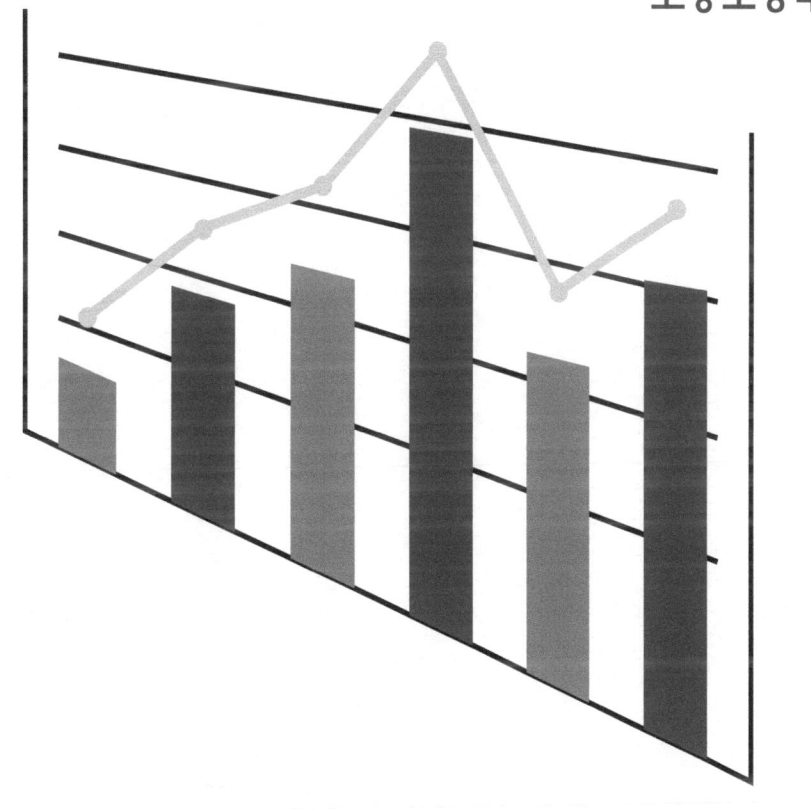

이 용 자 를 위 하 여

1. 고용노동통계연감은 정부 각 관서 및 국내외의 주요 기관에서 작성한 고용노동통계를 종합 편집한 것으로서, 각 통계표마다 그 출처를 표기하였음
2. 모든 통계는 세목과 총계(또는 합계)가 각각 반올림되었으므로 세목의 합계가 총계와 일치되지 않는 경우도 있음
3. 통계표 중 전년 호의 수치와 일치되지 않는 것은 최근 호에서 정정된 것이니 최근 호의 수치를 이용하여야 함
4. 통계표 중에서 사용된 부호의 뜻은 다음과 같음

    | ○ ············· 단위 미만 | p ············· 잠정치(추후 확정치로 바뀜) |
    | - ············· 해당 숫자 없음 | e ············· 추정치 |
    | ··· ············· 해당 숫자 미상 | r ············· 정정치 |
    | △ ············· 시계열의 비연속 | q ············· 분기별 숫자 |

5. 고용노동통계연감의 내용을 전재 또는 역재할 때에는 반드시 "고용노동통계연감 ○○년 ○○페이지에서 전재 또는 역재" 하였다고 표시하여야 함
6. 본 자료는 고용노동통계 홈페이지(http://laborstat.moel.go.kr)에서 보실 수 있음
7. 수록된 자료에 대하여 문의사항이 있을 때에는 자료출처기관이나 고용노동부 노동시장조사과 (044-202-7257)에 문의하시기 바람

EXPLANATORY NOTES

1. Figures appearing in this volume are obtained from government agencies and other domestic or foreign organizations as given at each table.
2. Figures may not add up to the total due to rounding.
3. Inconsistencies may occur between present volume and preceeding series. Should this occur, the present series is regarded as being correct.
4. Symbols used in tables :

    | ○ ············· Less than the unit value | p ············· preliminary (may be revised in the later issue) |
    | - ············· Data not applicable | e ············· Estimated |
    | ··· ············· Data not available | r ············· Revised |
    | △ ············· Discontinuity in a time series | q ············· Quarterly figures |

5. Should the users desire to have any part of this publication reprinted or to have it published in another language, please be sure to quote the exact section from the publication, or for entire books, the exact name.
6. The full text of this report is available at the Employment and Labor Statistics homepage (http://laborstat.moel.go.kr)
7. Readers desiring further details are requested to contact Labor Market Statistics Division, Ministry of Employment and Labor or other organizations concerned.

총 목 차   CONTENTS

Ⅰ. 노동경제지표　　　　Indicators of economy and labor ·················· 1

Ⅱ. 고　용　　　　　　　Employment ·· 7

Ⅲ. 임금, 근로시간 및 노동생산성　Wages, hours worked and labor productivity ··········· 223

Ⅳ. 물가 및 가계수지　　Prices and household economy ························· 363

Ⅴ. 노동조합과 노동위원회　Labor union and Labor Relations Commission ···· 385

Ⅵ. 근로기준　　　　　　Labor standards ·· 397

Ⅶ. 산재보험　　　　　　Industrial accident compensation insurance ············· 403

Ⅷ. 산업안전　　　　　　Industry safety ··· 417

Ⅸ. 직업안정　　　　　　Employment security ··· 425

Ⅹ. 직업훈련　　　　　　Vocational training ··· 431

Ⅺ. 고용보험　　　　　　Employment insurance ·· 437

Ⅻ. 고용평등　　　　　　Equal employment ··· 453

ⅩⅢ. 국제노동통계　　　　International labor statistics ····································· 457

부　록【조사개요】　　　Appendix ·· 493

통계표 목차 / List of statistical tables

I. 노동경제지표 / Indicators of economy and labor

1. 주요 노동경제지표 / Major indices of labor economy ········ 2

II. 고용 / Employment

A. 경제활동인구 / Economically active population

2. 성별 경제활동인구 총괄 / Summary table of economically active population by gender ········ 10

3. 성·연령계층별 경제활동인구 / Economically active population by gender and age group ········ 13

4. 활동상태·성별 비경제활동인구 / Not economically active population by activity type and gender ········ 16

5. 성·연령계층별 취업자수 / Employed persons by gender and age group ········ 17

6. 성·산업(대분류)별 취업자수 / Employed persons by gender and industry(sections) ········ 20

7. 성·직업(대분류)별 취업자수 / Employed persons by gender and occupation(major) ········ 23

8. 성·연령계층별 경제활동인구 총괄(2023) / Summary table of economically active population by gender and age group(2023) ········ 26

9. 성·종사상의 지위별 취업자수 / Employed persons by gender and status of worker ········ 27

B. 사업체 노동실태 / Employment of establishment

10. 산업·규모별 사업체수 및 (종사상 지위·성별) 종사자수 (2022.12.31.) / Number of establishments and workers (by employment status and gender) by industry and establishment size(2022.12.31) ········ 30

11. 산업(중분류)·지역·성별 사업체수 및 종사자수(2022.12.31.) / Number of establishments and workers by industry(divisions), region(city, province) and gender (2022.12.31) ········ 140

C. 인력 수요   Labor demand

12. 산업(중분류)·규모별 현원, 부족인원 및 부족률(2023 하반기)   Current number of employees, number of vacancies, rate of vacancies by industry(divisions) and establishment size (The second half of 2023) ········· **150**

13. 직종(소분류)·규모별 현원, 부족인원 및 부족률(2023 하반기)   Current number of employees, number of vacancies, rate of vacancies by occupation(minor) and establishment size (The second half of 2023) ········· **168**

Ⅲ. 임금, 근로시간 및 노동생산성   Wages, hours worked and labor productivity

A. 임금 및 근로시간   Wages and hours worked
〈상용근로자 1인 이상 사업체〉   〈Establishments with 1 or more permanent employees〉

14. 산업(대·중분류)별 월평균 임금, 근로일수 및 근로시간(2019년 이전)   Average monthly wages, days and hours worked by industry(sections, divisions)(previous 2019) ···· **226**

15. 산업(대·중분류)별 월평균 임금, 근로일수 및 근로시간(2020년 이후)   Average monthly wages, days and hours worked by industry(sections, divisions)(since 2020) ········· **256**

16. 산업(대분류)·지역별 월평균 근로일수, 근로시간 및 임금(2023. 4월)   Average monthly days worked, hours worked and wages by industry(sections) and region(city, province)(April, 2023) ···· **282**

B. 임금구조 및 근로시간   Wage structure and hours worked
〈상용근로자 5인 이상 사업체의 상용근로자 대상〉   〈For permanent employees in establishments employing 5 or more permanent employees〉

17. 성·임금계층·학력별 근로자수 및 근로시간(2023. 6월)   Employees and hours worked by gender, wage group and educational attainment (June, 2023) ········· **300**

18. 성·임금계층·산업(대분류)별 근로자수 및 근로시간(2023. 6월)   Employees and hours worked by gender, wage group and industry(sections) (June, 2023) ········· **306**

19. 성·임금계층·직종(대분류)별 근로자수 및 근로시간(2023. 6월)   Employees and hours worked by gender, wage group and occupation(major) (June, 2023) ········· **318**

Contents

20. 성·임금계층·사업체규모별
    근로자수 및 근로시간(2023. 6월)
    Employees and hours worked
    by gender, wage group and establishment size
    (June, 2023) ·················· 324

21. 직종(중분류)·경력년수·성별
    월급여액, 연간특별급여액 및 근로자수
    (2023. 6월)
    Regular & overtime wages, Annual special wages
    and employees by occupation(sub-major),
    years of career and gender(June, 2023) ·················· 330

22. 직종(대분류)·성·학력별
    연령, 근속년수, 근로일수, 근로시간,
    월급여액 및 근로자수(2023. 6월)
    Average age, years of continuous employment,
    days and hours worked, regular & overtime wages and employees
    by occupation(major), gender and educational attainment
    (June, 2023) ·················· 342

23. 직종(중분류)별
    평균연령, 근속년수, 근로일수, 근로시간,
    월급여액 및 근로자수(2023. 6월)
    Mean age, years of continuous employment,
    days and hours worked, regular & overtime wages and employees
    by occupation(sub-major)(June, 2023) ·················· 352

24. 산업(대분류)·성별
    월급여액, 연간특별급여액 및 근로자수
    (2023. 6월)
    Regular & overtime wages, annual special wages
    and employees by industry(sections)
    (June, 2023) ·················· 356

C. 노동생산성 — Labor productivity

25. 산업별
    부가가치 노동생산성 지수 및 증감률(1인당)
    Indices of value added labor productivity and change rate
    by industry(per person) ·················· 360

26. 산업별 물적 노동생산성지수 및
    증감률(전체근로자기준/1인당)
    Indices of labor productivity and change rate by industry
    (based on all employees/per person) ·················· 361

IV. 물가 및 가계수지 — Prices and household economy

A. 물가 — Prices

27. 생산자 물가지수
    Producer price indices ·················· 366

28. 항목별 전도시 소비자 물가지수
    All cities consumer price indices by item ·················· 368

B. 가계수지 — Household Income and expenditure

29. 연도별
    전도시 가구당 월평균 가계수지
    (2인 이상 비농림어가)
    Average monthly income and expenditure per household
    by year in all cities(2 persons and over)
    ·················· 376

30. 소비지출 계층별 전도시 가구당 월평균 가계지출 (1인 이상)(2023)	Average monthly expenditure per household by consumption expenditure groups in all cities (1 persons and over)(2023)	378
31. 가구원수별 전도시 가구당 월평균 가계수지 (1인 이상)(2023)	Average monthly income and expenditure per household by size of family in all cities (1 person and over)(2023)	380
32. 가구주 연령계층별 전도시 가구당 월평균 가계수지 (1인 이상)(2023)	Average monthly income and expenditure per household by age group of household head in all cities (1 persons and over)(2023)	382

V. 노동조합과 노동위원회 — Labor union and Labor Relations Commission

33. 노동조합수 및 조합원수	Number of unions and unionized members	387
34. 산업(대분류)·규모별 노사협의회 설치수	Number of labor-management council by industry(sections) and size	388
35. 임금결정현황(구 임금교섭타결현황)	Summary of wage decision	389
36. 업종별 노사분규 발생건수	Number of labor disputes by industry	390
37. 연도·월별 근로손실일수	Working days lost by year and month	391
38. 노동위원회 사건처리건수(초심)	Settlement numbers of the Regional Labor Relations Commission(first adjudication)	392
39. 노동위원회 사건처리건수(재심)	Settlement numbers of the National Labor Relations Commission(review adjudication)	392
40. 내역별 부당노동행위 신청건수	Number of application for unfair labor practice by type	394
41. 조정사건 처리건수	Number of mediation and arbitration case	395
42. 행정소송 처리건수	Settlement numbers of handling of administrative suit cases	396

VI. 근 로 기 준 — Labor standards

43. 인가내역별 근로기준법상 인가건수	Permission numbers of according to labor standard law by item of permission	399
44. 노동관계법 위반 신고사건 접수 및 처리 실적	Results of receipt and measurements in labor accidents from labor law violation	400
45. 체불임금 발생 및 처리현황	Wages arrears and measures taken	400

Ⅶ. 산재보험 — Industrial accident compensation insurance

46. 산업(대분류)별 산재보험적용 사업체수 및 근로자수
    Number of establishments and Employment covered by industrial accident compensation insurance by industry(sections) ········· 404

47. 산업(대분류)별 산재보험급여 지급액
    Wages of industrial accident compensation insurance by industry(sections) ········· 406

48. 급여종류별 산재보험급여 지급액
    Wages of industrial accident compensation insurance by kinds of wages ········· 407

49. 산업(대분류)별 산재보험급여 수급자수
    Benefit persons of industrial accident compensation insurance by industry(sections) ········· 408

50. 급여종류별 산재보험급여 수급자수
    Benefit persons of industrial accident compensation insurance by kinds of wages ········· 409

51. 지역·의료기관별 산재지정 의료기관수
    Number of appointed hospitals for industrial accident compensation by province, hospital ········· 410

52. 산재보험료 등 징수결정액 및 수납액
    Premiums and amount of receipt of industrial accidents compensation insurance ········· 411

53. 산업(소분류)별 산재보험료율
    Premium rate of industrial accidents compensation insurance by industry(groups) ········· 412

54. 심리유형·산재보험급여 종류별 심사건수
    Number of inspection demand by type of judging and kind of industrial accident compensation insurance ········· 416

55. 심리유형·산재보험급여 종류별 재심사건수
    Number of reinspection demand by type of judging and kind of industrial accident compensation insurance ········· 416

Ⅷ. 산업안전 — Industrial safety

56. 근로자 건강진단 실시상황
    Summary of health examination for employees ········· 418

57. 재해강도율 및 도수율
    Severity rate and frequency rate of occupational injury ········· 418

58. 질병종류별 직업병 유소견건수
    Number of occupational disease suspect by kind of disease ········· 419

59. 산업(대분류)별 재해건수 및 재해자수
    Number of industrial accidents and injured persons by industry(sections) ········· 420

IX. 직업안정   Employment security

60. 지역별 직업안정기관 현황   Summary of employment security offices by province ········· 426

61. 직업안정기관별 구인·구직 및 취업자수   Number of job openings, job applicants and placements by employment security office ········· 427

62. 직종(중분류)별 직업안정기관의 구인·구직 및 취업실적(2023)   Number of job openings, job applicants and placement of employment security office by occupation(sub-major)(2023) ········· 428

63. 직업안정기관별 구인배율, 취업률   Job openings rate, placements rate and satisfaction rate by employment security office ········· 430

X. 직업훈련   Vocational training

64. 직업능력개발훈련 참여기관 현황   Number of Training institutes participating in vocational skills development programs ····· 432

65. 직업능력개발훈련 현황   Vocational skills development programs ········· 433

66. 실업대책 직업훈련 추진현황   Training programs for the unemployed ········· 434

67. 국가기술자격 검정현황(2023)   National skill qualification test(2023) ········· 435

68. 국제기능올림픽 참가현황   Participation in the WorldSkills Competition ········· 436

XI. 고용보험   Employment insurance

69. 산업(대분류)·지역별 고용보험적용 사업장 현황(2023)   Number of establishments covered by employment insurance by industry(sections) and province(2023) ········· 438

70. 산업(대분류)·지역·성별 피보험자 현황(2023)   Number of insured employees by industry(sections), province and gender(2023) ········· 446

XII. 고용평등   Equal employment

71. 연도별 고용의무사업체 장애인 고용현황   Shift(Status) in disabled persons employment rate by year ········· 454

72. 고용의무사업체 장애인 고용현황(2023)   Shift(Status) in disabled persons employment rate(2023) ···· 455

73. 민간기업 사업체 규모별 장애인 고용현황(2023)   Summary of employment of disabled persons of private sector by size(2023) ········· 456

| 74. 민간부문 산업별 장애인 고용현황(2023) | Summary of employment of disabled persons of private sector by industry(2023) ·········· 456 |

XIII. 국제노동통계 — International labor statistics

75. 고용률, 경제활동참가율 및 실업률	Employment/population ratios, labour force participation rates and unemployment rates ·········· 458
76. 연령별 고용률, 경제활동참가율 및 실업률	Employment/population ratios, labour force participation rates and unemployment rates by selected age groups ·········· 464
77. 시간제 취업자의 비중	Incidence and composition of part-time employment ··· 482
78. 임시 근로자의 비중	Incidence and composition of temporary employment ·· 484
70. 취업자 1인당 연평균 실근로시간	Average annual hours actually worked per person in total employment ·········· 486
80. 임금근로자 1인당 연평균 실근로시간	Average annual hours actually worked per person in dependant employment ·········· 488
81. 소득분포 및 저임금과 고임금 근로자 비중	Earnings dispersion, and incidence of high and low pay ·········· 490

부 록 — Appendix

경제활동인구조사	Economically Active Population Survey ·········· 494
사업체노동실태현황	Establishment Status ·········· 498
전국사업체조사	Census on Establishmen ·········· 500
직종별사업체노동력조사	Occupational Labor Force Survey at Establishments ··· 501
사업체노동력조사	Labor Force Survey at Establishments ·········· 504
고용형태별근로실태조사	Survey on Labor Conditions by Employment Types ···· 507

경제성장률 및 1인당 GNI

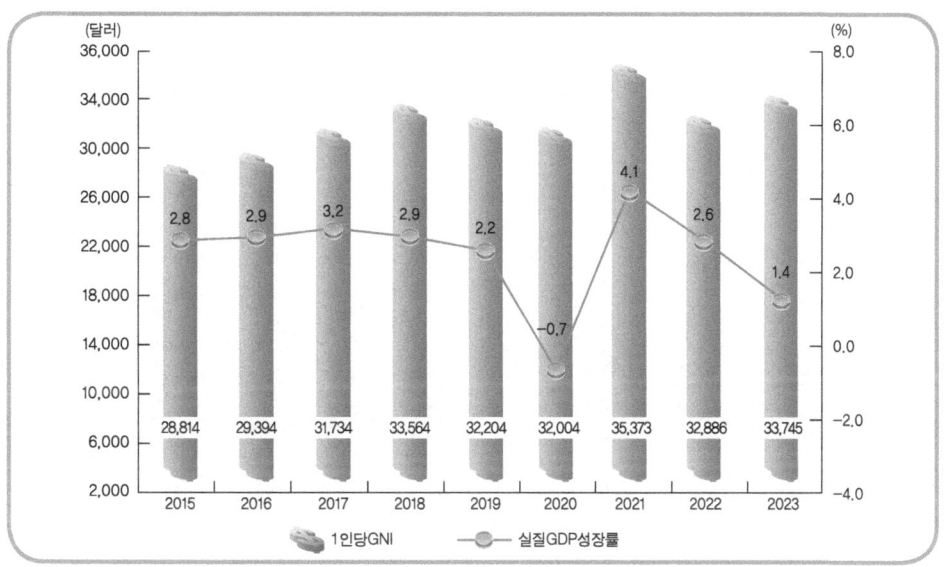

자료: 한국은행, 「국민계정」

경상수지

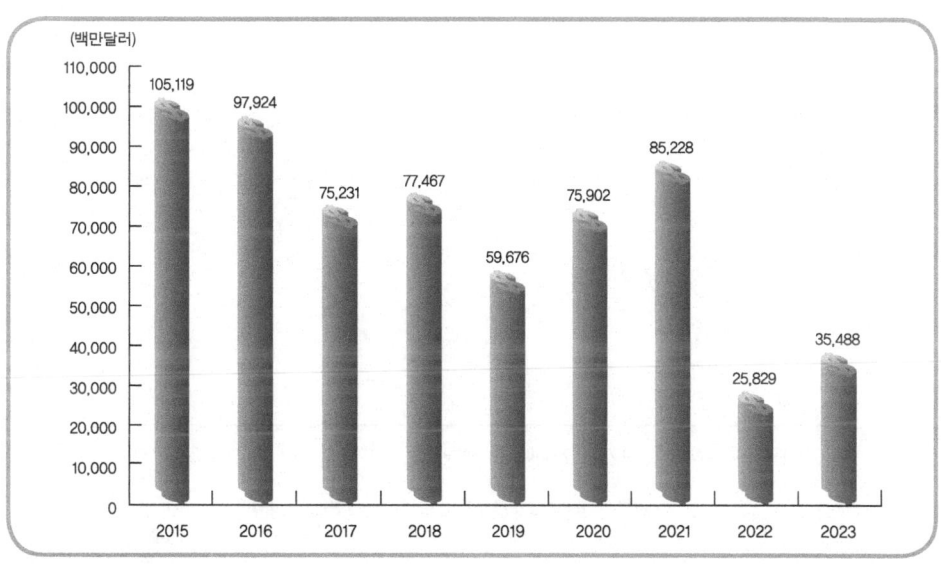

자료: 한국은행, 「국제수지 동향」

3 수출입

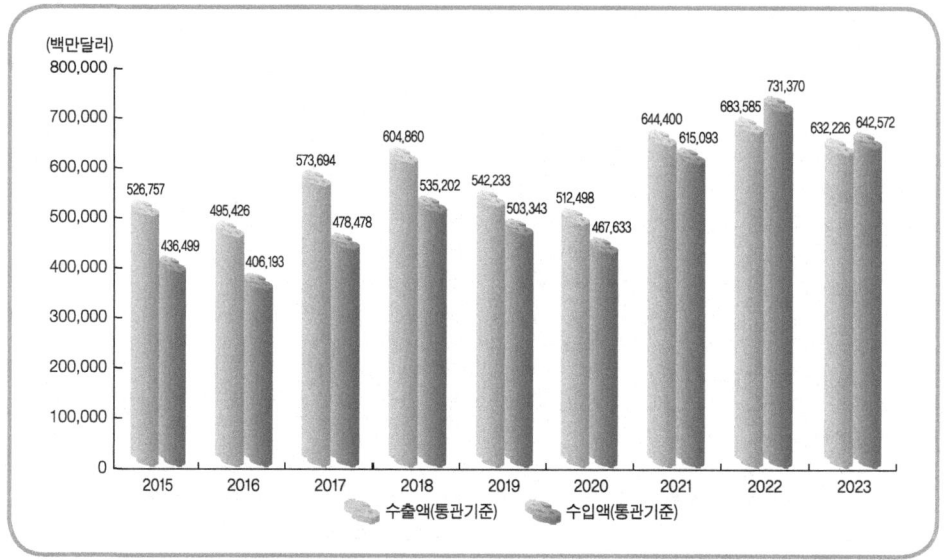

자료: 관세청, 「수출입동향」

4 소비자 물가 상승률

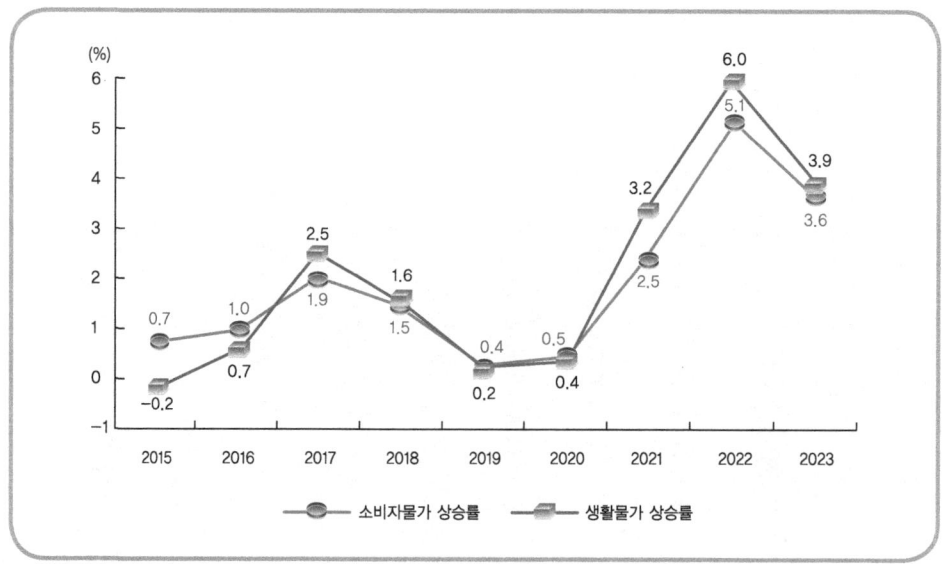

자료: 통계청, 「소비자물가조사」

5 경제활동인구 및 경제활동 참가율

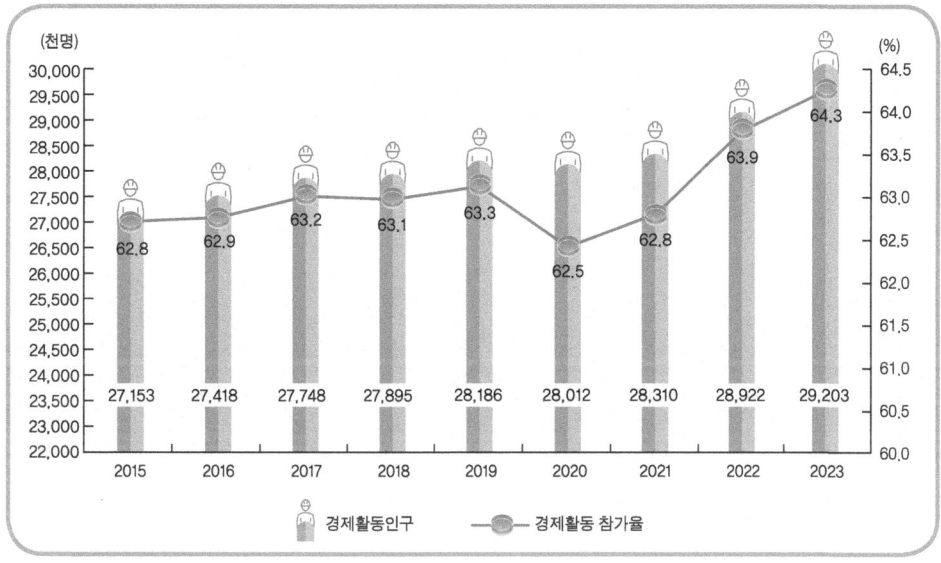

자료: 통계청, 「경제활동인구조사」

6 경제활동 인구 및 경제활동 참가율(15~64세)

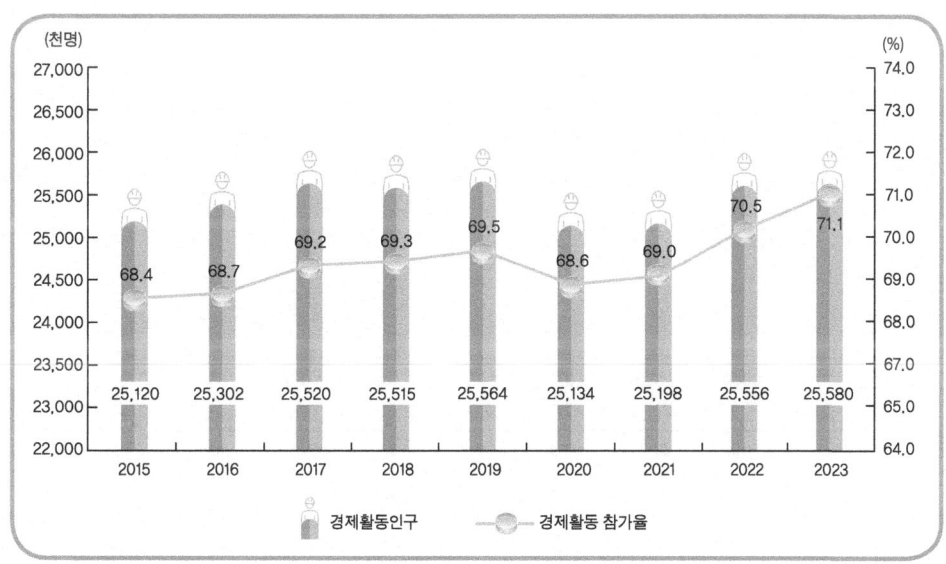

자료: 통계청, 「경제활동인구조사」

고용노동통계연감

7. 취업자 및 고용률

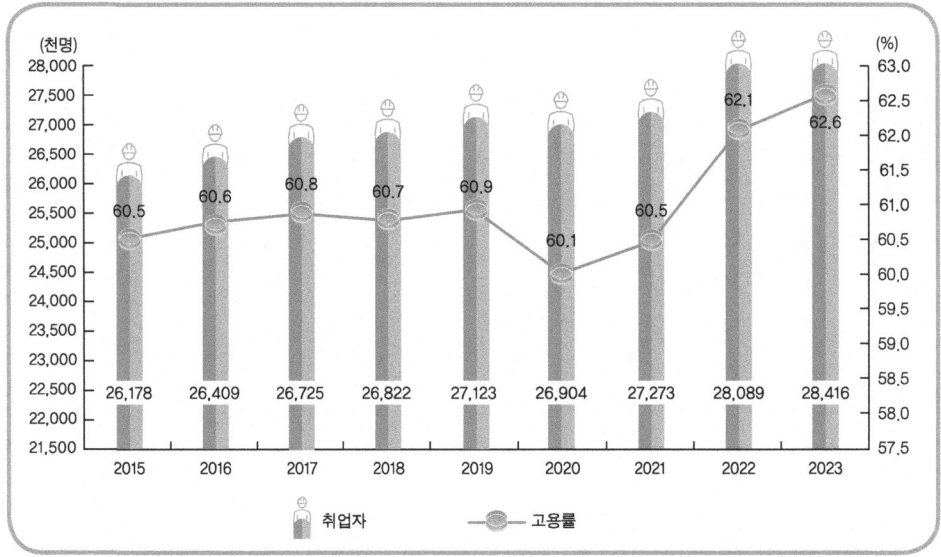

자료: 통계청, 「경제활동인구조사」

8. 실업자 및 실업률

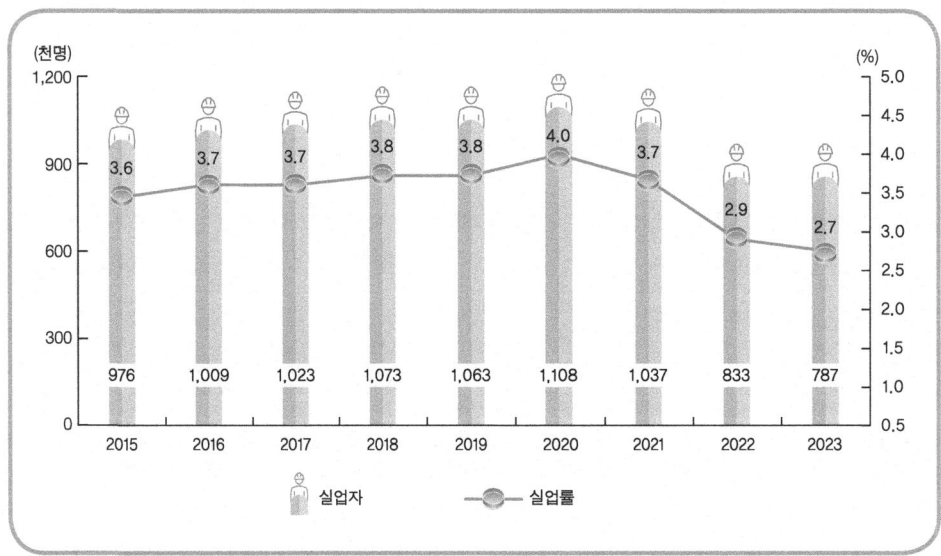

자료: 통계청, 「경제활동인구조사」

월평균 임금 및 근로시간(상용 1인 이상 사업체의 전체근로자 기준)

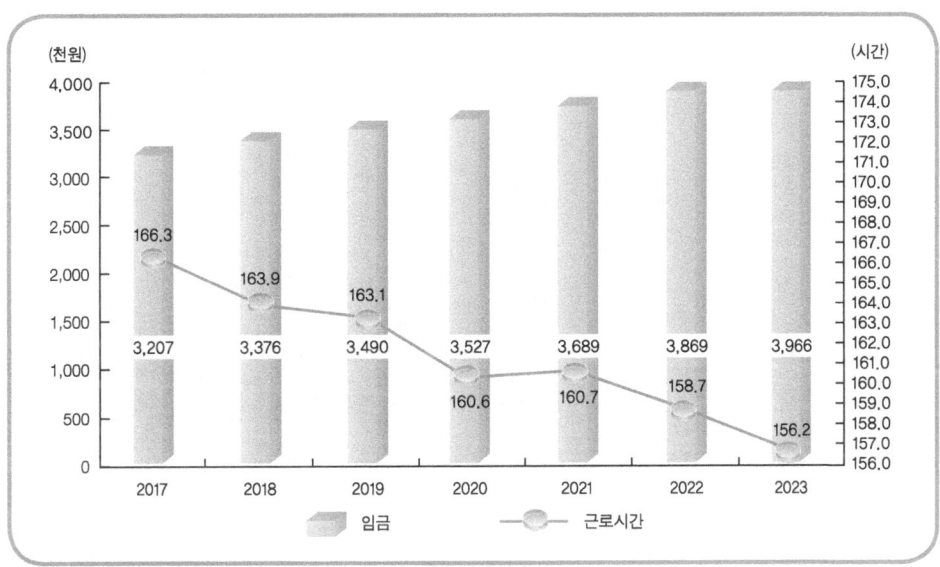

자료: 고용노동부, 「사업체노동력조사」

10 실질임금 및 실질임금 상승률(상용 1인 이상 사업체의 전체근로자 기준)

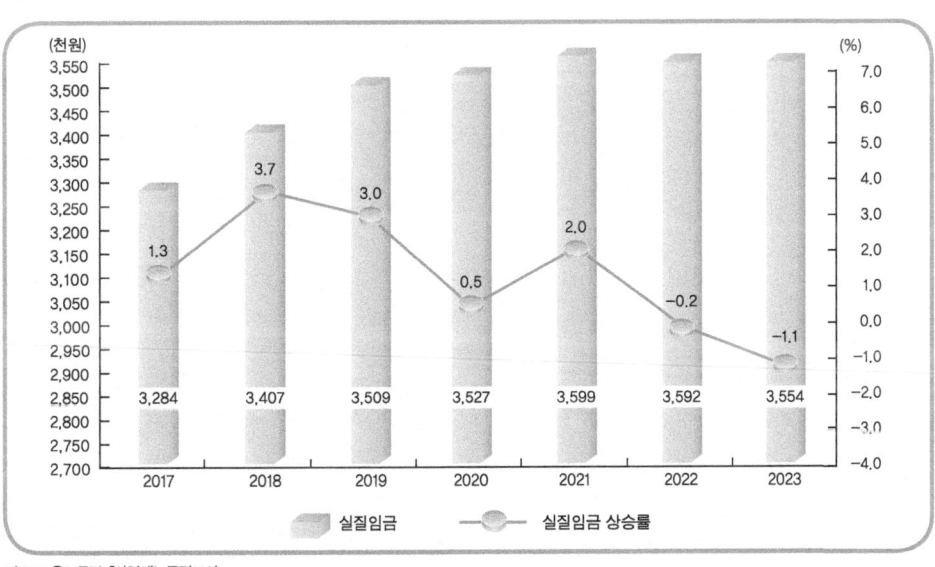

자료: 고용노동부, 「사업체노동력조사」
* 실질임금=(명목임금/소비자물가지수) × 100
* 소비자물가지수는 통계청의 소비자물가조사 공표자료임, 소비자물가지수는 2020년=100 기준

임금계층별 학력별 근로자 구성비('23년 6월)

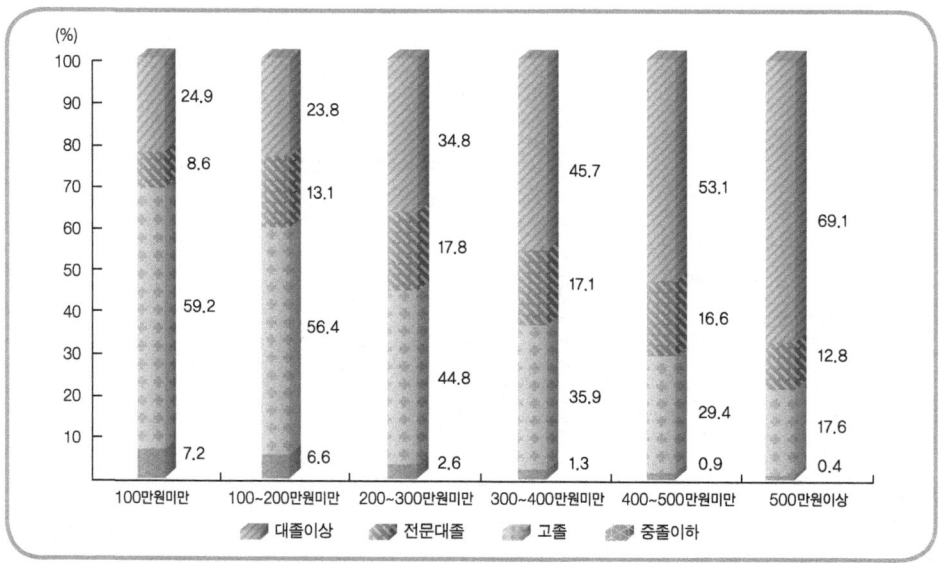

자료: 고용노동부, 「고용형태별근로실태조사」, 상용5인이상 사업체의 상용근로자 대상, 월 임금총액(정액급여 + 초과급여 + 전년도 특별급여액/12) 기준

I. 노동경제지표
Indicators of economy and labor

1. 주요 노동경제지표(2-1)

연도 Year	국민계정 National accounts					산업활동 Industrial activities							무역	
	국민총소득(명목, 2020기준) GNI(current prices)			국내총생산(실질) GDP(2020 prices)		산업생산 Industrial production		생산자제품재고 Producers inventory		기계수주액(선박제외) Machinery orders received (excluding vessels)		수출(통관액) Export(customs clearance)	
	금액 (10억원) Amount in billion won	전년(기)비 상승률(%) Rates of change from previous year	1인당 GNI (만원) GNI per capita	금액 (10억원) Amount in billion won	경제 성장률 (%) Growth rate	광공업 Mining & mfg.		제조업 Manufacturing		실액 (10억원) Actual figures in billion won	전년(동월)비 증감률(%) Rates of change over the same month of last year	실액 (백만불) Actual figures in million dollar	전년(동월)비 상승률(%) Rates of change from previous year
						지수 Indices 2020=100	전년(월)비 증감률(%) Rates of change from previous month	지수 Indices 2020=100	전년(월)비 증감률(%) Rates of change from previous month				
2014	1,646,049	4.1	3,244	1,787,975	3.2	94.2	0.2	83.1	-2.5	48,873	10.5	572,665	2.3
2015	1,745,962	6.1	3,423	1,840,189	2.9	94.0	-0.2	87.6	5.4	44,127	-9.7	526,757	-8.0
2016	1,839,391	5.4	3,591	1,898,551	3.2	96.0	2.1	84.9	-3.1	44,824	1.6	495,426	-5.9
2017	1,941,717	5.6	3,781	1,963,732	3.4	98.5	2.6	92.4	8.9	50,775	13.3	573,694	15.8
2018	2,014,589	3.8	3,905	2,026,102	3.2	99.9	1.4	98.6	6.7	53,477	5.3	604,860	5.4
2019	2,057,204	2.1	3,974	2,072,982	2.3	100.3	0.4	96.0	-2.6	50,732	-5.1	542,233	-10.4
2020	2,075,410	0.9	4,004	2,058,467	-0.7	100.0	-0.3	94.5	-1.6	50,607	-0.2	512,498	-5.5
2021	2,245,327	8.2	4,337	2,153,423	4.6	108.5	8.5	106.1	12.3	69,116	36.6	644,400	25.7
2022	2,351,837	4.7	4,551	2,212,159	2.7	109.6	1.0	110.4	4.1	76,948	11.3	683,585	6.1
2023	2,443,318	3.9	4,725	2,243,220	1.4	106.8	-2.6	108.1	-2.1	78,364	1.8	632,226	-7.5
2023.1	580,899	4.0	-	531,552	1.1	96.9	-12.5	118.0	10.9	6,169	1.1	46,339	-16.4
2						96.4	-6.4	117.6	9.3	5,809	2.4	49,995	-7.7
3						111.2	-5.9	114.0	9.6	7,939	5.8	54,882	-14.0
4	600,740	2.7	-	559,956	1.0	103.0	-8.4	121.8	15.1	6,872	3.0	49,431	-14.5
5						107.5	-5.5	122.6	15.8	6,203	-3.7	52,054	-15.5
6						108.7	-4.5	112.6	2.6	8,409	25.4	54,298	-5.9
7	621,063	3.9	-	563,643	1.4	103.7	-6.7	119.0	4.0	5,964	-2.8	50,458	-16.2
8						105.9	1.3	122.9	9.1	5,943	-19.5	51,994	-8.1
9						109.6	4.8	115.0	6.5	6,174	-4.4	54,651	-4.4
10	640,616	4.9	-	588,069	2.1	107.9	2.0	116.1	6.4	6,145	2.6	54,990	4.9
11						114.1	6.1	115.3	1.8	6,615	10.4	55,561	7.3
12						116.1	6.3	108.1	-2.1	6,121	3.8	57,573	5.0

자료 : 1. 한국은행, 「국민계정」 2. 통계청, 「광업, 제조업 동향조사」
3. 통계청, 「기계수주동향조사」 4. 관세청, 「수출입동향」
5. 한국은행, 「조사통계월보」 6. 통계청, 「경제활동인구연보」
7. 고용노동부, 「사업체노동력조사」 8. 한국은행, 「생산자 물가지수」 ; 통계청, 「소비자 물가지수」
9. 통계청, 「가계동향조사」 10. 한국생산성본부, 「노동생산성지수동향」

1. Major indices of labor economy(2-1)

수 입 (통관액) Import (customs clearance)		국제수지 Balance of payments	15세이상인구 Population & over 15years		경제활동인구 Economically active population		취 업 자 Employed		비경제활동인구 Not economically active population		실 업 자 Unemployed	
실 액 (백만미불) Actual Figures in million dollar	전년(동월)비 상승률(%) Rates of change from previous year	경상수지 (백만미불) Current balance in million dollar	실 수 (1,000명) Actual figures in thousand persons	전년(동월)비 상승률(%) Rates of change from previous year	실 수 (1,000명) Actual figures in thousand persons	전년(동월)비 상승률(%) Rates of change from previous year	실 수 (1,000명) Actual figures in thousand persons	전년(동월)비 상승률(%) Rates of change from previous year	실 수 (1,000명) Actual figures in thousand persons	전년(동월)비 상승률(%) Rates of change from previous year	실 수 (1,000명) Actual figures in thousand persons	실업률 (%) Rates of unemployment
525,515	1.9	83,030	42,795	1.2	26,836	2.8	25,897	2.4	15,959	-1.5	939	3.5
436,499	-16.9	105,119	43,239	1.0	27,153	1.2	26,178	1.1	16,086	0.8	976	3.6
406,193	-6.9	97,924	43,606	0.8	27,418	1.0	26,409	0.9	16,187	0.6	1,009	3.7
478,478	17.8	75,231	43,931	0.7	27,748	1.2	26,725	1.2	16,183	0.0	1,023	3.7
535,202	11.9	77,467	44,182	0.6	27,895	0.5	26,822	0.4	16,287	0.6	1,073	3.8
503,343	-6.0	59,676	44,504	0.7	28,186	1.0	27,123	1.1	16,318	0.2	1,063	3.8
467,633	-7.1	75,902	44,785	0.6	28,012	-0.6	26,904	-0.8	16,773	2.8	1,108	4.0
615,093	31.5	85,228	45,080	0.7	28,310	1.1	27,273	1.4	16,770	0.0	1,037	3.7
731,370	18.9	25,829	45,260	0.4	28,922	2.2	28,089	3.0	16,339	-2.6	833	2.9
642,572	-12.1	35,488	45,407	0.3	29,203	1.0	28,416	1.2	16,204	-0.8	787	2.7
59,037	-2.6	-4,205	45,352	0.3	28,387	1.0	27,363	1.5	16,965	-0.8	1,024	3.6
55,370	3.5	-1,326	45,355	0.3	28,604	0.9	27,714	1.1	16,751	-0.6	890	3.1
59,636	-6.5	-429	45,367	0.3	29,063	1.5	28,223	1.7	16,304	-1.7	840	2.9
51,940	-13.7	-1,373	45,372	0.3	29,236	1.0	28,432	1.3	16,135	-1.0	804	2.8
54,251	-14.1	2,301	45,379	0.3	29,623	0.8	28,835	1.2	15,756	-0.7	787	2.7
53,055	-11.8	6,178	45,383	0.3	29,618	0.9	28,812	1.2	15,765	-0.7	807	2.7
48,738	-25.3	4,114	45,399	0.3	29,493	0.6	28,686	0.7	15,907	-0.2	807	2.7
51,010	-22.7	5,413	45,415	0.3	29,251	0.8	28,678	0.9	16,163	-0.5	573	2.0
50,973	-16.5	6,073	45,431	0.3	29,359	0.9	28,698	1.1	16,071	-0.7	661	2.3
53,441	0.7	7,138	45,452	0.3	29,390	1.0	28,764	1.2	16,062	-0.8	627	2.1
51,998	-11.6	3,891	45,476	0.3	29,375	1.0	28,698	1.0	16,101	-0.8	677	2.3
53,123	-10.9	7,415	45,505	0.4	29,037	1.3	28,093	1.0	16,468	-1.1	944	3.3

Source : 1. Bank of Korea, 「National Accounts」 2. Statistics Korea, 「Current Mining and Manufacturing Survey」
3. Statistics Korea, 「Monthly Machinery Orders Received Survey」 4. Korea Customs Service, 「Trend of Exports and Imports」
5. Bank of Korea, 「Monthly Bulletin」 6. Statistics Korea, 「Annual Report on the Economically Active Population Survey」
7. Ministry of Employment and Labor, 「The Labor Force Survey at Establishments」
8. Bank of Korea, 「Produce price index」 ; Statistics Korea, 「Consumer price index」
9. Statistics Korea, 「Household Income and Expenditure Survey」 10. Korea Productivity Center, 「Quarterly Productivity Review」

1. 주요 노동경제지표(2-2)

(단위 : 천원, 시간, %)

연도 Year	임금 Wage								근로시간 Hours worked			
	명목임금 Nominal wage				실질임금 Real wage				총근로시간 Total hours worked		초과근로시간 Overtime hours worked	
	전산업 All industries		제조업 Manufacturing		전산업 All industries		제조업 Manufacturing		전산업 All industries		제조업 Manufacturing	
	임금(천원) Wage	전년(동월)비 상승률(%) Rates of change from previous year	임금(천원) Wage	전년(동월)비 상승률(%) Rates of change from previous year	임금(천원) Wage	전년(동월)비 상승률(%) Rates of change from previous year	임금(천원) Wage	전년(동월)비 상승률(%) Rates of change from previous year	시간(시간) Hours	전년(동월)비 상승률(%) Rates of change from previous year	시간(시간) Hours	전년(동월)비 상승률(%) Rates of change from previous year
2014	2,904	2.4	3,365	3.9	3,083	1.1	3,572	2.6	170.6	-1.2	24.1	5.2
2015	2,991	3.0	3,462	2.9	3,153	2.3	3,650	2.2	171.5	0.5	23.3	-3.3
2016	3,106	3.8	3,603	4.1	3,242	2.8	3,761	3.1	169.4	-1.2	23.1	-0.9
2017	3,207	3.3	3,690	2.4	3,284	1.3	3,779	0.5	166.3	-1.8	22.3	-3.5
2018	3,376	5.3	3,930	6.5	3,407	3.7	3,967	5.0	163.9	-1.4	20.4	-8.5
2019	3,490	3.4	4,017	2.2	3,509	3.0	4,039	1.8	163.1	-0.5	19.0	-6.9
2020*	3,527	1.1	3,990	-	3,527	0.5	3,990	-	160.6	-1.5	16.9	-
2021	3,689	4.6	4,239	6.2	3,599	2.0	4,135	3.6	160.7	0.1	16.8	-0.6
2022	3,869	4.9	4,484	5.8	3,592	-0.2	4,163	0.7	158.7	-1.2	16.5	-1.8
2023	3,966	2.5	4,633	3.3	3,554	-1.1	4,152	-0.3	156.2	-1.6	16.5	0.0
2023. 1	4,694	-0.6	6,258	-2.2	4,265	-5.3	5,685	-6.9	153.8	-1.9	14.6	-7.6
2	3,901	5.6	4,542	8.5	3,536	0.9	4,116	3.7	152.9	8.1	15.1	-5.6
3	3,897	1.6	4,415	3.8	3,526	-2.5	3,995	-0.4	166.1	3.6	16.5	-7.8
4	3,706	3.5	4,125	3.8	3,345	-0.2	3,724	0.1	154.6	-4.7	16.1	-3.0
5	3,703	3.1	4,226	4.5	3,332	-0.3	3,803	1.1	154.7	-4.4	18.0	5.3
6	3,737	2.0	4,203	2.9	3,362	-0.7	3,781	0.2	159.3	1.7	17.4	0.6
7	3,963	1.1	4,635	2.1	3,561	-1.2	4,165	-0.2	158.9	-1.7	16.3	1.9
8	3,742	1.1	4,184	1.2	3,333	-2.2	3,726	-2.0	161.1	-1.1	16.8	3.1
9	4,316	5.7	5,079	6.3	3,824	1.9	4,501	2.5	148.0	-4.1	15.9	1.9
10	3,792	4.4	4,433	6.3	3,348	0.6	3,914	2.4	146.9	-2.7	18.4	1.7
11	3,714	3.6	4,246	5.6	3,296	0.3	3,769	2.2	165.6	-1.4	16.7	3.1
12	4,433	0.0	5,249	0.2	3,932	-3.1	4,656	-2.9	152.8	-8.3	16.2	4.5

주 : 1) 2019년 개편 이전 시계열은 비농림어가 대상, 2019년 이후 전국가구 (1인이상(명목))
　　 2) 2017년이후부터 '소득'은 분기자료만 제공/ 2017~2018년 가계동향조사(지출부문)는 연간 단위로 조사
　　 3) 평균소비성향은 2017년이후 연간 지수 미제공
　　 * '20년 제10차 한국표준산업분류를 반영하여 임금 및 근로시간을 공표함에 따라 제조업의 '20년도 전년대비 상승률은 산출 불가

1. Major indices of labor economy(2-2)

물가 Prices				가계수지 Household economy[1]					노동생산성지수(제조업 기준) Labor productivity indices (based on manufacturing)			
생산자물가 Producer price		소비자물가 Consumer price		소득[2] Income		가계지출 Expenditure		평균[3] 소비 성향 Average propensity to consume (%)	물적(전체근로자/1시간당) Physical(all employees/per person)		부가가치(1시간당) Value added(per person)	
지수 Indices 2020=100	전년(동월)비 증감률(%) Rates of change from previous year	지수 Indices 2020=100	전년(동월)비 증감률(%) Rates of change from previous year	실액 (천원) Actual Figures in thousand won	전년(동기)비 증감률(%) Rates of change from previous year	실액 (천원) Actual Figures in thousand won	전년(동기)비 상승률(%) Rates of change from previous year		지수 Indices 2020=100	전년(동기)비 상승률(%) Rates of change from previous year	지수 Indices 2020=100	전년(동기)비 상승률(%) Rates of change from previous year
101.12	-0.5	94.2	1.3	3,692	2.0	2,902	1.9	73.6	93.9	-2.6	90.4	0.4
97.06	-4.0	94.9	0.7	3,722	0.8	2,887	-0.5	72.4	90.6	-3.5	89.0	-1.6
95.30	-1.8	95.8	1.0	3,712	-0.3	2,858	-1.0	71.7	93.2	2.9	91.3	2.7
98.58	3.4	97.6	1.9	-	-	3,316	-	-	96.2	3.3	96.1	5.2
100.43	1.9	99.1	1.5	-	-	3,327	0.3	-	97.4	1.2	99.1	3.2
100.46	0.0	99.5	0.4	-	-	3,330	-	-	97.7	0.4	99.5	0.4
100.00	-0.5	100.0	0.5	-	-	3,240	-2.7	-	100.0	2.3	100.0	0.5
106.38	6.4	102.5	2.5	-	-	3,375	4.2	-	108.5	8.5	106.2	6.2
115.29	8.4	107.7	5.1	-	-	3,591	4.2	-	109.0	0.5	108.4	2.0
117.11	1.6	111.6	3.6	-	-	3,801	6.1	-	105.6	-3.1	109.6	1.2
116.69	5.1	110.07	5.0	5,054	4.7	3,885	11.1	70.7	99.2	-13.5	99.1	-8.1
116.91	4.8	110.33	4.7									
117.05	3.3	110.52	4.2									
116.96	1.6	110.77	3.7	4,793	-0.8	3,652	4.1	70.2	105.3	-6.0	110.0	1.0
116.53	0.5	111.13	3.4									
116.27	-0.3	111.16	2.7									
116.53	-0.3	111.29	2.4	5,033	3.4	3,871	4.0	70.7	106.5	-0.4	113.3	1.5
117.50	0.9	112.28	3.4									
118.03	1.3	112.85	3.7									
117.86	0.6	113.27	3.8	5,024	3.9	3,813	5.2	70.1	111.5	8.4	116.1	10.3
117.41	0.6	112.68	3.3									
117.56	1.1	112.73	3.2									

Note : Household economy is based on salary and wage earners households in all cities(more than one person)

"- 산출량지수 : 당해년, 분기 불변GDP/기준년 불변GDP * 100"
"- 노동투입량지수 : 당해년, 분기 총취업시간(근로자수*근로시간)/기준년 총취업시간(근로자수*근로시간) * 100"
* 노동투입량의 포괄범위는 1인이상 사업체의 전체근로자임

II. 고 용
Employment

A. 경제활동인구
Economically active population

2. 성별 경제활동인구 총괄(2-1)

(총 수)
(Total)

단위 : 1,000명

연 도 Year	15 세 이 상 인 구 Population 15 years & over				경제활동 참가율 (%) Labor force Participation rate	고 용 률 (%) Employment/ population ratio	실 업 률 (%) Unemployment rate
		경 제 활 동 인 구 Economically active population		비경제 활동인구 Not eco- nomically active population			
			취 업 자 Employed	실 업 자 Unemployed				
2017	43 931	27 748	26 725	1 023	16 183	63.2	60.8	3.7
2018	44 182	27 895	26 822	1 073	16 287	63.1	60.7	3.8
2019	44 504	28 186	27 123	1 063	16 318	63.3	60.9	3.8
2020	44 785	28 012	26 904	1 108	16 773	62.5	60.1	4.0
2021	45 080	28 310	27 273	1 037	16 770	62.8	60.5	3.7
2022	45 260	28 922	28 089	833	16 339	63.9	62.1	2.9
2023	45 407	29 203	28 416	787	16 204	64.3	62.6	2.7
2022. 1	45 200	28 096	26 953	1 143	17 104	62.2	59.6	4.1
2	45 213	28 356	27 402	954	16 857	62.7	60.6	3.4
3	45 219	28 627	27 754	873	16 592	63.3	61.4	3.0
4	45 233	28 942	28 078	864	16 291	64.0	62.1	3.0
5	45 245	29 374	28 485	889	15 871	64.9	63.0	3.0
6	45 249	29 366	28 478	888	15 882	64.9	62.9	3.0
7	45 258	29 311	28 475	836	15 947	64.8	62.9	2.9
8	45 270	29 025	28 410	615	16 246	64.1	62.8	2.1
9	45 284	29 093	28 389	704	16 191	64.2	62.7	2.4
10	45 302	29 110	28 418	692	16 192	64.3	62.7	2.4
11	45 318	29 087	28 421	666	16 231	64.2	62.7	2.3
12	45 332	28 674	27 808	866	16 658	63.3	61.3	3.0
2023. 1	45 352	28 387	27 363	1,024	16 965	62.6	60.3	3.6
2	45 355	28 604	27 714	890	16 751	63.1	61.1	3.1
3	45 367	29 063	28 223	840	16 304	64.1	62.2	2.9
4	45 372	29 236	28 432	804	16 135	64.4	62.7	2.8
5	45 379	29 623	28 835	787	15 756	65.3	63.5	2.7
6	45 383	29 618	28 812	807	15 765	65.3	63.5	2.7
7	45 399	29 493	28 686	807	15 907	65.0	63.2	2.7
8	45 415	29 251	28 678	573	16 163	64.4	63.1	2.0
9	45 431	29 359	28 698	661	16 071	64.6	63.2	2.3
10	45 452	29 390	28 764	627	16 062	64.7	63.3	2.1
11	45 476	29 375	28 698	677	16 101	64.6	63.1	2.3
12	45 505	29 037	28 093	944	16 468	63.8	61.7	3.3

자료 : 통계청, 「경제활동인구조사」

2. Summary table of economically active population by gender and farm·non-farm household(2-1)

(남 자)
(Men)

In thousand persons

연 도 Year	15세 이상 인구 Population 15 years & over			비경제 활동인구 Not economically active population	경제활동 참가율 (%) Labor force Participation rate	고용률 (%) Employment/ population ratio	실업률 (%) Unemployment rate
		경제활동인구 Economically active population					
			취업자 Employed	실업자 Unemployed				
2017	21 573	15 975	15 368	607	5 598	74.1	71.2	3.8
2018	21 699	16 002	15 372	630	5 697	73.7	70.8	3.9
2019	21 886	16 090	15 463	627	5 797	73.5	70.7	3.9
2020	22 035	16 005	15 381	624	6 030	72.6	69.8	3.9
2021	22 198	16 124	15 548	576	6 074	72.6	70.0	3.6
2022	22 273	16 376	15 928	447	5 897	73.5	71.5	2.7
2023	22 362	16 386	15 952	434	5 976	73.3	71.3	2.6
2022. 1	22 247	16 053	15 494	559	6 195	72.2	69.6	3.5
2	22 253	16 133	15 621	512	6 120	72.5	70.2	3.2
3	22 253	16 279	15 805	474	5 974	73.2	71.0	2.9
4	22 261	16 392	15 933	459	5 868	73.6	71.6	2.8
5	22 265	16 592	16 113	479	5 673	74.5	72.4	2.9
6	22 262	16 592	16 109	483	5 670	74.5	72.4	2.9
7	22 265	16 555	16 079	476	5 711	74.4	72.2	2.9
8	22 273	16 426	16 085	340	5 847	73.7	72.2	2.1
9	22 281	16 426	16 035	390	5 855	73.7	72.0	2.4
10	22 294	16 462	16 068	395	5 831	73.8	72.1	2.4
11	22 304	16 408	16 038	370	5 895	73.6	71.9	2.3
12	22 313	16 191	15 760	431	6 122	72.6	70.6	2.7
2023. 1	22 331	16 058	15 543	515	6 273	71.9	69.6	3.2
2	22 331	16 126	15 658	467	6 206	72.2	70.1	2.9
3	22 340	16 349	15 873	476	5 991	73.2	71.1	2.9
4	22 342	16 402	15 942	459	5 940	73.4	71.4	2.8
5	22 346	16 562	16 116	447	5 784	74.1	72.1	2.7
6	22 347	16 556	16 110	446	5 792	74.1	72.1	2.7
7	22 357	16 500	16 044	456	5 857	73.8	71.8	2.8
8	22 364	16 392	16 073	319	5 972	73.3	71.9	1.9
9	22 372	16 458	16 084	374	5 914	73.6	71.9	2.3
10	22 386	16 472	16 096	376	5 914	73.6	71.9	2.3
11	22 403	16 449	16 055	393	5 954	73.4	71.7	2.4
12	22 424	16 308	15 831	477	6 116	72.7	70.6	2.9

Source : Statistics Korea, 「Economically Active Population Survey」

2. 성별 경제활동인구 총괄(2-2)

(여자)
(Women)

단위 : 1 000명

연도 Year	15세 이상 인구 Population 15 years & over				경제활동 참가율 (%) Labor force Participation rate	고용률 (%) Employment/ population ratio	실업률 (%) Unemployment rate
		경제활동인구 Economically active population		비경제 활동인구 Not eco- nomically active population			
			취업자 Employed	실업자 Unemployed				
2017	22 357	11 773	11 356	416	10 585	52.7	50.8	3.5
2018	22 484	11 893	11 450	443	10 590	52.9	50.9	3.7
2019	22 618	12 097	11 660	437	10 521	53.5	51.6	3.6
2020	22 750	12 007	11 523	484	10 743	52.8	50.7	4.0
2021	22 882	12 186	11 725	461	10 696	53.3	51.2	3.8
2022	22 988	12 546	12 161	385	10 442	54.6	52.9	3.1
2023	23 045	12 817	12 464	353	10 228	55.6	54.1	2.8
2022. 1	22 952	12 043	11 458	585	10 909	52.5	49.9	4.9
2	22 960	12 222	11 781	442	10 737	53.2	51.3	3.6
3	22 966	12 348	11 949	399	10 618	53.8	52.0	3.2
4	22 973	12 550	12 145	405	10 423	54.6	52.9	3.2
5	22 980	12 782	12 372	411	10 198	55.6	53.8	3.2
6	22 987	12 775	12 370	405	10 212	55.6	53.8	3.2
7	22 992	12 756	12 396	361	10 236	55.5	53.9	2.8
8	22 998	12 599	12 325	274	10 399	54.8	53.6	2.2
9	23 003	12 667	12 354	313	10 336	55.1	53.7	2.5
10	23 008	12 648	12 350	298	10 361	55.0	53.7	2.4
11	23 014	12 678	12 383	295	10 336	55.1	53.8	2.3
12	23 019	12 483	12 048	435	10 536	54.2	52.3	3.5
2023. 1	23 021	12 330	11 820	509	10 692	53.6	51.3	4.1
2	23 024	12 478	12 056	423	10 545	54.2	52.4	3.4
3	23 027	12 714	12 350	364	10 313	55.2	53.6	2.9
4	23 030	12 835	12 490	345	10 195	55.7	54.2	2.7
5	23 033	13 060	12 720	341	9 973	56.7	55.2	2.6
6	23 036	13 063	12 702	361	9 973	56.7	55.1	2.8
7	23 043	12 993	12 642	351	10 050	56.4	54.9	2.7
8	23 051	12 859	12 605	254	10 192	55.8	54.7	2.0
9	23 058	12 901	12 614	287	10 157	56.0	54.7	2.2
10	23 066	12 918	12 668	250	10 148	56.0	54.9	1.9
11	23 073	12 926	12 643	283	10 147	56.0	54.8	2.2
12	23 081	12 728	12 262	467	10 352	55.1	53.1	3.7

자료 : 통계청 「경제활동인구조사」

3. 성·연령계층별 경제활동인구(2-1)
Economically active population by gender and age group(2-1)
(총 수)
(Total)

단위 : 1 000명　　　　　　　　　　　　　　　　　　　　　　　　　　　　　In thousand persons

연 도 Year	총 수 Total	15~29세 Years	15~19	20~29	30~39	40~49	50~59	60세 이상 Years & over
2017	27 748	4 333	270	4 063	5 833	6 931	6 442	4 210
2018	27 895	4 312	226	4 086	5 777	6 834	6 510	4 463
2019	28 186	4 331	217	4 114	5 719	6 656	6 612	4 867
2020	28 012	4 133	178	3 955	5 558	6 510	6 548	5 264
2021	28 310	4 203	188	4 016	5 434	6 463	6 592	5 618
2022	28 922	4 269	191	4 078	5 452	6 442	6 732	6 027
2023	29 203	4 142	172	3 970	5 500	6 381	6 793	6 387
2022. 1	28 096	4 215	219	3 996	5 405	6 416	6 594	5 466
2	28 356	4 273	224	4 049	5 418	6 439	6 623	5 602
3	28 627	4 304	191	4 113	5 424	6 445	6 696	5 758
4	28 942	4 340	186	4 154	5 460	6 451	6 731	5 960
5	29 374	4 425	219	4 205	5 474	6 502	6 802	6 172
6	29 366	4 364	190	4 174	5 454	6 495	6 828	6 226
7	29 311	4 373	213	4 159	5 478	6 474	6 776	6 210
8	29 025	4 264	199	4 065	5 437	6 425	6 722	6 178
9	29 093	4 225	168	4 057	5 480	6 423	6 752	6 213
10	29 110	4 184	153	4 030	5 461	6 433	6 759	6 274
11	29 087	4 153	156	3 998	5 470	6 430	6 762	6 272
12	28 674	4 107	173	3 934	5 458	6 375	6 736	5 997
2023. 1	28 387	4 159	205	3 954	5 423	6 344	6 686	5 775
2	28 604	4 144	185	3 959	5 448	6 358	6 703	5 952
3	29 063	4 207	178	4 029	5 468	6 385	6 746	6 258
4	29 236	4 148	157	3 992	5 475	6 421	6 797	6 395
5	29 623	4 252	178	4 075	5 512	6 446	6 860	6 553
6	29 618	4 213	180	4 033	5 507	6 445	6 875	6 578
7	29 493	4 191	192	3 999	5 509	6 405	6 855	6 533
8	29 251	4 117	186	3 931	5 488	6 349	6 794	6 504
9	29 359	4 092	166	3 926	5 526	6 364	6 797	6 581
10	29 390	4 075	154	3 921	5 549	6 340	6 807	6 620
11	29 375	4 062	136	3 927	5 557	6 369	6 815	6 573
12	29 037	4 042	150	3 891	5 542	6 345	6 785	6 323

자료 : 통계청 「경제활동인구조사」　　　　　　　　　Source : Statistics Korea 「Economically Active Population Survey」

3. 성·연령계층별 경제활동인구(2-2)

(남 자)
(Men)

단위 : 1 000명

연 도 Year	총 수 Total	15~29세 Years	15~19	20~29	30~39	40~49	50~59	60세 이상 Years & over
2017	15 975	2 103	127	1 976	3 605	4 080	3 757	2 431
2018	16 002	2 077	101	1 976	3 544	4 029	3 766	2 586
2019	16 090	2 128	102	2 026	3 477	3 931	3 781	2 772
2020	16 005	2 026	81	1 945	3 382	3 858	3 771	2 969
2021	16 124	2 022	80	1 942	3 310	3 832	3 783	3 178
2022	16 376	2 035	79	1 956	3 277	3 807	3 831	3 426
2023	16 386	1 985	72	1 913	3 237	3 746	3 834	3 585
2022. 1	16 053	2 002	78	1 925	3 287	3 806	3 794	3 164
2	16 133	2 003	82	1 921	3 289	3 822	3 799	3 221
3	16 279	2 045	79	1 966	3 285	3 820	3 825	3 305
4	16 392	2 056	75	1 981	3 293	3 820	3 837	3 386
5	16 592	2 106	95	2 011	3 293	3 832	3 865	3 496
6	16 592	2 075	82	1 993	3 281	3 820	3 888	3 527
7	16 555	2 107	93	2 014	3 286	3 812	3 843	3 507
8	16 426	2 060	84	1 976	3 260	3 793	3 824	3 490
9	16 426	2 023	74	1 949	3 281	3 793	3 824	3 505
10	16 462	2 012	66	1 946	3 271	3 803	3 839	3 539
11	16 408	1 977	62	1 916	3 254	3 796	3 833	3 548
12	16 191	1 952	73	1 879	3 239	3 766	3 807	3 427
2023. 1	16 058	1 983	88	1 895	3 217	3 751	3 792	3 315
2	16 126	1 978	78	1 900	3 216	3 753	3 788	3 391
3	16 349	2 015	80	1 935	3 223	3 771	3 815	3 526
4	16 402	1 975	66	1 909	3 229	3 778	3 831	3 589
5	16 562	2 026	75	1 951	3 250	3 785	3 856	3 646
6	16 556	2 020	71	1 949	3 241	3 769	3 860	3 666
7	16 500	2 032	86	1 945	3 251	3 741	3 839	3 638
8	16 392	1 989	81	1 908	3 234	3 722	3 821	3 627
9	16 458	1 973	67	1 906	3 250	3 724	3 836	3 676
10	16 472	1 958	63	1 895	3 260	3 714	3 852	3 689
11	16 449	1 940	50	1 890	3 250	3 721	3 862	3 676
12	16 308	1 928	59	1 870	3 229	3 720	3 853	3 578

자료 : 통계청 「경제활동인구조사」

3. Economically active population by gender and age group(2-2)

(여 자)
(Women)

In thousand persons

연 도 Year	총 수 Total	15~29세 Years	15~19	20~29	30~39	40~49	50~59	60세 이상 Years & over
2017	11 773	2 230	144	2 087	2 228	2 851	2 684	1 780
2018	11 893	2 235	124	2 110	2 233	2 805	2 743	1 877
2019	12 097	2 203	115	2 089	2 242	2 725	2 831	2 095
2020	12 007	2 107	97	2 010	2 177	2 652	2 777	2 295
2021	12 186	2 182	107	2 074	2 124	2 631	2 809	2 441
2022	12 546	2 234	113	2 122	2 175	2 635	2 900	2 601
2023	12 817	2 157	100	2 057	2 263	2 635	2 960	2 802
2022. 1	12 043	2 213	141	2 072	2 119	2 610	2 800	2 302
2	12 222	2 270	142	2 128	2 130	2 617	2 825	2 381
3	12 348	2 260	112	2 147	2 139	2 625	2 871	2 454
4	12 550	2 285	111	2 173	2 167	2 630	2 894	2 574
5	12 782	2 318	124	2 194	2 181	2 669	2 937	2 676
6	12 775	2 288	108	2 180	2 173	2 675	2 939	2 699
7	12 756	2 266	120	2 146	2 192	2 662	2 933	2 703
8	12 599	2 204	115	2 089	2 177	2 632	2 898	2 688
9	12 667	2 202	95	2 108	2 198	2 630	2 929	2 708
10	12 648	2 172	87	2 085	2 190	2 630	2 920	2 735
11	12 678	2 176	94	2 082	2 216	2 634	2 929	2 724
12	12 483	2 155	100	2 055	2 220	2 609	2 930	2 570
2023. 1	12 330	2 176	118	2 058	2 206	2 593	2 894	2 460
2	12 478	2 165	107	2 059	2 232	2 605	2 915	2 561
3	12 714	2 193	98	2 094	2 244	2 614	2 931	2 732
4	12 835	2 174	90	2 083	2 246	2 643	2 966	2 806
5	13 060	2 226	103	2 124	2 262	2 661	3 004	2 907
6	13 063	2 193	109	2 084	2 266	2 677	3 015	2 912
7	12 993	2 160	106	2 054	2 258	2 665	3 016	2 894
8	12 859	2 128	105	2 023	2 254	2 627	2 973	2 877
9	12 901	2 119	99	2 020	2 275	2 640	2 962	2 906
10	12 918	2 117	92	2 026	2 289	2 626	2 955	2 930
11	12 926	2 122	85	2 037	2 307	2 647	2 953	2 897
12	12 728	2 114	92	2 022	2 313	2 625	2 932	2 745

Source : Statistics Korea 「Economically Active Population Survey」

4. 활동상태·성별 비경제활동인구(1-1)
Not economically active population by activity type And gender(1-1)

(총 수)
(Total)

단위 : 1 000명

연도 Year	총 수 Total			가사·육아 House-keeping & caring for child		육 아 Caring for child		통 학 Attending school		연 로 Too old		심신장애 Disabled		기 타 Others	
	합계 Total	남 Men	여 Women	남 Men	여 Women	남 Men	여 Women	남 Men	여 Women	남 Men	여 Women	남 Men	여 Women	남 Men	여 Women
2017	16 183	5 598	10 585	168	6 971	4	1 262	2 048	1 893	1 294	909	276	154	1 811	658
2018	16 287	5 697	10 590	166	6 974	8	1 183	2 008	1 827	1 289	930	277	150	1 957	710
2019	16 318	5 797	10 521	155	6 832	9	1 166	1 903	1 805	1 283	937	272	155	2 184	792
2020	16 773	6 030	10 743	163	6 992	9	1 180	1 844	1 772	1 311	946	284	158	2 428	875
2021	16 770	6 074	10 696	194	6 943	13	1 107	1 784	1 668	1 352	1 036	297	150	2 447	898
2022	16 339	5 897	10 442	198	6 762	12	984	1 719	1 598	1 393	1 116	305	140	2 281	827
2023	16 204	5 976	10 228	218	6 600	16	840	1 739	1 589	1 410	1 067	324	150	2 284	822
2022. 1	17 104	6 195	10 909	212	7 096	14	1 098	1 757	1 621	1 396	1 162	294	134	2 537	896
2	16 857	6 120	10 737	209	7 027	11	1 099	1 662	1 536	1 431	1 152	291	134	2 527	889
3	16 592	5 974	10 618	198	6 912	10	1 033	1 689	1 586	1 425	1 152	296	133	2 367	835
4	16 291	5 868	10 423	202	6 749	10	999	1 701	1 580	1 420	1 145	291	134	2 255	815
5	15 871	5 673	10 198	179	6 609	10	985	1 678	1 550	1 404	1 122	306	134	2 107	783
6	15 882	5 670	10 212	173	6 623	10	964	1 680	1 585	1 388	1 095	304	130	2 126	780
7	15 947	5 711	10 236	190	6 626	11	954	1 645	1 589	1 387	1 091	306	132	2 183	798
8	16 246	5 847	10 399	209	6 713	13	956	1 674	1 600	1 373	1 109	315	143	2 277	834
9	16 191	5 855	10 336	199	6 641	14	931	1 747	1 609	1 380	1 104	317	150	2 213	833
10	16 192	5 831	10 361	187	6 647	11	948	1 789	1 633	1 367	1 096	312	154	2 177	830
11	16 231	5 895	10 336	201	6 669	12	917	1 801	1 640	1 355	1 085	318	148	2 222	794
12	16 658	6 122	10 536	219	6 830	13	925	1 812	1 642	1 388	1 078	317	153	2 386	833
2023. 1	16 965	6 273	10 692	232	6 981	17	914	1 745	1 558	1 413	1 087	319	153	2 564	914
2	16 751	6 206	10 545	238	6 848	18	906	1 703	1 521	1 410	1 080	313	154	2 542	942
3	16 304	5 991	10 313	213	6 706	14	863	1 758	1 555	1 376	1 065	321	146	2 323	842
4	16 135	5 940	10 195	210	6 589	14	856	1 763	1 583	1 366	1 059	322	145	2 280	821
5	15 756	5 784	9 973	209	6 438	11	838	1 713	1 549	1 338	1 035	328	145	2 195	806
6	15 765	5 792	9 973	215	6 409	13	812	1 719	1 578	1 343	1 047	325	145	2 189	794
7	15 907	5 857	10 050	219	6 447	16	820	1 689	1 596	1 413	1 063	323	149	2 213	796
8	16 163	5 972	10 192	220	6 547	19	845	1 695	1 600	1 443	1 083	331	154	2 283	807
9	16 071	5 914	10 157	211	6 513	21	828	1 737	1 616	1 445	1 079	332	156	2 188	793
10	16 062	5 914	10 148	210	6 518	19	818	1 758	1 636	1 436	1 071	332	154	2 179	770
11	16 101	5 954	10 147	212	6 517	14	793	1 795	1 635	1 453	1 070	320	148	2 174	778
12	16 468	6 116	10 352	231	6 693	14	785	1 796	1 637	1 486	1 067	320	151	2 283	804

자료 : 통계청 「경제활동인구조사」

Source : Statistics Korea 「Economically Active Population Survey」

5. 성·연령계층별 취업자수(2-1)
Employed persons by gender and age group(2-1)

(총 수)
(Total)

단위 : 1 000명   In thousand persons

연 도 Year	총 수 Total	15~29세 Years	15~19	20~29	30~39	40~49	50~59	60세 이상 Years & over
2019	27,123	3,945	198	3,747	5,529	6,504	6,444	4,701
2020	26,904	3,763	162	3,601	5,364	6,346	6,356	5,076
2021	27,273	3,877	171	3,706	5,257	6,311	6,422	5,406
2022	28,089	3,996	179	3,818	5,303	6,314	6,618	5,858
2023	28,416	3,899	163	3,736	5,357	6,260	6,678	6,223
2022. 1	26,953	3,963	195	3,769	5,267	6,269	6,449	5,005
2	27,402	3,978	202	3,776	5,278	6,297	6,491	5,359
3	27,754	3,996	172	3,824	5,281	6,312	6,579	5,587
4	28,078	4,018	171	3,847	5,296	6,315	6,617	5,832
5	28,485	4,104	208	3,897	5,297	6,363	6,686	6,035
6	28,478	4,064	183	3,881	5,286	6,347	6,690	6,092
7	28,475	4,077	193	3,884	5,311	6,337	6,658	6,091
8	28,410	4,035	191	3,844	5,298	6,325	6,637	6,115
9	28,389	3,967	163	3,805	5,339	6,310	6,650	6,123
10	28,418	3,948	149	3,799	5,313	6,316	6,658	6,182
11	28,421	3,915	153	3,762	5,336	6,316	6,664	6,189
12	27,808	3,892	163	3,729	5,335	6,256	6,640	5,685
2023. 1	27,363	3,912	187	3,726	5,284	6,206	6,556	5,404
2	27,714	3,853	171	3,682	5,302	6,220	6,568	5,772
3	28,223	3,907	169	3,738	5,304	6,249	6,629	6,134
4	28,432	3,881	150	3,731	5,312	6,293	6,672	6,274
5	28,835	4,005	172	3,833	5,367	6,314	6,735	6,414
6	28,812	3,947	170	3,777	5,356	6,313	6,761	6,435
7	28,686	3,940	183	3,756	5,362	6,277	6,719	6,389
8	28,678	3,931	178	3,753	5,362	6,256	6,710	6,419
9	28,698	3,878	160	3,718	5,395	6,253	6,696	6,477
10	28,764	3,866	143	3,723	5,423	6,248	6,710	6,518
11	28,698	3,848	130	3,718	5,416	6,254	6,700	6,480
12	28,093	3,819	141	3,678	5,399	6,237	6,674	5,964

자료 : 통계청 「경제활동인구조사」   Source : Statistics Korea 「Economically Active Population Survey」

5. 성·연령계층별 취업자수(2-2)

(남자)
(Men)

단위 : 1 000명

연 도 Year	총 수 Total	15~29세 Years	15~19	20~29	30~39	40~49	50~59	60세 이상 Years & over
2019	15,463	1,921	91	1,830	3,362	3,839	3,675	2,666
2020	15,381	1,826	72	1,754	3,273	3,762	3,663	2,858
2021	15,548	1,844	72	1,772	3,212	3,746	3,686	3,059
2022	15,928	1,896	73	1,823	3,196	3,743	3,763	3,330
2023	15,952	1,854	67	1,786	3,158	3,677	3,773	3,492
2022. 1	15,494	1,879	70	1,809	3,208	3,736	3,707	2,964
2	15,621	1,854	78	1,776	3,214	3,751	3,718	3,085
3	15,805	1,886	73	1,814	3,213	3,757	3,755	3,193
4	15,933	1,887	70	1,817	3,218	3,756	3,772	3,302
5	16,113	1,944	89	1,855	3,208	3,762	3,797	3,402
6	16,109	1,934	79	1,854	3,192	3,743	3,802	3,439
7	16,079	1,943	80	1,863	3,191	3,744	3,772	3,429
8	16,085	1,940	78	1,862	3,180	3,751	3,767	3,448
9	16,035	1,890	72	1,818	3,196	3,743	3,761	3,445
10	16,068	1,897	65	1,832	3,187	3,738	3,775	3,471
11	16,038	1,861	61	1,801	3,183	3,737	3,771	3,486
12	15,760	1,838	66	1,772	3,167	3,699	3,754	3,302
2023. 1	15,543	1,865	78	1,787	3,136	3,673	3,721	3,148
2	15,658	1,822	71	1,751	3,140	3,682	3,724	3,291
3	15,873	1,842	73	1,769	3,128	3,699	3,759	3,444
4	15,942	1,823	63	1,759	3,140	3,711	3,765	3,504
5	16,116	1,890	72	1,818	3,169	3,712	3,787	3,557
6	16,110	1,881	67	1,814	3,165	3,701	3,799	3,564
7	16,044	1,896	82	1,815	3,170	3,666	3,770	3,542
8	16,073	1,894	77	1,817	3,165	3,665	3,776	3,573
9	16,084	1,863	65	1,798	3,175	3,661	3,780	3,605
10	16,096	1,844	58	1,786	3,183	3,653	3,800	3,617
11	16,055	1,823	47	1,776	3,172	3,649	3,799	3,613
12	15,831	1,801	54	1,747	3,148	3,648	3,792	3,442

자료 : 통계청 『경제활동인구조사』   Source : Statistics Korea 『Economically Active Population Survey』

5. Employed persons by gender and age group(2-2)

(여 자)
(Women)

In thousand persons

연 도 Year	총 수 Total	15~29세 Years	15~19	20~29	30~39	40~49	50~59	60세 이상 Years & over
2019	11,660	2,024	107	1,917	2,168	2,665	2,769	2,034
2020	11,523	1,937	90	1,847	2,091	2,584	2,693	2,218
2021	11,725	2,033	99	1,934	2,045	2,564	2,735	2,347
2022	12,161	2,100	105	1,995	2,107	2,570	2,856	2,527
2023	12,464	2,045	96	1,950	2,199	2,583	2,905	2,732
2022. 1	11,458	2,084	125	1,959	2,059	2,533	2,742	2,040
2	11,781	2,124	124	2,000	2,064	2,546	2,773	2,274
3	11,949	2,109	99	2,010	2,068	2,555	2,823	2,394
4	12,145	2,131	102	2,030	2,079	2,560	2,845	2,530
5	12,372	2,161	119	2,042	2,089	2,600	2,889	2,632
6	12,370	2,130	104	2,026	2,095	2,604	2,888	2,653
7	12,396	2,134	113	2,021	2,120	2,594	2,886	2,662
8	12,325	2,095	113	1,982	2,118	2,574	2,870	2,667
9	12,354	2,077	91	1,986	2,142	2,567	2,889	2,678
10	12,350	2,051	84	1,967	2,126	2,578	2,884	2,712
11	12,383	2,054	93	1,962	2,153	2,579	2,893	2,704
12	12,048	2,055	98	1,957	2,168	2,557	2,886	2,383
2023. 1	11,820	2,047	108	1,939	2,148	2,533	2,836	2,256
2	12,056	2,031	100	1,931	2,162	2,538	2,844	2,481
3	12,350	2,065	96	1,969	2,176	2,550	2,870	2,690
4	12,490	2,059	87	1,972	2,172	2,582	2,907	2,770
5	12,720	2,115	100	2,015	2,198	2,602	2,948	2,857
6	12,702	2,066	103	1,963	2,191	2,612	2,962	2,871
7	12,042	2,043	102	1,942	2,192	2,611	2,949	2,847
8	12,605	2,037	101	1,936	2,197	2,591	2,934	2,846
9	12,614	2,015	95	1,921	2,220	2,592	2,915	2,872
10	12,668	2,023	85	1,937	2,240	2,595	2,910	2,901
11	12,643	2,026	83	1,942	2,244	2,606	2,901	2,867
12	12,262	2,018	87	1,931	2,251	2,589	2,882	2,522

자료 : 통계청 「경제활동인구조사」　　　　Source : Statistics Korea 「Economically Active Population Survey」

6. 성·산업(대분류)별 취업자수(2-1)

(총 수)
(Total)

단위 : 1 000명

연도 Year	총수 Total	농림어업 Agriculture forestry & fishing	광공업 Mining & Manufacturing	제조업 Manufacturing	사회간접자본 및 기타서비스업 Social overhead capital & other services				
						건설업 Construction	도·소매업 음식숙박업 1)	사업·개인·공공서비스 및 기타 2)	전기·운수·통신·금융 3)
2019	27,123	1,395	4,444	4,429	21,284	2,020	5,966	10,139	3,160
2020	26,904	1,445	4,389	4,376	21,071	2,016	5,647	10,227	3,181
2021	27,273	1,458	4,380	4,368	21,435	2,090	5,451	10,536	3,358
2022	28,089	1,526	4,512	4,503	22,051	2,123	5,495	10,944	3,490
2023	28,416	1,513	4,468	4,461	22,435	2,114	5,572	11,197	3,553
2022. 1	26,953	1,246	4,479	4,467	21,228	2,055	5,428	10,285	3,459
2	27,402	1,276	4,462	4,450	21,664	2,044	5,430	10,687	3,503
3	27,754	1,408	4,525	4,512	21,821	2,115	5,415	10,858	3,434
4	28,078	1,545	4,531	4,518	22,003	2,123	5,453	10,962	3,464
5	28,485	1,669	4,515	4,504	22,300	2,183	5,514	11,097	3,506
6	28,478	1,677	4,508	4,498	22,294	2,185	5,492	11,095	3,523
7	28,475	1,664	4,528	4,520	22,283	2,137	5,530	11,080	3,536
8	28,410	1,663	4,535	4,529	22,212	2,126	5,521	11,059	3,507
9	28,389	1,656	4,532	4,526	22,201	2,121	5,501	11,091	3,490
10	28,418	1,641	4,531	4,525	22,246	2,139	5,521	11,102	3,485
11	28,421	1,569	4,509	4,502	22,343	2,151	5,555	11,153	3,484
12	27,808	1,297	4,495	4,489	22,016	2,097	5,576	10,857	3,487
2023. 1	27,363	1,199	4,438	4,432	21,726	2,017	5,582	10,622	3,505
2	27,714	1,231	4,429	4,423	22,053	2,041	5,531	10,972	3,510
3	28,223	1,438	4,470	4,463	22,315	2,095	5,525	11,167	3,527
4	28,432	1,557	4,428	4,421	22,447	2,092	5,563	11,286	3,506
5	28,835	1,654	4,474	4,464	22,708	2,117	5,611	11,422	3,558
6	28,812	1,663	4,498	4,488	22,651	2,123	5,581	11,385	3,563
7	28,686	1,622	4,493	4,485	22,571	2,095	5,600	11,321	3,555
8	28,678	1,644	4,468	4,460	22,567	2,125	5,573	11,327	3,541
9	28,698	1,653	4,462	4,454	22,583	2,157	5,550	11,316	3,560
10	28,764	1,657	4,456	4,448	22,651	2,153	5,583	11,304	3,611
11	28,698	1,567	4,499	4,491	22,633	2,183	5,569	11,290	3,591
12	28,093	1,272	4,505	4,498	22,317	2,168	5,593	10,949	3,607

1) Wholesale and retail trade hotels & restaurants
2) Business personal public service & others
3) Electricity transport telecom & finance

6. Employed persons by gender and industry(sections)(2-1)

(남 자)
(Men)

In thousand persons

연 도 Year	총 수 Total	농림어업 Agriculture forestry & fishing	광공업 Mining & Manufacturing	제조업 Manufac-turing	사회간접자본 및 기타서비스업 Social overhead capital & other services				
						건설업 Construction	도·소매업 음식숙박업 1)	사업·개인· 공공서비스 및 기타 2)	전기·운수· 통신·금융 3)
2019	15,463	830	3,170	3,158	11,462	1,817	2,855	4,497	2,293
2020	15,381	876	3,148	3,137	11,358	1,808	2,720	4,498	2,332
2021	15,548	897	3,121	3,111	11,530	1,875	2,626	4,611	2,418
2022	15,928	932	3,222	3,214	11,775	1,887	2,616	4,755	2,517
2023	15,952	921	3,176	3,170	11,855	1,856	2,605	4,828	2,565
2022. 1	15,494	820	3,214	3,203	11,460	1,830	2,602	4,530	2,498
2	15,621	832	3,203	3,192	11,587	1,810	2,601	4,652	2,523
3	15,805	889	3,257	3,245	11,659	1,870	2,594	4,723	2,472
4	15,933	935	3,256	3,245	11,742	1,875	2,593	4,766	2,508
5	16,113	988	3,220	3,210	11,905	1,941	2,599	4,815	2,551
6	16,109	994	3,198	3,189	11,917	1,942	2,608	4,806	2,560
7	16,079	999	3,208	3,201	11,873	1,906	2,628	4,791	2,547
8	16,085	995	3,240	3,234	11,851	1,903	2,634	4,795	2,519
9	16,035	987	3,224	3,218	11,824	1,891	2,620	4,801	2,513
10	16,068	970	3,235	3,230	11,863	1,906	2,636	4,812	2,509
11	16,038	940	3,205	3,199	11,893	1,908	2,647	4,834	2,504
12	15,760	832	3,205	3,199	11,723	1,857	2,633	4,733	2,499
2023. 1	15,543	786	3,159	3,153	11,598	1,771	2,667	4,643	2,516
2	15,658	807	3,151	3,145	11,700	1,791	2,615	4,754	2,541
3	15,873	898	3,171	3,164	11,804	1,834	2,605	4,812	2,554
4	15,942	947	3,142	3,135	11,854	1,831	2,605	4,871	2,548
5	16,116	981	3,173	3,165	11,962	1,856	2,600	4,924	2,582
6	16,110	980	3,189	3,182	11,940	1,868	2,601	4,894	2,578
7	16,044	969	3,180	3,175	11,895	1,857	2,614	4,846	2,578
8	16,073	981	3,158	3,152	11,934	1,874	2,609	4,886	2,566
9	16,084	981	3,170	3,164	11,933	1,903	2,599	4,860	2,571
10	16,096	978	3,175	3,169	11,943	1,885	2,598	4,856	2,604
11	16,055	932	3,212	3,207	11,911	1,913	2,572	4,854	2,573
12	15,831	815	3,233	3,228	11,783	1,894	2,572	4,743	2,574

주 : 한국표준산업분류 10차개정(2017) 기준
자료 : 통계청 「경제활동인구조사」

Note : Based upon 10th revision of Korean Standard Industrial Classification(2017)
Source : Statistics Korea 「Economically Active Population Survey」

6. 성·산업(대분류)별 취업자수(2-2)
Employed persons by year gender and industry(sections)(2-2)
(여자) (Women)

단위 : 1 000명

연도 Year	총수 Total	농림어업 Agriculture forestry & fishing	광공업 Mining & Manufacturing	제조업 Manufacturing	사회간접자본 및 기타서비스업 Social overhead capital & other services				
						건설업 Construction	도·소매업 음식숙박업 1)	사업·개인 공공서비스 및 기타 2)	전기·운수· 통신·금융 3)
2019	11,660	565	1,273	1,271	9,822	202	3,111	5,642	867
2020	11,523	570	1,241	1,239	9,713	208	2,927	5,729	849
2021	11,725	562	1,258	1,257	9,905	215	2,825	5,925	940
2022	12,161	594	1,291	1,290	10,276	236	2,878	6,189	973
2023	12,464	592	1,292	1,291	10,580	257	2,967	6,368	987
2022. 1	11,458	426	1,266	1,264	9,768	225	2,826	5,755	961
2	11,781	444	1,260	1,258	10,077	234	2,829	6,035	980
3	11,949	519	1,268	1,267	10,162	245	2,820	6,135	961
4	12,145	610	1,275	1,273	10,260	248	2,860	6,196	957
5	12,372	681	1,296	1,294	10,394	242	2,915	6,282	955
6	12,370	682	1,310	1,309	10,377	242	2,883	6,289	963
7	12,396	665	1,320	1,319	10,411	232	2,901	6,289	989
8	12,325	667	1,296	1,295	10,362	223	2,887	6,264	988
9	12,354	669	1,308	1,308	10,377	230	2,881	6,290	977
10	12,350	671	1,296	1,295	10,384	234	2,885	6,289	976
11	12,383	628	1,304	1,304	10,451	243	2,908	6,319	980
12	12,048	465	1,290	1,289	10,294	240	2,943	6,124	988
2023. 1	11,820	413	1,279	1,279	10,128	245	2,914	5,979	989
2	12,056	425	1,278	1,278	10,353	249	2,916	6,219	969
3	12,350	540	1,299	1,299	10,511	261	2,921	6,355	973
4	12,490	610	1,286	1,286	10,593	262	2,958	6,416	958
5	12,720	673	1,301	1,299	10,746	261	3,011	6,499	976
6	12,702	683	1,308	1,306	10,711	255	2,980	6,491	985
7	12,642	653	1,313	1,311	10,676	238	2,986	6,475	977
8	12,605	663	1,310	1,308	10,632	251	2,964	6,442	975
9	12,614	671	1,292	1,290	10,650	254	2,952	6,456	989
10	12,668	679	1,281	1,279	10,708	268	2,986	6,448	1,007
11	12,643	635	1,286	1,284	10,722	270	2,998	6,437	1,018
12	12,262	457	1,271	1,270	10,534	274	3,022	6,206	1,033

1) Wholesale and retail trade hotels & restaurants
2) Business personal public service & others
3) Electricity transport telecom & finance

7. 성·직업(대분류)별 취업자수(2-1)
Employed persons by gender and occupation(major)(2-1)
(총 수)
(Total)

단위 : 1 000명

연도 Year	총 수 Total	관리자 Managers	전문가 및 관련종사자 Professionals and Related Workers	사무종사자 Clerks	서비스종사자 Service Workers	판매종사자 Sales Workers	농림어업숙련종사자 Skilled Agricultural Forestry and Fishery Workers	기능원 및 관련 기능 종사자 Craft and Related Trades Workers	장치 기계조작 조립종사자 Equipment Machine Operating and Assembling Workers	단순노무종사자 Elementary Workers
2019	27,123	408	5,557	4,749	3,116	3,030	1,332	2,372	3,026	3,534
2020	26,904	395	5,480	4,691	3,046	2,897	1,383	2,336	2,957	3,718
2021	27,273	393	5,585	4,751	3,073	2,766	1,396	2,406	2,979	3,925
2022	28,089	436	5,885	4,854	3,269	2,681	1,463	2,403	3,053	4,045
2023	28,416	475	6,168	4,965	3,465	2,621	1,481	2,311	3,003	3,927
2022. 1	26,953	400	5,743	4,809	3,093	2,701	1,187	2,360	3,070	3,590
2	27,402	407	5,845	4,810	3,143	2,720	1,214	2,341	3,060	3,861
3	27,754	417	5,846	4,836	3,153	2,676	1,349	2,414	3,078	3,985
4	28,078	422	5,856	4,849	3,187	2,662	1,485	2,421	3,086	4,111
5	28,485	426	5,869	4,891	3,260	2,703	1,582	2,466	3,082	4,207
6	28,478	445	5,890	4,846	3,292	2,674	1,587	2,482	3,079	4,183
7	28,475	448	5,915	4,874	3,298	2,685	1,598	2,426	3,056	4,176
8	28,410	450	5,896	4,863	3,296	2,692	1,604	2,403	3,035	4,172
9	28,389	456	5,904	4,867	3,326	2,664	1,594	2,385	3,040	4,153
10	28,418	459	5,923	4,861	3,389	2,648	1,582	2,365	3,035	4,156
11	28,421	448	5,960	4,886	3,400	2,659	1,513	2,392	3,027	4,135
12	27,808	459	5,973	4,856	3,394	2,688	1,260	2,376	2,986	3,817
2023. 1	27,363	471	6,007	4,837	3,362	2,677	1,178	2,278	2,945	3,609
2	27,714	471	6,053	4,832	3,390	2,628	1,217	2,303	2,956	3,864
3	28,223	487	6,090	4,936	3,390	2,621	1,417	2,316	2,973	3,994
4	28,432	472	6,133	4,952	3,439	2,643	1,536	2,318	2,941	4,000
5	28,835	462	6,228	5,030	3,514	2,642	1,622	2,321	2,998	4,019
6	28,812	478	6,195	5,013	3,534	2,633	1,614	2,300	3,015	4,030
7	28,686	488	6,194	4,979	3,520	2,625	1,592	2,302	3,038	3,948
8	28,678	482	6,190	4,942	3,513	2,620	1,609	2,325	3,018	3,973
9	28,698	478	6,248	4,980	3,456	2,597	1,595	2,324	3,031	3,990
10	28,764	478	6,210	5,031	3,499	2,589	1,613	2,303	3,040	4,002
11	28,698	472	6,218	5,022	3,491	2,591	1,532	2,332	3,033	4,008
12	28,093	464	6,248	5,022	3,474	2,576	1,252	2,314	3,055	3,690

주 : 한국표준직업분류 7차개정(2017) 기준
자료 : 통계청 「경제활동인구조사」

7. 성·직업(대분류)별 취업자수(2-1)
Employed persons by gender and occupation(major)(2-1)

(남자)
(Men)

In thousand persons

연도 Year	총수 Total	관리자 Managers	전문가 및 관련종사자 Professionals and Related Workers	사무종사자 Clerks	서비스종사자 Service Workers	판매종사자 Sales Workers	농림어업숙련종사자 Skilled Agricultural Forestry and Fishery Workers	기능원 및 관련 기능 종사자 Craft and Related Trades Workers	장치 기계조작 조립종사자 Equipment Machine Operating and Assembling Workers	단순노무종사자 Elementary Workers
2019	15,463	345	2,839	2,398	1,044	1,509	821	2,071	2,663	1,774
2020	15,381	334	2,855	2,314	1,016	1,448	861	2,053	2,621	1,879
2021	15,548	329	2,849	2,324	1,053	1,349	879	2,115	2,642	2,007
2022	15,928	373	2,985	2,343	1,148	1,274	913	2,103	2,698	2,092
2023	15,952	398	3,158	2,390	1,187	1,206	924	2,038	2,647	2,005
2022. 1	15,494	347	2,929	2,335	1,079	1,308	799	2,067	2,727	1,904
2	15,621	352	2,962	2,318	1,095	1,331	810	2,042	2,714	1,997
3	15,805	358	2,963	2,327	1,097	1,304	869	2,100	2,736	2,052
4	15,933	363	2,979	2,315	1,109	1,285	918	2,113	2,743	2,109
5	16,113	362	2,980	2,353	1,130	1,302	960	2,154	2,725	2,147
6	16,109	375	2,976	2,328	1,155	1,285	963	2,172	2,718	2,138
7	16,079	377	2,983	2,342	1,162	1,273	976	2,139	2,692	2,136
8	16,085	378	2,982	2,351	1,170	1,253	978	2,129	2,678	2,167
9	16,035	386	2,987	2,348	1,181	1,238	970	2,095	2,679	2,151
10	16,068	396	3,014	2,349	1,214	1,232	958	2,074	2,671	2,159
11	16,038	385	3,032	2,374	1,206	1,240	929	2,082	2,664	2,127
12	15,760	394	3,031	2,376	1,182	1,242	828	2,067	2,626	2,014
2023. 1	15,543	402	3,051	2,371	1,175	1,257	792	1,988	2,585	1,923
2	15,658	402	3,074	2,358	1,169	1,221	819	2,017	2,598	2,001
3	15,873	411	3,101	2,372	1,173	1,228	906	2,031	2,611	2,042
4	15,942	396	3,116	2,388	1,191	1,222	957	2,043	2,585	2,045
5	16,116	384	3,178	2,418	1,209	1,211	986	2,046	2,647	2,039
6	16,110	396	3,166	2,414	1,213	1,196	974	2,034	2,662	2,055
7	16,044	404	3,160	2,402	1,212	1,191	967	2,034	2,673	2,001
8	16,073	399	3,179	2,370	1,208	1,188	979	2,055	2,663	2,033
9	16,084	396	3,214	2,393	1,182	1,179	968	2,061	2,677	2,015
10	16,096	396	3,210	2,411	1,181	1,186	978	2,036	2,681	2,017
11	16,055	395	3,215	2,401	1,169	1,192	940	2,066	2,678	1,999
12	15,831	391	3,233	2,384	1,164	1,195	824	2,052	2,701	1,888

주 : 한국표준직업분류 7차개정(2017) 기준
자료 : 통계청 「경제활동인구조사」

7. 성·직업(대분류)별 취업자수(2-2)
Employed persons by gender and occupation(major)(2-2)
(여자)
(Women)

단위 : 1 000명 / In thousand persons

연도 Year	총수 Total	관리자 Managers	전문가 및 관련종사자 Professionals and Related Workers	사무 종사자 Clerks	서비스 종사자 Service Workers	판매 종사자 Sales Workers	농림어업 숙련종사자 Skilled Agricultural Forestry and Fishery Workers	기능원 및 관련 기능 종사자 Craft and Related Trades Workers	장치 기계조작 조립종사자 Equipment Machine Operating and Assembling Workers	단순노무 종사자 Elementary Workers
2019	11,660	63	2,718	2,351	2,072	1,522	511	301	363	1,760
2020	11,523	62	2,626	2,377	2,030	1,449	521	283	336	1,839
2021	11,725	64	2,736	2,427	2,020	1,416	517	291	336	1,918
2022	12,161	64	2,900	2,511	2,121	1,407	550	300	355	1,954
2023	12,464	78	3,010	2,575	2,278	1,415	557	273	357	1,922
2022. 1	11,458	53	2,814	2,474	2,014	1,393	388	293	343	1,686
2	11,781	55	2,883	2,493	2,049	1,390	403	300	346	1,864
3	11,949	59	2,883	2,509	2,056	1,372	481	314	343	1,933
4	12,145	59	2,876	2,535	2,078	1,377	568	307	343	2,002
5	12,372	64	2,889	2,538	2,130	1,401	622	312	357	2,060
6	12,370	70	2,914	2,518	2,137	1,390	624	310	361	2,046
7	12,396	72	2,932	2,532	2,136	1,412	622	287	364	2,039
8	12,325	73	2,914	2,512	2,126	1,439	626	274	357	2,005
9	12,354	70	2,917	2,519	2,145	1,426	624	290	361	2,002
10	12,350	63	2,909	2,512	2,175	1,417	624	291	363	1,997
11	12,383	63	2,928	2,512	2,194	1,419	584	310	363	2,008
12	12,048	65	2,942	2,479	2,212	1,446	433	309	360	1,802
2023. 1	11,820	68	2,955	2,467	2,187	1,421	386	291	359	1,686
2	12,056	69	2,979	2,474	2,222	1,407	398	286	358	1,863
3	12,350	76	2,989	2,565	2,218	1,393	511	286	362	1,953
4	12,490	76	3,017	2,563	2,248	1,421	579	275	355	1,955
5	12,720	79	3,050	2,612	2,305	1,431	636	275	352	1,980
6	12,702	82	3,029	2,599	2,321	1,437	640	267	353	1,975
7	12,642	84	3,033	2,577	2,309	1,434	625	269	365	1,947
8	12,605	84	3,011	2,572	2,305	1,430	630	270	356	1,940
9	12,614	81	3,034	2,587	2,274	1,418	627	263	354	1,975
10	12,668	82	3,000	2,620	2,318	1,403	634	267	359	1,986
11	12,643	77	3,003	2,621	2,322	1,399	592	265	356	2,009
12	12,262	73	3,015	2,638	2,310	1,380	427	263	354	1,802

Note : Based upon the 7th revision of Korean Standard Classification of Occupartion(2017)
Source : Statistics Korea 「Economically Active Population Survey」

8. 성·연령계층별 경제활동인구 총괄(2023)
Summary table of economically Active population by gender and age group(2023)

단위 : 1 000명 % 　　　　　　　　　　　　　　　　　　　　　　　　　　　　　　In thousand persons %

성·연령계층 Gender·age group	15세이상인구 Population 15years & over	경제활동인구 / Economically active population					비경제활동인구 / Not economically active population				
		참가율(%) Participation rate	취업자 Employed	실업자 Unemployed			가사·육아 House Keeping & caring for child	통학 Attending school	연로 Too old	기타 Others
					실업률 Rate(%)						
총수 Both genders	45,407	29,203	64.3	28,416	787	2.7	16,204	6,819	3,328	2,477	3,581
15~19세 Years	2,258	172	7.6	163	9	5.5	2,086				
20~29	6,132	3,970	64.7	3,736	234	5.9	2,163				
30~39	6,787	5,500	81.0	5,357	143	2.6	1,287				
40~49	7,963	6,381	80.1	6,260	121	1.9	1,582				
50~59	8,593	6,793	79.1	6,678	116	1.7	1,800				
60세 이상 Years and over	13,674	6,387	46.7	6,223	164	2.6	7,287				
남자 Men	22,362	16,386	73.3	15,952	434	2.6	5,976	219	1,739	1,410	2,608
15~19세 Years	1,150	72	6.3	67	5	6.5	1,078				
20~29	3,057	1,913	62.6	1,786	127	6.6	1,144				
30~39	3,553	3,237	91.1	3,158	80	2.5	316				
40~49	4,051	3,746	92.5	3,677	69	1.8	305				
50~59	4,311	3,834	88.9	3,773	61	1.6	478				
60세 이상 Years and over	6,240	3,585	57.4	3,492	93	2.6	2,655				
여자 Women	23,045	12,817	55.6	12,464	353	2.8	10,228	6,601	1,589	1,067	972
15~19세 Years	1,108	100	9.1	96	5	4.7	1,008				
20~29	3,075	2,057	66.9	1,950	107	5.2	1,019				
30~39	3,234	2,263	70.0	2,199	64	2.8	971				
40~49	3,912	2,635	67.4	2,583	52	2.0	1,277				
50~59	4,282	2,960	69.1	2,905	55	1.9	1,322				
60세 이상 Years and over	7,434	2,802	37.7	2,732	71	2.5	4,632				

자료 : 통계청 「경제활동인구조사」　　　　　　　　　　　Source : Statistics Korea 「Economically Active Population Survey」

9. 성·종사상의 지위별 취업자수(1-1)
Employed persons by gender and status of worker(1-1)
(총 수)
(Total)

단위 : 1,000명

연 도 Year	총 수 Total							남 자		
		자영업주 Self employed	무급가족 종사자 Unpaid family workers	임금근로자 Wage & salary workers	상 용 Regular employees	임 시 Temporary employees	일 용 Daily workers		자영업주 Self employed	무급가족 종사자 Unpaid family workers
2019	27,123	5,606	1,077	20,440	14,216	4,795	1,429	15,463	3,965	143
2020	26,904	5,531	1,042	20,332	14,521	4,483	1,328	15,381	3,920	157
2021	27,273	5,513	1,007	20,753	14,887	4,634	1,231	15,548	3,949	157
2022	28,089	5,632	955	21,502	15,692	4,678	1,132	15,928	3,973	148
2023	28,416	5,689	899	21,828	16,170	4,617	1,042	15,952	3,978	122
2022. 1	26,953	5,470	862	20,621	15,309	4,237	1,075	15,494	3,891	143
2	27,402	5,486	877	21,039	15,445	4,533	1,061	15,621	3,899	149
3	27,754	5,515	923	21,316	15,580	4,656	1,080	15,805	3,906	149
4	28,078	5,603	969	21,506	15,641	4,715	1,150	15,933	3,966	141
5	28,485	5,697	1,012	21,776	15,719	4,839	1,218	16,113	4,024	148
6	28,478	5,707	1,027	21,744	15,729	4,813	1,202	16,109	4,033	160
7	28,475	5,691	1,006	21,778	15,783	4,823	1,172	16,079	4,011	155
8	28,410	5,690	996	21,724	15,801	4,773	1,151	16,085	3,998	151
9	28,389	5,710	987	21,692	15,817	4,773	1,102	16,035	4,016	148
10	28,418	5,734	1,000	21,684	15,800	4,758	1,126	16,068	4,030	149
11	28,421	5,716	973	21,732	15,817	4,761	1,154	16,038	4,009	152
12	27,808	5,564	836	21,408	15,868	4,452	1,089	15,760	3,890	132
2023. 1	27,363	5,499	790	21,074	15,884	4,185	1,005	15,543	3,857	121
2	27,714	5,536	804	21,373	15,915	4,404	1,054	15,658	3,872	125
3	28,223	5,606	869	21,749	16,077	4,582	1,091	15,873	3,930	119
4	28,432	5,715	924	21,794	16,105	4,615	1,074	15,942	4,009	127
5	28,835	5,791	968	22,076	16,310	4,681	1,085	16,116	4,052	126
6	28,812	5,803	967	22,041	16,275	4,680	1,087	16,110	4,054	123
7	28,686	5,783	944	21,959	16,296	4,679	984	16,044	4,034	122
8	28,678	5,784	940	21,954	16,193	4,759	1,002	16,073	4,027	119
9	28,698	5,729	939	22,030	16,252	4,743	1,035	16,084	3,998	118
10	28,764	5,733	949	22,082	16,240	4,826	1,016	16,096	4,004	124
11	28,698	5,719	910	22,069	16,236	4,786	1,047	16,055	4,003	122
12	28,093	5,567	786	21,740	16,258	4,462	1,020	15,831	3,897	118

주 : 한국표준산업분류 10차개정(2017) 기준
자료 : 통계청, 「경제활동인구조사」

9. 성·종사상의 지위별 취업자수(1-1)
Employed persons by gender and status of worker(1-1)
(총 수)
(Total)

In thousand persons

Men					여		자	Women			
임금근로자					자영업주	무급가족 종사자	임금근로자				
Wage & salary workers	상 용 Regular employees	임 시 Temporary employees	일 용 Daily workers		Self employed	Unpaid family workers	Wage & salary workers	상 용 Regular employees	임 시 Temporary employees	일 용 Daily workers	
11,355	8,536	1,894	925	11,660	1,641	935	9,085	5,680	2,901	504
11,304	8,667	1,753	884	11,523	1,611	884	9,028	5,855	2,730	443
11,441	8,795	1,778	868	11,725	1,564	850	9,312	6,092	2,856	363
11,808	9,170	1,829	809	12,161	1,659	807	9,694	6,523	2,848	323
11,852	9,317	1,814	721	12,464	1,711	777	9,976	6,853	2,803	320
11,460	9,022	1,684	755	11,458	1,579	720	9,160	6,287	2,553	320
11,574	9,063	1,771	740	11,781	1,587	728	9,465	6,382	2,762	322
11,751	9,155	1,810	786	11,949	1,610	775	9,565	6,425	2,846	293
11,827	9,179	1,822	825	12,145	1,637	829	9,679	6,461	2,893	325
11,941	9,222	1,855	865	12,372	1,673	864	9,835	6,498	2,984	353
11,916	9,197	1,845	874	12,370	1,675	867	9,828	6,531	2,968	329
11,913	9,205	1,863	845	12,396	1,680	850	9,866	6,578	2,960	328
11,936	9,191	1,916	829	12,325	1,692	845	9,788	6,610	2,857	321
11,871	9,196	1,883	792	12,354	1,694	839	9,821	6,621	2,891	310
11,889	9,199	1,873	817	12,350	1,704	851	9,795	6,602	2,885	309
11,877	9,189	1,870	819	12,383	1,708	820	9,855	6,628	2,892	336
11,737	9,218	1,762	757	12,048	1,674	704	9,671	6,649	2,689	332
11,565	9,164	1,698	703	11,820	1,642	669	9,509	6,720	2,487	302
11,661	9,165	1,755	742	12,056	1,664	680	9,712	6,751	2,650	312
11,825	9,247	1,808	770	12,350	1,676	750	9,925	6,830	2,774	321
11,807	9,245	1,807	754	12,490	1,705	797	9,987	6,860	2,808	320
11,938	9,364	1,817	757	12,720	1,740	842	10,138	6,946	2,864	328
11,933	9,362	1,819	752	12,702	1,749	845	10,108	6,912	2,861	335
11,887	9,387	1,827	674	12,642	1,749	821	10,072	6,909	2,852	310
11,927	9,350	1,890	688	12,605	1,757	821	10,027	6,844	2,869	314
11,969	9,396	1,870	703	12,614	1,731	822	10,061	6,856	2,873	333
11,968	9,380	1,891	697	12,668	1,729	825	10,114	6,860	2,935	319
11,931	9,361	1,849	721	12,643	1,716	788	10,138	6,875	2,938	326
11,816	9,378	1,742	696	12,262	1,671	668	9,924	6,879	2,720	325

Note : Based upon 10th revision of Korean Standard Industrial Classification(2017)
Source : Statistics Korea, 「Economically Active Population Survey」

B. 사업체 노동실태
Employment of establishment

10. 산업·규모별 사업체수 및 (종사상지위·성별)종사자수(55-1)
(2022. 12. 31.)

단위 : 개소, 명

산업별 \ 규모별	사업체수 Number of establi- shments	종사자수 Number of workers			자영업자 Individual proprietors			무급가족 Unpaid family
		계 Total	남 Male	여 Female	계 Total	남 Male	여 Female	계 Total
전 산 업	2 099 955	18 835 715	10 854 353	7 981 362	1 065 718	664 253	401 465	935 933
A. 농업, 임업 및 어업	7 025	50 485	36 772	13 713	0	0	0	948
01. 농 업	5 610	36 892	25 425	11 467	0	0	0	783
02. 임 업	836	8 437	6 864	1 573	0	0	0	58
03. 어 업	579	5 156	4 483	673	0	0	0	107
B. 광 업	1 015	12 541	11 142	1 399	129	114	15	142
05. 석탄, 원유 및 천연가스 광업	15	1 886	1 817	69	3	3	0	0
06. 금 속 광 업	30	321	303	18	2	2	0	0
07. 비금속광물 광업; 연료용 제외	961	9 690	8 585	1 105	124	109	15	142
08. 광 업 지 원 서 비 스 업	9	644	437	207	0	0	0	0
C. 제 조 업	317 666	3 919 575	2 928 497	991 078	156 350	119 526	36 824	35 133
10. 식 료 품 제 조 업	27 515	312 688	166 034	146 654	12 445	7 526	4 919	5 499
101. 도축, 육류 가공 및 저장 처리업	3 342	55 482	31 441	24 041	990	696	294	659
102. 수산물 가공 및 저장 처리업	3 338	39 179	16 001	23 178	1 700	1 143	557	1 202
103. 과실, 채소 가공 및 저장 처리업	3 698	31 206	12 902	18 304	1 703	864	839	846
104. 동물성 및 식물성 유지 제조업	552	4 185	2 875	1 310	325	191	134	118
105. 낙농제품 및 식용 빙과류 제조업	281	10 620	8 064	2 556	49	35	14	18
106. 곡물 가공품, 전분 및 전분제품 제조업	2 361	17 661	11 801	5 860	987	707	280	377
107. 기 타 식 품 제 조 업	12 772	141 417	73 006	68 411	6 492	3 757	2 735	2 211
108. 동물용 사료 및 조제식품 제조업	1 171	12 938	9 944	2 994	199	133	66	68
11. 음 료 제 조 업	1 291	19 398	14 845	4 553	331	247	84	145
111. 알 코 올 음 료 제 조 업	753	8 795	6 908	1 887	234	174	60	103
112. 비알코올 음료 및 얼음 제조업	538	10 603	7 937	2 666	97	73	24	42
12. 담 배 제 조 업	12	2 708	2 472	236	0	0	0	17
120. 담 배 제 조 업	12	2 708	2 472	236	0	0	0	17
13. 섬유제품 제조업; 의복 제외	14 985	117 827	72 184	45 643	8 957	6 445	2 512	1 740
131. 방적 및 가공사 제조업	1 272	10 524	6 186	4 338	895	689	206	131
132. 직물 직조 및 직물제품 제조업	7 361	51 143	27 388	23 755	4 354	3 049	1 305	819
133. 편 조 원 단 제 조 업	682	4 167	2 666	1 501	460	348	112	75
134. 섬유제품 염색, 정리 및 마무리 가공업	2 715	25 814	18 633	7 181	1 707	1 237	470	346
139. 기 타 섬 유 제 품 제 조 업	2 955	26 179	17 311	8 868	1 541	1 122	419	369
14. 의복, 의복 액세서리 및 모피제품 제조업	13 873	96 704	35 712	60 992	10 527	6 687	3 840	7 370
141. 봉 제 의 복 제 조 업	11 114	80 071	28 461	51 610	8 502	5 286	3 216	6 623
142. 모 피 제 품 제 조 업	171	925	421	504	105	72	33	61
143. 편 조 의 복 제 조 업	985	6 259	2 508	3 751	784	532	252	401
144. 의복 액세서리 제조업	1 603	9 449	4 322	5 127	1 136	797	339	285
15. 가죽, 가방 및 신발 제조업	3 626	24 383	13 741	10 642	2 286	1 630	656	1 237
151. 가죽, 가방 및 유사 제품 제조업	2 088	12 296	6 741	5 555	1 346	945	401	393
152. 신발 및 신발 부분품 제조업	1 538	12 087	7 000	5 087	940	685	255	844
16. 목재 및 나무제품 제조업; 가구 제외	4 838	34 917	28 060	6 857	2 405	1 789	616	274
161. 제재 및 목재 가공업	1 228	9 001	7 347	1 654	539	400	139	49
162. 나 무 제 품 제 조 업	3 460	25 354	20 300	5 054	1 825	1 362	463	216
163. 코르크 및 조물 제품 제조업	150	562	413	149	41	27	14	9

주 : 한국표준산업분류 10차개정(2017) 기준
자료 : 고용노동부 노동시장조사과, 「사업체노동실태현황보고서」

10. Number of establishments and workers(by employment status and gender) by industry and establishment size(55-1) (2022. 12. 31.)

Unit : In each, person

Total								Establishment Size
종사자 및 기타종사자 Workers & Other workers		상용근로자 Regular employees			임시 및 일용근로자 Temporary and daily employees			
남 Male	여 Female	계 Total	남 Male	여 Female	계 Total	남 Male	여 Female	Industry
385 682	550 251	14 345 132	8 486 478	5 858 654	2 488 932	1 317 940	1 170 992	All industries
652	296	40 905	30 518	10 387	8 632	5 602	3 030	Agriculture, forestry and fishing
540	243	31 275	22 530	8 745	4 834	2 355	2 479	Agriculture
49	9	5 483	4 333	1 150	2 896	2 482	414	Forestry
63	44	4 147	3 655	492	902	765	137	Fishing and aquaculture
111	31	11 414	10 168	1 246	856	749	107	Mining and quarrying
0	0	1 645	1 604	41	238	210	28	Mining of coal, crude petroleum and natural gas
0	0	307	289	18	12	12	0	Mining of metal ores
111	31	8 831	7 848	983	593	517	76	Mining of non-metallic minerals, except fuel
0	0	631	427	204	13	10	3	Mining support service activities
18 800	16 333	3 520 563	2 659 083	861 480	207 529	131 088	76 441	Manufacturing
1 988	3 511	264 247	145 562	118 685	30 497	10 958	19 539	Manufacture of food products
106	553	51 484	29 529	21 955	2 349	1 110	1 239	Slaughtering of livestock, processing and preserving of meat and meat products
448	754	28 377	11 899	16 478	7 900	2 511	5 389	Processing and preserving of fish, crustaceans, molluscs and seaweeds
338	508	24 196	10 507	13 689	4 461	1 193	3 268	Processing and preserving of fruit and vegetables
27	91	3 318	2 453	865	424	204	220	Manufacture of vegetable and animal oils and fats
3	15	9 898	7 647	2 251	655	379	276	Manufacture of dairy products and edible ice cakes
158	219	14 679	10 064	4 615	1 618	872	746	Manufacture of grain mill products, starches and starch products
851	1 360	120 156	64 046	56 110	12 558	4 352	8 206	Manufacture of other food products
57	11	12 139	9 417	2 722	532	337	195	Manufacture of prepared animal feeds and feed additives
72	73	18 065	14 030	4 035	857	496	361	Manufacture of beverages
44	59	8 069	6 427	1 642	389	263	126	Manufacture of alcoholic beverages
28	14	9 996	7 603	2 393	468	233	235	Manufacture of ice and non-alcoholic beverages; production of mineral waters
12	5	2 614	2 421	193	77	39	38	Manufacture of tobacco products
12	5	2 614	2 421	193	77	39	38	Manufacture of tobacco products
661	1 079	99 496	61 429	38 067	7 634	3 649	3 985	Manufacture of textiles, except apparel
46	85	9 001	5 186	3 815	497	265	232	Spinning of textiles and processing of threads and yarns
274	545	42 363	22 384	19 979	3 607	1 681	1 926	Weaving of textiles and manufacture of textile products
35	40	3 306	2 140	1 166	326	143	183	Manufacture of knitted and crocheted fabrics
129	217	22 094	16 462	5 632	1 667	805	862	Dyeing and finishing of textiles and wearing apparel
177	192	22 732	15 257	7 475	1 537	755	782	Manufacture of other made-up textile articles, except apparel
2 227	5 143	61 543	23 093	38 450	17 264	3 705	13 559	Manufacture of wearing apparel, clothing accessories and fur articles
1 997	4 626	50 513	18 200	32 313	14 433	2 978	11 455	Manufacture of sewn wearing apparel, except fur apparel
25	36	607	283	324	152	41	111	Manufacture of articles of fur
111	290	3 698	1 547	2 151	1 376	318	1 058	Manufacture of knitted and crocheted apparel
94	191	6 725	3 063	3 662	1 303	368	935	Manufacture of apparel accessories
786	451	17 859	10 144	7 715	3 001	1 181	1 820	Manufacture of leather, luggage and footwear
153	240	8 887	5 002	3 885	1 670	641	1 029	Manufacture of leather, luggage and similar products
633	211	8 972	5 142	3 830	1 331	540	791	Manufacture of footwear and parts of footwear
145	129	29 102	23 467	5 635	3 136	2 659	477	Manufacture of wood and of products of wood and cork; except furniture
32	17	7 466	6 097	1 369	947	818	129	Sawmilling and planing of wood
110	106	21 207	17 051	4 156	2 106	1 777	329	Manufacture of wood products
3	6	429	319	110	83	64	19	Manufacture of articles of cork, straw and plaiting materials

Note : Based upon the 10th revision of Korean Standard Industrial Classification(2017)
Source : Labor Market Statistics Division, Ministry of Employment and Labor, 「Report on the Establishment Status」

10. 산업·규모별 사업체수 및 (종사상지위·성별)종사자수(55-2)
(2022. 12. 31.)

단위 : 개소, 명

산업별	사업체수 Number of establi- shments	종사자수 Number of workers			자영업자 Individual proprietors			무급가족 Unpaid family
		계 Total	남 Male	여 Female	계 Total	남 Male	여 Female	계 Total
17. 펄프, 종이 및 종이제품 제조업	6 770	80 346	60 722	19 624	3 364	2 520	844	336
171. 펄프, 종이 및 판지 제조업	871	17 375	14 826	2 549	358	266	92	39
172. 골판지, 종이 상자 및 종이 용기 제조업	3 949	40 100	30 604	9 496	2 142	1 623	519	190
179. 기타 종이 및 판지 제품 제조업	1 950	22 871	15 292	7 579	864	631	233	107
18. 인쇄 및 기록매체 복제업	9 427	56 740	38 048	18 692	6 759	5 078	1 681	594
181. 인쇄 및 인쇄관련 산업	9 324	56 317	37 798	18 519	6 733	5 059	1 674	592
182. 기록매체 복제업	103	423	250	173	26	19	7	2
19. 코크스, 연탄 및 석유정제품 제조업	365	13 418	12 453	965	70	59	11	4
191. 코크스 및 연탄 제조업	62	701	606	95	19	15	4	2
192. 석유 정제품 제조업	303	12 717	11 847	870	51	44	7	2
20. 화학 물질 및 화학제품 제조업; 의약품 제외	12 813	189 399	147 117	42 282	3 084	2 243	841	646
201. 기초 화학물질 제조업	1 370	36 305	32 652	3 653	242	189	53	31
202. 합성고무 및 플라스틱 물질 제조업	2 856	38 320	33 101	5 219	1 168	867	301	214
203. 비료, 농약 및 살균·살충제 제조업	1 557	11 681	9 034	2 647	240	179	61	66
204. 기타 화학제품 제조업	6 832	98 732	68 591	30 141	1 358	951	407	317
205. 화학 섬유 제조업	198	4 361	3 739	622	76	57	19	18
21. 의료용 물질 및 의약품 제조업	1 428	62 849	37 695	25 154	247	190	57	32
211. 기초 의약 물질 및 생물학적 제제 제조업	259	12 825	8 843	3 982	10	7	3	0
212. 의약품 제조업	616	43 406	25 366	18 040	119	100	19	17
213. 의료용품 및 기타 의약 관련제품 제조업	553	6 618	3 486	3 132	118	83	35	15
22. 고무 및 플라스틱제품 제조업	21 628	273 678	200 027	73 651	10 613	8 187	2 426	1 445
221. 고무제품 제조업	2 605	48 955	38 713	10 242	1 421	1 125	296	458
222. 플라스틱 제품 제조업	19 023	224 723	161 314	63 409	9 192	7 062	2 130	987
23. 비금속 광물제품 제조업	9 158	113 343	96 095	17 248	3 150	2 413	737	7 357
231. 유리 및 유리제품 제조업	1 608	26 708	22 001	4 707	785	605	180	62
232. 내화, 비내화 요업제품 제조업	1 212	13 744	10 294	3 450	566	399	167	124
233. 시멘트, 석회, 플라스터 및 그 제품 제조업	3 302	50 887	45 558	5 329	576	449	127	6 945
239. 기타 비금속 광물제품 제조업	3 036	22 004	18 242	3 762	1 223	960	263	226
24. 1차 금속 제조업	8 800	166 037	147 739	18 298	3 336	2 708	628	314
241. 1차 철강 제조업	5 169	109 181	98 353	10 828	1 910	1 564	346	221
242. 1차 비철금속 제조업	2 226	39 426	34 390	5 036	710	572	138	61
243. 금속 주조업	1 405	17 430	14 996	2 434	716	572	144	32
25. 금속 가공제품 제조업; 기계 및 가구 제외	48 771	406 457	327 086	79 371	29 206	23 744	5 462	2 068
251. 구조용 금속제품, 탱크 및 증기발생기 제조업	13 934	114 032	96 363	17 669	6 127	4 838	1 289	857
252. 무기 및 총포탄 제조업	147	11 249	10 173	1 076	54	49	5	0
259. 기타 금속 가공제품 제조업	34 690	281 176	220 550	60 626	23 025	18 857	4 168	1 211

주 : 한국표준산업분류 10차개정(2017) 기준
자료 : 고용노동부 노동시장조사과, 「사업체노동실태현황보고서」

10. Number of establishments and workers(by employment status and gender) by industry and establishment size(55-2) (2022. 12. 31.)

Unit : In each, person

Total								Establishment Size
종사자 및 기타종사자 Workers & Other workers		상용근로자 Regular employees			임시 및 일용근로자 Temporary and daily employees			
남 Male	여 Female	계 Total	남 Male	여 Female	계 Total	남 Male	여 Female	Industry
141	195	73 321	56 254	17 067	3 325	1 807	1 518	Manufacture of pulp, paper and paper products
19	20	16 664	14 373	2 291	314	168	146	Manufacture of pulp, paper and paperboard
75	115	35 830	27 795	8 035	1 938	1 111	827	Manufacture of corrugated paper, paper boxes and paper containers
47	60	20 827	14 086	6 741	1 073	528	545	Manufacture of other paper and paperboard products
248	346	46 565	31 152	15 413	2 822	1 570	1 252	Printing and reproduction of recorded media
247	345	46 209	30 941	15 268	2 783	1 551	1 232	Printing and service activities related to printing
1	1	356	211	145	39	19	20	Reproduction of recorded media
1	3	13 199	12 268	931	145	125	20	Manufacture of coke, briquettes and refined petroleum products
1	1	642	554	88	38	36	2	Manufacture of coke and briquettes
0	2	12 557	11 714	843	107	89	18	Manufacture of refined petroleum products
333	313	179 853	140 973	38 880	5 816	3 568	2 248	Manufacture of chemicals and chemical products; except pharmaceuticals and medicinal chemicals
25	6	35 580	32 094	3 486	452	344	108	Manufacture of basic chemicals
168	46	35 657	31 062	4 595	1 281	1 004	277	Manufacture of plastics and synthetic rubber in primary forms
51	15	10 372	8 196	2 176	1 003	608	395	Manufacture of fertilizers, pesticides, germicides and insecticides
83	234	94 075	66 025	28 050	2 982	1 532	1 450	Manufacture of other chemical products
6	12	4 169	3 596	573	98	80	18	Manufacture of man-made fibers
9	23	61 331	37 033	24 298	1 239	463	776	Manufacture of pharmaceuticals, medicinal chemical and botanical products
0	0	12 547	8 712	3 835	268	124	144	Manufacture of medicinal chemicals, antibiotics and biological products
5	12	42 729	25 050	17 679	541	211	330	Manufacture of medicaments
4	11	6 055	3 271	2 784	430	128	302	Manufacture of medical supplies and related other medicaments
577	868	250 514	184 689	65 825	11 106	6 574	4 532	Manufacture of rubber and plastics products
111	347	45 783	36 661	9 122	1 293	816	477	Manufacture of rubber products
466	521	204 731	148 028	56 703	9 813	5 758	4 055	Manufacture of plastics products
7 146	211	97 683	82 351	15 332	5 153	4 185	968	Manufacture of other non-metallic mineral products
31	31	24 997	20 727	4 270	864	638	226	Manufacture of glass and glass products
52	72	12 099	9 243	2 856	955	600	355	Manufacture of refractory and non-refractory ceramic products
6 903	42	41 310	36 377	4 933	2 056	1 829	227	Manufacture of cement, lime, plaster and its products
160	66	19 277	16 004	3 273	1 278	1 118	160	Manufacture of other non-metallic mineral products
237	77	157 387	140 474	16 913	5 000	4 320	680	Manufacture of basic metals
175	46	104 067	94 062	10 005	2 983	2 552	431	Manufacture of basic iron and steel
45	16	37 516	32 768	4 748	1 139	1 005	134	Manufacture of basic precious and non-ferrous metals
17	15	15 804	13 644	2 160	878	763	115	Casting of metals
1 194	874	350 565	281 256	69 309	24 618	20 892	3 726	Manufacture of fabricated metal products, except machinery and furniture
617	240	93 978	78 839	15 139	13 070	12 069	1 001	Manufacture of structural metal products, tanks, reservoirs and steam generators
0	0	11 065	10 041	1 024	130	83	47	Manufacture of weapons and ammunition
577	634	245 522	192 376	53 146	11 418	8 740	2 678	Manufacture of other fabricated metal products; metalworking service activities

Note : Based upon the 10th revision of Korean Standard Industrial Classification(2017)
Source : Labor Market Statistics Division, Ministry of Employment and Labor, 「Report on the Establishment Status」

10. 산업·규모별 사업체수 및 (종사상지위·성별)종사자수(55-3)
(2022. 12. 31.)

단위 : 개소, 명

산업별	규모별	전 규 모						
	사업체수 Number of establishments	종사자수 Number of workers			자영업자 Individual proprietors			무급가족 Unpaid family
		계 Total	남 Male	여 Female	계 Total	남 Male	여 Female	계 Total
26. 전자 부품, 컴퓨터, 영상, 음향 및 통신장비 제조업	15 150	399 805	283 231	116 574	4 627	3 653	974	540
261. 반 도 체 제 조 업	2 825	158 637	110 312	48 325	1 064	851	213	106
262. 전 자 부 품 제 조 업	6 762	159 955	115 296	44 659	2 415	1 864	551	273
263. 컴퓨터 및 주변 장치 제조업	1 308	12 428	9 095	3 333	219	182	37	60
264. 통신 및 방송장비 제조업	3 249	58 082	41 283	16 799	647	524	123	59
265. 영상 및 음향 기기 제조업	968	10 559	7 146	3 413	274	226	48	42
266. 마그네틱 및 광학 매체 제조업	38	144	99	45	8	6	2	0
27. 의료, 정밀, 광학 기기 및 시계 제조업	12 343	142 858	102 274	40 584	5 273	4 547	726	482
271. 의 료 용 기 기 제 조 업	5 513	59 868	36 784	23 084	3 078	2 691	387	323
272. 측정시험 항해 제어 및 기타 정밀 기기 제조업; 광학 기기 제외	6 011	72 013	57 466	14 547	1 947	1 654	293	144
273. 사진장비 및 광학 기기 제조업	701	10 290	7 616	2 674	183	152	31	11
274. 시계 및 시계 부품 제조업	118	687	408	279	65	50	15	4
28. 전 기 장 비 제 조 업	20 791	269 361	201 793	67 568	7 874	6 280	1 594	861
281. 전동기, 발전기 및 전기 변환·공급·제어 장치 제조업	10 339	119 416	89 917	29 499	4 248	3 480	768	381
282. 일차전지 및 축전지 제조업	522	35 301	30 414	4 887	72	53	19	15
283. 절연선 및 케이블 제조업	1 606	23 594	16 179	7 415	772	585	187	124
284. 전구 및 조명장치 제조업	4 453	38 173	26 367	11 806	1 624	1 275	349	155
285. 가 정 용 기 기 제 조 업	2 347	37 776	27 527	10 249	744	566	178	101
289. 기 타 전기장비 제 조 업	1 524	15 101	11 389	3 712	414	321	93	85
29. 기 타 기계 및 장비 제조업	43 628	477 719	396 724	80 995	20 279	17 004	3 275	1 178
291. 일 반 목적용 기 계 제조업	19 279	223 831	181 833	41 998	7 714	6 378	1 336	482
292. 특 수 목적용 기 계 제조업	24 349	253 888	214 891	38 997	12 565	10 626	1 939	696
30. 자동차 및 트레일러 제조업	11 923	368 123	304 611	63 512	5 052	3 911	1 141	835
301. 자동차용 엔진 및 자동차 제조업	100	87 984	85 912	2 072	4	4	0	2
302. 자동차 차체 및 트레일러 제조업	1 415	13 079	11 384	1 695	593	455	138	68
303. 자동차 신품 부품 제조업	10 249	265 094	205 893	59 201	4 390	3 400	990	753
304. 자동차 재제조 부품 제조업	159	1 966	1 422	544	65	52	13	12
31. 기 타 운송장비 제 조 업	4 527	128 463	116 421	12 042	1 385	1 129	256	189
311. 선박 및 보트 건조업	3 210	97 819	89 550	8 269	980	792	188	116
312. 철 도 장 비 제 조 업	411	8 279	7 309	970	144	114	30	36
313. 항공기, 우주선 및 부품 제조업	523	18 757	16 595	2 162	135	121	14	24
319. 그 외 기타 운송장비 제조업	383	3 608	2 967	641	126	102	24	13
32. 가 구 제 조 업	8 658	56 798	44 964	11 834	5 778	4 350	1 428	590
320. 가 구 제 조 업	8 658	56 798	44 964	11 834	5 778	4 350	1 428	590
33. 기 타 제 품 제 조 업	9 942	57 748	35 964	21 784	6 014	4 491	1 523	1 065
331. 귀금속 및 장신용품 제조업	1 159	7 047	4 207	2 840	801	621	180	101
332. 악 기 제 조 업	170	1 465	898	567	98	81	17	5
333. 운동 및 경기용구 제조업	1 121	8 037	5 771	2 266	428	326	102	62
334. 인형, 장난감 및 오락용품 제조업	678	4 226	2 252	1 974	259	175	84	260
339. 그 외 기타 제품 제조업	6 814	36 973	22 836	14 137	4 428	3 288	1 140	637
34. 산업용 기계 및 장비 수리업	5 404	47 808	42 485	5 323	3 288	2 695	593	315
340. 산업용 기계 및 장비 수리업	5 404	47 808	42 485	5 323	3 288	2 695	593	315

주 : 한국표준산업분류 10차개정(2017) 기준
자료 : 고용노동부 노동시장조사과, 「사업체노동실태현황보고서」

10. Number of establishments and workers(by employment status and gender) by industry and establishment size(55-3) (2022. 12. 31.)

Unit : In each, person

Total								Establishment Size
종사자 및 기타종사자 Workers & Other workers		상용근로자 Regular employees			임시 및 일용근로자 Temporary and daily employees			
남 Male	여 Female	계 Total	남 Male	여 Female	계 Total	남 Male	여 Female	Industry
256	284	380 861	270 929	109 932	13 777	8 393	5 384	Manufacture of electronic components, computer; visual, sounding and communication equipment
59	47	154 170	106 839	47 331	3 297	2 563	734	Manufacture of semiconductor
103	170	152 492	110 989	41 503	4 775	2 340	2 435	Manufacture of electronic components
39	21	11 634	8 545	3 089	515	329	186	Manufacture of computers and peripheral equipment
33	26	52 527	37 763	14 764	4 849	2 963	1 886	Manufacture of communication and broadcasting apparatuses
22	20	9 909	6 702	3 207	334	196	138	Manufacture of electronic video and audio equipment
0	0	129	91	38	7	2	5	Manufacture of magnetic and optical medium
275	207	132 753	94 821	37 932	4 350	2 631	1 719	Manufacture of medical, precision and optical instruments, watches and clocks
175	148	54 564	33 015	21 549	1 903	903	1 000	Manufacture of medical and dental instruments and supplies
96	48	67 744	54 156	13 588	2 178	1 560	618	Manufacture of measuring, testing, navigating and control equipment; except optical instruments
3	8	9 876	7 324	2 552	220	137	83	Manufacture of photographic equipment and optical instruments
1	3	569	326	243	49	31	18	Manufacture of watches, clocks and its parts
431	430	249 288	187 451	61 837	11 338	7 631	3 707	Manufacture of electrical equipment
208	173	109 740	82 658	27 082	5 047	3 571	1 476	Manufacture of electric motors, generators, transformers and electricity distribution and control apparatus
10	5	34 513	29 786	4 727	701	565	136	Manufacture of batteries and accumulators
52	72	21 823	15 103	6 720	875	439	436	Manufacture of insulated wires and cables
77	78	34 159	23 619	10 540	2 235	1 396	839	Manufacture of electric tubes and bulbs and lighting equipment
41	60	35 180	25 784	9 396	1 751	1 136	615	Manufacture of domestic appliances
43	42	13 873	10 501	3 372	729	524	205	Manufacture of other electrical equipment
629	549	436 907	363 108	73 799	19 355	15 983	3 372	Manufacture of other machinery and equipment
261	221	205 422	166 640	38 782	10 213	8 554	1 659	Manufacture of general purpose machinery
368	328	231 485	196 468	35 017	9 142	7 429	1 713	Manufacture of special-purpose machinery
413	422	344 289	285 267	59 022	17 947	15 020	2 927	Manufacture of motor vehicles, trailers and semitrailers
1	1	79 167	77 213	1 954	8 811	8 694	117	Manufacture of motor vehicles and engines for motor vehicles
43	25	11 870	10 398	1 472	548	488	60	Manufacture of bodies for motor vehicles; manufacture of trailers and semi-trailers
362	391	251 476	196 355	55 121	8 475	5 776	2 699	Manufacture of parts and accessories for motor vehicles(new products)
7	5	1 776	1 301	475	113	62	51	Manufacture of parts and accessories for motor vehicles(remanufacturing products)
155	34	120 422	109 513	10 909	6 467	5 624	843	Manufacture of other transport equipment
98	18	90 946	83 634	7 312	5 777	5 026	751	Building of ships and boats
30	6	7 742	6 848	894	357	317	40	Manufacture of railway locomotives and rolling stock
23	1	18 398	16 276	2 122	200	175	25	Manufacture of aircraft, spacecraft and its parts
4	9	3 336	2 755	581	133	106	27	Manufacture of other transport equipment
300	290	46 443	36 937	9 506	3 987	3 377	610	Manufacture of furniture
300	290	46 443	36 937	9 506	3 987	3 377	610	Manufacture of furniture
383	682	45 833	28 296	17 537	4 836	2 794	2 042	Other manufacturing
34	67	5 604	3 280	2 324	541	272	269	Manufacture of jewellery, bijouterie and related articles
2	3	1 313	792	521	49	23	26	Manufacture of musical instruments
30	32	6 899	4 940	1 959	648	475	173	Manufacture of sports and athletic goods
59	201	3 426	1 909	1 517	281	109	172	Manufacture of dolls, toys and amusement goods
258	379	28 591	17 375	11 216	3 317	1 915	1 402	Other manufacturing n.e.c.
181	134	40 423	36 165	4 258	3 782	3 444	338	Maintenance and repair services of industrial machinery and equipment
181	134	40 423	36 165	4 258	3 782	3 444	338	Maintenance and repair services of industrial machinery and equipment

Note : Based upon the 10th revision of Korean Standard Industrial Classification(2017)
Source : Labor Market Statistics Division, Ministry of Employment and Labor, 「Report on the Establishment Status」

10. 산업·규모별 사업체수 및 (종사상지위·성별)종사자수(55-4)
(2022. 12. 31.)

단위 : 개소, 명

산업별	규모별	전 규 모						
	사업체수 Number of establishments	종사자수 Number of workers			자영업자 Individual proprietors			무급가족 Unpaid family
		계 Total	남 Male	여 Female	계 Total	남 Male	여 Female	계 Total
D. 전기, 가스, 증기 및 공기 조절 공급업	1 813	68 747	56 147	12 600	46	29	17	85
35. 전기, 가스, 증기 및 공기 조절 공급업	1 813	68 747	56 147	12 600	46	29	17	85
E. 수도, 하수 및 폐기물 처리, 원료 재생업	9 212	109 293	91 645	17 648	2 064	1 513	551	774
36. 수도업	156	6 513	5 007	1 506	0	0	0	37
37. 하수, 폐수 및 분뇨 처리업	1 653	18 005	15 526	2 479	322	221	101	54
38. 폐기물 수집, 운반, 처리 및 원료 재생업	7 260	83 020	69 638	13 382	1 729	1 283	446	666
39. 환경 정화 및 복원업	143	1 755	1 474	281	13	9	4	17
F. 건설업	126 038	1 493 648	1 271 291	222 357	29 349	21 998	7 351	30 924
41. 종합 건설업	30 763	458 547	390 494	68 053	3 478	2 596	882	2 071
42. 전문직별 공사업	95 275	1 035 101	880 797	154 304	25 871	19 402	6 469	28 853
G. 도매 및 소매업	455 953	2 367 559	1 341 821	1 025 738	247 672	152 886	94 786	106 015
45. 자동차 및 부품 판매업	17 598	110 229	90 889	19 340	9 152	7 546	1 606	20 767
46. 도매 및 상품 중개업	204 415	1 145 191	753 761	391 430	77 053	56 564	20 489	16 809
47. 소매업; 자동차 제외	233 940	1 112 139	497 171	614 968	161 467	88 776	72 691	68 439
H. 운수 및 창고업	46 379	768 218	627 299	140 919	10 387	7 690	2 697	102 707
49. 육상 운송 및 파이프라인 운송업	20 554	419 122	377 943	41 179	6 182	4 599	1 583	85 678
50. 수상 운송업	1 056	20 472	17 105	3 367	252	178	74	319
51. 항공 운송업	200	30 475	14 116	16 359	0	0	0	6
52. 창고 및 운송관련 서비스업	24 569	298 149	218 135	80 014	3 953	2 913	1 040	16 704
I. 숙박 및 음식점업	339 206	1 559 284	604 544	954 740	323 178	163 693	159 485	63 328
55. 숙박업	17 001	113 676	57 518	56 158	14 478	8 056	6 422	4 144
56. 음식점 및 주점업	322 205	1 445 608	547 026	898 582	308 700	155 637	153 063	59 184
J. 정보통신업	56 766	747 573	501 532	246 041	7 166	5 286	1 880	12 255
58. 출판업	30 789	382 134	257 061	125 073	3 276	2 472	804	4 977
59. 영상·오디오 기록물 제작 및 배급업	7 746	62 775	33 580	29 195	1 559	1 207	352	3 056
60. 방송업	699	29 099	20 021	9 078	48	40	8	390
61. 우편 및 통신업	2 703	49 176	37 424	11 752	659	337	322	331
62. 컴퓨터 프로그래밍, 시스템 통합 및 관리업	10 106	151 571	110 644	40 927	1 172	898	274	1 987
63. 정보서비스업	4 723	72 818	42 802	30 016	452	332	120	1 514

주 : 한국표준산업분류 10차개정(2017) 기준
자료 : 고용노동부 노동시장조사과, 「사업체노동실태현황보고서」

10. Number of establishments and workers(by employment status and gender) by industry and establishment size(55-4) (2022. 12. 31.)

Unit : In each, person

Total								Establishment Size
종사자 및 기타종사자 Workers & Other workers		상용근로자 Regular employees			임시 및 일용근로자 Temporary and daily employees			
남 Male	여 Female	계 Total	남 Male	여 Female	계 Total	남 Male	여 Female	Industry
37	48	68 067	55 725	12 342	549	356	193	Electricity, gas, steam and air conditioning supply
37	48	68 067	55 725	12 342	549	356	193	Electricity, gas, steam and air conditioning supply
643	131	101 385	85 602	15 783	5 070	3 887	1 183	Water supply; sewage, waste management, materials recovery
7	30	5 889	4 741	1 148	587	259	328	Water supply
45	9	17 084	14 801	2 283	545	459	86	Sewage, wastewater, human and animal waste treatment services
577	89	76 928	64 805	12 123	3 697	2 973	724	Waste collection, treatment and disposal activities; materials recovery
14	3	1 484	1 255	229	241	196	45	Remediation activities and other waste management services
27 370	3 554	801 695	647 909	153 786	631 680	574 014	57 666	Construction
1 710	361	283 594	231 112	52 482	169 404	155 076	14 328	General construction
25 660	3 193	518 101	416 797	101 304	462 276	418 938	43 338	Specialized construction activities
40 847	65 168	1 733 195	1 028 546	704 649	280 677	119 542	161 135	Wholesale and retail trade
19 528	1 239	77 460	61 677	15 783	2 850	2 138	712	Sale of motor vehicles and parts
6 952	9 857	995 631	659 437	336 194	55 698	30 808	24 890	Wholesale trade on own account or on a fee or contract basis
14 367	54 072	660 104	307 432	352 672	222 129	86 596	135 533	Retail trade, except motor vehicles and motorcycles
98 461	4 246	611 608	486 868	124 740	43 516	34 280	9 236	Transportation and storage
82 497	3 181	309 729	276 022	33 707	17 533	14 825	2 708	Land transport and transport via pipelines
311	8	18 497	15 264	3 233	1 404	1 352	52	Water transport
5	1	30 304	13 983	16 321	165	128	37	Air transport
15 648	1 056	253 078	181 599	71 479	24 414	17 975	6 439	Warehousing and support activities for transportation
26 931	36 397	675 619	268 536	407 083	497 159	145 384	351 775	Accommodation and food service activities
1 569	2 575	73 651	39 958	33 693	21 403	7 935	13 468	Accommodation
25 362	33 822	601 968	228 578	373 390	475 756	137 449	338 307	Food and beverage service activities
7 873	4 382	691 902	467 798	224 104	36 250	20 575	15 675	Information and communication
3 209	1 688	357 988	241 729	116 259	15 893	9 571	6 322	Publishing activities
1 560	1 496	48 041	25 760	22 281	10 119	5 053	5 066	Motion picture, video and television programme production, sound recording and music publishing activities
212	178	27 427	19 178	8 249	1 234	591	643	Broadcasting activities
290	41	47 349	36 247	11 102	837	550	287	Postal activities and telecommunications
1 562	425	143 520	105 059	38 461	4 892	3 125	1 767	Computer programming, consultancy and related activities
960	554	67 577	39 825	27 752	3 275	1 685	1 590	Information service activities

Note : Based upon the 10th revision of Korean Standard Industrial Classification(2017)
Source : Labor Market Statistics Division, Ministry of Employment and Labor, 「Report on the Establishment Status」

10. 산업·규모별 사업체수 및 (종사상지위·성별)종사자수(55-5)
(2022. 12. 31.)

단위 : 개소, 명

산업별	규모별	전 규 모						
	사업체수 Number of establi- shments	종 사 자 수 Number of workers			자 영 업 자 Individual proprietors			무급가족 Unpaid family
		계 Total	남 Male	여 Female	계 Total	남 Male	여 Female	계 Total
K. 금 융 및 보 험 업	40 526	706 747	310 531	396 216	1 520	1 003	517	202 393
64. 금 융 업	21 439	287 207	155 379	131 828	205	145	60	6 231
65. 보 험 및 연 금 업	7 442	220 267	70 399	149 868	0	0	0	114 840
66. 금융 및 보험관련 서비스업	11 645	199 273	84 753	114 520	1 315	858	457	81 322
L. 부 동 산 업	97 505	450 544	296 229	154 315	17 377	10 516	6 861	16 242
68. 부 동 산 업	97 505	450 544	296 229	154 315	17 377	10 516	6 861	16 242
M. 전문, 과학 및 기술 서비스업	114 424	1 289 870	837 557	452 313	40 001	33 387	6 614	9 876
70. 연 구 개 발 업	9 811	299 880	211 531	88 349	436	312	124	699
71. 전 문 서 비 스 업	60 871	541 902	298 195	243 707	23 084	19 732	3 352	6 067
72. 건축 기술, 엔지니어링 및 기타 과학기술 서비스업	29 416	370 584	290 633	79 951	9 016	7 828	1 188	1 240
73. 기타 전문, 과학 및 기술 서비스업	14 326	77 504	37 198	40 306	7 465	5 515	1 950	1 870
N. 사업시설 관리, 사업 지원 및 임대 서비스업	56 609	1 218 199	668 654	549 545	13 798	9 258	4 540	47 683
74. 사업시설 관리 및 조경 서비스업	12 562	313 804	180 000	133 804	3 637	2 503	1 134	3 574
75. 사 업 지 원 서 비 스 업	33 402	844 054	452 414	391 640	6 820	4 523	2 297	34 047
76. 임 대 업 ; 부 동 산 제 외	10 645	60 341	36 240	24 101	3 341	2 232	1 109	10 062
P. 교 육 서 비 스 업	91 879	875 107	357 968	517 139	65 027	30 106	34 921	102 476
85. 교 육 서 비 스 업	91 879	875 107	357 968	517 139	65 027	30 106	34 921	102 476
Q. 보건업 및 사회복지 서비스업	149 866	2 369 394	448 749	1 920 645	77 190	62 613	14 577	114 794
86. 보 건 업	73 332	1 103 750	275 535	828 215	74 837	61 827	13 010	4 563
87. 사 회 복 지 서 비 스 업	76 534	1 265 644	173 214	1 092 430	2 353	786	1 567	110 231
R. 예술, 스포츠 및 여가관련 서비스업	43 698	293 559	153 048	140 511	27 935	18 361	9 574	44 626
90. 창작, 예술 및 여가관련 서비스업	11 595	63 394	30 783	32 611	3 120	1 697	1 423	5 395
91. 스포츠 및 오락관련 서비스업	32 103	230 165	122 265	107 900	24 815	16 664	8 151	39 231
S. 협회 및 단체, 수리 및 기타 개인 서비스업	144 375	535 372	310 927	224 445	46 529	26 274	20 255	45 532
94. 협 회 및 단 체	89 560	223 529	140 969	82 560	0	0	0	18 331
95. 개인 및 소비용품 수리업	22 071	135 636	114 854	20 782	17 374	14 510	2 864	2 640
96. 기 타 개 인 서 비 스 업	32 744	176 207	55 104	121 103	29 155	11 764	17 391	24 561

주 : 한국표준산업분류 10차개정(2017) 기준
자료 : 고용노동부 노동시장조사과, 「사업체노동실태현황보고서」

10. Number of establishments and workers(by employment status and gender) by industry and establishment size(55-5) (2022. 12. 31.)

Unit : In each, person

Total								Establishment Size
종사자 및 기타종사자 Workers & Other workers		상용근로자 Regular employees			임시 및 일용근로자 Temporary and daily employees			
남 Male	여 Female	계 Total	남 Male	여 Female	계 Total	남 Male	여 Female	Industry
43 450	158 943	487 428	259 546	227 882	15 406	6 532	8 874	Financial and insurance activities
1 916	4 315	271 646	149 089	122 557	9 125	4 229	4 896	Financial service activities, except insurance and pension funding
19 821	95 019	102 844	49 923	52 921	2 583	655	1 928	Insurance and pension funding
21 713	59 609	112 938	60 534	52 404	3 698	1 648	2 050	Activities auxiliary to financial service and insurance activities
8 901	7 341	386 877	260 516	126 361	30 048	16 296	13 752	Real estate activities
8 901	7 341	386 877	260 516	126 361	30 048	16 296	13 752	Real estate activities
5 782	4 094	1 184 224	767 301	416 923	55 769	31 087	24 682	Professional, scientific and technical activities
452	247	285 944	204 344	81 600	12 801	6 423	6 378	Research and development
3 455	2 612	491 425	265 154	226 271	21 326	9 854	11 472	Professional services
968	272	344 230	269 565	74 665	16 098	12 272	3 826	Architectural, engineering and other scientific technical services
907	963	62 625	28 238	34 387	5 544	2 538	3 006	Other professional, scientific and technical services
23 271	24 412	974 468	536 940	437 528	182 250	99 185	83 065	Business facilities management and business support services; rental and leasing activities
1 942	1 632	259 581	149 979	109 602	47 012	25 576	21 436	Business facilities management and landscape services
18 190	15 857	672 531	358 846	313 685	130 656	70 855	59 801	Business support services
3 139	6 923	42 356	28 115	14 241	4 582	2 754	1 828	Rental and leasing activities; except real estate
28 102	74 374	589 714	258 515	331 199	117 890	41 245	76 645	Education
28 102	74 374	589 714	258 515	331 199	117 890	41 245	76 645	Education
21 639	93 155	1 911 859	321 328	1 590 531	265 551	43 169	222 382	Human health and social work activities
717	3 846	987 194	205 839	781 355	37 156	7 152	30 004	Human health activities
20 922	89 309	924 665	115 489	809 176	228 395	36 017	192 378	Social work activities
15 834	28 792	158 054	90 176	67 878	62 944	28 677	34 267	Arts, sports and recreation related services
2 220	3 175	43 207	21 976	21 231	11 672	4 890	6 782	Creative, arts and recreation related services
13 614	25 617	114 047	68 200	46 647	51 272	23 787	27 485	Sports activities and amusement activities
16 978	28 554	396 155	251 403	144 752	47 156	16 272	30 884	Membership organizations, repair and other personal services
9 750	8 581	193 875	126 664	67 211	11 323	4 555	6 768	Membership organizations
1 153	1 487	110 804	95 443	15 361	4 818	3 748	1 070	Maintenance and repair services of personal and household goods
6 075	18 486	91 476	29 296	62 180	31 015	7 969	23 046	Other personal services activities

Note : Based upon the 10th revision of Korean Standard Industrial Classification(2017)
Source : Labor Market Statistics Division, Ministry of Employment and Labor, 「Report on the Establishment Status」

10. 산업·규모별 사업체수 및 (종사상지위·성별)종사자수(55-6)
(2022. 12. 31.)

단위 : 개소, 명

산업별	규모별	1 ~ 4 인						
	사업체수 Number of establi-shments	종사자수 Number of workers			자영업자 Individual proprietors			무급가족 Unpaid family
		계 Total	남 Male	여 Female	계 Total	남 Male	여 Female	계 Total
전 산 업	1 325 282	3 342 816	1 870 111	1 472 705	754 379	458 374	296 005	130 505
A. 농업, 임업 및 어업	4 251	9 889	7 392	2 497	0	0	0	339
01. 농 업	3 668	8 368	6 158	2 210	0	0	0	299
02. 임 업	238	623	491	132	0	0	0	9
03. 어 업	345	898	743	155	0	0	0	31
B. 광 업	500	1 175	967	208	83	72	11	40
05. 석탄, 원유 및 천연가스 광업	2	6	6	0	0	0	0	0
06. 금 속 광 업	20	45	39	6	1	1	0	0
07. 비금속광물 광업; 연료용 제외	473	1 116	915	201	82	71	11	40
08. 광 업 지 원 서 비 스 업	5	8	7	1	0	0	0	0
C. 제 조 업	167 075	447 713	320 054	127 659	99 265	75 461	23 804	10 338
10. 식 료 품 제 조 업	14 625	38 469	21 081	17 388	8 201	4 649	3 552	2 626
101. 도축, 육류 가공 및 저장 처리업	1 132	3 019	2 003	1 016	424	291	133	47
102. 수산물 가공 및 저장 처리업	1 345	3 727	1 913	1 814	774	479	295	331
103. 과실, 채소 가공 및 저장 처리업	2 018	5 301	2 306	2 995	1 074	482	592	388
104. 동물성 및 식물성 유지 제조업	367	991	563	428	286	164	122	103
105. 낙농제품 및 식용 빙과류 제조업	107	281	175	106	29	17	12	7
106. 곡물 가공품, 전분 및 전분제품 제조업	1 417	3 693	2 539	1 154	706	487	219	253
107. 기 타 식 품 제 조 업	7 631	20 039	10 548	9 491	4 788	2 652	2 136	1 478
108. 동물용 사료 및 조제식품 제조업	608	1 418	1 034	384	120	77	43	19
11. 음 료 제 조 업	733	1 893	1 347	546	195	135	60	75
111. 알 코 올 음 료 제 조 업	480	1 249	886	363	142	98	44	63
112. 비알코올 음료 및 얼음 제조업	253	644	461	183	53	37	16	12
12. 담 배 제 조 업	1	2	1	1	0	0	0	0
120. 담 배 제 조 업	1	2	1	1	0	0	0	0
13. 섬유제품 제조업; 의복 제외	8 628	22 921	13 995	8 926	5 669	4 015	1 654	827
131. 방적 및 가공사 제조업	733	2 033	1 253	780	561	429	132	74
132. 직물 직조 및 직물제품 제조업	4 556	11 786	7 018	4 768	2 900	2 005	895	451
133. 편 조 원 단 제 조 업	374	1 061	682	379	256	200	56	32
134. 섬유제품 염색, 정리 및 마무리 가공업	1 429	3 863	2 315	1 548	1 007	707	300	167
139. 기 타 섬유제품 제 조 업	1 536	4 178	2 727	1 451	945	674	271	103
14. 의복, 의복 액세서리 및 모피제품 제조업	7 857	22 241	9 616	12 625	6 139	3 907	2 232	1 615
141. 봉 제 의 복 제 조 업	6 261	17 839	7 378	10 461	4 912	3 042	1 870	1 388
142. 모 피 제 품 제 조 업	100	274	130	144	65	41	24	10
143. 편 조 의 복 제 조 업	477	1 362	682	680	373	257	116	69
144. 의 복 액세서리 제 조 업	1 019	2 766	1 426	1 340	789	567	222	148
15. 가죽, 가방 및 신발 제조업	2 213	5 897	3 543	2 354	1 483	1 065	418	270
151. 가죽, 가방 및 유사 제품 제조업	1 398	3 735	2 094	1 641	979	700	279	196
152. 신발 및 신발 부분품 제조업	815	2 162	1 449	713	504	365	139	74
16. 목재 및 나무제품 제조업; 가구 제외	2 659	7 228	5 604	1 624	1 495	1 134	361	160
161. 제 재 및 목 재 가 공 업	617	1 687	1 345	342	309	233	76	27
162. 나 무 제 품 제 조 업	1 925	5 200	4 001	1 199	1 155	879	276	127
163. 코르크 및 조물 제품 제조업	117	341	258	83	31	22	9	6

주 : 한국표준산업분류 10차개정(2017) 기준
자료 : 고용노동부 노동시장조사과, 「사업체노동실태현황보고서」

10. Number of establishments and workers(by employment status and gender) by industry and establishment size(55-6) (2022. 12. 31.)

Unit : In each, person

\multicolumn{8}{c	}{1 ~ 4 persons}	Establishment Size
종사자 및 기타종사자 Workers & Other workers		상용근로자 Regular employees			임시 및 일용근로자 Temporary and daily employees			
남 Male	여 Female	계 Total	남 Male	여 Female	계 Total	남 Male	여 Female	Industry
56 984	73 521	1 978 559	1 159 075	819 484	479 373	195 678	283 695	All industries
201	138	8 495	6 546	1 949	1 055	645	410	Agriculture, forestry and fishing
173	126	7 201	5 486	1 715	868	499	369	Agriculture
7	2	518	404	114	96	80	16	Forestry
21	10	776	656	120	91	66	25	Fishing and aquaculture
10	30	929	773	156	123	112	11	Mining and quarrying
0	0	5	5	0	1	1	0	Mining of coal, crude petroleum and natural gas
0	0	37	31	6	7	7	0	Mining of metal ores
10	30	880	731	149	114	103	11	Mining of non-metallic minerals, except fuel
0	0	7	6	1	1	1	0	Mining support service activities
4 131	6 207	292 807	212 794	80 013	45 303	27 668	17 635	Manufacturing
948	1 678	21 212	12 874	8 338	6 430	2 610	3 820	Manufacture of food products
18	29	2 232	1 522	710	316	172	144	Slaughtering of livestock, processing and preserving of meat and meat products
142	189	1 729	1 002	727	893	290	603	Processing and preserving of fish, crustaceans, molluscs and seaweeds
154	234	2 691	1 357	1 334	1 148	313	835	Processing and preserving of fruit and vegetables
18	85	477	293	184	125	88	37	Manufacture of vegetable and animal oils and fats
1	6	217	142	75	28	15	13	Manufacture of dairy products and edible ice cakes
101	152	2 253	1 639	614	481	312	169	Manufacture of grain mill products, starches and starch products
504	974	10 455	6 049	4 406	3 318	1 343	1 975	Manufacture of other food products
10	9	1 158	870	288	121	77	44	Manufacture of prepared animal feeds and feed additives
30	45	1 445	1 061	384	178	121	57	Manufacture of beverages
25	38	926	685	241	118	78	40	Manufacture of alcoholic beverages
5	7	519	376	143	60	43	17	Manufacture of ice and non-alcoholic beverages; production of mineral waters
0	0	2	1	1	0	0	0	Manufacture of tobacco products
0	0	2	1	1	0	0	0	Manufacture of tobacco products
284	543	13 612	8 295	5 317	2 813	1 401	1 412	Manufacture of textiles, except apparel
23	51	1 234	719	515	164	82	82	Spinning of textiles and processing of threads and yarns
152	299	6 840	4 034	2 806	1 595	827	768	Weaving of textiles and manufacture of textile products
8	24	663	417	246	110	57	53	Manufacture of knitted and crocheted fabrics
58	109	2 126	1 306	820	563	244	319	Dyeing and finishing of textiles and wearing apparel
43	60	2 749	1 819	930	381	191	190	Manufacture of other made-up textile articles, except apparel
490	1 125	9 441	4 024	5 417	5 046	1 195	3 851	Manufacture of wearing apparel, clothing accessories and fur articles
418	970	7 332	2 978	4 354	4 207	940	3 267	Manufacture of sewn wearing apparel, except fur apparel
5	5	147	70	77	52	14	38	Manufacture of articles of fur
25	44	674	334	340	246	66	180	Manufacture of knitted and crocheted apparel
42	106	1 288	642	646	541	175	366	Manufacture of apparel accessories
101	169	3 146	1 923	1 223	998	454	544	Manufacture of leather, luggage and footwear
72	124	1 843	1 040	803	717	282	435	Manufacture of leather, luggage and similar products
29	45	1 303	883	420	281	172	109	Manufacture of footwear and parts of footwear
84	76	4 863	3 832	1 031	710	554	156	Manufacture of wood and of products of wood and cork; except furniture
17	10	1 210	981	229	141	114	27	Sawmilling and planing of wood
66	61	3 404	2 656	748	514	400	114	Manufacture of wood products
1	5	249	195	54	55	40	15	Manufacture of articles of cork, straw and plaiting materials

Note : Based upon the 10th revision of Korean Standard Industrial Classification(2017)
Source : Labor Market Statistics Division, Ministry of Employment and Labor, 「Report on the Establishment Status」

10. 산업·규모별 사업체수 및 (종사상지위·성별)종사자수(55-7)
(2022. 12. 31.)

단위 : 개소, 명

산업별	규모별		1 ~ 4 인					
	사업체수 Number of establi-shments	종사자수 Number of workers			자영업자 Individual proprietors			무급가족 Unpaid family
		계 Total	남 Male	여 Female	계 Total	남 Male	여 Female	계 Total
17. 펄프, 종이 및 종이제품 제조업	2 968	8 088	5 665	2 423	1 841	1 369	472	149
171. 펄프, 종이 및 판지 제조업	364	953	695	258	193	140	53	11
172. 골판지, 종이 상자 및 종이 용기 제조업	1 708	4 745	3 404	1 341	1 123	844	279	97
179. 기타 종이 및 판지 제품 제조업	896	2 390	1 566	824	525	385	140	41
18. 인쇄 및 기록매체 복제업	6 182	16 516	10 876	5 640	4 905	3 692	1 213	339
181. 인쇄 및 인쇄관련 산업	6 097	16 330	10 763	5 567	4 882	3 675	1 207	338
182. 기록매체 복제업	85	186	113	73	23	17	6	1
19. 코크스, 연탄 및 석유정제품 제조업	137	375	305	70	39	33	6	0
191. 코크스 및 연탄 제조업	22	51	46	5	5	4	1	0
192. 석유 정제품 제조업	115	324	259	65	34	29	5	0
20. 화학 물질 및 화학제품 제조업; 의약품 제외	6 453	16 441	11 922	4 519	1 930	1 381	549	147
201. 기초 화학물질 제조업	504	1 300	1 011	289	154	114	40	12
202. 합성고무 및 플라스틱 물질 제조업	1 402	3 799	2 946	853	671	501	170	52
203. 비료, 농약 및 살균·살충제 제조업	892	2 266	1 815	451	158	122	36	34
204. 기타 화학제품 제조업	3 559	8 831	5 979	2 852	907	617	290	45
205. 화학 섬유 제조업	96	245	171	74	40	27	13	4
21. 의료용 물질 및 의약품 제조업	455	1 144	755	389	111	88	23	14
211. 기초 의약 물질 및 생물학적 제제 제조업	84	199	147	52	8	5	3	0
212. 의 약 품 제 조 업	130	321	194	127	40	33	7	4
213. 의료용품 및 기타 의약 관련제품 제조업	241	624	414	210	63	50	13	10
22. 고무 및 플라스틱제품 제조업	9 665	26 790	19 350	7 440	5 869	4 503	1 366	405
221. 고무제품 제조업	1 091	3 078	2 232	846	728	567	161	47
222. 플라스틱 제품 제조업	8 574	23 712	17 118	6 594	5 141	3 936	1 205	358
23. 비금속 광물제품 제조업	4 062	11 019	8 571	2 448	2 011	1 548	463	233
231. 유리 및 유리제품 제조업	701	1 943	1 459	484	463	370	93	25
232. 내화, 비내화 요업제품 제조업	711	1 856	1 250	606	402	275	127	76
233. 시멘트, 석회, 플라스터 및 그 제품 제조업	1 002	2 676	2 188	488	318	251	67	27
239. 기타 비금속 광물제품 제조업	1 648	4 544	3 674	870	828	652	176	105
24. 1차 금속 제조업	3 623	9 892	7 836	2 056	1 903	1 531	372	105
241. 1차 철강 제조업	2 083	5 711	4 537	1 174	1 093	886	207	62
242. 1차 비철금속 제조업	947	2 544	1 979	565	436	349	87	25
243. 금 속 주 조 업	593	1 637	1 320	317	374	296	78	18
25. 금속 가공제품 제조업; 기계 및 가구 제외	26 410	73 120	58 159	14 961	18 568	15 139	3 429	952
251. 구조용 금속제품, 탱크 및 증기발생기 제조업	7 356	20 020	16 226	3 794	3 959	3 142	817	287
252. 무기 및 총포탄 제조업	38	92	74	18	20	19	1	0
259. 기타 금속 가공제품 제조업	19 016	53 008	41 859	11 149	14 589	11 978	2 611	665

주 : 한국표준산업분류 10차개정(2017) 기준
자료 : 고용노동부 노동시장조사과, 「사업체노동실태현황보고서」

10. Number of establishments and workers(by employment status and gender) by industry and establishment size(55-7) (2022. 12. 31.)

Unit : In each, person

Establishment Size	1 ~ 4 persons							
	종사자 및 기타종사자 Workers & Other workers		상용근로자 Regular employees			임시 및 일용근로자 Temporary and daily employees		
Industry	남 Male	여 Female	계 Total	남 Male	여 Female	계 Total	남 Male	여 Female
Manufacture of pulp, paper and paper products	65	84	5 471	3 851	1 620	627	380	247
Manufacture of pulp, paper and paperboard	7	4	669	499	170	80	49	31
Manufacture of corrugated paper, paper boxes and paper containers	40	57	3 170	2 294	876	355	226	129
Manufacture of other paper and paperboard products	18	23	1 632	1 058	574	192	105	87
Printing and reproduction of recorded media	124	215	10 153	6 399	3 754	1 119	661	458
Printing and service activities related to printing	123	215	10 020	6 319	3 701	1 090	646	444
Reproduction of recorded media	1	0	133	80	53	29	15	14
Manufacture of coke, briquettes and refined petroleum products	0	0	318	256	62	18	16	2
Manufacture of coke and briquettes	0	0	38	34	4	8	8	0
Manufacture of refined petroleum products	0	0	280	222	58	10	8	2
Manufacture of chemicals and chemical products; except pharmaceuticals and medicinal chemicals	82	65	13 113	9 658	3 455	1 251	801	450
Manufacture of basic chemicals	8	4	1 051	830	221	83	59	24
Manufacture of plastics and synthetic rubber in primary forms	30	22	2 787	2 192	595	289	223	66
Manufacture of fertilizers, pesticides, germicides and insecticides	20	14	1 916	1 553	363	158	120	38
Manufacture of other chemical products	23	22	7 164	4 943	2 221	715	396	319
Manufacture of man-made fibers	1	3	195	140	55	6	3	3
Manufacture of pharmaceuticals, medicinal chemical and botanical products	5	9	953	632	321	66	30	36
Manufacture of medicinal chemicals, antibiotics and biological products	0	0	186	139	47	5	3	2
Manufacture of medicaments	2	2	260	154	106	17	5	12
Manufacture of medical supplies and related other medicaments	3	7	507	339	168	44	22	22
Manufacture of rubber and plastics products	171	234	18 494	13 362	5 132	2 022	1 314	708
Manufacture of rubber products	20	27	2 105	1 513	592	198	132	66
Manufacture of plastics products	151	207	16 389	11 849	4 540	1 824	1 182	642
Manufacture of other non-metallic mineral products	98	135	7 717	6 094	1 623	1 058	831	227
Manufacture of glass and glass products	10	15	1 310	971	339	145	108	37
Manufacture of refractory and non-refractory ceramic products	22	54	1 163	826	337	215	127	88
Manufacture of cement, lime, plaster and its products	14	13	2 070	1 710	360	261	213	48
Manufacture of other non-metallic mineral products	52	53	3 174	2 587	587	437	383	54
Manufacture of basic metals	55	50	7 278	5 772	1 506	606	478	128
Manufacture of basic iron and steel	31	31	4 215	3 351	864	341	269	72
Manufacture of basic precious and non-ferrous metals	12	13	1 913	1 483	430	170	135	35
Casting of metals	12	6	1 150	938	212	95	74	21
Manufacture of fabricated metal products, except machinery and furniture	452	500	47 947	37 950	9 997	5 653	4 618	1 035
Manufacture of structural metal products, tanks, reservoirs and steam generators	151	136	13 437	10 867	2 570	2 337	2 066	271
Manufacture of weapons and ammunition	0	0	69	52	17	3	3	0
Manufacture of other fabricated metal products; metalworking service activities	301	364	34 441	27 031	7 410	3 313	2 549	764

Note : Based upon the 10th revision of Korean Standard Industrial Classification(2017)
Source : Labor Market Statistics Division, Ministry of Employment and Labor, 「Report on the Establishment Status」

10. 산업·규모별 사업체수 및 (종사상지위·성별)종사자수(55-8)
(2022. 12. 31.)

단위 : 개소, 명

산업별	규모별	1 ~ 4 인						
	사업체수 Number of establi- shments	종사자수 Number of workers			자영업자 Individual proprietors			무급가족 Unpaid family
		계 Total	남 Male	여 Female	계 Total	남 Male	여 Female	계 Total
26. 전자 부품, 컴퓨터, 영상, 음향 및 통신장비 제조업	8 048	19 963	14 425	5 538	2 978	2 351	627	156
261. 반 도 체 제 조 업	1 684	4 100	3 019	1 081	769	607	162	20
262. 전 자 부 품 제 조 업	3 503	8 871	6 190	2 681	1 472	1 141	331	86
263. 컴퓨터 및 주변 장치 제조업	761	1 724	1 268	456	153	126	27	13
264. 통신 및 방송장비 제조업	1 577	3 957	2 988	969	410	335	75	25
265. 영상 및 음향 기기 제조업	493	1 244	916	328	167	137	30	12
266. 마그네틱 및 광학 매체 제조업	30	67	44	23	7	5	2	0
27. 의료, 정밀, 광학 기기 및 시계 제조업	6 544	17 432	12 903	4 529	3 491	3 013	478	139
271. 의료용 기기 제조업	2 980	7 989	5 540	2 449	1 985	1 742	243	88
272. 측정, 시험, 항해, 제어 및 기타 정밀 기기 제조업; 광학 기기 제외	3 137	8 358	6 572	1 786	1 325	1 125	200	46
273. 사진장비 및 광학 기기 제조업	347	872	650	222	130	107	23	2
274. 시계 및 시계 부품 제조업	80	213	141	72	51	39	12	3
28. 전 기 장 비 제 조 업	10 997	28 850	21 311	7 539	5 190	4 139	1 051	297
281. 전동기, 발전기 및 전기 변환·공급·제어 장치 제조업	5 390	14 347	10 957	3 390	2 875	2 357	518	112
282. 일차전지 및 축전지 제조업	230	537	434	103	44	34	10	1
283. 절연선 및 케이블 제조업	657	1 860	1 150	710	411	303	108	38
284. 전구 및 조명장치 제조업	2 623	6 806	4 901	1 905	1 156	912	244	88
285. 가정용 기기 제조업	1 296	3 212	2 289	923	422	324	98	41
289. 기타 전기장비 제조업	801	2 088	1 580	508	282	209	73	17
29. 기타 기계 및 장비 제조업	22 886	61 761	49 388	12 373	13 091	10 925	2 166	584
291. 일반 목적용 기계 제조업	9 707	26 106	20 601	5 505	4 893	4 029	864	222
292. 특수 목적용 기계 제조업	13 179	35 655	28 787	6 868	8 198	6 896	1 302	362
30. 자동차 및 트레일러 제조업	4 360	11 638	8 791	2 847	2 381	1 814	567	136
301. 자동차용 엔진 및 자동차 제조업	46	126	103	23	4	4	0	2
302. 자동차 차체 및 트레일러 제조업	735	1 934	1 585	349	380	297	83	28
303. 자동차 신품 부품 제조업	3 520	9 420	6 980	2 440	1 967	1 491	476	102
304. 자동차 재제조 부품 제조업	59	158	123	35	30	22	8	4
31. 기타 운송장비 제조업	1 871	4 489	3 623	866	622	494	128	37
311. 선박 및 보트 건조업	1 243	2 867	2 286	581	404	317	87	23
312. 철 도 장 비 제 조 업	175	486	399	87	69	52	17	2
313. 항공기, 우주선 및 부품 제조업	244	623	528	95	80	69	11	2
319. 그 외 기타 운송장비 제조업	209	513	410	103	69	56	13	10
32. 가 구 제 조 업	5 201	14 244	11 268	2 976	3 990	3 015	975	396
320. 가 구 제 조 업	5 201	14 244	11 268	2 976	3 990	3 015	975	396
33. 기 타 제 품 제 조 업	6 796	17 357	11 569	5 788	4 540	3 387	1 153	472
331. 귀금속 및 장신용품 제조업	753	1 928	1 217	711	537	408	129	45
332. 악 기 제 조 업	93	237	179	58	54	48	6	4
333. 운동 및 경기용구 제조업	684	1 714	1 247	467	286	211	75	38
334. 인형, 장난감 및 오락용품 제조업	431	1 054	633	421	180	123	57	16
339. 그 외 기타 제품 제조업	4 835	12 424	8 293	4 131	3 483	2 597	886	369
34. 산업용 기계 및 장비 수리업	3 701	9 943	8 150	1 793	2 623	2 134	489	204
340. 산업용 기계 및 장비 수리업	3 701	9 943	8 150	1 793	2 623	2 134	489	204

주 : 한국표준산업분류 10차개정(2017) 기준
자료 : 고용노동부 노동시장조사과, 「사업체노동실태현황보고서」

10. Number of establishments and workers(by employment status and gender) by industry and establishment size(55-8) (2022. 12. 31.)

Unit : In each, person

Establishment Size	1 ~ 4 persons							
종사자 및 기타종사자 Workers & Other workers		상용근로자 Regular employees			임시 및 일용근로자 Temporary and daily employees			Industry
남 Male	여 Female	계 Total	남 Male	여 Female	계 Total	남 Male	여 Female	
78	78	14 885	10 812	4 073	1 944	1 184	760	Manufacture of electronic components, computer; visual, sounding and communication equipment
12	8	2 787	2 043	744	524	357	167	Manufacture of semiconductor
37	49	6 519	4 588	1 931	794	424	370	Manufacture of electronic components
6	7	1 385	1 018	367	173	118	55	Manufacture of computers and peripheral equipment
16	9	3 181	2 420	761	341	217	124	Manufacture of communication and broadcasting apparatuses
7	5	960	706	254	105	66	39	Manufacture of electronic video and audio equipment
0	0	53	37	16	7	2	5	Manufacture of magnetic and optical medium
66	73	12 594	9 033	3 561	1 208	791	417	Manufacture of medical, precision and optical instruments, watches and clocks
35	53	5 378	3 477	1 901	538	286	252	Manufacture of medical and dental instruments and supplies
31	15	6 404	4 976	1 428	583	440	143	Manufacture of measuring, testing, navigating and control equipment; except optical instruments
0	2	682	496	186	58	47	11	Manufacture of photographic equipment and optical instruments
0	3	130	84	46	29	18	11	Manufacture of watches, clocks and its parts
138	159	20 760	15 230	5 530	2 603	1 804	799	Manufacture of electrical equipment
60	52	10 108	7 636	2 472	1 252	904	348	Manufacture of electric motors, generators, transformers and electricity distribution and control apparatus
0	1	440	361	79	52	39	13	Manufacture of batteries and accumulators
15	23	1 245	757	488	166	75	91	Manufacture of insulated wires and cables
31	57	4 864	3 464	1 400	698	494	204	Manufacture of electric tubes and bulbs and lighting equipment
20	21	2 446	1 751	695	303	194	109	Manufacture of domestic appliances
12	5	1 657	1 261	396	132	98	34	Manufacture of other electrical equipment
302	282	43 444	34 562	8 882	4 642	3 599	1 043	Manufacture of other machinery and equipment
118	104	18 950	14 879	4 071	2 041	1 575	466	Manufacture of general purpose machinery
184	178	24 494	19 683	4 811	2 601	2 024	577	Manufacture of special-purpose machinery
64	72	8 060	6 222	1 838	1 061	691	370	Manufacture of motor vehicles, trailers and semitrailers
1	1	113	94	19	7	4	3	Manufacture of motor vehicles and engines for motor vehicles
17	11	1 349	1 124	225	177	147	30	Manufacture of bodies for motor vehicles; manufacture of trailers and semi-trailers
44	58	6 497	4 921	1 576	854	524	330	Manufacture of parts and accessories for motor vehicles(new products)
2	2	101	83	18	23	16	7	Manufacture of parts and accessories for motor vehicles(remanufacturing products)
22	15	3 133	2 558	575	697	549	148	Manufacture of other transport equipment
16	7	1 872	1 505	367	568	448	120	Building of ships and boats
0	2	378	318	60	37	29	8	Manufacture of railway locomotives and rolling stock
2	0	496	420	76	45	37	8	Manufacture of aircraft, spacecraft and its parts
4	6	387	315	72	47	35	12	Manufacture of other transport equipment
185	211	8 268	6 716	1 552	1 590	1 352	238	Manufacture of furniture
185	211	8 268	6 716	1 552	1 590	1 352	238	Manufacture of furniture
191	281	10 455	6 711	3 744	1 890	1 280	610	Other manufacturing
10	35	1 111	674	437	235	125	110	Manufacture of jewellery, bijouterie and related articles
1	3	169	124	45	10	6	4	Manufacture of musical instruments
19	19	1 195	882	313	195	135	60	Manufacture of sports and athletic goods
5	11	734	445	289	124	60	64	Manufacture of dolls, toys and amusement goods
156	213	7 246	4 586	2 660	1 326	954	372	Other manufacturing n.e.c.
96	108	6 043	4 966	1 077	1 073	954	119	Maintenance and repair services of industrial machinery and equipment
96	108	6 043	4 966	1 077	1 073	954	119	Maintenance and repair services of industrial machinery and equipment

Note : Based upon the 10th revision of Korean Standard Industrial Classification(2017)
Source : Labor Market Statistics Division, Ministry of Employment and Labor, 「Report on the Establishment Status」

10. 산업·규모별 사업체수 및 (종사상지위·성별)종사자수(55-9)
(2022. 12. 31.)

단위 : 개소, 명

산업별	규모별	1 ~ 4 인						
	사업체수 Number of establi-shments	종사자수 Number of workers			자영업자 Individual proprietors			무급가족 Unpaid family
		계 Total	남 Male	여 Female	계 Total	남 Male	여 Female	계 Total
D. 전기, 가스, 증기 및 공기 조절 공급업	910	1 632	1 340	292	25	11	14	10
35. 전기, 가스, 증기 및 공기 조절 공급업	910	1 632	1 340	292	25	11	14	10
E. 수도, 하수 및 폐기물 처리, 원료 재생업	4 263	11 049	8 504	2 545	1 313	959	354	186
36. 수도업	23	56	54	2	0	0	0	5
37. 하수, 폐수 및 분뇨 처리업	830	2 149	1 715	434	247	170	77	34
38. 폐기물 수집, 운반, 처리 및 원료 재생업	3 343	8 661	6 594	2 067	1 055	782	273	138
39. 환경 정화 및 복원업	67	183	141	42	11	7	4	9
F. 건설업	65 538	174 890	136 381	38 509	22 585	17 044	5 541	2 667
41. 종합 건설업	13 202	32 996	25 272	7 724	2 511	1 909	602	351
42. 전문직별 공사업	52 336	141 894	111 109	30 785	20 074	15 135	4 939	2 316
G. 도매 및 소매업	332 628	843 349	493 155	350 194	193 995	119 615	74 380	25 458
45. 자동차 및 부품 판매업	11 164	28 508	22 999	5 509	6 657	5 347	1 310	1 528
46. 도매 및 상품 중개업	146 782	359 640	245 818	113 822	63 889	46 728	17 161	7 579
47. 소매업 ; 자동차 제외	174 682	455 201	224 338	230 863	123 449	67 540	55 909	16 351
H. 운수 및 창고업	24 240	55 873	40 593	15 280	5 948	4 152	1 796	1 329
49. 육상 운송 및 파이프라인 운송업	9 082	21 548	15 828	5 720	3 033	2 096	937	923
50. 수상 운송업	417	988	759	229	164	114	50	13
51. 항공 운송업	71	175	113	62	0	0	0	1
52. 창고 및 운송관련 서비스업	14 670	33 162	23 893	9 269	2 751	1 942	809	392
I. 숙박 및 음식점업	237 638	689 971	266 756	423 215	235 048	115 722	119 326	47 208
55. 숙박업	12 900	35 872	16 440	19 432	11 783	6 377	5 406	3 053
56. 음식점 및 주점업	224 738	654 099	250 316	403 783	223 265	109 345	113 920	44 155
J. 정보통신업	34 472	72 846	50 481	22 365	5 347	3 857	1 490	991
58. 출판업	18 535	38 683	27 481	11 202	2 395	1 772	623	456
59. 영상·오디오 기록물 제작 및 배급업	5 035	10 592	6 964	3 628	1 122	860	262	216
60. 방송업	277	582	418	164	34	28	6	43
61. 우편 및 통신업	1 684	4 584	2 522	2 062	608	301	307	23
62. 컴퓨터 프로그래밍, 시스템 통합 및 관리업	5 854	12 390	9 014	3 376	850	655	195	133
63. 정보서비스업	3 087	6 015	4 082	1 933	338	241	97	120

주 : 한국표준산업분류 10차개정(2017) 기준
자료 : 고용노동부 노동시장조사과, 「사업체노동실태현황보고서」

10. Number of establishments and workers(by employment status and gender) by industry and establishment size(55-9) (2022. 12. 31.)

Unit : In each, person

1 ~ 4 persons								Establishment Size
종사자 및 기타종사자 Workers & Other workers		상용근로자 Regular employees			임시 및 일용근로자 Temporary and daily employees			
남 Male	여 Female	계 Total	남 Male	여 Female	계 Total	남 Male	여 Female	Industry
8	2	1 576	1 313	263	21	8	13	Electricity, gas, steam and air conditioning supply
8	2	1 576	1 313	263	21	8	13	Electricity, gas, steam and air conditioning supply
125	61	8 807	6 803	2 004	743	617	126	Water supply; sewage, waste management, materials recovery
5	0	49	47	2	2	2	0	Water supply
27	7	1 770	1 430	340	98	88	10	Sewage, wastewater, human and animal waste treatment services
87	51	6 845	5 213	1 632	623	512	111	Waste collection, treatment and disposal activities; materials recovery
6	3	143	113	30	20	15	5	Remediation activities and other waste management services
1 674	993	122 055	93 179	28 876	27 583	24 484	3 099	Construction
238	113	25 866	19 391	6 475	4 268	3 734	534	General construction
1 436	880	96 189	73 788	22 401	23 315	20 750	2 565	Specialized construction activities
10 847	14 611	515 865	316 276	199 589	108 031	46 417	61 614	Wholesale and retail trade
1 227	301	19 016	15 356	3 660	1 307	1 069	238	Sale of motor vehicles and parts
3 140	4 439	266 383	182 316	84 067	21 789	13 634	8 155	Wholesale trade on own account or on a fee or contract basis
6 480	9 871	230 466	118 604	111 862	84 935	31 714	53 221	Retail trade, except motor vehicles and motorcycles
1 010	319	44 947	32 719	12 228	3 649	2 712	937	Transportation and storage
704	219	15 832	11 676	4 156	1 760	1 352	408	Land transport and transport via pipelines
7	6	732	569	163	79	69	10	Water transport
1	0	166	107	59	8	5	3	Air transport
298	94	28 217	20 367	7 850	1 802	1 286	516	Warehousing and support activities for transportation
19 791	27 417	214 328	80 476	133 852	193 387	50 767	142 620	Accommodation and food service activities
1 185	1 868	12 166	6 338	5 828	8 870	2 540	6 330	Accommodation
18 606	25 549	202 162	74 138	128 024	184 517	48 227	136 290	Food and beverage service activities
661	330	59 212	41 400	17 812	7 296	4 563	2 733	Information and communication
305	151	31 810	22 826	8 984	4 022	2 578	1 444	Publishing activities
143	73	8 071	5 276	2 795	1 183	685	498	Motion picture, video and television programme production, sound recording and music publishing activities
34	9	473	337	136	32	19	13	Broadcasting activities
10	13	3 781	2 136	1 645	172	75	97	Postal activities and telecommunications
88	45	10 203	7 488	2 715	1 204	783	421	Computer programming, consultancy and related activities
81	39	4 874	3 337	1 537	683	423	260	Information service activities

Note : Based upon the 10th revision of Korean Standard Industrial Classification(2017)
Source : Labor Market Statistics Division, Ministry of Employment and Labor, 「Report on the Establishment Status」

10. 산업·규모별 사업체수 및 (종사상지위·성별)종사자수(55-10)
(2022. 12. 31.)

단위 : 개소, 명

산업별 \ 규모별	사업체수 Number of establishments	종사자수 Number of workers			자영업자 Individual proprietors			무급가족 Unpaid family
		계 Total	남 Male	여 Female	계 Total	남 Male	여 Female	계 Total
				1 ~ 4 인				
K. 금융 및 보험업	12 908	30 956	17 950	13 006	1 102	717	385	825
64. 금융업	6 029	15 563	8 812	6 751	174	124	50	60
65. 보험 및 연금업	1 821	4 266	2 548	1 718	0	0	0	151
66. 금융 및 보험관련 서비스업	5 058	11 127	6 590	4 537	928	593	335	614
L. 부동산업	72 532	144 074	92 908	51 166	15 625	9 244	6 381	5 064
68. 부동산업	72 532	144 074	92 908	51 166	15 625	9 244	6 381	5 064
M. 전문, 과학 및 기술 서비스업	69 800	164 882	101 423	63 459	28 033	23 193	4 840	1 471
70. 연구개발업	5 383	11 578	8 253	3 325	335	232	103	121
71. 전문 서비스업	38 786	89 514	51 336	38 178	15 346	12 999	2 347	673
72. 건축 기술, 엔지니어링 및 기타 과학기술 서비스업	15 321	39 174	29 069	10 105	6 789	5 917	872	180
73. 기타 전문, 과학 및 기술 서비스업	10 310	24 616	12 765	11 851	5 563	4 045	1 518	497
N. 사업시설 관리, 사업 지원 및 임대 서비스업	34 475	75 983	48 739	27 244	9 831	6 555	3 276	1 728
74. 사업시설 관리 및 조경 서비스업	6 434	15 639	10 469	5 170	2 490	1 727	763	337
75. 사업 지원 서비스업	20 324	42 259	25 808	16 451	4 640	3 026	1 614	848
76. 임대업 ; 부동산 제외	7 717	18 085	12 462	5 623	2 701	1 802	899	543
P. 교육 서비스업	57 463	151 764	58 558	93 206	45 722	20 980	24 742	10 048
85. 교육 서비스업	57 463	151 764	58 558	93 206	45 722	20 980	24 742	10 048
Q. 보건업 및 사회복지 서비스업	56 448	168 371	45 228	123 143	36 548	29 276	7 272	1 685
86. 보건업	35 354	113 971	32 766	81 205	35 677	29 036	6 641	356
87. 사회복지 서비스업	21 094	54 400	12 462	41 938	871	240	631	1 329
R. 예술, 스포츠 및 여가관련 서비스업	30 466	75 162	42 921	32 241	20 437	13 086	7 351	4 837
90. 창작, 예술 및 여가관련 서비스업	8 947	17 596	8 850	8 746	2 508	1 350	1 158	1 320
91. 스포츠 및 오락관련 서비스업	21 519	57 566	34 071	23 495	17 929	11 736	6 193	3 517
S. 협회 및 단체, 수리 및 기타 개인 서비스업	119 675	223 237	136 761	86 476	33 472	18 430	15 042	16 281
94. 협회 및 단체	82 281	125 725	86 755	38 970	0	0	0	10 111
95. 개인 및 소비용품 수리업	14 274	38 016	31 316	6 700	12 574	10 387	2 187	1 150
96. 기타 개인 서비스업	23 120	59 496	18 690	40 806	20 898	8 043	12 855	5 020

주 : 한국표준산업분류 10차개정(2017) 기준
자료 : 고용노동부 노동시장조사과, 「사업체노동실태현황보고서」

10. Number of establishments and workers(by employment status and gender) by industry and establishment size(55-10) (2022. 12. 31.)

Unit : In each, person

1 ~ 4 persons								Establishment Size
종사자 및 기타종사자 Workers & Other workers		상용근로자 Regular employees			임시 및 일용근로자 Temporary and daily employees			
남 Male	여 Female	계 Total	남 Male	여 Female	계 Total	남 Male	여 Female	Industry
354	471	27 862	16 216	11 646	1 167	663	504	Financial and insurance activities
45	15	14 866	8 363	6 503	463	280	183	Financial service activities, except insurance and pension funding
80	71	4 084	2 457	1 627	31	11	20	Insurance and pension funding
229	385	8 912	5 396	3 516	673	372	301	Activities auxiliary to financial service and insurance activities
2 848	2 216	113 713	75 863	37 850	9 672	4 953	4 719	Real estate activities
2 848	2 216	113 713	75 863	37 850	9 672	4 953	4 719	Real estate activities
801	670	125 481	71 929	53 552	9 897	5 500	4 397	Professional, scientific and technical activities
86	35	10 361	7 452	2 909	761	483	278	Research and development
392	281	68 371	35 176	33 195	5 124	2 769	2 355	Professional services
107	73	30 282	21 743	8 539	1 923	1 302	621	Architectural, engineering and other scientific technical services
216	281	16 467	7 558	8 909	2 089	946	1 143	Other professional, scientific and technical services
1 039	689	56 187	36 326	19 861	8 237	4 819	3 418	Business facilities management and business support services; rental and leasing activities
187	150	10 409	7 143	3 266	2 403	1 412	991	Business facilities management and landscape services
517	331	32 522	19 862	12 660	4 249	2 403	1 846	Business support services
335	208	13 256	9 321	3 935	1 585	1 004	581	Rental and leasing activities; except real estate
2 960	7 088	73 657	28 186	45 471	22 337	6 432	15 905	Education
2 960	7 088	73 657	28 186	45 471	22 337	6 432	15 905	Education
624	1 061	124 319	14 643	109 676	5 819	685	5 134	Human health and social work activities
54	302	74 983	3 324	71 659	2 955	352	2 603	Human health activities
570	759	49 336	11 319	38 017	2 864	333	2 531	Social work activities
2 716	2 121	32 171	18 524	13 647	17 717	8 595	9 122	Arts, sports and recreation related services
605	715	10 806	5 691	5 115	2 962	1 204	1 758	Creative, arts and recreation related services
2 111	1 406	21 365	12 833	8 532	14 755	7 391	7 364	Sports activities and amusement activities
7 184	9 097	156 148	105 109	51 039	17 336	6 038	11 298	Membership organizations, repair and other personal services
5 485	4 626	111 690	79 891	31 799	3 924	1 379	2 545	Membership organizations
445	705	21 400	18 195	3 205	2 892	2 289	603	Maintenance and repair services of personal and household goods
1 254	3 766	23 058	7 023	16 035	10 520	2 370	8 150	Other personal services activities

Note : Based upon the 10th revision of Korean Standard Industrial Classification(2017)
Source : Labor Market Statistics Division, Ministry of Employment and Labor, 「Report on the Establishment Status」

10. 산업·규모별 사업체수 및 (종사상지위·성별)종사자수(55-11)
(2022. 12. 31.)

단위 : 개소, 명

산업별	규모별	5 ~ 9 인						
	사업체수 Number of establi- shments	종사자수 Number of workers			자영업자 Individual proprietors			무급가족 Unpaid family
		계 Total	남 Male	여 Female	계 Total	남 Male	여 Female	계 Total
전 산 업	445 037	2 838 790	1 492 065	1 346 725	247 989	158 911	89 078	91 558
A. 농업, 임업 및 어업	1 532	10 144	7 209	2 935	0	0	0	323
01. 농 업	1 013	6 528	4 323	2 205	0	0	0	284
02. 임 업	367	2 635	2 129	506	0	0	0	7
03. 어 업	152	981	757	224	0	0	0	32
B. 광 업	176	1 155	982	173	33	29	4	13
05. 석탄, 원유 및 천연가스 광업	2	13	12	1	1	1	0	0
06. 금 속 광 업	4	23	20	3	1	1	0	0
07. 비금속광물 광업; 연료용 제외	169	1 110	941	169	31	27	4	13
08. 광업 지원 서비스업	1	9	9	0	0	0	0	0
C. 제 조 업	74 161	477 725	330 068	147 657	41 774	31 506	10 268	6 432
10. 식료품 제조업	6 188	40 344	20 882	19 462	3 062	2 029	1 033	1 253
101. 도축, 육류 가공 및 저장 처리업	858	5 748	3 368	2 380	376	262	114	53
102. 수산물 가공 및 저장 처리업	927	6 192	2 836	3 356	597	422	175	300
103. 과실, 채소 가공 및 저장 처리업	944	6 016	2 494	3 522	497	294	203	355
104. 동물성 및 식물성 유지 제조업	95	599	352	247	39	27	12	12
105. 낙농제품 및 식용 빙과류 제조업	44	283	169	114	13	12	1	5
106. 곡물 가공품, 전분 및 전분제품 제조업	563	3 594	2 463	1 131	228	179	49	105
107. 기 타 식 품 제 조 업	2 505	16 273	8 064	8 209	1 258	797	461	402
108. 동물용 사료 및 조제식품 제조업	252	1 639	1 136	503	54	36	18	21
11. 음 료 제 조 업	275	1 775	1 265	510	93	75	18	39
111. 알코올 음료 제조업	167	1 056	776	280	57	45	12	35
112. 비알코올 음료 및 얼음 제조업	108	719	489	230	36	30	6	4
12. 담 배 제 조 업	2	15	9	6	0	0	0	0
120. 담 배 제 조 업	2	15	9	6	0	0	0	0
13. 섬유제품 제조업; 의복 제외	3 470	22 024	12 690	9 334	2 392	1 709	683	407
131. 방적 및 가공사 제조업	291	1 833	1 022	811	245	184	61	31
132. 직물 직조 및 직물제품 제조업	1 620	10 195	5 423	4 772	1 080	757	323	196
133. 편 조 원 단 제 조 업	193	1 226	770	456	155	108	47	21
134. 섬유제품 염색, 정리 및 마무리 가공업	611	3 895	2 414	1 481	472	339	133	91
139. 기 타 섬유제품 제 조 업	755	4 875	3 061	1 814	440	321	119	68
14. 의복, 의복 액세서리 및 모피제품 제조업	3 927	24 701	8 972	15 729	3 338	2 103	1 235	1 662
141. 봉제 의복 제조업	3 137	19 658	6 916	12 742	2 699	1 678	1 021	1 448
142. 모 피 제 품 제 조 업	48	295	112	183	31	24	7	15
143. 편조 의복 제조업	348	2 268	849	1 419	320	215	105	117
144. 의복 액세서리 제조업	394	2 480	1 095	1 385	288	186	102	82
15. 가죽, 가방 및 신발 제조업	842	5 303	2 954	2 349	609	422	187	213
151. 가죽, 가방 및 유사 제품 제조업	451	2 826	1 479	1 347	303	201	102	91
152. 신발 및 신발 부분품 제조업	391	2 477	1 475	1 002	306	221	85	122
16. 목재 및 나무제품 제조업; 가구 제외	1 294	8 456	6 573	1 883	735	513	222	91
161. 제재 및 목재 가공업	354	2 357	1 886	471	185	133	52	20
162. 나 무 제 품 제 조 업	908	5 892	4 542	1 350	540	375	165	68
163. 코르크 및 조물 제품 제조업	32	207	145	62	10	5	5	3

주 : 한국표준산업분류 10차개정(2017) 기준
자료 : 고용노동부 노동시장조사과, 「사업체노동실태현황보고서」

10. Number of establishments and workers(by employment status and gender) by industry and establishment size(55-11) (2022. 12. 31.)

Unit : In each, person

5 ~ 9 persons								Establishment Size
종사자 및 기타종사자 Workers & Other workers		상용근로자 Regular employees			임시 및 일용근로자 Temporary and daily employees			
남 Male	여 Female	계 Total	남 Male	여 Female	계 Total	남 Male	여 Female	Industry
41 664	49 894	2 023 932	1 095 420	928 512	475 311	196 070	279 241	All industries
231	92	7 947	5 923	2 024	1 874	1 055	819	Agriculture, forestry and fishing
210	74	4 848	3 430	1 418	1 396	683	713	Agriculture
7	0	2 254	1 809	445	374	313	61	Forestry
14	18	845	684	161	104	59	45	Fishing and aquaculture
13	0	966	803	163	143	137	6	Mining and quarrying
0	0	12	11	1	0	0	0	Mining of coal, crude petroleum and natural gas
0	0	17	14	3	5	5	0	Mining of metal ores
13	0	933	774	159	133	127	6	Mining of non-metallic minerals, except fuel
0	0	4	4	0	5	5	0	Mining support service activities
2 788	3 644	384 112	270 923	113 189	45 407	24 851	20 556	Manufacturing
510	743	28 580	15 741	12 839	7 449	2 602	4 847	Manufacture of food products
20	33	4 755	2 815	1 940	564	271	293	Slaughtering of livestock, processing and preserving of meat and meat products
95	205	3 292	1 569	1 723	2 003	750	1 253	Processing and preserving of fish, crustaceans, molluscs and seaweeds
140	215	3 456	1 587	1 869	1 708	473	1 235	Processing and preserving of fruit and vegetables
6	6	444	277	167	104	42	62	Manufacture of vegetable and animal oils and fats
1	4	245	151	94	20	5	15	Manufacture of dairy products and edible ice cakes
51	54	2 797	1 953	844	464	280	184	Manufacture of grain mill products, starches and starch products
178	224	12 174	6 383	5 791	2 439	706	1 733	Manufacture of other food products
19	2	1 417	1 006	411	147	75	72	Manufacture of prepared animal feeds and feed additives
16	23	1 487	1 083	404	156	91	65	Manufacture of beverages
15	20	889	672	217	75	44	31	Manufacture of alcoholic beverages
1	3	598	411	187	81	47	34	Manufacture of ice and non-alcoholic beverages; production of mineral waters
0	0	15	9	6	0	0	0	Manufacture of tobacco products
0	0	15	9	6	0	0	0	Manufacture of tobacco products
164	243	17 062	9 909	7 153	2 163	908	1 255	Manufacture of textiles, except apparel
14	17	1 426	772	654	131	52	79	Spinning of textiles and processing of threads and yarns
75	121	7 849	4 132	3 717	1 070	459	611	Weaving of textiles and manufacture of textile products
13	8	897	593	304	153	56	97	Manufacture of knitted and crocheted fabrics
35	56	2 913	1 866	1 047	419	174	245	Dyeing and finishing of textiles and wearing apparel
27	41	3 977	2 546	1 431	390	167	223	Manufacture of other made-up textile articles, except apparel
554	1 108	12 698	4 802	7 896	7 003	1 513	5 490	Manufacture of wearing apparel, clothing accessories and fur articles
486	962	9 751	3 539	6 212	5 760	1 213	4 547	Manufacture of sewn wearing apparel, except fur apparel
4	11	198	71	127	51	13	38	Manufacture of articles of fur
36	81	1 076	436	640	755	162	593	Manufacture of knitted and crocheted apparel
28	54	1 673	756	917	437	125	312	Manufacture of apparel accessories
122	91	3 448	1 970	1 478	1 033	440	593	Manufacture of leather, luggage and footwear
30	61	1 853	1 006	847	579	242	337	Manufacture of leather, luggage and similar products
92	30	1 595	964	631	454	198	256	Manufacture of footwear and parts of footwear
46	45	6 972	5 482	1 490	658	532	126	Manufacture of wood and of products of wood and cork; except furniture
15	5	1 991	1 612	379	161	126	35	Sawmilling and planing of wood
29	39	4 815	3 756	1 059	469	382	87	Manufacture of wood products
2	1	166	114	52	28	24	4	Manufacture of articles of cork, straw and plaiting materials

Note : Based upon the 10th revision of Korean Standard Industrial Classification(2017)
Source : Labor Market Statistics Division, Ministry of Employment and Labor, 「Report on the Establishment Status」

10. 산업·규모별 사업체수 및 (종사상지위·성별)종사자수(55-12)
(2022. 12. 31.)

단위 : 개소, 명

산업별 \ 규모별	사업체수 Number of establi-shments	5 ~ 9 인 종사자수 Number of workers			자영업자 Individual proprietors			무급가족 Unpaid family
		계 Total	남 Male	여 Female	계 Total	남 Male	여 Female	계 Total
17. 펄프, 종이 및 종이제품 제조업	1 765	11 452	7 962	3 490	1 107	805	302	138
171. 펄프, 종이 및 판지 제조업	197	1 275	885	390	114	79	35	19
172. 골판지, 종이 상자 및 종이 용기 제조업	1 094	7 095	5 162	1 933	737	541	196	76
179. 기타 종이 및 판지 제품 제조업	474	3 082	1 915	1 167	256	185	71	43
18. 인쇄 및 기록매체 복제업	1 965	12 289	7 833	4 456	1 422	1 049	373	105
181. 인쇄 및 인쇄관련 산업	1 955	12 211	7 793	4 418	1 420	1 048	372	105
182. 기록매체 복제업	10	78	40	38	2	1	1	0
19. 코크스, 연탄 및 석유정제품 제조업	76	519	414	105	19	16	3	2
191. 코크스 및 연탄 제조업	17	120	99	21	7	6	1	0
192. 석유 정제품 제조업	59	399	315	84	12	10	2	2
20. 화학 물질 및 화학제품 제조업; 의약품 제외	2 822	18 376	12 937	5 439	856	630	226	134
201. 기초 화학물질 제조업	256	1 723	1 379	344	56	47	9	5
202. 합성고무 및 플라스틱 물질 제조업	733	4 632	3 558	1 074	379	277	102	45
203. 비료, 농약 및 살균·살충제 제조업	406	2 691	2 047	644	64	42	22	6
204. 기타 화학제품 제조업	1 390	9 081	5 782	3 299	335	247	88	66
205. 화학섬유 제조업	37	249	171	78	22	17	5	12
21. 의료용 물질 및 의약품 제조업	255	1 673	998	675	74	52	22	2
211. 기초 의약 물질 및 생물학적 제제 제조업	34	232	169	63	2	2	0	0
212. 의약품 제조업	93	593	329	264	36	30	6	1
213. 의료용품 및 기타 의약 관련제품 제조업	128	848	500	348	36	20	16	1
22. 고무 및 플라스틱제품 제조업	5 446	35 249	24 070	11 179	3 269	2 454	815	313
221. 고무제품 제조업	661	4 308	2 949	1 359	444	345	99	41
222. 플라스틱 제품 제조업	4 785	30 941	21 121	9 820	2 825	2 109	716	272
23. 비금속 광물제품 제조업	2 148	14 153	11 114	3 039	864	640	224	110
231. 유리 및 유리제품 제조업	411	2 655	1 980	675	239	169	70	21
232. 내화, 비내화 요업제품 제조업	247	1 576	1 071	505	121	84	37	29
233. 시멘트, 석회, 플라스터 및 그 제품 제조업	673	4 612	3 829	783	177	136	41	30
239. 기타 비금속 광물제품 제조업	817	5 310	4 234	1 076	327	251	76	30
24. 1차 금속 제조업	2 011	13 158	10 548	2 610	962	765	197	72
241. 1차 철강 제조업	1 190	7 737	6 182	1 555	558	452	106	48
242. 1차 비철금속 제조업	491	3 205	2 532	673	189	148	41	14
243. 금속 주조업	330	2 216	1 834	382	215	165	50	10
25. 금속 가공제품 제조업; 기계 및 가구 제외	12 313	78 891	61 748	17 143	8 059	6 409	1 650	518
251. 구조용 금속제품, 탱크 및 증기발생기 제조업	3 590	23 167	18 690	4 477	1 715	1 324	391	160
252. 무기 및 총포탄 제조업	35	234	182	52	21	18	3	0
259. 기타 금속 가공제품 제조업	8 688	55 490	42 876	12 614	6 323	5 067	1 256	358

주 : 한국표준산업분류 10차개정(2017) 기준
자료 : 고용노동부 노동시장조사과, 「사업체노동실태현황보고서」

10. Number of establishments and workers(by employment status and gender) by industry and establishment size(55-12) (2022. 12. 31.)

Unit : In each, person

5 ~ 9 persons								Establishment Size
종사자 및 기타종사자 Workers & Other workers		상용근로자 Regular employees			임시 및 일용근로자 Temporary and daily employees			
남 Male	여 Female	계 Total	남 Male	여 Female	계 Total	남 Male	여 Female	Industry
55	83	9 502	6 758	2 744	705	344	361	Manufacture of pulp, paper and paper products
7	12	1 073	761	312	69	38	31	Manufacture of pulp, paper and paperboard
24	52	5 869	4 392	1 477	413	205	208	Manufacture of corrugated paper, paper boxes and paper containers
24	19	2 560	1 605	955	223	101	122	Manufacture of other paper and paperboard products
46	59	10 051	6 399	3 652	711	339	372	Printing and reproduction of recorded media
46	59	9 985	6 364	3 621	701	335	366	Printing and service activities related to printing
0	0	66	35	31	10	4	6	Reproduction of recorded media
0	2	491	391	100	7	7	0	Manufacture of coke, briquettes and refined petroleum products
0	0	111	91	20	2	2	0	Manufacture of coke and briquettes
0	2	380	300	80	5	5	0	Manufacture of refined petroleum products
58	76	16 162	11 538	4 624	1 224	711	513	Manufacture of chemicals and chemical products; except pharmaceuticals and medicinal chemicals
3	2	1 602	1 283	319	60	46	14	Manufacture of basic chemicals
25	20	3 897	3 027	870	311	229	82	Manufacture of plastics and synthetic rubber in primary forms
5	1	2 453	1 870	583	168	130	38	Manufacture of fertilizers, pesticides, germicides and insecticides
20	46	8 017	5 227	2 790	663	288	375	Manufacture of other chemical products
5	7	193	131	62	22	18	4	Manufacture of man-made fibers
0	2	1 496	905	591	101	41	60	Manufacture of pharmaceuticals, medicinal chemical and botanical products
0	0	223	164	59	7	3	4	Manufacture of medicinal chemicals, antibiotics and biological products
0	1	505	273	232	51	26	25	Manufacture of medicaments
0	1	768	468	300	43	12	31	Manufacture of medical supplies and related other medicaments
133	180	29 221	20 156	9 065	2 446	1 327	1 119	Manufacture of rubber and plastics products
15	26	3 555	2 431	1 124	268	158	110	Manufacture of rubber products
118	154	25 666	17 725	7 941	2 178	1 169	1 009	Manufacture of plastics products
63	47	12 154	9 565	2 589	1 025	846	179	Manufacture of other non-metallic mineral products
11	10	2 221	1 666	555	174	134	40	Manufacture of glass and glass products
16	13	1 298	881	417	128	90	38	Manufacture of refractory and non-refractory ceramic products
17	13	4 101	3 406	695	304	270	34	Manufacture of cement, lime, plaster and its products
19	11	4 534	3 612	922	419	352	67	Manufacture of other non-metallic mineral products
53	19	11 246	8 985	2 261	878	745	133	Manufacture of basic metals
40	8	6 656	5 280	1 376	475	410	65	Manufacture of basic iron and steel
11	3	2 817	2 229	588	185	144	41	Manufacture of basic precious and non-ferrous metals
2	8	1 773	1 476	297	218	191	27	Casting of metals
269	249	64 650	50 388	14 262	5 664	4 682	982	Manufacture of fabricated metal products, except machinery and furniture
98	62	18 728	14 933	3 795	2 564	2 335	229	Manufacture of structural metal products, tanks, reservoirs and steam generators
0	0	210	161	49	3	3	0	Manufacture of weapons and ammunition
171	187	45 712	35 294	10 418	3 097	2 344	753	Manufacture of other fabricated metal products; metalworking service activities

Note : Based upon the 10th revision of Korean Standard Industrial Classification(2017)
Source : Labor Market Statistics Division, Ministry of Employment and Labor, 「Report on the Establishment Status」

10. 산업·규모별 사업체수 및 (종사상지위·성별)종사자수(55-13)
(2022. 12. 31.)

단위 : 개소, 명

산업별	규모별	5 ~ 9 인						
	사업체수 Number of establi- shments	종사자수 Number of workers			자영업자 Individual proprietors			무급가족 Unpaid family
		계 Total	남 Male	여 Female	계 Total	남 Male	여 Female	계 Total
26. 전자 부품, 컴퓨터, 영상, 음향 및 통신장비 제조업	3 269	21 221	14 140	7 081	1 243	968	275	123
261. 반 도 체 제 조 업	561	3 573	2 541	1 032	245	203	42	15
262. 전 자 부 품 제 조 업	1 484	9 598	6 012	3 586	701	525	176	58
263. 컴퓨터 및 주변 장치 제조업	252	1 639	1 182	457	47	38	9	16
264. 통신 및 방송장비 제조업	741	4 922	3 402	1 520	176	137	39	12
265. 영상 및 음향 기기 제조업	227	1 460	983	477	73	64	9	22
266. 마그네틱 및 광학 매체 제조업	4	29	20	9	1	1	0	0
27. 의료, 정밀, 광학 기기 및 시계 제조업	2 886	18 664	13 029	5 635	1 349	1 151	198	117
271. 의 료 용 기 기 제 조 업	1 318	8 464	5 308	3 156	805	697	108	82
272. 측정시험항해제어및기타정밀기기제조업; 광학기기제외	1 395	9 027	6 954	2 073	498	418	80	33
273. 사진장비 및 광학 기기 제조업	150	1 027	680	347	34	27	7	2
274. 시계 및 시계 부품 제조업	23	146	87	59	12	9	3	0
28. 전 기 장 비 제 조 업	4 772	30 781	21 170	9 611	1 996	1 551	445	246
281. 전동기, 발전기 및 전기 변환·공급·제어 장치 제조업	2 415	15 620	11 337	4 283	1 062	847	215	119
282. 일차전지 및 축전지 제조업	84	579	417	162	17	12	5	7
283. 절연선 및 케이블 제조업	420	2 684	1 484	1 200	264	197	67	39
284. 전구 및 조명장치 제조업	1 011	6 451	4 352	2 099	360	272	88	51
285. 가 정 용 기 기 제 조 업	484	3 128	1 929	1 199	194	141	53	18
289. 기 타 전기장비 제 조 업	358	2 319	1 651	668	99	82	17	12
29. 기 타 기 계 및 장 비 제조업	10 039	64 474	50 911	13 563	5 236	4 342	894	323
291. 일반 목적용 기계 제조업	4 378	28 083	21 778	6 305	2 003	1 635	368	125
292. 특수 목적용 기계 제조업	5 661	36 391	29 133	7 258	3 233	2 707	526	198
30. 자동차 및 트레일러 제조업	2 520	16 631	11 785	4 846	1 530	1 149	381	161
301. 자동차용 엔진 및 자동차 제조업	14	90	80	10	0	0	0	0
302. 자동차 차체 및 트레일러 제조업	324	2 159	1 812	347	163	121	42	18
303. 자동차 신품 부품 제조업	2 143	14 114	9 690	4 424	1 346	1 011	335	135
304. 자동차 재제조 부품 제조업	39	268	203	65	21	17	4	8
31. 기 타 운송장비 제 조 업	885	5 919	4 909	1 010	401	311	90	38
311. 선 박 및 보 트 건 조 업	613	4 131	3 485	646	284	216	68	28
312. 철 도 장 비 제 조 업	98	647	508	139	44	35	9	6
313. 항공기, 우주선 및 부품 제조업	88	587	483	104	28	25	3	1
319. 그 외 기타 운송장비 제조업	86	554	433	121	45	35	10	3
32. 가 구 제 조 업	2 071	13 210	10 366	2 844	1 413	1 029	384	145
320. 가 구 제 조 업	2 071	13 210	10 366	2 844	1 413	1 029	384	145
33. 기 타 제 품 제 조 업	1 932	12 184	7 563	4 621	1 194	880	314	158
331. 귀금속 및 장신용품 제조업	267	1 687	988	699	207	165	42	22
332. 악 기 제 조 업	40	239	164	75	29	20	9	1
333. 운동 및 경기용구 제조업	225	1 443	1 033	410	103	80	23	14
334. 인형, 장난감 및 오락용품 제조업	148	960	505	455	62	40	22	28
339. 그 외 기타 제품 제조업	1 252	7 855	4 873	2 982	793	575	218	93
34. 산업용 기계 및 장비 수리업	988	6 263	5 226	1 037	551	454	97	62
340. 산업용 기계 및 장비 수리업	988	6 263	5 226	1 037	551	454	97	62

주 : 한국표준산업분류 10차개정(2017) 기준
자료 : 고용노동부 노동시장조사과, 「사업체노동실태현황보고서」

10. Number of establishments and workers(by employment status and gender) by industry and establishment size(55-13) (2022. 12. 31.)

Unit : In each, person

종사자 및 기타종사자 Workers & Other workers		상용근로자 Regular employees (5~9 persons)			임시 및 일용근로자 Temporary and daily employees			Establishment Size / Industry
남 Male	여 Female	계 Total	남 Male	여 Female	계 Total	남 Male	여 Female	
59	64	18 130	12 282	5 848	1 725	831	894	Manufacture of electronic components, computer; visual, sounding and communication equipment
7	8	3 015	2 147	868	298	184	114	Manufacture of semiconductor
28	30	8 003	5 134	2 869	836	325	511	Manufacture of electronic components
11	5	1 455	1 059	396	121	74	47	Manufacture of computers and peripheral equipment
5	7	4 341	3 061	1 280	393	199	194	Manufacture of communication and broadcasting apparatuses
8	14	1 288	862	426	77	49	28	Manufacture of electronic video and audio equipment
0	0	28	19	9	0	0	0	Manufacture of magnetic and optical medium
67	50	16 110	11 128	4 982	1 088	683	405	Manufacture of medical, precision and optical instruments, watches and clocks
46	36	7 094	4 321	2 773	483	244	239	Manufacture of medical and dental instruments and supplies
19	14	7 952	6 110	1 842	544	407	137	Manufacture of measuring, testing, navigating and control equipment; except optical instruments
2	0	949	632	317	42	19	23	Manufacture of photographic equipment and optical instruments
0	0	115	65	50	19	13	6	Manufacture of watches, clocks and its parts
126	120	26 386	18 177	8 209	2 153	1 316	837	Manufacture of electrical equipment
61	58	13 400	9 742	3 658	1 039	687	352	Manufacture of electric motors, generators, transformers and electricity distribution and control apparatus
5	2	520	374	146	35	26	9	Manufacture of batteries and accumulators
11	28	2 155	1 192	963	226	84	142	Manufacture of insulated wires and cables
33	18	5 582	3 744	1 838	458	303	155	Manufacture of electric tubes and bulbs and lighting equipment
8	10	2 635	1 639	996	281	141	140	Manufacture of domestic appliances
8	4	2 094	1 486	608	114	75	39	Manufacture of other electrical equipment
186	137	55 039	43 292	11 747	3 876	3 091	785	Manufacture of other machinery and equipment
79	46	24 132	18 596	5 536	1 823	1 468	355	Manufacture of general purpose machinery
107	91	30 907	24 696	6 211	2 053	1 623	430	Manufacture of special-purpose machinery
55	106	13 500	9 778	3 722	1 440	803	637	Manufacture of motor vehicles, trailers and semitrailers
0	0	82	75	7	8	5	3	Manufacture of motor vehicles and engines for motor vehicles
8	10	1 865	1 579	286	113	104	9	Manufacture of bodies for motor vehicles; manufacture of trailers and semi-trailers
42	93	11 339	7 961	3 378	1 294	676	618	Manufacture of parts and accessories for motor vehicles(new products)
5	3	214	163	51	25	18	7	Manufacture of parts and accessories for motor vehicles(remanufacturing products)
27	11	4 601	3 828	773	879	743	136	Manufacture of other transport equipment
25	3	3 061	2 597	464	758	647	111	Building of ships and boats
2	4	523	413	110	74	58	16	Manufacture of railway locomotives and rolling stock
0	1	542	444	98	16	14	2	Manufacture of aircraft, spacecraft and its parts
0	3	475	374	101	31	24	7	Manufacture of other transport equipment
74	71	10 506	8 294	2 212	1 146	969	177	Manufacture of furniture
74	71	10 506	8 294	2 212	1 146	969	177	Manufacture of furniture
67	91	9 600	5 916	3 684	1 232	700	532	Other manufacturing
8	14	1 271	733	538	187	82	105	Manufacture of jewellery, bijouterie and related articles
1	0	184	136	48	25	7	18	Manufacture of musical instruments
5	9	1 234	882	352	92	66	26	Manufacture of sports and athletic goods
3	25	778	429	349	92	33	59	Manufacture of dolls, toys and amusement goods
50	43	6 133	3 736	2 397	836	512	324	Other manufacturing n.e.c.
38	24	5 005	4 147	858	645	587	58	Maintenance and repair services of industrial machinery and equipment
38	24	5 005	4 147	858	645	587	58	Maintenance and repair services of industrial machinery and equipment

Note : Based upon the 10th revision of Korean Standard Industrial Classification(2017)
Source : Labor Market Statistics Division, Ministry of Employment and Labor, 「Report on the Establishment Status」

10. 산업·규모별 사업체수 및 (종사상지위·성별)종사자수(55-14)
(2022. 12. 31.)

단위 : 개소, 명

산업별	규모별	사업체수 Number of establishments	종사자수 Number of workers			자영업자 Individual proprietors			무급가족 Unpaid family
			계 Total	남 Male	여 Female	계 Total	남 Male	여 Female	계 Total
			5 ~ 9 인						
D. 전기, 가스, 증기 및 공기 조절 공급업		236	1 540	1 330	210	3	2	1	4
35. 전기, 가스, 증기 및 공기 조절 공급업		236	1 540	1 330	210	3	2	1	4
E. 수도, 하수 및 폐기물 처리, 원료 재생업		2 074	13 759	10 834	2 925	552	398	154	100
36. 수도업		20	147	131	16	0	0	0	0
37. 하수, 폐수 및 분뇨 처리업		342	2 299	1 942	357	63	43	20	18
38. 폐기물 수집, 운반, 처리 및 원료 재생업		1 682	11 126	8 617	2 509	489	355	134	76
39. 환경 정화 및 복원업		30	187	144	43	0	0	0	6
F. 건설업		32 813	213 654	167 456	46 198	5 412	3 899	1 513	1 438
41. 종합 건설업		8 289	54 946	42 679	12 267	721	500	221	246
42. 전문직별 공사업		24 524	158 708	124 777	33 931	4 691	3 399	1 292	1 192
G. 도매 및 소매업		85 119	533 464	304 210	229 254	46 695	28 328	18 367	15 448
45. 자동차 및 부품 판매업		3 419	22 268	18 020	4 248	1 560	1 326	234	4 722
46. 도매 및 상품 중개업		37 286	236 709	157 357	79 352	11 631	8 633	2 998	2 570
47. 소매업; 자동차 제외		44 414	274 487	128 833	145 654	33 504	18 369	15 135	8 156
H. 운수 및 창고업		8 138	53 449	38 426	15 023	2 632	2 092	540	4 213
49. 육상 운송 및 파이프라인 운송업		3 489	23 008	18 260	4 748	1 725	1 373	352	3 611
50. 수상 운송업		235	1 562	1 212	350	68	47	21	22
51. 항공 운송업		42	275	153	122	0	0	0	0
52. 창고 및 운송관련 서비스업		4 372	28 604	18 801	9 803	839	672	167	580
I. 숙박 및 음식점업		81 105	498 940	187 510	311 430	77 495	41 707	35 788	13 640
55. 숙박업		2 763	16 655	7 994	8 661	2 407	1 474	933	483
56. 음식점 및 주점업		78 342	482 285	179 516	302 769	75 088	40 233	34 855	13 157
J. 정보통신업		9 741	63 900	41 660	22 240	1 421	1 102	319	1 293
58. 출판업		5 401	35 559	23 618	11 941	702	547	155	510
59. 영상·오디오 기록물 제작 및 배급업		1 307	8 476	4 688	3 788	317	252	65	299
60. 방송업		115	786	540	246	10	8	2	26
61. 우편 및 통신업		354	2 241	1 573	668	47	33	14	45
62. 컴퓨터 프로그래밍, 시스템 통합 및 관리업		1 842	12 158	8 384	3 774	257	195	62	178
63. 정보서비스업		722	4 680	2 857	1 823	88	67	21	235

주 : 한국표준산업분류 10차개정(2017) 기준
자료 : 고용노동부 노동시장조사과, 「사업체노동실태현황보고서」

10. Number of establishments and workers(by employment status and gender) by industry and establishment size(55-14) (2022. 12. 31.)

Unit : In each, person

\multicolumn{8}{c	}{5 ~ 9 persons}	Establishment Size
종사자 및 기타종사자 Workers & Other workers		상용근로자 Regular employees			임시 및 일용근로자 Temporary and daily employees			
남 Male	여 Female	계 Total	남 Male	여 Female	계 Total	남 Male	여 Female	Industry
4	0	1 508	1 302	206	25	22	3	Electricity, gas, steam and air conditioning supply
4	0	1 508	1 302	206	25	22	3	Electricity, gas, steam and air conditioning supply
76	24	12 463	9 824	2 639	644	536	108	Water supply; sewage, waste management, materials recovery
0	0	143	128	15	4	3	1	Water supply
16	2	2 155	1 828	327	63	55	8	Sewage, wastewater, human and animal waste treatment services
54	22	9 993	7 738	2 255	568	470	98	Waste collection, treatment and disposal activities; materials recovery
6	0	172	130	42	9	8	1	Remediation activities and other waste management services
1 074	364	170 210	129 338	40 872	36 594	33 145	3 449	Construction
184	62	45 409	34 339	11 070	8 570	7 656	914	General construction
890	302	124 801	94 999	29 802	28 024	25 489	2 535	Specialized construction activities
9 090	6 358	365 792	220 414	145 378	105 529	46 378	59 151	Wholesale and retail trade
4 472	250	15 460	11 865	3 595	526	357	169	Sale of motor vehicles and parts
1 347	1 223	210 351	140 500	69 851	12 157	6 877	5 280	Wholesale trade on own account or on a fee or contract basis
3 271	4 885	139 981	68 049	71 932	92 846	39 144	53 702	Retail trade, except motor vehicles and motorcycles
3 941	272	42 796	29 482	13 314	3 808	2 911	897	Transportation and storage
3 386	225	15 412	11 629	3 783	2 260	1 872	388	Land transport and transport via pipelines
22	0	1 414	1 089	325	58	54	4	Water transport
0	0	269	150	119	6	3	3	Air transport
533	47	25 701	16 614	9 087	1 484	982	502	Warehousing and support activities for transportation
6 245	7 395	221 928	87 107	134 821	185 877	52 451	133 426	Accommodation and food service activities
219	264	10 341	5 244	5 097	3 424	1 057	2 367	Accommodation
6 026	7 131	211 587	81 863	129 724	182 453	51 394	131 059	Food and beverage service activities
821	472	55 475	36 354	19 121	5 711	3 383	2 328	Information and communication
336	174	31 157	20 781	10 376	3 190	1 954	1 236	Publishing activities
173	126	6 932	3 791	3 141	928	472	456	Motion picture, video and television programme production, sound recording and music publishing activities
20	6	711	493	218	39	19	20	Broadcasting activities
34	11	2 063	1 457	606	86	49	37	Postal activities and telecommunications
124	54	10 830	7 504	3 326	893	561	332	Computer programming, consultancy and related activities
134	101	3 782	2 328	1 454	575	328	247	Information service activities

Note : Based upon the 10th revision of Korean Standard Industrial Classification(2017)
Source : Labor Market Statistics Division, Ministry of Employment and Labor, 「Report on the Establishment Status」

10. 산업·규모별 사업체수 및 (종사상지위·성별)종사자수(55-15)
(2022. 12. 31.)

단위 : 개소, 명

산업별	규모별	5 ~ 9 인							
		사업체수 Number of establi-shments	종사자수 Number of workers			자영업자 Individual proprietors			무급가족 Unpaid family
			계 Total	남 Male	여 Female	계 Total	남 Male	여 Female	계 Total
K. 금융 및 보험업		10 586	72 260	35 864	36 396	224	156	68	4 972
64. 금융업		7 403	50 712	24 849	25 863	16	11	5	160
65. 보험 및 연금업		1 113	7 614	4 254	3 360	0	0	0	903
66. 금융 및 보험관련 서비스업		2 070	13 934	6 761	7 173	208	145	63	3 909
L. 부동산업		16 605	106 843	73 429	33 414	1 568	1 128	440	2 966
68. 부동산업		16 605	106 843	73 429	33 414	1 568	1 128	440	2 966
M. 전문, 과학 및 기술 서비스업		24 710	157 704	85 578	72 126	10 141	8 657	1 484	1 422
70. 연구개발업		1 666	11 015	7 055	3 960	80	61	19	80
71. 전문 서비스업		14 060	88 466	40 761	47 705	6 804	5 938	866	779
72. 건축 기술, 엔지니어링 및 기타 과학기술 서비스업		6 411	42 034	30 431	11 603	1 853	1 599	254	227
73. 기타 전문, 과학 및 기술 서비스업		2 573	16 189	7 331	8 858	1 404	1 059	345	336
N. 사업시설 관리, 사업 지원 및 임대 서비스업		8 570	55 217	33 071	22 146	2 513	1 693	820	1 920
74. 사업시설 관리 및 조경 서비스업		2 367	15 419	9 580	5 839	785	530	255	248
75. 사업 지원 서비스업		4 596	29 605	16 728	12 877	1 179	787	392	1 192
76. 임대업; 부동산 제외		1 607	10 193	6 763	3 430	549	376	173	480
P. 교육 서비스업		20 120	127 359	41 791	85 568	15 813	7 268	8 545	19 358
85. 교육 서비스업		20 120	127 359	41 791	85 568	15 813	7 268	8 545	19 358
Q. 보건업 및 사회복지 서비스업		44 936	296 832	48 189	248 643	25 476	20 496	4 980	3 803
86. 보건업		23 504	147 021	32 422	114 599	24 850	20 312	4 538	1 000
87. 사회복지 서비스업		21 432	149 811	15 767	134 044	626	184	442	2 803
R. 예술, 스포츠 및 여가관련 서비스업		8 783	55 421	29 977	25 444	6 483	4 492	1 991	5 206
90. 창작, 예술 및 여가관련 서비스업		1 488	9 542	4 295	5 247	528	288	240	1 131
91. 스포츠 및 오락관련 서비스업		7 295	45 879	25 682	20 197	5 955	4 204	1 751	4 075
S. 협회 및 단체, 수리 및 기타 개인 서비스업		15 632	99 424	54 481	44 943	9 754	5 958	3 796	9 007
94. 협회 및 단체		4 823	30 407	17 412	12 995	0	0	0	1 959
95. 개인 및 소비용품 수리업		4 620	29 828	24 739	5 089	3 833	3 278	555	417
96. 기타 개인 서비스업		6 189	39 189	12 330	26 859	5 921	2 680	3 241	6 631

주 : 한국표준산업분류 10차개정(2017) 기준
자료 : 고용노동부 노동시장조사과, 「사업체노동실태현황보고서」

10. Number of establishments and workers(by employment status and gender) by industry and establishment size(55-15) (2022. 12. 31.)

Unit : In each, person

5 ~ 9 persons								Establishment Size
종사자 및 기타종사자 Workers & Other workers		상용근로자 Regular employees			임시 및 일용근로자 Temporary and daily employees			
남 Male	여 Female	계 Total	남 Male	여 Female	계 Total	남 Male	여 Female	Industry
1 722	3 250	65 583	33 408	32 175	1 481	578	903	Financial and insurance activities
117	43	49 662	24 397	25 265	874	324	550	Financial service activities, except insurance and pension funding
329	574	6 576	3 883	2 693	135	42	93	Insurance and pension funding
1 276	2 633	9 345	5 128	4 217	472	212	260	Activities auxiliary to financial service and insurance activities
1 868	1 098	97 332	67 514	29 818	4 977	2 919	2 058	Real estate activities
1 868	1 098	97 332	67 514	29 818	4 977	2 919	2 058	Real estate activities
833	589	138 405	72 004	66 401	7 736	4 084	3 652	Professional, scientific and technical activities
54	26	10 267	6 604	3 663	588	336	252	Research and development
464	315	77 011	32 556	44 455	3 872	1 803	2 069	Professional services
151	76	38 034	27 324	10 710	1 920	1 357	563	Architectural, engineering and other scientific technical services
164	172	13 093	5 520	7 573	1 356	588	768	Other professional, scientific and technical services
1 154	766	42 505	25 603	16 902	8 279	4 621	3 658	Business facilities management and business support services; rental and leasing activities
141	107	11 497	7 365	4 132	2 889	1 544	1 345	Business facilities management and landscape services
748	444	22 741	12 666	10 075	4 493	2 527	1 966	Business support services
265	215	8 267	5 572	2 695	897	550	347	Rental and leasing activities; except real estate
5 203	14 155	68 647	23 192	45 455	23 541	6 128	17 413	Education
5 203	14 155	68 647	23 192	45 455	23 541	6 128	17 413	Education
723	3 080	251 660	25 501	226 159	15 893	1 469	14 424	Human health and social work activities
138	862	114 758	11 470	103 288	6 413	502	5 911	Human health activities
585	2 218	136 902	14 031	122 871	9 480	967	8 513	Social work activities
3 089	2 117	25 034	14 152	10 882	18 698	8 244	10 454	Arts, sports and recreation related services
423	708	5 664	2 696	2 968	2 219	888	1 331	Creative, arts and recreation related services
2 666	1 409	19 370	11 456	7 914	16 479	7 356	9 123	Sports activities and amusement activities
2 789	6 218	71 569	42 576	28 993	9 094	3 158	5 936	Membership organizations, repair and other personal services
973	986	26 139	15 395	10 744	2 309	1 044	1 265	Membership organizations
162	255	24 689	20 584	4 105	889	715	174	Maintenance and repair services of personal and household goods
1 654	4 977	20 741	6 597	14 144	5 896	1 399	4 497	Other personal services activities

Note : Based upon the 10th revision of Korean Standard Industrial Classification(2017)
Source : Labor Market Statistics Division, Ministry of Employment and Labor, 「Report on the Establishment Status」

10. 산업·규모별 사업체수 및 (종사상지위·성별)종사자수(55-16)
(2022. 12. 31.)

단위 : 개소, 명

산업별	사업체수 Number of establi- shments	10 ~ 29 인 종사자수 Number of workers 계 Total	남 Male	여 Female	자영업자 Individual proprietors 계 Total	남 Male	여 Female	무급가족 Unpaid family 계 Total
전 산 업	243 096	3 789 251	2 119 424	1 669 827	55 805	40 694	15 111	208 599
A. 농업, 임업 및 어업	977	15 284	10 906	4 378	0	0	0	256
01. 농 업	731	11 527	7 879	3 648	0	0	0	199
02. 임 업	195	3 007	2 464	543	0	0	0	42
03. 어 업	51	750	563	187	0	0	0	15
B. 광 업	259	4 548	4 018	530	10	10	0	27
05. 석탄, 원유 및 천연가스 광업	2	38	36	2	0	0	0	0
06. 금 속 광 업	3	61	58	3	0	0	0	0
07. 비금속광물 광업; 연료용 제외	252	4 426	3 913	513	10	10	0	27
08. 광 업 지 원 서비스업	2	23	11	12	0	0	0	0
C. 제 조 업	55 666	886 513	637 235	249 278	14 002	11 402	2 600	8 927
10. 식 료 품 제 조 업	4 700	75 414	38 617	36 797	1 072	761	311	884
101. 도축, 육류 가공 및 저장 처리업	929	15 353	8 714	6 639	171	130	41	352
102. 수산물 가공 및 저장 처리업	806	12 614	4 888	7 726	288	209	79	309
103. 과실, 채소 가공 및 저장 처리업	552	8 786	3 596	5 190	124	85	39	75
104. 동물성 및 식물성 유지 제조업	63	1 039	749	290	0	0	0	3
105. 낙농제품 및 식용 빙과류 제조업	44	776	439	337	6	5	1	1
106. 곡물 가공품, 전분 및 전분제품 제조업	298	4 583	2 848	1 735	53	41	12	19
107. 기 타 식 품 제 조 업	1 807	28 913	14 814	14 099	407	273	134	124
108. 동물용 사료 및 조제식품 제조업	201	3 350	2 569	781	23	18	5	1
11. 음 료 제 조 업	156	2 520	1 691	829	30	24	6	5
111. 알 코 올 음 료 제 조 업	60	984	741	243	22	18	4	5
112. 비알코올 음료 및 얼음 제조업	96	1 536	950	586	8	6	2	0
12. 담 배 제 조 업	1	10	6	4	0	0	0	0
120. 담 배 제 조 업	1	10	6	4	0	0	0	0
13. 섬유제품 제조업; 의복 제외	2 265	35 220	21 517	13 703	827	656	171	462
131. 방적 및 가공사 제조업	186	2 953	1 844	1 109	74	62	12	26
132. 직물 직조 및 직물제품 제조업	958	14 559	7 446	7 113	347	263	84	141
133. 편 조 원 단 제 조 업	105	1 483	968	515	48	39	9	22
134. 섬유제품 염색, 정리 및 마무리 가공업	483	7 695	5 733	1 962	208	171	37	88
139. 기 타 섬유제품 제 조 업	533	8 530	5 526	3 004	150	121	29	185
14. 의복, 의복 액세서리 및 모피제품 제조업	1 763	25 278	8 468	16 810	1 007	651	356	3 632
141. 봉 제 의 복 제 조 업	1 440	20 575	6 525	14 050	853	545	308	3 348
142. 모 피 제 품 제 조 업	22	320	145	175	9	7	2	36
143. 편 조 의 복 제 조 업	143	1 926	668	1 258	89	58	31	193
144. 의 복 액세서리 제 조 업	158	2 457	1 130	1 327	56	41	15	55
15. 가죽, 가방 및 신발 제조업	473	7 168	4 103	3 065	184	135	49	722
151. 가죽, 가방 및 유사 제품 제조업	196	2 823	1 565	1 258	61	41	20	99
152. 신발 및 신발 부분품 제조업	277	4 345	2 538	1 807	123	94	29	623
16. 목재 및 나무제품 제조업; 가구 제외	779	11 750	9 494	2 256	169	137	32	23
161. 제 재 및 목 재 가 공 업	231	3 303	2 698	605	44	33	11	2
162. 나 무 제 품 제 조 업	547	8 433	6 786	1 647	125	104	21	21
163. 코르크 및 조물 제품 제조업	1	14	10	4	0	0	0	0

주 : 한국표준산업분류 10차개정(2017) 기준
자료 : 고용노동부 노동시장조사과, 「사업체노동실태현황보고서」

10. Number of establishments and workers(by employment status and gender) by industry and establishment size(55-16) (2022. 12. 31.)

Unit : In each, person

Establishment Size	10 ~ 29 persons							Industry
종사자 및 기타종사자 Workers & Other workers		상용근로자 Regular employees			임시 및 일용근로자 Temporary and daily employees			
남 Male	여 Female	계 Total	남 Male	여 Female	계 Total	남 Male	여 Female	
84 668	123 931	3 116 840	1 784 521	1 332 319	408 007	209 541	198 466	All industries
206	50	12 415	9 105	3 310	2 613	1 595	1 018	Agriculture, forestry and fishing
156	43	9 707	6 978	2 729	1 621	745	876	Agriculture
35	7	2 154	1 693	461	811	736	75	Forestry
15	0	554	434	120	181	114	67	Fishing and aquaculture
26	1	4 333	3 827	506	178	155	23	Mining and quarrying
0	0	38	36	2	0	0	0	Mining of coal, crude petroleum and natural gas
0	0	61	58	3	0	0	0	Mining of metal ores
26	1	4 211	3 722	489	178	155	23	Mining of non-metallic minerals, except fuel
0	0	23	11	12	0	0	0	Mining support service activities
4 181	4 746	818 970	594 425	224 545	44 614	27 227	17 387	Manufacturing
221	663	66 114	35 155	30 959	7 344	2 480	4 864	Manufacture of food products
33	319	14 036	8 224	5 812	794	327	467	Slaughtering of livestock, processing and preserving of meat and meat products
107	202	9 334	3 650	5 684	2 683	922	1 761	Processing and preserving of fish, crustaceans, molluscs and seaweeds
17	58	7 709	3 264	4 445	878	230	648	Processing and preserving of fruit and vegetables
3	0	886	683	203	150	63	87	Manufacture of vegetable and animal oils and fats
0	1	713	413	300	56	21	35	Manufacture of dairy products and edible ice cakes
6	13	4 207	2 678	1 529	304	123	181	Manufacture of grain mill products, starches and starch products
54	70	26 031	13 786	12 245	2 351	701	1 650	Manufacture of other food products
1	0	3 198	2 457	741	128	93	35	Manufacture of prepared animal feeds and feed additives
4	1	2 345	1 597	748	140	66	74	Manufacture of beverages
4	1	904	689	215	53	30	23	Manufacture of alcoholic beverages
0	0	1 441	908	533	87	36	51	Manufacture of ice and non-alcoholic beverages; production of mineral waters
0	0	4	3	1	6	3	3	Manufacture of tobacco products
0	0	4	3	1	6	3	3	Manufacture of tobacco products
206	256	32 524	19 999	12 525	1 407	656	751	Manufacture of textiles, except apparel
9	17	2 765	1 728	1 037	88	45	43	Spinning of textiles and processing of threads and yarns
47	94	13 499	6 916	6 583	572	220	352	Weaving of textiles and manufacture of textile products
14	8	1 351	885	466	62	30	32	Manufacture of knitted and crocheted fabrics
36	52	7 108	5 354	1 754	291	172	119	Dyeing and finishing of textiles and wearing apparel
100	85	7 801	5 116	2 685	394	189	205	Manufacture of other made-up textile articles, except apparel
1 065	2 567	16 654	6 018	10 636	3 985	734	3 251	Manufacture of wearing apparel, clothing accessories and fur articles
982	2 366	12 887	4 378	8 509	3 487	620	2 867	Manufacture of sewn wearing apparel, except fur apparel
16	20	229	111	118	46	11	35	Manufacture of articles of fur
43	150	1 325	503	822	319	64	255	Manufacture of knitted and crocheted apparel
24	31	2 213	1 026	1 187	133	39	94	Manufacture of apparel accessories
538	184	5 580	3 237	2 343	682	193	489	Manufacture of leather, luggage and footwear
48	51	2 420	1 387	1 033	243	89	154	Manufacture of leather, luggage and similar products
490	133	3 160	1 850	1 310	439	104	335	Manufacture of footwear and parts of footwear
15	8	10 885	8 748	2 137	673	594	79	Manufacture of wood and of products of wood and cork; except furniture
0	2	3 088	2 512	576	169	153	16	Sawmilling and planing of wood
15	6	7 783	6 226	1 557	504	441	63	Manufacture of wood products
0	0	14	10	4	0	0	0	Manufacture of articles of cork, straw and plaiting materials

Note : Based upon the 10th revision of Korean Standard Industrial Classification(2017)
Source : Labor Market Statistics Division, Ministry of Employment and Labor, 「Report on the Establishment Status」

10. 산업·규모별 사업체수 및 (종사상지위·성별)종사자수(55-17)
(2022. 12. 31.)

단위 : 개소, 명

산업별	사업체수 Number of establi-shments	10 ~ 29 인 종사자수 Number of workers 계 Total	남 Male	여 Female	자영업자 Individual proprietors 계 Total	남 Male	여 Female	무급가족 Unpaid family 계 Total
17. 펄프, 종이 및 종이제품 제조업	1 535	24 900	17 894	7 006	385	316	69	49
171. 펄프, 종이 및 판지 제조업	197	3 191	2 387	804	44	40	4	9
172. 골판지, 종이 상자 및 종이 용기 제조업	905	14 593	11 038	3 555	264	220	44	17
179. 기타 종이 및 판지 제품 제조업	433	7 116	4 469	2 647	77	56	21	23
18. 인쇄 및 기록매체 복제업	1 074	16 234	10 927	5 307	404	312	92	150
181. 인쇄 및 인쇄관련 산업	1 068	16 145	10 877	5 268	403	311	92	149
182. 기록매체 복제업	6	89	50	39	1	1	0	1
19. 코크스, 연탄 및 석유정제품 제조업	119	2 010	1 679	331	12	10	2	0
191. 코크스 및 연탄 제조업	21	305	255	50	7	5	2	0
192. 석유 정제품 제조업	98	1 705	1 424	281	5	5	0	0
20. 화학 물질 및 화학제품 제조업; 의약품 제외	2 348	37 762	27 525	10 237	264	205	59	168
201. 기초 화학물질 제조업	359	5 871	4 948	923	22	22	0	10
202. 합성고무 및 플라스틱 물질 제조업	513	8 083	6 517	1 566	109	81	28	14
203. 비료, 농약 및 살균·살충제 제조업	210	3 123	2 406	717	18	15	3	16
204. 기타 화학제품 제조업	1 226	19 995	13 120	6 875	107	80	27	126
205. 화학섬유 제조업	40	690	534	156	8	7	1	2
21. 의료용 물질 및 의약품 제조업	310	5 538	3 173	2 365	51	42	9	10
211. 기초 의약 물질 및 생물학적 제제 제조업	51	967	665	302	0	0	0	0
212. 의 약 품 제 조 업	121	2 169	1 215	954	34	30	4	6
213. 의료용품 및 기타 의약 관련제품 제조업	138	2 402	1 293	1 109	17	12	5	4
22. 고무 및 플라스틱제품 제조업	4 837	78 554	55 672	22 882	1 365	1 133	232	215
221. 고무제품 제조업	619	9 934	6 589	3 345	229	196	33	43
222. 플라스틱 제품 제조업	4 218	68 620	49 083	19 537	1 136	937	199	172
23. 비금속 광물제품 제조업	2 272	36 247	30 237	6 010	253	205	48	872
231. 유리 및 유리제품 제조업	365	5 952	4 590	1 362	80	64	16	16
232. 내화, 비내화 요업제품 제조업	157	2 478	1 709	769	35	32	3	15
233. 시멘트, 석회, 플라스터 및 그 제품 제조업	1 259	20 466	17 855	2 611	79	60	19	800
239. 기타 비금속 광물제품 제조업	491	7 351	6 083	1 268	59	49	10	41
24. 1 차 금 속 제 조 업	2 264	37 104	31 239	5 865	427	373	54	105
241. 1 차 철 강 제 조 업	1 358	22 293	18 784	3 509	237	208	29	80
242. 1 차 비철금속 제 조 업	561	9 063	7 532	1 531	72	63	9	22
243. 금 속 주 조 업	345	5 748	4 923	825	118	102	16	3
25. 금속 가공제품 제조업; 기계 및 가구 제외	8 137	126 840	101 392	25 448	2 411	2 044	367	387
251. 구조용 금속제품, 탱크 및 증기발생기 제조업	2 456	38 430	32 444	5 986	430	353	77	216
252. 무기 및 총포탄 제조업	32	518	380	138	11	10	1	0
259. 기타 금속 가공제품 제조업	5 649	87 892	68 568	19 324	1 970	1 681	289	171

주 : 한국표준산업분류 10차개정(2017) 기준
자료 : 고용노동부 노동시장조사과, 「사업체노동실태현황보고서」

10. Number of establishments and workers(by employment status and gender) by industry and establishment size(55-17) (2022. 12. 31.)

Unit : In each, person

10 ~ 29 persons								Establishment Size
종사자 및 기타종사자 Workers & Other workers		상용근로자 Regular employees			임시 및 일용근로자 Temporary and daily employees			
남 Male	여 Female	계 Total	남 Male	여 Female	계 Total	남 Male	여 Female	Industry
21	28	23 504	16 999	6 505	962	558	404	Manufacture of pulp, paper and paper products
5	4	3 070	2 300	770	68	42	26	Manufacture of pulp, paper and paperboard
11	6	13 745	10 455	3 290	567	352	215	Manufacture of corrugated paper, paper boxes and paper containers
5	18	6 689	4 244	2 445	327	164	163	Manufacture of other paper and paperboard products
78	72	15 051	10 162	4 889	629	375	254	Printing and reproduction of recorded media
78	71	14 964	10 113	4 851	629	375	254	Printing and service activities related to printing
0	1	87	49	38	0	0	0	Reproduction of recorded media
0	0	1 920	1 603	317	78	66	12	Manufacture of coke, briquettes and refined petroleum products
0	0	282	236	46	16	14	2	Manufacture of coke and briquettes
0	0	1 638	1 367	271	62	52	10	Manufacture of refined petroleum products
58	110	36 173	26 617	9 556	1 157	645	512	Manufacture of chemicals and chemical products; except pharmaceuticals and medicinal chemicals
10	0	5 738	4 845	893	101	71	30	Manufacture of basic chemicals
10	4	7 693	6 204	1 489	267	222	45	Manufacture of plastics and synthetic rubber in primary forms
16	0	2 938	2 274	664	151	101	50	Manufacture of fertilizers, pesticides, germicides and insecticides
22	104	19 126	12 767	6 359	636	251	385	Manufacture of other chemical products
0	2	678	527	151	2	0	2	Manufacture of man-made fibers
1	9	5 308	3 069	2 239	169	61	108	Manufacture of pharmaceuticals, medicinal chemical and botanical products
0	0	961	661	300	6	4	2	Manufacture of medicinal chemicals, antibiotics and biological products
0	6	2 049	1 161	888	80	24	56	Manufacture of medicaments
1	3	2 298	1 247	1 051	83	33	50	Manufacture of medical supplies and related other medicaments
63	152	74 465	53 059	21 406	2 509	1 417	1 092	Manufacture of rubber and plastics products
12	31	9 348	6 215	3 133	314	166	148	Manufacture of rubber products
51	121	65 117	46 844	18 273	2 195	1 251	944	Manufacture of plastics products
857	15	33 786	28 025	5 761	1 336	1 150	186	Manufacture of other non-metallic mineral products
10	6	5 625	4 325	1 300	231	191	40	Manufacture of glass and glass products
11	4	2 324	1 613	711	104	53	51	Manufacture of refractory and non-refractory ceramic products
797	3	18 898	16 367	2 531	689	631	58	Manufacture of cement, lime, plaster and its products
39	2	6 939	5 720	1 219	312	275	37	Manufacture of other non-metallic mineral products
97	8	35 248	29 579	5 669	1 324	1 190	134	Manufacture of basic metals
73	7	21 220	17 835	3 385	756	668	88	Manufacture of basic iron and steel
22	0	8 650	7 149	1 501	319	298	21	Manufacture of basic precious and non-ferrous metals
2	1	5 378	4 595	783	249	224	25	Casting of metals
283	104	117 876	93 820	24 056	6 166	5 245	921	Manufacture of fabricated metal products, except machinery and furniture
188	28	34 815	29 150	5 665	2 969	2 753	216	Manufacture of structural metal products, tanks, reservoirs and steam generators
0	0	498	364	134	9	6	3	Manufacture of weapons and ammunition
95	76	82 563	64 306	18 257	3 188	2 486	702	Manufacture of other fabricated metal products; metalworking service activities

Note : Based upon the 10th revision of Korean Standard Industrial Classification(2017)
Source : Labor Market Statistics Division, Ministry of Employment and Labor, 「Report on the Establishment Status」

10. 산업·규모별 사업체수 및 (종사상지위·성별)종사자수(55-18)
(2022. 12. 31.)

단위 : 개소, 명

산업별	규모별	10 ~ 29 인						
	사업체수 Number of establi- shments	종사자수 Number of workers			자영업자 Individual proprietors			무급가족 Unpaid family
		계 Total	남 Male	여 Female	계 Total	남 Male	여 Female	계 Total
26. 전자 부품, 컴퓨터, 영상, 음향 및 통신장비 제조업	2 542	41 018	27 622	13 396	378	309	69	140
261. 반 도 체 제 조 업	336	5 494	3 988	1 506	47	38	9	14
262. 전 자 부 품 제 조 업	1 164	18 726	11 762	6 964	224	182	42	89
263. 컴퓨터 및 주변 장치 제조업	212	3 288	2 436	852	17	17	0	10
264. 통신 및 방송장비 제조업	645	10 541	7 448	3 093	58	49	9	19
265. 영상 및 음향 기기 제조업	181	2 921	1 953	968	32	23	9	8
266. 마그네틱 및 광학 매체 제조업	4	48	35	13	0	0	0	0
27. 의료, 정밀, 광학 기기 및 시계 제조업	2 053	31 912	22 570	9 342	407	358	49	126
271. 의 료 용 기 기 제 조 업	836	12 979	7 910	5 069	272	237	35	67
272. 측정시험항해,제어및기타 정밀 기기 제조업; 광학 기기 제외	1 072	16 643	13 049	3 594	114	101	13	52
273. 사진장비 및 광학 기기 제조업	134	2 122	1 510	612	19	18	1	6
274. 시계 및 시계 부품 제조업	11	168	101	67	2	2	0	1
28. 전 기 장 비 제 조 업	3 598	56 842	39 409	17 433	610	517	93	222
281. 전동기, 발전기 및 전기 변환·공급·제어 장치 제조업	1 860	29 166	21 184	7 982	292	258	34	126
282. 일차전지 및 축전지 제조업	101	1 791	1 368	423	10	6	4	1
283. 절연선 및 케이블 제조업	355	5 716	3 422	2 294	87	75	12	35
284. 전구 및 조명장치 제조업	616	9 714	6 602	3 112	93	76	17	16
285. 가 정 용 기 기 제 조 업	390	6 131	3 730	2 401	99	76	23	36
289. 기 타 전기장비 제 조 업	276	4 324	3 103	1 221	29	26	3	8
29. 기 타 기 계 및 장 비 제조업	7 868	125 747	102 951	22 796	1 816	1 615	201	160
291. 일 반 목적용 기 계 제조업	3 733	60 181	48 434	11 747	743	649	94	85
292. 특 수 목적용 기 계 제조업	4 135	65 566	54 517	11 049	1 073	966	107	75
30. 자동차 및 트레일러 제조업	2 907	50 880	36 408	14 472	967	797	170	296
301. 자동차용 엔진 및 자동차 제조업	12	208	178	30	0	0	0	0
302. 자동차 차체 및 트레일러 제조업	277	4 282	3 688	594	46	34	12	21
303. 자동차 신품 부품 제조업	2 570	45 551	31 921	13 630	909	751	158	275
304. 자동차 재제조 부품 제조업	48	839	621	218	12	12	0	0
31. 기 타 운송장비 제 조 업	1 016	16 503	14 129	2 374	240	204	36	44
311. 선 박 및 보 트 건 조 업	767	12 365	10 780	1 585	182	151	31	1
312. 철 도 장 비 제 조 업	91	1 525	1 284	241	28	24	4	22
313. 항공기, 우주선 및 부품 제조업	93	1 631	1 304	327	19	19	0	21
319. 그 외 기타 운송장비 제조업	65	982	761	221	11	10	1	0
32. 가 구 제 조 업	1 170	18 339	14 577	3 762	357	291	66	49
320. 가 구 제 조 업	1 170	18 339	14 577	3 762	357	291	66	49
33. 기 타 제 품 제 조 업	1 004	15 214	9 307	5 907	262	210	52	159
331. 귀금속 및 장신용품 제조업	118	1 787	1 001	786	56	47	9	34
332. 악 기 제 조 업	29	447	233	214	14	12	2	0
333. 운동 및 경기용구 제조업	175	2 676	1 913	763	38	34	4	10
334. 인형, 장난감 및 오락용품 제조업	86	1 288	680	608	17	12	5	10
339. 그 외 기타 제품 제조업	596	9 016	5 480	3 536	137	105	32	105
34. 산업용 기계 및 장비 수리업	475	7 509	6 628	881	104	97	7	47
340. 산업용 기계 및 장비 수리업	475	7 509	6 628	881	104	97	7	47

주 : 한국표준산업분류 10차개정(2017) 기준
자료 : 고용노동부 노동시장조사과, 「사업체노동실태현황보고서」

10. Number of establishments and workers(by employment status and gender) by industry and establishment size(55-18) (2022. 12. 31.)

Unit : In each, person

Establishment Size	10 ~ 29 persons							
	종사자 및 기타종사자 Workers & Other workers		상용근로자 Regular employees			임시 및 일용근로자 Temporary and daily employees		
Industry	남 Male	여 Female	계 Total	남 Male	여 Female	계 Total	남 Male	여 Female
Manufacture of electronic components, computer; visual, sounding and communication equipment	61	79	38 917	26 518	12 399	1 583	734	849
Manufacture of semiconductor	2	12	5 240	3 815	1 425	193	133	60
Manufacture of electronic components	35	54	17 500	11 201	6 299	913	344	569
Manufacture of computers and peripheral equipment	8	2	3 177	2 361	816	84	50	34
Manufacture of communication and broadcasting apparatuses	9	10	10 126	7 221	2 905	338	169	169
Manufacture of electronic video and audio equipment	7	1	2 826	1 885	941	55	38	17
Manufacture of magnetic and optical medium	0	0	48	35	13	0	0	0
Manufacture of medical, precision and optical instruments, watches and clocks	69	57	30 508	21 620	8 888	871	523	348
Manufacture of medical and dental instruments and supplies	31	36	12 238	7 455	4 783	402	187	215
Manufacture of measuring, testing, navigating and control equipment; except optical instruments	36	16	16 076	12 618	3 458	401	294	107
Manufacture of photographic equipment and optical instruments	1	5	2 030	1 449	581	67	42	25
Manufacture of watches, clocks and its parts	1	0	164	98	66	1	0	1
Manufacture of electrical equipment	112	110	53 602	37 178	16 424	2 408	1 602	806
Manufacture of electric motors, generators, transformers and electricity distribution and control apparatus	66	60	27 620	20 013	7 607	1 128	847	281
Manufacture of batteries and accumulators	1	0	1 693	1 310	383	87	51	36
Manufacture of insulated wires and cables	14	21	5 375	3 208	2 167	219	125	94
Manufacture of electric tubes and bulbs and lighting equipment	13	3	9 093	6 169	2 924	512	344	168
Manufacture of domestic appliances	10	26	5 700	3 500	2 200	296	144	152
Manufacture of other electrical equipment	8	0	4 121	2 978	1 143	166	91	75
Manufacture of other machinery and equipment	94	66	119 658	97 775	21 883	4 113	3 467	646
Manufacture of general purpose machinery	54	31	57 200	45 859	11 341	2 153	1 872	281
Manufacture of special-purpose machinery	40	35	62 458	51 916	10 542	1 960	1 595	365
Manufacture of motor vehicles, trailers and semitrailers	127	169	47 091	33 774	13 317	2 526	1 710	816
Manufacture of motor vehicles and engines for motor vehicles	0	0	203	173	30	5	5	0
Manufacture of bodies for motor vehicles; manufacture of trailers and semi-trailers	17	4	4 104	3 538	566	111	99	12
Manufacture of parts and accessories for motor vehicles(new products)	110	165	41 985	29 475	12 510	2 382	1 585	797
Manufacture of parts and accessories for motor vehicles(remanufacturing products)	0	0	799	588	211	28	21	7
Manufacture of other transport equipment	44	0	14 225	12 117	2 108	1 994	1 764	230
Building of ships and boats	1	0	10 350	9 007	1 343	1 832	1 621	211
Manufacture of railway locomotives and rolling stock	22	0	1 388	1 161	227	87	77	10
Manufacture of aircraft, spacecraft and its parts	21	0	1 560	1 235	325	31	29	2
Manufacture of other transport equipment	0	0	927	714	213	44	37	7
Manufacture of furniture	41	8	17 061	13 510	3 551	872	735	137
Manufacture of furniture	41	8	17 061	13 510	3 551	872	735	137
Other manufacturing	80	79	13 896	8 491	5 405	897	526	371
Manufacture of jewellery, bijouterie and related articles	16	18	1 651	919	732	46	19	27
Manufacture of musical instruments	0	0	421	213	208	12	8	4
Manufacture of sports and athletic goods	6	4	2 427	1 725	702	201	148	53
Manufacture of dolls, toys and amusement goods	6	4	1 203	647	556	58	15	43
Other manufacturing n.e.c.	52	53	8 194	4 987	3 207	580	336	244
Maintenance and repair services of industrial machinery and equipment	46	1	6 575	5 752	823	783	733	50
Maintenance and repair services of industrial machinery and equipment	46	1	6 575	5 752	823	783	733	50

Note : Based upon the 10th revision of Korean Standard Industrial Classification(2017)
Source : Labor Market Statistics Division, Ministry of Employment and Labor, 「Report on the Establishment Status」

10. 산업·규모별 사업체수 및 (종사상지위·성별)종사자수(55-19)
(2022. 12. 31.)

단위 : 개소, 명

산업별	규모별	10 ~ 29 인						
	사업체수 Number of establi-shments	종 사 자 수 Number of workers			자 영 업 자 Individual proprietors			무급가족 Unpaid family
		계 Total	남 Male	여 Female	계 Total	남 Male	여 Female	계 Total
D. 전기, 가스, 증기 및 공기 조절 공급업	187	3 167	2 639	528	10	10	0	13
35. 전기, 가스, 증기 및 공기 조절 공급업	187	3 167	2 639	528	10	10	0	13
E. 수도, 하수 및 폐기물 처리, 원료 재생업	1 970	32 790	27 378	5 412	181	141	40	300
36. 수 도 업	57	1 189	1 020	169	0	0	0	9
37. 하수, 폐수 및 분뇨 처리업	340	5 696	4 911	785	10	8	2	2
38. 폐기물 수집, 운반, 처리 및 원료 재생업	1 541	25 303	20 936	4 367	169	131	38	288
39. 환 경 정 화 및 복 원 업	32	602	511	91	2	2	0	1
F. 건 설 업	20 530	323 365	272 876	50 489	1 241	966	275	2 576
41. 종 합 건 설 업	6 677	108 167	90 408	17 759	224	170	54	522
42. 전 문 직 별 공 사 업	13 853	215 198	182 468	32 730	1 017	796	221	2 054
G. 도 매 및 소 매 업	31 489	474 055	272 378	201 677	6 484	4 563	1 921	35 293
45. 자동차 및 부품 판매업	2 712	40 860	35 152	5 708	907	849	58	11 856
46. 도 매 및 상 품 중 개 업	16 500	249 845	167 033	82 812	1 451	1 138	313	3 206
47. 소 매 업 ; 자 동 차 제 외	12 277	183 350	70 193	113 157	4 126	2 576	1 550	20 231
H. 운 수 및 창 고 업	8 502	141 041	111 198	29 843	1 532	1 214	318	27 306
49. 육상 운송 및 파이프라인 운송업	4 483	76 005	66 849	9 156	1 188	934	254	23 655
50. 수 상 운 송 업	269	4 527	3 677	850	20	17	3	101
51. 항 공 운 송 업	43	651	389	262	0	0	0	5
52. 창고 및 운송관련 서비스업	3 707	59 858	40 283	19 575	324	263	61	3 545
I. 숙 박 및 음 식 점 업	18 696	258 433	99 579	158 854	10 486	6 153	4 333	1 541
55. 숙 박 업	911	14 488	7 294	7 194	283	201	82	124
56. 음 식 점 및 주 점 업	17 785	243 945	92 285	151 660	10 203	5 952	4 251	1 417
J. 정 보 통 신 업	8 279	135 335	90 311	45 024	379	309	70	2 572
58. 출 판 업	4 538	73 376	49 614	23 762	166	141	25	1 103
59. 영상·오디오 기록물 제작 및 배급업	1 064	17 805	8 892	8 913	116	91	25	814
60. 방 송 업	142	2 502	1 803	699	4	4	0	45
61. 우 편 및 통 신 업	395	6 909	5 999	910	4	3	1	39
62. 컴퓨터 프로그래밍, 시스템 통합 및 관리업	1 579	25 814	18 684	7 130	64	47	17	351
63. 정 보 서 비 스 업	561	8 929	5 319	3 610	25	23	2	220

주 : 한국표준산업분류 10차개정(2017) 기준
자료 : 고용노동부 노동시장조사과, 「사업체노동실태현황보고서」

10. Number of establishments and workers(by employment status and gender) by industry and establishment size(55-19) (2022. 12. 31.)

Unit : In each, person

\multicolumn{8}{c	}{10 ~ 29 persons}	Establishment Size
\multicolumn{2}{c	}{종사자 및 기타종사자 Workers & Other workers}	\multicolumn{3}{c	}{상용근로자 Regular employees}	\multicolumn{3}{c	}{임시 및 일용근로자 Temporary and daily employees}	
남 Male	여 Female	계 Total	남 Male	여 Female	계 Total	남 Male	여 Female	Industry
12	1	3 096	2 580	516	48	37	11	Electricity, gas, steam and air conditioning supply
12	1	3 096	2 580	516	48	37	11	Electricity, gas, steam and air conditioning supply
275	25	31 081	26 020	5 061	1 228	942	286	Water supply; sewage, waste management, materials recovery
0	9	1 162	1 009	153	18	11	7	Water supply
2	0	5 547	4 784	763	137	117	20	Sewage, wastewater, human and animal waste treatment services
272	16	23 835	19 764	4 071	1 011	769	242	Waste collection, treatment and disposal activities; materials recovery
1	0	537	463	74	62	45	17	Remediation activities and other waste management services
2 358	218	228 207	185 115	43 092	91 341	84 437	6 904	Construction
447	75	76 477	61 175	15 302	30 944	28 616	2 328	General construction
1 911	143	151 730	123 940	27 790	60 397	55 821	4 576	Specialized construction activities
14 968	20 325	390 118	237 250	152 868	42 160	15 597	26 563	Wholesale and retail trade
11 347	509	27 421	22 425	4 996	676	531	145	Sale of motor vehicles and parts
1 184	2 022	234 294	159 209	75 085	10 894	5 502	5 392	Wholesale trade on own account or on a fee or contract basis
2 437	17 794	128 403	55 616	72 787	30 590	9 564	21 026	Retail trade, except motor vehicles and motorcycles
26 223	1 083	103 626	77 015	26 611	8 577	6 746	1 831	Transportation and storage
22 803	852	45 898	38 560	7 338	5 264	4 552	712	Land transport and transport via pipelines
101	0	4 249	3 418	831	157	141	16	Water transport
4	1	634	376	258	12	9	3	Air transport
3 315	230	52 845	34 661	18 184	3 144	2 044	1 100	Warehousing and support activities for transportation
617	924	157 033	63 233	93 800	89 373	29 576	59 797	Accommodation and food service activities
50	74	12 299	6 389	5 910	1 782	654	1 128	Accommodation
567	850	144 734	56 844	87 890	87 591	28 922	58 669	Food and beverage service activities
1 574	998	122 757	83 067	39 690	9 627	5 361	4 266	Information and communication
727	376	68 654	46 635	22 019	3 453	2 111	1 342	Publishing activities
392	422	12 623	6 384	6 239	4 252	2 025	2 227	Motion picture, video and television programme production, sound recording and music publishing activities
33	12	2 370	1 726	644	83	40	43	Broadcasting activities
23	16	6 696	5 836	860	170	137	33	Postal activities and telecommunications
247	104	24 394	17 705	6 689	1 005	685	320	Computer programming, consultancy and related activities
152	68	8 020	4 781	3 239	664	363	301	Information service activities

Note : Based upon the 10th revision of Korean Standard Industrial Classification(2017)
Source : Labor Market Statistics Division, Ministry of Employment and Labor, 「Report on the Establishment Status」

10. 산업·규모별 사업체수 및 (종사상지위·성별)종사자수(55-20)
(2022. 12. 31.)

단위 : 개소, 명

산업별	규모별	10 ~ 29 인						
	사업체수 Number of establi-shments	종 사 자 수 Number of workers			자 영 업 자 Individual proprietors			무급가족 Unpaid family
		계 Total	남 Male	여 Female	계 Total	남 Male	여 Female	계 Total
K. 금 융 및 보 험 업	12 108	190 393	82 074	108 319	151	101	50	49 550
64. 금 융 업	7 029	102 293	51 316	50 977	15	10	5	1 654
65. 보 험 및 연 금 업	1 955	36 951	11 806	25 145	0	0	0	20 452
66. 금융 및 보험관련 서비스업	3 124	51 149	18 952	32 197	136	91	45	27 444
L. 부 동 산 업	7 355	106 464	71 646	34 818	175	137	38	3 748
68. 부 동 산 업	7 355	106 464	71 646	34 818	175	137	38	3 748
M. 전문, 과학 및 기술 서비스업	14 284	224 689	141 593	83 096	1 678	1 413	265	2 523
70. 연 구 개 발 업	1 693	27 836	17 631	10 205	20	18	2	163
71. 전 문 서 비 스 업	5 850	89 143	45 798	43 345	885	754	131	1 609
72. 건축 기술, 엔지니어링 및 기타 과학기술 서비스업	5 566	89 433	69 565	19 868	357	297	60	305
73. 기타 전문, 과학 및 기술 서비스업	1 175	18 277	8 599	9 678	416	344	72	446
N. 사업시설 관리, 사업 지원 및 임대 서비스업	7 581	128 012	75 169	52 843	1 168	802	366	11 583
74. 사업시설 관리 및 조경 서비스업	2 128	35 610	21 936	13 674	306	208	98	377
75. 사 업 지 원 서 비 스 업	4 375	74 550	44 418	30 132	773	541	232	5 433
76. 임 대 업 ; 부 동 산 제 외	1 078	17 852	8 815	9 037	89	53	36	5 773
P. 교 육 서 비 스 업	10 322	162 881	50 653	112 228	3 332	1 759	1 573	33 007
85. 교 육 서 비 스 업	10 322	162 881	50 653	112 228	3 332	1 759	1 573	33 007
Q. 보건업 및 사회복지 서비스업	34 119	537 272	78 885	458 387	10 935	9 184	1 751	14 934
86. 보 건 업	9 687	146 230	35 208	111 022	10 413	8 959	1 454	1 785
87. 사 회 복 지 서 비 스 업	24 432	391 042	43 677	347 365	522	225	297	13 149
R. 예술, 스포츠 및 여가관련 서비스업	3 305	49 458	25 997	23 461	999	768	231	4 948
90. 창작, 예술 및 여가관련 서비스업	851	13 322	5 974	7 348	76	52	24	1 350
91. 스포츠 및 오락관련 서비스업	2 454	36 136	20 023	16 113	923	716	207	3 598
S. 협회 및 단체, 수리 및 기타 개인 서비스업	7 467	115 551	64 889	50 662	3 042	1 762	1 280	9 495
94. 협 회 및 단 체	1 943	29 149	16 121	13 028	0	0	0	2 468
95. 개인 및 소비용품 수리업	2 652	42 260	36 163	6 097	944	825	119	449
96. 기 타 개 인 서 비 스 업	2 872	44 142	12 605	31 537	2 098	937	1 161	6 578

주 : 한국표준산업분류 10차개정(2017) 기준
자료 : 고용노동부 노동시장조사과, 「사업체노동실태현황보고서」

10. Number of establishments and workers(by employment status and gender) by industry and establishment size(55−20) (2022. 12. 31.)

Unit : In each, person

Workers & Other workers		Regular employees			Temporary and daily employees			Establishment Size / Industry
Male	Female	Total	Male	Female	Total	Male	Female	10 ~ 29 persons
10 880	38 670	136 978	69 806	67 172	3 714	1 287	2 427	Financial and insurance activities
676	978	98 218	49 778	48 440	2 406	852	1 554	Financial service activities, except insurance and pension funding
3 379	17 073	16 041	8 309	7 732	458	118	340	Insurance and pension funding
6 825	20 619	22 719	11 719	11 000	850	317	533	Activities auxiliary to financial service and insurance activities
1 943	1 805	97 311	66 544	30 767	5 230	3 022	2 208	Real estate activities
1 943	1 805	97 311	66 544	30 767	5 230	3 022	2 208	Real estate activities
1 441	1 082	211 848	133 668	78 180	8 640	5 071	3 569	Professional, scientific and technical activities
76	87	26 592	16 952	9 640	1 061	585	476	Research and development
907	702	83 098	42 506	40 592	3 551	1 631	1 920	Professional services
230	75	85 835	66 712	19 123	2 936	2 326	610	Architectural, engineering and other scientific technical services
228	218	16 323	7 498	8 825	1 092	529	563	Other professional, scientific and technical services
4 938	6 645	95 773	58 785	36 988	19 488	10 644	8 844	Business facilities management and business support services; rental and leasing activities
236	141	28 820	18 303	10 517	6 107	3 189	2 918	Business facilities management and landscape services
3 215	2 218	56 382	33 916	22 466	11 962	6 746	5 216	Business support services
1 487	4 286	10 571	6 566	4 005	1 419	709	710	Rental and leasing activities; except real estate
8 444	24 563	106 051	34 045	72 006	20 491	6 405	14 086	Education
8 444	24 563	106 051	34 045	72 006	20 491	6 405	14 086	Education
1 265	13 669	471 067	64 734	406 333	40 336	3 702	36 634	Human health and social work activities
260	1 525	128 617	25 223	103 394	5 415	766	4 649	Human health activities
1 005	12 144	342 450	39 511	302 939	34 921	2 936	31 985	Social work activities
2 505	2 443	31 970	17 736	14 234	11 541	4 988	6 553	Arts, sports and recreation related services
448	902	9 311	4 457	4 854	2 585	1 017	1 568	Creative, arts and recreation related services
2 057	1 541	22 659	13 279	9 380	8 956	3 971	4 985	Sports activities and amusement activities
2 812	6 683	94 206	57 566	36 640	8 808	2 749	6 059	Membership organizations, repair and other personal services
1 243	1 225	24 504	13 895	10 609	2 177	983	1 194	Membership organizations
214	235	40 080	34 549	5 531	787	575	212	Maintenance and repair services of personal and household goods
1 355	5 223	29 622	9 122	20 500	5 844	1 191	4 653	Other personal services activities

Note : Based upon the 10th revision of Korean Standard Industrial Classification(2017)
Source : Labor Market Statistics Division, Ministry of Employment and Labor, 「Report on the Establishment Status」

10. 산업·규모별 사업체수 및 (종사상지위·성별)종사자수(55-21)
(2022. 12. 31.)

단위 : 개소, 명

산업별	사업체수 Number of establi- shments	30 ~ 49 인 종사자수 Number of workers 계 Total	남 Male	여 Female	자영업자 Individual proprietors 계 Total	남 Male	여 Female	무급가족 Unpaid family 계 Total
전 산 업	42 071	1 578 188	886 234	691 954	4 049	3 259	790	154 322
A. 농업, 임업 및 어업	173	6 426	4 814	1 612	0	0	0	30
01. 농 업	138	5 072	3 660	1 412	0	0	0	1
02. 임 업	21	818	662	156	0	0	0	0
03. 어 업	14	536	492	44	0	0	0	29
B. 광 업	54	2 053	1 880	173	3	3	0	20
05. 석탄, 원유 및 천연가스 광업	2	69	69	0	2	2	0	0
06. 금 속 광 업	1	39	37	2	0	0	0	0
07. 비금속광물 광업; 연료용 제외	51	1 945	1 774	171	1	1	0	20
08. 광업 지원 서비스업	-	-	-	-	-	-	-	-
C. 제 조 업	10 426	393 115	287 900	105 215	956	838	118	2 493
10. 식 료 품 제 조 업	1 026	38 874	20 841	18 033	84	66	18	342
101. 도축, 육류 가공 및 저장 처리업	238	9 004	5 236	3 768	15	10	5	136
102. 수산물 가공 및 저장 처리업	145	5 572	2 603	2 969	32	26	6	112
103. 과실, 채소 가공 및 저장 처리업	105	3 940	1 591	2 349	7	3	4	28
104. 동물성 및 식물성 유지 제조업	17	666	517	149	0	0	0	0
105. 낙농제품 및 식용 빙과류 제조업	30	1 210	789	421	1	1	0	1
106. 곡물 가공품, 전분 및 전분제품 제조업	40	1 575	913	662	0	0	0	0
107. 기 타 식 품 제 조 업	394	14 770	7 472	7 298	29	26	3	65
108. 동물용 사료 및 조제식품 제조업	57	2 137	1 720	417	0	0	0	0
11. 음 료 제 조 업	44	1 707	1 263	444	13	13	0	0
111. 알 코 올 음 료 제 조 업	16	635	511	124	13	13	0	0
112. 비알코올 음료 및 얼음 제조업	28	1 072	752	320	0	0	0	0
12. 담 배 제 조 업	1	37	35	2	0	0	0	0
120. 담 배 제 조 업	1	37	35	2	0	0	0	0
13. 섬유제품 제조업; 의복 제외	360	13 495	8 777	4 718	55	52	3	27
131. 방적 및 가공사 제조업	38	1 455	963	492	12	11	1	0
132. 직물 직조 및 직물제품 제조업	124	4 561	2 279	2 282	21	19	2	14
133. 편 조 원 단 제 조 업	7	236	165	71	1	1	0	0
134. 섬유제품 염색, 정리 및 마무리 가공업	119	4 538	3 608	930	18	18	0	0
139. 기 타 섬유제품 제 조 업	72	2 705	1 762	943	3	3	0	13
14. 의복, 의복 액세서리 및 모피제품 제조업	188	6 969	2 471	4 498	29	18	11	172
141. 봉 제 의 복 제 조 업	151	5 582	1 840	3 742	24	13	11	170
142. 모 피 제 품 제 조 업	1	36	34	2	0	0	0	0
143. 편 조 의 복 제 조 업	15	560	260	300	2	2	0	2
144. 의복 액세서리 제 조 업	21	791	337	454	3	3	0	0
15. 가죽, 가방 및 신발 제조업	60	2 329	1 174	1 155	6	4	2	32
151. 가죽, 가방 및 유사 제품 제조업	22	848	418	430	1	1	0	7
152. 신발 및 신발 부분품 제조업	38	1 481	756	725	5	3	2	25
16. 목재 및 나무제품 제조업; 가구 제외	66	2 411	1 935	476	6	5	1	0
161. 제 재 및 목 재 가 공 업	16	563	466	97	1	1	0	0
162. 나 무 제 품 제 조 업	50	1 848	1 469	379	5	4	1	0
163. 코르크 및 조물 제품 제조업	-	-	-	-	-	-	-	-

주 : 한국표준산업분류 10차개정(2017) 기준
자료 : 고용노동부 노동시장조사과, 「사업체노동실태현황보고서」

10. Number of establishments and workers(by employment status and gender) by industry and establishment size(55-21) (2022. 12. 31.)

Unit : In each, person

30 ~ 49 persons								Establishment Size
종사자 및 기타종사자 Workers & Other workers		상용근로자 Regular employees			임시 및 일용근로자 Temporary and daily employees			
남 Male	여 Female	계 Total	남 Male	여 Female	계 Total	남 Male	여 Female	Industry
48 000	106 322	1 246 033	739 868	506 165	173 784	95 107	78 677	All industries
14	16	5 244	3 952	1 292	1 152	848	304	Agriculture, forestry and fishing
1	0	4 581	3 400	1 181	490	259	231	Agriculture
0	0	348	265	83	470	397	73	Forestry
13	16	315	287	28	192	192	0	Fishing and aquaculture
20	0	1 888	1 746	142	142	111	31	Mining and quarrying
0	0	67	67	0	0	0	0	Mining of coal, crude petroleum and natural gas
0	0	39	37	2	0	0	0	Mining of metal ores
20	0	1 782	1 642	140	142	111	31	Mining of non-metallic minerals, except fuel
-	-	-	-	-	-	-	-	Mining support service activities
1 779	714	373 807	274 787	99 020	15 859	10 496	5 363	Manufacturing
125	217	35 749	19 802	15 947	2 699	848	1 851	Manufacture of food products
28	108	8 540	5 040	3 500	313	158	155	Slaughtering of livestock, processing and preserving of meat and meat products
39	73	4 672	2 310	2 362	756	228	528	Processing and preserving of fish, crustaceans, molluscs and seaweeds
27	1	3 526	1 494	2 032	379	67	312	Processing and preserving of fruit and vegetables
0	0	633	512	121	33	5	28	Manufacture of vegetable and animal oils and fats
0	1	1 139	756	383	69	32	37	Manufacture of dairy products and edible ice cakes
0	0	1 395	854	541	180	59	121	Manufacture of grain mill products, starches and starch products
31	34	13 735	7 134	6 601	941	281	660	Manufacture of other food products
0	0	2 109	1 702	407	28	18	10	Manufacture of prepared animal feeds and feed additives
0	0	1 632	1 221	411	62	29	33	Manufacture of beverages
0	0	617	494	123	5	4	1	Manufacture of alcoholic beverages
0	0	1 015	727	288	57	25	32	Manufacture of ice and non-alcoholic beverages; production of mineral waters
0	0	35	33	2	2	2	0	Manufacture of tobacco products
0	0	35	33	2	2	2	0	Manufacture of tobacco products
7	20	12 981	8 492	4 489	432	226	206	Manufacture of textiles, except apparel
0	0	1 411	935	476	32	17	15	Spinning of textiles and processing of threads and yarns
0	14	4 397	2 217	2 180	129	43	86	Weaving of textiles and manufacture of textile products
0	0	235	164	71	0	0	0	Manufacture of knitted and crocheted fabrics
0	0	4 348	3 447	901	172	143	29	Dyeing and finishing of textiles and wearing apparel
7	6	2 590	1 729	861	99	23	76	Manufacture of other made-up textile articles, except apparel
48	124	6 317	2 299	4 018	451	106	345	Manufacture of wearing apparel, clothing accessories and fur articles
48	122	5 067	1 720	3 347	321	59	262	Manufacture of sewn wearing apparel, except fur apparel
0	0	33	31	2	3	3	0	Manufacture of articles of fur
0	2	500	232	268	56	26	30	Manufacture of knitted and crocheted apparel
0	0	717	316	401	71	18	53	Manufacture of apparel accessories
25	7	2 093	1 066	1 027	198	79	119	Manufacture of leather, luggage and footwear
3	4	780	390	390	60	24	36	Manufacture of leather, luggage and similar products
22	3	1 313	676	637	138	55	83	Manufacture of footwear and parts of footwear
0	0	2 232	1 773	459	173	157	16	Manufacture of wood and of products of wood and cork; except furniture
0	0	477	390	87	85	75	10	Sawmilling and planing of wood
0	0	1 755	1 383	372	88	82	6	Manufacture of wood products
-	-	-	-	-	-	-	-	Manufacture of articles of cork, straw and plaiting materials

Note : Based upon the 10th revision of Korean Standard Industrial Classification(2017)
Source : Labor Market Statistics Division, Ministry of Employment and Labor, 「Report on the Establishment Status」

10. 산업·규모별 사업체수 및 (종사상지위·성별)종사자수(55-22)
(2022. 12. 31.)

단위 : 개소, 명

산업별	사업체수 Number of establi- shments	종사자수 Number of workers			자영업자 Individual proprietors			무급가족 Unpaid family
		계 Total	남 Male	여 Female	계 Total	남 Male	여 Female	계 Total

규모별: 30 ~ 49 인

산업별	사업체수	계	남	여	계	남	여	계
17. 펄프, 종이 및 종이제품 제조업	259	9 726	7 234	2 492	25	25	0	0
171. 펄프, 종이 및 판지 제조업	38	1 476	1 192	284	5	5	0	0
172. 골판지, 종이 상자 및 종이 용기 제조업	150	5 482	4 142	1 340	16	16	0	0
179. 기타 종이 및 판지 제품 제조업	71	2 768	1 900	868	4	4	0	0
18. 인쇄 및 기록매체 복제업	137	5 202	3 732	1 470	22	19	3	0
181. 인쇄 및 인쇄관련 산업	135	5 132	3 685	1 447	22	19	3	0
182. 기록매체 복제업	2	70	47	23	0	0	0	0
19. 코크스, 연탄 및 석유정제품 제조업	11	395	355	40	0	0	0	0
191. 코크스 및 연탄 제조업	-	-	-	-	-	-	-	-
192. 석유 정제품 제조업	11	395	355	40	0	0	0	0
20. 화학 물질 및 화학제품 제조업; 의약품 제외	539	20 569	15 900	4 669	28	21	7	33
201. 기초 화학물질 제조업	125	4 699	4 116	583	10	6	4	2
202. 합성고무 및 플라스틱 물질 제조업	85	3 260	2 909	351	7	6	1	0
203. 비료, 농약 및 살균·살충제 제조업	25	924	699	225	0	0	0	10
204. 기타 화학제품 제조업	293	11 236	7 826	3 410	8	6	2	21
205. 화학섬유 제조업	11	450	350	100	3	3	0	0
21. 의료용 물질 및 의약품 제조업	130	5 078	2 912	2 166	8	6	2	0
211. 기초 의약물질 및 생물학적 제제 제조업	31	1 238	780	458	0	0	0	0
212. 의약품 제조업	74	2 854	1 631	1 223	7	5	2	0
213. 의료용품 및 기타 의약 관련제품 제조업	25	986	501	485	1	1	0	0
22. 고무 및 플라스틱제품 제조업	916	34 522	24 430	10 092	88	77	11	199
221. 고무제품 제조업	115	4 322	3 024	1 298	15	13	2	146
222. 플라스틱 제품 제조업	801	30 200	21 406	8 794	73	64	9	53
23. 비금속 광물제품 제조업	367	13 652	11 830	1 822	13	12	1	1 159
231. 유리 및 유리제품 제조업	61	2 255	1 833	422	2	2	0	0
232. 내화, 비내화 요업제품 제조업	46	1 723	1 357	366	7	7	0	4
233. 시멘트, 석회, 플라스터 및 그 제품 제조업	210	7 788	7 049	739	2	2	0	1 155
239. 기타 비금속 광물제품 제조업	50	1 886	1 591	295	2	1	1	0
24. 1차 금속 제조업	451	16 761	14 469	2 292	38	34	4	1
241. 1차 철강 제조업	273	10 232	8 824	1 408	20	17	3	0
242. 1차 비철금속 제조업	99	3 613	3 071	542	9	8	1	0
243. 금속 주조업	79	2 916	2 574	342	9	9	0	1
25. 금속가공제품 제조업; 기계 및 가구 제외	1 203	44 891	35 961	8 930	134	121	13	129
251. 구조용 금속제품, 탱크 및 증기발생기 제조업	354	13 071	11 357	1 714	19	16	3	124
252. 무기 및 총포탄 제조업	9	328	264	64	1	1	0	0
259. 기타 금속 가공제품 제조업	840	31 492	24 340	7 152	114	104	10	5

주 : 한국표준산업분류 10차개정(2017) 기준
자료 : 고용노동부 노동시장조사과, 「사업체노동실태현황보고서」

10. Number of establishments and workers(by employment status and gender) by industry and establishment size(55-22) (2022. 12. 31.)

Unit : In each, person

Workers & Other workers		Regular employees			Temporary and daily employees			Establishment Size
30 ~ 49 persons								
종사자 및 기타종사자		상용근로자			임시 및 일용근로자			
남 Male	여 Female	계 Total	남 Male	여 Female	계 Total	남 Male	여 Female	Industry
0	0	9 279	6 972	2 307	422	237	185	Manufacture of pulp, paper and paper products
0	0	1 443	1 168	275	28	19	9	Manufacture of pulp, paper and paperboard
0	0	5 164	3 956	1 208	302	170	132	Manufacture of corrugated paper, paper boxes and paper containers
0	0	2 672	1 848	824	92	48	44	Manufacture of other paper and paperboard products
0	0	5 028	3 639	1 389	152	74	78	Printing and reproduction of recorded media
0	0	4 958	3 592	1 366	152	74	78	Printing and service activities related to printing
0	0	70	47	23	0	0	0	Reproduction of recorded media
0	0	387	347	40	8	8	0	Manufacture of coke, briquettes and refined petroleum products
-	-	-	-	-	-	-	-	Manufacture of coke and briquettes
0	0	387	347	40	8	8	0	Manufacture of refined petroleum products
18	15	20 050	15 522	4 528	458	339	119	Manufacture of chemicals and chemical products; except pharmaceuticals and medicinal chemicals
2	0	4 586	4 016	570	101	92	9	Manufacture of basic chemicals
0	0	3 163	2 820	343	90	83	7	Manufacture of plastics and synthetic rubber in primary forms
10	0	879	674	205	35	15	20	Manufacture of fertilizers, pesticides, germicides and insecticides
6	15	10 975	7 665	3 310	232	149	83	Manufacture of other chemical products
0	0	447	347	100	0	0	0	Manufacture of man-made fibers
0	0	5 043	2 892	2 151	27	14	13	Manufacture of pharmaceuticals, medicinal chemical and botanical products
0	0	1 232	777	455	6	3	3	Manufacture of medicinal chemicals, antibiotics and biological products
0	0	2 838	1 619	1 219	9	7	2	Manufacture of medicaments
0	0	973	496	477	12	4	8	Manufacture of medical supplies and related other medicaments
74	125	33 275	23 707	9 568	960	572	388	Manufacture of rubber and plastics products
26	120	4 067	2 910	1 157	94	75	19	Manufacture of rubber products
48	5	29 208	20 797	8 411	866	497	369	Manufacture of plastics products
1 156	3	11 852	10 148	1 704	628	514	114	Manufacture of other non-metallic mineral products
0	0	2 204	1 795	409	49	36	13	Manufacture of glass and glass products
3	1	1 562	1 255	307	150	92	58	Manufacture of refractory and non-refractory ceramic products
1 153	2	6 285	5 589	696	346	305	41	Manufacture of cement, lime, plaster and its products
0	0	1 801	1 509	292	83	81	2	Manufacture of other non-metallic mineral products
1	0	15 946	13 700	2 246	776	734	42	Manufacture of basic metals
0	0	9 668	8 286	1 382	544	521	23	Manufacture of basic iron and steel
0	0	3 504	2 972	532	100	91	9	Manufacture of basic precious and non-ferrous metals
1	0	2 774	2 442	332	132	122	10	Casting of metals
124	5	42 457	33 814	8 643	2 171	1 902	269	Manufacture of fabricated metal products, except machinery and furniture
120	4	11 694	10 064	1 630	1 234	1 157	77	Manufacture of structural metal products, tanks, reservoirs and steam generators
0	0	324	260	64	3	3	0	Manufacture of weapons and ammunition
4	1	30 439	23 490	6 949	934	742	192	Manufacture of other fabricated metal products; metalworking service activities

Note : Based upon the 10th revision of Korean Standard Industrial Classification(2017)
Source : Labor Market Statistics Division, Ministry of Employment and Labor, 「Report on the Establishment Status」

10. 산업·규모별 사업체수 및 (종사상지위·성별)종사자수(55-23)
(2022. 12. 31.)

단위 : 개소, 명

산업별	규모별 사업체수 Number of establi-shments	30 ~ 49 인 종사자수 Number of workers			자영업자 Individual proprietors			무급가족 Unpaid family
		계 Total	남 Male	여 Female	계 Total	남 Male	여 Female	계 Total
26. 전자 부품, 컴퓨터, 영상, 음향 및 통신장비 제조업	533	20 021	13 816	6 205	19	17	2	45
261. 반 도 체 제 조 업	80	3 027	2 218	809	3	3	0	0
262. 전 자 부 품 제 조 업	241	8 955	5 806	3 149	13	11	2	24
263. 컴퓨터 및 주변 장치 제조업	49	1 855	1 408	447	1	1	0	21
264. 통신 및 방송장비 제조업	127	4 777	3 527	1 250	2	2	0	0
265. 영상 및 음향 기기 제조업	36	1 407	857	550	0	0	0	0
266. 마그네틱 및 광학 매체 제조업	-	-	-	-	-	-	-	-
27. 의료, 정밀, 광학 기기 및 시계 제조업	400	14 997	10 393	4 604	18	17	1	47
271. 의료용 기기 제조업	172	6 525	3 701	2 824	9	8	1	37
272. 측정시험,항해,제어및기타 정밀 기기 제조업; 광학 기기 제외	202	7 471	5 967	1 504	9	9	0	9
273. 사진장비 및 광학 기기 제조업	22	841	646	195	0	0	0	1
274. 시계 및 시계 부품 제조업	4	160	79	81	0	0	0	0
28. 전 기 장 비 제 조 업	649	24 841	17 607	7 234	56	54	2	26
281. 전동기, 발전기 및 전기 변환·공급·제어 장치 제조업	322	12 249	9 102	3 147	17	17	0	1
282. 일차전지 및 축전지 제조업	21	813	679	134	0	0	0	0
283. 절연선 및 케이블 제조업	81	3 132	2 067	1 065	9	9	0	10
284. 전구 및 조명장치 제조업	114	4 306	2 856	1 450	10	10	0	0
285. 가 정 용 기 기 제조업	73	2 849	1 690	1 159	17	15	2	0
289. 기 타 전기장비 제조업	38	1 492	1 213	279	3	3	0	15
29. 기타 기계 및 장비 제조업	1 481	55 945	46 418	9 527	105	94	11	70
291. 일반 목적용 기계 제조업	785	29 786	24 104	5 682	62	54	8	44
292. 특수 목적용 기계 제조업	696	26 159	22 314	3 845	43	40	3	26
30. 자동차 및 트레일러 제조업	946	35 919	26 207	9 712	126	106	20	88
301. 자동차용 엔진 및 자동차 제조업	4	151	132	19	0	0	0	0
302. 자동차 차체 및 트레일러 제조업	47	1 750	1 571	179	3	2	1	0
303. 자동차 신품 부품 제조업	887	33 718	24 299	9 419	121	103	18	88
304. 자동차 재제조 부품 제조업	8	300	205	95	2	1	1	0
31. 기 타 운송장비 제조업	283	10 655	9 313	1 342	47	45	2	53
311. 선박 및 보트 건조업	212	8 017	7 155	862	39	37	2	47
312. 철 도 장 비 제 조 업	24	876	758	118	3	3	0	6
313. 항공기, 우주선 및 부품 제조업	35	1 308	1 024	284	4	4	0	0
319. 그 외 기타 운송장비 제조업	12	454	376	78	1	1	0	0
32. 가 구 제 조 업	156	5 834	4 660	1 174	17	15	2	0
320. 가 구 제 조 업	156	5 834	4 660	1 174	17	15	2	0
33. 기 타 제 품 제 조 업	126	4 743	2 933	1 810	13	11	2	70
331. 귀금속 및 장신용품 제조업	11	382	225	157	1	1	0	0
332. 악 기 제 조 업	5	218	134	84	1	1	0	0
333. 운동 및 경기용구 제조업	19	689	492	197	0	0	0	0
334. 인형, 장난감 및 오락용품 제조업	6	219	124	95	0	0	0	0
339. 그 외 기타 제품 제조업	85	3 235	1 958	1 277	11	9	2	70
34. 산업용 기계 및 장비 수리업	94	3 542	3 234	308	6	6	0	0
340. 산업용 기계 및 장비 수리업	94	3 542	3 234	308	6	6	0	0

주 : 한국표준산업분류 10차개정(2017) 기준
자료 : 고용노동부 노동시장조사과, 「사업체노동실태현황보고서」

10. Number of establishments and workers(by employment status and gender) by industry and establishment size(55－23) (2022. 12. 31.)

Unit : In each, person

Workers & Other workers		Regular employees			Temporary and daily employees			Establishment Size: 30 ~ 49 persons
Male	Female	Total	Male	Female	Total	Male	Female	Industry
14	31	19 377	13 479	5 898	580	306	274	Manufacture of electronic components, computer; visual, sounding and communication equipment
0	0	2 887	2 116	771	137	99	38	Manufacture of semiconductor
0	24	8 717	5 689	3 028	201	106	95	Manufacture of electronic components
14	7	1 778	1 363	415	55	30	25	Manufacture of computers and peripheral equipment
0	0	4 607	3 456	1 151	168	69	99	Manufacture of communication and broadcasting apparatuses
0	0	1 388	855	533	19	2	17	Manufacture of electronic video and audio equipment
-	-	-	-	-	-	-	-	Manufacture of magnetic and optical medium
36	11	14 618	10 140	4 478	314	200	114	Manufacture of medical, precision and optical instruments, watches and clocks
27	10	6 314	3 582	2 732	165	84	81	Manufacture of medical and dental instruments and supplies
9	0	7 308	5 835	1 473	145	114	31	Manufacture of measuring, testing, navigating and control equipment; except optical instruments
0	1	836	644	192	4	2	2	Manufacture of photographic equipment and optical instruments
0	0	160	79	81	0	0	0	Manufacture of watches, clocks and its parts
26	0	23 954	17 006	6 948	805	521	284	Manufacture of electrical equipment
1	0	11 810	8 825	2 985	421	259	162	Manufacture of electric motors, generators, transformers and electricity distribution and control apparatus
0	0	787	653	134	26	26	0	Manufacture of batteries and accumulators
10	0	3 074	2 033	1 041	39	15	24	Manufacture of insulated wires and cables
0	0	4 132	2 752	1 380	164	94	70	Manufacture of electric tubes and bulbs and lighting equipment
0	0	2 732	1 592	1 140	100	83	17	Manufacture of domestic appliances
15	0	1 419	1 151	268	55	44	11	Manufacture of other electrical equipment
26	44	54 155	44 889	9 266	1 615	1 409	206	Manufacture of other machinery and equipment
6	38	28 634	23 133	5 501	1 046	911	135	Manufacture of general purpose machinery
20	6	25 521	21 756	3 765	569	498	71	Manufacture of special-purpose machinery
51	37	34 357	25 147	9 210	1 348	903	445	Manufacture of motor vehicles, trailers and semitrailers
0	0	121	107	14	30	25	5	Manufacture of motor vehicles and engines for motor vehicles
0	0	1 718	1 546	172	29	23	6	Manufacture of bodies for motor vehicles; manufacture of trailers and semi-trailers
51	37	32 222	23 291	8 931	1 287	854	433	Manufacture of parts and accessories for motor vehicles(new products)
0	0	296	203	93	2	1	1	Manufacture of parts and accessories for motor vehicles(remanufacturing products)
48	5	9 688	8 465	1 223	867	755	112	Manufacture of other transport equipment
42	5	7 091	6 341	750	840	735	105	Building of ships and boats
6	0	855	740	115	12	9	3	Manufacture of railway locomotives and rolling stock
0	0	1 289	1 009	280	15	11	4	Manufacture of aircraft, spacecraft and its parts
0	0	453	375	78	0	0	0	Manufacture of other transport equipment
0	0	5 581	4 430	1 151	236	215	21	Manufacture of furniture
0	0	5 581	4 430	1 151	236	215	21	Manufacture of furniture
0	70	4 393	2 772	1 621	267	150	117	Other manufacturing
0	0	359	211	148	22	13	9	Manufacture of jewellery, bijouterie and related articles
0	0	217	133	84	0	0	0	Manufacture of musical instruments
0	0	599	430	169	90	62	28	Manufacture of sports and athletic goods
0	0	215	124	91	4	0	4	Manufacture of dolls, toys and amusement goods
0	70	3 003	1 874	1 129	151	75	76	Other manufacturing n.e.c.
0	0	3 328	3 032	296	208	196	12	Maintenance and repair services of industrial machinery and equipment
0	0	3 328	3 032	296	208	196	12	Maintenance and repair services of industrial machinery and equipment

Note : Based upon the 10th revision of Korean Standard Industrial Classification(2017)
Source : Labor Market Statistics Division, Ministry of Employment and Labor, 「Report on the Establishment Status」

10. 산업·규모별 사업체수 및 (종사상지위·성별)종사자수(55-24)
(2022. 12. 31.)

단위 : 개소, 명

산업별	규모별	30 ~ 49 인						
	사업체수 Number of establi-shments	종사자수 Number of workers			자영업자 Individual proprietors			무급가족 Unpaid family
		계 Total	남 Male	여 Female	계 Total	남 Male	여 Female	계 Total
D. 전기, 가스, 증기 및 공기 조절 공급업	146	5 704	4 569	1 135	2	2	0	49
35. 전기, 가스, 증기 및 공기 조절 공급업	146	5 704	4 569	1 135	2	2	0	49
E. 수도, 하수 및 폐기물 처리, 원료 재생업	558	21 367	18 815	2 552	14	11	3	30
36. 수 도 업	28	1 083	852	231	0	0	0	23
37. 하수, 폐수 및 분뇨 처리업	91	3 280	2 887	393	2	0	2	0
38. 폐기물 수집, 운반, 처리 및 원료 재생업	435	16 838	14 929	1 909	12	11	1	7
39. 환 경 정 화 및 복 원 업	4	166	147	19	0	0	0	0
F. 건 설 업	3 413	127 177	111 495	15 682	65	53	12	1 769
41. 종 합 건 설 업	1 287	48 058	41 668	6 390	11	10	1	332
42. 전 문 직 별 공 사 업	2 126	79 119	69 827	9 292	54	43	11	1 437
G. 도 매 및 소 매 업	3 693	136 912	75 344	61 568	362	270	92	13 115
45. 자 동 차 및 부품 판매업	183	6 758	5 680	1 078	17	14	3	1 158
46. 도 매 및 상품 중개업	2 160	80 089	51 773	28 316	67	52	15	1 615
47. 소 매 업 ; 자 동 차 제 외	1 350	50 065	17 891	32 174	278	204	74	10 342
H. 운 수 및 창 고 업	2 285	86 358	74 145	12 213	207	180	27	20 143
49. 육상 운송 및 파이프라인 운송업	1 442	54 407	50 241	4 166	182	156	26	16 862
50. 수 상 운 송 업	63	2 450	2 110	340	0	0	0	133
51. 항 공 운 송 업	15	524	331	193	0	0	0	0
52. 창고 및 운송관련 서비스업	765	28 977	21 463	7 514	25	24	1	3 148
I. 숙 박 및 음 식 점 업	1 149	42 937	18 129	24 808	129	93	36	128
55. 숙 박 업	184	6 868	3 547	3 321	5	4	1	58
56. 음 식 점 및 주 점 업	965	36 069	14 582	21 487	124	89	35	70
J. 정 보 통 신 업	1 877	70 287	47 430	22 857	12	11	1	1 457
58. 출 판 업	1 030	38 431	26 401	12 030	9	8	1	834
59. 영상·오디오 기록물 제작 및 배급업	193	7 163	3 594	3 569	2	2	0	312
60. 방 송 업	57	2 210	1 545	665	0	0	0	67
61. 우 편 및 통 신 업	91	3 414	2 909	505	0	0	0	16
62. 컴퓨터 프로그래밍, 시스템 통합 및 관리업	372	13 937	10 138	3 799	1	1	0	190
63. 정 보 서 비 스 업	134	5 132	2 843	2 289	0	0	0	38

주 : 한국표준산업분류 10차개정(2017) 기준
자료 : 고용노동부 노동시장조사과, 「사업체노동실태현황보고서」

10. Number of establishments and workers(by employment status and gender) by industry and establishment size(55-24) (2022. 12. 31.)

Unit : In each, person

Establishment Size	30 ~ 49 persons							
	종사자 및 기타종사자 Workers & Other workers		상용근로자 Regular employees			임시 및 일용근로자 Temporary and daily employees		
Industry	남 Male	여 Female	계 Total	남 Male	여 Female	계 Total	남 Male	여 Female
Electricity, gas, steam and air conditioning supply	8	41	5 577	4 517	1 060	76	42	34
Electricity, gas, steam and air conditioning supply	8	41	5 577	4 517	1 060	76	42	34
Water supply; sewage, waste management, materials recovery	9	21	20 561	18 127	2 434	762	668	94
Water supply	2	21	1 036	837	199	24	13	11
Sewage, wastewater, human and animal waste treatment services	0	0	3 238	2 858	380	40	29	11
Waste collection, treatment and disposal activities; materials recovery	7	0	16 121	14 285	1 836	698	626	72
Remediation activities and other waste management services	0	0	166	147	19	0	0	0
Construction	1 624	145	70 613	59 306	11 307	54 730	50 512	4 218
General construction	293	39	25 130	20 559	4 571	22 585	20 806	1 779
Specialized construction activities	1 331	106	45 483	38 747	6 736	32 145	29 706	2 439
Wholesale and retail trade	2 421	10 694	116 278	69 713	46 565	7 157	2 940	4 217
Sale of motor vehicles and parts	1 086	72	5 484	4 517	967	99	63	36
Wholesale trade on own account or on a fee or contract basis	421	1 194	75 411	49 813	25 598	2 996	1 487	1 509
Retail trade, except motor vehicles and motorcycles	914	9 428	35 383	15 383	20 000	4 062	1 390	2 672
Transportation and storage	19 391	752	61 877	51 312	10 565	4 131	3 262	869
Land transport and transport via pipelines	16 263	599	35 662	32 304	3 358	1 701	1 518	183
Water transport	131	2	2 135	1 797	338	182	182	0
Air transport	0	0	524	331	193	0	0	0
Warehousing and support activities for transportation	2 997	151	23 556	16 880	6 676	2 248	1 562	686
Accommodation and food service activities	65	63	27 731	11 728	16 003	14 949	6 243	8 706
Accommodation	30	28	6 208	3 310	2 898	597	203	394
Food and beverage service activities	35	35	21 523	8 418	13 105	14 352	6 040	8 312
Information and communication	968	489	65 136	44 399	20 737	3 682	2 052	1 630
Publishing activities	593	241	36 394	25 076	11 318	1 194	724	470
Motion picture, video and television programme production, sound recording and music publishing activities	166	146	5 192	2 582	2 610	1 657	844	813
Broadcasting activities	33	34	2 090	1 492	598	53	20	33
Postal activities and telecommunications	15	1	3 292	2 808	484	106	86	20
Computer programming, consultancy and related activities	135	55	13 405	9 775	3 630	341	227	114
Information service activities	26	12	4 763	2 666	2 097	331	151	180

Note : Based upon the 10th revision of Korean Standard Industrial Classification(2017)
Source : Labor Market Statistics Division, Ministry of Employment and Labor, 「Report on the Establishment Status」

10. 산업·규모별 사업체수 및 (종사상지위·성별)종사자수(55-25)
(2022. 12. 31.)

단위 : 개소, 명

산업별	규모별 사업체수 Number of establi-shments	30 ~ 49 인 종사자수 Number of workers			자영업자 Individual proprietors			무급가족 Unpaid family
		계 Total	남 Male	여 Female	계 Total	남 Male	여 Female	계 Total
K. 금융 및 보험업	2 839	106 613	32 020	74 593	27	17	10	66 069
64. 금융업	537	19 995	11 408	8 587	0	0	0	2 030
65. 보험 및 연금업	1 550	58 667	12 078	46 589	0	0	0	44 852
66. 금융 및 보험관련 서비스업	752	27 951	8 534	19 417	27	17	10	19 187
L. 부동산업	596	21 853	13 706	8 147	8	6	2	1 701
68. 부동산업	596	21 853	13 706	8 147	8	6	2	1 701
M. 전문, 과학 및 기술 서비스업	2 561	95 107	61 813	33 294	108	91	17	1 304
70. 연구개발업	391	14 440	9 012	5 428	1	1	0	33
71. 전문 서비스업	969	36 110	19 304	16 806	35	29	6	818
72. 건축 기술, 엔지니어링 및 기타 과학기술 서비스업	1 049	38 871	30 840	8 031	9	8	1	159
73. 기타 전문, 과학 및 기술 서비스업	152	5 686	2 657	3 029	63	53	10	294
N. 사업시설 관리, 사업 지원 및 임대 서비스업	2 145	80 638	46 749	33 889	171	126	45	5 943
74. 사업시설 관리 및 조경 서비스업	594	22 390	13 174	9 216	34	25	9	409
75. 사업 지원 서비스업	1 378	52 133	31 052	21 081	135	100	35	2 950
76. 임대업 ; 부동산 제외	173	6 115	2 523	3 592	2	1	1	2 584
P. 교육 서비스업	1 807	67 307	22 870	44 437	121	74	47	16 756
85. 교육 서비스업	1 807	67 307	22 870	44 437	121	74	47	16 756
Q. 보건업 및 사회복지 서비스업	6 907	261 058	34 148	226 910	1 657	1 387	270	18 907
86. 보건업	1 517	57 610	13 169	44 441	1 478	1 312	166	310
87. 사회복지 서비스업	5 390	203 448	20 979	182 469	179	75	104	18 597
R. 예술, 스포츠 및 여가관련 서비스업	442	16 679	8 954	7 725	16	15	1	1 238
90. 창작, 예술 및 여가관련 서비스업	147	5 662	2 756	2 906	8	7	1	523
91. 스포츠 및 오락관련 서비스업	295	11 017	6 198	4 819	8	8	0	715
S. 협회 및 단체, 수리 및 기타 개인 서비스업	1 000	36 597	21 453	15 144	191	82	109	3 170
94. 협회 및 단체	258	9 594	5 379	4 215	0	0	0	1 014
95. 개인 및 소비용품 수리업	381	13 779	12 025	1 754	22	19	3	264
96. 기타 개인 서비스업	361	13 224	4 049	9 175	169	63	106	1 892

주 : 한국표준산업분류 10차개정(2017) 기준
자료 : 고용노동부 노동시장조사과, 「사업체노동실태현황보고서」

10. Number of establishments and workers(by employment status and gender) by industry and establishment size(55-25) (2022. 12. 31.)

Unit : In each, person

Establishment Size	30 ~ 49 persons								Industry
	종사자 및 기타종사자 Workers & Other workers		상용근로자 Regular employees			임시 및 일용근로자 Temporary and daily employees			
	남 Male	여 Female	계 Total	남 Male	여 Female	계 Total	남 Male	여 Female	
	11 612	54 457	39 383	19 926	19 457	1 134	465	669	Financial and insurance activities
	447	1 583	17 445	10 668	6 777	520	293	227	Financial service activities, except insurance and pension funding
	6 854	37 998	13 464	5 100	8 364	351	124	227	Insurance and pension funding
	4 311	14 876	8 474	4 158	4 316	263	48	215	Activities auxiliary to financial service and insurance activities
	766	935	18 434	12 017	6 417	1 710	917	793	Real estate activities
	766	935	18 434	12 017	6 417	1 710	917	793	Real estate activities
	804	500	89 625	58 421	31 204	4 070	2 497	1 573	Professional, scientific and technical activities
	32	1	13 912	8 682	5 230	494	297	197	Research and development
	438	380	33 487	18 068	15 419	1 770	769	1 001	Professional services
	149	10	37 163	29 398	7 765	1 540	1 285	255	Architectural, engineering and other scientific technical services
	185	109	5 063	2 273	2 790	266	146	120	Other professional, scientific and technical services
	2 637	3 306	61 595	36 823	24 772	12 929	7 163	5 766	Business facilities management and business support services; rental and leasing activities
	241	168	18 130	11 069	7 061	3 817	1 839	1 978	Business facilities management and landscape services
	1 786	1 164	40 156	23 947	16 209	8 892	5 219	3 673	Business support services
	610	1 974	3 309	1 807	1 502	220	105	115	Rental and leasing activities; except real estate
	3 281	13 475	44 679	17 469	27 210	5 751	2 046	3 705	Education
	3 281	13 475	44 679	17 469	27 210	5 751	2 046	3 705	Education
	1 064	17 843	201 759	29 412	172 347	38 735	2 285	36 450	Human health and social work activities
	72	238	54 162	11 494	42 668	1 660	291	1 369	Human health activities
	992	17 605	147 597	17 918	129 679	37 075	1 994	35 081	Social work activities
	558	680	12 146	6 888	5 258	3 279	1 493	1 786	Arts, sports and recreation related services
	233	290	4 066	2 085	1 981	1 065	431	634	Creative, arts and recreation related services
	325	390	8 080	4 803	3 277	2 214	1 062	1 152	Sports activities and amusement activities
	979	2 191	29 700	19 325	10 375	3 536	1 067	2 469	Membership organizations, repair and other personal services
	569	445	7 991	4 547	3 444	589	263	326	Membership organizations
	90	174	13 347	11 824	1 523	146	92	54	Maintenance and repair services of personal and household goods
	320	1 572	8 362	2 954	5 408	2 801	712	2 089	Other personal services activities

Note : Based upon the 10th revision of Korean Standard Industrial Classification(2017)
Source : Labor Market Statistics Division, Ministry of Employment and Labor, 「Report on the Establishment Status」

10. 산업·규모별 사업체수 및 (종사상지위·성별)종사자수(55-26)
(2022. 12. 31.)

단위 : 개소, 명

산업별	규모별	50 ~ 99 인						
	사업체수 Number of establi-shments	종사자수 Number of workers			자영업자 Individual proprietors			무급가족 Unpaid family
		계 Total	남 Male	여 Female	계 Total	남 Male	여 Female	계 Total
전 산 업	26 831	1 824 474	1 029 596	794 878	2 403	2 038	365	143 291
A. 농업, 임업 및 어업	70	4 847	3 419	1 428	0	0	0	0
01. 농 업	48	3 138	1 874	1 264	0	0	0	0
02. 임 업	11	790	651	139	0	0	0	0
03. 어 업	11	919	894	25	0	0	0	0
B. 광 업	20	1 392	1 324	68	0	0	0	42
05. 석탄, 원유 및 천연가스 광업	3	246	231	15	0	0	0	0
06. 금 속 광 업	1	53	51	2	0	0	0	0
07. 비금속광물 광업; 연료용 제외	16	1 093	1 042	51	0	0	0	42
08. 광업 지원 서비스업	-	-	-	-	-	-	-	-
C. 제 조 업	6 291	429 943	317 295	112 648	299	267	32	4 264
10. 식 료 품 제 조 업	618	42 250	22 070	20 180	25	20	5	265
101. 도축, 육류 가공 및 저장 처리업	118	8 113	4 634	3 479	4	3	1	71
102. 수산물 가공 및 저장 처리업	85	5 511	1 834	3 677	9	7	2	150
103. 과실, 채소 가공 및 저장 처리업	64	4 444	1 842	2 602	1	0	1	0
104. 동물성 및 식물성 유지 제조업	8	563	434	129	0	0	0	0
105. 낙농제품 및 식용 빙과류 제조업	28	1 960	1 460	500	0	0	0	0
106. 곡물 가공품, 전분 및 전분제품 제조업	26	1 775	1 173	602	0	0	0	0
107. 기 타 식 품 제 조 업	248	17 149	8 501	8 648	9	8	1	33
108. 동물용 사료 및 조제식품 제조업	41	2 735	2 192	543	2	2	0	11
11. 음 료 제 조 업	43	2 898	2 172	726	0	0	0	26
111. 알코올 음료 제조업	12	821	642	179	0	0	0	0
112. 비알코올 음료 및 얼음 제조업	31	2 077	1 530	547	0	0	0	26
12. 담 배 제 조 업	1	86	82	4	0	0	0	0
120. 담 배 제 조 업	1	86	82	4	0	0	0	0
13. 섬유제품 제조업; 의복 제외	200	13 790	8 709	5 081	12	11	1	16
131. 방적 및 가공사 제조업	17	1 134	668	466	3	3	0	0
132. 직물 직조 및 직물제품 제조업	71	4 998	2 386	2 612	4	3	1	16
133. 편 조 원 단 제 조 업	3	161	81	80	0	0	0	0
134. 섬유제품 염색, 정리 및 마무리 가공업	62	4 269	3 458	811	2	2	0	0
139. 기 타 섬 유 제 품 제 조 업	47	3 228	2 116	1 112	3	3	0	0
14. 의복, 의복 액세서리 및 모피제품 제조업	97	6 429	2 087	4 342	12	6	6	196
141. 봉제 의복 제조업	88	5 821	1 844	3 977	12	6	6	176
142. 모 피 제 품 제 조 업	-	-	-	-	-	-	-	-
143. 편 조 의 복 제 조 업	2	143	49	94	0	0	0	20
144. 의 복 액 세 서 리 제 조 업	7	465	194	271	0	0	0	0
15. 가죽, 가방 및 신발 제조업	27	1 838	961	877	4	4	0	0
151. 가죽, 가방 및 유사 제품 제조업	16	1 132	644	488	2	2	0	0
152. 신발 및 신발 부분품 제조업	11	706	317	389	2	2	0	0
16. 목재 및 나무제품 제조업; 가구 제외	20	1 379	1 159	220	0	0	0	0
161. 제 재 및 목 재 가 공 업	6	429	354	75	0	0	0	0
162. 나 무 제 품 제 조 업	14	950	805	145	0	0	0	0
163. 코르크 및 조물 제품 제조업	-	-	-	-	-	-	-	-

주 : 한국표준산업분류 10차개정(2017) 기준
자료 : 고용노동부 노동시장조사과, 「사업체노동실태현황보고서」

10. Number of establishments and workers(by employment status and gender) by industry and establishment size(55-26) (2022. 12. 31.)

Unit : In each, person

\multicolumn{8}{l}{50 ~ 99 persons}	Establishment Size
종사자 및 기타종사자 Workers & Other workers		상용근로자 Regular employees			임시 및 일용근로자 Temporary and daily employees			
남 Male	여 Female	계 Total	남 Male	여 Female	계 Total	남 Male	여 Female	Industry
56 068	87 223	1 473 520	856 139	617 381	205 260	115 351	89 909	All industries
0	0	3 667	2 637	1 030	1 180	782	398	Agriculture, forestry and fishing
0	0	2 684	1 707	977	454	167	287	Agriculture
0	0	137	109	28	653	542	111	Forestry
0	0	846	821	25	73	73	0	Fishing and aquaculture
42	0	1 324	1 261	63	26	21	5	Mining and quarrying
0	0	246	231	15	0	0	0	Mining of coal, crude petroleum and natural gas
0	0	53	51	2	0	0	0	Mining of metal ores
42	0	1 025	979	46	26	21	5	Mining of non-metallic minerals, except fuel
-	-	-	-	-	-	-	-	Mining support service activities
3 636	628	408 357	302 445	105 912	17 023	10 947	6 076	Manufacturing
110	155	39 389	21 219	18 170	2 571	721	1 850	Manufacture of food products
7	64	7 885	4 531	3 354	153	93	60	Slaughtering of livestock, processing and preserving of meat and meat products
65	85	4 481	1 643	2 838	871	119	752	Processing and preserving of fish, crustaceans, molluscs and seaweeds
0	0	4 195	1 775	2 420	248	67	181	Processing and preserving of fruit and vegetables
0	0	551	428	123	12	6	6	Manufacture of vegetable and animal oils and fats
0	0	1 838	1 386	452	122	74	48	Manufacture of dairy products and edible ice cakes
0	0	1 745	1 154	591	30	19	11	Manufacture of grain mill products, starches and starch products
27	6	15 999	8 148	7 851	1 108	318	790	Manufacture of other food products
11	0	2 695	2 154	541	27	25	2	Manufacture of prepared animal feeds and feed additives
22	4	2 805	2 122	683	67	28	39	Manufacture of beverages
0	0	792	630	162	29	12	17	Manufacture of alcoholic beverages
22	4	2 013	1 492	521	38	16	22	Manufacture of ice and non-alcoholic beverages; production of mineral waters
0	0	81	79	2	5	3	2	Manufacture of tobacco products
0	0	81	79	2	5	3	2	Manufacture of tobacco products
0	16	13 339	8 421	4 918	423	277	146	Manufacture of textiles, except apparel
0	0	1 051	597	454	80	68	12	Spinning of textiles and processing of threads and yarns
0	16	4 845	2 321	2 524	133	62	71	Weaving of textiles and manufacture of textile products
0	0	160	81	79	1	0	1	Manufacture of knitted and crocheted fabrics
0	0	4 193	3 389	804	74	67	7	Dyeing and finishing of textiles and wearing apparel
0	0	3 090	2 033	1 057	135	80	55	Manufacture of other made-up textile articles, except apparel
42	154	5 776	1 974	3 802	445	65	380	Manufacture of wearing apparel, clothing accessories and fur articles
35	141	5 218	1 744	3 474	415	59	356	Manufacture of sewn wearing apparel, except fur apparel
-	-	-	-	-	-	-	-	Manufacture of articles of fur
7	13	123	42	81	0	0	0	Manufacture of knitted and crocheted apparel
0	0	435	188	247	30	6	24	Manufacture of apparel accessories
0	0	1 760	943	817	74	14	60	Manufacture of leather, luggage and footwear
0	0	1 073	638	435	57	4	53	Manufacture of leather, luggage and similar products
0	0	687	305	382	17	10	7	Manufacture of footwear and parts of footwear
0	0	1 087	911	176	292	248	44	Manufacture of wood and of products of wood and cork; except furniture
0	0	255	204	51	174	150	24	Sawmilling and planing of wood
0	0	832	707	125	118	98	20	Manufacture of wood products
-	-	-	-	-	-	-	-	Manufacture of articles of cork, straw and plaiting materials

Note : Based upon the 10th revision of Korean Standard Industrial Classification(2017)
Source : Labor Market Statistics Division, Ministry of Employment and Labor, 「Report on the Establishment Status」

10. 산업·규모별 사업체수 및 (종사상지위·성별)종사자수(55-27)
(2022. 12. 31.)

단위 : 개소, 명

산업별	규모별	50 ~ 99 인						
	사업체수 Number of establi- shments	종사자 수 Number of workers			자 영 업 자 Individual proprietors			무급가족 Unpaid family
		계 Total	남 Male	여 Female	계 Total	남 Male	여 Female	계 Total
17. 펄프, 종이 및 종이제품 제조업	154	10 573	8 366	2 207	6	5	1	0
171. 펄프, 종이 및 판지 제조업	33	2 206	2 001	205	2	2	0	0
172. 골판지, 종이 상자 및 종이 용기 제조업	68	4 710	3 892	818	2	2	0	0
179. 기타 종이 및 판지 제품 제조업	53	3 657	2 473	1 184	2	1	1	0
18. 인쇄 및 기록매체 복제업	46	2 980	2 186	794	4	4	0	0
181. 인쇄 및 인쇄관련 산업	46	2 980	2 186	794	4	4	0	0
182. 기록매체 복제업	-	-	-	-	-	-	-	-
19. 코크스, 연탄 및 석유정제품 제조업	10	664	585	79	0	0	0	0
191. 코크스 및 연탄 제조업	1	53	50	3	0	0	0	0
192. 석유 정제품 제조업	9	611	535	76	0	0	0	0
20. 화학 물질 및 화학제품 제조업; 의약품 제외	352	24 153	18 204	5 949	6	6	0	61
201. 기초 화학물질 제조업	58	3 932	3 572	360	0	0	0	2
202. 합성고무 및 플라스틱 물질 제조업	66	4 496	4 066	430	2	2	0	0
203. 비료, 농약 및 살균·살충제 제조업	15	1 126	826	300	0	0	0	0
204. 기타 화학제품 제조업	208	14 295	9 514	4 781	1	1	0	59
205. 화학섬유 제조업	5	304	226	78	3	3	0	0
21. 의료용 물질 및 의약품 제조업	123	8 595	5 285	3 310	3	2	1	6
211. 기초 의약 물질 및 생물학적 제제 제조업	29	1 958	1 349	609	0	0	0	0
212. 의약품 제조업	79	5 723	3 443	2 280	2	2	0	6
213. 의료용품 및 기타 의약 관련제품 제조업	15	914	493	421	1	0	1	0
22. 고무 및 플라스틱제품 제조업	488	32 834	23 338	9 496	18	16	2	221
221. 고무제품 제조업	72	4 908	3 387	1 521	5	4	1	181
222. 플라스틱 제품 제조업	416	27 926	19 951	7 975	13	12	1	40
23. 비금속 광물제품 제조업	195	13 514	11 987	1 527	9	8	1	3 255
231. 유리 및 유리제품 제조업	33	2 189	1 730	459	1	0	1	0
232. 내화, 비내화 요업제품 제조업	28	2 001	1 472	529	1	1	0	0
233. 시멘트, 석회, 플라스터 및 그 제품 제조업	113	7 841	7 460	381	0	0	0	3 205
239. 기타 비금속 광물제품 제조업	21	1 483	1 325	158	7	7	0	50
24. 1 차 금속 제조업	272	18 500	16 293	2 207	6	5	1	30
241. 1 차 철강 제조업	153	10 357	9 095	1 262	2	1	1	30
242. 1 차 비철금속 제조업	74	5 122	4 606	516	4	4	0	0
243. 금속 주조업	45	3 021	2 592	429	0	0	0	0
25. 금속 가공제품 제조업; 기계 및 가구 제외	471	31 527	25 690	5 837	21	19	2	82
251. 구조용 금속제품, 탱크 및 증기발생기 제조업	136	8 993	8 015	978	4	3	1	70
252. 무기 및 총포탄 제조업	12	830	714	116	1	1	0	0
259. 기타 금속 가공제품 제조업	323	21 704	16 961	4 743	16	15	1	12

주 : 한국표준산업분류 10차개정(2017) 기준
자료 : 고용노동부 노동시장조사과, 「사업체노동실태현황보고서」

10. Number of establishments and workers(by employment status and gender) by industry and establishment size(55-27) (2022. 12. 31.)

Unit : In each, person

50 ~ 99 persons								Establishment Size
종사자 및 기타종사자 Workers & Other workers		상용근로자 Regular employees			임시 및 일용근로자 Temporary and daily employees			
남 Male	여 Female	계 Total	남 Male	여 Female	계 Total	남 Male	여 Female	Industry
0	0	10 103	8 148	1 955	464	213	251	Manufacture of pulp, paper and paper products
0	0	2 191	1 991	200	13	8	5	Manufacture of pulp, paper and paperboard
0	0	4 463	3 784	679	245	106	139	Manufacture of corrugated paper, paper boxes and paper containers
0	0	3 449	2 373	1 076	206	99	107	Manufacture of other paper and paperboard products
0	0	2 815	2 091	724	161	91	70	Printing and reproduction of recorded media
0	0	2 815	2 091	724	161	91	70	Printing and service activities related to printing
-	-	-	-	-	-	-	-	Reproduction of recorded media
0	0	640	563	77	24	22	2	Manufacture of coke, briquettes and refined petroleum products
0	0	41	38	3	12	12	0	Manufacture of coke and briquettes
0	0	599	525	74	12	10	2	Manufacture of refined petroleum products
14	47	23 579	17 880	5 699	507	304	203	Manufacture of chemicals and chemical products; except pharmaceuticals and medicinal chemicals
2	0	3 872	3 524	348	58	46	12	Manufacture of basic chemicals
0	0	4 434	4 021	413	60	43	17	Manufacture of plastics and synthetic rubber in primary forms
0	0	915	733	182	211	93	118	Manufacture of fertilizers, pesticides, germicides and insecticides
12	47	14 057	9 379	4 678	178	122	56	Manufacture of other chemical products
0	0	301	223	78	0	0	0	Manufacture of man-made fibers
3	3	8 388	5 172	3 216	198	108	90	Manufacture of pharmaceuticals, medicinal chemical and botanical products
0	0	1 923	1 333	590	35	16	19	Manufacture of medicinal chemicals, antibiotics and biological products
3	3	5 629	3 401	2 228	86	37	49	Manufacture of medicaments
0	0	836	438	398	77	55	22	Manufacture of medical supplies and related other medicaments
44	177	31 474	22 628	8 846	1 121	650	471	Manufacture of rubber and plastics products
38	143	4 487	3 244	1 243	235	101	134	Manufacture of rubber products
6	34	26 987	19 384	7 603	886	549	337	Manufacture of plastics products
3 244	11	9 681	8 266	1 415	569	469	100	Manufacture of other non-metallic mineral products
0	0	2 101	1 653	448	87	77	10	Manufacture of glass and glass products
0	0	1 788	1 319	469	212	152	60	Manufacture of refractory and non-refractory ceramic products
3 194	11	4 393	4 053	340	243	213	30	Manufacture of cement, lime, plaster and its products
50	0	1 399	1 241	158	27	27	0	Manufacture of other non-metallic mineral products
30	0	17 967	15 815	2 152	497	443	54	Manufacture of basic metals
30	0	10 138	8 896	1 242	187	168	19	Manufacture of basic iron and steel
0	0	4 960	4 448	512	158	154	4	Manufacture of basic precious and non-ferrous metals
0	0	2 869	2 471	398	152	121	31	Casting of metals
66	16	29 513	24 044	5 469	1 911	1 561	350	Manufacture of fabricated metal products, except machinery and furniture
60	10	7 645	6 796	849	1 274	1 156	118	Manufacture of structural metal products, tanks, reservoirs and steam generators
0	0	821	705	116	8	8	0	Manufacture of weapons and ammunition
6	6	21 047	16 543	4 504	629	397	232	Manufacture of other fabricated metal products; metalworking service activities

Note : Based upon the 10th revision of Korean Standard Industrial Classification(2017)
Source : Labor Market Statistics Division, Ministry of Employment and Labor, 「Report on the Establishment Status」

10. 산업·규모별 사업체수 및 (종사상지위·성별)종사자수(55-28)
(2022. 12. 31.)

단위 : 개소, 명

산업별	규모별	50 ~ 99 인						
	사업체수 Number of establi- shments	종사자수 Number of workers			자영업자 Individual proprietors			무급가족 Unpaid family
		계 Total	남 Male	여 Female	계 Total	남 Male	여 Female	계 Total
26. 전자 부품, 컴퓨터, 영상, 음향 및 통신장비 제조업	392	26 662	18 373	8 289	6	5	1	21
261. 반 도 체 제 조 업	60	4 019	2 892	1 127	0	0	0	4
262. 전 자 부 품 제 조 업	196	13 401	8 751	4 650	3	3	0	14
263. 컴퓨터 및 주변 장치 제조업	22	1 456	1 086	370	1	0	1	0
264. 통신 및 방송장비 제조업	95	6 480	4 746	1 734	1	1	0	3
265. 영상 및 음향 기기 제조업	19	1 306	898	408	1	1	0	0
266. 마그네틱 및 광학 매체 제조업	-	-	-	-	-	-	-	-
27. 의료, 정밀, 광학 기기 및 시계 제조업	287	19 586	13 554	6 032	8	8	0	27
271. 의 료 용 기 기 제 조 업	119	8 041	4 604	3 437	7	7	0	23
272. 측정 시험 항해 제어 및 기타 정밀 기기 제조업; 광학 기기 제외	135	9 306	7 317	1 989	1	1	0	4
273. 사진장비 및 광학 기기 제조업	33	2 239	1 633	606	0	0	0	0
274. 시계 및 시계 부품 제조업	-	-	-	-	-	-	-	-
28. 전 기 장 비 제 조 업	453	30 885	22 302	8 583	18	16	2	4
281. 전동기, 발전기 및 전기 변환·공급·제어 장치 제조업	218	15 244	11 228	4 016	1	1	0	4
282. 일차전지 및 축전지 제조업	22	1 403	1 116	287	1	1	0	0
283. 절연선 및 케이블 제조업	57	3 766	2 916	850	1	1	0	0
284. 전구 및 조명장치 제조업	63	4 212	2 729	1 483	5	5	0	0
285. 가 정 용 기 기 제 조 업	61	4 093	2 559	1 534	9	7	2	0
289. 기 타 전기장비 제조업	32	2 167	1 754	413	1	1	0	0
29. 기타 기계 및 장비 제조업	867	59 188	49 847	9 341	27	24	3	14
291. 일반 목적용 기계 제조업	451	30 946	25 031	5 915	12	10	2	6
292. 특수 목적용 기계 제조업	416	28 242	24 816	3 426	15	14	1	8
30. 자동차 및 트레일러 제조업	659	45 724	33 751	11 973	41	38	3	23
301. 자동차용 엔진 및 자동차 제조업	4	302	292	10	0	0	0	0
302. 자동차 차체 및 트레일러 제조업	25	1 619	1 492	127	0	0	0	1
303. 자동차 신품 부품 제조업	626	43 502	31 785	11 717	41	38	3	22
304. 자동차 재제조 부품 제조업	4	301	182	119	0	0	0	0
31. 기 타 운송장비 제조업	332	23 168	20 554	2 614	63	63	0	17
311. 선박 및 보트 건조업	270	18 912	16 881	2 031	59	59	0	17
312. 철 도 장 비 제 조 업	12	798	728	70	0	0	0	0
313. 항공기, 우주선 및 부품 제조업	41	2 896	2 488	408	4	4	0	0
319. 그 외 기타 운송장비 제조업	9	562	457	105	0	0	0	0
32. 가 구 제 조 업	46	3 028	2 399	629	1	0	1	0
320. 가 구 제 조 업	46	3 028	2 399	629	1	0	1	0
33. 기 타 제 품 제 조 업	67	4 675	2 700	1 975	5	3	2	0
331. 귀금속 및 장신용품 제조업	8	572	313	259	0	0	0	0
332. 악 기 제 조 업	2	146	80	66	0	0	0	0
333. 운동 및 경기용구 제조업	14	907	646	261	1	1	0	0
334. 인형, 장난감 및 오락용품 제조업	6	498	264	234	0	0	0	0
339. 그 외 기타 제품 제조업	37	2 552	1 397	1 155	4	2	2	0
34. 산업용 기계 및 장비 수리업	71	5 017	4 641	376	4	4	0	0
340. 산업용 기계 및 장비 수리업	71	5 017	4 641	376	4	4	0	0

주 : 한국표준산업분류 10차개정(2017) 기준
자료 : 고용노동부 노동시장조사과, 「사업체노동실태현황보고서」

10. Number of establishments and workers(by employment status and gender) by industry and establishment size(55-28) (2022. 12. 31.)

Unit : In each, person

\								Establishment Size
\		50	~	99	persons			
종사자 및 기타종사자 Workers & Other workers		상 용 근 로 자 Regular employees			임시 및 일용근로자 Temporary and daily employees			
남 Male	여 Female	계 Total	남 Male	여 Female	계 Total	남 Male	여 Female	Industry
9	12	25 303	17 583	7 720	1 332	776	556	Manufacture of electronic components, computer; visual, sounding and communication equipment
4	0	3 680	2 703	977	335	185	150	Manufacture of semiconductor
2	12	12 644	8 343	4 301	740	403	337	Manufacture of electronic components
0	0	1 453	1 085	368	2	1	1	Manufacture of computers and peripheral equipment
3	0	6 245	4 567	1 678	231	175	56	Manufacture of communication and broadcasting apparatuses
0	0	1 281	885	396	24	12	12	Manufacture of electronic video and audio equipment
-	-	-	-	-	-	-	-	Manufacture of magnetic and optical medium
17	10	19 180	13 335	5 845	371	194	177	Manufacture of medical, precision and optical instruments, watches and clocks
16	7	7 933	4 562	3 371	78	19	59	Manufacture of medical and dental instruments and supplies
1	3	9 032	7 152	1 880	269	163	106	Manufacture of measuring, testing, navigating and control equipment; except optical instruments
0	0	2 215	1 621	594	24	12	12	Manufacture of photographic equipment and optical instruments
-	-	-	-	-	-	-	-	Manufacture of watches, clocks and its parts
2	2	29 737	21 517	8 220	1 126	767	359	Manufacture of electrical equipment
2	2	14 591	10 724	3 867	648	501	147	Manufacture of electric motors, generators, transformers and electricity distribution and control apparatus
0	0	1 329	1 065	264	73	50	23	Manufacture of batteries and accumulators
0	0	3 643	2 870	773	122	45	77	Manufacture of insulated wires and cables
0	0	4 111	2 697	1 414	96	27	69	Manufacture of electric tubes and bulbs and lighting equipment
0	0	3 998	2 488	1 510	86	64	22	Manufacture of domestic appliances
0	0	2 065	1 673	392	101	80	21	Manufacture of other electrical equipment
12	2	57 569	48 469	9 100	1 578	1 342	236	Manufacture of other machinery and equipment
4	2	30 081	24 319	5 762	847	698	149	Manufacture of general purpose machinery
8	0	27 488	24 150	3 338	731	644	87	Manufacture of special-purpose machinery
7	16	44 366	32 743	11 623	1 294	963	331	Manufacture of motor vehicles, trailers and semitrailers
0	0	302	292	10	0	0	0	Manufacture of motor vehicles and engines for motor vehicles
1	0	1 569	1 445	124	49	46	3	Manufacture of bodies for motor vehicles; manufacture of trailers and semi-trailers
6	16	42 228	30 829	11 399	1 211	912	299	Manufacture of parts and accessories for motor vehicles(new products)
0	0	267	177	90	34	5	29	Manufacture of parts and accessories for motor vehicles(remanufacturing products)
14	3	21 892	19 407	2 485	1 196	1 070	126	Manufacture of other transport equipment
14	3	17 742	15 830	1 912	1 094	978	116	Building of ships and boats
0	0	798	728	70	0	0	0	Manufacture of railway locomotives and rolling stock
0	0	2 801	2 402	399	91	82	9	Manufacture of aircraft, spacecraft and its parts
0	0	551	447	104	11	10	1	Manufacture of other transport equipment
0	0	2 895	2 303	592	132	96	36	Manufacture of furniture
0	0	2 895	2 303	592	132	96	36	Manufacture of furniture
0	0	4 471	2 588	1 883	199	109	90	Other manufacturing
0	0	551	309	242	21	4	17	Manufacture of jewellery, bijouterie and related articles
0	0	144	78	66	2	2	0	Manufacture of musical instruments
0	0	841	581	260	65	64	1	Manufacture of sports and athletic goods
0	0	495	263	232	3	1	2	Manufacture of dolls, toys and amusement goods
0	0	2 440	1 357	1 083	108	38	70	Other manufacturing n.e.c.
0	0	4 547	4 224	323	466	413	53	Maintenance and repair services of industrial machinery and equipment
0	0	4 547	4 224	323	466	413	53	Maintenance and repair services of industrial machinery and equipment

Note : Based upon the 10th revision of Korean Standard Industrial Classification(2017)
Source : Labor Market Statistics Division, Ministry of Employment and Labor, 「Report on the Establishment Status」

10. 산업·규모별 사업체수 및 (종사상지위·성별)종사자수(55-29)
(2022. 12. 31.)

단위 : 개소, 명

산업별	규모별	50 ~ 99 인						
	사업체수 Number of establi-shments	종사자수 Number of workers			자영업자 Individual proprietors			무급가족 Unpaid family
		계 Total	남 Male	여 Female	계 Total	남 Male	여 Female	계 Total
D. 전기, 가스, 증기 및 공기 조절 공급업	207	14 590	11 566	3 024	5	3	2	8
35. 전기, 가스, 증기 및 공기 조절 공급업	207	14 590	11 566	3 024	5	3	2	8
E. 수도, 하수 및 폐기물 처리, 원료 재생업	282	18 627	16 382	2 245	4	4	0	158
36. 수 도 업	24	1 607	1 333	274	0	0	0	0
37. 하수, 폐수 및 분뇨 처리업	37	2 426	2 130	296	0	0	0	0
38. 폐기물 수집, 운반, 처리 및 원료 재생업	212	14 077	12 481	1 596	4	4	0	157
39. 환경 정화 및 복원업	9	517	438	79	0	0	0	1
F. 건 설 업	2 084	139 541	123 493	16 048	34	27	7	2 581
41. 종 합 건 설 업	803	53 707	47 929	5 778	8	5	3	379
42. 전 문 직 별 공 사 업	1 281	85 834	75 564	10 270	26	22	4	2 202
G. 도 매 및 소 매 업	1 884	127 712	65 390	62 322	128	104	24	11 732
45. 자동차 및 부품 판매업	91	6 026	4 810	1 216	10	9	1	1 120
46. 도 매 및 상 품 중 개 업	1 054	71 550	44 438	27 112	13	12	1	1 078
47. 소매업 ; 자동차 제외	739	50 136	16 142	33 994	105	83	22	9 534
H. 운 수 및 창 고 업	1 867	127 905	112 276	15 629	61	47	14	25 969
49. 육상 운송 및 파이프라인 운송업	1 226	83 913	78 973	4 940	50	37	13	21 029
50. 수 상 운 송 업	38	2 654	2 215	439	0	0	0	50
51. 항 공 운 송 업	7	520	283	237	0	0	0	0
52. 창고 및 운송관련 서비스업	596	40 818	30 805	10 013	11	10	1	4 890
I. 숙 박 및 음 식 점 업	466	30 054	13 068	16 986	20	18	2	268
55. 숙 박 업	135	9 125	4 920	4 205	0	0	0	33
56. 음 식 점 및 주 점 업	331	20 929	8 148	12 781	20	18	2	235
J. 정 보 통 신 업	1 363	93 549	63 135	30 414	6	6	0	2 224
58. 출 판 업	743	51 251	33 906	17 345	4	4	0	959
59. 영상·오디오 기록물 제작 및 배급업	84	5 636	2 762	2 874	2	2	0	685
60. 방 송 업	57	4 072	2 940	1 132	0	0	0	69
61. 우 편 및 통 신 업	112	7 449	5 893	1 556	0	0	0	110
62. 컴퓨터 프로그래밍, 시스템 통합 및 관리업	257	17 633	13 181	4 452	0	0	0	348
63. 정 보 서 비 스 업	110	7 508	4 453	3 055	0	0	0	53

주 : 한국표준산업분류 10차개정(2017) 기준
자료 : 고용노동부 노동시장조사과, 「사업체노동실태현황보고서」

10. Number of establishments and workers(by employment status and gender) by industry and establishment size(55-29) (2022. 12. 31.)

Unit : In each, person

Workers & Other workers		Regular employees			Temporary and daily employees			Establishment Size: 50 ~ 99 persons
Male	Female	Total	Male	Female	Total	Male	Female	Industry
4	4	14 449	11 462	2 987	128	97	31	Electricity, gas, steam and air conditioning supply
4	4	14 449	11 462	2 987	128	97	31	Electricity, gas, steam and air conditioning supply
158	0	17 641	15 503	2 138	824	717	107	Water supply; sewage, waste management, materials recovery
0	0	1 549	1 284	265	58	49	9	Water supply
0	0	2 262	1 991	271	164	139	25	Sewage, wastewater, human and animal waste treatment services
157	0	13 464	11 919	1 545	452	401	51	Waste collection, treatment and disposal activities; materials recovery
1	0	366	309	57	150	128	22	Remediation activities and other waste management services
2 422	159	62 676	53 405	9 271	74 250	67 639	6 611	Construction
329	50	23 205	19 746	3 459	30 115	27 849	2 266	General construction
2 093	109	39 471	33 659	5 812	44 135	39 790	4 345	Specialized construction activities
2 078	9 654	110 316	61 008	49 308	5 536	2 200	3 336	Wholesale and retail trade
1 032	88	4 866	3 762	1 104	30	7	23	Sale of motor vehicles and parts
463	615	67 741	42 724	25 017	2 718	1 239	1 479	Wholesale trade on own account or on a fee or contract basis
583	8 951	37 709	14 522	23 187	2 788	954	1 834	Retail trade, except motor vehicles and motorcycles
24 888	1 081	95 787	82 366	13 421	6 088	4 975	1 113	Transportation and storage
20 323	706	60 356	56 306	4 050	2 478	2 307	171	Land transport and transport via pipelines
50	0	2 184	1 765	419	420	400	20	Water transport
0	0	516	279	237	4	4	0	Air transport
4 515	375	32 731	24 016	8 715	3 186	2 264	922	Warehousing and support activities for transportation
85	183	22 883	9 997	12 886	6 883	2 968	3 915	Accommodation and food service activities
10	23	8 246	4 554	3 692	846	356	490	Accommodation
75	160	14 637	5 443	9 194	6 037	2 612	3 425	Food and beverage service activities
1 441	783	87 914	59 775	28 139	3 405	1 913	1 492	Information and communication
741	218	48 554	32 195	16 359	1 734	966	768	Publishing activities
300	385	4 225	2 106	2 119	724	354	370	Motion picture, video and television programme production, sound recording and music publishing activities
22	47	3 907	2 865	1 042	96	53	43	Broadcasting activities
110	0	7 191	5 689	1 502	148	94	54	Postal activities and telecommunications
219	129	16 785	12 612	4 173	500	350	150	Computer programming, consultancy and related activities
49	4	7 252	4 308	2 944	203	96	107	Information service activities

Note : Based upon the 10th revision of Korean Standard Industrial Classification(2017)
Source : Labor Market Statistics Division, Ministry of Employment and Labor, 「Report on the Establishment Status」

10. 산업·규모별 사업체수 및 (종사상지위·성별)종사자수(55-30)
(2022. 12. 31.)

단위 : 개소, 명

산업별	규모별	50 ~ 99 인						
	사업체수 Number of establi- shments	종사자수 Number of workers			자영업자 Individual proprietors			무급가족 Unpaid family
		계 Total	남 Male	여 Female	계 Total	남 Male	여 Female	계 Total
K. 금융 및 보험업	1 481	95 864	31 548	64 316	13	11	2	50 983
64. 금융업	259	17 117	10 049	7 068	0	0	0	1 397
65. 보험 및 연금업	790	50 525	12 195	38 330	0	0	0	32 388
66. 금융 및 보험관련 서비스업	432	28 222	9 304	18 918	13	11	2	17 198
L. 부동산업	215	14 212	9 032	5 180	0	0	0	1 210
68. 부동산업	215	14 212	9 032	5 180	0	0	0	1 210
M. 전문, 과학 및 기술 서비스업	1 657	113 436	74 681	38 755	37	30	7	1 089
70. 연구개발업	296	20 076	12 852	7 224	0	0	0	37
71. 전문 서비스업	644	44 351	24 969	19 382	13	11	2	680
72. 건축 기술, 엔지니어링 및 기타 과학기술 서비스업	639	43 772	34 712	9 060	7	6	1	183
73. 기타 전문, 과학 및 기술 서비스업	78	5 237	2 148	3 089	17	13	4	189
N. 사업시설 관리, 사업 지원 및 임대 서비스업	1 704	118 029	64 020	54 009	83	60	23	6 027
74. 사업시설 관리 및 조경 서비스업	476	33 073	18 892	14 181	16	11	5	394
75. 사업지원 서비스업	1 184	82 040	43 099	38 941	67	49	18	5 051
76. 임대업 ; 부동산 제외	44	2 916	2 029	887	0	0	0	582
P. 교육 서비스업	1 479	103 289	45 856	57 433	30	18	12	8 106
85. 교육 서비스업	1 479	103 289	45 856	57 433	30	18	12	8 106
Q. 보건업 및 사회복지 서비스업	5 014	340 194	48 846	291 348	1 633	1 415	218	21 940
86. 보건업	1 870	132 712	29 586	103 126	1 492	1 360	132	683
87. 사회복지 서비스업	3 144	207 482	19 260	188 222	141	55	86	21 257
R. 예술, 스포츠 및 여가관련 서비스업	337	23 667	12 008	11 659	0	0	0	4 584
90. 창작, 예술 및 여가관련 서비스업	108	7 499	3 943	3 556	0	0	0	620
91. 스포츠 및 오락관련 서비스업	229	16 168	8 065	8 103	0	0	0	3 964
S. 협회 및 단체, 수리 및 기타 개인 서비스업	410	27 623	16 257	11 366	50	28	22	2 106
94. 협회 및 단체	157	10 579	5 949	4 630	0	0	0	536
95. 개인 및 소비용품 수리업	117	7 983	7 130	853	1	1	0	358
96. 기타 개인 서비스업	136	9 061	3 178	5 883	49	27	22	1 212

주 : 한국표준산업분류 10차개정(2017) 기준
자료 : 고용노동부 노동시장조사과, 「사업체노동실태현황보고서」

10. Number of establishments and workers(by employment status and gender) by industry and establishment size(55-30) (2022. 12. 31.)

Unit : In each, person

Establishment Size	50 ~ 99 persons							
	종사자 및 기타종사자 Workers & Other workers		상용근로자 Regular employees			임시 및 일용근로자 Temporary and daily employees		
Industry	남 Male	여 Female	계 Total	남 Male	여 Female	계 Total	남 Male	여 Female
Financial and insurance activities	10 136	40 847	43 504	20 856	22 648	1 364	545	819
Financial service activities, except insurance and pension funding	377	1 020	15 090	9 293	5 797	630	379	251
Insurance and pension funding	5 768	26 620	17 639	6 337	11 302	498	90	408
Activities auxiliary to financial service and insurance activities	3 991	13 207	10 775	5 226	5 549	236	76	160
Real estate activities	695	515	11 943	7 746	4 197	1 059	591	468
Real estate activities	695	515	11 943	7 746	4 197	1 059	591	468
Professional, scientific and technical activities	625	464	108 252	71 746	36 506	4 058	2 280	1 778
Research and development	23	14	19 344	12 502	6 842	695	327	368
Professional services	387	293	42 300	24 075	18 225	1 358	496	862
Architectural, engineering and other scientific technical services	154	29	42 069	33 338	8 731	1 513	1 214	299
Other professional, scientific and technical services	61	128	4 539	1 831	2 708	492	243	249
Business facilities management and business support services; rental and leasing activities	3 214	2 813	92 193	50 654	41 539	19 726	10 092	9 634
Business facilities management and landscape services	188	206	27 280	15 942	11 338	5 383	2 751	2 632
Business support services	2 674	2 377	62 807	33 231	29 576	14 115	7 145	6 970
Rental and leasing activities; except real estate	352	230	2 106	1 481	625	228	196	32
Education	2 540	5 566	85 521	40 040	45 481	9 632	3 258	6 374
Education	2 540	5 566	85 521	40 040	45 481	9 632	3 258	6 374
Human health and social work activities	1 509	20 431	269 223	42 333	226 890	47 398	3 589	43 809
Human health activities	90	593	128 201	27 701	100 500	2 336	435	1 901
Social work activities	1 419	19 838	141 022	14 632	126 390	45 062	3 154	41 908
Arts, sports and recreation related services	1 405	3 179	15 850	9 063	6 787	3 233	1 540	1 693
Creative, arts and recreation related services	365	255	5 571	2 966	2 605	1 308	612	696
Sports activities and amusement activities	1 040	2 924	10 279	6 097	4 182	1 925	928	997
Membership organizations, repair and other personal services	1 190	916	22 020	13 842	8 178	3 447	1 197	2 250
Membership organizations	415	121	9 284	5 205	4 079	759	329	430
Maintenance and repair services of personal and household goods	242	116	7 594	6 866	728	30	21	9
Other personal services activities	533	679	5 142	1 771	3 371	2 658	847	1 811

Note : Based upon the 10th revision of Korean Standard Industrial Classification(2017)
Source : Labor Market Statistics Division, Ministry of Employment and Labor, 「Report on the Establishment Status」

10. 산업·규모별 사업체수 및 (종사상지위·성별)종사자수(55-31)
(2022. 12. 31.)

단위 : 개소, 명

산업별	규모별	100 ~ 199 인						
	사업체수 Number of establi-shments	종사자수 Number of workers			자영업자 Individual proprietors			무급가족 Unpaid family
		계 Total	남 Male	여 Female	계 Total	남 Male	여 Female	계 Total
전 산 업	10 699	1 455 002	886 537	568 465	797	704	93	89 491
A. 농업, 임업 및 어업	19	2 574	2 133	441	0	0	0	0
01. 농 업	11	1 442	1 066	376	0	0	0	0
02. 임 업	3	362	326	36	0	0	0	0
03. 어 업	5	770	741	29	0	0	0	0
B. 광 업	2	272	266	6	0	0	0	0
05. 석탄, 원유 및 천연가스 광업	1	172	168	4	0	0	0	0
06. 금 속 광 업	1	100	98	2	0	0	0	0
07. 비금속광물 광업; 연료용 제외	-	-	-	-	-	-	-	-
08. 광업 지원 서비스업	-	-	-	-	-	-	-	-
C. 제 조 업	2 615	357 520	270 171	87 349	49	47	2	2 131
10. 식 료 품 제 조 업	238	32 949	17 686	15 263	1	1	0	113
101. 도축, 육류 가공 및 저장 처리업	48	6 479	3 444	3 035	0	0	0	0
102. 수산물 가공 및 저장 처리업	22	3 332	1 064	2 268	0	0	0	0
103. 과실, 채소 가공 및 저장 처리업	9	1 100	502	598	0	0	0	0
104. 동물성 및 식물성 유지 제조업	1	118	71	47	0	0	0	0
105. 낙농제품 및 식용 빙과류 제조업	13	1 748	1 390	358	0	0	0	4
106. 곡물 가공품, 전분 및 전분제품 제조업	16	2 193	1 684	509	0	0	0	0
107. 기 타 식 품 제 조 업	118	16 601	8 472	8 129	1	1	0	93
108. 동물용 사료 및 조제식품 제조업	11	1 378	1 059	319	0	0	0	16
11. 음 료 제 조 업	22	3 014	2 501	513	0	0	0	0
111. 알 코 올 음 료 제 조 업	8	1 033	839	194	0	0	0	0
112. 비알코올 음료 및 얼음 제조업	14	1 981	1 662	319	0	0	0	0
12. 담 배 제 조 업	1	146	108	38	0	0	0	0
120. 담 배 제 조 업	1	146	108	38	0	0	0	0
13. 섬유제품 제조업; 의복 제외	51	6 618	3 612	3 006	2	2	0	0
131. 방적 및 가공사 제조업	5	566	252	314	0	0	0	0
132. 직물 직조 및 직물제품 제조업	26	3 498	1 675	1 823	2	2	0	0
133. 편 조 원 단 제 조 업	-	-	-	-	-	-	-	-
134. 섬유제품 염색, 정리 및 마무리 가공업	10	1 301	898	403	0	0	0	0
139. 기 타 섬유제품 제 조 업	10	1 253	787	466	0	0	0	0
14. 의복, 의복 액세서리 및 모피제품 제조업	27	3 626	1 054	2 572	2	2	0	0
141. 봉 제 의 복 제 조 업	23	3 136	914	2 222	2	2	0	0
142. 모 피 제 품 제 조 업	-	-	-	-	-	-	-	-
143. 편 조 의 복 제 조 업	-	-	-	-	-	-	-	-
144. 의 복 액세서리 제 조 업	4	490	140	350	0	0	0	0
15. 가죽, 가방 및 신발 제조업	8	1 024	532	492	0	0	0	0
151. 가죽, 가방 및 유사 제품 제조업	3	363	202	161	0	0	0	0
152. 신발 및 신발 부분품 제조업	5	661	330	331	0	0	0	0
16. 목재 및 나무제품 제조업; 가구 제외	13	1 906	1 726	180	0	0	0	0
161. 제 재 및 목 재 가 공 업	2	206	194	12	0	0	0	0
162. 나 무 제 품 제 조 업	11	1 700	1 532	168	0	0	0	0
163. 코르크 및 조물 제품 제조업	-	-	-	-	-	-	-	-

주 : 한국표준산업분류 10차개정(2017) 기준
자료 : 고용노동부 노동시장조사과, 「사업체노동실태현황보고서」

10. Number of establishments and workers(by employment status and gender) by industry and establishment size(55-31) (2022. 12. 31.)

Unit : In each, person

종사자 및 기타종사자 Workers & Other workers		상용근로자 Regular employees			임시 및 일용근로자 Temporary and daily employees			Establishment Size
100 ~ 199 persons								
남 Male	여 Female	계 Total	남 Male	여 Female	계 Total	남 Male	여 Female	Industry
43 031	46 460	1 193 314	732 586	460 728	171 400	110 216	61 184	All industries
0	0	2 263	1 849	414	311	284	27	Agriculture, forestry and fishing
0	0	1 437	1 064	373	5	2	3	Agriculture
0	0	56	44	12	306	282	24	Forestry
0	0	770	741	29	0	0	0	Fishing and aquaculture
0	0	264	258	6	8	8	0	Mining and quarrying
0	0	164	160	4	8	8	0	Mining of coal, crude petroleum and natural gas
0	0	100	98	2	0	0	0	Mining of metal ores
-	-	-	-	-	-	-	-	Mining of non-metallic minerals, except fuel
-	-	-	-	-	-	-	-	Mining support service activities
1 989	142	344 999	261 225	83 774	10 341	6 910	3 431	Manufacturing
65	48	31 084	16 984	14 100	1 751	636	1 115	Manufacture of food products
0	0	6 350	3 386	2 964	129	58	71	Slaughtering of livestock, processing and preserving of meat and meat products
0	0	3 001	1 019	1 982	331	45	286	Processing and preserving of fish, crustaceans, molluscs and seaweeds
0	0	1 015	464	551	85	38	47	Processing and preserving of fruit and vegetables
0	0	118	71	47	0	0	0	Manufacture of vegetable and animal oils and fats
1	3	1 706	1 375	331	38	14	24	Manufacture of dairy products and edible ice cakes
0	0	2 034	1 605	429	159	79	80	Manufacture of grain mill products, starches and starch products
48	45	15 579	8 070	7 509	928	353	575	Manufacture of other food products
16	0	1 281	994	287	81	49	32	Manufacture of prepared animal feeds and feed additives
0	0	2 875	2 428	447	139	73	66	Manufacture of beverages
0	0	991	799	192	42	40	2	Manufacture of alcoholic beverages
0	0	1 884	1 629	255	97	33	64	Manufacture of ice and non-alcoholic beverages; production of mineral waters
0	0	82	77	5	64	31	33	Manufacture of tobacco products
0	0	82	77	5	64	31	33	Manufacture of tobacco products
0	0	6 243	3 436	2 807	373	174	199	Manufacture of textiles, except apparel
0	0	564	251	313	2	1	1	Spinning of textiles and processing of threads and yarns
0	0	3 411	1 610	1 801	85	63	22	Weaving of textiles and manufacture of textile products
-	-	-	-	-	-	-	-	Manufacture of knitted and crocheted fabrics
0	0	1 153	893	260	148	5	143	Dyeing and finishing of textiles and wearing apparel
0	0	1 115	682	433	138	105	33	Manufacture of other made-up textile articles, except apparel
0	0	3 496	1 039	2 457	128	13	115	Manufacture of wearing apparel, clothing accessories and fur articles
0	0	3 097	904	2 193	37	8	29	Manufacture of sewn wearing apparel, except fur apparel
-	-	-	-	-	-	-	-	Manufacture of articles of fur
-	-	-	-	-	-	-	-	Manufacture of knitted and crocheted apparel
0	0	399	135	264	91	5	86	Manufacture of apparel accessories
0	0	1 008	531	477	16	1	15	Manufacture of leather, luggage and footwear
0	0	349	202	147	14	0	14	Manufacture of leather, luggage and similar products
0	0	659	329	330	2	1	1	Manufacture of footwear and parts of footwear
0	0	1 513	1 361	152	393	365	28	Manufacture of wood and of products of wood and cork; except furniture
0	0	206	194	12	0	0	0	Sawmilling and planing of wood
0	0	1 307	1 167	140	393	365	28	Manufacture of wood products
-	-	-	-	-	-	-	-	Manufacture of articles of cork, straw and plaiting materials

Note : Based upon the 10th revision of Korean Standard Industrial Classification(2017)
Source : Labor Market Statistics Division, Ministry of Employment and Labor, 「Report on the Establishment Status」

10. 산업·규모별 사업체수 및 (종사상지위·성별)종사자수(55-32)
(2022. 12. 31.)

단위 : 개소, 명

산업별	규모별	100 ~ 199 인						
	사업체수 Number of establi-shments	종사자수 Number of workers			자영업자 Individual proprietors			무급가족 Unpaid family
		계 Total	남 Male	여 Female	계 Total	남 Male	여 Female	계 Total
17. 펄프, 종이 및 종이제품 제조업	67	8 963	7 613	1 350	0	0	0	0
171. 펄프, 종이 및 판지 제조업	28	3 859	3 491	368	0	0	0	0
172. 골판지, 종이 상자 및 종이 용기 제조업	21	2 776	2 391	385	0	0	0	0
179. 기타 종이 및 판지 제품 제조업	18	2 328	1 731	597	0	0	0	0
18. 인쇄 및 기록매체 복제업	18	2 439	1 764	675	1	1	0	0
181. 인쇄 및 인쇄관련 산업	18	2 439	1 764	675	1	1	0	0
182. 기록매체 복제업	-	-	-	-	-	-	-	-
19. 코크스, 연탄 및 석유정제품 제조업	5	686	628	58	0	0	0	2
191. 코크스 및 연탄 제조업	1	172	156	16	0	0	0	2
192. 석유 정제품 제조업	4	514	472	42	0	0	0	0
20. 화학 물질 및 화학제품 제조업; 의약품 제외	194	26 429	20 955	5 474	0	0	0	0
201. 기초 화학물질 제조업	35	4 791	4 449	342	0	0	0	0
202. 합성고무 및 플라스틱 물질 제조업	34	4 451	4 104	347	0	0	0	0
203. 비료, 농약 및 살균·살충제 제조업	8	1 157	867	290	0	0	0	0
204. 기타 화학제품 제조업	112	15 336	10 888	4 448	0	0	0	0
205. 화학섬유 제조업	5	694	647	47	0	0	0	0
21. 의료용 물질 및 의약품 제조업	95	13 484	7 846	5 638	0	0	0	0
211. 기초 의약 물질 및 생물학적 제제 제조업	15	2 246	1 482	764	0	0	0	0
212. 의약품 제조업	75	10 594	6 084	4 510	0	0	0	0
213. 의료용품 및 기타 의약 관련제품 제조업	5	644	280	364	0	0	0	0
22. 고무 및 플라스틱제품 제조업	196	26 834	19 694	7 140	3	3	0	89
221. 고무제품 제조업	26	3 813	2 875	938	0	0	0	0
222. 플라스틱 제품 제조업	170	23 021	16 819	6 202	3	3	0	89
23. 비금속 광물제품 제조업	77	10 187	8 920	1 267	0	0	0	1 728
231. 유리 및 유리제품 제조업	18	2 490	2 038	452	0	0	0	0
232. 내화, 비내화 요업제품 제조업	16	2 286	1 811	475	0	0	0	0
233. 시멘트, 석회, 플라스터 및 그 제품 제조업	36	4 503	4 245	258	0	0	0	1 728
239. 기타 비금속 광물제품 제조업	7	908	826	82	0	0	0	0
24. 1차 금속 제조업	103	14 233	13 094	1 139	0	0	0	0
241. 1차 철강 제조업	61	8 550	8 020	530	0	0	0	0
242. 1차 비철금속 제조업	30	4 140	3 666	474	0	0	0	0
243. 금속 주조업	12	1 543	1 408	135	0	0	0	0
25. 금속 가공제품 제조업; 기계 및 가구 제외	167	22 482	19 056	3 426	13	12	1	0
251. 구조용 금속제품, 탱크 및 증기발생기 제조업	29	3 938	3 595	343	0	0	0	0
252. 무기 및 총포탄 제조업	6	756	605	151	0	0	0	0
259. 기타 금속 가공제품 제조업	132	17 788	14 856	2 932	13	12	1	0

주 : 한국표준산업분류 10차개정(2017) 기준
자료 : 고용노동부 노동시장조사과, 「사업체노동실태현황보고서」

10. Number of establishments and workers(by employment status and gender) by industry and establishment size(55-32) (2022. 12. 31.)

Unit : In each, person

Establishment Size	100 ~ 199 persons							
	종사자 및 기타종사자 Workers & Other workers		상용근로자 Regular employees			임시 및 일용근로자 Temporary and daily employees		
Industry	남 Male	여 Female	계 Total	남 Male	여 Female	계 Total	남 Male	여 Female
Manufacture of pulp, paper and paper products	0	0	8 929	7 596	1 333	34	17	17
Manufacture of pulp, paper and paperboard	0	0	3 844	3 487	357	15	4	11
Manufacture of corrugated paper, paper boxes and paper containers	0	0	2 770	2 389	381	6	2	4
Manufacture of other paper and paperboard products	0	0	2 315	1 720	595	13	11	2
Printing and reproduction of recorded media	0	0	2 395	1 737	658	43	26	17
Printing and service activities related to printing	0	0	2 395	1 737	658	43	26	17
Reproduction of recorded media	-	-	-	-	-	-	-	-
Manufacture of coke, briquettes and refined petroleum products	1	1	684	627	57	0	0	0
Manufacture of coke and briquettes	1	1	170	155	15	0	0	0
Manufacture of refined petroleum products	0	0	514	472	42	0	0	0
Manufacture of chemicals and chemical products; except pharmaceuticals and medicinal chemicals	0	0	25 602	20 495	5 107	827	460	367
Manufacture of basic chemicals	0	0	4 777	4 445	332	14	4	10
Manufacture of plastics and synthetic rubber in primary forms	0	0	4 278	3 973	305	173	131	42
Manufacture of fertilizers, pesticides, germicides and insecticides	0	0	895	731	164	262	136	126
Manufacture of other chemical products	0	0	14 980	10 714	4 266	356	174	182
Manufacture of man-made fibers	0	0	672	632	40	22	15	7
Manufacture of pharmaceuticals, medicinal chemical and botanical products	0	0	13 305	7 776	5 529	179	70	109
Manufacture of medicinal chemicals, antibiotics and biological products	0	0	2 180	1 464	716	66	18	48
Manufacture of medicaments	0	0	10 502	6 034	4 468	92	50	42
Manufacture of medical supplies and related other medicaments	0	0	623	278	345	21	2	19
Manufacture of rubber and plastics products	89	0	26 109	19 236	6 873	633	366	267
Manufacture of rubber products	0	0	3 799	2 861	938	14	14	0
Manufacture of plastics products	89	0	22 310	16 375	5 935	619	352	267
Manufacture of other non-metallic mineral products	1 728	0	8 102	6 914	1 188	357	278	79
Manufacture of glass and glass products	0	0	2 486	2 037	449	4	1	3
Manufacture of refractory and non-refractory ceramic products	0	0	2 141	1 726	415	145	85	60
Manufacture of cement, lime, plaster and its products	1 728	0	2 567	2 325	242	208	192	16
Manufacture of other non-metallic mineral products	0	0	908	826	82	0	0	0
Manufacture of basic metals	0	0	13 985	12 873	1 112	248	221	27
Manufacture of basic iron and steel	0	0	8 358	7 839	519	192	181	11
Manufacture of basic precious and non-ferrous metals	0	0	4 087	3 628	459	53	38	15
Casting of metals	0	0	1 540	1 406	134	3	2	1
Manufacture of fabricated metal products, except machinery and furniture	0	0	21 313	17 940	3 373	1 156	1 104	52
Manufacture of structural metal products, tanks, reservoirs and steam generators	0	0	2 897	2 573	324	1 041	1 022	19
Manufacture of weapons and ammunition	0	0	731	595	136	25	10	15
Manufacture of other fabricated metal products; metalworking service activities	0	0	17 685	14 772	2 913	90	72	18

Note : Based upon the 10th revision of Korean Standard Industrial Classification(2017)
Source : Labor Market Statistics Division, Ministry of Employment and Labor, 「Report on the Establishment Status」

10. 산업·규모별 사업체수 및 (종사상지위·성별)종사자수(55-33)
(2022. 12. 31.)

단위 : 개소, 명

산업별	규모별 사업체수 Number of establi-shments	100 ~ 199 인							
		종사자수 Number of workers			자영업자 Individual proprietors			무급가족 Unpaid family
		계 Total	남 Male	여 Female	계 Total	남 Male	여 Female	계 Total
26. 전자 부품, 컴퓨터, 영상, 음향 및 통신장비 제조업	202	27 843	18 443	9 400	3	3	0	43
261. 반 도 체 제 조 업	41	5 740	3 848	1 892	0	0	0	41
262. 전 자 부 품 제 조 업	102	14 028	9 119	4 909	2	2	0	2
263. 컴퓨터 및 주변 장치 제조업	7	915	702	213	0	0	0	0
264. 통신 및 방송장비 제조업	42	5 719	3 868	1 851	0	0	0	0
265. 영상 및 음향 기기 제조업	10	1 441	906	535	1	1	0	0
266. 마그네틱 및 광학 매체 제조업	-	-	-	-	-	-	-	-
27. 의료, 정밀, 광학 기기 및 시계 제조업	117	16 271	11 247	5 024	0	0	0	26
271. 의료용 기기 제조업	65	8 990	5 325	3 665	0	0	0	26
272. 측정시험,항해,제어및기타 정밀 기기 제조업; 광학 기기 제외	43	6 070	4 999	1 071	0	0	0	0
273. 사진장비 및 광학 기기 제조업	9	1 211	923	288	0	0	0	0
274. 시계 및 시계 부품 제조업	-	-	-	-	-	-	-	-
28. 전 기 장 비 제 조 업	196	26 674	19 999	6 675	4	3	1	60
281. 전동기, 발전기 및 전기 변환·공급·제어 장치 제조업	85	11 507	8 868	2 639	1	0	1	19
282. 일차전지 및 축전지 제조업	23	3 269	2 563	706	0	0	0	0
283. 절연선 및 케이블 제조업	27	3 690	2 803	887	0	0	0	2
284. 전구 및 조명장치 제조업	16	2 273	1 518	755	0	0	0	0
285. 가 정 용 기 기 제 조 업	28	3 727	2 588	1 139	3	3	0	6
289. 기타 전기장비 제조업	17	2 208	1 659	549	0	0	0	33
29. 기타 기계 및 장비 제조업	332	46 307	39 650	6 657	3	3	0	27
291. 일반 목적용 기계 제조업	155	21 641	17 916	3 725	1	1	0	0
292. 특수 목적용 기계 제조업	177	24 666	21 734	2 932	2	2	0	27
30. 자동차 및 트레일러 제조업	316	43 273	34 476	8 797	5	5	0	43
301. 자동차용 엔진 및 자동차 제조업	6	767	732	35	0	0	0	0
302. 자동차 차체 및 트레일러 제조업	6	846	749	97	1	1	0	0
303. 자동차 신품 부품 제조업	303	41 560	32 907	8 653	4	4	0	43
304. 자동차 재제조 부품 제조업	1	100	88	12	0	0	0	0
31. 기타 운송장비 제조업	104	12 794	11 473	1 321	12	12	0	0
311. 선박 및 보트 건조업	87	10 388	9 483	905	12	12	0	0
312. 철 도 장 비 제 조 업	6	766	587	179	0	0	0	0
313. 항공기, 우주선 및 부품 제조업	10	1 480	1 247	233	0	0	0	0
319. 그 외 기타 운송장비 제조업	1	160	156	4	0	0	0	0
32. 가 구 제 조 업	12	1 685	1 343	342	0	0	0	0
320. 가 구 제 조 업	12	1 685	1 343	342	0	0	0	0
33. 기 타 제 품 제 조 업	11	1 388	783	605	0	0	0	0
331. 귀금속 및 장신용품 제조업	1	101	34	67	0	0	0	0
332. 악 기 제 조 업	1	178	108	70	0	0	0	0
333. 운동 및 경기용구 제조업	3	389	273	116	0	0	0	0
334. 인형, 장난감 및 오락용품 제조업	-	-	-	-	-	-	-	-
339. 그 외 기타 제품 제조업	6	720	368	352	0	0	0	0
34. 산업용 기계 및 장비 수리업	43	6 265	5 968	297	0	0	0	0
340. 산업용 기계 및 장비 수리업	43	6 265	5 968	297	0	0	0	0

주 : 한국표준산업분류 10차개정(2017) 기준
자료 : 고용노동부 노동시장조사과, 「사업체노동실태현황보고서」

10. Number of establishments and workers(by employment status and gender) by industry and establishment size(55－33) (2022. 12. 31.)

Unit : In each, person

Establishment Size	100 ~ 199 persons							
	종사자 및 기타종사자 Workers & Other workers		상용근로자 Regular employees			임시 및 일용근로자 Temporary and daily employees		
Industry	남 Male	여 Female	계 Total	남 Male	여 Female	계 Total	남 Male	여 Female
Manufacture of electronic components, computer; visual, sounding and communication equipment	31	12	27 277	18 166	9 111	520	243	277
Manufacture of semiconductor	30	11	5 693	3 815	1 878	6	3	3
Manufacture of electronic components	1	1	13 620	8 936	4 684	404	180	224
Manufacture of computers and peripheral equipment	0	0	915	702	213	0	0	0
Manufacture of communication and broadcasting apparatuses	0	0	5 663	3 837	1 826	56	31	25
Manufacture of electronic video and audio equipment	0	0	1 386	876	510	54	29	25
Manufacture of magnetic and optical medium	-	-	-	-	-	-	-	-
Manufacture of medical, precision and optical instruments, watches and clocks	20	6	15 974	11 119	4 855	271	108	163
Manufacture of medical and dental instruments and supplies	20	6	8 776	5 240	3 536	188	65	123
Manufacture of measuring, testing, navigating and control equipment; except optical instruments	0	0	5 998	4 965	1 033	72	34	38
Manufacture of photographic equipment and optical instruments	0	0	1 200	914	286	11	9	2
Manufacture of watches, clocks and its parts	-	-	-	-	-	-	-	-
Manufacture of electrical equipment	23	37	25 935	19 457	6 478	675	516	159
Manufacture of electric motors, generators, transformers and electricity distribution and control apparatus	18	1	11 220	8 651	2 569	267	199	68
Manufacture of batteries and accumulators	0	0	3 269	2 563	706	0	0	0
Manufacture of insulated wires and cables	2	0	3 649	2 762	887	39	39	0
Manufacture of electric tubes and bulbs and lighting equipment	0	0	2 136	1 412	724	137	106	31
Manufacture of domestic appliances	3	3	3 647	2 546	1 101	71	36	35
Manufacture of other electrical equipment	0	33	2 014	1 523	491	161	136	25
Manufacture of other machinery and equipment	9	18	45 199	38 679	6 520	1 078	959	119
Manufacture of general purpose machinery	0	0	20 897	17 234	3 663	743	681	62
Manufacture of special-purpose machinery	9	18	24 302	21 445	2 857	335	278	57
Manufacture of motor vehicles, trailers and semitrailers	23	20	42 607	33 973	8 634	618	475	143
Manufacture of motor vehicles and engines for motor vehicles	0	0	767	732	35	0	0	0
Manufacture of bodies for motor vehicles; manufacture of trailers and semi-trailers	0	0	833	736	97	12	12	0
Manufacture of parts and accessories for motor vehicles(new products)	23	20	40 908	32 418	8 490	605	462	143
Manufacture of parts and accessories for motor vehicles(remanufacturing products)	0	0	99	87	12	1	1	0
Manufacture of other transport equipment	0	0	12 261	10 973	1 288	521	488	33
Building of ships and boats	0	0	9 964	9 089	875	412	382	30
Manufacture of railway locomotives and rolling stock	0	0	659	483	176	107	104	3
Manufacture of aircraft, spacecraft and its parts	0	0	1 478	1 245	233	2	2	0
Manufacture of other transport equipment	0	0	160	156	4	0	0	0
Manufacture of furniture	0	0	1 674	1 333	341	11	10	1
Manufacture of furniture	0	0	1 674	1 333	341	11	10	1
Other manufacturing	0	0	1 383	783	600	5	0	5
Manufacture of jewellery, bijouterie and related articles	0	0	101	34	67	0	0	0
Manufacture of musical instruments	0	0	178	108	70	0	0	0
Manufacture of sports and athletic goods	0	0	384	273	111	5	0	5
Manufacture of dolls, toys and amusement goods	-	-	-	-	-	-	-	-
Other manufacturing n.e.c.	0	0	720	368	352	0	0	0
Maintenance and repair services of industrial machinery and equipment	0	0	5 964	5 692	272	301	276	25
Maintenance and repair services of industrial machinery and equipment	0	0	5 964	5 692	272	301	276	25

Note : Based upon the 10th revision of Korean Standard Industrial Classification(2017)
Source : Labor Market Statistics Division, Ministry of Employment and Labor, 「Report on the Establishment Status」

10. 산업·규모별 사업체수 및 (종사상지위·성별)종사자수(55-34)
(2022. 12. 31.)

단위 : 개소, 명

산업별	규모별	100 ~ 199 인						
	사업체수 Number of establi-shments	종사자수 Number of workers			자영업자 Individual proprietors			무급가족 Unpaid family
		계 Total	남 Male	여 Female	계 Total	남 Male	여 Female	계 Total
D. 전기, 가스, 증기 및 공기 조절 공급업	60	8 157	7 068	1 089	1	1	0	0
35. 전기, 가스, 증기 및 공기 조절 공급업	60	8 157	7 068	1 089	1	1	0	0
E. 수도, 하수 및 폐기물 처리, 원료 재생업	52	6 796	5 753	1 043	0	0	0	0
36. 수 도 업	2	351	239	112	0	0	0	0
37. 하수, 폐수 및 분뇨 처리업	10	1 534	1 374	160	0	0	0	0
38. 폐기물 수집, 운반, 처리 및 원료 재생업	39	4 811	4 047	764	0	0	0	0
39. 환 경 정 화 및 복 원 업	1	100	93	7	0	0	0	0
F. 건 설 업	935	124 823	111 163	13 660	11	8	3	4 902
41. 종 합 건 설 업	307	40 330	36 115	4 215	3	2	1	169
42. 전 문 직 별 공 사 업	628	84 493	75 048	9 445	8	6	2	4 733
G. 도 매 및 소 매 업	808	110 185	52 760	57 425	8	6	2	3 401
45. 자동차 및 부품 판매업	23	3 160	2 440	720	1	1	0	383
46. 도 매 및 상 품 중 개 업	408	55 356	32 963	22 393	2	1	1	706
47. 소매업 ; 자동차 제외	377	51 669	17 357	34 312	5	4	1	2 312
H. 운 수 및 창 고 업	925	123 917	110 681	13 236	7	5	2	17 405
49. 육상 운송 및 파이프라인 운송업	590	79 781	75 434	4 347	4	3	1	14 198
50. 수 상 운 송 업	21	3 041	2 646	395	0	0	0	0
51. 항 공 운 송 업	10	1 481	1 099	382	0	0	0	0
52. 창고 및 운송관련 서비스업	304	39 614	31 502	8 112	3	2	1	3 207
I. 숙 박 및 음 식 점 업	92	12 640	6 197	6 443	0	0	0	0
55. 숙 박 업	56	7 799	4 608	3 191	0	0	0	0
56. 음 식 점 및 주 점 업	36	4 841	1 589	3 252	0	0	0	0
J. 정 보 통 신 업	609	84 052	55 608	28 444	1	1	0	1 626
58. 출 판 업	325	44 983	29 913	15 070	0	0	0	614
59. 영상·오디오 기록물 제작 및 배급업	40	5 265	2 758	2 507	0	0	0	140
60. 방 송 업	29	3 769	2 712	1 057	0	0	0	0
61. 우 편 및 통 신 업	45	5 983	4 579	1 404	0	0	0	98
62. 컴퓨터 프로그래밍, 시스템 통합 및 관리업	114	16 028	11 259	4 769	0	0	0	279
63. 정 보 서 비 스 업	56	8 024	4 387	3 637	1	1	0	495

주 : 한국표준산업분류 10차개정(2017) 기준
자료 : 고용노동부 노동시장조사과, 「사업체노동실태현황보고서」

10. Number of establishments and workers(by employment status and gender) by industry and establishment size(55-34) (2022. 12. 31.)

Unit : In each, person

Establishment Size	100 ~ 199 persons								Industry
	종사자 및 기타종사자 Workers & Other workers		상용근로자 Regular employees			임시 및 일용근로자 Temporary and daily employees			
	남 Male	여 Female	계 Total	남 Male	여 Female	계 Total	남 Male	여 Female	
	0	0	8 089	7 030	1 059	67	37	30	Electricity, gas, steam and air conditioning supply
	0	0	8 089	7 030	1 059	67	37	30	Electricity, gas, steam and air conditioning supply
	0	0	6 451	5 575	876	345	178	167	Water supply; sewage, waste management, materials recovery
	0	0	335	232	103	16	7	9	Water supply
	0	0	1 508	1 357	151	26	17	9	Sewage, wastewater, human and animal waste treatment services
	0	0	4 508	3 893	615	303	154	149	Waste collection, treatment and disposal activities; materials recovery
	0	0	100	93	7	0	0	0	Remediation activities and other waste management services
	4 681	221	44 183	37 826	6 357	75 727	68 648	7 079	Construction
	151	18	16 461	14 099	2 362	23 697	21 863	1 834	General construction
	4 530	203	27 722	23 727	3 995	52 030	46 785	5 245	Specialized construction activities
	1 063	2 338	102 460	49 943	52 517	4 316	1 748	2 568	Wholesale and retail trade
	364	19	2 745	2 062	683	31	13	18	Sale of motor vehicles and parts
	381	325	53 074	31 897	21 177	1 574	684	890	Wholesale trade on own account or on a fee or contract basis
	318	1 994	46 641	15 984	30 657	2 711	1 051	1 660	Retail trade, except motor vehicles and motorcycles
	16 846	559	100 589	89 086	11 503	5 916	4 744	1 172	Transportation and storage
	13 778	420	63 560	59 970	3 590	2 019	1 683	336	Land transport and transport via pipelines
	0	0	2 803	2 410	393	238	236	2	Water transport
	0	0	1 481	1 099	382	0	0	0	Air transport
	3 068	139	32 745	25 607	7 138	3 659	2 825	834	Warehousing and support activities for transportation
	0	0	10 951	5 449	5 502	1 689	748	941	Accommodation and food service activities
	0	0	6 836	4 110	2 726	963	498	465	Accommodation
	0	0	4 115	1 339	2 776	726	250	476	Food and beverage service activities
	1 136	490	80 260	53 312	26 948	2 165	1 159	1 006	Information and communication
	407	207	43 601	29 116	14 485	768	390	378	Publishing activities
	81	59	4 401	2 325	2 076	724	352	372	Motion picture, video and television programme production, sound recording and music publishing activities
	0	0	3 750	2 700	1 050	19	12	7	Broadcasting activities
	98	0	5 737	4 377	1 360	148	104	44	Postal activities and telecommunications
	255	24	15 430	10 789	4 641	319	215	104	Computer programming, consultancy and related activities
	295	200	7 341	4 005	3 336	187	86	101	Information service activities

Note : Based upon the 10th revision of Korean Standard Industrial Classification(2017)
Source : Labor Market Statistics Division, Ministry of Employment and Labor, 「Report on the Establishment Status」

10. 산업·규모별 사업체수 및 (종사상지위·성별)종사자수(55-35)
(2022. 12. 31.)

단위 : 개소, 명

산업별	규모별	100 ~ 199 인						
	사업체수 Number of establishments	종사자수 Number of workers			자영업자 Individual proprietors			무급가족 Unpaid family
		계 Total	남 Male	여 Female	계 Total	남 Male	여 Female	계 Total
K. 금 융 및 보 험 업	351	46 958	19 626	27 332	3	1	2	16 476
64. 금 융 업	95	13 427	7 781	5 646	0	0	0	336
65. 보 험 및 연 금 업	137	18 274	5 690	12 584	0	0	0	8 882
66. 금융 및 보험관련 서비스업	119	15 257	6 155	9 102	3	1	2	7 258
L. 부 동 산 업	118	16 277	10 668	5 609	0	0	0	1 209
68. 부 동 산 업	118	16 277	10 668	5 609	0	0	0	1 209
M. 전문, 과학 및 기술 서비스업	742	102 157	67 871	34 286	3	2	1	1 015
70. 연 구 개 발 업	175	23 777	15 368	8 409	0	0	0	4
71. 전 문 서 비 스 업	299	41 584	24 539	17 045	0	0	0	745
72. 건축 기술, 엔지니어링 및 기타 과학기술 서비스업	239	33 035	26 119	6 916	1	1	0	158
73. 기타 전문, 과학 및 기술 서비스업	29	3 761	1 845	1 916	2	1	1	108
N. 사업시설 관리, 사업 지원 및 임대 서비스업	1 053	146 021	77 684	68 337	24	17	7	5 510
74. 사업시설 관리 및 조경 서비스업	295	41 322	24 198	17 124	6	2	4	678
75. 사 업 지 원 서 비 스 업	739	102 140	51 670	50 470	18	15	3	4 732
76. 임 대 업 ; 부 동 산 제 외	19	2 559	1 816	743	0	0	0	100
P. 교 육 서 비 스 업	374	47 066	21 961	25 105	4	2	2	4 480
85. 교 육 서 비 스 업	374	47 066	21 961	25 105	4	2	2	4 480
Q. 보건업 및 사회복지 서비스업	1 521	208 192	40 920	167 272	669	602	67	11 822
86. 보 건 업	858	116 308	26 808	89 500	657	596	61	228
87. 사 회 복 지 서 비 스 업	663	91 884	14 112	77 772	12	6	6	11 594
R. 예술, 스포츠 및 여가관련 서비스업	276	38 196	15 893	22 303	0	0	0	17 278
90. 창작, 예술 및 여가관련 서비스업	38	5 095	2 458	2 637	0	0	0	101
91. 스포츠 및 오락관련 서비스업	238	33 101	13 435	19 666	0	0	0	17 177
S. 협회 및 단체, 수리 및 기타 개인 서비스업	147	19 199	10 114	9 085	17	12	5	2 236
94. 협 회 및 단 체	74	9 923	4 818	5 105	0	0	0	1 234
95. 개인 및 소비용품 수리업	24	3 067	2 811	256	0	0	0	2
96. 기 타 개 인 서 비 스 업	49	6 209	2 485	3 724	17	12	5	1 000

주 : 한국표준산업분류 10차개정(2017) 기준
자료 : 고용노동부 노동시장조사과, 「사업체노동실태현황보고서」

10. Number of establishments and workers(by employment status and gender) by industry and establishment size(55－35) (2022. 12. 31.)

Unit : In each, person

Workers & Other workers		Regular employees			Temporary and daily employees			Establishment Size 100 ~ 199 persons
남 Male	여 Female	계 Total	남 Male	여 Female	계 Total	남 Male	여 Female	Industry
4 543	11 933	28 829	14 427	14 402	1 650	655	995	Financial and insurance activities
133	203	12 194	7 199	4 995	897	449	448	Financial service activities, except insurance and pension funding
2 088	6 794	8 833	3 468	5 365	559	134	425	Insurance and pension funding
2 322	4 936	7 802	3 760	4 042	194	72	122	Activities auxiliary to financial service and insurance activities
690	519	14 028	9 348	4 680	1 040	630	410	Real estate activities
690	519	14 028	9 348	4 680	1 040	630	410	Real estate activities
528	487	97 824	65 562	32 262	3 315	1 779	1 536	Professional, scientific and technical activities
1	3	22 705	14 847	7 858	1 068	520	548	Research and development
320	425	39 433	23 484	15 949	1 406	735	671	Professional services
154	4	32 093	25 460	6 633	783	504	279	Architectural, engineering and other scientific technical services
53	55	3 593	1 771	1 822	58	20	38	Other professional, scientific and technical services
3 305	2 205	113 963	60 629	53 334	26 524	13 733	12 791	Business facilities management and business support services; rental and leasing activities
383	295	33 598	19 896	13 702	7 040	3 917	3 123	Business facilities management and landscape services
2 832	1 900	78 127	39 189	38 938	19 263	9 634	9 629	Business support services
90	10	2 238	1 544	694	221	182	39	Rental and leasing activities; except real estate
1 649	2 831	37 380	18 287	19 093	5 202	2 023	3 179	Education
1 649	2 831	37 380	18 287	19 093	5 202	2 023	3 179	Education
2 149	9 673	168 930	33 814	135 116	26 771	4 355	22 416	Human health and social work activities
38	190	112 295	25 541	86 754	3 128	633	2 495	Human health activities
2 111	9 483	56 635	8 273	48 362	23 643	3 722	19 921	Social work activities
3 693	13 585	18 085	10 889	7 196	2 833	1 311	1 522	Arts, sports and recreation related services
41	60	4 257	2 128	2 129	737	289	448	Creative, arts and recreation related services
3 652	13 525	13 828	8 761	5 067	2 096	1 022	1 074	Sports activities and amusement activities
759	1 477	13 766	8 077	5 689	3 180	1 266	1 914	Membership organizations, repair and other personal services
496	738	7 709	4 073	3 636	980	249	731	Membership organizations
0	2	3 008	2 765	243	57	46	11	Maintenance and repair services of personal and household goods
263	737	3 049	1 239	1 810	2 143	971	1 172	Other personal services activities

Note : Based upon the 10th revision of Korean Standard Industrial Classification(2017)
Source : Labor Market Statistics Division, Ministry of Employment and Labor, 「Report on the Establishment Status」

10. 산업·규모별 사업체수 및 (종사상지위·성별)종사자수(55-36)
(2022. 12. 31.)

단위 : 개소, 명

산업별	규모별	200 ~ 299 인						
	사업체수 Number of establishments	종사자수 Number of workers			자영업자 Individual proprietors			무급가족 Unpaid family
		계 Total	남 Male	여 Female	계 Total	남 Male	여 Female	계 Total
전 산 업	3 044	734 522	465 221	269 301	177	162	15	35 403
A. 농업, 임업 및 어업	1	202	141	61	0	0	0	0
01. 농 업	-	-	-	-	-	-	-	-
02. 임 업	1	202	141	61	0	0	0	0
03. 어 업	-	-	-	-	-	-	-	-
B. 광 업	1	257	251	6	0	0	0	0
05. 석탄, 원유 및 천연가스 광업	1	257	251	6	0	0	0	0
06. 금 속 광 업	-	-	-	-	-	-	-	-
07. 비금속광물 광업; 연료용 제외	-	-	-	-	-	-	-	-
08. 광 업 지 원 서 비 스 업	-	-	-	-	-	-	-	-
C. 제 조 업	689	165 970	130 576	35 394	4	4	0	234
10. 식 료 품 제 조 업	67	15 913	9 386	6 527	0	0	0	16
101. 도축, 육류 가공 및 저장 처리업	8	1 818	884	934	0	0	0	0
102. 수산물 가공 및 저장 처리업	6	1 415	538	877	0	0	0	0
103. 과실, 채소 가공 및 저장 처리업	4	921	305	616	0	0	0	0
104. 동물성 및 식물성 유지 제조업	1	209	189	20	0	0	0	0
105. 낙농제품 및 식용 빙과류 제조업	9	2 050	1 745	305	0	0	0	0
106. 곡물 가공품, 전분 및 전분제품 제조업	1	248	181	67	0	0	0	0
107. 기 타 식 품 제 조 업	37	8 971	5 310	3 661	0	0	0	16
108. 동물용 사료 및 조제식품 제조업	1	281	234	47	0	0	0	0
11. 음 료 제 조 업	10	2 410	2 185	225	0	0	0	0
111. 알 코 올 음 료 제 조 업	6	1 531	1 370	161	0	0	0	0
112. 비알코올 음료 및 얼음 제조업	4	879	815	64	0	0	0	0
12. 담 배 제 조 업	1	216	208	8	0	0	0	0
120. 담 배 제 조 업	1	216	208	8	0	0	0	0
13. 섬유제품 제조업; 의복 제외	7	1 644	1 134	510	0	0	0	1
131. 방적 및 가공사 제조업	1	215	90	125	0	0	0	0
132. 직물 직조 및 직물제품 제조업	4	882	549	333	0	0	0	1
133. 편 조 원 단 제 조 업	-	-	-	-	-	-	-	-
134. 섬유제품 염색, 정리 및 마무리 가공업	1	253	207	46	0	0	0	0
139. 기 타 섬유제품 제 조 업	1	294	288	6	0	0	0	0
14. 의복, 의복 액세서리 및 모피제품 제조업	6	1 543	515	1 028	0	0	0	0
141. 봉 제 의 복 제 조 업	6	1 543	515	1 028	0	0	0	0
142. 모 피 제 품 제 조 업	-	-	-	-	-	-	-	-
143. 편 조 의 복 제 조 업	-	-	-	-	-	-	-	-
144. 의 복 액세서리 제 조 업	-	-	-	-	-	-	-	-
15. 가죽, 가방 및 신발 제조업	2	503	284	219	0	0	0	0
151. 가죽, 가방 및 유사 제품 제조업	1	248	149	99	0	0	0	0
152. 신발 및 신발 부분품 제조업	1	255	135	120	0	0	0	0
16. 목재 및 나무제품 제조업; 가구 제외	5	1 169	1 065	104	0	0	0	0
161. 제 재 및 목 재 가 공 업	2	456	404	52	0	0	0	0
162. 나 무 제 품 제 조 업	3	713	661	52	0	0	0	0
163. 코르크 및 조물 제품 제조업	-	-	-	-	-	-	-	-

주 : 한국표준산업분류 10차개정(2017) 기준
자료 : 고용노동부 노동시장조사과, 「사업체노동실태현황보고서」

10. Number of establishments and workers(by employment status and gender) by industry and establishment size(55-36) (2022. 12. 31.)

Unit : In each, person

Establishment Size: 200 ~ 299 persons								Industry
종사자 및 기타종사자 Workers & Other workers		상용근로자 Regular employees			임시 및 일용근로자 Temporary and daily employees			
남 Male	여 Female	계 Total	남 Male	여 Female	계 Total	남 Male	여 Female	
17 229	18 174	601 929	379 855	222 074	97 013	67 975	29 038	All industries
0	0	16	9	7	186	132	54	Agriculture, forestry and fishing
-	-	-	-	-	-	-	-	Agriculture
0	0	16	9	7	186	132	54	Forestry
-	-	-	-	-	-	-	-	Fishing and aquaculture
0	0	257	251	6	0	0	0	Mining and quarrying
0	0	257	251	6	0	0	0	Mining of coal, crude petroleum and natural gas
-	-	-	-	-	-	-	-	Mining of metal ores
-	-	-	-	-	-	-	-	Mining of non-metallic minerals, except fuel
-	-	-	-	-	-	-	-	Mining support service activities
62	172	161 540	127 445	34 095	4 192	3 065	1 127	Manufacturing
9	7	15 316	9 097	6 219	581	280	301	Manufacture of food products
0	0	1 760	865	895	58	19	39	Slaughtering of livestock, processing and preserving of meat and meat products
0	0	1 262	463	799	153	75	78	Processing and preserving of fish, crustaceans, molluscs and seaweeds
0	0	906	300	606	15	5	10	Processing and preserving of fruit and vegetables
0	0	209	189	20	0	0	0	Manufacture of vegetable and animal oils and fats
0	0	1 881	1 649	232	169	96	73	Manufacture of dairy products and edible ice cakes
0	0	248	181	67	0	0	0	Manufacture of grain mill products, starches and starch products
9	7	8 769	5 216	3 553	186	85	101	Manufacture of other food products
0	0	281	234	47	0	0	0	Manufacture of prepared animal feeds and feed additives
0	0	2 355	2 140	215	55	45	10	Manufacture of beverages
0	0	1 485	1 331	154	46	39	7	Manufacture of alcoholic beverages
0	0	870	809	61	9	6	3	Manufacture of ice and non-alcoholic beverages; production of mineral waters
0	0	216	208	8	0	0	0	Manufacture of tobacco products
0	0	216	208	8	0	0	0	Manufacture of tobacco products
0	1	1 620	1 127	493	23	7	16	Manufacture of textiles, except apparel
0	0	215	90	125	0	0	0	Spinning of textiles and processing of threads and yarns
0	1	858	542	316	23	7	16	Weaving of textiles and manufacture of textile products
-	-	-	-	-	-	-	-	Manufacture of knitted and crocheted fabrics
0	0	253	207	46	0	0	0	Dyeing and finishing of textiles and wearing apparel
0	0	294	288	6	0	0	0	Manufacture of other made-up textile articles, except apparel
0	0	1 536	515	1 021	7	0	7	Manufacture of wearing apparel, clothing accessories and fur articles
0	0	1 536	515	1 021	7	0	7	Manufacture of sewn wearing apparel, except fur apparel
-	-	-	-	-	-	-	-	Manufacture of articles of fur
-	-	-	-	-	-	-	-	Manufacture of knitted and crocheted apparel
-	-	-	-	-	-	-	-	Manufacture of apparel accessories
0	0	503	284	219	0	0	0	Manufacture of leather, luggage and footwear
0	0	248	149	99	0	0	0	Manufacture of leather, luggage and similar products
0	0	255	135	120	0	0	0	Manufacture of footwear and parts of footwear
0	0	952	865	87	217	200	17	Manufacture of wood and of products of wood and cork; except furniture
0	0	239	204	35	217	200	17	Sawmilling and planing of wood
0	0	713	661	52	0	0	0	Manufacture of wood products
-	-	-	-	-	-	-	-	Manufacture of articles of cork, straw and plaiting materials

Note : Based upon the 10th revision of Korean Standard Industrial Classification(2017)
Source : Labor Market Statistics Division, Ministry of Employment and Labor, 「Report on the Establishment Status」

10. 산업·규모별 사업체수 및 (종사상지위·성별)종사자수(55-37)
(2022. 12. 31.)

단위 : 개소, 명

산업별	규모별 사업체수 Number of establi-shments	200 ~ 299 인							
		종사자수 Number of workers			자영업자 Individual proprietors			무급가족 Unpaid family
		계 Total	남 Male	여 Female	계 Total	남 Male	여 Female	계 Total
17. 펄프, 종이 및 종이제품 제조업	14	3 346	2 833	513	0	0	0	0
171. 펄프, 종이 및 판지 제조업	8	1 850	1 694	156	0	0	0	0
172. 골판지, 종이 상자 및 종이 용기 제조업	3	699	575	124	0	0	0	0
179. 기타 종이 및 판지 제품 제조업	3	797	564	233	0	0	0	0
18. 인쇄 및 기록매체 복제업	5	1 080	730	350	1	1	0	0
181. 인쇄 및 인쇄관련 산업	5	1 080	730	350	1	1	0	0
182. 기록매체 복제업	-	-	-	-	-	-	-	-
19. 코크스, 연탄 및 석유정제품 제조업	1	274	251	23	0	0	0	0
191. 코크스 및 연탄 제조업	-	-	-	-	-	-	-	-
192. 석유 정제품 제조업	1	274	251	23	0	0	0	0
20. 화학 물질 및 화학제품 제조업; 의약품 제외	46	10 811	9 156	1 655	0	0	0	0
201. 기초 화학물질 제조업	17	4 048	3 791	257	0	0	0	0
202. 합성고무 및 플라스틱 물질 제조업	12	2 664	2 470	194	0	0	0	0
203. 비료, 농약 및 살균·살충제 제조업	-	-	-	-	-	-	-	-
204. 기타 화학제품 제조업	16	3 898	2 702	1 196	0	0	0	0
205. 화학섬유 제조업	1	201	193	8	0	0	0	0
21. 의료용 물질 및 의약품 제조업	30	7 315	4 382	2 933	0	0	0	0
211. 기초 의약 물질 및 생물학적 제제 제조업	6	1 555	1 136	419	0	0	0	0
212. 의약품 제조업	23	5 560	3 241	2 319	0	0	0	0
213. 의료용품 및 기타 의약 관련제품 제조업	1	200	5	195	0	0	0	0
22. 고무 및 플라스틱제품 제조업	43	10 344	8 080	2 264	1	1	0	3
221. 고무제품 제조업	7	1 677	1 480	197	0	0	0	0
222. 플라스틱 제품 제조업	36	8 667	6 600	2 067	1	1	0	3
23. 비금속 광물제품 제조업	20	4 801	4 448	353	0	0	0	0
231. 유리 및 유리제품 제조업	10	2 448	2 256	192	0	0	0	0
232. 내화, 비내화 요업제품 제조업	5	1 141	1 010	131	0	0	0	0
233. 시멘트, 석회, 플라스터 및 그 제품 제조업	4	1 007	983	24	0	0	0	0
239. 기타 비금속 광물제품 제조업	1	205	199	6	0	0	0	0
24. 1차 금속 제조업	32	7 934	7 410	524	0	0	0	0
241. 1차 철강 제조업	23	5 710	5 463	247	0	0	0	0
242. 1차 비철금속 제조업	9	2 224	1 947	277	0	0	0	0
243. 금속 주조업	-	-	-	-	-	-	-	-
25. 금속 가공제품 제조업; 기계 및 가구 제외	36	8 779	7 395	1 384	0	0	0	0
251. 구조용 금속제품, 탱크 및 증기발생기 제조업	8	1 938	1 764	174	0	0	0	0
252. 무기 및 총포탄 제조업	4	936	854	82	0	0	0	0
259. 기타 금속 가공제품 제조업	24	5 905	4 777	1 128	0	0	0	0

주 : 한국표준산업분류 10차개정(2017) 기준
자료 : 고용노동부 노동시장조사과, 「사업체노동실태현황보고서」

10. Number of establishments and workers(by employment status and gender) by industry and establishment size(55-37) (2022. 12. 31.)

Unit : In each, person

\multicolumn{8}{c	}{200 ~ 299 persons}	Establishment Size
종사자 및 기타종사자 Workers & Other workers		상용근로자 Regular employees			임시 및 일용근로자 Temporary and daily employees			
남 Male	여 Female	계 Total	남 Male	여 Female	계 Total	남 Male	여 Female	Industry
0	0	3 238	2 776	462	108	57	51	Manufacture of pulp, paper and paper products
0	0	1 812	1 687	125	38	7	31	Manufacture of pulp, paper and paperboard
0	0	649	525	124	50	50	0	Manufacture of corrugated paper, paper boxes and paper containers
0	0	777	564	213	20	0	20	Manufacture of other paper and paperboard products
0	0	1 072	725	347	7	4	3	Printing and reproduction of recorded media
0	0	1 072	725	347	7	4	3	Printing and service activities related to printing
-	-	-	-	-	-	-	-	Reproduction of recorded media
0	0	274	251	23	0	0	0	Manufacture of coke, briquettes and refined petroleum products
-	-	-	-	-	-	-	-	Manufacture of coke and briquettes
0	0	274	251	23	0	0	0	Manufacture of refined petroleum products
0	0	10 781	9 135	1 646	30	21	9	Manufacture of chemicals and chemical products; except pharmaceuticals and medicinal chemicals
0	0	4 040	3 786	254	8	5	3	Manufacture of basic chemicals
0	0	2 661	2 470	191	3	0	3	Manufacture of plastics and synthetic rubber in primary forms
-	-	-	-	-	-	-	-	Manufacture of fertilizers, pesticides, germicides and insecticides
0	0	3 879	2 686	1 193	19	16	3	Manufacture of other chemical products
0	0	201	193	8	0	0	0	Manufacture of man-made fibers
0	0	7 041	4 342	2 699	274	40	234	Manufacture of pharmaceuticals, medicinal chemical and botanical products
0	0	1 545	1 131	414	10	5	5	Manufacture of medicinal chemicals, antibiotics and biological products
0	0	5 446	3 206	2 240	114	35	79	Manufacture of medicaments
0	0	50	5	45	150	0	150	Manufacture of medical supplies and related other medicaments
3	0	9 913	7 732	2 181	427	344	83	Manufacture of rubber and plastics products
0	0	1 675	1 478	197	2	2	0	Manufacture of rubber products
3	0	8 238	6 254	1 984	425	342	83	Manufacture of plastics products
0	0	4 795	4 442	353	6	6	0	Manufacture of other non-metallic mineral products
0	0	2 448	2 256	192	0	0	0	Manufacture of glass and glass products
0	0	1 140	1 009	131	1	1	0	Manufacture of refractory and non-refractory ceramic products
0	0	1 002	978	24	5	5	0	Manufacture of cement, lime, plaster and its products
0	0	205	199	6	0	0	0	Manufacture of other non-metallic mineral products
0	0	7 923	7 402	521	11	8	3	Manufacture of basic metals
0	0	5 699	5 455	244	11	8	3	Manufacture of basic iron and steel
0	0	2 224	1 947	277	0	0	0	Manufacture of basic precious and non-ferrous metals
-	-	-	-	-	-	-	-	Casting of metals
0	0	7 783	6 481	1 302	996	914	82	Manufacture of fabricated metal products, except machinery and furniture
0	0	1 129	1 007	122	809	757	52	Manufacture of structural metal products, tanks, reservoirs and steam generators
0	0	857	804	53	79	50	29	Manufacture of weapons and ammunition
0	0	5 797	4 670	1 127	108	107	1	Manufacture of other fabricated metal products; metalworking service activities

Note : Based upon the 10th revision of Korean Standard Industrial Classification(2017)
Source : Labor Market Statistics Division, Ministry of Employment and Labor, 「Report on the Establishment Status」

10. 산업·규모별 사업체수 및 (종사상지위·성별)종사자수(55-38)
(2022. 12. 31.)

단위 : 개소, 명

산업별	사업체수 Number of establi-shments	200 ~ 299 인						
		종사자수 Number of workers			자영업자 Individual proprietors			무급가족 Unpaid family
		계 Total	남 Male	여 Female	계 Total	남 Male	여 Female	계 Total
26. 전자 부품, 컴퓨터, 영상, 음향 및 통신장비 제조업	50	11 958	8 475	3 483	0	0	0	0
261. 반 도 체 제 조 업	14	3 363	2 491	872	0	0	0	0
262. 전 자 부 품 제 조 업	26	6 184	4 300	1 884	0	0	0	0
263. 컴퓨터 및 주변 장치 제조업	2	404	188	216	0	0	0	0
264. 통신 및 방송장비 제조업	8	2 007	1 496	511	0	0	0	0
265. 영상 및 음향 기기 제조업	-	-	-	-	-	-	-	-
266. 마그네틱 및 광학 매체 제조업								
27. 의료, 정밀, 광학 기기 및 시계 제조업	34	8 292	5 845	2 447	0	0	0	0
271. 의 료 용 기 기 제 조 업	16	3 912	2 344	1 568	0	0	0	0
272. 측정시험,항해,제어및기타 정밀 기기 제조업; 광학 기기 제외	17	4 175	3 347	828	0	0	0	0
273. 사진장비 및 광학 기기 제조업	1	205	154	51	0	0	0	0
274. 시계 및 시계 부품 제조업	-	-	-	-	-	-	-	-
28. 전 기 장 비 제 조 업	51	12 009	9 115	2 894	0	0	0	6
281. 전동기, 발전기 및 전기 변환·공급·제어 장치 제조업	25	5 849	4 252	1 597	0	0	0	0
282. 일차전지 및 축전지 제조업	10	2 365	1 951	414	0	0	0	6
283. 절연선 및 케이블 제조업	5	1 118	891	227	0	0	0	0
284. 전구 및 조명장치 제조업	3	771	610	161	0	0	0	0
285. 가 정 용 기 기 제 조 업	6	1 403	982	421	0	0	0	0
289. 기 타 전기장비 제 조 업	2	503	429	74	0	0	0	0
29. 기타 기계 및 장비 제조업	83	20 337	17 319	3 018	1	1	0	0
291. 일 반 목적용 기계 제 조 업	40	9 983	8 351	1 632	0	0	0	0
292. 특 수 목적용 기계 제 조 업	43	10 354	8 968	1 386	1	1	0	0
30. 자동차 및 트레일러 제조업	101	24 496	20 655	3 841	1	1	0	0
301. 자동차용 엔진 및 자동차 제조업	1	212	186	26	0	0	0	0
302. 자동차 차체 및 트레일러 제조업	-	-	-	-	-	-	-	-
303. 자동차 신품 부품 제조업	100	24 284	20 469	3 815	1	1	0	0
304. 자동차 재제조 부품 제조업	-	-	-	-	-	-	-	-
31. 기 타 운송장비 제 조 업	13	3 137	2 911	226	0	0	0	0
311. 선 박 및 보 트 건 조 업	5	1 194	1 093	101	0	0	0	0
312. 철 도 장 비 제 조 업	2	466	437	29	0	0	0	0
313. 항공기, 우주선 및 부품 제조업	6	1 477	1 381	96	0	0	0	0
319. 그 외 기타 운송장비 제조업	-	-	-	-	-	-	-	-
32. 가 구 제 조 업	2	458	351	107	0	0	0	0
320. 가 구 제 조 업	2	458	351	107	0	0	0	0
33. 기 타 제 품 제 조 업	3	713	363	350	0	0	0	206
331. 귀금속 및 장신용품 제조업	-	-	-	-	-	-	-	-
332. 악 기 제 조 업	-	-	-	-	-	-	-	-
333. 운동 및 경기용구 제조업	1	219	167	52	0	0	0	0
334. 인형, 장난감 및 오락용품 제조업	1	207	46	161	0	0	0	206
339. 그 외 기타 제품 제조업	1	287	150	137	0	0	0	0
34. 산업용 기계 및 장비 수리업	27	6 488	6 080	408	0	0	0	2
340. 산업용 기계 및 장비 수리업	27	6 488	6 080	408	0	0	0	2

주 : 한국표준산업분류 10차개정(2017) 기준
자료 : 고용노동부 노동시장조사과, 「사업체노동실태현황보고서」

10. Number of establishments and workers(by employment status and gender) by industry and establishment size(55-38) (2022. 12. 31.)

Unit : In each, person

종사자 및 기타종사자 Workers & Other workers		상용근로자 Regular employees 200 ~ 299 persons			임시 및 일용근로자 Temporary and daily employees			Establishment Size
남 Male	여 Female	계 Total	남 Male	여 Female	계 Total	남 Male	여 Female	Industry
0	0	11 795	8 359	3 436	163	116	47	Manufacture of electronic components, computer; visual, sounding and communication equipment
0	0	3 299	2 437	862	64	54	10	Manufacture of semiconductor
0	0	6 112	4 261	1 851	72	39	33	Manufacture of electronic components
0	0	404	188	216	0	0	0	Manufacture of computers and peripheral equipment
0	0	1 980	1 473	507	27	23	4	Manufacture of communication and broadcasting apparatuses
-	-	-	-	-	-	-	-	Manufacture of electronic video and audio equipment
-	-	-	-	-	-	-	-	Manufacture of magnetic and optical medium
0	0	8 190	5 803	2 387	102	42	60	Manufacture of medical, precision and optical instruments, watches and clocks
0	0	3 864	2 326	1 538	48	18	30	Manufacture of medical and dental instruments and supplies
0	0	4 123	3 324	799	52	23	29	Manufacture of measuring, testing, navigating and control equipment; except optical instruments
0	0	203	153	50	2	1	1	Manufacture of photographic equipment and optical instruments
-	-	-	-	-	-	-	-	Manufacture of watches, clocks and its parts
4	2	11 804	8 966	2 838	199	145	54	Manufacture of electrical equipment
0	0	5 674	4 126	1 548	175	126	49	Manufacture of electric motors, generators, transformers and electricity distribution and control apparatus
4	2	2 342	1 934	408	17	13	4	Manufacture of batteries and accumulators
0	0	1 117	890	227	1	1	0	Manufacture of insulated wires and cables
0	0	766	605	161	5	5	0	Manufacture of electric tubes and bulbs and lighting equipment
0	0	1 402	982	420	1	0	1	Manufacture of domestic appliances
0	0	503	429	74	0	0	0	Manufacture of other electrical equipment
0	0	19 832	16 926	2 906	504	392	112	Manufacture of other machinery and equipment
0	0	9 621	8 083	1 538	362	268	94	Manufacture of general purpose machinery
0	0	10 211	8 843	1 368	142	124	18	Manufacture of special-purpose machinery
0	0	24 390	20 559	3 831	105	95	10	Manufacture of motor vehicles, trailers and semitrailers
0	0	208	183	25	4	3	1	Manufacture of motor vehicles and engines for motor vehicles
-	-	-	-	-	-	-	-	Manufacture of bodies for motor vehicles; manufacture of trailers and semi-trailers
0	0	24 182	20 376	3 806	101	92	9	Manufacture of parts and accessories for motor vehicles(new products)
-	-	-	-	-	-	-	-	Manufacture of parts and accessories for motor vehicles(remanufacturing products)
0	0	3 066	2 847	219	71	64	7	Manufacture of other transport equipment
0	0	1 163	1 069	94	31	24	7	Building of ships and boats
0	0	426	397	29	40	40	0	Manufacture of railway locomotives and rolling stock
0	0	1 477	1 381	96	0	0	0	Manufacture of aircraft, spacecraft and its parts
-	-	-	-	-	-	-	-	Manufacture of other transport equipment
0	0	458	351	107	0	0	0	Manufacture of furniture
0	0	458	351	107	0	0	0	Manufacture of furniture
45	161	507	318	189	0	0	0	Other manufacturing
-	-	-	-	-	-	-	-	Manufacture of jewellery, bijouterie and related articles
-	-	-	-	-	-	-	-	Manufacture of musical instruments
0	0	219	167	52	0	0	0	Manufacture of sports and athletic goods
45	161	1	1	0	0	0	0	Manufacture of dolls, toys and amusement goods
0	0	287	150	137	0	0	0	Other manufacturing n.e.c.
1	1	6 180	5 794	386	306	285	21	Maintenance and repair services of industrial machinery and equipment
1	1	6 180	5 794	386	306	285	21	Maintenance and repair services of industrial machinery and equipment

Note : Based upon the 10th revision of Korean Standard Industrial Classification(2017)
Source : Labor Market Statistics Division, Ministry of Employment and Labor, 「Report on the Establishment Status」

10. 산업·규모별 사업체수 및 (종사상지위·성별)종사자수(55-39)
(2022. 12. 31.)

단위 : 개소, 명

산업별	규모별 사업체수 Number of establi-shments	200 ~ 299 인 종사자수 Number of workers			자영업자 Individual proprietors			무급가족 Unpaid family
		계 Total	남 Male	여 Female	계 Total	남 Male	여 Female	계 Total
D. 전기, 가스, 증기 및 공기 조절 공급업	34	8 255	6 968	1 287	0	0	0	1
35. 전기, 가스, 증기 및 공기 조절 공급업	34	8 255	6 968	1 287	0	0	0	1
E. 수도, 하수 및 폐기물 처리, 원료 재생업	10	2 288	2 077	211	0	0	0	0
36. 수 도 업	1	268	188	80	0	0	0	0
37. 하수, 폐수 및 분뇨 처리업	3	621	567	54	0	0	0	0
38. 폐기물 수집, 운반, 처리 및 원료 재생업	6	1 399	1 322	77	0	0	0	0
39. 환경 정화 및 복원업	-	-	-	-	-	-	-	-
F. 건 설 업	310	74 503	66 789	7 714	1	1	0	5 380
41. 종 합 건 설 업	89	21 351	19 428	1 923	0	0	0	1
42. 전 문 직 별 공 사 업	221	53 152	47 361	5 791	1	1	0	5 379
G. 도 매 및 소 매 업	153	36 808	20 193	16 615	0	0	0	470
45. 자동차 및 부품 판매업	4	1 019	701	318	0	0	0	0
46. 도 매 및 상품 중개업	99	23 973	14 796	9 177	0	0	0	0
47. 소매업 ; 자동차 제외	50	11 816	4 696	7 120	0	0	0	470
H. 운 수 및 창 고 업	254	61 180	55 641	5 539	0	0	0	4 561
49. 육상 운송 및 파이프라인 운송업	166	39 946	38 000	1 946	0	0	0	3 927
50. 수 상 운 송 업	6	1 411	1 253	158	0	0	0	0
51. 항 공 운 송 업	2	515	311	204	0	0	0	0
52. 창고 및 운송관련 서비스업	80	19 308	16 077	3 231	0	0	0	634
I. 숙 박 및 음 식 점 업	21	5 208	2 463	2 745	0	0	0	451
55. 숙 박 업	17	4 202	2 215	1 987	0	0	0	301
56. 음 식 점 및 주 점 업	4	1 006	248	758	0	0	0	150
J. 정 보 통 신 업	191	45 264	29 635	15 629	0	0	0	1 164
58. 출 판 업	102	23 971	15 496	8 475	0	0	0	494
59. 영상·오디오 기록물 제작 및 배급업	12	2 964	1 327	1 637	0	0	0	0
60. 방 송 업	7	1 676	1 015	661	0	0	0	0
61. 우 편 및 통 신 업	12	2 863	2 223	640	0	0	0	0
62. 컴퓨터 프로그래밍, 시스템 통합 및 관리업	40	9 523	7 125	2 398	0	0	0	317
63. 정 보 서 비 스 업	18	4 267	2 449	1 818	0	0	0	353

주 : 한국표준산업분류 10차개정(2017) 기준
자료 : 고용노동부 노동시장조사과, 「사업체노동실태현황보고서」

10. Number of establishments and workers(by employment status and gender) by industry and establishment size(55-39) (2022. 12. 31.)

Unit : In each, person

Establishment Size	200 ~ 299 persons							
	종사자 및 기타종사자 Workers & Other workers		상용근로자 Regular employees			임시 및 일용근로자 Temporary and daily employees		
Industry	남 Male	여 Female	계 Total	남 Male	여 Female	계 Total	남 Male	여 Female
Electricity, gas, steam and air conditioning supply	1	0	8 213	6 941	1 272	41	26	15
Electricity, gas, steam and air conditioning supply	1	0	8 213	6 941	1 272	41	26	15
Water supply; sewage, waste management, materials recovery	0	0	2 261	2 059	202	27	18	9
Water supply	0	0	261	187	74	7	1	6
Sewage, wastewater, human and animal waste treatment services	0	0	604	553	51	17	14	3
Waste collection, treatment and disposal activities; materials recovery	0	0	1 396	1 319	77	3	3	0
Remediation activities and other waste management services	-	-	-	-	-	-	-	-
Construction	5 011	369	19 732	16 711	3 021	49 390	45 066	4 324
General construction	1	0	8 648	7 539	1 109	12 702	11 888	814
Specialized construction activities	5 010	369	11 084	9 172	1 912	36 688	33 178	3 510
Wholesale and retail trade	57	413	34 392	19 409	14 983	1 946	727	1 219
Sale of motor vehicles and parts	0	0	926	648	278	93	53	40
Wholesale trade on own account or on a fee or contract basis	0	0	23 097	14 536	8 561	876	260	616
Retail trade, except motor vehicles and motorcycles	57	413	10 369	4 225	6 144	977	414	563
Transportation and storage	4 396	165	53 250	48 274	4 976	3 369	2 971	398
Land transport and transport via pipelines	3 782	145	35 121	33 441	1 680	898	777	121
Water transport	0	0	1 376	1 218	158	35	35	0
Air transport	0	0	515	311	204	0	0	0
Warehousing and support activities for transportation	614	20	16 238	13 304	2 934	2 436	2 159	277
Accommodation and food service activities	101	350	4 387	2 219	2 168	370	143	227
Accommodation	48	253	3 611	2 028	1 583	290	139	151
Food and beverage service activities	53	97	776	191	585	80	4	76
Information and communication	702	462	43 197	28 464	14 733	903	469	434
Publishing activities	176	318	23 057	15 062	7 995	420	258	162
Motion picture, video and television programme production, sound recording and music publishing activities	0	0	2 932	1 321	1 611	32	6	26
Broadcasting activities	0	0	1 661	1 009	652	15	6	9
Postal activities and telecommunications	0	0	2 856	2 218	638	7	5	2
Computer programming, consultancy and related activities	303	14	8 836	6 654	2 182	370	168	202
Information service activities	223	130	3 855	2 200	1 655	59	26	33

Note : Based upon the 10th revision of Korean Standard Industrial Classification(2017)
Source : Labor Market Statistics Division, Ministry of Employment and Labor, 「Report on the Establishment Status」

10. 산업·규모별 사업체수 및 (종사상지위·성별)종사자수(55-40)
(2022. 12. 31.)

단위 : 개소, 명

산업별	규모별	200 ~ 299 인						
	사업체수 Number of establi-shments	종사자수 Number of workers			자영업자 Individual proprietors			무급가족 Unpaid family
		계 Total	남 Male	여 Female	계 Total	남 Male	여 Female	계 Total
K. 금융 및 보험업	88	21 277	10 360	10 917	0	0	0	3 819
64. 금융업	27	6 527	4 061	2 466	0	0	0	0
65. 보험 및 연금업	26	6 341	2 577	3 764	0	0	0	2 166
66. 금융 및 보험관련 서비스업	35	8 409	3 722	4 687	0	0	0	1 653
L. 부동산업	40	9 929	6 540	3 389	1	1	0	0
68. 부동산업	40	9 929	6 540	3 389	1	1	0	0
M. 전문, 과학 및 기술 서비스업	256	62 190	42 301	19 889	1	1	0	468
70. 연구개발업	75	18 371	11 622	6 749	0	0	0	0
71. 전문 서비스업	97	23 599	14 482	9 117	1	1	0	463
72. 건축 기술, 엔지니어링 및 기타 과학기술 서비스업	81	19 524	15 834	3 690	0	0	0	5
73. 기타 전문, 과학 및 기술 서비스업	3	696	363	333	0	0	0	0
N. 사업시설 관리, 사업 지원 및 임대 서비스업	394	95 065	48 428	46 637	3	2	1	2 235
74. 사업시설 관리 및 조경 서비스업	101	24 513	13 047	11 466	0	0	0	431
75. 사업 지원 서비스업	292	70 294	35 241	35 053	3	2	1	1 804
76. 임대업 ; 부동산 제외	1	258	140	118	0	0	0	0
P. 교육 서비스업	72	17 763	8 107	9 656	4	4	0	2 062
85. 교육 서비스업	72	17 763	8 107	9 656	4	4	0	2 062
Q. 보건업 및 사회복지 서비스업	447	108 485	24 625	83 860	160	147	13	8 482
86. 보건업	233	56 721	14 496	42 225	159	147	12	173
87. 사회복지 서비스업	214	51 764	10 129	41 635	1	0	1	8 309
R. 예술, 스포츠 및 여가관련 서비스업	57	13 741	6 815	6 926	0	0	0	4 670
90. 창작, 예술 및 여가관련 서비스업	12	2 927	1 664	1 263	0	0	0	0
91. 스포츠 및 오락관련 서비스업	45	10 814	5 151	5 663	0	0	0	4 670
S. 협회 및 단체, 수리 및 기타 개인 서비스업	26	6 137	3 311	2 826	3	2	1	1 406
94. 협회 및 단체	12	2 740	1 415	1 325	0	0	0	230
95. 개인 및 소비용품 수리업	3	703	670	33	0	0	0	0
96. 기타 개인 서비스업	11	2 694	1 226	1 468	3	2	1	1 176

주 : 한국표준산업분류 10차개정(2017) 기준
자료 : 고용노동부 노동시장조사과, 「사업체노동실태현황보고서」

10. Number of establishments and workers(by employment status and gender) by industry and establishment size(55-40) (2022. 12. 31.)

Unit : In each, person

200 ~ 299 persons								Establishment Size
종사자 및 기타종사자 Workers & Other workers		상용근로자 Regular employees			임시 및 일용근로자 Temporary and daily employees			
남 Male	여 Female	계 Total	남 Male	여 Female	계 Total	남 Male	여 Female	Industry
1 101	2 718	16 700	8 939	7 761	758	320	438	Financial and insurance activities
0	0	6 280	3 935	2 345	247	126	121	Financial service activities, except insurance and pension funding
613	1 553	3 918	1 940	1 978	257	24	233	Insurance and pension funding
488	1 165	6 502	3 064	3 438	254	170	84	Activities auxiliary to financial service and insurance activities
0	0	8 521	5 626	2 895	1 407	913	494	Real estate activities
0	0	8 521	5 626	2 895	1 407	913	494	Real estate activities
401	67	59 704	40 662	19 042	2 017	1 237	780	Professional, scientific and technical activities
0	0	17 814	11 334	6 480	557	288	269	Research and development
397	66	22 578	13 846	8 732	557	238	319	Professional services
4	1	18 717	15 154	3 563	802	676	126	Architectural, engineering and other scientific technical services
0	0	595	328	267	101	35	66	Other professional, scientific and technical services
1 307	928	79 383	39 577	39 806	13 444	7 542	5 902	Business facilities management and business support services; rental and leasing activities
366	65	20 214	10 592	9 622	3 868	2 089	1 779	Business facilities management and landscape services
941	863	58 911	28 845	30 066	9 576	5 453	4 123	Business support services
0	0	258	140	118	0	0	0	Rental and leasing activities; except real estate
615	1 447	13 100	6 375	6 725	2 597	1 113	1 484	Education
615	1 447	13 100	6 375	6 725	2 597	1 113	1 484	Education
1 425	7 057	85 670	19 868	65 802	14 173	3 185	10 988	Human health and social work activities
53	120	54 687	13 866	40 821	1 702	430	1 272	Human health activities
1 372	6 937	30 983	6 002	24 981	12 471	2 755	9 716	Social work activities
1 440	3 230	7 786	4 656	3 130	1 285	719	566	Arts, sports and recreation related services
0	0	2 273	1 256	1 017	654	408	246	Creative, arts and recreation related services
1 440	3 230	5 513	3 400	2 113	631	311	320	Sports activities and amusement activities
610	796	3 820	2 370	1 450	908	329	579	Membership organizations, repair and other personal services
76	154	2 396	1 310	1 086	114	29	85	Membership organizations
0	0	686	660	26	17	10	7	Maintenance and repair services of personal and household goods
534	642	738	400	338	777	290	487	Other personal services activities

Note : Based upon the 10th revision of Korean Standard Industrial Classification(2017)
Source : Labor Market Statistics Division, Ministry of Employment and Labor, 「Report on the Establishment Status」

10. 산업·규모별 사업체수 및 (종사상지위·성별)종사자수(55-41)
(2022. 12. 31.)

단위 : 개소, 명

산업별	규모별 사업체수 Number of establi-shments	300 ~ 499 인 종사자수 Number of workers 계 Total	남 Male	여 Female	자영업자 Individual proprietors 계 Total	남 Male	여 Female	무급가족 Unpaid family 계 Total
전 산 업	2 005	757 514	481 071	276 443	89	82	7	32 805
A. 농업, 임업 및 어업	1	302	293	9	0	0	0	0
01. 농 업	-	-	-	-	-	-	-	-
02. 임 업	-	-	-	-	-	-	-	-
03. 어 업	1	302	293	9	0	0	0	0
B. 광 업	1	454	437	17	0	0	0	0
05. 석탄, 원유 및 천연가스 광업	1	454	437	17	0	0	0	0
06. 금 속 광 업	-	-	-	-	-	-	-	-
07. 비금속광물 광업; 연료용 제외	-	-	-	-	-	-	-	-
08. 광업 지원 서비스업	-	-	-	-	-	-	-	-
C. 제 조 업	422	159 999	129 937	30 062	1	1	0	281
10. 식 료 품 제조업	33	12 570	6 889	5 681	0	0	0	0
101. 도축, 육류 가공 및 저장 처리업	7	2 544	1 444	1 100	0	0	0	0
102. 수산물 가공 및 저장 처리업	2	816	325	491	0	0	0	0
103. 과실, 채소 가공 및 저장 처리업	2	698	266	432	0	0	0	0
104. 동물성 및 식물성 유지 제조업	-	-	-	-	-	-	-	-
105. 낙농제품 및 식용 빙과류 제조업	6	2 312	1 897	415	0	0	0	0
106. 곡물 가공품, 전분 및 전분제품 제조업	-	-	-	-	-	-	-	-
107. 기 타 식 품 제조업	16	6 200	2 957	3 243	0	0	0	0
108. 동물용 사료 및 조제식품 제조업	-	-	-	-	-	-	-	-
11. 음 료 제조업	7	2 565	1 961	604	0	0	0	0
111. 알코올 음료 제조업	4	1 486	1 143	343	0	0	0	0
112. 비알코올 음료 및 얼음 제조업	3	1 079	818	261	0	0	0	0
12. 담 배 제조업	2	803	739	64	0	0	0	17
120. 담 배 제조업	2	803	739	64	0	0	0	17
13. 섬유제품 제조업; 의복 제외	3	999	706	293	0	0	0	0
131. 방적 및 가공사 제조업	1	335	94	241	0	0	0	0
132. 직물 직조 및 직물제품 제조업	2	664	612	52	0	0	0	0
133. 편 조 원 단 제조업	-	-	-	-	-	-	-	-
134. 섬유제품 염색, 정리 및 마무리 가공업	-	-	-	-	-	-	-	-
139. 기 타 섬유제품 제조업	-	-	-	-	-	-	-	-
14. 의복, 의복 액세서리 및 모피제품 제조업	4	1 537	613	924	0	0	0	61
141. 봉제 의복 제조업	4	1 537	613	924	0	0	0	61
142. 모 피 제 품 제조업	-	-	-	-	-	-	-	-
143. 편 조 의 복 제조업	-	-	-	-	-	-	-	-
144. 의복 액세서리 제조업	-	-	-	-	-	-	-	-
15. 가죽, 가방 및 신발 제조업	1	321	190	131	0	0	0	0
151. 가죽, 가방 및 유사 제품 제조업	1	321	190	131	0	0	0	0
152. 신발 및 신발 부분품 제조업	-	-	-	-	-	-	-	-
16. 목재 및 나무제품 제조업; 가구 제외	2	618	504	114	0	0	0	0
161. 제재 및 목재 가공업	-	-	-	-	-	-	-	-
162. 나 무 제 품 제조업	2	618	504	114	0	0	0	0
163. 코르크 및 조물 제품 제조업	-	-	-	-	-	-	-	-

주 : 한국표준산업분류 10차개정(2017) 기준
자료 : 고용노동부 노동시장조사과, 「사업체노동실태현황보고서」

10. Number of establishments and workers(by employment status and gender) by industry and establishment size(55-41) (2022. 12. 31.)

Unit : In each, person

Workers & Other workers		Regular employees			Temporary and daily employees			Establishment Size / Industry
남 Male	여 Female	계 Total	남 Male	여 Female	계 Total	남 Male	여 Female	
14 860	17 945	604 897	386 411	218 486	119 723	79 718	40 005	All industries
0	0	41	32	9	261	261	0	Agriculture, forestry and fishing
-	-	-	-	-	-	-	-	Agriculture
-	-	-	-	-	-	-	-	Forestry
0	0	41	32	9	261	261	0	Fishing and aquaculture
0	0	280	273	7	174	164	10	Mining and quarrying
0	0	280	273	7	174	164	10	Mining of coal, crude petroleum and natural gas
-	-	-	-	-	-	-	-	Mining of metal ores
-	-	-	-	-	-	-	-	Mining of non-metallic minerals, except fuel
-	-	-	-	-	-	-	-	Mining support service activities
218	63	155 083	126 755	28 328	4 634	2 963	1 671	Manufacturing
0	0	11 710	6 510	5 200	860	379	481	Manufacture of food products
0	0	2 531	1 435	1 096	13	9	4	Slaughtering of livestock, processing and preserving of meat and meat products
0	0	606	243	363	210	82	128	Processing and preserving of fish, crustaceans, molluscs and seaweeds
0	0	698	266	432	0	0	0	Processing and preserving of fruit and vegetables
-	-	-	-	-	-	-	-	Manufacture of vegetable and animal oils and fats
0	0	2 159	1 775	384	153	122	31	Manufacture of dairy products and edible ice cakes
-	-	-	-	-	-	-	-	Manufacture of grain mill products, starches and starch products
0	0	5 716	2 791	2 925	484	166	318	Manufacture of other food products
-	-	-	-	-	-	-	-	Manufacture of prepared animal feeds and feed additives
0	0	2 512	1 919	593	53	42	11	Manufacture of beverages
0	0	1 465	1 127	338	21	16	5	Manufacture of alcoholic beverages
0	0	1 047	792	255	32	26	6	Manufacture of ice and non-alcoholic beverages; production of mineral waters
12	5	786	727	59	0	0	0	Manufacture of tobacco products
12	5	786	727	59	0	0	0	Manufacture of tobacco products
0	0	999	706	293	0	0	0	Manufacture of textiles, except apparel
0	0	335	94	241	0	0	0	Spinning of textiles and processing of threads and yarns
0	0	664	612	52	0	0	0	Weaving of textiles and manufacture of textile products
-	-	-	-	-	-	-	-	Manufacture of knitted and crocheted fabrics
-	-	-	-	-	-	-	-	Dyeing and finishing of textiles and wearing apparel
-	-	-	-	-	-	-	-	Manufacture of other made-up textile articles, except apparel
13	48	1 394	567	827	82	33	49	Manufacture of wearing apparel, clothing accessories and fur articles
13	48	1 394	567	827	82	33	49	Manufacture of sewn wearing apparel, except fur apparel
-	-	-	-	-	-	-	-	Manufacture of articles of fur
-	-	-	-	-	-	-	-	Manufacture of knitted and crocheted apparel
-	-	-	-	-	-	-	-	Manufacture of apparel accessories
0	0	321	190	131	0	0	0	Manufacture of leather, luggage and footwear
0	0	321	190	131	0	0	0	Manufacture of leather, luggage and similar products
-	-	-	-	-	-	-	-	Manufacture of footwear and parts of footwear
0	0	598	495	103	20	9	11	Manufacture of wood and of products of wood and cork; except furniture
-	-	-	-	-	-	-	-	Sawmilling and planing of wood
0	0	598	495	103	20	9	11	Manufacture of wood products
-	-	-	-	-	-	-	-	Manufacture of articles of cork, straw and plaiting materials

Note : Based upon the 10th revision of Korean Standard Industrial Classification(2017)
Source : Labor Market Statistics Division, Ministry of Employment and Labor, 「Report on the Establishment Status」

10. 산업·규모별 사업체수 및 (종사상지위·성별)종사자수(55-42)
(2022. 12. 31.)

단위 : 개소, 명

산업별	규모별	300 ~ 499 인						
	사업체수 Number of establi- shments	종사자수 Number of workers			자영업자 Individual proprietors			무급가족 Unpaid family
		계 Total	남 Male	여 Female	계 Total	남 Male	여 Female	계 Total
17. 펄프, 종이 및 종이제품 제조업	7	2 729	2 602	127	0	0	0	0
171. 펄프, 종이 및 판지 제조업	5	1 996	1 928	68	0	0	0	0
172. 골판지, 종이 상자 및 종이 용기 제조업	-	-	-	-	-	-	-	-
179. 기타 종이 및 판지 제품 제조업	2	733	674	59	0	0	0	0
18. 인쇄 및 기록매체 복제업	-	-	-	-	-	-	-	-
181. 인쇄 및 인쇄관련 산업	-	-	-	-	-	-	-	-
182. 기록매체 복제업	-	-	-	-	-	-	-	-
19. 코크스, 연탄 및 석유정제품 제조업	-	-	-	-	-	-	-	-
191. 코크스 및 연탄 제조업	-	-	-	-	-	-	-	-
192. 석유 정제품 제조업	-	-	-	-	-	-	-	-
20. 화학 물질 및 화학제품 제조업; 의약품 제외	33	12 365	10 443	1 922	0	0	0	103
201. 기초 화학물질 제조업	8	2 740	2 591	149	0	0	0	0
202. 합성고무 및 플라스틱 물질 제조업	5	1 816	1 721	95	0	0	0	103
203. 비료, 농약 및 살균·살충제 제조업	1	394	374	20	0	0	0	0
204. 기타 화학제품 제조업	17	6 564	4 940	1 624	0	0	0	0
205. 화학섬유 제조업	2	851	817	34	0	0	0	0
21. 의료용 물질 및 의약품 제조업	20	7 681	4 970	2 711	0	0	0	0
211. 기초 의약 물질 및 생물학적 제제 제조업	6	2 521	1 863	658	0	0	0	0
212. 의약품 제조업	14	5 160	3 107	2 053	0	0	0	0
213. 의료용품 및 기타 의약 관련제품 제조업	-	-	-	-	-	-	-	-
22. 고무 및 플라스틱제품 제조업	18	6 793	5 616	1 177	0	0	0	0
221. 고무제품 제조업	3	1 098	959	139	0	0	0	0
222. 플라스틱 제품 제조업	15	5 695	4 657	1 038	0	0	0	0
23. 비금속 광물제품 제조업	14	5 730	5 294	436	0	0	0	0
231. 유리 및 유리제품 제조업	6	2 736	2 421	315	0	0	0	0
232. 내화, 비내화 요업제품 제조업	2	683	614	69	0	0	0	0
233. 시멘트, 석회, 플라스터 및 그 제품 제조업	5	1 994	1 949	45	0	0	0	0
239. 기타 비금속 광물제품 제조업	1	317	310	7	0	0	0	0
24. 1차 금속 제조업	20	7 284	6 874	410	0	0	0	0
241. 1차 철강 제조업	14	5 073	4 785	288	0	0	0	0
242. 1차 비철금속 제조업	5	1 862	1 744	118	0	0	0	0
243. 금속 주조업	1	349	345	4	0	0	0	0
25. 금속 가공제품 제조업; 기계 및 가구 제외	24	9 115	7 524	1 591	0	0	0	0
251. 구조용 금속제품, 탱크 및 증기발생기 제조업	4	1 352	1 279	73	0	0	0	0
252. 무기 및 총포탄 제조업	4	1 542	1 434	108	0	0	0	0
259. 기타 금속 가공제품 제조업	16	6 221	4 811	1 410	0	0	0	0

주 : 한국표준산업분류 10차개정(2017) 기준
자료 : 고용노동부 노동시장조사과, 「사업체노동실태현황보고서」

10. Number of establishments and workers(by employment status and gender) by industry and establishment size(55-42) (2022. 12. 31.)

Unit : In each, person

\multicolumn{8}{c	}{300 ~ 499 persons}	Establishment Size
종사자 및 기타종사자 Workers & Other workers		상용근로자 Regular employees			임시 및 일용근로자 Temporary and daily employees			
남 Male	여 Female	계 Total	남 Male	여 Female	계 Total	남 Male	여 Female	Industry
0	0	2 729	2 602	127	0	0	0	Manufacture of pulp, paper and paper products
0	0	1 996	1 928	68	0	0	0	Manufacture of pulp, paper and paperboard
-	-	-	-	-	-	-	-	Manufacture of corrugated paper, paper boxes and paper containers
0	0	733	674	59	0	0	0	Manufacture of other paper and paperboard products
-	-	-	-	-	-	-	-	Printing and reproduction of recorded media
-	-	-	-	-	-	-	-	Printing and service activities related to printing
-	-	-	-	-	-	-	-	Reproduction of recorded media
-	-	-	-	-	-	-	-	Manufacture of coke, briquettes and refined petroleum products
-	-	-	-	-	-	-	-	Manufacture of coke and briquettes
-	-	-	-	-	-	-	-	Manufacture of refined petroleum products
103	0	12 161	10 279	1 882	101	61	40	Manufacture of chemicals and chemical products; except pharmaceuticals and medicinal chemicals
0	0	2 739	2 590	149	1	1	0	Manufacture of basic chemicals
103	0	1 688	1 599	89	25	19	6	Manufacture of plastics and synthetic rubber in primary forms
0	0	376	361	15	18	13	5	Manufacture of fertilizers, pesticides, germicides and insecticides
0	0	6 507	4 912	1 595	57	28	29	Manufacture of other chemical products
0	0	851	817	34	0	0	0	Manufacture of man-made fibers
0	0	7 591	4 929	2 662	90	41	49	Manufacture of pharmaceuticals, medicinal chemical and botanical products
0	0	2 432	1 822	610	89	41	48	Manufacture of medicinal chemicals, antibiotics and biological products
0	0	5 159	3 107	2 052	1	0	1	Manufacture of medicaments
-	-	-	-	-	-	-	-	Manufacture of medical supplies and related other medicaments
0	0	5 953	5 180	773	840	436	404	Manufacture of rubber and plastics products
0	0	1 078	939	139	20	20	0	Manufacture of rubber products
0	0	4 875	4 241	634	820	416	404	Manufacture of plastics products
0	0	5 558	5 203	355	172	91	81	Manufacture of other non-metallic mineral products
0	0	2 564	2 330	234	172	91	81	Manufacture of glass and glass products
0	0	683	614	69	0	0	0	Manufacture of refractory and non-refractory ceramic products
0	0	1 994	1 949	45	0	0	0	Manufacture of cement, lime, plaster and its products
0	0	317	310	7	0	0	0	Manufacture of other non-metallic mineral products
0	0	7 190	6 794	396	94	80	14	Manufacture of basic metals
0	0	5 065	4 785	280	8	0	8	Manufacture of basic iron and steel
0	0	1 805	1 693	112	57	51	6	Manufacture of basic precious and non-ferrous metals
0	0	320	316	4	29	29	0	Casting of metals
0	0	8 353	6 782	1 571	762	742	20	Manufacture of fabricated metal products, except machinery and furniture
0	0	612	549	63	740	730	10	Manufacture of structural metal products, tanks, reservoirs and steam generators
0	0	1 542	1 434	108	0	0	0	Manufacture of weapons and ammunition
0	0	6 199	4 799	1 400	22	12	10	Manufacture of other fabricated metal products; metalworking service activities

Note : Based upon the 10th revision of Korean Standard Industrial Classification(2017)
Source : Labor Market Statistics Division, Ministry of Employment and Labor, 「Report on the Establishment Status」

10. 산업·규모별 사업체수 및 (종사상지위·성별)종사자수(55-43)
(2022. 12. 31.)

단위 : 개소, 명

산업별	규모별	300 ~ 499 인						
	사업체수 Number of establi-shments	종사자수 Number of workers			자영업자 Individual proprietors			무급가족 Unpaid family
		계 Total	남 Male	여 Female	계 Total	남 Male	여 Female	계 Total
26. 전자 부품, 컴퓨터, 영상, 음향 및 통신장비 제조업	50	19 459	14 498	4 961	0	0	0	12
261. 반 도 체 제 조 업	19	7 424	5 391	2 033	0	0	0	12
262. 전 자 부 품 제 조 업	20	7 890	5 991	1 899	0	0	0	0
263. 컴퓨터 및 주변 장치 제조업	3	1 147	825	322	0	0	0	0
264. 통신 및 방송장비 제조업	6	2 218	1 658	560	0	0	0	0
265. 영상 및 음향 기기 제조업	2	780	633	147	0	0	0	0
266. 마그네틱 및 광학 매체 제조업	-	-	-	-	-	-	-	-
27. 의료, 정밀, 광학 기기 및 시계 제조업	15	5 561	4 528	1 033	0	0	0	0
271. 의 료 용 기 기 제 조 업	5	1 837	1 425	412	0	0	0	0
272. 측정시험항해제어및기타정밀기기제조업;광학기기제외	5	1 951	1 683	268	0	0	0	0
273. 사진장비 및 광학 기기 제조업	5	1 773	1 420	353	0	0	0	0
274. 시계 및 시계 부품 제조업	-	-	-	-	-	-	-	-
28. 전 기 장 비 제 조 업	48	18 577	15 578	2 999	0	0	0	0
281. 전동기, 발전기 및 전기 변환·공급·제어 장치 제조업	12	4 754	3 610	1 144	0	0	0	0
282. 일차전지 및 축전지 제조업	24	9 331	8 383	948	0	0	0	0
283. 절연선 및 케이블 제조업	4	1 628	1 446	182	0	0	0	0
284. 전구 및 조명장치 제조업	3	996	707	289	0	0	0	0
285. 가 정 용 기 기 제 조 업	5	1 868	1 432	436	0	0	0	0
289. 기 타 전기장비 제 조 업	-	-	-	-	-	-	-	-
29. 기타 기계 및 장비 제조업	38	14 218	12 708	1 510	0	0	0	0
291. 일 반 목적용 기 계 제 조 업	14	5 345	4 862	483	0	0	0	0
292. 특 수 목적용 기 계 제 조 업	24	8 873	7 846	1 027	0	0	0	0
30. 자동차 및 트레일러 제조업	70	26 049	23 188	2 861	1	1	0	88
301. 자동차용 엔진 및 자동차 제조업	1	467	458	9	0	0	0	0
302. 자동차 차체 및 트레일러 제조업	1	489	487	2	0	0	0	0
303. 자동차 신품 부품 제조업	68	25 093	22 243	2 850	1	1	0	88
304. 자동차 재제조 부품 제조업	-	-	-	-	-	-	-	-
31. 기 타 운송장비 제 조 업	9	3 706	3 428	278	0	0	0	0
311. 선 박 및 보 트 건 조 업	3	1 256	1 156	100	0	0	0	0
312. 철 도 장 비 제 조 업	2	847	772	75	0	0	0	0
313. 항공기, 우주선 및 부품 제조업	3	1 220	1 126	94	0	0	0	0
319. 그 외 기타 운송장비 제조업	1	383	374	9	0	0	0	0
32. 가 구 제 조 업	-	-	-	-	-	-	-	-
320. 가 구 제 조 업	-	-	-	-	-	-	-	-
33. 기 타 제 품 제 조 업	1	337	211	126	0	0	0	0
331. 귀금속 및 장신용품 제조업	-	-	-	-	-	-	-	-
332. 악 기 제 조 업	-	-	-	-	-	-	-	-
333. 운동 및 경기용구 제조업	-	-	-	-	-	-	-	-
334. 인형, 장난감 및 오락용품 제조업	-	-	-	-	-	-	-	-
339. 그 외 기타 제품 제조업	1	337	211	126	0	0	0	0
34. 산업용 기계 및 장비 수리업	3	982	873	109	0	0	0	0
340. 산업용 기계 및 장비 수리업	3	982	873	109	0	0	0	0

주 : 한국표준산업분류 10차개정(2017) 기준
자료 : 고용노동부 노동시장조사과, 「사업체노동실태현황보고서」

10. Number of establishments and workers(by employment status and gender) by industry and establishment size(55-43) (2022. 12. 31.)

Unit : In each, person

Establishment Size	300 ~ 499 persons								Industry
종사자 및 기타종사자 Workers & Other workers		상용근로자 Regular employees			임시 및 일용근로자 Temporary and daily employees				
남 Male	여 Female	계 Total	남 Male	여 Female	계 Total	남 Male	여 Female		
4	8	19 043	14 266	4 777	404	228	176	Manufacture of electronic components, computer; visual, sounding and communication equipment
4	8	7 402	5 384	2 018	10	3	7	Manufacture of semiconductor
0	0	7 581	5 826	1 755	309	165	144	Manufacture of electronic components
0	0	1 067	769	298	80	56	24	Manufacture of computers and peripheral equipment
0	0	2 213	1 654	559	5	4	1	Manufacture of communication and broadcasting apparatuses
0	0	780	633	147	0	0	0	Manufacture of electronic video and audio equipment
-	-	-	-	-	-	-	-	Manufacture of magnetic and optical medium
0	0	5 548	4 523	1 025	13	5	8	Manufacture of medical, precision and optical instruments, watches and clocks
0	0	1 837	1 425	412	0	0	0	Manufacture of medical and dental instruments and supplies
0	0	1 950	1 683	267	1	0	1	Manufacture of measuring, testing, navigating and control equipment; except optical instruments
0	0	1 761	1 415	346	12	5	7	Manufacture of photographic equipment and optical instruments
-	-	-	-	-	-	-	-	Manufacture of watches, clocks and its parts
0	0	18 182	15 403	2 779	395	175	220	Manufacture of electrical equipment
0	0	4 637	3 562	1 075	117	48	69	Manufacture of electric motors, generators, transformers and electricity distribution and control apparatus
0	0	9 284	8 337	947	47	46	1	Manufacture of batteries and accumulators
0	0	1 565	1 391	174	63	55	8	Manufacture of insulated wires and cables
0	0	831	684	147	165	23	142	Manufacture of electric tubes and bulbs and lighting equipment
0	0	1 865	1 429	436	3	3	0	Manufacture of domestic appliances
-	-	-	-	-	-	-	-	Manufacture of other electrical equipment
0	0	13 921	12 468	1 453	297	240	57	Manufacture of other machinery and equipment
0	0	5 330	4 855	475	15	7	8	Manufacture of general purpose machinery
0	0	8 591	7 613	978	282	233	49	Manufacture of special-purpose machinery
86	2	25 569	22 756	2 813	391	345	46	Manufacture of motor vehicles, trailers and semitrailers
0	0	464	458	6	3	0	3	Manufacture of motor vehicles and engines for motor vehicles
0	0	432	430	2	57	57	0	Manufacture of bodies for motor vehicles; manufacture of trailers and semi-trailers
86	2	24 673	21 868	2 805	331	288	43	Manufacture of parts and accessories for motor vehicles(new products)
-	-	-	-	-	-	-	-	Manufacture of parts and accessories for motor vehicles(remanufacturing products)
0	0	3 646	3 372	274	60	56	4	Manufacture of other transport equipment
0	0	1 196	1 100	96	60	56	4	Building of ships and boats
0	0	847	772	75	0	0	0	Manufacture of railway locomotives and rolling stock
0	0	1 220	1 126	94	0	0	0	Manufacture of aircraft, spacecraft and its parts
0	0	383	374	9	0	0	0	Manufacture of other transport equipment
-	-	-	-	-	-	-	-	Manufacture of furniture
-	-	-	-	-	-	-	-	Manufacture of furniture
0	0	337	211	126	0	0	0	Other manufacturing
-	-	-	-	-	-	-	-	Manufacture of jewellery, bijouterie and related articles
-	-	-	-	-	-	-	-	Manufacture of musical instruments
-	-	-	-	-	-	-	-	Manufacture of sports and athletic goods
-	-	-	-	-	-	-	-	Manufacture of dolls, toys and amusement goods
0	0	337	211	126	0	0	0	Other manufacturing n.e.c.
0	0	982	873	109	0	0	0	Maintenance and repair services of industrial machinery and equipment
0	0	982	873	109	0	0	0	Maintenance and repair services of industrial machinery and equipment

Note : Based upon the 10th revision of Korean Standard Industrial Classification(2017)
Source : Labor Market Statistics Division, Ministry of Employment and Labor, 「Report on the Establishment Status」

10. 산업·규모별 사업체수 및 (종사상지위·성별)종사자수(55-44)
(2022. 12. 31.)

단위 : 개소, 명

산업별	규모별	사업체수 Number of establi-shments	종사자수 Number of workers 300 ~ 499 인			자영업자 Individual proprietors			무급가족 Unpaid family
			계 Total	남 Male	여 Female	계 Total	남 Male	여 Female	계 Total
D. 전기, 가스, 증기 및 공기 조절 공급업		16	6 208	4 751	1 457	0	0	0	0
35. 전기, 가스, 증기 및 공기 조절 공급업		16	6 208	4 751	1 457	0	0	0	0
E. 수도, 하수 및 폐기물 처리, 원료 재생업		2	805	712	93	0	0	0	0
36. 수도업		-	-	-	-	-	-	-	-
37. 하수, 폐수 및 분뇨 처리업		-	-	-	-	-	-	-	-
38. 폐기물 수집, 운반, 처리 및 원료 재생업		2	805	712	93	0	0	0	0
39. 환경 정화 및 복원업		-	-	-	-	-	-	-	-
F. 건설업		221	82 005	72 368	9 637	0	0	0	5 601
41. 종합 건설업		57	21 929	18 992	2 937	0	0	0	0
42. 전문직별 공사업		164	60 076	53 376	6 700	0	0	0	5 601
G. 도매 및 소매업		106	39 025	22 343	16 682	0	0	0	59
45. 자동차 및 부품 판매업		1	320	75	245	0	0	0	0
46. 도매 및 상품 중개업		73	27 157	16 959	10 198	0	0	0	16
47. 소매업 ; 자동차 제외		32	11 548	5 309	6 239	0	0	0	43
H. 운수 및 창고업		98	36 666	32 186	4 480	0	0	0	1 767
49. 육상 운송 및 파이프라인 운송업		50	18 693	17 438	1 255	0	0	0	1 459
50. 수상 운송업		5	1 732	1 480	252	0	0	0	0
51. 항공 운송업		2	671	385	286	0	0	0	0
52. 창고 및 운송관련 서비스업		41	15 570	12 883	2 687	0	0	0	308
I. 숙박 및 음식점업		23	8 950	4 510	4 440	0	0	0	65
55. 숙박업		21	8 116	4 384	3 732	0	0	0	65
56. 음식점 및 주점업		2	834	126	708	0	0	0	0
J. 정보통신업		122	46 407	30 297	16 110	0	0	0	928
58. 출판업		68	26 613	17 403	9 210	0	0	0	7
59. 영상·오디오 기록물 제작 및 배급업		7	2 538	1 387	1 151	0	0	0	590
60. 방송업		8	2 901	1 719	1 182	0	0	0	140
61. 우편 및 통신업		3	1 263	792	471	0	0	0	0
62. 컴퓨터 프로그래밍, 시스템 통합 및 관리업		22	7 779	5 904	1 875	0	0	0	191
63. 정보서비스업		14	5 313	3 092	2 221	0	0	0	0

주 : 한국표준산업분류 10차개정(2017) 기준
자료 : 고용노동부 노동시장조사과, 「사업체노동실태현황보고서」

10. Number of establishments and workers(by employment status and gender) by industry and establishment size(55-44) (2022. 12. 31.)

Unit : In each, person

종사자 및 기타종사자 Workers & Other workers		상용근로자 Regular employees			임시 및 일용근로자 Temporary and daily employees			Establishment Size / Industry
남 Male	여 Female	계 Total	남 Male	여 Female	계 Total	남 Male	여 Female	
0	0	6 186	4 735	1 451	22	16	6	Electricity, gas, steam and air conditioning supply
0	0	6 186	4 735	1 451	22	16	6	Electricity, gas, steam and air conditioning supply
0	0	766	674	92	39	38	1	Water supply; sewage, waste management, materials recovery
-	-	-	-	-	-	-	-	Water supply
-	-	-	-	-	-	-	-	Sewage, wastewater, human and animal waste treatment services
0	0	766	674	92	39	38	1	Waste collection, treatment and disposal activities; materials recovery
-	-	-	-	-	-	-	-	Remediation activities and other waste management services
5 250	351	17 318	14 789	2 529	59 086	52 329	6 757	Construction
0	0	9 072	7 636	1 436	12 857	11 356	1 501	General construction
5 250	351	8 246	7 153	1 093	46 229	40 973	5 256	Specialized construction activities
10	49	37 637	21 874	15 763	1 329	459	870	Wholesale and retail trade
0	0	320	75	245	0	0	0	Sale of motor vehicles and parts
3	13	26 397	16 774	9 623	744	182	562	Wholesale trade on own account or on a fee or contract basis
7	36	10 920	5 025	5 895	585	277	308	Retail trade, except motor vehicles and motorcycles
1 765	2	32 347	28 451	3 896	2 552	1 970	582	Transportation and storage
1 457	2	16 880	15 708	1 172	354	273	81	Land transport and transport via pipelines
0	0	1 497	1 245	252	235	235	0	Water transport
0	0	671	385	286	0	0	0	Air transport
308	0	13 299	11 113	2 186	1 963	1 462	501	Warehousing and support activities for transportation
0	65	7 423	3 893	3 530	1 462	617	845	Accommodation and food service activities
0	65	6 589	3 767	2 822	1 462	617	845	Accommodation
0	0	834	126	708	0	0	0	Food and beverage service activities
570	358	44 398	29 217	15 181	1 081	510	571	Information and communication
4	3	25 995	17 095	8 900	611	304	307	Publishing activities
305	285	1 920	1 071	849	28	11	17	Motion picture, video and television programme production, sound recording and music publishing activities
70	70	2 514	1 577	937	247	72	175	Broadcasting activities
0	0	1 263	792	471	0	0	0	Postal activities and telecommunications
191	0	7 476	5 647	1 829	112	66	46	Computer programming, consultancy and related activities
0	0	5 230	3 035	2 195	83	57	26	Information service activities

Note : Based upon the 10th revision of Korean Standard Industrial Classification(2017)
Source : Labor Market Statistics Division, Ministry of Employment and Labor, 「Report on the Establishment Status」

10. 산업·규모별 사업체수 및 (종사상지위·성별)종사자수(55-45)
(2022. 12. 31.)

단위 : 개소, 명

산업별	규모별	300 ~ 499 인						
	사업체수 Number of establi-shments	종사자수 Number of workers			자영업자 Individual proprietors			무급가족 Unpaid family
		계 Total	남 Male	여 Female	계 Total	남 Male	여 Female	계 Total
K. 금융 및 보험업	65	24 334	12 245	12 089	0	0	0	4 239
64. 금융업	25	9 522	5 636	3 886	0	0	0	594
65. 보험 및 연금업	22	8 367	3 741	4 626	0	0	0	1 763
66. 금융 및 보험관련 서비스업	18	6 445	2 868	3 577	0	0	0	1 882
L. 부동산업	24	9 119	5 535	3 584	0	0	0	344
68. 부동산업	24	9 119	5 535	3 584	0	0	0	344
M. 전문, 과학 및 기술 서비스업	214	83 142	56 518	26 624	0	0	0	584
70. 연구개발업	58	22 461	14 159	8 302	0	0	0	261
71. 전문 서비스업	87	33 378	19 729	13 649	0	0	0	300
72. 건축 기술, 엔지니어링 및 기타 과학기술 서비스업	66	26 256	22 273	3 983	0	0	0	23
73. 기타 전문, 과학 및 기술 서비스업	3	1 047	357	690	0	0	0	0
N. 사업시설 관리, 사업 지원 및 임대 서비스업	320	120 913	62 635	58 278	5	3	2	4 957
74. 사업시설 관리 및 조경 서비스업	80	30 378	15 546	14 832	0	0	0	0
75. 사업 지원 서비스업	234	88 172	45 397	42 775	5	3	2	4 957
76. 임대업; 부동산 제외	6	2 363	1 692	671	0	0	0	0
P. 교육 서비스업	105	39 892	19 169	20 723	1	1	0	3 745
85. 교육 서비스업	105	39 892	19 169	20 723	1	1	0	3 745
Q. 보건업 및 사회복지 서비스업	230	85 715	21 044	64 671	82	77	5	7 435
86. 보건업	129	48 293	13 015	35 278	81	76	5	28
87. 사회복지 서비스업	101	37 422	8 029	29 393	1	1	0	7 407
R. 예술, 스포츠 및 여가관련 서비스업	20	7 947	3 580	4 367	0	0	0	1 748
90. 창작, 예술 및 여가관련 서비스업	4	1 751	843	908	0	0	0	350
91. 스포츠 및 오락관련 서비스업	16	6 196	2 737	3 459	0	0	0	1 398
S. 협회 및 단체, 수리 및 기타 개인 서비스업	15	5 631	2 511	3 120	0	0	0	1 052
94. 협회 및 단체	9	3 439	1 970	1 469	0	0	0	0
95. 개인 및 소비용품 수리업	-	-	-	-	-	-	-	-
96. 기타 개인 서비스업	6	2 192	541	1 651	0	0	0	1 052

주 : 한국표준산업분류 10차개정(2017) 기준
자료 : 고용노동부 노동시장조사과, 「사업체노동실태현황보고서」

10. Number of establishments and workers(by employment status and gender) by industry and establishment size(55-45) (2022. 12. 31.)

Unit : In each, person

종사자 및 기타종사자 Workers & Other workers		상용근로자 Regular employees			임시 및 일용근로자 Temporary and daily employees			Establishment Size 300 ~ 499 persons
남 Male	여 Female	계 Total	남 Male	여 Female	계 Total	남 Male	여 Female	Industry
825	3 414	19 839	11 343	8 496	256	77	179	Financial and insurance activities
121	473	8 801	5 468	3 333	127	47	80	Financial service activities, except insurance and pension funding
164	1 599	6 565	3 572	2 993	39	5	34	Insurance and pension funding
540	1 342	4 473	2 303	2 170	90	25	65	Activities auxiliary to financial service and insurance activities
91	253	7 621	4 810	2 811	1 154	634	520	Real estate activities
91	253	7 621	4 810	2 811	1 154	634	520	Real estate activities
349	235	78 947	53 955	24 992	3 611	2 214	1 397	Professional, scientific and technical activities
180	81	21 007	13 423	7 584	1 193	556	637	Research and development
150	150	32 106	19 168	12 938	972	411	561	Professional services
19	4	24 850	21 024	3 826	1 383	1 230	153	Architectural, engineering and other scientific technical services
0	0	984	340	644	63	17	46	Other professional, scientific and technical services
2 151	2 806	95 994	50 310	45 684	19 957	10 171	9 786	Business facilities management and business support services; rental and leasing activities
0	0	26 173	13 745	12 428	4 205	1 801	2 404	Business facilities management and landscape services
2 151	2 806	67 470	34 881	32 589	15 740	8 362	7 378	Business support services
0	0	2 351	1 684	667	12	8	4	Rental and leasing activities; except real estate
1 004	2 741	30 096	15 484	14 612	6 050	2 680	3 370	Education
1 004	2 741	30 096	15 484	14 612	6 050	2 680	3 370	Education
2 105	5 330	62 215	15 217	46 998	15 983	3 645	12 338	Human health and social work activities
12	16	47 156	12 605	34 551	1 028	322	706	Human health activities
2 093	5 314	15 059	2 612	12 447	14 955	3 323	11 632	Social work activities
360	1 388	4 964	2 715	2 249	1 235	505	730	Arts, sports and recreation related services
105	245	1 259	697	562	142	41	101	Creative, arts and recreation related services
255	1 143	3 705	2 018	1 687	1 093	464	629	Sports activities and amusement activities
162	890	3 742	1 884	1 858	837	465	372	Membership organizations, repair and other personal services
0	0	2 978	1 694	1 284	461	276	185	Membership organizations
-	-	-	-	-	-	-	-	Maintenance and repair services of personal and household goods
162	890	764	190	574	376	189	187	Other personal services activities

Note : Based upon the 10th revision of Korean Standard Industrial Classification(2017)
Source : Labor Market Statistics Division, Ministry of Employment and Labor, 「Report on the Establishment Status」

10. 산업·규모별 사업체수 및 (종사상지위·성별)종사자수(55-46)
(2022. 12. 31.)

단위 : 개소, 명

산업별 \ 규모별	사업체수 Number of establi- shments	종사자수 Number of workers			자영업자 Individual proprietors			무급가족 Unpaid family
		계 Total	남 Male	여 Female	계 Total	남 Male	여 Female	계 Total
					500 ~ 999 인			
전 산 업	1 191	823 756	523 608	300 148	28	27	1	20 804
A. 농업, 임업 및 어업	1	817	465	352	0	0	0	0
01. 농 업	1	817	465	352	0	0	0	0
02. 임 업	-	-	-	-	-	-	-	-
03. 어 업	-	-	-	-	-	-	-	-
B. 광 업	2	1 235	1 017	218	0	0	0	0
05. 석탄, 원유 및 천연가스 광업	1	631	607	24	0	0	0	0
06. 금 속 광 업	-	-	-	-	-	-	-	-
07. 비금속광물 광업; 연료용 제외	-	-	-	-	-	-	-	-
08. 광업 지원 서비스업	1	604	410	194	0	0	0	0
C. 제 조 업	198	135 220	110 656	24 564	0	0	0	32
10. 식 료 품 제 조 업	17	12 078	6 299	5 779	0	0	0	0
101. 도축, 육류 가공 및 저장 처리업	3	1 978	1 042	936	0	0	0	0
102. 수산물 가공 및 저장 처리업	-	-	-	-	-	-	-	-
103. 과실, 채소 가공 및 저장 처리업	-	-	-	-	-	-	-	-
104. 동물성 및 식물성 유지 제조업	-	-	-	-	-	-	-	-
105. 낙농제품 및 식용 빙과류 제조업	-	-	-	-	-	-	-	-
106. 곡물 가공품, 전분 및 전분제품 제조업	-	-	-	-	-	-	-	-
107. 기 타 식 품 제 조 업	14	10 100	5 257	4 843	0	0	0	0
108. 동물용 사료 및 조제식품 제조업	-	-	-	-	-	-	-	-
11. 음 료 제 조 업	1	616	460	156	0	0	0	0
111. 알코올 음료 제조업	-	-	-	-	-	-	-	-
112. 비알코올 음료 및 얼음 제조업	1	616	460	156	0	0	0	0
12. 담 배 제 조 업	2	1 393	1 284	109	0	0	0	0
120. 담 배 제 조 업	2	1 393	1 284	109	0	0	0	0
13. 섬유제품 제조업; 의복 제외	-	-	-	-	-	-	-	-
131. 방적 및 가공사 제조업	-	-	-	-	-	-	-	-
132. 직물 직조 및 직물제품 제조업	-	-	-	-	-	-	-	-
133. 편 조 원 단 제 조 업	-	-	-	-	-	-	-	-
134. 섬유제품 염색, 정리 및 마무리 가공업	-	-	-	-	-	-	-	-
139. 기 타 섬 유 제 품 제 조 업	-	-	-	-	-	-	-	-
14. 의복, 의복 액세서리 및 모피제품 제조업	2	1 522	877	645	0	0	0	32
141. 봉 제 의 복 제 조 업	2	1 522	877	645	0	0	0	32
142. 모 피 제 품 제 조 업	-	-	-	-	-	-	-	-
143. 편 조 의 복 제 조 업	-	-	-	-	-	-	-	-
144. 의복 액세서리 제조업	-	-	-	-	-	-	-	-
15. 가죽, 가방 및 신발 제조업	-	-	-	-	-	-	-	-
151. 가죽, 가방 및 유사 제품 제조업	-	-	-	-	-	-	-	-
152. 신발 및 신발 부분품 제조업	-	-	-	-	-	-	-	-
16. 목재 및 나무제품 제조업; 가구 제외	-	-	-	-	-	-	-	-
161. 제재 및 목재 가공업	-	-	-	-	-	-	-	-
162. 나 무 제 품 제 조 업	-	-	-	-	-	-	-	-
163. 코르크 및 조물 제품 제조업	-	-	-	-	-	-	-	-

주 : 한국표준산업분류 10차개정(2017) 기준
자료 : 고용노동부 노동시장조사과, 「사업체노동실태현황보고서」

10. Number of establishments and workers(by employment status and gender) by industry and establishment size(55-46) (2022. 12. 31.)

Unit : In each, person

\	500 ~ 999 persons							Establishment Size
종사자 및 기타종사자 Workers & Other workers		상용근로자 Regular employees			임시 및 일용근로자 Temporary and daily employees			\
남 Male	여 Female	계 Total	남 Male	여 Female	계 Total	남 Male	여 Female	Industry
10 119	10 685	668 017	418 673	249 344	134 907	94 789	40 118	All industries
0	0	817	465	352	0	0	0	Agriculture, forestry and fishing
0	0	817	465	352	0	0	0	Agriculture
-	-	-	-	-	-	-	-	Forestry
-	-	-	-	-	-	-	-	Fishing and aquaculture
0	0	1 173	976	197	62	41	21	Mining and quarrying
0	0	576	570	6	55	37	18	Mining of coal, crude petroleum and natural gas
-	-	-	-	-	-	-	-	Mining of metal ores
-	-	-	-	-	-	-	-	Mining of non-metallic minerals, except fuel
0	0	597	406	191	7	4	3	Mining support service activities
15	17	131 429	107 932	23 497	3 759	2 709	1 050	Manufacturing
0	0	11 340	5 933	5 407	738	366	372	Manufacture of food products
0	0	1 978	1 042	936	0	0	0	Slaughtering of livestock, processing and preserving of meat and meat products
-	-	-	-	-	-	-	-	Processing and preserving of fish, crustaceans, molluscs and seaweeds
-	-	-	-	-	-	-	-	Processing and preserving of fruit and vegetables
-	-	-	-	-	-	-	-	Manufacture of vegetable and animal oils and fats
-	-	-	-	-	-	-	-	Manufacture of dairy products and edible ice cakes
-	-	-	-	-	-	-	-	Manufacture of grain mill products, starches and starch products
0	0	9 362	4 891	4 471	738	366	372	Manufacture of other food products
-	-	-	-	-	-	-	-	Manufacture of prepared animal feeds and feed additives
0	0	609	459	150	7	1	6	Manufacture of beverages
-	-	-	-	-	-	-	-	Manufacture of alcoholic beverages
0	0	609	459	150	7	1	6	Manufacture of ice and non-alcoholic beverages; production of mineral waters
0	0	1 393	1 284	109	0	0	0	Manufacture of tobacco products
0	0	1 393	1 284	109	0	0	0	Manufacture of tobacco products
-	-	-	-	-	-	-	-	Manufacture of textiles, except apparel
-	-	-	-	-	-	-	-	Spinning of textiles and processing of threads and yarns
-	-	-	-	-	-	-	-	Weaving of textiles and manufacture of textile products
-	-	-	-	-	-	-	-	Manufacture of knitted and crocheted fabrics
-	-	-	-	-	-	-	-	Dyeing and finishing of textiles and wearing apparel
-	-	-	-	-	-	-	-	Manufacture of other made-up textile articles, except apparel
15	17	1 467	858	609	23	4	19	Manufacture of wearing apparel, clothing accessories and fur articles
15	17	1 467	858	609	23	4	19	Manufacture of sewn wearing apparel, except fur apparel
-	-	-	-	-	-	-	-	Manufacture of articles of fur
-	-	-	-	-	-	-	-	Manufacture of knitted and crocheted apparel
-	-	-	-	-	-	-	-	Manufacture of apparel accessories
-	-	-	-	-	-	-	-	Manufacture of leather, luggage and footwear
-	-	-	-	-	-	-	-	Manufacture of leather, luggage and similar products
-	-	-	-	-	-	-	-	Manufacture of footwear and parts of footwear
-	-	-	-	-	-	-	-	Manufacture of wood and of products of wood and cork; except furniture
-	-	-	-	-	-	-	-	Sawmilling and planing of wood
-	-	-	-	-	-	-	-	Manufacture of wood products
-	-	-	-	-	-	-	-	Manufacture of articles of cork, straw and plaiting materials

Note : Based upon the 10th revision of Korean Standard Industrial Classification(2017)
Source : Labor Market Statistics Division, Ministry of Employment and Labor, 「Report on the Establishment Status」

10. 산업·규모별 사업체수 및 (종사상지위·성별)종사자수(55-47)
(2022. 12. 31.)

단위 : 개소, 명

산업별	규모별	500 ~ 999 인						
	사업체수 Number of establi-shments	종사자수 Number of workers			자영업자 Individual proprietors			무급가족 Unpaid family
		계 Total	남 Male	여 Female	계 Total	남 Male	여 Female	계 Total
17. 펄프, 종이 및 종이제품 제조업	1	569	553	16	0	0	0	0
171. 펄프, 종이 및 판지 제조업	1	569	553	16	0	0	0	0
172. 골판지, 종이 상자 및 종이 용기 제조업	-	-	-	-	-	-	-	-
179. 기타 종이 및 판지 제품 제조업	-	-	-	-	-	-	-	-
18. 인쇄 및 기록매체 복제업	-	-	-	-	-	-	-	-
181. 인쇄 및 인쇄관련 산업	-	-	-	-	-	-	-	-
182. 기록매체 복제업	-	-	-	-	-	-	-	-
19. 코크스, 연탄 및 석유정제품 제조업	2	1 313	1 246	67	0	0	0	0
191. 코크스 및 연탄 제조업	-	-	-	-	-	-	-	-
192. 석유 정제품 제조업	2	1 313	1 246	67	0	0	0	0
20. 화학 물질 및 화학제품 제조업; 의약품 제외	21	14 821	12 983	1 838	0	0	0	0
201. 기초 화학물질 제조업	7	5 376	5 121	255	0	0	0	0
202. 합성고무 및 플라스틱 물질 제조업	4	2 575	2 409	166	0	0	0	0
203. 비료, 농약 및 살균·살충제 제조업	-	-	-	-	-	-	-	-
204. 기타 화학제품 제조업	9	6 193	4 823	1 370	0	0	0	0
205. 화학섬유 제조업	1	677	630	47	0	0	0	0
21. 의료용 물질 및 의약품 제조업	7	4 419	2 650	1 769	0	0	0	0
211. 기초 의약 물질 및 생물학적 제제 제조업	3	1 909	1 252	657	0	0	0	0
212. 의약품 제조업	4	2 510	1 398	1 112	0	0	0	0
213. 의료용품 및 기타 의약 관련제품 제조업	-	-	-	-	-	-	-	-
22. 고무 및 플라스틱제품 제조업	12	8 435	7 288	1 147	0	0	0	0
221. 고무제품 제조업	5	3 513	3 089	424	0	0	0	0
222. 플라스틱 제품 제조업	7	4 922	4 199	723	0	0	0	0
23. 비금속 광물제품 제조업	2	1 359	1 300	59	0	0	0	0
231. 유리 및 유리제품 제조업	2	1 359	1 300	59	0	0	0	0
232. 내화, 비내화 요업제품 제조업	-	-	-	-	-	-	-	-
233. 시멘트, 석회, 플라스터 및 그 제품 제조업	-	-	-	-	-	-	-	-
239. 기타 비금속 광물제품 제조업	-	-	-	-	-	-	-	-
24. 1차 금속 제조업	15	9 717	9 289	428	0	0	0	0
241. 1차 철강 제조업	6	3 571	3 436	135	0	0	0	0
242. 1차 비철금속 제조업	9	6 146	5 853	293	0	0	0	0
243. 금속 주조업	-	-	-	-	-	-	-	-
25. 금속 가공제품 제조업; 기계 및 가구 제외	6	3 649	3 397	252	0	0	0	0
251. 구조용 금속제품, 탱크 및 증기발생기 제조업	-	-	-	-	-	-	-	-
252. 무기 및 총포탄 제조업	5	3 091	2 927	164	0	0	0	0
259. 기타 금속 가공제품 제조업	1	558	470	88	0	0	0	0

주 : 한국표준산업분류 10차개정(2017) 기준
자료 : 고용노동부 노동시장조사과, 「사업체노동실태현황보고서」

10. Number of establishments and workers(by employment status and gender) by industry and establishment size(55－47) (2022. 12. 31.)

Unit : In each, person

500 ~ 999 persons								Establishment Size
종사자 및 기타종사자 Workers & Other workers		상용근로자 Regular employees			임시 및 일용근로자 Temporary and daily employees			
남 Male	여 Female	계 Total	남 Male	여 Female	계 Total	남 Male	여 Female	Industry
0	0	566	552	14	3	1	2	Manufacture of pulp, paper and paper products
0	0	566	552	14	3	1	2	Manufacture of pulp, paper and paperboard
-	-	-	-	-	-	-	-	Manufacture of corrugated paper, paper boxes and paper containers
-	-	-	-	-	-	-	-	Manufacture of other paper and paperboard products
-	-	-	-	-	-	-	-	Printing and reproduction of recorded media
-	-	-	-	-	-	-	-	Printing and service activities related to printing
-	-	-	-	-	-	-	-	Reproduction of recorded media
0	0	1 313	1 246	67	0	0	0	Manufacture of coke, briquettes and refined petroleum products
-	-	-	-	-	-	-	-	Manufacture of coke and briquettes
0	0	1 313	1 246	67	0	0	0	Manufacture of refined petroleum products
0	0	14 720	12 899	1 821	101	84	17	Manufacture of chemicals and chemical products; except pharmaceuticals and medicinal chemicals
0	0	5 350	5 101	249	26	20	6	Manufacture of basic chemicals
0	0	2 566	2 402	164	9	7	2	Manufacture of plastics and synthetic rubber in primary forms
-	-	-	-	-	-	-	-	Manufacture of fertilizers, pesticides, germicides and insecticides
0	0	6 173	4 810	1 363	20	13	7	Manufacture of other chemical products
0	0	631	586	45	46	44	2	Manufacture of man-made fibers
0	0	4 360	2 616	1 744	59	34	25	Manufacture of pharmaceuticals, medicinal chemical and botanical products
0	0	1 865	1 221	644	44	31	13	Manufacture of medicinal chemicals, antibiotics and biological products
0	0	2 495	1 395	1 100	15	3	12	Manufacture of medicaments
-	-	-	-	-	-	-	-	Manufacture of medical supplies and related other medicaments
0	0	8 435	7 288	1 147	0	0	0	Manufacture of rubber and plastics products
0	0	3 513	3 089	424	0	0	0	Manufacture of rubber products
0	0	4 922	4 199	723	0	0	0	Manufacture of plastics products
0	0	1 357	1 300	57	2	0	2	Manufacture of other non-metallic mineral products
0	0	1 357	1 300	57	2	0	2	Manufacture of glass and glass products
-	-	-	-	-	-	-	-	Manufacture of refractory and non-refractory ceramic products
-	-	-	-	-	-	-	-	Manufacture of cement, lime, plaster and its products
-	-	-	-	-	-	-	-	Manufacture of other non-metallic mineral products
0	0	9 620	9 195	425	97	94	3	Manufacture of basic metals
0	0	3 571	3 436	135	0	0	0	Manufacture of basic iron and steel
0	0	6 049	5 759	290	97	94	3	Manufacture of basic precious and non-ferrous metals
-	-	-	-	-	-	-	-	Casting of metals
0	0	3 612	3 366	246	37	31	6	Manufacture of fabricated metal products, except machinery and furniture
-	-	-	-	-	-	-	-	Manufacture of structural metal products, tanks, reservoirs and steam generators
0	0	3 091	2 927	164	0	0	0	Manufacture of weapons and ammunition
0	0	521	439	82	37	31	6	Manufacture of other fabricated metal products; metalworking service activities

Note : Based upon the 10th revision of Korean Standard Industrial Classification(2017)
Source : Labor Market Statistics Division, Ministry of Employment and Labor, 「Report on the Establishment Status」

10. 산업·규모별 사업체수 및 (종사상지위·성별)종사자수(55-48)
(2022. 12. 31.)

단위 : 개소, 명

산업별	규모별	500 ~ 999 인						
	사업체수 Number of establi- shments	종사자수 Number of workers			자영업자 Individual proprietors			무급가족 Unpaid family
		계 Total	남 Male	여 Female	계 Total	남 Male	여 Female	계 Total
26. 전자 부품, 컴퓨터, 영상, 음향 및 통신장비 제조업	31	22 423	16 481	5 942	0	0	0	0
261. 반 도 체 제 조 업	13	9 248	6 215	3 033	0	0	0	0
262. 전 자 부 품 제 조 업	14	10 090	7 825	2 265	0	0	0	0
263. 컴퓨터 및 주변 장치 제조업	-	-	-	-	-	-	-	-
264. 통신 및 방송장비 제조업	4	3 085	2 441	644	0	0	0	0
265. 영상 및 음향 기기 제조업	-	-	-	-	-	-	-	-
266. 마그네틱 및 광학 매체 제조업	-	-	-	-	-	-	-	-
27. 의료, 정밀, 광학 기기 및 시계 제조업	5	2 885	1 826	1 059	0	0	0	0
271. 의 료 용 기 기 제 조 업	2	1 131	627	504	0	0	0	0
272. 측정시험,항해,제어및기타 정밀 기기 제조업; 광학 기기 제외	3	1 754	1 199	555	0	0	0	0
273. 사진장비 및 광학 기기 제조업	-	-	-	-	-	-	-	-
274. 시계 및 시계 부품 제조업	-	-	-	-	-	-	-	-
28. 전 기 장 비 제 조 업	15	9 429	7 878	1 551	0	0	0	0
281. 전동기, 발전기 및 전기 변환·공급·제어 장치 제조업	8	5 032	4 149	883	0	0	0	0
282. 일차전지 및 축전지 제조업	3	1 753	1 637	116	0	0	0	0
283. 절연선 및 케이블 제조업	-	-	-	-	-	-	-	-
284. 전구 및 조명장치 제조업	4	2 644	2 092	552	0	0	0	0
285. 가 정 용 기 기 제 조 업	-	-	-	-	-	-	-	-
289. 기 타 전 기 장 비 제 조 업	-	-	-	-	-	-	-	-
29. 기 타 기 계 및 장 비 제 조 업	26	17 062	15 661	1 401	0	0	0	0
291. 일 반 목 적 용 기 계 제 조 업	14	8 730	7 833	897	0	0	0	0
292. 특 수 목 적 용 기 계 제 조 업	12	8 332	7 828	504	0	0	0	0
30. 자 동 차 및 트 레 일 러 제 조 업	26	18 422	16 835	1 587	0	0	0	0
301. 자동차용 엔진 및 자동차 제조업	-	-	-	-	-	-	-	-
302. 자동차 차체 및 트레일러 제조업	-	-	-	-	-	-	-	-
303. 자동차 신품 부품 제조업	26	18 422	16 835	1 587	0	0	0	0
304. 자동차 재제조 부품 제조업	-	-	-	-	-	-	-	-
31. 기 타 운 송 장 비 제 조 업	4	3 290	3 201	89	0	0	0	0
311. 선 박 및 보 트 건 조 업	4	3 290	3 201	89	0	0	0	0
312. 철 도 장 비 제 조 업	-	-	-	-	-	-	-	-
313. 항공기, 우주선 및 부품 제조업	-	-	-	-	-	-	-	-
319. 그 외 기 타 운송장비 제조업	-	-	-	-	-	-	-	-
32. 가 구 제 조 업	-	-	-	-	-	-	-	-
320. 가 구 제 조 업	-	-	-	-	-	-	-	-
33. 기 타 제 품 제 조 업	2	1 137	535	602	0	0	0	0
331. 귀금속 및 장신용품 제조업	1	590	429	161	0	0	0	0
332. 악 기 제 조 업	-	-	-	-	-	-	-	-
333. 운동 및 경기용구 제조업	-	-	-	-	-	-	-	-
334. 인형, 장난감 및 오락용품 제조업	-	-	-	-	-	-	-	-
339. 그 외 기타 제품 제조업	1	547	106	441	0	0	0	0
34. 산 업 용 기 계 및 장 비 수 리 업	1	681	613	68	0	0	0	0
340. 산 업 용 기 계 및 장 비 수 리 업	1	681	613	68	0	0	0	0

주 : 한국표준산업분류 10차개정(2017) 기준
자료 : 고용노동부 노동시장조사과, 「사업체노동실태현황보고서」

10. Number of establishments and workers(by employment status and gender) by industry and establishment size(55-48) (2022. 12. 31.)

Unit : In each, person

Workers & Other workers		Regular employees			Temporary and daily employees			Establishment Size: 500 ~ 999 persons
Male	Female	Total	Male	Female	Total	Male	Female	Industry
0	0	21 680	15 837	5 843	743	644	99	Manufacture of electronic components, computer; visual, sounding and communication equipment
0	0	8 872	5 869	3 003	376	346	30	Manufacture of semiconductor
0	0	9 993	7 764	2 229	97	61	36	Manufacture of electronic components
-	-	-	-	-	-	-	-	Manufacture of computers and peripheral equipment
0	0	2 815	2 204	611	270	237	33	Manufacture of communication and broadcasting apparatuses
-	-	-	-	-	-	-	-	Manufacture of electronic video and audio equipment
-	-	-	-	-	-	-	-	Manufacture of magnetic and optical medium
0	0	2 884	1 826	1 058	1	0	1	Manufacture of medical, precision and optical instruments, watches and clocks
0	0	1 130	627	503	1	0	1	Manufacture of medical and dental instruments and supplies
0	0	1 754	1 199	555	0	0	0	Manufacture of measuring, testing, navigating and control equipment; except optical instruments
-	-	-	-	-	-	-	-	Manufacture of photographic equipment and optical instruments
-	-	-	-	-	-	-	-	Manufacture of watches, clocks and its parts
0	0	9 429	7 878	1 551	0	0	0	Manufacture of electrical equipment
0	0	5 032	4 149	883	0	0	0	Manufacture of electric motors, generators, transformers and electricity distribution and control apparatus
0	0	1 753	1 637	116	0	0	0	Manufacture of batteries and accumulators
-	-	-	-	-	-	-	-	Manufacture of insulated wires and cables
0	0	2 644	2 092	552	0	0	0	Manufacture of electric tubes and bulbs and lighting equipment
-	-	-	-	-	-	-	-	Manufacture of domestic appliances
-	-	-	-	-	-	-	-	Manufacture of other electrical equipment
0	0	15 610	14 370	1 240	1 452	1 291	161	Manufacture of other machinery and equipment
0	0	7 592	6 801	791	1 138	1 032	106	Manufacture of general purpose machinery
0	0	8 018	7 569	449	314	259	55	Manufacture of special-purpose machinery
0	0	18 272	16 705	1 567	150	130	20	Manufacture of motor vehicles, trailers and semitrailers
-	-	-	-	-	-	-	-	Manufacture of motor vehicles and engines for motor vehicles
-	-	-	-	-	-	-	-	Manufacture of bodies for motor vehicles; manufacture of trailers and semi-trailers
0	0	18 272	16 705	1 567	150	130	20	Manufacture of parts and accessories for motor vehicles(new products)
-	-	-	-	-	-	-	-	Manufacture of parts and accessories for motor vehicles(remanufacturing products)
0	0	3 290	3 201	89	0	0	0	Manufacture of other transport equipment
0	0	3 290	3 201	89	0	0	0	Building of ships and boats
-	-	-	-	-	-	-	-	Manufacture of railway locomotives and rolling stock
-	-	-	-	-	-	-	-	Manufacture of aircraft, spacecraft and its parts
-	-	-	-	-	-	-	-	Manufacture of other transport equipment
-	-	-	-	-	-	-	-	Manufacture of furniture
-	-	-	-	-	-	-	-	Manufacture of furniture
0	0	791	506	285	346	29	317	Other manufacturing
0	0	560	400	160	30	29	1	Manufacture of jewellery, bijouterie and related articles
-	-	-	-	-	-	-	-	Manufacture of musical instruments
-	-	-	-	-	-	-	-	Manufacture of sports and athletic goods
-	-	-	-	-	-	-	-	Manufacture of dolls, toys and amusement goods
0	0	231	106	125	316	0	316	Other manufacturing n.e.c.
0	0	681	613	68	0	0	0	Maintenance and repair services of industrial machinery and equipment
0	0	681	613	68	0	0	0	Maintenance and repair services of industrial machinery and equipment

Note : Based upon the 10th revision of Korean Standard Industrial Classification(2017)
Source : Labor Market Statistics Division, Ministry of Employment and Labor, 「Report on the Establishment Status」

10. 산업·규모별 사업체수 및 (종사상지위·성별)종사자수(55-49)
(2022. 12. 31.)

단위 : 개소, 명

산업별	규모별 사업체수 Number of establi- shments	500 ~ 999 인 종사자수 Number of workers 계 Total	남 Male	여 Female	자영업자 Individual proprietors 계 Total	남 Male	여 Female	무급가족 Unpaid family 계 Total
D. 전기, 가스, 증기 및 공기 조절 공급업	9	5 912	4 717	1 195	0	0	0	0
35. 전기, 가스, 증기 및 공기 조절 공급업	9	5 912	4 717	1 195	0	0	0	0
E. 수도, 하수 및 폐기물 처리, 원료 재생업	-	-	-	-	-	-	-	-
36. 수　　도　　　　업	-	-	-	-	-	-	-	-
37. 하수, 폐수 및 분뇨 처리업	-	-	-	-	-	-	-	-
38. 폐기물 수집, 운반, 처리 및 원료 재생업	-	-	-	-	-	-	-	-
39. 환 경 정 화 및 복 원 업	-	-	-	-	-	-	-	-
F. 건　　설　　　　업	121	83 053	74 883	8 170	0	0	0	3 890
41. 종　합　건　설　업	29	20 902	19 141	1 761	0	0	0	0
42. 전 문 직 별 공 사 업	92	62 151	55 742	6 409	0	0	0	3 890
G. 도　매　및　소　매　업	53	36 182	20 496	15 686	0	0	0	39
45. 자 동 차 및 부 품 판 매 업	-	-	-	-	-	-	-	-
46. 도 매 및 상 품 중 개 업	44	29 862	17 163	12 699	0	0	0	39
47. 소 매 업 ; 자 동 차 제 외	9	6 320	3 333	2 987	0	0	0	0
H. 운　수　및　창　고　업	47	31 481	25 048	6 433	0	0	0	14
49. 육상 운송 및 파이프라인 운송업	20	12 867	11 582	1 285	0	0	0	14
50. 수　상　운　송　업	1	680	650	30	0	0	0	0
51. 항　공　운　송　업	1	718	546	172	0	0	0	0
52. 창고 및 운송관련 서비스업	25	17 216	12 270	4 946	0	0	0	0
I. 숙　박　및　음　식　점　업	14	9 551	4 870	4 681	0	0	0	27
55. 숙　　　박　　　　업	12	7 951	4 654	3 297	0	0	0	27
56. 음 식 점 및 주 점 업	2	1 600	216	1 384	0	0	0	0
J. 정　보　통　신　업	79	53 412	35 085	18 327	0	0	0	0
58. 출　　판　　　　업	34	23 941	15 983	7 958	0	0	0	0
59. 영상·오디오 기록물 제작 및 배급업	4	2 336	1 208	1 128	0	0	0	0
60. 방　　송　　　　업	3	1 972	1 310	662	0	0	0	0
61. 우　편　및　통　신　업	2	1 706	1 021	685	0	0	0	0
62. 컴퓨터 프로그래밍, 시스템 통합 및 관리업	20	12 729	9 272	3 457	0	0	0	0
63. 정　보　서　비　스　업	16	10 728	6 291	4 437	0	0	0	0

주 : 한국표준산업분류 10차개정(2017) 기준
자료 : 고용노동부 노동시장조사과, 「사업체노동실태현황보고서」

10. Number of establishments and workers(by employment status and gender) by industry and establishment size(55-49) (2022. 12. 31.)

Unit : In each, person

Establishment Size	500 ~ 999 persons							
	종사자 및 기타종사자 Workers & Other workers		상용근로자 Regular employees			임시 및 일용근로자 Temporary and daily employees		
Industry	남 Male	여 Female	계 Total	남 Male	여 Female	계 Total	남 Male	여 Female
Electricity, gas, steam and air conditioning supply	0	0	5 897	4 707	1 190	15	10	5
Electricity, gas, steam and air conditioning supply	0	0	5 897	4 707	1 190	15	10	5
Water supply; sewage, waste management, materials recovery	-	-	-	-	-	-	-	-
Water supply	-	-	-	-	-	-	-	-
Sewage, wastewater, human and animal waste treatment services	-	-	-	-	-	-	-	-
Waste collection, treatment and disposal activities; materials recovery	-	-	-	-	-	-	-	-
Remediation activities and other waste management services	-	-	-	-	-	-	-	-
Construction	3 160	730	14 612	12 966	1 646	64 551	58 757	5 794
General construction	0	0	8 914	7 958	956	11 988	11 183	805
Specialized construction activities	3 160	730	5 698	5 008	690	52 563	47 574	4 989
Wholesale and retail trade	13	26	34 528	19 494	15 034	1 615	989	626
Sale of motor vehicles and parts	-	-	-	-	-	-	-	-
Wholesale trade on own account or on a fee or contract basis	13	26	28 591	16 490	12 101	1 232	660	572
Retail trade, except motor vehicles and motorcycles	0	0	5 937	3 004	2 933	383	329	54
Transportation and storage	1	13	27 788	22 089	5 699	3 679	2 958	721
Land transport and transport via pipelines	1	13	12 662	11 412	1 250	191	169	22
Water transport	0	0	680	650	30	0	0	0
Air transport	0	0	718	546	172	0	0	0
Warehousing and support activities for transportation	0	0	13 728	9 481	4 247	3 488	2 789	699
Accommodation and food service activities	27	0	7 041	3 324	3 717	2 483	1 519	964
Accommodation	27	0	5 441	3 108	2 333	2 483	1 519	964
Food and beverage service activities	0	0	1 600	216	1 384	0	0	0
Information and communication	0	0	52 117	34 445	17 672	1 295	640	655
Publishing activities	0	0	23 641	15 797	7 844	300	186	114
Motion picture, video and television programme production, sound recording and music publishing activities	0	0	1 745	904	841	591	304	287
Broadcasting activities	0	0	1 972	1 310	662	0	0	0
Postal activities and telecommunications	0	0	1 706	1 021	685	0	0	0
Computer programming, consultancy and related activities	0	0	12 581	9 202	3 379	148	70	78
Information service activities	0	0	10 472	6 211	4 261	256	80	176

Note : Based upon the 10th revision of Korean Standard Industrial Classification(2017)
Source : Labor Market Statistics Division, Ministry of Employment and Labor, 「Report on the Establishment Status」

10. 산업·규모별 사업체수 및 (종사상지위·성별)종사자수(55-50)
(2022. 12. 31.)

단위 : 개소, 명

산업별	규모별	500 ~ 999 인						
	사업체수 Number of establi-shments	종사자수 Number of workers			자영업자 Individual proprietors			무급가족 Unpaid family
		계 Total	남 Male	여 Female	계 Total	남 Male	여 Female	계 Total
K. 금융 및 보험업	60	40 885	24 293	16 592	0	0	0	1 283
64. 금융업	17	12 250	7 691	4 559	0	0	0	0
65. 보험 및 연금업	17	12 262	6 807	5 455	0	0	0	1 283
66. 금융 및 보험관련 서비스업	26	16 373	9 795	6 578	0	0	0	0
L. 부동산업	13	9 462	5 576	3 886	0	0	0	0
68. 부동산업	13	9 462	5 576	3 886	0	0	0	0
M. 전문, 과학 및 기술 서비스업	134	93 120	64 023	29 097	0	0	0	0
70. 연구개발업	47	32 152	23 199	8 953	0	0	0	0
71. 전문 서비스업	49	35 012	19 489	15 523	0	0	0	0
72. 건축 기술, 엔지니어링 및 기타 과학기술 서비스업	35	23 961	20 202	3 759	0	0	0	0
73. 기타 전문, 과학 및 기술 서비스업	3	1 995	1 133	862	0	0	0	0
N. 사업시설 관리, 사업 지원 및 임대 서비스업	251	177 768	95 355	82 413	0	0	0	4 862
74. 사업시설 관리 및 조경 서비스업	63	44 483	24 818	19 665	0	0	0	700
75. 사업 지원 서비스업	188	133 285	70 537	62 748	0	0	0	4 162
76. 임대업 ; 부동산 제외	-	-	-	-	-	-	-	-
P. 교육 서비스업	82	58 854	31 452	27 402	0	0	0	2 606
85. 교육 서비스업	82	58 854	31 452	27 402	0	0	0	2 606
Q. 보건업 및 사회복지 서비스업	117	80 883	22 515	58 368	28	27	1	7 155
86. 보건업	83	57 453	15 647	41 806	28	27	1	0
87. 사회복지 서비스업	34	23 430	6 868	16 562	0	0	0	7 155
R. 예술, 스포츠 및 여가관련 서비스업	7	3 948	2 007	1 941	0	0	0	117
90. 창작, 예술 및 여가관련 서비스업	-	-	-	-	-	-	-	-
91. 스포츠 및 오락관련 서비스업	7	3 948	2 007	1 941	0	0	0	117
S. 협회 및 단체, 수리 및 기타 개인 서비스업	3	1 973	1 150	823	0	0	0	779
94. 협회 및 단체	3	1 973	1 150	823	0	0	0	779
95. 개인 및 소비용품 수리업	-	-	-	-	-	-	-	-
96. 기타 개인 서비스업	-	-	-	-	-	-	-	-

주 : 한국표준산업분류 10차개정(2017) 기준
자료 : 고용노동부 노동시장조사과, 「사업체노동실태현황보고서」

10. Number of establishments and workers(by employment status and gender) by industry and establishment size(55-50) (2022. 12. 31.)

Unit : In each, person

\multicolumn{2}{c	}{}	\multicolumn{6}{c	}{500 ~ 999 persons}	Establishment Size
종사자 및 기타종사자 Workers & Other workers		상용근로자 Regular employees			임시 및 일용근로자 Temporary and daily employees			
남 Male	여 Female	계 Total	남 Male	여 Female	계 Total	남 Male	여 Female	Industry
376	907	38 544	23 312	15 232	1 058	605	453	Financial and insurance activities
0	0	11 851	7 473	4 378	399	218	181	Financial service activities, except insurance and pension funding
376	907	10 787	6 342	4 445	192	89	103	Insurance and pension funding
0	0	15 906	9 497	6 409	467	298	169	Activities auxiliary to financial service and insurance activities
0	0	7 843	4 920	2 923	1 619	656	963	Real estate activities
0	0	7 843	4 920	2 923	1 619	656	963	Real estate activities
0	0	86 844	60 906	25 938	6 276	3 117	3 159	Professional, scientific and technical activities
0	0	29 041	21 599	7 442	3 111	1 600	1 511	Research and development
0	0	32 930	18 732	14 198	2 082	757	1 325	Professional services
0	0	22 905	19 456	3 449	1 056	746	310	Architectural, engineering and other scientific technical services
0	0	1 968	1 119	849	27	14	13	Other professional, scientific and technical services
2 531	2 331	145 229	77 304	67 925	27 677	15 520	12 157	Business facilities management and business support services; rental and leasing activities
200	500	37 913	20 797	17 116	5 870	3 821	2 049	Business facilities management and landscape services
2 331	1 831	107 316	56 507	50 809	21 807	11 699	10 108	Business support services
-	-	-	-	-	-	-	-	Rental and leasing activities; except real estate
1 152	1 454	50 161	27 386	22 775	6 087	2 914	3 173	Education
1 152	1 454	50 161	27 386	22 775	6 087	2 914	3 173	Education
2 283	4 872	59 708	16 090	43 618	13 992	4 115	9 877	Human health and social work activities
0	0	55 966	15 228	40 738	1 459	392	1 067	Human health activities
2 283	4 872	3 742	862	2 880	12 533	3 723	8 810	Social work activities
68	49	3 102	1 703	1 399	729	236	493	Arts, sports and recreation related services
-	-	-	-	-	-	-	-	Creative, arts and recreation related services
68	49	3 102	1 703	1 399	729	236	493	Sports activities and amusement activities
493	286	1 184	654	530	10	3	7	Membership organizations, repair and other personal services
493	286	1 184	654	530	10	3	7	Membership organizations
-	-	-	-	-	-	-	-	Maintenance and repair services of personal and household goods
-	-	-	-	-	-	-	-	Other personal services activities

Note : Based upon the 10th revision of Korean Standard Industrial Classification(2017)
Source : Labor Market Statistics Division, Ministry of Employment and Labor, 「Report on the Establishment Status」

10. 산업·규모별 사업체수 및 (종사상지위·성별)종사자수(55-51)
(2022. 12. 31.)

단위 : 개소, 명

산업별 \ 규모별	사업체수 Number of establi-shments	1,000 인 이 상							
		종사자수 Number of workers			자영업자 Individual proprietors			무급가족 Unpaid family
		계 Total	남 Male	여 Female	계 Total	남 Male	여 Female	계 Total
전 산 업	699	1 691 402	1 100 486	590 916	2	2	0	29 155
A. 농업, 임업 및 어업	-	-	-	-	-	-	-	-
01. 농 업								
02. 임 업								
03. 어 업								
B. 광 업	-	-	-	-	-	-	-	-
05. 석탄, 원유 및 천연가스 광업	-	-	-	-	-	-	-	-
06. 금 속 광 업	-	-	-	-	-	-	-	-
07. 비금속광물 광업; 연료용 제외	-	-	-	-	-	-	-	-
08. 광 업 지 원 서 비 스 업	-	-	-	-	-	-	-	-
C. 제 조 업	123	465 857	394 605	71 252	0	0	0	1
10. 식 료 품 제 조 업	3	3 827	2 283	1 544	0	0	0	0
101. 도축, 육류 가공 및 저장 처리업	1	1 426	672	754	0	0	0	0
102. 수산물 가공 및 저장 처리업	-	-	-	-	-	-	-	-
103. 과실, 채소 가공 및 저장 처리업	-	-	-	-	-	-	-	-
104. 동물성 및 식물성 유지 제조업	-	-	-	-	-	-	-	-
105. 낙농제품 및 식용 빙과류 제조업	-	-	-	-	-	-	-	-
106. 곡물 가공품, 전분 및 전분제품 제조업	-	-	-	-	-	-	-	-
107. 기 타 식 품 제 조 업	2	2 401	1 611	790	0	0	0	0
108. 동물용 사료 및 조제식품 제조업	-	-	-	-	-	-	-	-
11. 음 료 제 조 업	-	-	-	-	-	-	-	-
111. 알 코 올 음 료 제 조 업	-	-	-	-	-	-	-	-
112. 비알코올 음료 및 얼음 제조업	-	-	-	-	-	-	-	-
12. 담 배 제 조 업	-	-	-	-	-	-	-	-
120. 담 배 제 조 업	-	-	-	-	-	-	-	-
13. 섬유제품 제조업; 의복 제외	1	1 116	1 044	72	0	0	0	0
131. 방 적 및 가 공 사 제 조 업	-	-	-	-	-	-	-	-
132. 직물 직조 및 직물제품 제조업	-	-	-	-	-	-	-	-
133. 편 조 원 단 제 조 업	-	-	-	-	-	-	-	-
134. 섬유제품 염색, 정리 및 마무리 가공업	-	-	-	-	-	-	-	-
139. 기 타 섬 유 제 품 제 조 업	1	1 116	1 044	72	0	0	0	0
14. 의복, 의복 액세서리 및 모피제품 제조업	2	2 858	1 039	1 819	0	0	0	0
141. 봉 제 의 복 제 조 업	2	2 858	1 039	1 819	0	0	0	0
142. 모 피 제 품 제 조 업	-	-	-	-	-	-	-	-
143. 편 조 의 복 제 조 업	-	-	-	-	-	-	-	-
144. 의 복 액 세 서 리 제 조 업	-	-	-	-	-	-	-	-
15. 가죽, 가방 및 신발 제조업	-	-	-	-	-	-	-	-
151. 가죽, 가방 및 유사 제품 제조업	-	-	-	-	-	-	-	-
152. 신발 및 신발 부분품 제조업	-	-	-	-	-	-	-	-
16. 목재 및 나무제품 제조업; 가구 제외	-	-	-	-	-	-	-	-
161. 제 재 및 목 재 가 공 업	-	-	-	-	-	-	-	-
162. 나 무 제 품 제 조 업	-	-	-	-	-	-	-	-
163. 코 르 크 및 조 물 제 품 제 조 업	-	-	-	-	-	-	-	-

주 : 한국표준산업분류 10차개정(2017) 기준
자료 : 고용노동부 노동시장조사과, 「사업체노동실태현황보고서」

10. Number of establishments and workers(by employment status and gender) by industry and establishment size(55-51) (2022. 12. 31.)

Unit : In each, person

1,000 persons & over								Establishment Size
종사자 및 기타종사자 Workers & Other workers		상용근로자 Regular employees			임시 및 일용근로자 Temporary and daily employees			
남 Male	여 Female	계 Total	남 Male	여 Female	계 Total	남 Male	여 Female	Industry
13 059	16 096	1 438 091	933 930	504 161	224 154	153 495	70 659	All industries
-	-	-	-	-	-	-	-	Agriculture, forestry and fishing
-	-	-	-	-	-	-	-	Agriculture
-	-	-	-	-	-	-	-	Forestry
-	-	-	-	-	-	-	-	Fishing and aquaculture
-	-	-	-	-	-	-	-	Mining and quarrying
-	-	-	-	-	-	-	-	Mining of coal, crude petroleum and natural gas
-	-	-	-	-	-	-	-	Mining of metal ores
-	-	-	-	-	-	-	-	Mining of non-metallic minerals, except fuel
-	-	-	-	-	-	-	-	Mining support service activities
1	0	449 459	380 352	69 107	16 397	14 252	2 145	Manufacturing
0	0	3 753	2 247	1 506	74	36	38	Manufacture of food products
0	0	1 417	669	748	9	3	6	Slaughtering of livestock, processing and preserving of meat and meat products
-	-	-	-	-	-	-	-	Processing and preserving of fish, crustaceans, molluscs and seaweeds
-	-	-	-	-	-	-	-	Processing and preserving of fruit and vegetables
-	-	-	-	-	-	-	-	Manufacture of vegetable and animal oils and fats
-	-	-	-	-	-	-	-	Manufacture of dairy products and edible ice cakes
-	-	-	-	-	-	-	-	Manufacture of grain mill products, starches and starch products
0	0	2 336	1 578	758	65	33	32	Manufacture of other food products
-	-	-	-	-	-	-	-	Manufacture of prepared animal feeds and feed additives
-	-	-	-	-	-	-	-	Manufacture of beverages
-	-	-	-	-	-	-	-	Manufacture of alcoholic beverages
-	-	-	-	-	-	-	-	Manufacture of ice and non-alcoholic beverages; production of mineral waters
-	-	-	-	-	-	-	-	Manufacture of tobacco products
-	-	-	-	-	-	-	-	Manufacture of tobacco products
0	0	1 116	1 044	72	0	0	0	Manufacture of textiles, except apparel
-	-	-	-	-	-	-	-	Spinning of textiles and processing of threads and yarns
-	-	-	-	-	-	-	-	Weaving of textiles and manufacture of textile products
-	-	-	-	-	-	-	-	Manufacture of knitted and crocheted fabrics
-	-	-	-	-	-	-	-	Dyeing and finishing of textiles and wearing apparel
0	0	1 116	1 044	72	0	0	0	Manufacture of other made-up textile articles, except apparel
0	0	2 764	997	1 767	94	42	52	Manufacture of wearing apparel, clothing accessories and fur articles
0	0	2 764	997	1 767	94	42	52	Manufacture of sewn wearing apparel, except fur apparel
-	-	-	-	-	-	-	-	Manufacture of articles of fur
-	-	-	-	-	-	-	-	Manufacture of knitted and crocheted apparel
-	-	-	-	-	-	-	-	Manufacture of apparel accessories
-	-	-	-	-	-	-	-	Manufacture of leather, luggage and footwear
-	-	-	-	-	-	-	-	Manufacture of leather, luggage and similar products
-	-	-	-	-	-	-	-	Manufacture of footwear and parts of footwear
-	-	-	-	-	-	-	-	Manufacture of wood and of products of wood and cork; except furniture
-	-	-	-	-	-	-	-	Sawmilling and planing of wood
-	-	-	-	-	-	-	-	Manufacture of wood products
-	-	-	-	-	-	-	-	Manufacture of articles of cork, straw and plaiting materials

Note : Based upon the 10th revision of Korean Standard Industrial Classification(2017)
Source : Labor Market Statistics Division, Ministry of Employment and Labor, 「Report on the Establishment Status」

10. 산업·규모별 사업체수 및 (종사상지위·성별)종사자수(55-52)
(2022. 12. 31.)

단위 : 개소, 명

산업별 \ 규모별	사업체수 Number of establi-shments	1,000 인 이 상						
		종사자수 Number of workers			자영업자 Individual proprietors			무급가족 Unpaid family
		계 Total	남 Male	여 Female	계 Total	남 Male	여 Female	계 Total
17. 펄프, 종이 및 종이제품 제조업	-	-	-	-	-	-	-	-
171. 펄프, 종이 및 판지 제조업	-	-	-	-	-	-	-	-
172. 골판지, 종이 상자 및 종이 용기 제조업	-	-	-	-	-	-	-	-
179. 기타 종이 및 판지 제품 제조업	-	-	-	-	-	-	-	-
18. 인쇄 및 기록매체 복제업	-	-	-	-	-	-	-	-
181. 인쇄 및 인쇄관련 산업	-	-	-	-	-	-	-	-
182. 기록매체 복제업	-	-	-	-	-	-	-	-
19. 코크스, 연탄 및 석유정제품 제조업	4	7 182	6 990	192	0	0	0	0
191. 코크스 및 연탄 제조업	-	-	-	-	-	-	-	-
192. 석유 정제품 제조업	4	7 182	6 990	192	0	0	0	0
20. 화학 물질 및 화학제품 제조업; 의약품 제외	5	7 672	7 092	580	0	0	0	0
201. 기초 화학물질 제조업	1	1 825	1 674	151	0	0	0	0
202. 합성고무 및 플라스틱 물질 제조업	2	2 544	2 401	143	0	0	0	0
203. 비료, 농약 및 살균·살충제 제조업	-	-	-	-	-	-	-	-
204. 기타 화학제품 제조업	2	3 303	3 017	286	0	0	0	0
205. 화학섬유 제조업	-	-	-	-	-	-	-	-
21. 의료용 물질 및 의약품 제조업	3	7 922	4 724	3 198	0	0	0	0
211. 기초 의약 물질 및 생물학적 제제 제조업	-	-	-	-	-	-	-	-
212. 의약품 제조업	3	7 922	4 724	3 198	0	0	0	0
213. 의료용품 및 기타 의약 관련제품 제조업	-	-	-	-	-	-	-	-
22. 고무 및 플라스틱제품 제조업	7	13 323	12 489	834	0	0	0	0
221. 고무제품 제조업	6	12 304	12 129	175	0	0	0	0
222. 플라스틱 제품 제조업	1	1 019	360	659	0	0	0	0
23. 비금속 광물제품 제조업	1	2 681	2 394	287	0	0	0	0
231. 유리 및 유리제품 제조업	1	2 681	2 394	287	0	0	0	0
232. 내화, 비내화 요업제품 제조업	-	-	-	-	-	-	-	-
233. 시멘트, 석회, 플라스터 및 그 제품 제조업	-	-	-	-	-	-	-	-
239. 기타 비금속 광물제품 제조업	-	-	-	-	-	-	-	-
24. 1차 금속 제조업	9	31 454	30 687	767	0	0	0	1
241. 1차 철강 제조업	8	29 947	29 227	720	0	0	0	1
242. 1차 비철금속 제조업	1	1 507	1 460	47	0	0	0	0
243. 금속 주조업	-	-	-	-	-	-	-	-
25. 금속 가공제품 제조업; 기계 및 가구 제외	4	7 163	6 764	399	0	0	0	0
251. 구조용 금속제품, 탱크 및 증기발생기 제조업	1	3 123	2 993	130	0	0	0	0
252. 무기 및 총포탄 제조업	2	2 922	2 739	183	0	0	0	0
259. 기타 금속 가공제품 제조업	1	1 118	1 032	86	0	0	0	0

주 : 한국표준산업분류 10차개정(2017) 기준
자료 : 고용노동부 노동시장조사과, 「사업체노동실태현황보고서」

10. Number of establishments and workers(by employment status and gender) by industry and establishment size(55-52) (2022. 12. 31.)

Unit : In each, person

종사자 및 기타종사자 Workers & Other workers		상 용 근 로 자 Regular employees			임시 및 일용근로자 Temporary and daily employees			Establishment Size: 1,000 persons & over
남 Male	여 Female	계 Total	남 Male	여 Female	계 Total	남 Male	여 Female	Industry
-	-	-	-	-	-	-	-	Manufacture of pulp, paper and paper products
-	-	-	-	-	-	-	-	Manufacture of pulp, paper and paperboard
-	-	-	-	-	-	-	-	Manufacture of corrugated paper, paper boxes and paper containers
-	-	-	-	-	-	-	-	Manufacture of other paper and paperboard products
-	-	-	-	-	-	-	-	Printing and reproduction of recorded media
-	-	-	-	-	-	-	-	Printing and service activities related to printing
-	-	-	-	-	-	-	-	Reproduction of recorded media
0	0	7 172	6 984	188	10	6	4	Manufacture of coke, briquettes and refined petroleum products
-	-	-	-	-	-	-	-	Manufacture of coke and briquettes
0	0	7 172	6 984	188	10	6	4	Manufacture of refined petroleum products
0	0	7 512	6 950	562	160	142	18	Manufacture of chemicals and chemical products; except pharmaceuticals and medicinal chemicals
0	0	1 825	1 674	151	0	0	0	Manufacture of basic chemicals
0	0	2 490	2 354	136	54	47	7	Manufacture of plastics and synthetic rubber in primary forms
-	-	-	-	-	-	-	-	Manufacture of fertilizers, pesticides, germicides and insecticides
0	0	3 197	2 922	275	106	95	11	Manufacture of other chemical products
-	-	-	-	-	-	-	-	Manufacture of man-made fibers
0	0	7 846	4 700	3 146	76	24	52	Manufacture of pharmaceuticals, medicinal chemical and botanical products
-	-	-	-	-	-	-	-	Manufacture of medicinal chemicals, antibiotics and biological products
0	0	7 846	4 700	3 146	76	24	52	Manufacture of medicaments
-	-	-	-	-	-	-	-	Manufacture of medical supplies and related other medicaments
0	0	13 175	12 341	834	148	148	0	Manufacture of rubber and plastics products
0	0	12 156	11 981	175	148	148	0	Manufacture of rubber products
0	0	1 019	360	659	0	0	0	Manufacture of plastics products
0	0	2 681	2 394	287	0	0	0	Manufacture of other non-metallic mineral products
0	0	2 681	2 394	287	0	0	0	Manufacture of glass and glass products
-	-	-	-	-	-	-	-	Manufacture of refractory and non-refractory ceramic products
-	-	-	-	-	-	-	-	Manufacture of cement, lime, plaster and its products
-	-	-	-	-	-	-	-	Manufacture of other non-metallic mineral products
1	0	30 984	30 359	625	469	327	142	Manufacture of basic metals
1	0	29 477	28 899	578	469	327	142	Manufacture of basic iron and steel
0	0	1 507	1 460	47	0	0	0	Manufacture of basic precious and non-ferrous metals
-	-	-	-	-	-	-	-	Casting of metals
0	0	7 061	6 671	390	102	93	9	Manufacture of fabricated metal products, except machinery and furniture
0	0	3 021	2 900	121	102	93	9	Manufacture of structural metal products, tanks, reservoirs and steam generators
0	0	2 922	2 739	183	0	0	0	Manufacture of weapons and ammunition
0	0	1 118	1 032	86	0	0	0	Manufacture of other fabricated metal products; metalworking service activities

Note : Based upon the 10th revision of Korean Standard Industrial Classification(2017)
Source : Labor Market Statistics Division, Ministry of Employment and Labor, 「Report on the Establishment Status」

10. 산업·규모별 사업체수 및 (종사상지위·성별)종사자수(55-53)
(2022. 12. 31.)

단위 : 개소, 명

산업별	규모별	1,000 인 이 상						
	사업체수 Number of establi-shments	종사자수 Number of workers			자영업자 Individual proprietors			무급가족 Unpaid family
		계 Total	남 Male	여 Female	계 Total	남 Male	여 Female	계 Total
26. 전자 부품, 컴퓨터, 영상, 음향 및 통신장비 제조업	33	189 237	136 958	52 279	0	0	0	0
261. 반 도 체 제 조 업	17	112 649	77 709	34 940	0	0	0	0
262. 전 자 부 품 제 조 업	12	62 212	49 540	12 672	0	0	0	0
263. 컴퓨터 및 주변 장치 제조업	-	-	-	-	-	-	-	-
264. 통신 및 방송장비 제조업	4	14 376	9 709	4 667	0	0	0	0
265. 영상 및 음향 기기 제조업	-	-	-	-	-	-	-	-
266. 마그네틱 및 광학 매체 제조업	-	-	-	-	-	-	-	-
27. 의료, 정밀, 광학 기기 및 시계 제조업	2	7 258	6 379	879	0	0	0	0
271. 의 료 용 기 기 제 조 업	-	-	-	-	-	-	-	-
272. 측정시험,항해,제어및기타 정밀 기기 제조업; 광학 기기 제외	2	7 258	6 379	879	0	0	0	0
273. 사진장비 및 광학 기기 제조업	-	-	-	-	-	-	-	-
274. 시계 및 시계 부품 제조업	-	-	-	-	-	-	-	-
28. 전 기 장 비 제 조 업	12	30 473	27 424	3 049	0	0	0	0
281. 전동기, 발전기 및 전기 변환·공급·제어 장치 제조업	4	5 648	5 230	418	0	0	0	0
282. 일차전지 및 축전지 제조업	4	13 460	11 866	1 594	0	0	0	0
283. 절연선 및 케이블 제조업	-	-	-	-	-	-	-	-
284. 전구 및 조명장치 제조업	-	-	-	-	-	-	-	-
285. 가 정 용 기 기 제 조 업	4	11 365	10 328	1 037	0	0	0	0
289. 기 타 전 기 장 비 제 조 업	-	-	-	-	-	-	-	-
29. 기타 기계 및 장비 제조업	8	12 680	11 871	809	0	0	0	0
291. 일 반 목적용 기 계 제조업	2	3 030	2 923	107	0	0	0	0
292. 특 수 목적용 기 계 제조업	6	9 650	8 948	702	0	0	0	0
30. 자동차 및 트레일러 제조업	18	95 091	92 515	2 576	0	0	0	0
301. 자동차용 엔진 및 자동차 제조업	12	85 661	83 751	1 910	0	0	0	0
302. 자동차 차체 및 트레일러 제조업	-	-	-	-	-	-	-	-
303. 자동차 신품 부품 제조업	6	9 430	8 764	666	0	0	0	0
304. 자동차 재제조 부품 제조업	-	-	-	-	-	-	-	-
31. 기 타 운송장비 제조업	10	44 802	42 880	1 922	0	0	0	0
311. 선 박 및 보 트 건조업	6	35 399	34 030	1 369	0	0	0	0
312. 철 도 장 비 제 조 업	1	1 868	1 836	32	0	0	0	0
313. 항공기, 우주선 및 부품 제조업	3	7 535	7 014	521	0	0	0	0
319. 그 외 기타 운송장비 제조업	-	-	-	-	-	-	-	-
32. 가 구 제 조 업	-	-	-	-	-	-	-	-
320. 가 구 제 조 업	-	-	-	-	-	-	-	-
33. 기 타 제 품 제 조 업	-	-	-	-	-	-	-	-
331. 귀금속 및 장신용품 제조업	-	-	-	-	-	-	-	-
332. 악 기 제 조 업	-	-	-	-	-	-	-	-
333. 운동 및 경기용구 제조업	-	-	-	-	-	-	-	-
334. 인형, 장난감 및 오락용품 제조업	-	-	-	-	-	-	-	-
339. 그 외 기타 제품 제조업	-	-	-	-	-	-	-	-
34. 산업용 기계 및 장비 수리업	1	1 118	1 072	46	0	0	0	0
340. 산업용 기계 및 장비 수리업	1	1 118	1 072	46	0	0	0	0

주 : 한국표준산업분류 10차개정(2017) 기준
자료 : 고용노동부 노동시장조사과, 「사업체노동실태현황보고서」

10. Number of establishments and workers(by employment status and gender) by industry and establishment size(55-53) (2022. 12. 31.)

Unit : In each, person

1,000 persons & over								Establishment Size
종사자 및 기타종사자 Workers & Other workers		상용근로자 Regular employees			임시 및 일용근로자 Temporary and daily employees			
남 Male	여 Female	계 Total	남 Male	여 Female	계 Total	남 Male	여 Female	Industry
0	0	184 454	133 627	50 827	4 783	3 331	1 452	Manufacture of electronic components, computer; visual, sounding and communication equipment
0	0	111 295	76 510	34 785	1 354	1 199	155	Manufacture of semiconductor
0	0	61 803	49 247	12 556	409	293	116	Manufacture of electronic components
-	-	-	-	-	-	-	-	Manufacture of computers and peripheral equipment
0	0	11 356	7 870	3 486	3 020	1 839	1 181	Manufacture of communication and broadcasting apparatuses
-	-	-	-	-	-	-	-	Manufacture of electronic video and audio equipment
-	-	-	-	-	-	-	-	Manufacture of magnetic and optical medium
0	0	7 147	6 294	853	111	85	26	Manufacture of medical, precision and optical instruments, watches and clocks
-	-	-	-	-	-	-	-	Manufacture of medical and dental instruments and supplies
0	0	7 147	6 294	853	111	85	26	Manufacture of measuring, testing, navigating and control equipment; except optical instruments
-	-	-	-	-	-	-	-	Manufacture of photographic equipment and optical instruments
-	-	-	-	-	-	-	-	Manufacture of watches, clocks and its parts
0	0	29 499	26 639	2 860	974	785	189	Manufacture of electrical equipment
0	0	5 648	5 230	418	0	0	0	Manufacture of electric motors, generators, transformers and electricity distribution and control apparatus
0	0	13 096	11 552	1 544	364	314	50	Manufacture of batteries and accumulators
-	-	-	-	-	-	-	-	Manufacture of insulated wires and cables
-	-	-	-	-	-	-	-	Manufacture of electric tubes and bulbs and lighting equipment
0	0	10 755	9 857	898	610	471	139	Manufacture of domestic appliances
-	-	-	-	-	-	-	-	Manufacture of other electrical equipment
0	0	12 480	11 678	802	200	193	7	Manufacture of other machinery and equipment
0	0	2 985	2 881	104	45	42	3	Manufacture of general purpose machinery
0	0	9 495	8 797	698	155	151	4	Manufacture of special-purpose machinery
0	0	86 077	83 610	2 467	9 014	8 905	109	Manufacture of motor vehicles, trailers and semitrailers
0	0	76 907	75 099	1 808	8 754	8 652	102	Manufacture of motor vehicles and engines for motor vehicles
-	-	-	-	-	-	-	-	Manufacture of bodies for motor vehicles; manufacture of trailers and semi-trailers
0	0	9 170	8 511	659	260	253	7	Manufacture of parts and accessories for motor vehicles(new products)
-	-	-	-	-	-	-	-	Manufacture of parts and accessories for motor vehicles(remanufacturing products)
0	0	44 620	42 745	1 875	182	135	47	Manufacture of other transport equipment
0	0	35 217	33 895	1 322	182	135	47	Building of ships and boats
0	0	1 868	1 836	32	0	0	0	Manufacture of railway locomotives and rolling stock
0	0	7 535	7 014	521	0	0	0	Manufacture of aircraft, spacecraft and its parts
-	-	-	-	-	-	-	-	Manufacture of other transport equipment
-	-	-	-	-	-	-	-	Manufacture of furniture
-	-	-	-	-	-	-	-	Manufacture of furniture
-	-	-	-	-	-	-	-	Other manufacturing
-	-	-	-	-	-	-	-	Manufacture of jewellery, bijouterie and related articles
-	-	-	-	-	-	-	-	Manufacture of musical instruments
-	-	-	-	-	-	-	-	Manufacture of sports and athletic goods
-	-	-	-	-	-	-	-	Manufacture of dolls, toys and amusement goods
-	-	-	-	-	-	-	-	Other manufacturing n.e.c.
0	0	1 118	1 072	46	0	0	0	Maintenance and repair services of industrial machinery and equipment
0	0	1 118	1 072	46	0	0	0	Maintenance and repair services of industrial machinery and equipment

Note : Based upon the 10th revision of Korean Standard Industrial Classification(2017)
Source : Labor Market Statistics Division, Ministry of Employment and Labor, 「Report on the Establishment Status」

10. 산업·규모별 사업체수 및 (종사상지위·성별)종사자수(55-54)
(2022. 12. 31.)

단위 : 개소, 명

산업별	규모별	1,000 인 이 상							
		사업체수 Number of establi-shments	종 사 자 수 Number of workers			자 영 업 자 Individual proprietors			무급가족 Unpaid family
			계 Total	남 Male	여 Female	계 Total	남 Male	여 Female	계 Total
D. 전기, 가스, 증기 및 공기 조절 공급업		8	13 582	11 199	2 383	0	0	0	0
35. 전기, 가스, 증기 및 공기 조절 공급업		8	13 582	11 199	2 383	0	0	0	0
E. 수도, 하수 및 폐기물 처리, 원료 재생업		1	1 812	1 190	622	0	0	0	0
36. 수 도 업		1	1 812	1 190	622	0	0	0	0
37. 하수, 폐수 및 분뇨 처리업		-	-	-	-	-	-	-	-
38. 폐기물 수집, 운반, 처리 및 원료 재생업		-	-	-	-	-	-	-	-
39. 환 경 정 화 및 복 원 업		-	-	-	-	-	-	-	-
F. 건 설 업		73	150 637	134 387	16 250	0	0	0	120
41. 종 합 건 설 업		23	56 161	48 862	7 299	0	0	0	71
42. 전 문 직 별 공 사 업		50	94 476	85 525	8 951	0	0	0	49
G. 도 매 및 소 매 업		20	29 867	15 552	14 315	0	0	0	1 000
45. 자동차 및 부품 판매업		1	1 310	1 012	298	0	0	0	0
46. 도 매 및 상 품 중 개 업		9	11 010	5 461	5 549	0	0	0	0
47. 소매업 ; 자동차 제외		10	17 547	9 079	8 468	0	0	0	1 000
H. 운 수 및 창 고 업		23	50 348	27 105	23 243	0	0	0	0
49. 육상 운송 및 파이프라인 운송업		6	8 954	5 338	3 616	0	0	0	0
50. 수 상 운 송 업		1	1 427	1 103	324	0	0	0	0
51. 항 공 운 송 업		7	24 945	10 506	14 439	0	0	0	0
52. 창고 및 운송관련 서비스업		9	15 022	10 158	4 864	0	0	0	0
I. 숙 박 및 음 식 점 업		2	2 600	1 462	1 138	0	0	0	0
55. 숙 박 업		2	2 600	1 462	1 138	0	0	0	0
56. 음 식 점 및 주 점 업		-	-	-	-	-	-	-	-
J. 정 보 통 신 업		33	82 521	57 890	24 631	0	0	0	0
58. 출 판 업		13	25 326	17 246	8 080	0	0	0	0
59. 영상·오디오 기록물 제작 및 배급업		-	-	-	-	-	-	-	-
60. 방 송 업		4	8 629	6 019	2 610	0	0	0	0
61. 우 편 및 통 신 업		5	12 764	9 913	2 851	0	0	0	0
62. 컴퓨터 프로그래밍, 시스템 통합 및 관리업		6	23 580	17 683	5 897	0	0	0	0
63. 정 보 서 비 스 업		5	12 222	7 029	5 193	0	0	0	0

주 : 한국표준산업분류 10차개정(2017) 기준
자료 : 고용노동부 노동시장조사과, 「사업체노동실태현황보고서」

10. Number of establishments and workers(by employment status and gender) by industry and establishment size(55-54) (2022. 12. 31.)

Unit : In each, person

Establishment Size								Industry
1,000 persons & over								
종사자 및 기타종사자 Workers & Other workers		상용근로자 Regular employees			임시 및 일용근로자 Temporary and daily employees			
남 Male	여 Female	계 Total	남 Male	여 Female	계 Total	남 Male	여 Female	
0	0	13 476	11 138	2 338	106	61	45	Electricity, gas, steam and air conditioning supply
0	0	13 476	11 138	2 338	106	61	45	Electricity, gas, steam and air conditioning supply
0	0	1 354	1 017	337	458	173	285	Water supply; sewage, waste management, materials recovery
0	0	1 354	1 017	337	458	173	285	Water supply
-	-	-	-	-	-	-	-	Sewage, wastewater, human and animal waste treatment services
-	-	-	-	-	-	-	-	Waste collection, treatment and disposal activities; materials recovery
-	-	-	-	-	-	-	-	Remediation activities and other waste management services
116	4	52 089	45 274	6 815	98 428	88 997	9 431	Construction
67	4	44 412	38 670	5 742	11 678	10 125	1 553	General construction
49	0	7 677	6 604	1 073	86 750	78 872	7 878	Specialized construction activities
300	700	25 809	13 165	12 644	3 058	2 087	971	Wholesale and retail trade
0	0	1 222	967	255	88	45	43	Sale of motor vehicles and parts
0	0	10 292	5 178	5 114	718	283	435	Wholesale trade on own account or on a fee or contract basis
300	700	14 295	7 020	7 275	2 252	1 759	493	Retail trade, except motor vehicles and motorcycles
0	0	48 601	26 074	22 527	1 747	1 031	716	Transportation and storage
0	0	8 346	5 016	3 330	608	322	286	Land transport and transport via pipelines
0	0	1 427	1 103	324	0	0	0	Water transport
0	0	24 810	10 399	14 411	135	107	28	Air transport
0	0	14 018	9 556	4 462	1 004	602	402	Warehousing and support activities for transportation
0	0	1 914	1 110	804	686	352	334	Accommodation and food service activities
0	0	1 914	1 110	804	686	352	334	Accommodation
-	-	-	-	-	-	-	-	Food and beverage service activities
0	0	81 436	57 365	24 071	1 085	525	560	Information and communication
0	0	25 125	17 146	7 979	201	100	101	Publishing activities
-	-	-	-	-	-	-	-	Motion picture, video and television programme production, sound recording and music publishing activities
0	0	7 979	5 669	2 310	650	350	300	Broadcasting activities
0	0	12 764	9 913	2 851	0	0	0	Postal activities and telecommunications
0	0	23 580	17 683	5 897	0	0	0	Computer programming, consultancy and related activities
0	0	11 988	6 954	5 034	234	75	159	Information service activities

Note : Based upon the 10th revision of Korean Standard Industrial Classification(2017)
Source : Labor Market Statistics Division, Ministry of Employment and Labor, 「Report on the Establishment Status」

10. 산업·규모별 사업체수 및 (종사상지위·성별)종사자수(55-55)
(2022. 12. 31.)

단위 : 개소, 명

산업별	규모별	1,000 인 이 상							
	사업체수 Number of establi-shments	종사자수 Number of workers			자영업자 Individual proprietors			무급가족 Unpaid family	
		계 Total	남 Male	여 Female	계 Total	남 Male	여 Female	계 Total	
K. 금융 및 보험업	40	77 207	44 551	32 656	0	0	0	4 177	
64. 금 융 업	18	39 801	23 776	16 025	0	0	0	0	
65. 보험 및 연금업	11	17 000	8 703	8 297	0	0	0	2 000	
66. 금융 및 보험관련 서비스업	11	20 406	12 072	8 334	0	0	0	2 177	
L. 부 동 산 업	7	12 311	7 189	5 122	0	0	0	0	
68. 부 동 산 업	7	12 311	7 189	5 122	0	0	0	0	
M. 전문, 과학 및 기술 서비스업	66	193 443	141 756	51 687	0	0	0	0	
70. 연 구 개 발 업	27	118 174	92 380	25 794	0	0	0	0	
71. 전 문 서 비 스 업	30	60 745	37 788	22 957	0	0	0	0	
72. 건축 기술, 엔지니어링 및 기타 과학기술 서비스업	9	14 524	11 588	2 936	0	0	0	0	
73. 기타 전문, 과학 및 기술 서비스업	-	-	-	-	-	-	-	-	
N. 사업시설 관리, 사업 지원 및 임대 서비스업	116	220 553	116 804	103 749	0	0	0	2 918	
74. 사업시설 관리 및 조경 서비스업	24	50 977	28 340	22 637	0	0	0	0	
75. 사 업 지 원 서 비 스 업	92	169 576	88 464	81 112	0	0	0	2 918	
76. 임대업 ; 부동산 제외	-	-	-	-	-	-	-	-	
P. 교 육 서 비 스 업	55	98 932	57 551	41 381	0	0	0	2 308	
85. 교 육 서 비 스 업	55	98 932	57 551	41 381	0	0	0	2 308	
Q. 보건업 및 사회복지 서비스업	127	282 392	84 349	198 043	2	2	0	18 631	
86. 보 건 업	97	227 431	62 418	165 013	2	2	0	0	
87. 사 회 복 지 서 비 스 업	30	54 961	21 931	33 030	0	0	0	18 631	
R. 예술, 스포츠 및 여가관련 서비스업	5	9 340	4 896	4 444	0	0	0	0	
90. 창작, 예술 및 여가관련 서비스업	-	-	-	-	-	-	-	-	
91. 스포츠 및 오락관련 서비스업	5	9 340	4 896	4 444	0	0	0	0	
S. 협회 및 단체, 수리 및 기타 개인 서비스업	-	-	-	-	-	-	-	-	
94. 협 회 및 단 체	-	-	-	-	-	-	-	-	
95. 개인 및 소비용품 수리업	-	-	-	-	-	-	-	-	
96. 기 타 개 인 서 비 스 업	-	-	-	-	-	-	-	-	

주 : 한국표준산업분류 10차개정(2017) 기준
자료 : 고용노동부 노동시장조사과, 「사업체노동실태현황보고서」

10. Number of establishments and workers(by employment status and gender) by industry and establishment size(55-55) (2022. 12. 31.)

Unit : In each, person

종사자 및 기타종사자 Workers & Other workers		상용근로자 Regular employees			임시 및 일용근로자 Temporary and daily employees			Establishment Size
남 Male	여 Female	계 Total	남 Male	여 Female	계 Total	남 Male	여 Female	Industry
1 901	2 276	70 206	41 313	28 893	2 824	1 337	1 487	Financial and insurance activities
0	0	37 239	22 515	14 724	2 562	1 261	1 301	Financial service activities, except insurance and pension funding
170	1 830	14 937	8 515	6 422	63	18	45	Insurance and pension funding
1 731	446	18 030	10 283	7 747	199	58	141	Activities auxiliary to financial service and insurance activities
0	0	10 131	6 128	4 003	2 180	1 061	1 119	Real estate activities
0	0	10 131	6 128	4 003	2 180	1 061	1 119	Real estate activities
0	0	187 294	138 448	48 846	6 149	3 308	2 841	Professional, scientific and technical activities
0	0	114 901	90 949	23 952	3 273	1 431	1 842	Research and development
0	0	60 111	37 543	22 568	634	245	389	Professional services
0	0	12 282	9 956	2 326	2 242	1 632	610	Architectural, engineering and other scientific technical services
-	-	-	-	-	-	-	-	Other professional, scientific and technical services
995	1 923	191 646	100 929	90 717	25 989	14 880	11 109	Business facilities management and business support services; rental and leasing activities
0	0	45 547	25 127	20 420	5 430	3 213	2 217	Business facilities management and landscape services
995	1 923	146 099	75 802	70 297	20 559	11 667	8 892	Business support services
-	-	-	-	-	-	-	-	Rental and leasing activities; except real estate
1 254	1 054	80 422	48 051	32 371	16 202	8 246	7 956	Education
1 254	1 054	80 422	48 051	32 371	16 202	8 246	7 956	Education
8 492	10 139	217 308	59 716	157 592	46 451	16 139	30 312	Human health and social work activities
0	0	216 369	59 387	156 982	11 060	3 029	8 031	Human health activities
8 492	10 139	939	329	610	35 391	13 110	22 281	Social work activities
0	0	6 946	3 850	3 096	2 394	1 046	1 348	Arts, sports and recreation related services
-	-	-	-	-	-	-	-	Creative, arts and recreation related services
0	0	6 946	3 850	3 096	2 394	1 046	1 348	Sports activities and amusement activities
							-	Membership organizations, repair and other personal services
-	-	-	-	-	-	-	-	Membership organizations
-	-	-	-	-	-	-	-	Maintenance and repair services of personal and household goods
-	-	-	-	-	-	-	-	Other personal services activities

Note : Based upon the 10th revision of Korean Standard Industrial Classification(2017)
Source : Labor Market Statistics Division, Ministry of Employment and Labor, 「Report on the Establishment Status」

11. 산업(중분류)·지역·성별 사업체수 및 종사자수(5-1)
(2022.12.31.)

단위 : 개소, 명

산업별 \ 시도별	전국 Total 사업체수 Number of establishments	전국 종사자수 계 Total	전국 종사자수 남 Male	전국 종사자수 여 Female	서울특별시 Seoul 사업체수 Number of establishments	서울특별시 종사자수 계 Total	서울특별시 종사자수 남 Male	서울특별시 종사자수 여 Female
전 산 업	2 099 955	18 835 715	10 854 353	7 981 362	442 207	4 668 912	2 568 488	2 100 424
A. 농업, 임업 및 어업	7 025	50 485	36 772	13 713	79	501	363	138
B. 광 업	1 015	12 541	11 142	1 399	18	134	106	28
C. 제 조 업	317 666	3 919 575	2 928 497	991 078	32 862	206 596	117 291	89 305
10. 식료품 제조업	27 515	312 688	166 034	146 654	1 767	10 098	5 194	4 904
11. 음료 제조업	1 291	19 398	14 845	4 553	58	442	332	110
12. 담배 제조업	12	2 708	2 472	236	2	8	7	1
13. 섬유제품 제조업; 의복 제외	14 985	117 827	72 184	45 643	2 562	11 825	6 105	5 720
14. 의복, 의복 액세서리 및 모피제품 제조업	13 873	96 704	35 712	60 992	9 396	62 692	23 858	38 834
15. 가죽, 가방 및 신발 제조업	3 626	24 383	13 741	10 642	1 328	7 175	4 086	3 089
16. 목재 및 나무제품 제조업; 가구 제외	4 838	34 917	28 060	6 857	126	667	497	170
17. 펄프, 종이 및 종이제품 제조업	6 770	80 346	60 722	19 624	594	4 506	2 666	1 840
18. 인쇄 및 기록매체 복제업	9 427	56 740	38 048	18 692	3 417	17 828	12 142	5 686
19. 코크스, 연탄 및 석유정제품 제조업	365	13 418	12 453	965	16	96	76	20
20. 화학 물질 및 화학제품 제조업; 의약품 제외	12 813	189 399	147 117	42 282	917	7 635	3 921	3 714
21. 의료용 물질 및 의약품 제조업	1 428	62 849	37 695	25 154	153	1 696	957	739
22. 고무 및 플라스틱제품 제조업	21 628	273 678	200 027	73 651	735	3 880	2 452	1 428
23. 비금속 광물제품 제조업	9 158	113 343	96 095	17 248	229	1 602	1 250	352
24. 1차 금속 제조업	8 800	166 037	147 739	18 298	188	826	623	203
25. 금속 가공제품 제조업; 기계 및 가구 제외	48 771	406 457	327 086	79 371	1 526	6 995	5 351	1 644
26. 전자 부품, 컴퓨터, 영상, 음향 및 통신장비 제조업	15 150	399 805	283 231	116 574	1 652	14 182	10 316	3 866
27. 의료, 정밀, 광학 기기 및 시계 제조업	12 343	142 858	102 274	40 584	1 724	14 898	10 214	4 684
28. 전기장비 제조업	20 791	269 361	201 793	67 568	1 546	10 838	7 482	3 356
29. 기타 기계 및 장비 제조업	43 628	477 719	396 724	80 995	1 694	11 859	8 934	2 925
30. 자동차 및 트레일러 제조업	11 923	368 123	304 611	63 512	144	915	607	308
31. 기타 운송장비 제조업	4 527	128 463	116 421	12 042	105	724	602	122
32. 가구 제조업	8 658	56 798	44 964	11 834	377	1 471	1 013	458
33. 기타 제품 제조업	9 942	57 748	35 964	21 784	2 358	12 251	7 470	4 781
34. 산업용 기계 및 장비 수리업	5 404	47 808	42 485	5 323	248	1 487	1 136	351
D. 전기, 가스, 증기 및 공기 조절 공급업	1 813	68 747	56 147	12 600	148	6 295	4 782	1 513
E. 수도, 하수 및 폐기물 처리, 원료 재생업	9 212	109 293	91 645	17 648	440	7 681	6 702	979
F. 건 설 업	126 038	1 493 648	1 271 291	222 357	16 519	386 992	332 391	54 601
G. 도매 및 소매업	455 953	2 367 559	1 341 821	1 025 738	110 748	722 657	406 704	315 953
H. 운수 및 창고업	46 379	768 218	627 299	140 919	7 910	168 608	124 504	44 104
I. 숙박 및 음식점업	339 206	1 559 284	604 544	954 740	67 748	355 429	152 054	203 375
J. 정보통신업	56 766	747 573	501 532	246 041	31 361	476 638	314 470	162 168
K. 금융 및 보험업	40 526	706 747	310 531	396 216	11 405	283 463	147 601	135 862
L. 부동산업	97 505	450 544	296 229	154 315	23 366	128 952	85 543	43 409
M. 전문, 과학 및 기술 서비스업	114 424	1 289 870	837 557	452 313	44 330	560 276	340 514	219 762
N. 사업시설 관리, 사업 지원 및 임대 서비스업	56 609	1 218 199	668 654	549 545	13 931	482 806	242 637	240 169
P. 교육 서비스업	91 879	875 107	357 968	517 139	19 186	241 946	102 214	139 732
Q. 보건업 및 사회복지 서비스업	149 866	2 369 394	448 749	1 920 645	29 260	452 409	91 547	360 862
R. 예술, 스포츠 및 여가관련 서비스업	43 698	293 559	153 048	140 511	8 904	60 778	32 737	28 041
S. 협회 및 단체, 수리 및 기타 개인 서비스업	144 375	535 372	310 927	224 445	23 992	126 751	66 328	60 423

주 : 한국표준산업분류 10차개정(2017)기준
자료 : 고용노동부 노동시장조사과「사업체노동실태현황」

11. Number of establishments and workers by industry(divisions) region(city, province) and gender(5-1) (2022.12.31.)

Unit : In each, person

부산광역시 Busan				대구광역시 Daegu				Region(city, province)
사업체수	종사자수 Number of workers			사업체수	종사자수 Number of workers			
Number of establishments	계 Total	남 Male	여 Female	Number of establishments	계 Total	남 Male	여 Female	Industry
138 259	1 150 981	631 584	519 397	89 701	726 011	391 859	334 152	All industries
108	2 870	2 663	207	30	358	299	59	Agriculture, forestry and fishing
13	37	32	5	5	15	13	2	Mining and quarrying
19 097	187 630	134 414	53 216	14 952	148 329	106 450	41 879	Manufacturing
1 225	14 447	6 540	7 907	779	7 724	3 968	3 756	Manufacture of food products
39	410	302	108	21	433	342	91	Manufacture of beverages
-	-	-	-	-	-	-	-	Manufacture of tobacco products
800	7 686	4 599	3 087	1 977	18 565	11 269	7 296	Manufacture of textiles, except apparel
799	7 751	2 002	5 749	492	3 861	1 270	2 591	Manufacture of wearing apparel, clothing accessories and fur articles
717	6 213	2 918	3 295	52	265	166	99	Manufacture of leather, luggage and footwear
205	1 449	1 144	305	105	737	583	154	Manufacture of wood and of products of wood and cork; except furniture
234	2 026	1 356	670	253	3 642	2 966	676	Manufacture of pulp, paper and paper products
491	2 327	1 461	866	424	2 517	1 713	804	Printing and reproduction of recorded media
10	202	159	43	4	33	30	3	Manufacture of coke, briquettes and refined petroleum products
390	3 907	3 093	814	289	1 938	1 346	592	Manufacture of chemicals and chemical products; except pharmaceuticals and medicinal chemicals
50	813	445	368	42	779	413	366	Manufacture of pharmaceuticals, medicinal chemical and botanical products
1 081	12 221	8 377	3 844	844	10 848	7 436	3 412	Manufacture of rubber and plastics products
233	2 120	1 732	388	169	1 640	1 371	269	Manufacture of other non-metallic mineral products
862	12 835	11 020	1 815	280	3 504	2 939	565	Manufacture of basic metals
3 627	25 568	20 224	5 344	3 996	29 431	22 709	6 722	Manufacture of fabricated metal products, except machinery and furniture
290	7 982	5 816	2 166	233	4 444	3 381	1 063	Manufacture of electronic components, computer; visual, sounding and communication equipment
594	6 868	4 666	2 202	882	7 136	4 588	2 548	Manufacture of medical, precision and optical instruments, watches and clocks
1 333	12 233	9 167	3 066	753	9 115	6 982	2 133	Manufacture of electrical equipment
3 230	30 265	25 111	5 154	1 902	20 688	17 318	3 370	Manufacture of other machinery and equipment
631	13 226	10 163	3 063	676	17 176	12 808	4 368	Manufacture of motor vehicles, trailers and semitrailers
344	6 870	6 131	739	60	464	367	97	Manufacture of other transport equipment
376	1 810	1 476	334	214	1 051	859	192	Manufacture of furniture
534	2 807	1 734	1 073	360	1 682	1 071	611	Other manufacturing
1 002	5 594	4 778	816	145	656	555	101	Maintenance and repair services of industrial machinery and equipment
50	4 159	3 344	815	80	2 676	1 902	774	Electricity, gas, steam and air conditioning supply
452	6 363	5 230	1 133	330	3 439	2 824	615	Water supply; sewage, waste management, materials recovery
7 160	93 738	80 210	13 528	4 915	56 056	47 164	8 892	Construction
31 900	153 525	84 462	69 063	20 358	96 282	53 918	42 364	Wholesale and retail trade
5 302	87 121	74 238	12 883	1 470	25 833	23 186	2 647	Transportation and storage
23 842	111 301	42 658	68 643	14 508	63 365	24 433	38 932	Accommodation and food service activities
2 002	16 527	11 265	5 262	1 324	12 784	8 735	4 049	Information and communication
2 779	48 746	18 714	30 032	1 941	31 634	11 812	19 822	Financial and insurance activities
8 083	30 834	20 026	10 808	4 230	19 545	13 056	6 489	Real estate activities
6 389	51 152	31 988	19 164	4 007	29 574	18 060	11 514	Professional, scientific and technical activities
3 908	72 276	39 002	33 274	2 114	42 241	22 403	19 838	Business facilities management and business support services; rental and leasing activities
5 901	54 154	21 383	32 771	4 548	41 197	15 793	25 404	Education
9 675	180 118	35 294	144 824	7 366	121 620	23 791	97 829	Human health and social work activities
2 623	16 623	8 367	8 256	1 805	9 718	5 202	4 516	Arts, sports and recreation related services
8 975	33 807	18 294	15 513	5 718	21 345	12 818	8 527	Membership organizations, repair and other personal services

Note : Based upon the 10th revision of Korean Standard Industrial Classification(2017)
Source : Labor Market Statistics Division, Ministry of Employment and Labor, 「Report on the Establishment Status」
* The statistics (as of December 31, 2022) list Gunwi-gun as part of Gyeongbuk Province, since it was incorporated into Daegu-si in July 2023

11. 산업(중분류)·지역·성별 사업체수 및 종사자수(5-2)
(2022.12.31.)

단위 : 개소, 명

산업별 \ 시도별	인천광역시 Incheon				광주광역시 Gwangju			
	사업체수 Number of establishments	종사자수 Number of workers			사업체수 Number of establishments	종사자수 Number of workers		
		계 Total	남 Male	여 Female		계 Total	남 Male	여 Female
전 산 업	104 275	917 914	518 016	399 898	58 768	498 655	275 298	223 357
A. 농업, 임업 및 어업	72	475	306	169	56	421	310	111
B. 광 업	28	423	395	28	13	30	21	9
C. 제 조 업	20 023	236 096	168 591	67 505	6 008	81 791	61 489	20 302
10. 식료품 제조업	1 048	12 589	7 217	5 372	513	4 443	2 260	2 183
11. 음료 제조업	28	130	93	37	18	469	422	47
12. 담배 제조업	-	-	-	-	1	216	208	8
13. 섬유제품 제조업; 의복 제외	421	2 694	1 290	1 404	111	1 151	508	643
14. 의복, 의복 액세서리 및 모피제품 제조업	311	2 780	902	1 878	76	391	161	230
15. 가죽, 가방 및 신발 제조업	103	560	346	214	26	165	41	124
16. 목재 및 나무제품 제조업; 가구 제외	466	6 420	5 149	1 271	67	362	270	92
17. 펄프, 종이 및 종이제품 제조업	261	2 800	1 931	869	85	831	667	164
18. 인쇄 및 기록매체 복제업	325	2 180	1 413	767	181	892	579	313
19. 코크스, 연탄 및 석유정제품 제조업	14	756	700	56	4	26	22	4
20. 화학 물질 및 화학제품 제조업; 의약품 제외	788	10 737	6 408	4 329	121	960	682	278
21. 의료용 물질 및 의약품 제조업	55	8 561	5 065	3 496	14	144	74	70
22. 고무 및 플라스틱제품 제조업	1 371	17 522	10 802	6 720	441	9 324	7 300	2 024
23. 비금속 광물제품 제조업	322	3 855	3 089	766	107	918	725	193
24. 1차 금속 제조업	693	10 817	9 317	1 500	192	2 063	1 641	422
25. 금속 가공제품 제조업; 기계 및 가구 제외	4 086	32 007	24 355	7 652	1 004	8 022	6 047	1 975
26. 전자 부품, 컴퓨터, 영상, 음향 및 통신장비 제조업	1 736	28 661	18 925	9 736	254	8 122	4 617	3 505
27. 의료, 정밀, 광학 기기 및 시계 제조업	716	7 152	5 035	2 117	335	3 041	1 939	1 102
28. 전기장비 제조업	1 730	17 054	11 219	5 835	587	9 643	7 323	2 320
29. 기타 기계 및 장비 제조업	3 690	39 999	32 621	7 378	992	10 936	9 005	1 931
30. 자동차 및 트레일러 제조업	554	18 469	15 280	3 189	384	17 429	15 305	2 124
31. 기타 운송장비 제조업	93	931	767	164	14	59	54	5
32. 가구 제조업	504	4 421	3 492	929	192	962	776	186
33. 기타 제품 제조업	516	3 704	2 139	1 565	200	841	551	290
34. 산업용 기계 및 장비 수리업	192	1 297	1 036	261	89	381	312	69
D. 전기, 가스, 증기 및 공기 조절 공급업	64	4 113	3 453	660	129	1 347	1 104	243
E. 수도, 하수 및 폐기물 처리, 원료 재생업	570	6 536	5 386	1 150	184	1 986	1 646	340
F. 건 설 업	5 196	58 350	49 543	8 807	4 884	59 529	50 093	9 436
G. 도매 및 소매업	21 617	105 975	60 263	45 712	13 167	58 973	33 855	25 118
H. 운수 및 창고업	3 306	58 297	46 542	11 755	1 061	18 105	16 235	1 870
I. 숙박 및 음식점업	16 912	78 035	28 981	49 054	9 278	41 056	15 575	25 481
J. 정보통신업	1 465	10 923	7 243	3 680	922	10 080	7 312	2 768
K. 금융 및 보험업	1 598	23 016	8 219	14 797	1 395	20 455	7 756	12 699
L. 부동산업	5 025	19 718	13 061	6 657	3 255	18 047	11 046	7 001
M. 전문, 과학 및 기술 서비스업	3 874	37 796	25 521	12 275	2 947	21 946	13 316	8 630
N. 사업시설 관리, 사업 지원 및 임대 서비스업	2 581	60 467	36 477	23 990	1 696	27 550	14 715	12 835
P. 교육 서비스업	4 659	39 096	15 213	23 883	2 981	26 834	11 278	15 556
Q. 보건업 및 사회복지 서비스업	7 898	139 153	26 641	112 512	4 917	88 127	16 445	71 682
R. 예술, 스포츠 및 여가관련 서비스업	2 135	13 107	6 684	6 423	1 312	6 327	3 541	2 786
S. 협회 및 단체, 수리 및 기타 개인 서비스	7 252	26 338	15 497	10 841	4 563	16 051	9 561	6 490

주 : 한국표준산업분류 10차개정(2017)기준
자료 : 고용노동부 노동시장조사과 「사업체노동실태현황」

11. Number of establishments and workers by industry(divisions) region(city, province) and gender(5-2) (2022.12.31.)

Unit : In each, person

대전광역시 Daejeon				울산광역시 Ulsan				Region(city, province)
사업체수	종사자수 Number of workers			사업체수	종사자수 Number of workers			
Number of establishments	계 Total	남 Male	여 Female	Number of establishments	계 Total	남 Male	여 Female	Industry
55 906	516 163	290 736	225 427	37 844	425 615	282 129	143 486	All industries
42	262	182	80	68	381	279	102	Agriculture, forestry and fishing
7	22	17	5	14	259	243	16	Mining and quarrying
5 294	61 819	46 314	15 505	5 388	169 954	149 297	20 657	Manufacturing
514	5 053	2 583	2 470	262	2 187	1 165	1 022	Manufacture of food products
15	417	346	71	17	147	101	46	Manufacture of beverages
3	921	846	75	-	-	-	-	Manufacture of tobacco products
173	1 342	653	689	152	3 356	1 377	1 979	Manufacture of textiles, except apparel
137	1 216	372	844	34	258	117	141	Manufacture of wearing apparel, clothing accessories and fur articles
29	186	106	80	14	100	24	76	Manufacture of leather, luggage and footwear
48	280	210	70	94	790	652	138	Manufacture of wood and of products of wood and cork; except furniture
71	1 860	1 608	252	59	1 629	1 424	205	Manufacture of pulp, paper and paper products
279	1 194	700	494	76	288	173	115	Printing and reproduction of recorded media
5	44	35	9	40	5 161	4 919	242	Manufacture of coke, briquettes and refined petroleum products
280	4 163	3 042	1 121	344	17 263	15 884	1 379	Manufacture of chemicals and chemical products; except pharmaceuticals and medicinal chemicals
54	1 903	1 130	773	8	118	63	55	Manufacture of pharmaceuticals, medicinal chemical and botanical products
197	4 662	4 114	548	238	6 033	4 559	1 474	Manufacture of rubber and plastics products
104	910	779	131	125	1 478	1 253	225	Manufacture of other non-metallic mineral products
81	734	620	114	210	7 191	6 612	579	Manufacture of basic metals
578	5 019	4 233	786	820	8 789	7 306	1 483	Manufacture of fabricated metal products, except machinery and furniture
374	6 151	4 514	1 637	52	591	479	112	Manufacture of electronic components, computer; visual, sounding and communication equipment
587	6 831	5 270	1 561	228	1 523	1 223	300	Manufacture of medical, precision and optical instruments, watches and clocks
396	3 288	2 608	680	402	8 982	7 788	1 194	Manufacture of electrical equipment
780	9 102	7 611	1 491	728	12 152	10 668	1 484	Manufacture of other machinery and equipment
106	2 395	1 870	525	661	54 210	49 007	5 203	Manufacture of motor vehicles, trailers and semitrailers
50	1 374	1 215	159	489	34 909	32 112	2 797	Manufacture of other transport equipment
149	746	597	149	57	198	153	45	Manufacture of furniture
202	1 430	728	702	116	500	315	185	Other manufacturing
82	598	524	74	162	2 101	1 923	178	Maintenance and repair services of industrial machinery and equipment
39	1 594	1 260	334	38	2 661	2 299	362	Electricity, gas, steam and air conditioning supply
148	3 810	2 876	934	213	2 472	2 017	455	Water supply; sewage, waste management, materials recovery
3 496	47 089	40 175	6 914	2 392	32 260	27 799	4 461	Construction
13 099	64 257	35 792	28 465	7 699	34 779	17 710	17 069	Wholesale and retail trade
912	16 954	14 923	2 031	1 133	18 431	16 414	2 017	Transportation and storage
9 730	44 408	17 176	27 232	6 757	30 164	9 383	20 781	Accommodation and food service activities
1 627	18 134	12 899	5 235	388	3 482	2 424	1 058	Information and communication
1 273	19 236	7 629	11 607	704	12 691	4 101	8 590	Financial and insurance activities
2 318	11 818	7 696	4 122	1 651	7 360	4 463	2 897	Real estate activities
3 147	55 759	38 762	16 997	1 627	18 445	12 775	5 670	Professional, scientific and technical activities
1 550	43 531	23 941	19 590	1 084	18 471	12 234	6 237	Business facilities management and business support services; rental and leasing activities
2 631	30 073	13 095	16 978	2 100	16 432	6 241	10 191	Education
4 814	74 657	14 605	60 052	2 916	43 475	7 040	36 435	Human health and social work activities
1 178	6 628	3 702	2 926	866	4 385	2 067	2 318	Arts, sports and recreation related services
4 601	16 112	9 692	6 420	2 726	9 513	5 343	4 170	Membership organizations, repair and other personal services

Note : Based upon the 10th revision of Korean Standard Industrial Classification(2017)
Source : Labor Market Statistics Division, Ministry of Employment and Labor, 「Report on the Establishment Status」

11. 산업(중분류)·지역·성별 사업체수 및 종사자수(5-3)
(2022.12.31.)

단위 : 개소, 명

시도별 산업별	세종특별자치시 Sejong				경기도 Gyeonggi			
	사업체수 Number of establishments	종사자수 Number of workers			사업체수 Number of establishments	종사자수 Number of workers		
		계 Total	남 Male	여 Female		계 Total	남 Male	여 Female
전 산 업	12 512	100 566	55 622	44 944	551 216	4 672 619	2 767 336	1 905 283
A. 농업, 임업 및 어업	50	244	178	66	1 070	6 782	4 689	2 093
B. 광 업	6	122	113	9	93	1 583	1 467	116
C. 제 조 업	1 115	21 482	15 917	5 565	114 989	1 300 963	967 457	333 506
10. 식료품 제조업	184	2 908	1 675	1 233	6 809	83 190	45 336	37 854
11. 음료 제조업	9	66	53	13	261	3 795	2 954	841
12. 담배 제조업	-	-	-	-	1	10	6	4
13. 섬유제품 제조업; 의복 제외	21	97	67	30	5 368	38 769	25 765	13 004
14. 의복, 의복 액세서리 및 모피제품 제조업	7	30	11	19	1 993	12 239	5 003	7 236
15. 가죽, 가방 및 신발 제조업	2	256	136	120	1 149	7 745	4 886	2 859
16. 목재 및 나무제품 제조업; 가구 제외	21	113	96	17	1 750	11 166	8 930	2 236
17. 펄프, 종이 및 종이제품 제조업	32	800	703	97	3 496	36 468	27 152	9 316
18. 인쇄 및 기록매체 복제업	100	789	540	249	3 079	23 070	15 785	7 285
19. 코크스, 연탄 및 석유정제품 제조업	-	-	-	-	65	725	607	118
20. 화학 물질 및 화학제품 제조업; 의약품 제외	95	1 952	1 403	549	4 535	53 553	38 795	14 758
21. 의료용 물질 및 의약품 제조업	17	1 829	1 086	743	543	23 282	13 705	9 577
22. 고무 및 플라스틱제품 제조업	76	1 589	1 321	268	10 370	104 556	74 292	30 264
23. 비금속 광물제품 제조업	66	1 799	1 652	147	2 799	31 461	26 385	5 076
24. 1차 금속 제조업	30	516	442	74	2 855	33 405	28 137	5 268
25. 금속 가공제품 제조업; 기계 및 가구 제외	94	632	511	121	17 956	136 742	109 262	27 480
26. 전자 부품, 컴퓨터, 영상, 음향 및 통신장비 제조업	33	2 810	2 122	688	7 893	212 189	154 695	57 494
27. 의료, 정밀, 광학 기기 및 시계 제조업	38	978	770	208	4 714	64 035	47 745	16 290
28. 전기 장비 제조업	87	1 825	1 509	316	8 908	89 757	65 060	24 697
29. 기타 기계 및 장비 제조업	78	706	591	115	17 431	178 002	146 589	31 413
30. 자동차 및 트레일러 제조업	44	1 373	940	433	2 789	80 223	67 600	12 623
31. 기타 운송장비 제조업	7	28	26	2	375	3 927	3 266	661
32. 가구 제조업	16	41	29	12	5 099	36 638	29 030	7 608
33. 기타 제품 제조업	37	244	152	92	3 499	21 701	13 846	7 855
34. 산업용 기계 및 장비 수리업	21	101	82	19	1 252	14 315	12 626	1 689
D. 전기, 가스, 증기 및 공기 조절 공급업	13	426	335	91	269	9 652	7 652	2 000
E. 수도, 하수 및 폐기물 처리, 원료 재생업	75	699	596	103	2 406	29 361	24 732	4 629
F. 건 설 업	759	6 780	5 630	1 150	29 194	293 014	246 824	46 190
G. 도매 및 소매업	1 944	8 779	4 898	3 881	120 436	609 251	357 225	252 026
H. 운수 및 창고업	194	3 364	2 927	437	11 089	177 893	143 869	34 024
I. 숙박 및 음식점업	2 361	10 043	3 959	6 084	81 580	373 980	143 307	230 673
J. 정보통신업	349	2 514	1 761	753	11 235	149 219	103 057	46 162
K. 금융 및 보험업	209	2 283	932	1 351	6 868	100 065	35 606	64 459
L. 부동산업	1 089	3 925	2 531	1 394	28 271	115 721	76 855	38 866
M. 전문, 과학 및 기술 서비스업	708	8 820	4 995	3 825	25 246	320 185	226 340	93 845
N. 사업시설 관리, 사업 지원 및 임대 서비스업	389	4 982	2 585	2 397	12 955	248 750	140 285	108 465
P. 교육 서비스업	1 006	6 972	3 013	3 959	25 524	210 214	80 881	129 333
Q. 보건업 및 사회복지 서비스업	981	13 613	2 299	11 314	36 325	521 387	92 665	428 722
R. 예술, 스포츠 및 여가관련 서비스업	350	2 133	1 096	1 037	11 198	80 516	40 997	39 519
S. 협회 및 단체, 수리 및 기타 개인 서비스업	914	3 385	1 857	1 528	32 468	124 083	73 428	50 655

주 : 한국표준산업분류 10차개정(2017)기준
자료 : 고용노동부 노동시장조사과 「사업체노동실태현황」

11. Number of establishments and workers by industry(divisions) region(city, province) and gender(5-3) (2022.12.31.)

Unit : In each, person

강원도 Gangwon				충청북도 Chungbuk				Region(city, province)
사업체수 Number of establishments	종사자수 Number of workers			사업체수 Number of establishments	종사자수 Number of workers			
	계 Total	남 Male	여 Female		계 Total	남 Male	여 Female	Industry
62 459	477 258	263 882	213 376	64 531	611 405	372 692	238 713	All industries
506	3 693	2 620	1 073	495	3 525	2 616	909	Agriculture, forestry and fishing
190	4 365	3 901	464	102	1 058	950	108	Mining and quarrying
5 185	57 223	38 119	19 104	11 625	222 351	166 230	56 121	Manufacturing
1 590	16 563	8 048	8 515	1 630	32 127	18 684	13 443	Manufacture of food products
115	2 280	1 714	566	122	2 668	2 149	519	Manufacture of beverages
-	-	-	-	-	-	-	-	Manufacture of tobacco products
73	438	227	211	341	3 206	2 162	1 044	Manufacture of textiles, except apparel
41	440	191	249	41	581	250	331	Manufacture of wearing apparel, clothing accessories and fur articles
7	25	21	4	34	403	251	152	Manufacture of leather, luggage and footwear
157	856	694	162	214	1 399	1 164	235	Manufacture of wood and of products of wood and cork; except furniture
62	781	458	323	318	5 539	4 428	1 111	Manufacture of pulp, paper and paper products
74	349	216	133	168	1 005	655	350	Printing and reproduction of recorded media
12	94	75	19	26	239	194	45	Manufacture of coke, briquettes and refined petroleum products
266	2 772	1 814	958	915	18 024	14 256	3 768	Manufacture of chemicals and chemical products; except pharmaceuticals and medicinal chemicals
54	2 970	1 678	1 292	138	10 148	6 547	3 601	Manufacture of pharmaceuticals, medicinal chemical and botanical products
186	2 238	1 531	707	1 092	18 194	14 867	3 327	Manufacture of rubber and plastics products
447	6 198	5 505	693	764	11 848	10 220	1 628	Manufacture of other non-metallic mineral products
53	845	758	87	372	5 009	4 378	631	Manufacture of basic metals
472	3 228	2 604	624	1 704	17 511	14 744	2 767	Manufacture of fabricated metal products, except machinery and furniture
80	630	451	179	378	26 616	17 171	9 445	Manufacture of electronic components, computer; visual, sounding and communication equipment
233	3 191	1 873	1 318	304	4 121	2 633	1 488	Manufacture of medical, precision and optical instruments, watches and clocks
278	2 471	1 936	535	696	25 445	20 797	4 648	Manufacture of electrical equipment
271	4 143	3 231	912	1 165	15 546	12 827	2 719	Manufacture of other machinery and equipment
81	3 003	2 498	505	452	15 964	12 524	3 440	Manufacture of motor vehicles, trailers and semitrailers
26	146	126	20	47	804	705	99	Manufacture of other transport equipment
158	632	490	142	241	2 089	1 679	410	Manufacture of furniture
261	1 744	916	828	237	1 940	1 258	682	Other manufacturing
188	1 186	1 064	122	226	1 925	1 687	238	Maintenance and repair services of industrial machinery and equipment
115	3 666	3 149	517	56	1 573	1 261	312	Electricity, gas, steam and air conditioning supply
444	4 286	3 615	671	479	5 277	4 460	817	Water supply; sewage, waste management, materials recovery
6 323	57 515	49 719	7 796	5 455	48 861	41 663	7 198	Construction
11 833	54 054	30 403	23 651	12 228	54 526	30 770	23 756	Wholesale and retail trade
1 184	17 154	14 356	2 798	1 553	21 415	18 237	3 178	Transportation and storage
13 294	60 933	24 925	36 008	10 594	44 642	16 664	27 978	Accommodation and food service activities
671	6 199	4 090	2 109	564	5 589	3 660	1 929	Information and communication
1 358	22 185	9 303	12 882	1 181	14 691	6 192	8 499	Financial and insurance activities
2 344	10 324	6 836	3 488	2 239	10 878	7 011	3 867	Real estate activities
2 524	18 239	12 190	6 049	2 414	24 497	15 628	8 869	Professional, scientific and technical activities
1 887	25 182	14 289	10 893	1 945	32 928	19 259	13 669	Business facilities management and business support services; rental and leasing activities
2 260	19 553	8 697	10 856	2 313	21 895	9 925	11 970	Education
4 558	77 711	16 766	60 945	4 723	70 876	12 992	57 884	Human health and social work activities
1 693	16 973	9 398	7 575	1 344	10 347	5 150	5 197	Arts, sports and recreation related services
6 090	18 003	11 506	6 497	5 221	16 476	10 024	6 452	Membership organizations, repair and other personal services

Note : Based upon the 10th revision of Korean Standard Industrial Classification(2017)
Source : Labor Market Statistics Division, Ministry of Employment and Labor, 「Report on the Establishment Status」

11. 산업(중분류)·지역·성별 사업체수 및 종사자수(5-4)
(2022.12.31.)

단위 : 개소, 명

산업별	충청남도 Chungnam 사업체수 Number of establishments	종사자수 Number of workers 계 Total	남 Male	여 Female	전라북도 Jeonbuk 사업체수 Number of establishments	종사자수 Number of workers 계 Total	남 Male	여 Female
전 산 업	85 015	794 687	497 733	296 954	68 183	526 859	294 879	231 980
A. 농업, 임업 및 어업	798	6 087	4 562	1 525	729	4 741	3 403	1 338
B. 광 업	74	761	679	82	71	667	577	90
C. 제 조 업	14 792	301 163	234 682	66 481	8 216	111 892	84 909	26 983
10. 식료품 제조업	2 004	27 944	15 469	12 475	1 716	23 430	12 734	10 696
11. 음료 제조업	112	1 523	1 072	451	110	1 360	1 100	260
12. 담배 제조업	-	-	-	-	-	-	-	-
13. 섬유제품 제조업; 의복 제외	380	3 231	2 022	1 209	242	2 562	1 426	1 136
14. 의복, 의복 액세서리 및 모피제품 제조업	59	720	252	468	231	1 935	589	1 346
15. 가죽, 가방 및 신발 제조업	21	130	59	71	13	81	29	52
16. 목재 및 나무제품 제조업; 가구 제외	234	1 849	1 540	309	216	1 769	1 509	260
17. 펄프, 종이 및 종이제품 제조업	298	5 264	4 112	1 152	169	3 116	2 527	589
18. 인쇄 및 기록매체 복제업	146	1 075	769	306	106	423	244	179
19. 코크스, 연탄 및 석유정제품 제조업	29	2 428	2 312	116	11	88	74	14
20. 화학물질 및 화학제품 제조업; 의약품 제외	849	20 314	16 957	3 357	492	9 457	8 112	1 345
21. 의료용 물질 및 의약품 제조업	96	5 446	3 363	2 083	51	1 640	1 124	516
22. 고무 및 플라스틱제품 제조업	1 031	22 063	17 255	4 808	352	4 310	3 405	905
23. 비금속 광물제품 제조업	786	12 833	10 943	1 890	578	6 552	5 616	936
24. 1차 금속 제조업	509	22 085	20 630	1 455	219	6 863	6 238	625
25. 금속 가공제품 제조업; 기계 및 가구 제외	1 868	21 531	18 159	3 372	1 008	8 180	6 749	1 431
26. 전자 부품, 컴퓨터, 영상, 음향 및 통신장비 제조업	615	33 799	22 807	10 992	143	2 971	1 963	1 008
27. 의료, 정밀, 광학 기기 및 시계 제조업	490	7 986	5 829	2 157	153	1 303	757	546
28. 전기장비 제조업	861	19 067	14 404	4 663	426	4 676	3 636	1 040
29. 기타 기계 및 장비 제조업	2 276	39 075	33 443	5 632	674	7 852	6 764	1 088
30. 자동차 및 트레일러 제조업	1 281	46 023	37 608	8 415	567	18 789	16 821	1 968
31. 기타 운송장비 제조업	77	1 084	966	118	86	1 226	1 059	167
32. 가구 제조업	195	1 159	905	254	168	818	661	157
33. 기타 제품 제조업	267	1 230	738	492	305	1 592	991	601
34. 산업용 기계 및 장비 수리업	308	3 304	3 068	236	180	899	781	118
D. 전기, 가스, 증기 및 공기 조절 공급업	121	6 905	5 871	1 034	143	2 824	2 372	452
E. 수도, 하수 및 폐기물 처리, 원료 재생업	631	6 986	6 022	964	423	4 882	4 168	714
F. 건 설 업	6 567	60 384	52 132	8 252	6 063	47 729	39 779	7 950
G. 도매 및 소매업	15 986	70 981	40 494	30 487	13 456	57 673	32 569	25 104
H. 운수 및 창고업	1 876	24 905	20 930	3 975	1 365	18 413	16 247	2 166
I. 숙박 및 음식점업	14 539	60 627	21 756	38 871	10 999	46 871	17 716	29 155
J. 정보통신업	810	4 786	3 324	1 462	780	5 490	3 696	1 794
K. 금융 및 보험업	1 532	18 342	7 595	10 747	1 541	24 104	10 415	13 689
L. 부동산업	3 021	12 059	7 916	4 143	2 224	10 684	7 599	3 085
M. 전문, 과학 및 기술 서비스업	3 090	25 801	17 980	7 821	2 806	21 574	13 948	7 626
N. 사업시설 관리, 사업 지원 및 임대 서비스업	2 335	34 555	22 182	12 373	1 704	19 937	10 835	9 102
P. 교육 서비스업	3 261	33 948	15 243	18 705	2 870	25 214	10 664	14 550
Q. 보건업 및 사회복지 서비스업	6 290	95 994	18 000	77 994	6 040	95 492	18 292	77 200
R. 예술, 스포츠 및 여가관련 서비스업	1 758	9 044	4 840	4 204	1 617	8 497	4 624	3 873
S. 협회 및 단체, 수리 및 기타 개인 서비스	7 534	21 359	13 525	7 834	7 136	20 175	13 066	7 109

주 : 한국표준산업분류 10차개정(2017)기준
자료 : 고용노동부 노동시장조사과 「사업체노동실태현황」

11. Number of establishments and workers by industry(divisions) region(city, province) and gender(5-4) (2022.12.31.)

Unit : In each, person

전 라 남 도 Jeonnam				경 상 북 도 Gyeongbuk				Region(city, province)
사업체수	종 사 자 수 Number of workers			사업체수	종 사 자 수 Number of workers			
Number of establishments	계 Total	남 Male	여 Female	Number of establishments	계 Total	남 Male	여 Female	Industry
71 633	570 376	343 866	226 510	99 571	877 766	535 251	342 515	All industries
1 026	6 886	4 773	2 113	778	5 692	4 087	1 605	Agriculture, forestry and fishing
142	1 142	980	162	155	1 103	930	173	Mining and quarrying
9 126	115 897	92 181	23 716	20 544	302 404	233 647	68 757	Manufacturing
2 590	21 331	10 168	11 163	2 373	21 195	10 439	10 756	Manufacture of food products
95	678	535	143	135	1 524	1 035	489	Manufacture of beverages
-	-	-	-	3	502	443	59	Manufacture of tobacco products
179	1 291	752	539	1 562	15 935	10 560	5 375	Manufacture of textiles, except apparel
42	380	178	202	95	617	239	378	Manufacture of wearing apparel, clothing accessories and fur articles
12	32	15	17	25	187	107	80	Manufacture of leather, luggage and footwear
197	1 099	828	271	402	2 387	1 936	451	Manufacture of wood and of products of wood and cork; except furniture
91	1 037	764	273	370	4 900	3 787	1 113	Manufacture of pulp, paper and paper products
75	254	132	122	160	770	511	259	Printing and reproduction of recorded media
17	2 326	2 250	76	51	551	459	92	Manufacture of coke, briquettes and refined petroleum products
536	15 855	14 431	1 424	1 057	13 122	10 912	2 210	Manufacture of chemicals and chemical products; except pharmaceuticals and medicinal chemicals
28	761	542	219	68	1 827	1 005	822	Manufacture of pharmaceuticals, medicinal chemical and botanical products
386	6 146	5 114	1 032	1 420	20 706	15 884	4 822	Manufacture of rubber and plastics products
545	6 569	5 607	962	1 017	14 102	12 143	1 959	Manufacture of other non-metallic mineral products
228	12 564	12 018	546	901	28 215	26 138	2 077	Manufacture of basic metals
1 115	10 031	8 528	1 503	2 946	31 697	26 000	5 697	Manufacture of fabricated metal products, except machinery and furniture
80	983	612	371	881	40 903	29 586	11 317	Manufacture of electronic components, computer; visual, sounding and communication equipment
147	1 044	722	322	604	7 397	5 376	2 021	Manufacture of medical, precision and optical instruments, watches and clocks
429	4 478	3 559	919	957	19 609	15 117	4 492	Manufacture of electrical equipment
557	4 750	3 976	774	2 709	26 282	21 972	4 310	Manufacture of other machinery and equipment
111	1 053	754	299	1 541	37 398	29 136	8 262	Manufacture of motor vehicles, trailers and semitrailers
904	16 747	15 004	1 743	231	2 524	2 200	324	Manufacture of other transport equipment
144	613	487	126	308	1 783	1 427	356	Manufacture of furniture
243	947	612	335	336	2 253	1 536	717	Other manufacturing
375	4 928	4 593	335	392	6 018	5 699	319	Maintenance and repair services of industrial machinery and equipment
221	7 599	6 280	1 319	156	7 472	6 292	1 180	Electricity, gas, steam and air conditioning supply
501	6 004	5 167	837	879	8 870	7 443	1 427	Water supply; sewage, waste management, materials recovery
7 516	80 187	68 355	11 832	8 510	71 109	60 901	10 208	Construction
13 806	58 281	32 609	25 672	18 133	79 308	44 807	34 501	Wholesale and retail trade
2 275	29 548	25 959	3 589	2 219	28 789	24 182	4 607	Transportation and storage
11 692	47 206	16 417	30 789	15 796	64 308	22 734	41 574	Accommodation and food service activities
772	6 250	4 351	1 899	984	6 498	4 740	1 758	Information and communication
1 558	19 969	8 437	11 532	2 000	23 767	10 113	13 654	Financial and insurance activities
1 839	9 433	5 984	3 449	2 688	14 608	9 455	5 153	Real estate activities
2 434	19 969	13 733	6 236	3 207	31 174	22 411	8 763	Professional, scientific and technical activities
1 877	23 231	16 393	6 838	2 336	29 385	20 020	9 365	Business facilities management and business support services; rental and leasing activities
2 276	17 825	7 271	10 554	3 531	41 118	18 887	22 231	Education
5 498	91 933	17 689	74 244	7 460	124 966	23 014	101 952	Human health and social work activities
1 602	10 170	5 114	5 056	1 852	12 592	6 295	6 297	Arts, sports and recreation related services
7 472	18 846	12 173	6 673	8 283	24 603	15 293	9 310	Membership organizations, repair and other personal services

Note : Based upon the 10th revision of Korean Standard Industrial Classification(2017)
Source : Labor Market Statistics Division, Ministry of Employment and Labor, 「Report on the Establishment Status」
* The statistics (as of December 31, 2022) list Gunwi-gun as part of Gyeongbuk Province, since it was incorporated into Daegu-si in July 2023

11. 산업(중분류)·지역·성별 사업체수 및 종사자수(5-5)
(2022.12.31.)

단위 : 개소, 명

시도별 산업별	경 상 남 도 Gyeongnam				제주특별자치도 Jeju			
	사업체수 Number of establishments	종 사 자 수 Number of workers			사업체수 Number of establishments	종 사 자 수 Number of workers		
		계 Total	남 Male	여 Female		계 Total	남 Male	여 Female
전 산 업	127 411	1 091 067	654 881	436 186	30 464	208 861	110 101	98 760
A. 농업, 임업 및 어업	662	4 721	3 433	1 288	456	2 846	2 009	837
B. 광 업	74	657	582	75	10	163	136	27
C. 제 조 업	26 895	383 153	304 102	79 051	1 555	10 832	7 407	3 425
10. 식료품 제조업	1 997	23 398	12 236	11 162	514	4 061	2 318	1 743
11. 음료 제조업	94	2 028	1 524	504	42	1 028	771	257
12. 담배 제조업	2	1 051	962	89	-	-	-	-
13. 섬유제품 제조업; 의복 제외	592	5 562	3 338	2 224	31	117	64	53
14. 의복, 의복 액세서리 및 모피제품 제조업	103	738	296	442	16	75	21	54
15. 가죽, 가방 및 신발 제조업	89	850	546	304	5	10	4	6
16. 목재 및 나무제품 제조업; 가구 제외	502	3 443	2 760	683	34	131	98	33
17. 펄프, 종이 및 종이제품 제조업	356	4 838	3 921	917	21	309	252	57
18. 인쇄 및 기록매체 복제업	272	1 581	891	690	54	198	124	74
19. 코크스, 연탄 및 석유정제품 제조업	59	636	531	105	2	13	10	3
20. 화학 물질 및 화학제품 제조업; 의약품 제외	842	7 219	5 702	1 517	97	528	359	169
21. 의료용 물질 및 의약품 제조업	46	611	307	304	11	321	191	130
22. 고무 및 플라스틱제품 제조업	1 761	29 016	21 036	7 980	47	370	282	88
23. 비금속 광물제품 제조업	743	8 413	6 964	1 449	124	1 045	861	184
24. 1차 금속 제조업	1 114	18 503	16 180	2 323	13	62	48	14
25. 금속 가공제품 제조업; 기계 및 가구 제외	5 852	60 519	49 882	10 637	119	555	422	133
26. 전자 부품, 컴퓨터, 영상, 음향 및 통신장비 제조업	443	8 594	5 627	2 967	13	177	149	28
27. 의료, 정밀, 광학 기기 및 시계 제조업	561	5 165	3 505	1 660	33	189	129	60
28. 전기장비 제조업	1 332	30 451	22 870	7 581	70	429	336	93
29. 기타 기계 및 장비 제조업	5 381	66 020	55 785	10 235	70	342	278	64
30. 자동차 및 트레일러 제조업	1 895	40 429	31 653	8 776	6	48	37	11
31. 기타 운송장비 제조업	1 609	56 609	51 795	4 814	10	37	26	11
32. 가구 제조업	387	2 116	1 675	441	73	250	215	35
33. 기타 제품 제조업	384	2 608	1 723	885	87	274	184	90
34. 산업용 기계 및 장비 수리업	479	2 755	2 393	362	63	263	228	35
D. 전기, 가스, 증기 및 공기 조절 공급업	138	4 532	3 724	808	33	1 253	1 067	186
E. 수도, 하수 및 폐기물 처리, 원료 재생업	915	9 555	7 891	1 664	122	1 086	870	216
F. 건 설 업	8 664	73 484	61 996	11 488	2 425	20 571	16 917	3 654
G. 도매 및 소매업	23 303	106 765	57 825	48 940	6 240	31 493	17 517	13 976
H. 운수 및 창고업	2 980	44 447	36 878	7 569	550	8 941	7 672	1 269
I. 숙박 및 음식점업	21 262	86 030	29 719	56 311	8 314	40 886	17 087	23 799
J. 정보통신업	1 127	8 209	5 748	2 461	385	4 251	2 757	1 494
K. 금융 및 보험업	2 496	33 558	12 502	21 056	608	8 542	3 604	4 938
L. 부동산업	4 756	23 018	14 868	8 150	1 106	3 620	2 283	1 337
M. 전문, 과학 및 기술 서비스업	4 411	37 097	24 526	12 571	1 203	7 566	4 870	2 696
N. 사업시설 관리, 사업 지원 및 임대 서비스업	2 971	39 338	24 489	14 849	1 346	12 569	6 908	5 661
P. 교육 서비스업	5 580	39 995	14 656	25 339	1 252	8 641	3 514	5 127
Q. 보건업 및 사회복지 서비스업	9 166	150 062	26 009	124 053	1 979	27 801	5 660	22 141
R. 예술, 스포츠 및 여가관련 서비스업	2 545	16 397	8 224	8 173	916	9 324	5 010	4 314
S. 협회 및 단체, 수리 및 기타 개인 서비스업	9 466	30 049	17 709	12 340	1 964	8 476	4 813	3 663

주 : 한국표준산업분류 10차개정(2017)기준
자료 : 고용노동부 노동시장조사과 「사업체노동실태현황」

C. 인력 수요
Labor demand

12. 산업(중분류) 규모별 현원, 부족인원 및 부족률(9-1)
(2023 하반기)

단위 : 명, %

산 업	전규모(종사자 1인이상) (All workers)		
	현 원 Current number of employees	부족인원 Number of vacancies	부족률 Rate of vacancies
전 산 업	18 239 198	544 761	2.9
B,C 광 공 업	3 781 355	139 203	3.6
B. 광 업 (05~08)	13 066	270	2.0
05. 석탄, 원유 및 천연가스광업	1 674	17	1.0
06. 금 속 광 업	319	4	1.2
07. 비금속광물광업 ; 연료용제외	10 379	249	2.3
08. 광 업 지 원 서 비 스 업	694	0	0.0
C. 제 조 업(10~34)	3 768 290	138 932	3.6
10. 식 료 품 제 조 업	294 167	16 356	5.3
11. 음 료 제 조 업	19 732	379	1.9
12. 담 배 제 조 업	2 839	20	0.7
13. 섬유제품제조업 ; 의복제외	102 193	2 639	2.5
14. 의복, 의복액세서리및모피제품제조업	83 547	4 035	4.6
15. 가죽, 가방및신발제조업	20 428	597	2.8
16. 목재및나무제품제조업 ; 가구제외	34 224	2 033	5.6
17. 펄프, 종이및종이제품제조업	75 298	4 598	5.8
18. 인 쇄 및 기 록 매 체 복 제 업	50 670	1 353	2.6
19. 코크스, 연탄및석유정제품제조업	13 379	400	2.9
20. 화학물질및화학제품제조업 ; 의약품제외	190 708	7 592	3.8
21. 의료용물질및의약품제조업	64 548	1 970	3.0
22. 고무및플라스틱제품제조업	258 827	10 841	4.0
23. 비금속광물제품제조업	113 364	2 646	2.3
24. 1 차 금 속 제 조 업	162 131	4 409	2.6
25. 금속가공제품제조업 ; 기계및가구제외	380 349	17 799	4.5
26. 전자부품, 컴퓨터, 영상, 음향및통신장비제조업	389 909	6 095	1.5
27. 의료, 정밀, 광학기기및시계제조업	139 146	6 417	4.4
28. 전 기 장 비 제 조 업	265 550	9 848	3.6
29. 기 타 기 계 및 장 비 제 조 업	460 987	18 307	3.8
30. 자 동 차 및 트 레 일 러 제 조 업	361 794	8 998	2.4
31. 기 타 운 송 장 비 제 조 업	136 748	6 012	4.2
32. 가 구 제 조 업	49 104	2 206	4.3
33. 기 타 제 품 제 조 업	52 301	1 695	3.1
34. 산 업 용 기 계 및 장 비 수 리 업	46 348	1 689	3.5
D~S 사회간접자본및기타서비스업	14 457 842	405 558	2.7
D. 전기, 가스, 증기및공기조절공급업(35)	68 075	304	0.4
35. 전기, 가스, 증기및공기조절공급업	68 075	304	0.4
E. 수도,하수및폐기물처리, 원료재생업(36~39)	109 534	2 438	2.2

주 : 한국표준산업분류 10차개정(2017) 기준
자료 : 고용노동부 노동시장조사과, 「직종별사업체노동력조사」
*는 RSE(상대표준오차)값이 30이상이므로 자료이용시 유의바람

12. Current number of employees, number of vacancies, rate of vacancies by industry(divisions) and establishment size(9-1)(The second half of 2023)

In person, %

상용근로자 5인 이상 (5 or more permanent employees)			상용근로자 10인 이상 (5 or more permanent employees)			Industry
현 원 Current number of employees	부족인원 Number of vacancies	부족률 Rate of vacancies	현 원 Current number of employees	부족인원 Number of vacancies	부족률 Rate of vacancies	
13 589 901	378 306	2.7	11 269 238	300 922	2.6	All industries
3 279 146	106 879	3.2	2 903 554	89 225	3.0	Mining & manufacturing
11 504	203	1.7	10 292	161	1.5	Mining and quarrying
1 674	17	1.0	1 674	17	1.0	Mining of coal, crude petroleum and natural gas
280	4	1.4	280	4	1.4	Mining of metal ores
8 877	182	2.0	7 684	139	1.8	Mining of non-metallic minerals, except fuel
673	0	0.0	655	0	0.0	Mining support service activities
3 267 642	106 676	3.2	2 893 262	89 064	3.0	Manufacturing
246 677	11 183	4.3	217 728	9 685	4.3	Manufacture of food products
17 568	379	2.1	16 491	331	2.0	Manufacture of beverages
2 839	20	0.7	2 839	20	0.7	Manufacture of tobacco products
79 271	1 934	2.4	64 113	1 629	2.5	Manufacture of textiles, except apparel
48 979	1 963	3.9	36 265	847	2.3	Manufacture of wearing apparel, clothing accessories and fur articles
13 338	399	2.9	9 687	218	2.2	Manufacture of leather, luggage and footwear
25 444	1 075	4.1	18 269	588	3.1	Manufacture of wood and of products of wood and cork; except furniture
66 493	3 198	4.6	57 420	2 934	4.9	Manufacture of pulp, paper and paper products
34 506	525	1.5	24 914	313	1.2	Printing and reproduction of recorded media
13 329	400	2.9	13 049	400	3.0	Manufacture of coke, briquettes and refined petroleum products
171 893	6 242	3.5	155 537	4 928	3.1	Manufacture of chemicals and chemical products; except pharmaceuticals and medicinal chemicals
63 669	1 696	2.6	63 255	1 676	2.6	Manufacture of pharmaceuticals, medicinal chemical and botanical products
229 294	7 901	3.3	200 609	6 808	3.3	Manufacture of rubber and plastics products
101 008	2 646	2.6	87 650	2 276	2.5	Manufacture of other non-metallic mineral products
150 848	4 116	2.7	140 116	3 712	2.6	Manufacture of basic metals
302 674	13 156	4.2	240 339	10 217	4.1	Manufacture of fabricated metal products, except machinery and furniture
366 113	5 371	1.4	349 058	4 790	1.4	Manufacture of electronic components, computer; visual, sounding and communication equipment
120 842	4 461	3.6	104 712	3 699	3.4	Manufacture of medical, precision and optical instruments, watches and clocks
234 328	7 782	3.2	207 706	6 503	3.0	Manufacture of electrical equipment
397 122	15 543	3.8	343 268	12 894	3.6	Manufacture of other machinery and equipment
346 822	8 077	2.3	332 818	7 030	2.1	Manufacture of motor vehicles, trailers and semitrailers
128 431	5 185	3.9	123 460	4 674	3.6	Manufacture of other transport equipment
34 993	1 282	3.5	26 503	1 224	4.4	Manufacture of furniture
34 616	1 060	3.0	25 747	916	3.4	Other manufacturing
36 545	1 084	2.9	31 710	751	2.3	Maintenance and repair services of industrial machinery and equipment
10 310 755	271 427	2.6	8 365 684	211 698	2.5	S.O.C. & other services
66 315	299	0.4	64 772	281	0.4	Electricity, gas, steam and air conditioning supply
66 315	299	0.4	64 772	281	0.4	Electricity, gas, steam and air conditioning supply
96 845	1 781	1.8	83 955	1 247	1.5	Water supply; sewage, waste management, materials recovery

Note : Based upon the 10th revision of Korean Standard Industrial Classification(2017)
Source : Labor Market Statistics Division, Ministry of Employment and Labor, 「Occupational Labor Force Survey At Establishments」
* indicates RSE(Relative Standard Error) is more than 30.

12. 산업(중분류) 규모별 현원, 부족인원 및 부족률(9-2)
(2023 하반기)

단위 : 명, %

산업	0규모(상용근로자 5인 미만)(Less than 5 permanent employees)			1규모(상용근로자 5~9인)(5~9 permanent employees)		
	현원 Current number of employees	부족인원 Number of vacancies	부족률 Rate of vacancies	현원 Current number of employees	부족인원 Number of vacancies	부족률 Rate of vacancies
전산업	4 649 297	166 455	3.5	2 320 663	77 384	3.2
B,C 광공업	502 209	32 323	6.0	375 592	17 655	4.5
B. 광업 (05~08)	1 562	67	4.1	1 212	43	3.4
05. 석탄, 원유 및 천연가스 광업	0	0	0.0	0	0	0.0
06. 금속 광업	39	0	0.0	0	0	0.0
07. 비금속광물 광업;연료용 제외	1 501	67	4.3	1 194	43	3.5
08. 광업 지원 서비스업	22	0	0.0	18	0	0.0
C. 제조업 (10~33)	500 647	32 256	6.1	374 381	17 612	4.5
10. 식료품 제조업	47 490	5 173	9.8	28 949	1 498	4.9
11. 음료 제조업	2 165	0	0.0	1 077	48	4.3
12. 담배 제조업	0	0	0.0	0	0	0.0
13. 섬유제품 제조업; 의복제외	22 922	705	3.0	15 157	304	2.0
14. 의복, 의복액세서리 및 모피제품 제조업	34 568	2 072	5.7	12 714	1 116	8.1
15. 가죽, 가방 및 신발 제조업	7 090	198	2.7	3 651	181	4.7
16. 목재 및 나무제품 제조업;가구제외	8 780	958	9.8	7 175	487	6.4
17. 펄프, 종이 및 종이제품 제조업	8 805	1 400	13.7	9 073	264	2.8
18. 인쇄 및 기록매체 복제업	16 164	828	4.9	9 592	212	2.2
19. 코크스, 연탄 및 석유정제품 제조업	50	0	0.0	280	0	0.0
20. 화학물질 및 화학제품 제조업;의약품 제외	18 814	1 350	6.7	16 357	1 314	7.4
21. 의료용 물질 및 의약품 제조업	879	274	23.8	414	20	4.6
22. 고무제품 및 플라스틱제품 제조업	29 533	2 939	9.1	28 685	1 094	3.7
23. 비금속 광물제품 제조업	12 356	0	0.0	13 359	369	2.7
24. 1차 금속 제조업	11 283	293	2.5	10 732	404	3.6
25. 금속가공제품 제조업;기계 및 가구 제외	77 675	4 644	5.6	62 335	2 939	4.5
26. 전자부품, 컴퓨터, 영상, 음향 및 통신장비 제조	23 795	724	3.0	17 056	581	3.3
27. 의료, 정밀, 광학기기 및 시계 제조업	18 304	1 956	9.7	16 131	762	4.5
28. 전기장비 제조업	31 222	2 066	6.2	26 622	1 279	4.6
29. 기타 기계 및 장비 제조업	63 865	2 764	4.1	53 853	2 648	4.7
30. 자동차 및 트레일러 제조업	14 972	921	5.8	14 004	1 047	7.0
31. 기타 운송장비 제조업	8 318	827	9.0	4 971	511	9.3
32. 가구 제조업	14 110	925	6.2	8 490	57	0.7
33. 기타 제품 제조업	17 685	636	3.5	8 869	143	1.6
34. 산업용 기계 및 장비 수리업	9 802	605	5.8	4 835	333	6.4
D~S 사회간접자본 및 기타서비스업	4 147 088	134 131	3.1	1 945 071	59 729	3.0
D. 전기, 가스, 증기 및 수도사업(35~36)	1 760	5	0.3	1 543	18	1.2
35. 전기, 가스, 증기 및 공기조절 공급업	1 760	5	0.3	1 543	18	1.2
E. 하수·폐기물처리, 원료재생 및 환경복원업 (37~39)	12 689	657	4.9	12 890	534	4.0

주 : 한국표준산업분류 10차개정(2017) 기준
자료 : 고용노동부 노동시장조사과, 「직종별사업체노동력조사」
*는 RSE(상대표준오차)값이 30이상이므로 자료이용시 유의바람

12. Current number of employees, number of vacancies, rate of vacancies by industry(divisions) and establishment size(9-2)(The second half of 2023)

In person, %

2규모(상용근로자 10~29인) (10~29 permanent employees)			3규모(상용근로자 30~99인) (30~99 permanent employees)			Industry
현 원 Current number of employees	부족인원 Number of vacancies	부족률 Rate of vacancies	현 원 Current number of employees	부족인원 Number of vacancies	부족률 Rate of vacancies	
3 676 912	111 010	2.9	2 911 821	98 063	3.3	All industries
850 905	36 151	4.1	784 849	33 195	4.1	Mining & manufacturing
5 256	105	2.0	3 116	56	1.8	Mining and quarrying
155	0	0.0	373	17	4.4	Mining of coal, crude petroleum and natural gas
76	3	3.8	204	1	0.5	Mining of metal ores
5 025	102	2.0	2 540	37	1.4	Mining of non-metallic minerals, except fuel
0	0	0.0	0	0	0.0	Mining support service activities
845 649	36 047	4.1	781 733	33 139	4.1	Manufacturing
68 850	2 952	4.1	75 506	3 922	4.9	Manufacture of food products
1 420	57	3.9	4 450	199	4.3	Manufacture of beverages
0	0	0.0	0	0	0.0	Manufacture of tobacco products
30 493	659	2.1	24 419	659	2.6	Manufacture of textiles, except apparel
14 497	474	3.2	11 589	187	1.6	Manufacture of wearing apparel, clothing accessories and fur articles
5 215	42	0.8	3 937	143	3.5	Manufacture of leather, luggage and footwear
12 506	481	3.7	3 103	83	2.6	Manufacture of wood and of products of wood and cork; except furniture
23 797	1 767	6.9	19 156	910	4.5	Manufacture of pulp, paper and paper products
15 481	204	1.3	7 645	106	1.4	Printing and reproduction of recorded media
906	15	1.6	822	34	4.0	Manufacture of coke, briquettes and refined petroleum products
38 394	1 676	4.2	44 863	1 895	4.1	Manufacture of chemicals and chemical products; except pharmaceuticals and medicinal chemicals
4 828	257	5.1	13 641	554	3.9	Manufacture of pharmaceuticals, medicinal chemical and botanical products
74 819	3 062	3.9	63 439	2 937	4.4	Manufacture of rubber and plastics products
44 525	1 081	2.4	20 885	719	3.3	Manufacture of other non-metallic mineral products
36 530	1 610	4.2	33 182	1 619	4.7	Manufacture of basic metals
120 247	6 054	4.8	72 592	3 110	4.1	Manufacture of fabricated metal products, except machinery and furniture
39 039	1 083	2.7	44 010	1 728	3.8	Manufacture of electronic components, computer; visual, sounding and communication equipment
30 496	1 213	3.8	34 368	1 446	4.0	Manufacture of medical, precision and optical instruments, watches and clocks
54 953	2 296	4.0	55 184	2 348	4.1	Manufacture of electrical equipment
123 558	5 879	4.5	111 928	4 772	4.1	Manufacture of other machinery and equipment
50 055	2 240	4.3	78 042	2 618	3.2	Manufacture of motor vehicles, trailers and semitrailers
16 673	1 135	6.4	34 062	2 346	6.4	Manufacture of other transport equipment
17 012	990	5.5	7 999	194	2.4	Manufacture of furniture
14 385	448	3.0	8 519	414	4.6	Other manufacturing
6 970	372	5.1	8 393	193	2.2	Maintenance and repair services of industrial machinery and equipment
2 826 007	74 859	2.6	2 126 972	64 867	3.0	S.O.C. & other services
3 424	33	1.0	19 517	123	0.6	Electricity, gas, steam and air conditioning supply
3 424	33	1.0	19 517	123	0.6	Electricity, gas, steam and air conditioning supply
32 514	588	1.8	39 779	560	1.4	Water supply; sewage, waste management, materials recovery

Note : Based upon the 10th revision of Korean Standard Industrial Classification(2017)
Source : Labor Market Statistics Division, Ministry of Employment and Labor, 「Occupational Labor Force Survey At Establishments」
* indicates RSE(Relative Standard Error) is more than 30.

12. 산업(중분류) 규모별 현원, 부족인원 및 부족률(9-3)
(2023 하반기)

단위 : 명, %

산 업	4규모(상용근로자 100~299인) (100~299 permanent employees)			5규모(상용근로자 300인 이상) (300 or more permanent employees)		
	현 원 Current number of employees	부족인원 Number of vacancies	부족률 Rate of vacancies	현 원 Current number of employees	부족인원 Number of vacancies	부족률 Rate of vacancies
전 산 업	1 862 947	46 913	2.5	2 817 558	44 936	1.6
B,C 광 공 업	504 029	11 233	2.2	763 770	8 645	1.1
B. 광 업 (05~08)	119	0	0.0	1 801	0	0.0
05. 석탄, 원유 및 천연가스 광업	0	0	0.0	1 146	0	0.0
06. 금 속 광 업	0	0	0.0	0	0	0.0
07. 비금속광물 광업;연료용 제외	119	0	0.0	0	0	0.0
08. 광 업 지 원 서 비 스 업	0	0	0.0	655	0	0.0
C. 제 조 업 (10~33)	503 910	11 233	2.2	761 969	8 645	1.1
10. 식 료 품 제 조 업	46 243	1 874	3.9	27 128	937	3.3
11. 음 료 제 조 업	6 130	25	0.4	4 492	49	1.1
12. 담 배 제 조 업	689	0	0.0	2 150	20	0.9
13. 섬유제품 제조업; 의복제외	7 124	284	3.8	2 078	27	1.3
14. 의복, 의복액세서리 및 모피제품 제조업	3 949	46	1.2	6 230	139	2.2
15. 가죽, 가방 및 신발 제조업	535	33	5.8	0	0	0.0
16. 목재 및 나무제품 제조업;가구제외	2 214	23	1.0	446	0	0.0
17. 펄프, 종이 및 종이제품 제조업	11 512	241	2.1	2 954	17	0.6
18. 인 쇄 및 기록매체 복제업	1 788	3	0.2	0	0	0.0
19. 코크스, 연탄 및 석유정제품 제조업	1 126	46	3.9	10 195	305	2.9
20. 화학물질 및 화학제품 제조업;의약품 제외	36 575	898	2.4	35 705	458	1.3
21. 의료용 물질 및 의약품 제조업	22 532	476	2.1	22 253	389	1.7
22. 고무제품 및 플라스틱제품 제조업	36 270	532	1.4	26 081	275	1.0
23. 비금속 광물제품 제조업	12 155	197	1.6	10 085	280	2.7
24. 1차 금속 제조업	22 270	252	1.1	48 134	231	0.5
25. 금속가공제품 제조업;기계 및 가구 제외	28 509	665	2.3	18 991	387	2.0
26. 전자부품, 컴퓨터, 영상, 음향 및 통신장비 제조업	38 678	701	1.8	227 330	1 278	0.6
27. 의료, 정밀, 광학기기 및 시계 제조업	24 214	796	3.2	15 633	243	1.5
28. 전 기 장 비 제 조 업	37 916	797	2.1	59 652	1 062	1.7
29. 기타 기계 및 장비 제조업	65 331	1 369	2.1	42 452	874	2.0
30. 자동차 및 트레일러 제조업	67 205	1 122	1.6	137 516	1 050	0.8
31. 기타 운송장비 제조업	15 378	579	3.6	57 347	614	1.1
32. 가 구 제 조 업	1 493	40	2.6	0	0	0.0
33. 기타 제품 제조업	1 840	55	2.9	1 004	0	0.0
34. 산업용 기계 및 장비 수리업	12 234	176	1.4	4 113	11	0.3
D~S 사회간접자본 및 기타서비스업	1 358 918	35 679	2.6	2 053 788	36 292	1.7
D. 전기, 가스, 증기 및 수도사업(35~36)	16 090	63	0.4	25 741	63	0.2
35. 전기, 가스, 증기 및 공기조절 공급업	16 090	63	0.4	25 741	63	0.2
E. 하수·폐기물처리, 원료재생 및 환경복원업(37~39)	9 035	98	1.1	2 626	0	0.0

주 : 한국표준산업분류 10차개정(2017) 기준
자료 : 고용노동부 노동시장조사과, 「직종별사업체노동력조사」
*는 RSE(상대표준오차)값이 30이상이므로 자료이용시 유의바람

12. Current number of employees, number of vacancies, rate of vacancies by industry(divisions) and establishment size(9-3)(The second half of 2023)

In person, %

상용근로자 300인 미만 (Less than 300 permanent employees)			상용근로자 5~299인 (5~299 permanent employees)			Industry
현 원 Current number of employees	부족인원 Number of vacancies	부족률 Rate of vacancies	현 원 Current number of employees	부족인원 Number of vacancies	부족률 Rate of vacancies	
15 421 640	499 824	3.1	10 772 343	333 370	3.0	All industries
3 017 585	130 558	4.1	2 515 376	98 234	3.8	Mining & manufacturing
11 265	270	2.3	9 703	203	2.0	Mining and quarrying
528	17	3.1	528	17	3.1	Mining of coal, crude petroleum and natural gas
319	4	1.2	280	4	1.4	Mining of metal ores
10 379	249	2.3	8 877	182	2.0	Mining of non-metallic minerals, except fuel
40	0	0.0	18	0	0.0	Mining support service activities
3 006 320	130 287	4.2	2 505 673	98 031	3.8	Manufacturing
267 039	15 419	5.5	219 549	10 246	4.5	Manufacture of food products
15 241	330	2.1	13 076	330	2.5	Manufacture of beverages
689	0	0.0	689	0	0.0	Manufacture of tobacco products
100 115	2 612	2.5	77 193	1 907	2.4	Manufacture of textiles, except apparel
77 317	3 897	4.8	42 749	1 824 *	4.1	Manufacture of wearing apparel, clothing accessories and fur articles
20 428	597	2.8	13 338	399	2.9	Manufacture of leather, luggage and footwear
33 778	2 033	5.7	24 998	1 075	4.1	Manufacture of wood and of products of wood and cork; except furniture
72 344	4 581	6.0	63 538	3 181	4.8	Manufacture of pulp, paper and paper products
50 670	1 353	2.6	34 506	525	1.5	Printing and reproduction of recorded media
3 183	95	2.9	3 134	95	2.9	Manufacture of coke, briquettes and refined petroleum products
155 003	7 133	4.4	136 188	5 783	4.1	Manufacture of chemicals and chemical products; except pharmaceuticals and medicinal chemicals
42 295	1 581	3.6	41 416	1 307	3.1	Manufacture of pharmaceuticals, medicinal chemical and botanical products
232 746	10 565	4.3	203 213	7 626	3.6	Manufacture of rubber and plastics products
103 279	2 366	2.2	90 923	2 366	2.5	Manufacture of other non-metallic mineral products
113 997	4 177	3.5	102 714	3 884	3.6	Manufacture of basic metals
361 357	17 412	4.6	283 683	12 769	4.3	Manufacture of fabricated metal products, except machinery and furniture
162 579	4 816	2.9	138 783	4 093	2.9	Manufacture of electronic components, computer; visual, sounding and communication equipment
123 513	6 173	4.8	105 209	4 218	3.9	Manufacture of medical, precision and optical instruments, watches and clocks
205 897	8 787	4.1	174 675	6 720	3.7	Manufacture of electrical equipment
418 535	17 433	4.0	354 670	14 668	4.0	Manufacture of other machinery and equipment
224 278	7 949	3.4	209 306	7 028	3.2	Manufacture of motor vehicles, trailers and semitrailers
79 401	5 398	6.4	71 084	4 571	6.0	Manufacture of other transport equipment
49 104	2 206	4.3	34 993	1 282	3.5	Manufacture of furniture
51 298	1 695	3.2	33 612	1 060	3.1	Other manufacturing
42 235	1 678	3.8	32 433	1 073	3.2	Maintenance and repair services of industrial machinery and equipment
12 404 055	369 266	2.9	8 256 967	235 135	2.8	S.O.C. & other services
42 334	241	0.6	40 574	236	0.6	Electricity, gas, steam and air conditioning supply
42 334	241	0.6	40 574	236	0.6	Electricity, gas, steam and air conditioning supply
106 908	2 438	2.2	94 219	1 781	1.9	Water supply; sewage, waste management, materials recovery

Note : Based upon the 10th revision of Korean Standard Industrial Classification(2017)
Source : Labor Market Statistics Division, Ministry of Employment and Labor, 「Occupational Labor Force Survey At Establishments」
* indicates RSE(Relative Standard Error) is more than 30.

12. 산업(중분류) 규모별 현원, 부족인원 및 부족률(9-4)
(2023 하반기)

단위 : 명, %

산 업	전규모(종사자 1인이상) (All workers)		
	현 원 Current number of employees	부족인원 Number of vacancies	부족률 Rate of vacancies
36. 수 도 업	6 769	28	0.4
37. 하수, 폐수및분뇨처리업	17 562	338	1.9
38. 폐기물수집, 운반, 처리및원료재생업	83 305	2 062	2.4
39. 환 경 정 화 및 복 원 업	1 897	11	0.6
F. 건 설 업(41~42)	1 491 726	34 393	2.3
41. 종 합 건 설 업	461 784	9 394	2.0
42. 전 문 직 별 공 사 업	1 029 943	24 999	2.4
G,I 도소매·음식숙박업	3 496 356	119 009	3.3
E,L~S 사업·개인·공공서비스및기타	7 078 978	168 604	2.3
D,H,J,K 전 기·운 수·통 신·금 융	2 390 781	83 552	3.4
G. 도 매 및 소 매 업(45~47)	2 293 406	65 821	2.8
45. 자 동 차 및 부 품 판 매 업	118 013	2 460	2.0
46. 도 매 및 상 품 중 개 업	1 070 696	33 585	3.0
47. 소 매 업 ; 자 동 차 제 외	1 104 697	29 776	2.6
H. 운 수 및 창 고 업(49~52)	743 463	43 364	5.5
49. 육상운송및파이프라인운송업	399 478	34 705	8.0
50. 수 상 운 송 업	20 479	257	1.2
51. 항 공 운 송 업	32 138	479	1.5
52. 창고및운송관련서비스업	291 367	7 922	2.6
I. 숙 박 및 음 식 점 업(55~56)	1 202 950	53 189	4.2
55. 숙 박 업	101 585	4 705	4.4
56. 음 식 점 및 주 점 업	1 101 365	48 483	4.2
J. 정 보 통 신 업(58~63)	765 057	30 716	3.9
58. 출 판 업	395 505	18 747	4.5
59. 영상·오디오기록물제작및배급업	64 716	3 072	4.5
60. 방 송 업	29 115	162	0.6
61. 우 편 및 통 신 업	49 461	265	0.5
62. 컴퓨터프로그래밍, 시스템통합및관리업	154 137	6 500	4.0
63. 정 보 서 비 스 업	72 124	1 971	2.7
K. 금 융 및 보 험 업(64~66)	814 186	9 168	1.1
64. 금 융 업	291 662	2 792	0.9
65. 보 험 및 연 금 업	296 752	1 928	0.6
66. 금융및보험관련서비스업	225 772	4 448	1.9

주 : 한국표준산업분류 10차개정(2017) 기준
자료 : 고용노동부 노동시장조사과, 「직종별사업체노동력조사」
*는 RSE(상대표준오차)값이 30이상이므로 자료이용시 유의바람

12. Current number of employees, number of vacancies, rate of vacancies by industry(divisions) and establishment size(9-4)(The second half of 2023)

In person, %

상용근로자 5인 이상 (5 or more permanent employees)			상용근로자 10인 이상 (5 or more permanent employees)			Industry
현 원 Current number of employees	부족인원 Number of vacancies	부족률 Rate of vacancies	현 원 Current number of employees	부족인원 Number of vacancies	부족률 Rate of vacancies	
6 717	28	0.4	6 613	28	0.4	Water supply
15 548	335	2.1	13 421	266	1.9	Sewage, wastewater, human and animal waste treatment services
72 963	1 407	1.9	62 304	942	1.5	Waste collection, treatment and disposal activities; materials recovery
1 617	11	0.7	1 617	11	0.7	Remediation activities and other waste management services
1 187 875	25 544	2.1	864 120	15 148	1.7	Construction
399 111	8 324	2.0	306 911	5 153	1.7	General construction
788 764	17 220	2.1	557 208	9 995	1.8	Specialized construction activities
1 655 367	53 025	3.1	1 103 362	34 110	3.0	Wholesale & retail trade, hotels & restaurants
5 591 580	120 695	2.1	4 758 476	98 240	2.0	Business, personal, public service & others
1 875 933	72 162	3.7	1 639 726	64 200	3.8	Electricity, transport, communication & finance
1 258 778	34 200	2.6	880 817	23 354	2.6	Wholesale and retail trade
65 038	1 057	1.6	46 938	706	1.5	Sale of motor vehicles and parts
717 519	21 371	2.9	510 227	14 498	2.8	Wholesale trade on own account or on a fee or contract basis
476 221	11 772	2.4	323 652	8 151	2.5	Retail trade, except motor vehicles and motorcycles
609 451	40 021	6.2	546 997	38 915	6.6	Transportation and storage
313 379	31 900	9.2	282 672	31 520	10.0	Land transport and transport via pipelines
19 674	202	1.0	18 505	202	1.1	Water transport
32 011	474	1.5	31 895	474	1.5	Air transport
244 385	7 444	3.0	213 926	6 719	3.0	Warehousing and support activities for transportation
396 590	18 826	4.5	222 545	10 756	4.6	Accommodation and food service activities
69 757	4 092	5.5	60 912	3 625	5.6	Accommodation
326 833	14 733	4.3	161 633	7 130	4.2	Food and beverage service activities
672 264	24 358	3.5	604 732	19 020	3.0	Information and communication
346 362	15 884	4.4	310 964	12 934	4.0	Publishing activities
48 392	1 901	3.8	34 885	945	2.6	Motion picture, video and television programme production, sound recording and music publishing activities
28 925	157	0.5	28 376	157	0.6	Broadcasting activities
44 831	265	0.6	43 178	260	0.6	Postal activities and telecommunications
139 619	4 338	3.0	127 344	3 112	2.4	Computer programming, consultancy and related activities
64 135	1 813	2.7	59 986	1 611	2.6	Information service activities
527 903	7 484	1.4	423 224	5 984	1.4	Financial and insurance activities
269 328	2 736	1.0	210 190	2 439	1.1	Financial service activities, except insurance and pension funding
128 463	1 218	0.9	109 674	1 186	1.1	Insurance and pension funding
130 112	3 530	2.6	103 361	2 360	2.2	Activities auxiliary to financial service and insurance activities

Note : Based upon the 10th revision of Korean Standard Industrial Classification(2017)
Source : Labor Market Statistics Division, Ministry of Employment and Labor, 「Occupational Labor Force Survey At Establishments」
* indicates RSE(Relative Standard Error) is more than 30.

12. 산업(중분류) 규모별 현원, 부족인원 및 부족률(9-5)
(2023 하반기)

단위 : 명, %

산 업	0규모(상용근로자 5인 미만) (Less than 5 permanent employees)			1규모(상용근로자 5~9인) (5~9 permanent employees)		
	현 원 Current number of employees	부족인원 Number of vacancies	부족률 Rate of vacancies	현 원 Current number of employees	부족인원 Number of vacancies	부족률 Rate of vacancies
36. 수　　　　도　　　　　업	52	0	0.0	104	0	0.0
37. 하 수, 폐수및분뇨처리업	2 014	2	0.1	2 127	69	3.1
38. 폐기물수집, 운반, 처리및원료재생업	10 342	655	6.0	10 659	465	4.2
39. 환 경 정 화 및 복 원 업	281	0	0.0	0	0	0.0
F. 건　　　설　　　업(41~42)	303 852	8 850	2.8	323 755	10 396	3.1
41. 종　합　건　설　업	62 673	1 070	1.7	92 199	3 171	3.3
42. 전 문 직 별 공 사 업	241 179	7 780	3.1	231 555	7 225	3.0
G,I 도소매·음식숙박업	1 840 989	65 984	3.5	552 005	18 915	3.3
E,L~S 사업·개인·공공서비스및기타	1 487 398	47 908	3.1	833 104	22 455	2.6
D,H,J,K 전 기 · 운 수 · 통 신 · 금 융	514 849	11 389	2.2	236 207	7 962	3.3
G. 도 매 및 소 매 업 (45~47)	1 034 628	31 621	3.0	377 960	10 845	2.8
45. 자 동 차 및 부 품 판 매 업	52 975	1 403	2.6	18 100	351	1.9
46. 도 매 및 상 품 중 개 업	353 177	12 214	3.3	207 292	6 873	3.2
47. 소 매 업 ; 자 동 차 제 외	628 476	18 004	2.8	152 568	3 621	2.3
H. 운 수 및 창 고 업 (49~52)	134 012	3 343	2.4	62 453	1 105	1.7
49. 육상운송및파이프라인운송업	86 099	2 805	3.2	30 708	381	1.2
50. 수　상　운　송　업	805	55	6.4	1 169	0	0.0
51. 항　공　운　송　업	127	5	3.8	117	0	0.0
52. 창고및운송관련서비스업	46 982	478	1.0	30 460	725	2.3
I. 숙 박 및 음 식 점 업 (55~56)	806 361	34 363	4.1	174 045	8 070	4.4
55. 숙　　　박　　　업	31 828	613	1.9	8 845	467	5.0
56. 음 식 점 및 주 점 업	774 532	33 750	4.2	165 200	7 603	4.4
J. 정 보 통 신 업(58~63)	92 793	6 357	6.4	67 532	5 338	7.3
58. 출　　판　　업	49 143	2 863	5.5	35 398	2 950	7.7
59. 영상·오디오기록물제작및배급업	16 324	1 170	6.7	13 507	956	6.6
60. 방　　송　　업	190	5	2.6	549	0	0.0
61. 우 편 및 통 신 업	4 630	0	0.0	1 653	4	0.2
62. 컴퓨터프로그래밍, 시스템통합및관리업	14 518	2 162	13.0	12 275	1 226	9.1
63. 정 보 서 비 스 업	7 988	158	1.9	4 149	202	4.6
K. 금 융 및 보 험 업 (64~66)	286 283	1 684	0.6	104 679	1 500	1.4
64. 금　　융　　업	22 333	56	0.3	59 139	297	0.5
65. 보 험 및 연 금 업	168 289	710	0.4	18 789	33	0.2
66. 금융및보험관련서비스업	95 660	918	1.0	26 751	1 170	4.2

주 : 한국표준산업분류 10차개정(2017) 기준
자료 : 고용노동부 노동시장조사과, 「직종별사업체노동력조사」
*는 RSE(상대표준오차)값이 30이상이므로 자료이용시 유의바람

12. Current number of employees, number of vacancies, rate of vacancies by industry(divisions) and establishment size(9-5)(The second half of 2023)

In person, %

2규모(상용근로자 10~29인) (10~29 permanent employees)			3규모(상용근로자 30~99인) (30~99 permanent employees)			Industry
현 원 Current number of employees	부족인원 Number of vacancies	부족률 Rate of vacancies	현 원 Current number of employees	부족인원 Number of vacancies	부족률 Rate of vacancies	
1 305	7	0.5	2 862	16	0.6	Water supply
5 667	127	2.2	5 650	102	1.8	Sewage, wastewater, human and animal waste treatment services
25 144	455	1.8	30 636	439	1.4	Waste collection, treatment and disposal activities; materials recovery
399	0	0.0	632	2	0.3	Remediation activities and other waste management services
457 673	9 487	2.0	220 569	3 884	1.7	Construction
148 821	2 960	2.0	59 469	1 214	2.0	General construction
308 852	6 528	2.1	161 101	2 669	1.6	Specialized construction activities
558 236	19 395	3.4	273 391	8 903	3.2	Wholesale & retail trade, hotels & restaurants
1 381 117	32 177	2.3	1 215 270	26 334	2.1	Business, personal, public service & others
428 981	13 800	3.1	417 742	25 747	5.8	Electricity, transport, communication & finance
421 456	13 425	3.1	222 723	5 966	2.6	Wholesale and retail trade
30 775	418	1.3	10 356	203	1.9	Sale of motor vehicles and parts
244 280	8 519	3.4	132 934	3 319	2.4	Wholesale trade on own account or on a fee or contract basis
146 401	4 487	3.0	79 433	2 444	3.0	Retail trade, except motor vehicles and motorcycles
118 718	6 158	4.9	161 952	18 981	10.5	Transportation and storage
54 224	4 576	7.8	93 249	16 624	15.1	Land transport and transport via pipelines
4 725	98	2.0	4 689	45	1.0	Water transport
462	0	0.0	181	0	0.0	Air transport
59 307	1 484	2.4	63 832	2 312	3.5	Warehousing and support activities for transportation
136 780	5 971	4.2	50 668	2 936	5.5	Accommodation and food service activities
13 898	596	4.1	18 082	1 362	7.0	Accommodation
122 882	5 374	4.2	32 586	1 574	4.6	Food and beverage service activities
138 482	6 317	4.4	158 853	5 379	3.3	Information and communication
77 149	4 437	5.4	87 646	3 690	4.0	Publishing activities
15 340	488	3.1	9 350	218	2.3	Motion picture, video and television programme production, sound recording and music publishing activities
2 647	31	1.2	6 318	42	0.7	Broadcasting activities
7 576	3	0.0	11 955	31	0.3	Postal activities and telecommunications
26 831	968	3.5	31 528	1 014	3.1	Computer programming, consultancy and related activities
8 939	389	4.2	12 056	384	3.1	Information service activities
168 357	1 292	0.8	77 420	1 264	1.6	Financial and insurance activities
110 804	558	0.5	28 454	305	1.1	Financial service activities, except insurance and pension funding
25 241	345	1.3	32 629	221	0.7	Insurance and pension funding
32 311	389	1.2	16 337	739	4.3	Activities auxiliary to financial service and insurance activities

Note : Based upon the 10th revision of Korean Standard Industrial Classification(2017)
Source : Labor Market Statistics Division, Ministry of Employment and Labor, 「Occupational Labor Force Survey At Establishments」
* indicates RSE(Relative Standard Error) is more than 30.

12. 산업(중분류) 규모별 현원, 부족인원 및 부족률(9-6)
(2023 하반기)

단위 : 명, %

산 업	4규모(상용근로자 100~299인) (100~299 permanent employees)			5규모(상용근로자 300인 이상) (300 or more permanent employees)		
	현 원 Current number of employees	부족인원 Number of vacancies	부족률 Rate of vacancies	현 원 Current number of employees	부족인원 Number of vacancies	부족률 Rate of vacancies
36. 수 도 업	615	4	0.6	1 831	0	0.0
37. 하수, 폐수및분뇨처리업	2 105	37	1.7	0	0	0.0
38. 폐기물수집, 운반, 처리및원료재생업	5 729	48	0.8	795	0	0.0
39. 환 경 정 화 및 복 원 업	586	8	1.3	0	0	0.0
F. 건 설 업(41~42)	109 932	1 033	0.9	75 946	743	1.0
41. 종 합 건 설 업	32 793	258	0.8	65 829	721	1.1
42. 전 문 직 별 공 사 업	77 139	775	1.0	10 117	23	0.2
G,I 도소매·음식숙박업	157 895	3 760	2.3	113 840	2 052	1.8
E,L~S 사업·개인·공공서비스및기타	752 866	17 558	2.3	1 409 224	22 171	1.5
D,H,J,K 전기·운수·통신·금융	338 226	13 328	3.8	454 777	11 325	2.4
G. 도 매 및 소 매 업(45~47)	137 985	2 419	1.7	98 653	1 544	1.5
45. 자 동 차 및 부 품 판 매 업	3 416	67	1.9	2 390	19	0.8
46. 도 매 및 상 품 중 개 업	72 753	1 673	2.2	60 259	986	1.6
47. 소 매 업 ; 자 동 차 제 외	61 816	680	1.1	36 004	540	1.5
H. 운 수 및 창 고 업(49~52)	151 213	8 608	5.4	115 115	5 168	4.3
49. 육상운송및파이프라인운송업	95 958	7 017	6.8	39 242	3 303	7.8
50. 수 상 운 송 업	5 248	38	0.7	3 843	21	0.5
51. 항 공 운 송 업	1 240	35	2.7	30 011	439	1.4
52. 창고및운송관련서비스업	48 767	1 519	3.0	42 019	1 404	3.2
I. 숙 박 및 음 식 점 업(55~56)	19 909	1 341	6.3	15 187	507	3.2
55. 숙 박 업	15 109	1 183	7.3	13 823	483	3.4
56. 음 식 점 및 주 점 업	4 801	158	3.2	1 364	24	1.7
J. 정 보 통 신 업(58~63)	126 243	3 725	2.9	181 154	3 599	1.9
58. 출 판 업	68 822	2 570	3.6	77 347	2 237	2.8
59. 영상·오디오기록물제작및배급업	6 265	82	1.3	3 930	157	3.8
60. 방 송 업	5 952	17	0.3	13 459	67	0.5
61. 우 편 및 통 신 업	9 136	109	1.2	14 510	117	0.8
62. 컴퓨터프로그래밍, 시스템통합및관리업	24 983	666	2.6	44 001	464	1.0
63. 정 보 서 비 스 업	11 084	281	2.5	27 906	557	2.0
K. 금 융 및 보 험 업(64~66)	44 680	932	2.0	132 768	2 496	1.8
64. 금 융 업	15 793	299	1.9	55 139	1 277	2.3
65. 보 험 및 연 금 업	13 405	169	1.2	38 398	452	1.2
66. 금융및보험관련서비스업	15 481	464	2.9	39 231	768	1.9

주 : 한국표준산업분류 10차개정(2017) 기준
자료 : 고용노동부 노동시장조사과, 「직종별사업체노동력조사」
*는 RSE(상대표준오차)값이 30이상이므로 자료이용시 유의바람

12. Current number of employees, number of vacancies, rate of vacancies by industry(divisions) and establishment size(9-6)(The second half of 2023)

In person, %

상용근로자 300인 미만 (Less than 300 permanent employees)			상용근로자 5~299인 (5~299 permanent employees)			Industry
현원 Current number of employees	부족인원 Number of vacancies	부족률 Rate of vacancies	현원 Current number of employees	부족인원 Number of vacancies	부족률 Rate of vacancies	
4 939	28	0.6	4 886	28	0.6	Water supply
17 562	338	1.9	15 548	335	2.1	Sewage, wastewater, human and animal waste treatment services
82 510	2 062	2.4	72 168	1 407	1.9	Waste collection, treatment and disposal activities; materials recovery
1 897	11	0.6	1 617	11	0.7	Remediation activities and other waste management services
1 415 781	33 650	2.3	1 111 929	24 800	2.2	Construction
395 955	8 673	2.1	333 282	7 603	2.2	General construction
1 019 826	24 977	2.4	778 647	17 197	2.2	Specialized construction activities
3 382 516	116 957	3.3	1 541 527	50 974	3.2	Wholesale & retail trade, hotels & restaurants
5 669 754	146 433	2.5	4 182 356	98 524	2.3	Business, personal, public service & others
1 936 004	72 227	3.6	1 421 156	60 837	4.1	Electricity, transport, communication & finance
2 194 753	64 276	2.8	1 160 124	32 655	2.7	Wholesale and retail trade
115 623	2 441	2.1	62 647	1 038	1.6	Sale of motor vehicles and parts
1 010 437	32 599	3.1	657 260	20 385	3.0	Wholesale trade on own account or on a fee or contract basis
1 068 694	29 236	2.7	440 217	11 232	2.5	Retail trade, except motor vehicles and motorcycles
628 348	38 196	5.7	494 336	34 853	6.6	Transportation and storage
360 236	31 401	8.0	274 137	28 597	9.4	Land transport and transport via pipelines
16 636	236	1.4	15 832	181	1.1	Water transport
2 128	40	1.8	2 001	35	1.7	Air transport
249 348	6 518	2.5	202 366	6 040	2.9	Warehousing and support activities for transportation
1 187 763	52 681	4.2	381 403	18 318	4.6	Accommodation and food service activities
87 762	4 222	4.6	55 934	3 609	6.1	Accommodation
1 100 002	48 460	4.2	325 469	14 709	4.3	Food and beverage service activities
583 903	27 117	4.4	491 110	20 760	4.1	Information and communication
318 158	16 510	4.9	269 015	13 647	4.8	Publishing activities
60 786	2 914	4.6	44 462	1 744	3.8	Motion picture, video and television programme production, sound recording and music publishing activities
15 656	94	0.6	15 466	90	0.6	Broadcasting activities
34 951	148	0.4	30 320	148	0.5	Postal activities and telecommunications
110 136	6 036	5.2	95 618	3 875	3.9	Computer programming, consultancy and related activities
44 217	1 414	3.1	36 229	1 256	3.4	Information service activities
681 418	6 672	1.0	395 136	4 989	1.2	Financial and insurance activities
236 523	1 515	0.6	214 189	1 460	0.7	Financial service activities, except insurance and pension funding
258 354	1 476	0.6	90 065	767	0.8	Insurance and pension funding
186 541	3 681	1.9	90 881	2 762	2.9	Activities auxiliary to financial service and insurance activities

Note : Based upon the 10th revision of Korean Standard Industrial Classification(2017)
Source : Labor Market Statistics Division, Ministry of Employment and Labor, 「Occupational Labor Force Survey At Establishments」
* indicates RSE(Relative Standard Error) is more than 30.

12. 산업(중분류) 규모별 현원, 부족인원 및 부족률(9-7)
(2023 하반기)

단위 : 명, %

산 업	전규모(종사자 1인이상) (All workers)		
	현 원 Current number of employees	부족인원 Number of vacancies	부족률 Rate of vacancies
L. 부 동 산 업(68)	437 820	4 087	0.9
68. 부 동 산 업	437 820	4 087	0.9
M. 전문, 과학 및 기술서비스업(70~73)	1 295 271	33 452	2.5
70. 연 구 개 발 업	315 244	5 599	1.7
71. 전 문 서 비 스 업	530 721	12 879	2.4
72. 건축기술, 엔지니어링 및 기타 과학기술서비스업	370 248	11 217	2.9
73. 기타전문, 과학 및 기술서비스업	79 057	3 756	4.5
N. 사업시설관리, 사업지원 및 임대서비스업(74~76)	1 236 843	26 978	2.1
74. 사업시설관리및조경서비스업	321 993	5 359	1.6
75. 사 업 지 원 서 비 스 업	845 481	19 211	2.2
76. 임 대 업; 부동산 제외	69 369	2 407	3.4
P. 교 육 서 비 스 업(85)	912 410	16 989	1.8
85. 교 육 서 비 스 업	912 410	16 989	1.8
Q. 보건업 및 사회복지서비스업(86~87)	2 282 334	59 835	2.6
86. 보 건 업	1 056 799	25 764	2.4
87. 사 회 복 지 서 비 스 업	1 225 535	34 071	2.7
R. 예술, 스포츠 및 여가관련 서비스업(90~91)	286 982	7 592	2.6
90. 창작, 예술 및 여가관련서비스업	62 242	1 651	2.6
91. 스포츠및오락관련서비스업	224 739	5 941	2.6
S. 협회및단체, 수리 및 기타 개인서비스업(94~96)	517 786	17 232	3.2
94. 협 회 및 단 체	216 639	3 179	1.4
95. 개인 및 소비용품수리업	116 143	4 129	3.4
96. 기 타 개 인 서 비 스 업	185 004	9 924	5.1

주 : 한국표준산업분류 10차개정(2017) 기준
자료 : 고용노동부 노동시장조사과, 「직종별사업체노동력조사」
*는 RSE(상대표준오차)값이 30이상이므로 자료이용시 유의바람

12. Current number of employees, number of vacancies, rate of vacancies by industry(divisions) and establishment size(9-7)(The second half of 2023)

In person, %

상용근로자 5인 이상 (5 or more permanent employees)			상용근로자 10인 이상 (5 or more permanent employees)			Industry
현 원 Current number of employees	부족인원 Number of vacancies	부족률 Rate of vacancies	현 원 Current number of employees	부족인원 Number of vacancies	부족률 Rate of vacancies	
284 402	2 336	0.8	182 207	1 675	0.9	Real estate activities
284 402	2 336	0.8	182 207	1 675	0.9	Real estate activities
1 113 718	26 614	2.3	978 401	21 703	2.2	Professional, scientific and technical activities
301 563	5 315	1.7	290 594	4 786	1.6	Research and development
432 023	9 929	2.2	360 473	8 087	2.2	Professional services
329 109	9 317	2.8	290 086	7 765	2.6	Architectural, engineering and other scientific technical services
51 023	2 053	3.9	37 248	1 065	2.8	Other professional, scientific and technical services
1 062 530	20 615	1.9	972 319	19 129	1.9	Business facilities management and business support services; rental and leasing activities
287 949	4 470	1.5	267 141	4 213	1.6	Business facilities management and landscape services
738 614	15 334	2.0	684 244	14 266	2.0	Business support services
35 967	811	2.2	20 934	650	3.0	Rental and leasing activities; except real estate
630 426	7 600	1.2	528 000	5 680	1.1	Education
630 426	7 600	1.2	528 000	5 680	1.1	Education
1 961 123	49 966	2.5	1 675 977	41 252	2.4	Human health and social work activities
926 407	22 849	2.4	831 644	20 324	2.4	Human health activities
1 034 716	27 117	2.6	844 333	20 929	2.4	Social work activities
178 371	4 291	2.3	151 072	3 630	2.3	Arts, sports and recreation related services
38 204	1 080	2.7	31 458	829	2.6	Creative, arts and recreation related services
140 167	3 210	2.2	119 615	2 801	2.3	Sports activities and amusement activities
264 165	7 494	2.8	186 544	3 923	2.1	Membership organizations, repair and other personal services
85 450	1 428	1.6	57 692	971	1.7	Membership organizations
83 865	2 223	2.6	62 428	1 270	2.0	Maintenance and repair services of personal and household goods
94 850	3 843	3.9	66 424	1 683	2.5	Other personal services activities

Note : Based upon the 10th revision of Korean Standard Industrial Classification(2017)
Source : Labor Market Statistics Division, Ministry of Employment and Labor, 「Occupational Labor Force Survey At Establishments」
* indicates RSE(Relative Standard Error) is more than 30.

12. 산업(중분류) 규모별 현원, 부족인원 및 부족률(9-8)
(2023 하반기)

단위 : 명, %

산 업	0규모(상용근로자 5인 미만) (Less than 5 permanent employees)			1규모(상용근로자 5~9인) (5~9 permanent employees)		
	현원 Current number of employees	부족인원 Number of vacancies	부족률 Rate of vacancies	현원 Current number of employees	부족인원 Number of vacancies	부족률 Rate of vacancies
L. 부 동 산 업(68)	153 418	1 752	1.1	102 195	661	0.6
68. 부 동 산 업	153 418	1 752	1.1	102 195	661	0.6
M. 전문, 과학 및 기술서비스업(70~73)	181 552	6 838	3.6	135 318	4 911	3.5
70. 연 구 개 발 업	13 681	284	2.0	10 969	529	4.6
71. 전 문 서 비 스 업	98 699	2 950	2.9	71 550	1 842	2.5
72. 건축기술, 엔지니어링 및 기타 과학기술서비스업	41 140	1 901	4.4	39 023	1 551	3.8
73. 기타전문, 과학및기술서비스업	28 034	1 703	5.7	13 775	989	6.7
N. 사업시설관리, 사업지원 및 임대서비스업(74~76)	174 313	6 363	3.5	90 211	1 486	1.6
74. 사업시설관리및조경서비스업	34 043	889	2.5	20 808	257	1.2
75. 사 업 지 원 서 비 스 업	106 867	3 877	3.5	54 370	1 068	1.9
76. 임 대 업; 부 동 산 제 외	33 402	1 597	4.6	15 032	160	1.1
P. 교 육 서 비 스 업(85)	281 983	9 389	3.2	102 426	1 920	1.8
85. 교 육 서 비 스 업	281 983	9 389	3.2	102 426	1 920	1.8
Q. 보건업 및 사회복지서비스업(86~87)	321 210	9 870	3.0	285 146	8 713	3.0
86. 보 건 업	130 391	2 915	2.2	94 763	2 525	2.6
87. 사 회 복 지 서 비 스 업	190 819	6 955	3.5	190 383	6 188	3.1
R. 예술, 스포츠및여가관련 서비스업(90~91)	108 611	3 301	2.9	27 298	661	2.4
90. 창작, 예술 및 여가관련서비스업	24 039	571	2.3	6 746	251	3.6
91. 스포츠및오락관련서비스업	84 572	2 730	3.1	20 552	410	2.0
S. 협회및단체, 수리및기타 개인서비스업(94~96)	253 621	9 738	3.7	77 621	3 570	4.4
94. 협 회 및 단 체	131 188	1 751	1.3	27 758	457	1.6
95. 개인및소비용품수리업	32 278	1 906	5.6	21 437	953	4.3
96. 기 타 개 인 서 비 스 업	90 154	6 081	6.3	28 426	2 160	7.1

주 : 한국표준산업분류 10차개정(2017) 기준
자료 : 고용노동부 노동시장조사과, 「직종별사업체노동력조사」
*는 RSE(상대표준오차)값이 30이상이므로 자료이용시 유의바람

12. Current number of employees, number of vacancies, rate of vacancies by industry(divisions) and establishment size(9-8)(The second half of 2023)

In person, %

2규모(상용근로자 10~29인) (10~29 permanent employees)			3규모(상용근로자 30~99인) (30~99 permanent employees)			Industry
현 원 Current number of employees	부족인원 Number of vacancies	부족률 Rate of vacancies	현 원 Current number of employees	부족인원 Number of vacancies	부족률 Rate of vacancies	
100 041	661	0.7	33 080	493	1.5	Real estate activities
100 041	661	0.7	33 080	493	1.5	Real estate activities
227 898	6 580	2.8	211 327	6 222	2.9	Professional, scientific and technical activities
30 161	934	3.0	39 423	992	2.5	Research and development
87 001	2 572	2.9	79 385	2 041	2.5	Professional services
91 922	2 637	2.8	82 472	2 838	3.3	Architectural, engineering and other scientific technical services
18 813	438	2.3	10 047	352	3.4	Other professional, scientific and technical services
161 051	3 923	2.4	167 960	2 635	1.5	Business facilities management and business support services; rental and leasing activities
46 213	863	1.8	51 697	624	1.2	Business facilities management and landscape services
103 091	2 573	2.4	112 103	1 942	1.7	Business support services
11 747	487	4.0	4 160	69	1.6	Rental and leasing activities; except real estate
143 217	2 261	1.6	147 627	1 391	0.9	Education
143 217	2 261	1.6	147 627	1 391	0.9	Education
553 638	14 812	2.6	501 531	12 591	2.4	Human health and social work activities
119 780	3 850	3.1	194 001	4 942	2.5	Human health activities
433 858	10 962	2.5	307 530	7 649	2.4	Social work activities
49 809	905	1.8	61 972	1 386	2.2	Arts, sports and recreation related services
11 581	296	2.5	12 065	251	2.0	Creative, arts and recreation related services
38 227	610	1.6	49 906	1 135	2.2	Sports activities and amusement activities
112 949	2 447	2.1	51 993	1 055	2.0	Membership organizations, repair and other personal services
27 030	391	1.4	16 168	349	2.1	Membership organizations
38 530	846	2.1	20 181	336	1.6	Maintenance and repair services of personal and household goods
47 390	1 210	2.5	15 644	370	2.3	Other personal services activities

Note : Based upon the 10th revision of Korean Standard Industrial Classification(2017)
Source : Labor Market Statistics Division, Ministry of Employment and Labor, 「Occupational Labor Force Survey At Establishments」
* indicates RSE(Relative Standard Error) is more than 30.

12. 산업(중분류) 규모별 현원, 부족인원 및 부족률(9-9)
(2023 하반기)

단위 : 명, %

산 업	4규모(상용근로자 100~299인) (100~299 permanent employees)			5규모(상용근로자 300인 이상) (300 or more permanent employees)		
	현 원 Current number of employees	부족인원 Number of vacancies	부족률 Rate of vacancies	현 원 Current number of employees	부족인원 Number of vacancies	부족률 Rate of vacancies
L. 부 동 산 업(68)	22 967	281	1.2	26 119	240	0.9
68. 부 동 산 업	22 967	281	1.2	26 119	240	0.9
M. 전문, 과학 및 기술서비스업(70~73)	167 621	4 004	2.3	371 555	4 896	1.3
70. 연 구 개 발 업	43 461	975	2.2	177 548	1 885	1.1
71. 전 문 서 비 스 업	65 574	1 808	2.7	128 512	1 667	1.3
72. 건축기술, 엔지니어링 및 기타과학기술서비스업	53 642	1 123	2.1	62 050	1 167	1.8
73. 기타전문, 과학 및 기술서비스업	4 943	97	1.9	3 445	178	4.9
N. 사업시설관리, 사업지원 및 임대서비스업(74~76)	196 913	4 830	2.4	446 396	7 741	1.7
74. 사업시설관리 및 조경서비스업	53 887	1 118	2.0	115 344	1 609	1.4
75. 사업지원서비스업	140 885	3 620	2.5	328 165	6 130	1.8
76. 임대업; 부동산 제외	2 141	92	4.1	2 887	2	0.1
P. 교 육 서 비 스 업(85)	62 149	600	1.0	175 007	1 427	0.8
85. 교 육 서 비 스 업	62 149	600	1.0	175 007	1 427	0.8
Q. 보건업 및 사회복지서비스업(86~87)	255 593	6 673	2.5	365 215	7 176	1.9
86. 보 건 업	169 163	4 510	2.6	348 700	7 021	2.0
87. 사 회 복 지 서 비 스 업	86 430	2 163	2.4	16 515	155	0.9
R. 예술, 스포츠 및 여가관련서비스업(90~91)	22 083	766	3.4	17 209	573	3.2
90. 창작, 예술 및 여가관련서비스업	6 143	211	3.3	1 669	72	4.1
91. 스포츠 및 오락관련서비스업	15 940	555	3.4	15 541	501	3.1
S. 협회 및 단체, 수리 및 기타개인서비스업(94~96)	16 505	305	1.8	5 097	117	2.2
94. 협 회 및 단 체	9 873	135	1.3	4 622	96	2.0
95. 개인 및 소비용품수리업	3 242	67	2.0	476	20	4.0
96. 기 타 개 인 서 비 스 업	3 391	103	2.9	0	0	0.0

주 : 한국표준산업분류 10차개정(2017) 기준
자료 : 고용노동부 노동시장조사과, 「직종별사업체노동력조사」
*는 RSE(상대표준오차)값이 30이상이므로 자료이용시 유의바람

12. Current number of employees, number of vacancies, rate of vacancies by industry(divisions) and establishment size(9-9)(The second half of 2023)

In person, %

상용근로자 300인 미만 (Less than 300 permanent employees)			상용근로자 5~299인 (5~299 permanent employees)			Industry
현 원 Current number of employees	부족인원 Number of vacancies	부족률 Rate of vacancies	현 원 Current number of employees	부족인원 Number of vacancies	부족률 Rate of vacancies	
411 701	3 847	0.9	258 282	2 095	0.8	Real estate activities
411 701	3 847	0.9	258 282	2 095	0.8	Real estate activities
923 716	28 556	3.0	742 163	21 718	2.8	Professional, scientific and technical activities
137 696	3 714	2.6	124 015	3 430	2.7	Research and development
402 209	11 212	2.7	303 511	8 263	2.7	Professional services
308 198	10 051	3.2	267 059	8 150	3.0	Architectural, engineering and other scientific technical services
75 612	3 579	4.5	47 579	1 875	3.8	Other professional, scientific and technical services
790 446	19 236	2.4	616 134	12 874	2.0	Business facilities management and business support services; rental and leasing activities
206 648	3 750	1.8	172 605	2 861	1.6	Business facilities management and landscape services
517 316	13 081	2.5	410 449	9 204	2.2	Business support services
66 482	2 406	3.5	33 080	809	2.4	Rental and leasing activities; except real estate
737 403	15 561	2.1	455 419	6 172	1.3	Education
737 403	15 561	2.1	455 419	6 172	1.3	Education
1 917 119	52 659	2.7	1 595 909	42 789	2.6	Human health and social work activities
708 099	18 743	2.6	577 708	15 828	2.7	Human health activities
1 209 020	33 916	2.7	1 018 201	26 962	2.6	Social work activities
269 772	7 019	2.5	161 161	3 718	2.3	Arts, sports and recreation related services
60 574	1 579	2.5	36 535	1 008	2.7	Creative, arts and recreation related services
209 198	5 440	2.5	124 626	2 710	2.1	Sports activities and amusement activities
512 689	17 115	3.2	259 068	7 377	2.8	Membership organizations, repair and other personal services
212 017	3 083	1.4	80 829	1 331	1.6	Membership organizations
115 667	4 109	3.4	83 389	2 203	2.6	Maintenance and repair services of personal and household goods
185 004	9 924	5.1	94 850	3 843	3.9	Other personal services activities

Note : Based upon the 10th revision of Korean Standard Industrial Classification(2017)
Source : Labor Market Statistics Division, Ministry of Employment and Labor, 「Occupational Labor Force Survey At Establishments」
* indicates RSE(Relative Standard Error) is more than 30.

13. 직종(소분류) 규모별 현원, 부족인원 및 부족률(27-1)
(2023 하반기)

단위 : 명, %

직 종	전규모(종사자 1인이상) (All workers)		
	현 원 Current number of employees	부족인원 Number of vacancies	부 족 률 Rate of vacancies
전 직 종	18 239 198	544 761	2.9
0. 경영·사무·금융·보험직	4 672 712	79 068	1.7
01. 관 리 직(임원·부서장)	151 669	793	0.5
011. 의회의원·고위공무원 및 기업고위임원	7 706	21	0.3
012. 행정·경영·금융·보험관리자	58 696	284	0.5
013. 전문서비스관리자	29 543	98	0.3
014. 미용·여행·숙박·음식·경비·청소관리자	2 966	6 *	0.2
015. 영업·판매·운송관리자	18 993	108	0.6
016. 건설·채굴·제조·생산관리자	33 766	275	0.8
02. 경영·행정·사무직	3 916 731	71 102	1.8
021. 정부·공공행정전문가	30 *	0	0.0
022. 경영·인사전문가	27 094	634	2.3
023. 회계·세무·감정전문가	32 476	245	0.7
024. 광고·조사·상품기획·행사기획전문가	48 838	2 019	4.0
025. 정부·공공행정사무원	44 431	438	1.0
026. 경영지원사무원	1 883 381	28 532	1.5
027. 회계·경리사무원	686 885	10 507	1.5
028. 무역·운송·생산·품질사무원	657 770	16 730	2.5
029. 안내·고객상담·통계·비서·사무보조 및 기타사무원	535 826	11 997	2.2
03. 금 융 · 보 험 직	604 312	7 174	1.2
031. 금융·보험전문가	58 515	714	1.2
032. 금융·보험사무원	274 094	3 491	1.3
033. 금융·보험영업원	271 703	2 969	1.1

주 : 한국고용직업분류(2018) 기준
자료 : 고용노동부 노동시장조사과, 「직종별사업체노동력조사」
*는 RSE(상대표준오차)값이 30이상이므로 자료이용시 유의바람

13. Current number of employees, number of vacancies, rate of vacancies by occupation(minor) and establishment size(27-1)(The second half of 2023)

In person, %

상용근로자 5인 이상 (5 or more permanent employees)			상용근로자 10인 이상 (5 or more permanent employees)			Occupation
현 원 Current number of employees	부족인원 Number of vacancies	부족률 Rate of vacancies	현 원 Current number of employees	부족인원 Number of vacancies	부족률 Rate of vacancies	
13 589 901	378 306	2.7	11 269 238	300 922	2.6	Total
3 493 720	61 816	1.7	2 810 814	50 619	1.8	Business administration, Finance, Insurance, Desk work and Management Occupations
151 643	793	0.5	150 134	767	0.5	Top Executives and Managers
7 706	21	0.3	7 702	21	0.3	Legislators, Senior Government Officials and Senior Corporate Officers
58 696	284	0.5	58 096	284	0.5	Government Administration, Business Administration, Finance and Insurance Managers
29 517	98	0.3	29 202	98	0.3	Managers for Professional Services
2 966	6 *	0.2	2 911	6 *	0.2	Beauty Treatment, Travel, Accommodation, Food Service, Secuity, Cleaning Managers
18 993	108	0.6	18 910	108	0.6	Marketing, Sales, Trasportation Managers
33 766	275	0.8	33 313	250	0.7	Construction, Mining, Manufaturing and Production Managers
2 999 966	55 833	1.8	2 403 933	46 107	1.9	Business administration, public administration, Desk work Related Workers
30 *	0	0.0	30 *	0	0.0	Government and Public Administration Professionals
23 418	575	2.4	17 703	490	2.7	Business Administration and HR Professionals
30 075	245	0.8	25 626	226	0.9	Accounting, Tax and Appraisal Professionals
45 553	1 527	3.2	41 902	1 348	3.1	Advertising, Survey, Product and Event Planning Specialists
44 431	438	1.0	43 745	438	1.0	Clerks for Government and Public Administration
1 391 727	21 539	1.5	1 089 400	17 390	1.6	Management Support Clerks
454 854	6 368	1.4	295 337	4 603	1.5	Accounting and Bookkeeping Clerks
601 196	14 737	2.4	536 483	12 619	2.3	Trade, Transport, Production and Quality Management Clerks
408 683	10 403	2.5	353 708	8 993	2.5	Receptionists, Customer Services, Statistics, Secretaries, Administrative Assistant and Other Clerks
342 112	5 191	1.5	256 747	3 745	1.4	Finance and Insurance Related Workers
54 590	714	1.3	50 331	653	1.3	Finance and Insurance Professionals
247 429	3 020	1.2	186 052	2 561	1.4	Finance and Insurance Clerks
40 093	1 457 *	3.5	20 364	531 *	2.5	Finance and Insurance Salespersons

Note : Based upon Korean Employment Classification of Occupation(2018)
Source : Labor Market Statistics Division, Ministry of Employment and Labor, 「Occupational Labor Force Survey At Establishments」
* indicates RSE(Relative Standard Error) is more than 30.

13. 직종(소분류) 규모별 현원, 부족인원 및 부족률(27-2)
(2023 하반기)

단위 : 명, %

직종	0규모(상용근로자 5인 미만) (Less than 5 permanent employees)			1규모(상용근로자 5~9인) (5~9 permanent employees)		
	현원 Current number of employees	부족인원 Number of vacancies	부족률 Rate of vacancies	현원 Current number of employees	부족인원 Number of vacancies	부족률 Rate of vacancies
전 직 종	4 649 297	166 455	3.5	2 320 663	77 384	3.2
0. 경영·사무·금융·보험직	1 178 991	17 252	1.4	682 906	11 197	1.6
01. 관 리 직(임원·부서장)	27	0	0.0	1 509	25	1.6
011. 의회의원·고위공무원 및 기업고위임원	0	0	0.0	4	0	0.0
012. 행정·경영·금융·보험관리자	0	0	0.0	600	0	0.0
013. 전문서비스관리자	27	0	0.0	315	0	0.0
014. 미용·여행·숙박·음식·경비·청소관리자	0	0	0.0	55	0	0.0
015. 영업·판매·운송관리자	0	0	0.0	83	0	0.0
016. 건설·채굴·제조·생산관리자	0	0	0.0	452	25	5.2
02. 경 영·행 정·사 무 직	916 765	15 269	1.6	596 032	9 726	1.6
021. 정부·공공행정전문가	0	0	0.0	0	0	0.0
022. 경영·인사전문가	3 676	59	1.6	5 715	86	1.5
023. 회계·세무·감정전문가	2 401	0	0.0	4 449	19	0.4
024. 광고·조사·상품기획·행사기획전문가	3 285	492	13.0	3 650	180	4.7
025. 정부·공공행정사무원	0	0	0.0	686	0	0.0
026. 경영지원사무원	491 654	6 993	1.4	302 327	4 149	1.4
027. 회계·경리사무원	232 031	4 138	1.8	159 517	1 765	1.1
028. 무역·운송·생산·품질사무원	56 575	1 993	3.4	64 712	2 118	3.2
029. 안내·고객상담·통계·비서·사무보조 및 기타사무원	127 142	1 594	1.2	54 976	1 410	2.5
03. 금 융·보 험 직	262 200	1 983	0.8	85 365	1 446	1.7
031. 금융·보험전문가	3 925	0	0.0	4 258	60	1.4
032. 금융·보험사무원	26 664	471	1.7	61 378	459	0.7
033. 금융·보험영업원	231 611	1 512	0.6	19 729	926	4.5

주 : 한국고용직업분류(2018) 기준
자료 : 고용노동부 노동시장조사과, 「직종별사업체노동력조사」
*는 RSE(상대표준오차)값이 30이상이므로 자료이용시 유의바람

13. Current number of employees, number of vacancies, rate of vacancies by occupation(minor) and establishment size(27-2)(The second half of 2023)

In person, %

2규모(상용근로자 10~29인) (10~29 permanent employees)			3규모(상용근로자 30~99인) (30~99 permanent employees)			Occupations
현 원 Current number of employees	부족인원 Number of vacancies	부족률 Rate of vacancies	현 원 Current number of employees	부족인원 Number of vacancies	부족률 Rate of vacancies	
3 676 912	111 010	2.9	2 911 821	98 063	3.3	Total
968 375	16 444	1.7	692 906	15 210	2.1	Business administration, Finance, Insurance, Desk work and Management Occupations
19 830	80	0.4	45 955	274	0.6	Top Executives and Managers
48	0	0.0	1 262	0	0.0	Legislators, Senior Government Officials and Senior Corporate Officers
4 971	0	0.0	15 304	142	0.9	Government Administration, Business Administration, Finance and Insurance Managers
4 880	24	0.5	9 767	11	0.1	Managers for Professional Services
618	0	0.0	1 337	0	0.0	Beauty Treatment, Travel, Accommodation, Food Service, Security, Cleaning Managers
2 909	6	0.2	5 692	13	0.2	Marketing, Sales, Trasportation Managers
6 404	50	0.8	12 592	108	0.9	Construction, Mining, Manufaturing and Production Managers
820 386	15 249	1.8	606 831	14 389	2.3	Business administration, public administration, Desk work Related Workers
0	0	0.0	23	0	0.0	Government and Public Administration Professionals
5 884	205	3.4	1 514	22	1.4	Business Administration and HR Professionals
6 389	29	0.5	3 887	20	0.5	Accounting, Tax and Appraisal Professionals
5 980	440	6.9	9 280	340	3.5	Advertising, Survey, Product and Event Planning Specialists
4 602	5	0.1	19 278	108	0.6	Clerks for Government and Public Administration
412 698	5 828	1.4	265 269	5 478	2.0	Management Support Clerks
154 137	2 390	1.5	72 956	1 315	1.8	Accounting and Bookkeeping Clerks
152 139	4 261	2.7	149 836	4 740	3.1	Trade, Transport, Production and Quality Management Clerks
78 557	2 092	2.6	84 788	2 367	2.7	Receptionists, Customer Services, Statistics, Secretaries, Administrative Assistant and Other Clerks
128 159	1 115	0.9	40 120	547	1.3	Finance and Insurance Related Workers
9 403	43	0.5	9 161	39	0.4	Finance and Insurance Professionals
104 062	597	0.6	27 677	478	1.7	Finance and Insurance Clerks
14 694	475	3.1	3 282	29	0.9	Finance and Insurance Salespersons

Note : Based upon Korean Employment Classification of Occupation(2018)
Source : Labor Market Statistics Division, Ministry of Employment and Labor, 「Occupational Labor Force Survey At Establishments」
* indicates RSE(Relative Standard Error) is more than 30.

13. 직종(소분류) 규모별 현원, 부족인원 및 부족률(27-3)
(2023 하반기)

단위 : 명, %

직종	4규모(상용근로자 100~299인) (100~299 permanent employees)			5규모(상용근로자 300인 이상) (300 or more permanent employees)		
	현 원 Current number of employees	부족인원 Number of vacancies	부족률 Rate of vacancies	현 원 Current number of employees	부족인원 Number of vacancies	부족률 Rate of vacancies
전 직 종	1 862 947	46 913	2.5	2 817 558	44 936	1.6
0. 경영·사무·금융·보험직	452 205	9 518	2.1	697 328	9 448	1.3
01. 관 리 직(임원·부서장)	33 071	224	0.7	51 277	190	0.4
011. 의회의원·고위공무원 및 기업고위임원	2 085	12	0.6	4 306	9	0.2
012. 행정·경영·금융·보험관리자	13 425	57	0.4	24 396	85	0.3
013. 전문서비스관리자	5 211	36	0.7	9 343	27	0.3
014. 미용·여행·숙박·음식·경비·청소관리자	538	2	0.4	417	4	1.0
015. 영업·판매·운송관리자	5 320	67	1.2	4 989	23	0.5
016. 건설·채굴·제조·생산관리자	6 491	49	0.7	7 826	43	0.5
02. 경 영·행 정·사 무 직	396 328	8 897	2.2	580 389	7 572	1.3
021. 정부·공공행정전문가	6	0	0.0	2	0	0.0
022. 경영·인사전문가	2 539	134	5.0	7 766	130	1.6
023. 회계·세무·감정전문가	2 405	29	1.2	12 944	148	1.1
024. 광고·조사·상품기획·행사기획전문가	8 360	176	2.1	18 281	392	2.1
025. 정부·공공행정사무원	10 061	104	1.0	9 804	221	2.2
026. 경영지원사무원	157 948	2 997	1.9	253 486	3 087	1.2
027. 회계·경리사무원	34 070	485	1.4	34 173	414	1.2
028. 무역·운송·생산·품질사무원	103 149	2 340	2.2	131 359	1 278	1.0
029. 안내·고객상담·통계·비서·사무보조 및 기타사무원	77 789	2 633	3.3	112 574	1 903	1.7
03. 금 융·보 험 직	22 806	397	1.7	65 662	1 686	2.5
031. 금융·보험전문가	6 657	112	1.7	25 110	459	1.8
032. 금융·보험사무원	14 197	259	1.8	40 115	1 227	3.0
033. 금융·보험영업원	1 952	27	1.4	436	0	0.0

주 : 한국고용직업분류(2018) 기준
자료 : 고용노동부 노동시장조사과, 「직종별사업체노동력조사」
*는 RSE(상대표준오차)값이 30이상이므로 자료이용시 유의바람

13. Current number of employees, number of vacancies, rate of vacancies by occupation(minor) and establishment size(27-3)(The second half of 2023)

In person, %

Less than 300 permanent employees			5~299 permanent employees			Occupations
Current number of employees	Number of vacancies	Rate of vacancies	Current number of employees	Number of vacancies	Rate of vacancies	
15 421 640	499 824	3.1	10 772 343	333 370	3.0	Total
3 975 384	69 621	1.7	2 796 393	52 368	1.8	Business administration, Finance, Insurance, Desk work and Management Occupations
100 392	603	0.6	100 365	603	0.6	Top Executives and Managers
3 400	12 *	0.4	3 400	12 *	0.4	Legislators, Senior Government Officials and Senior Corporate Officers
34 300	199 *	0.6	34 300	199 *	0.6	Government Administration, Business Administration, Finance and Insurance Managers
20 200	71	0.4	20 173	71	0.4	Managers for Professional Services
2 548	2 *	0.1	2 548	2 *	0.1	Beauty Treatment, Travel, Accommodation, Food Service, Secuity, Cleaning Managers
14 005	85	0.6	14 005	85	0.6	Marketing, Sales, Trasportation Managers
25 940	233	0.9	25 940	233	0.9	Construction, Mining, Manufaturing and Production Managers
3 336 342	63 530	1.9	2 419 577	48 261	2.0	Business administration, public administration, Desk work Related Workers
28 *	0	0.0	28 *	0	0.0	Government and Public Administration Professionals
19 329	504 *	2.5	15 652	446 *	2.8	Business Administration and HR Professionals
19 531	96 *	0.5	17 130	96 *	0.6	Accounting, Tax and Appraisal Professionals
30 556	1 627	5.1	27 271	1 135	4.0	Advertising, Survey, Product and Event Planning Specialists
34 626	217	0.6	34 626	217	0.6	Clerks for Government and Public Administration
1 629 895	25 445	1.5	1 138 241	18 452	1.6	Management Support Clerks
652 712	10 093	1.5	420 681	5 955	1.4	Accounting and Bookkeeping Clerks
526 411	15 452	2.9	469 837	13 459	2.8	Trade, Transport, Production and Quality Management Clerks
423 252	10 095	2.3	296 110	8 500	2.8	Receptionists, Customer Services, Statistics, Secretaries, Administrative Assistant and Other Clerks
538 650	5 488	1.0	276 450	3 505	1.3	Finance and Insurance Related Workers
33 404	254	0.8	29 479	254	0.9	Finance and Insurance Professionals
233 978	2 264	1.0	207 314	1 794	0.9	Finance and Insurance Clerks
271 268	2 969	1.1	39 657	1 457 *	3.5	Finance and Insurance Salespersons

Note : Based upon Korean Employment Classification of Occupation(2018)
Source : Labor Market Statistics Division, Ministry of Employment and Labor, 「Occupational Labor Force Survey At Establishments」
* indicates RSE(Relative Standard Error) is more than 30.

13. 직종(소분류) 규모별 현원, 부족인원 및 부족률(27-4)
(2023 하반기)

단위 : 명, %

직 종	전규모(종사자 1인이상) (All workers)		
	현 원 Current number of employees	부족인원 Number of vacancies	부족률 Rate of vacancies
1. 연구직 및 공학기술직	1 742 711	57 717	3.2
11. 인문・사회과학연구직	25 678	779 *	2.9
110. 인문・사회과학연구원	25 678	779 *	2.9
12. 자연・생명과학연구직	59 368	1 390	2.3
121. 자연과학연구원 및 시험원	14 826	229	1.5
122. 생명과학연구원 및 시험원	44 542	1 162	2.5
13. 정보통신연구개발직 및 공학기술직	512 789	24 821	4.6
131. 컴퓨터하드웨어・통신공학기술자	34 299	1 053	3.0
132. 컴퓨터시스템전문가	18 815	673 *	3.5
133. 소프트웨어개발자	323 419	18 376	5.4
134. 데이터・네트워크 및 시스템운영전문가	111 631	3 876	3.4
135. 정보보안전문가	19 543	706	3.5
136. 통신・방송송출장비기사	5 083	138 *	2.6
14. 건설・채굴연구개발직 및 공학기술직	407 050	10 047	2.4
140. 건축・토목공학기술자 및 시험원	407 050	10 047	2.4
15. 제조연구개발직 및 공학기술직	737 826	20 680	2.7
151. 기계・로봇공학기술자 및 시험원	194 124	5 322	2.7

주 : 한국고용직업분류(2018) 기준
자료 : 고용노동부 노동시장조사과, 「직종별사업체노동력조사」
*는 RSE(상대표준오차)값이 30이상이므로 자료이용시 유의바람

13. Current number of employees, number of vacancies, rate of vacancies by occupation(minor) and establishment size(27-4)(The second half of 2023)

In person, %

상용근로자 5인 이상 (5 or more permanent employees)			상용근로자 10인 이상 (5 or more permanent employees)			Occupations
현 원 Current number of employees	부족인원 Number of vacancies	부족률 Rate of vacancies	현 원 Current number of employees	부족인원 Number of vacancies	부족률 Rate of vacancies	
1 624 215	47 879	2.9	1 461 663	38 352	2.6	Science, Architecture, Engineering and Computer Occupations
21 972	564	2.5	21 428	557	2.5	Liberal Arts and Social Scientists
21 972	564	2.5	21 428	557	2.5	Liberal Arts and Social Science Researchers
56 074	1 227	2.1	51 649	1 211	2.3	Natural and Life Scientists
13 963	229	1.6	12 903	229	1.7	Natural Science Researchers and Technicians
42 111	999	2.3	38 745	982	2.5	Biological Scientists and Technicians
481 697	20 373	4.1	447 460	16 417	3.5	Computer Specialists and ICT Engineers
33 188	1 053	3.1	29 923	750	2.4	Computer Hardware and Telecommunication Engineers
17 628	461 *	2.5	16 733	265 *	1.6	Computer System Professionals
300 296	15 385	4.9	274 876	12 285	4.3	Software Developers
106 210	2 630	2.4	102 676	2 503	2.4	Data, Network and System Professionals
19 332	706	3.5	18 719	530	2.8	ICT and Computer Security Specialists
5 043	138 *	2.7	4 533	85 *	1.8	Telecommunication and Broadcast Transmitter Technicians
355 692	7 658	2.1	276 887	5 019	1.8	Architecture, Construction and Mining Engineers
355 692	7 658	2.1	276 887	5 019	1.8	Architectural, Construction and Civil Engineers and Technicians
708 780	18 058	2.5	664 240	15 148	2.2	Manufacturing Engineers
189 985	4 960	2.5	182 431	4 122	2.2	Mechanical and Robotics Engineers and Technicians

Note : Based upon Korean Employment Classification of Occupation(2018)
Source : Labor Market Statistics Division, Ministry of Employment and Labor, 「Occupational Labor Force Survey At Establishments」
* indicates RSE(Relative Standard Error) is more than 30.

13. 직종(소분류) 규모별 현원, 부족인원 및 부족률(27-5)
(2023 하반기)

단위 : 명, %

직 종	0규모(상용근로자 5인 미만)(Less than 5 permanent employees)			1규모(상용근로자 5~9인)(5~9 permanent employees)		
	현 원 Current number of employees	부족인원 Number of vacancies	부족률 Rate of vacancies	현 원 Current number of employees	부족인원 Number of vacancies	부족률 Rate of vacancies
1. 연구직 및 공학기술직	118 496	9 838	7.7	162 551	9 528	5.5
11. 인문·사회과학연구직	3 706	216	5.5	544	7	1.3
110. 인문·사회과학연구원	3 706	216	5.5	544	7	1.3
12. 자연·생명과학연구직	3 294	163	4.7	4 425	17	0.4
121. 자연과학연구원 및 시험원	863	0	0.0	1 060	0	0.0
122. 생명과학연구원 및 시험원	2 431	163	6.3	3 365	17	0.5
13. 정보통신연구개발직 및 공학기술직	31 092	4 448	12.5	34 238	3 956	10.4
131. 컴퓨터하드웨어·통신공학기술자	1 111	0	0.0	3 265	303	8.5
132. 컴퓨터시스템전문가	1 187	212	15.2	895	197	18.0
133. 소프트웨어개발자	23 123	2 991	11.5	25 420	3 100	10.9
134. 데이터·네트워크 및 시스템운영전문가	5 420	1 246	18.7	3 534	127	3.5
135. 정보보안전문가	212	0	0.0	613	176	22.3
136. 통신·방송송출장비기사	39	0	0.0	510	53	9.4
14. 건설·채굴연구개발직 및 공학기술직	51 358	2 389	4.4	78 805	2 638	3.2
140. 건축·토목공학기술자 및 시험원	51 358	2 389	4.4	78 805	2 638	3.2
15. 제조연구개발직 및 공학기술직	29 046	2 622	8.3	44 540	2 910	6.1
151. 기계·로봇공학기술자 및 시험원	4 139	362	8.0	7 554	838	10.0

주 : 한국고용직업분류(2018) 기준
자료 : 고용노동부 노동시장조사과, 「직종별사업체노동력조사」
*는 RSE(상대표준오차)값이 30이상이므로 자료이용시 유의바람

13. Current number of employees, number of vacancies, rate of vacancies by occupation(minor) and establishment size(27-5)(The second half of 2023)

In person, %

2규모(상용근로자 10~29인) (10~29 permanent employees)			3규모(상용근로자 30~99인) (30~99 permanent employees)			Occupations
현 원 Current number of employees	부족인원 Number of vacancies	부 족 률 Rate of vacancies	현 원 Current number of employees	부족인원 Number of vacancies	부 족 률 Rate of vacancies	
325 167	12 703	3.8	299 812	10 931	3.5	Science, Architecture, Engineering and Computer Occupations
4 948	272	5.2	4 735	109	2.3	Liberal Arts and Social Scientists
4 948	272	5.2	4 735	109	2.3	Liberal Arts and Social Science Researchers
8 079	159	1.9	10 775	245	2.2	Natural and Life Scientists
658	16	2.4	1 578	10	0.6	Natural Science Researchers and Technicians
7 421	143	1.9	9 196	235	2.5	Biological Scientists and Technicians
84 888	5 434	6.0	101 103	4 325	4.1	Computer Specialists and ICT Engineers
7 362	352	4.6	8 995	214	2.3	Computer Hardware and Telecommunication Engineers
3 440	100	2.8	3 089	100	3.1	Computer System Professionals
56 142	4 436	7.3	66 555	3 288	4.7	Software Developers
16 159	448	2.7	18 368	571	3.0	Data, Network and System Professionals
973	44	4.3	2 453	152	5.8	ICT and Computer Security Specialists
812	55	6.3	1 642	0	0.0	Telecommunication and Broadcast Transmitter Technicians
117 852	2 719	2.3	54 192	1 156	2.1	Architecture, Construction and Mining Engineers
117 852	2 719	2.3	54 192	1 156	2.1	Architectural, Construction and Civil Engineers and Technicians
109 399	4 118	3.6	129 008	5 097	3.8	Manufacturing Engineers
16 835	754	4.3	29 191	1 329	4.4	Mechanical and Robotics Engineers and Technicians

Note : Based upon Korean Employment Classification of Occupation(2018)
Source : Labor Market Statistics Division, Ministry of Employment and Labor, 「Occupational Labor Force Survey At Establishments」
* indicates RSE(Relative Standard Error) is more than 30.

13. 직종(소분류) 규모별 현원, 부족인원 및 부족률(27-6)
(2023 하반기)

단위 : 명, %

직 종	4규모(상용근로자 100~299인) (100~299 permanent employees)			5규모(상용근로자 300인 이상) (300 or more permanent employees)		
	현 원 Current number of employees	부족인원 Number of vacancies	부족률 Rate of vacancies	현 원 Current number of employees	부족인원 Number of vacancies	부족률 Rate of vacancies
1. 연 구 직 및 공 학 기 술 직	255 193	6 582	2.5	581 492	8 136	1.4
11. 인 문 · 사 회 과 학 연 구 직	5 916	101	1.7	5 828	75	1.3
110. 인 문 · 사 회 과 학 연 구 원	5 916	101	1.7	5 828	75	1.3
12. 자 연 · 생 명 과 학 연 구 직	10 371	289	2.7	22 424	518	2.3
121. 자 연 과 학 연 구 원 및 시 험 원	3 005	70	2.3	7 662	133	1.7
122. 생 명 과 학 연 구 원 및 시 험 원	7 367	218	2.9	14 761	385	2.5
13. 정보통신연구개발직 및 공학기술직	94 683	3 357	3.4	166 786	3 301	1.9
131. 컴 퓨 터 하 드 웨 어 · 통 신 공 학 기 술 자	5 419	115	2.1	8 147	69	0.8
132. 컴 퓨 터 시 스 템 전 문 가	1 836	10	0.5	8 367	54	0.6
133. 소 프 트 웨 어 개 발 자	62 775	2 358	3.6	89 404	2 204	2.4
134. 데이터 · 네트워크 및 시스템운영전문가	20 686	737	3.4	47 464	748	1.6
135. 정 보 보 안 전 문 가	3 124	137	4.2	12 169	196	1.6
136. 통 신 · 방 송 송 출 장 비 기 사	843	1	0.1	1 236	29	2.3
14. 건설 · 채굴연구개발직 및 공학기술직	40 068	434	1.1	64 775	710	1.1
140. 건 축 · 토 목 공 학 기 술 자 및 시 험 원	40 068	434	1.1	64 775	710	1.1
15. 제 조 연 구 개 발 직 및 공 학 기 술 직	104 154	2 401	2.3	321 679	3 532	1.1
151. 기 계 · 로 봇 공 학 기 술 자 및 시 험 원	25 580	726	2.8	110 825	1 314	1.2

주 : 한국고용직업분류(2018) 기준
자료 : 고용노동부 노동시장조사과, 「직종별사업체노동력조사」
*는 RSE(상대표준오차)값이 30이상이므로 자료이용시 유의바람

13. Current number of employees, number of vacancies, rate of vacancies by occupation(minor) and establishment size(27-6)(The second half of 2023)

In person, %

상용근로자 300인 미만 (Less than 300 permanent employees)			상용근로자 5~299인 (5~299 permanent employees)			Occupations
현 원 Current number of employees	부족인원 Number of vacancies	부족률 Rate of vacancies	현 원 Current number of employees	부족인원 Number of vacancies	부족률 Rate of vacancies	
1 161 219	49 581	4.1	1 042 723	39 744	3.7	Science, Architecture, Engineering and Computer Occupations
19 850	704 *	3.4	16 143	489 *	2.9	Liberal Arts and Social Scientists
19 850	704 *	3.4	16 143	489 *	2.9	Liberal Arts and Social Science Researchers
36 944	872	2.3	33 650	709	2.1	Natural and Life Scientists
7 164	96	1.3	6 301	96	1.5	Natural Science Researchers and Technicians
29 781	777	2.5	27 349	613	2.2	Biological Scientists and Technicians
346 004	21 520	5.9	314 912	17 072	5.1	Computer Specialists and ICT Engineers
26 152	983	3.6	25 041	983	3.8	Computer Hardware and Telecommunication Engineers
10 448	619 *	5.6	9 261	407 *	4.2	Computer System Professionals
234 015	16 172	6.5	210 892	13 181	5.9	Software Developers
64 167	3 129	4.6	58 746	1 882	3.1	Data, Network and System Professionals
7 375	509 *	6.5	7 163	509 *	6.6	ICT and Computer Security Specialists
3 847	109 *	2.8	3 807	109 *	2.8	Telecommunication and Broadcast Transmitter Technicians
342 275	9 336	2.7	290 917	6 947	2.3	Architecture, Construction and Mining Engineers
342 275	9 336	2.7	290 917	6 947	2.3	Architectural, Construction and Civil Engineers and Technicians
416 147	17 148	4.0	387 101	14 527	3.6	Manufacturing Engineers
83 299	4 008	4.6	79 160	3 646	4.4	Mechanical and Robotics Engineers and Technicians

Note : Based upon Korean Employment Classification of Occupation(2018)
Source : Labor Market Statistics Division, Ministry of Employment and Labor, 「Occupational Labor Force Survey At Establishments」
* indicates RSE(Relative Standard Error) is more than 30.

13. 직종(소분류) 규모별 현원, 부족인원 및 부족률(27-7)
(2023 하반기)

단위 : 명, %

직 종	전규모(종사자 1인이상) (All workers)		
	현 원 Current number of employees	부족인원 Number of vacancies	부족률 Rate of vacancies
152. 금속·재료공학기술자 및 시험원	35 049	510	1.4
153. 전기·전자공학기술자 및 시험원	241 208	5 932	2.4
154. 화학공학기술자 및 시험원	67 085	1 990	2.9
155. 에너지·환경공학기술자 및 시험원	44 024	1 260	2.8
156. 섬유공학기술자 및 시험원	3 942	150 *	3.7
157. 식품공학기술자 및 시험원	11 708	568	4.6
158. 소방·방재·산업안전·비파괴기술자	103 184	2 473	2.3
159. 제도사및기타인쇄·목재등공학기술자 및 시험원	37 502	2 475	6.2
2. 교육·법률·사회복지·소방직	1 381 107	29 165	2.1
21. 교 육 직	705 600	13 068	1.8
211. 대학교수 및 강사	154 589	761	0.5
212. 학 교 교 사	84 222	497	0.6
213. 유 치 원 교 사	40 560	202 *	0.5
214. 문리·기술·예능강사	328 654	9 196	2.7
215. 장학관 및 기타교육종사자	97 575	2 412	2.4
22. 법 률 직	87 713	1 453	1.6
221. 법 률 전 문 가	26 789	711	2.6
222. 법 률 사 무 원	60 925	742	1.2
23. 사 회 복 지 · 종 교 직	587 005	14 643	2.4
231. 사 회 복 지 사 및 상 담 사	165 267	5 557	3.3
232. 보육교사 및 기타사회복지종사자	330 730	8 028	2.4
233. 성 직 자 및 기 타 종 교 종 사 자	91 008	1 059	1.2
24. 소 방 직	789	0	0.0

주 : 한국고용직업분류(2018) 기준
자료 : 고용노동부 노동시장조사과, 「직종별사업체노동력조사」
*는 RSE(상대표준오차)값이 30이상이므로 자료이용시 유의바람

13. Current number of employees, number of vacancies, rate of vacancies by occupation(minor) and establishment size(27-7)(The second half of 2023)

In person, %

상용근로자 5인 이상 (5 or more permanent employees)			상용근로자 10인 이상 (5 or more permanent employees)			Occupations
현 원 Current number of employees	부족인원 Number of vacancies	부족률 Rate of vacancies	현 원 Current number of employees	부족인원 Number of vacancies	부족률 Rate of vacancies	
34 465	510	1.5	33 666	502	1.5	Metallurgical and Material Engineers and Technicians
233 496	5 118	2.1	222 030	4 489	2.0	Electrical and Electronics Engineers and Technicians
65 527	1 725	2.6	62 984	1 522	2.4	Chemical Engineers and Technicians
42 214	1 213	2.8	38 867	1 068	2.7	Energy, Environmental Engineers and Technicians
3 362	74 *	2.2	3 168	74 *	2.3	Textile Engineers and Technicians
11 708	487	4.0	11 385	454	3.8	Food Engineers and Technicians
97 490	2 259	2.3	86 977	1 848	2.1	Fire Protection, Emergency Management, Industrial Safety and Non-Destructive Engineers
30 533	1 712	5.3	22 733	1 070	4.5	Drafters, Other Engineers and Technicians (Printing, Timber etc.)
969 676	17 026	1.7	743 118	10 595	1.4	Education, Laws, Welfare and Social Security Occupations
483 994	6 060	1.2	394 733	3 671	0.9	Teaching and Education Related Workers
154 521	761	0.5	154 370	761	0.5	College Professors and Lectuerers
82 895	497	0.6	82 677	497	0.6	School Teachers
39 586	202 *	0.5	30 696	139 *	0.5	Kindergarten Teachers
132 987	2 974	2.2	71 970	1 400	1.9	Liberal Arts, Skills and Performing Arts Instructors
74 005	1 625	2.1	55 019	874	1.6	School Supervisors and Other Educational Workers
61 046	1 358	2.2	49 314	1 121	2.2	Legal Services Related Workers
24 307	674	2.7	21 021	601	2.8	Legal Professionals
36 739	684	1.8	28 294	520	1.8	Legal Assistants
423 847	9 607	2.2	298 282	5 804	1.9	Social Welfare and Religion Related Workers
118 907	4 233	3.4	97 066	3 371	3.4	Social Welfare Specialists(Social Workers) and Counselors
282 055	5 039	1.8	189 768	2 311	1.2	Childcare Teachers and Other Social Welfare Service Related Workers
22 885	335 *	1.4	11 448	122 *	1.1	Religious Professionals and Religious Associate Professionals
789	0	0.0	789	0	0.0	Firefighter Related Workers

Note : Based upon Korean Employment Classification of Occupation(2018)
Source : Labor Market Statistics Division, Ministry of Employment and Labor, 「Occupational Labor Force Survey At Establishments」
* indicates RSE(Relative Standard Error) is more than 30.

13. 직종(소분류) 규모별 현원, 부족인원 및 부족률(27-8)
(2023 하반기)

단위 : 명, %

직 종	0규모(상용근로자 5인 미만) (Less than 5 permanent employees)			1규모(상용근로자 5~9인) (5~9 permanent employees)		
	현 원 Current number of employees	부족인원 Number of vacancies	부족률 Rate of vacancies	현 원 Current number of employees	부족인원 Number of vacancies	부족률 Rate of vacancies
152. 금속·재료공학기술자 및 시험원	584	0	0.0	799	8	1.0
153. 전기·전자공학기술자 및 시험원	7 713	814	9.5	11 465	629	5.2
154. 화학공학기술자 및 시험원	1 558	265	14.5	2 543	204	7.4
155. 에너지·환경공학기술자 및 시험원	1 810	47	2.5	3 348	145	4.2
156. 섬유공학기술자 및 시험원	580	76	11.6	194	0	0.0
157. 식품공학기술자 및 시험원	0	81	100.0	323	34	9.5
158. 소방·방재·산업안전·비파괴기술자	5 694	214	3.6	10 513	411	3.8
159. 제도사및기타인쇄·목재등공학기술자 및 시험원	6 969	763	9.9	7 800	642	7.6
2. 교육·법률·사회복지·소방직	411 431	12 139	2.9	226 558	6 430	2.8
21. 교 육 직	221 606	7 008	3.1	89 262	2 390	2.6
211. 대학교수 및 강사	68	0	0.0	151	0	0.0
212. 학 교 교 사	1 327	0	0.0	218	0	0.0
213. 유 치 원 교 사	974	0	0.0	8 890	64	0.7
214. 문리·기술·예능강사	195 667	6 222	3.1	61 017	1 574	2.5
215. 장학관 및 기타교육종사자	23 570	786	3.2	18 986	752	3.8
22. 법 률 직	26 668	96	0.4	11 731	237	2.0
221. 법 률 전 문 가	2 481	37	1.5	3 286	73	2.2
222. 법 률 사 무 원	24 186	58	0.2	8 445	164	1.9
23. 사 회 복 지 · 종 교 직	163 158	5 036	3.0	125 565	3 803	2.9
231. 사회복지사 및 상담사	46 360	1 324	2.8	21 841	862	3.8
232. 보육교사 및 기타사회복지종사자	48 675	2 989	5.8	92 287	2 728	2.9
233. 성직자 및 기타종교종사자	68 123	723	1.1	11 437	214	1.8
24. 소 방 직	0	0	0.0	0	0	0.0

주 : 한국고용직업분류(2018) 기준
자료 : 고용노동부 노동시장조사과, 「직종별사업체노동력조사」
*는 RSE(상대표준오차)값이 30이상이므로 자료이용시 유의바람

13. Current number of employees, number of vacancies, rate of vacancies by occupation(minor) and establishment size(27-8)(The second half of 2023)

In person, %

2규모(상용근로자 10~29인) (10~29 permanent employees)			3규모(상용근로자 30~99인) (30~99 permanent employees)			Occupations
현 원 Current number of employees	부족인원 Number of vacancies	부족률 Rate of vacancies	현 원 Current number of employees	부족인원 Number of vacancies	부족률 Rate of vacancies	
5 269	145	2.7	5 472	125	2.2	Metallurgical and Material Engineers and Technicians
28 166	984	3.4	37 799	1 615	4.1	Electrical and Electronics Engineers and Technicians
7 347	354	4.6	10 976	357	3.2	Chemical Engineers and Technicians
12 178	576	4.5	9 740	261	2.6	Energy, Environmental Engineers and Technicians
943	29	3.0	723	21	2.8	Textile Engineers and Technicians
2 129	98	4.4	3 870	236	5.7	Food Engineers and Technicians
24 683	512	2.0	24 074	825	3.3	Fire Protection, Emergency Management, Industrial Safety and Non-Destructive Engineers
11 849	667	5.3	7 164	328	4.4	Drafters, Other Engineers and Technicians (Printing, Timber etc.)
327 847	5 867	1.8	189 429	2 784	1.4	Education, Laws, Welfare and Social Security Occupations
118 335	1 869	1.6	103 777	694	0.7	Teaching and Education Related Workers
4 112	0	0.0	5 445	0	0.0	College Professors and Lectuerers
8 334	215	2.5	66 531	208	0.3	School Teachers
26 909	109	0.4	3 707	29	0.8	Kindergarten Teachers
50 168	1 011	2.0	16 804	296	1.7	Liberal Arts, Skills and Performing Arts Instructors
28 812	534	1.8	11 290	161	1.4	School Supervisors and Other Educational Workers
15 978	371	2.3	13 685	375	2.7	Legal Services Related Workers
6 065	112	1.8	5 459	273	4.8	Legal Professionals
9 912	259	2.5	8 225	102	1.2	Legal Assistants
193 534	3 628	1.8	71 920	1 715	2.3	Social Welfare and Religion Related Workers
51 678	1 930	3.6	33 494	1 152	3.3	Social Welfare Specialists(Social Workers) and Counselors
135 394	1 612	1.2	35 605	527	1.5	Childcare Teachers and Other Social Welfare Service Related Workers
6 462	86	1.3	2 820	36	1.3	Religious Professionals and Religious Associate Professionals
0	0	0.0	48	0	0.0	Firefighter Related Workers

Note : Based upon Korean Employment Classification of Occupation(2018)
Source : Labor Market Statistics Division, Ministry of Employment and Labor, 「Occupational Labor Force Survey At Establishments」
* indicates RSE(Relative Standard Error) is more than 30.

13. 직종(소분류) 규모별 현원, 부족인원 및 부족률(27-9)
(2023 하반기)

단위 : 명, %

직종	4규모(상용근로자 100~299인) (100~299 permanent employees)			5규모(상용근로자 300인 이상) (300 or more permanent employees)		
	현원 Current number of employees	부족인원 Number of vacancies	부족률 Rate of vacancies	현원 Current number of employees	부족인원 Number of vacancies	부족률 Rate of vacancies
152. 금속·재료공학기술자 및 시험원	5 595	94	1.7	17 331	138	0.8
153. 전기·전자공학기술자 및 시험원	32 994	825	2.4	123 071	1 066	0.9
154. 화학공학기술자 및 시험원	15 274	326	2.1	29 387	484	1.6
155. 에너지·환경공학기술자 및 시험원	5 998	116	1.9	10 951	116	1.0
156. 섬유공학기술자 및 시험원	958	9	0.9	544	14	2.5
157. 식품공학기술자 및 시험원	3 151	80	2.5	2 235	40	1.8
158. 소방·방재·산업안전·비파괴기술자	12 179	156	1.3	26 041	354	1.3
159. 제도사및기타인쇄·목재등공학기술자 및 시험원	2 425	69	2.8	1 295	6	0.5
2. 교육·법률·사회복지·소방직	75 356	831	1.1	150 485	1 113	0.7
21. 교 육 직	45 043	309	0.7	127 577	799	0.6
211. 대학교수 및 강사	28 699	128	0.4	116 115	633	0.5
212. 학 교 교 사	7 075	75	1.0	737	0	0.0
213. 유 치 원 교 사	59	0	0.0	22	0	0.0
214. 문리·기술·예능강사	3 111	32	1.0	1 887	61	3.1
215. 장학관 및 기타교육종사자	6 100	75	1.2	8 817	105	1.2
22. 법 률 직	5 520	141	2.5	14 132	234	1.6
221. 법 률 전 문 가	2 367	49	2.0	7 129	168	2.3
222. 법 률 사 무 원	3 153	92	2.8	7 004	66	0.9
23. 사 회 복 지 · 종 교 직	24 665	381	1.5	8 162	80	1.0
231. 사회복지사 및 상담사	8 614	238	2.7	3 279	51	1.5
232. 보육교사 및 기타사회복지종사자	14 873	143	1.0	3 895	30	0.8
233. 성직자 및 기타종교종사자	1 178	0	0.0	988	0	0.0
24. 소 방 직	127	0	0.0	614	0	0.0

주 : 한국고용직업분류(2018) 기준
자료 : 고용노동부 노동시장조사과, 「직종별사업체노동력조사」
*는 RSE(상대표준오차)값이 30이상이므로 자료이용시 유의바람

13. Current number of employees, number of vacancies, rate of vacancies by occupation(minor) and establishment size(27-9)(The second half of 2023)

In person, %

상용근로자 300인 미만 (Less than 300 permanent employees)			상용근로자 5~299인 (5~299 permanent employees)			Occupations
현 원 Current number of employees	부족인원 Number of vacancies	부족률 Rate of vacancies	현 원 Current number of employees	부족인원 Number of vacancies	부족률 Rate of vacancies	
17 719	372	2.1	17 134	372	2.1	Metallurgical and Material Engineers and Technicians
118 137	4 867	4.0	110 424	4 053	3.5	Electrical and Electronics Engineers and Technicians
37 697	1 506	3.8	36 140	1 241	3.3	Chemical Engineers and Technicians
33 073	1 144	3.3	31 264	1 097	3.4	Energy, Environmental Engineers and Technicians
3 398	136 *	3.8	2 818	60 *	2.1	Textile Engineers and Technicians
9 473	528	5.3	9 473	447	4.5	Food Engineers and Technicians
77 143	2 118	2.7	71 449	1 904	2.6	Fire Protection, Emergency Management, Industrial Safety and Non-Destructive Engineers
36 207	2 469	6.4	29 238	1 706	5.5	Drafters, Other Engineers and Technicians (Printing, Timber etc.)
1 230 622	28 051	2.2	819 190	15 912	1.9	Education, Laws, Welfare and Social Security Occupations
578 023	12 270	2.1	356 417	5 262	1.5	Teaching and Education Related Workers
38 474	128	0.3	38 406	128	0.3	College Professors and Lectuerers
83 485	497	0.6	82 158	497	0.6	School Teachers
40 538	202 *	0.5	39 564	202 *	0.5	Kindergarten Teachers
326 767	9 135	2.7	131 100	2 913	2.2	Liberal Arts, Skills and Performing Arts Instructors
88 758	2 307	2.5	65 188	1 521	2.3	School Supervisors and Other Educational Workers
73 581	1 219	1.6	46 913	1 124	2.3	Legal Services Related Workers
19 660	543	2.7	17 178	506 *	2.9	Legal Professionals
53 921	676	1.2	29 735	618	2.0	Legal Assistants
578 843	14 563	2.5	415 685	9 527	2.2	Social Welfare and Religion Related Workers
161 988	5 506	3.3	115 628	4 182	3.5	Social Welfare Specialists(Social Workers) and Counselors
326 834	7 998	2.4	278 160	5 009	1.8	Childcare Teachers and Other Social Welfare Service Related Workers
90 020	1 059	1.2	21 897	335 *	1.5	Religious Professionals and Religious Associate Professionals
175 *	0	0.0	175 *	0	0.0	Firefighter Related Workers

Note : Based upon Korean Employment Classification of Occupation(2018)
Source : Labor Market Statistics Division, Ministry of Employment and Labor, 「Occupational Labor Force Survey At Establishments」
* indicates RSE(Relative Standard Error) is more than 30.

13. 직종(소분류) 규모별 현원, 부족인원 및 부족률(27-10)
(2023 하반기)

단위 : 명, %

직종	전규모(종사자 1인이상) (All workers)		
	현 원 Current number of employees	부족인원 Number of vacancies	부족률 Rate of vacancies
240. 소방관	789	0	0.0
3. 보건·의료직	976 076	24 881	2.5
30. 보건·의료직	976 076	24 881	2.5
301. 의사, 한의사 및 치과의사	87 225	2 114	2.4
302. 수의사	5 483	90 *	1.6
303. 약사 및 한약사	32 582	939	2.8
304. 간호사	277 588	7 260	2.5
305. 영양사	25 295	284	1.1
306. 의료기사·치료사·재활사	206 727	6 237	2.9
307. 보건·의료종사자	341 176	7 956	2.3
4. 예술·디자인·방송·스포츠직	418 027	16 708	3.8
41. 예술·디자인·방송직	276 244	11 674	4.1
411. 작가·통번역가	23 845	657	2.7
412. 기자 및 언론전문가	24 218	658 *	2.6
413. 학예사·사서·기록물관리사	11 353	150 *	1.3
414. 창작·공연전문가(작가, 연극인제외)	13 012	501 *	3.7
415. 디자이너	150 375	8 745	5.5
416. 연극·영화·방송전문가	44 842	704	1.5
417. 문화·예술기획자 및 매니저	8 598	260 *	2.9
42. 스포츠·레크리에이션직	141 783	5 033	3.4
420. 스포츠·레크리에이션종사자	141 783	5 033	3.4
5. 미용·여행·숙박·음식·경비·청소직	2 719 378	91 149	3.2

주 : 한국고용직업분류(2018) 기준
자료 : 고용노동부 노동시장조사과, 「직종별사업체노동력조사」
* 는 RSE(상대표준오차)값이 30이상이므로 자료이용시 유의바람

13. Current number of employees, number of vacancies, rate of vacancies by occupation(minor) and establishment size(27-10)(The second half of 2023)

In person, %

상용근로자 5인 이상 (5 or more permanent employees)			상용근로자 10인 이상 (5 or more permanent employees)			Occupations
현 원 Current number of employees	부족인원 Number of vacancies	부족률 Rate of vacancies	현 원 Current number of employees	부족인원 Number of vacancies	부족률 Rate of vacancies	
789	0	0.0	789	0	0.0	Fire Fighters
818 973	21 143	2.5	722 215	18 240	2.5	Healthcare Practitioners and Technical Occupations
818 973	21 143	2.5	722 215	18 240	2.5	Medical Professionals and Technicians
84 630	2 114	2.4	80 932	2 086	2.5	Medical Doctors, Oriental Medical Practitioners and Dentists
3 999	90 *	2.2	3 065	90 *	2.9	Veterinarians
18 985	766	3.9	11 747	417	3.4	Pharmacists and Oriental Pharmacists
272 378	7 260	2.6	267 823	7 169	2.6	Nurses
21 056	253	1.2	19 070	237	1.2	Dietitians
171 050	4 760	2.7	136 161	3 640	2.6	Medical Technicians, Therapists and Rehabilitation Practitioners
246 874	5 899	2.3	203 417	4 601	2.2	Caregiving and Health Service Workers
284 810	9 198	3.1	236 863	6 907	2.8	Arts, Design, Broadcasting and Sports Occupations
209 268	7 519	3.5	171 597	5 426	3.1	Arts, Design and Broadcasting Related Workers
18 293	585 *	3.1	16 284	377	2.3	Writers, Translators and Interpreters
17 592	369 *	2.1	16 577	319 *	1.9	Journalists and Journalistic Writers
8 107	61 *	0.7	7 390	61 *	0.8	Curators, Librarians and Archivists
7 701	342 *	4.3	5 338	151 *	2.8	Artists (Except Writers and Actors)
114 437	5 434	4.5	91 141	4 035	4.2	Designers
35 547	525	1.5	28 161	299	1.1	Theater, Film and Broadcasting Professionals
7 591	203 *	2.6	6 705	185 *	2.7	Pop Culture Promoters, Athlete and Entertainer Managers
75 542	1 679	2.2	65 265	1 481	2.2	Sports and Recreation Related Workers
75 542	1 679	2.2	65 265	1 481	2.2	Sports and Recreation Workers
1 696 981	46 753	2.7	1 399 577	34 780	2.4	Beauty Care, Travel, Accomodation, Cuisine, Security and Cleaning Occupations

Note : Based upon Korean Employment Classification of Occupation(2018)
Source : Labor Market Statistics Division, Ministry of Employment and Labor, 「Occupational Labor Force Survey At Establishments」
* indicates RSE(Relative Standard Error) is more than 30.

13. 직종(소분류) 규모별 현원, 부족인원 및 부족률(27-11)
(2023 하반기)

단위 : 명, %

직 종	0규모(상용근로자 5인 미만) (Less than 5 permanent employees)			1규모(상용근로자 5~9인) (5~9 permanent employees)		
	현 원 Current number of employees	부족인원 Number of vacancies	부족률 Rate of vacancies	현 원 Current number of employees	부족인원 Number of vacancies	부족률 Rate of vacancies
240. 소 방 관	0	0	0.0	0	0	0.0
3. 보 건 · 의 료 직	157 103	3 737	2.3	96 759	2 903	2.9
30. 보 건 · 의 료 직	157 103	3 737	2.3	96 759	2 903	2.9
301. 의사, 한의사 및 치과의사	2 595	0	0.0	3 698	28	0.8
302. 수 의 사	1 484	0	0.0	935	0	0.0
303. 약 사 및 한 약 사	13 597	173	1.3	7 239	350	4.6
304. 간 호 사	5 210	0	0.0	4 555	91	2.0
305. 영 양 사	4 239	30	0.7	1 986	16	0.8
306. 의료기사·치료사·재활사	35 677	1 477	4.0	34 889	1 121	3.1
307. 보 건 · 의 료 종 사 자	94 302	2 057	2.1	43 457	1 298	2.9
4. 예술·디자인·방송·스포츠직	133 217	7 509	5.3	47 947	2 292	4.6
41. 예 술 · 디 자 인 · 방 송 직	66 977	4 155	5.8	37 671	2 093	5.3
411. 작 가 · 통 번 역 가	5 553	72	1.3	2 009	208	9.4
412. 기 자 및 언 론 전 문 가	6 626	288	4.2	1 015	50	4.7
413. 학예사·사서·기록물관리사	3 246	89	2.7	716	0	0.0
414. 창작·공연전문가(작가, 연극인제외)	5 311	159	2.9	2 363	190	7.4
415. 디 자 이 너	35 939	3 310	8.4	23 295	1 399	5.7
416. 연극·영화·방송전문가	9 295	179	1.9	7 386	226	3.0
417. 문화·예술기획자 및 매니저	1 007	57	5.4	886	19	2.1
42. 스포츠·레크리에이션직	66 241	3 354	4.8	10 277	198	1.9
420. 스포츠·레크리에이션종사자	66 241	3 354	4.8	10 277	198	1.9
5. 미용·여행·숙박·음식·경비·청소직	1 022 397	44 396	4.2	297 404	11 973	3.9

주 : 한국고용직업분류(2018) 기준
자료 : 고용노동부 노동시장조사과, 「직종별사업체노동력조사」
*는 RSE(상대표준오차)값이 30이상이므로 자료이용시 유의바람

13. Current number of employees, number of vacancies, rate of vacancies by occupation(minor) and establishment size(27-11)(The second half of 2023)

In person, %

2규모(상용근로자 10~29인) (10~29 permanent employees)			3규모(상용근로자 30~99인) (30~99 permanent employees)			Occupations
현 원 Current number of employees	부족인원 Number of vacancies	부족률 Rate of vacancies	현 원 Current number of employees	부족인원 Number of vacancies	부족률 Rate of vacancies	
0	0	0.0	48	0	0.0	Fire Fighters
120 965	3 986	3.2	167 362	4 361	2.5	Healthcare Practitioners and Technical Occupations
120 965	3 986	3.2	167 362	4 361	2.5	Medical Professionals and Technicians
10 092	170	1.7	15 589	371	2.3	Medical Doctors, Oriental Medical Practitioners and Dentists
1 553	83	5.1	1 268	0	0.0	Veterinarians
3 155	67	2.1	2 658	29	1.1	Pharmacists and Oriental Pharmacists
13 502	352	2.5	45 465	1 646	3.5	Nurses
5 548	99	1.8	8 926	73	0.8	Dietitians
35 378	1 643	4.4	29 222	779	2.6	Medical Technicians, Therapists and Rehabilitation Practitioners
51 737	1 571	2.9	64 235	1 462	2.2	Caregiving and Health Service Workers
81 761	2 910	3.4	66 701	1 823	2.7	Arts, Design, Broadcasting and Sports Occupations
60 255	2 498	4.0	39 885	1 477	3.6	Arts, Design and Broadcasting Related Workers
4 332	14	0.3	5 695	155	2.6	Writers, Translators and Interpreters
3 534	184	4.9	4 429	59	1.3	Journalists and Journalistic Writers
2 505	13	0.5	2 530	26	1.0	Curators, Librarians and Archivists
1 445	20	1.4	1 460	76	4.9	Artists (Except Writers and Actors)
36 096	2 084	5.5	19 343	1 044	5.1	Designers
9 108	112	1.2	5 372	85	1.6	Theater, Film and Broadcasting Professionals
3 236	72	2.2	1 057	32	2.9	Pop Culture Promoters, Athlete and Entertainer Managers
21 505	412	1.9	26 815	346	1.3	Sports and Recreation Related Workers
21 505	412	1.9	26 815	346	1.3	Sports and Recreation Workers
468 521	14 149	2.9	413 326	10 720	2.5	Beauty Care, Travel, Accomodation, Cuisine, Security and Cleaning Occupations

Note : Based upon Korean Employment Classification of Occupation(2018)
Source : Labor Market Statistics Division, Ministry of Employment and Labor, 「Occupational Labor Force Survey At Establishments」
* indicates RSE(Relative Standard Error) is more than 30.

13. 직종(소분류) 규모별 현원, 부족인원 및 부족률(27-12)
(2023 하반기)

단위 : 명, %

직 종	4규모(상용근로자 100~299인) (100~299 permanent employees)			5규모(상용근로자 300인 이상) (300 or more permanent employees)		
	현 원 Current number of employees	부족인원 Number of vacancies	부족률 Rate of vacancies	현 원 Current number of employees	부족인원 Number of vacancies	부족률 Rate of vacancies
240. 소 방 관	127	0	0.0	614	0	0.0
3. 보 건 · 의 료 직	134 650	3 777	2.7	299 237	6 117	2.0
30. 보 건 · 의 료 직	134 650	3 777	2.7	299 237	6 117	2.0
301. 의사, 한의사 및 치과의사	11 649	291	2.4	43 603	1 254	2.8
302. 수 의 사	119	4	3.3	126	4	3.1
303. 약 사 및 한 약 사	1 172	27	2.3	4 761	293	5.8
304. 간 호 사	48 506	1 863	3.7	160 350	3 308	2.0
305. 영 양 사	2 793	40	1.4	1 804	25	1.4
306. 의료기사·치료사·재활사	30 209	804	2.6	41 352	413	1.0
307. 보 건 · 의 료 종 사 자	40 203	749	1.8	47 242	818	1.7
4. 예술·디자인·방송·스포츠직	37 396	964	2.5	51 005	1 209	2.3
41. 예 술 · 디 자 인 · 방 송 직	28 389	551	1.9	43 067	900	2.0
411. 작 가 · 통 번 역 가	4 219	101	2.3	2 039	107	5.0
412. 기 자 및 언 론 전 문 가	2 232	8	0.4	6 381	68	1.1
413. 학예사·사서·기록물관리사	611	7	1.1	1 744	15	0.9
414. 창작·공연전문가(작가, 연극인제외)	1 388	13	0.9	1 045	43	4.0
415. 디 자 이 너	13 448	344	2.5	22 255	563	2.5
416. 연 극 · 영 화 · 방 송 전 문 가	4 890	19	0.4	8 792	83	0.9
417. 문화·예술기획자 및 매니저	1 602	60	3.6	811	22	2.6
42. 스 포 츠 · 레 크 리 에 이 션 직	9 007	413	4.4	7 938	309	3.7
420. 스포츠·레크리에이션종사자	9 007	413	4.4	7 938	309	3.7
5. 미용·여행·숙박·음식·경비·청소직	202 181	4 886	2.4	315 549	5 025	1.6

주 : 한국고용직업분류(2018) 기준
자료 : 고용노동부 노동시장조사과, 「직종별사업체노동력조사」
*는 RSE(상대표준오차)값이 30이상이므로 자료이용시 유의바람

13. Current number of employees, number of vacancies, rate of vacancies by occupation(minor) and establishment size(27-12)(The second half of 2023)

In person, %

상용근로자 300인 미만 (Less than 300 permanent employees)			상용근로자 5~299인 (5~299 permanent employees)			Occupations
현 원 Current number of employees	부족인원 Number of vacancies	부족률 Rate of vacancies	현 원 Current number of employees	부족인원 Number of vacancies	부족률 Rate of vacancies	
175 *	0	0.0	175 *	0	0.0	Fire Fighters
676 839	18 764	2.7	519 736	15 027	2.8	Healthcare Practitioners and Technical Occupations
676 839	18 764	2.7	519 736	15 027	2.8	Medical Professionals and Technicians
43 622	860	1.9	41 027	860	2.1	Medical Doctors, Oriental Medical Practitioners and Dentists
5 358	86 *	1.6	3 874	86 *	2.2	Veterinarians
27 821	646 *	2.3	14 224	473 *	3.2	Pharmacists and Oriental Pharmacists
117 238	3 952	3.3	112 028	3 952	3.4	Nurses
23 491	258	1.1	19 253	228	1.2	Dietitians
165 375	5 824	3.4	129 698	4 347	3.2	Medical Technicians, Therapists and Rehabilitation Practitioners
293 933	7 138	2.4	199 632	5 081	2.5	Caregiving and Health Service Workers
367 022	15 498	4.1	233 805	7 989	3.3	Arts, Design, Broadcasting and Sports Occupations
233 177	10 774	4.4	166 200	6 619	3.8	Arts, Design and Broadcasting Related Workers
21 807	551 *	2.5	16 254	479 *	2.9	Writers, Translators and Interpreters
17 836	589 *	3.2	11 211	301 *	2.6	Journalists and Journalistic Writers
9 609	135 *	1.4	6 362	46 *	0.7	Curators, Librarians and Archivists
11 967	458 *	3.7	6 656	299 *	4.3	Artists (Except Writers and Actors)
128 121	8 182	6.0	92 182	4 871	5.0	Designers
36 050	621 *	1.7	26 756	442 *	1.6	Theater, Film and Broadcasting Professionals
7 787	238 *	3.0	6 780	181 *	2.6	Pop Culture Promoters, Athlete and Entertainer Managers
133 845	4 724	3.4	67 605	1 370	2.0	Sports and Recreation Related Workers
133 845	4 724	3.4	67 605	1 370	2.0	Sports and Recreation Workers
2 403 830	86 124	3.5	1 381 433	41 728	2.9	Beauty Care, Travel, Accomodation, Cuisine, Security and Cleaning Occupations

Note : Based upon Korean Employment Classification of Occupation(2018)
Source : Labor Market Statistics Division, Ministry of Employment and Labor, 「Occupational Labor Force Survey At Establishments」
* indicates RSE(Relative Standard Error) is more than 30.

13. 직종(소분류) 규모별 현원, 부족인원 및 부족률(27-13)
(2023 하반기)

단위 : 명, %

직 종	전규모(종사자 1인이상) (All workers)		
	현 원 Current number of employees	부족인원 Number of vacancies	부족률 Rate of vacancies
51. 미용·예식서비스직	121 072	8 259	6.4
511. 미용서비스원	106 222	7 174	6.3
512. 결혼·장례등예식서비스원	14 849	1 084 *	6.8
52. 여행·숙박·오락서비스직	95 774	3 674	3.7
521. 여행서비스원	28 913	1 737	5.7
522. 항공기·선박·열차객실승무원	16 461	149	0.9
523. 숙박시설서비스원	14 850	548 *	3.6
524. 오락시설서비스원	35 550	1 240	3.4
53. 음식서비스직	1 204 745	52 061	4.1
531. 주방장 및 조리사	479 103	16 646	3.4
532. 식당서비스원	725 642	35 414	4.7
54. 경호·경비직	280 171	4 328	1.5
541. 경호·보안종사자	52 246	1 932	3.6
542. 경비원	227 924	2 396	1.0
55. 돌봄서비스직(간병·육아)	436 090	13 852	3.1
550. 돌봄서비스종사자	436 090	13 852	3.1
56. 청소 및 기타개인서비스직	581 527	8 976	1.5

주 : 한국고용직업분류(2018) 기준
자료 : 고용노동부 노동시장조사과, 「직종별사업체노동력조사」
*는 RSE(상대표준오차)값이 30이상이므로 자료이용시 유의바람

13. Current number of employees, number of vacancies, rate of vacancies by occupation(minor) and establishment size(27-13)(The second half of 2023)

In person, %

상용근로자 5인 이상 (5 or more permanent employees)			상용근로자 10인 이상 (5 or more permanent employees)			Occupations
현 원 Current number of employees	부족인원 Number of vacancies	부 족 률 Rate of vacancies	현 원 Current number of employees	부족인원 Number of vacancies	부 족 률 Rate of vacancies	
46 871	2 872	5.8	23 244	1 322	5.4	Beauty Care and Ceremonies Related Workers
38 051	2 536	6.2	17 892	1 099	5.8	Workers in Beauty Treatment
8 820	337 *	3.7	5 351	223 *	4.0	Workers for Wedding and Funeral Services
47 621	1 216	2.5	40 590	953	2.3	Travel, Accommodation and Leisure Related Workers
13 281	260	1.9	9 609	234 *	2.4	Workers in Travel Services
16 461	149	0.9	16 461	149	0.9	Cabin Crews of Aircrafts, Ships and Trains
10 267	490 *	4.6	9 167	293	3.1	Service Workers in Lodging Facilities
7 611	316 *	4.0	5 353	276 *	4.9	Service Workers in Leisure and Entertainment Facilities
470 235	19 616	4.0	298 424	11 972	3.9	Cuisine Related Workers
220 776	7 683	3.4	141 167	4 811	3.3	Chefs and Cooks
249 460	11 934	4.6	157 257	7 161	4.4	Gastronomy Workers
253 641	3 683	1.4	235 438	3 600	1.5	Guards and Security Related Workers
51 062	1 932	3.6	49 677	1 906	3.7	Security Workers
202 579	1 751	0.9	185 761	1 694	0.9	Janitors
408 659	12 842	3.0	391 293	11 318	2.8	Caregiving related Workers
408 659	12 842	3.0	391 293	11 318	2.8	Workers for Caregiving Services
469 955	6 523	1.4	410 588	5 615	1.3	Cleaning and Other Services Related Workers

Note : Based upon Korean Employment Classification of Occupation(2018)
Source : Labor Market Statistics Division, Ministry of Employment and Labor, 「Occupational Labor Force Survey At Establishments」
* indicates RSE(Relative Standard Error) is more than 30.

13. 직종(소분류) 규모별 현원, 부족인원 및 부족률(27-14)
(2023 하반기)

단위 : 명, %

직 종	0규모(상용근로자 5인 미만) (Less than 5 permanent employees)			1규모(상용근로자 5~9인) (5~9 permanent employees)		
	현 원 Current number of employees	부족인원 Number of vacancies	부족률 Rate of vacancies	현 원 Current number of employees	부족인원 Number of vacancies	부족률 Rate of vacancies
51. 미용·예식서비스직	74 201	5 386	6.8	23 627	1 551	6.2
511. 미용서비스원	68 171	4 639	6.4	20 159	1 436	6.6
512. 결혼·장례등예식서비스원	6 030	748	11.0	3 468	114	3.2
52. 여행·숙박·오락서비스직	48 153	2 459	4.9	7 030	263	3.6
521. 여행서비스원	15 632	1 477	8.6	3 673	26	0.7
522. 항공기·선박·열차객실승무원	0	0	0.0	0	0	0.0
523. 숙박시설서비스원	4 583	58	1.2	1 100	197	15.2
524. 오락시설서비스원	27 939	924	3.2	2 258	40	1.7
53. 음식서비스직	734 510	32 444	4.2	171 811	7 644	4.3
531. 주방장 및 조리사	258 327	8 964	3.4	79 608	2 872	3.5
532. 식당서비스원	476 183	23 481	4.7	92 203	4 772	4.9
54. 경호·경비직	26 529	644	2.4	18 203	84	0.5
541. 경호·보안종사자	1 185	0	0.0	1 384	26	1.8
542. 경비원	25 345	644	2.5	16 818	58	0.3
55. 돌봄서비스직(간병·육아)	27 431	1 010	3.6	17 366	1 524	8.1
550. 돌봄서비스종사자	27 431	1 010	3.6	17 366	1 524	8.1
56. 청소 및 기타개인서비스직	111 573	2 453	2.2	59 367	908	1.5

주 : 한국고용직업분류(2018) 기준
자료 : 고용노동부 노동시장조사과, 「직종별사업체노동력조사」
*는 RSE(상대표준오차)값이 30이상이므로 자료이용시 유의바람

13. Current number of employees, number of vacancies, rate of vacancies by occupation(minor) and establishment size(27-14)(The second half of 2023)

In person, %

2규모(상용근로자 10~29인) (10~29 permanent employees)			3규모(상용근로자 30~99인) (30~99 permanent employees)			Occupations
현 원 Current number of employees	부족인원 Number of vacancies	부족률 Rate of vacancies	현 원 Current number of employees	부족인원 Number of vacancies	부족률 Rate of vacancies	
16 447	1 094	6.2	4 582	178	3.7	Beauty Care and Ceremonies Related Workers
13 673	954	6.5	3 070	102	3.2	Workers in Beauty Treatment
2 774	140	4.8	1 512	76	4.8	Workers for Wedding and Funeral Services
6 996	80	1.1	4 501	282	5.9	Travel, Accommodation and Leisure Related Workers
5 325	51	0.9	933	35	3.6	Workers in Travel Services
166	0	0.0	545	0	0.0	Cabin Crews of Aircrafts, Ships and Trains
879	22	2.4	1 390	76	5.2	Service Workers in Lodging Facilities
626	7	1.1	1 633	171	9.5	Service Workers in Leisure and Entertainment Facilities
161 858	5 838	3.5	74 826	3 274	4.2	Cuisine Related Workers
82 762	2 466	2.9	35 820	1 365	3.7	Chefs and Cooks
79 096	3 371	4.1	39 006	1 909	4.7	Gastronomy Workers
48 950	764	1.5	41 321	369	0.9	Guards and Security Related Workers
8 394	452	5.1	9 629	220	2.2	Security Workers
40 556	313	0.8	31 691	149	0.5	Janitors
120 476	4 221	3.4	195 900	5 616	2.8	Caregiving related Workers
120 476	4 221	3.4	195 900	5 616	2.8	Workers for Caregiving Services
113 794	2 151	1.9	92 197	1 001	1.1	Cleaning and Other Services Related Workers

Note : Based upon Korean Employment Classification of Occupation(2018)
Source : Labor Market Statistics Division, Ministry of Employment and Labor, 「Occupational Labor Force Survey At Establishments」
* indicates RSE(Relative Standard Error) is more than 30.

13. 직종(소분류) 규모별 현원, 부족인원 및 부족률(27-15)
(2023 하반기)

단위 : 명, %

직 종	4규모(상용근로자 100~299인) (100~299 permanent employees)			5규모(상용근로자 300인 이상) (300 or more permanent employees)		
	현 원 Current number of employees	부족인원 Number of vacancies	부족률 Rate of vacancies	현 원 Current number of employees	부족인원 Number of vacancies	부족률 Rate of vacancies
51. 미용·예식서비스직	1 356	38	2.7	859	12	1.4
511. 미용서비스원	868	37	4.1	281	6	2.1
512. 결혼·장례등예식서비스원	488	1	0.2	577	6	1.0
52. 여행·숙박·오락서비스직	8 425	334	3.8	20 669	257	1.2
521. 여행서비스원	2 332	125	5.1	1 018	23	2.2
522. 항공기·선박·열차객실승무원	1 470	25	1.7	14 281	125	0.9
523. 숙박시설서비스원	3 013	112	3.6	3 885	84	2.1
524. 오락시설서비스원	1 610	73	4.3	1 485	25	1.7
53. 음식서비스직	30 932	1 760	5.4	30 807	1 100	3.4
531. 주방장 및 조리사	13 831	638	4.4	8 754	341	3.7
532. 식당서비스원	17 101	1 122	6.2	22 054	759	3.3
54. 경호·경비직	35 948	618	1.7	109 220	1 848	1.7
541. 경호·보안종사자	6 416	326	4.8	25 239	909	3.5
542. 경비원	29 532	293	1.0	83 982	939	1.1
55. 돌봄서비스직(간병·육아)	60 489	1 283	2.1	14 428	198	1.4
550. 돌봄서비스종사자	60 489	1 283	2.1	14 428	198	1.4
56. 청소 및 기타개인서비스직	65 030	853	1.3	139 566	1 610	1.1

주 : 한국고용직업분류(2018) 기준
자료 : 고용노동부 노동시장조사과, 「직종별사업체노동력조사」
*는 RSE(상대표준오차)값이 30이상이므로 자료이용시 유의바람

13. Current number of employees, number of vacancies, rate of vacancies by occupation(minor) and establishment size(27-15)(The second half of 2023)

In person, %

상용근로자 300인 미만 (Less than 300 permanent employees)			상용근로자 5~299인 (5~299 permanent employees)			Occupations
현 원 Current number of employees	부족인원 Number of vacancies	부족률 Rate of vacancies	현 원 Current number of employees	부족인원 Number of vacancies	부족률 Rate of vacancies	
120 213	8 247	6.4	46 012	2 861	5.9	Beauty Care and Ceremonies Related Workers
105 941	7 168	6.3	37 770	2 529	6.3	Workers in Beauty Treatment
14 272	1 079 *	7.0	8 242	331 *	3.9	Workers for Wedding and Funeral Services
75 106	3 418	4.4	26 952	959	3.4	Travel, Accommodation and Leisure Related Workers
27 895	1 714	5.8	12 263	237 *	1.9	Workers in Travel Services
2 181	25 *	1.1	2 181	25 *	1.1	Cabin Crews of Aircrafts, Ships and Trains
10 965	464 *	4.1	6 382	407 *	6.0	Service Workers in Lodging Facilities
34 065	1 215	3.4	6 126	291 *	4.5	Service Workers in Leisure and Entertainment Facilities
1 173 938	50 960	4.2	439 428	18 516	4.0	Cuisine Related Workers
470 349	16 305	3.4	212 022	7 341	3.3	Chefs and Cooks
703 589	34 655	4.7	227 406	11 175	4.7	Gastronomy Workers
170 950	2 479 *	1.4	144 421	1 835	1.3	Guards and Security Related Workers
27 007	1 023 *	3.6	25 823	1 023 *	3.8	Security Workers
143 943	1 456 *	1.0	118 598	812	0.7	Janitors
421 662	13 654	3.1	394 231	12 644	3.1	Caregiving related Workers
421 662	13 654	3.1	394 231	12 644	3.1	Workers for Caregiving Services
441 961	7 366	1.6	330 389	4 913	1.5	Cleaning and Other Services Related Workers

Note : Based upon Korean Employment Classification of Occupation(2018)
Source : Labor Market Statistics Division, Ministry of Employment and Labor, 「Occupational Labor Force Survey At Establishments」
* indicates RSE(Relative Standard Error) is more than 30.

13. 직종(소분류) 규모별 현원, 부족인원 및 부족률(27-16)
(2023 하반기)

단위 : 명, %

직 종	전규모(종사자 1인이상) (All workers)		
	현 원 Current number of employees	부족인원 Number of vacancies	부족률 Rate of vacancies
561. 청소・방역 및 가사서비스원	473 791	7 772	1.6
562. 검침・주차관리 및 기타서비스단순종사자	107 736	1 204	1.1
6. 영업・판매・운전・운송직	2 551 118	100 860	3.8
61. 영 업 ・ 판 매 직	1 763 560	55 272	3.0
611. 부동산컨설턴트 및 중개인	27 764	417 *	1.5
612. 영 업 원 및 상 품 중 개 인	631 066	21 105	3.2
613. 텔 레 마 케 터	20 954	1 004	4.6
614. 소규모상점경영 및 일선관리종사자	15 117	364 *	2.4
615. 판 매 종 사 자	745 391	22 668	3.0
616. 매 장 계 산 원 및 매 표 원	150 587	3 164	2.1
617. 판촉 및 기타판매단순종사자	172 681	6 550	3.7
62. 운 전 ・ 운 송 직	787 559	45 588	5.5
621. 항공기・선박・철도조종사 및 관제사	27 278	434	1.6
622. 자 동 차 운 전 원	499 662	36 183	6.8
623. 물품이동장비조작원(크레인, 호이스트, 지게차)	81 556	1 566	1.9
624. 택 배 원 및 기 타 운 송 종 사 자	179 063	7 405	4.0
7. 건 설 ・ 채 굴 직	730 393	20 850	2.8
70. 건 설 ・ 채 굴 직	730 393	20 850	2.8
701. 건 설 구 조 기 능 원	163 004	4 879	2.9
702. 건 축 마 감 기 능 원	198 635	5 982	2.9

주 : 한국고용직업분류(2018) 기준
자료 : 고용노동부 노동시장조사과, 「직종별사업체노동력조사」
*는 RSE(상대표준오차)값이 30이상이므로 자료이용시 유의바람

13. Current number of employees, number of vacancies, rate of vacancies by occupation(minor) and establishment size(27-16)(The second half of 2023)

In person, %

상용근로자 5인 이상 (5 or more permanent employees)			상용근로자 10인 이상 (5 or more permanent employees)			Occupations
현 원 Current number of employees	부족인원 Number of vacancies	부족률 Rate of vacancies	현 원 Current number of employees	부족인원 Number of vacancies	부족률 Rate of vacancies	
392 210	5 583	1.4	350 871	4 762	1.3	Workers for Cleaning, Desinfection and Houskeeping
77 745	940	1.2	59 717	854	1.4	Meter Reading, Parking Related Workers and Other Laborers
1 559 773	67 814	4.2	1 235 981	58 194	4.5	Sales, Driving and Transportation Occupations
963 136	28 303	2.9	722 467	21 041	2.8	Sales Related Workers
3 588	55 *	1.5	2 434 *	14 *	0.6	Real Estate Consultants and Brokers
488 516	14 736	2.9	387 365	10 972	2.8	Sales Representatives and Brokers
17 993	970	5.1	16 729	903	5.1	Telemarketers
6 352	25 *	0.4	2 759	8 *	0.3	Shopkeepers and Store Supervisors of Small-sized Shops
225 531	6 081	2.6	134 091	3 944	2.9	Salespersons
81 406	1 306	1.6	60 745	886	1.4	Cashiers and Ticket Issuing Clerks
139 751	5 131	3.5	118 344	4 314	3.5	General Workers for Promotion and Marketing
596 637	39 510	6.2	513 514	37 153	6.7	Driving and Transportation Related Workers
26 568	342	1.3	25 915	342	1.3	Pilots, Captains, Train Drivers and Traffic Controller
389 395	33 425	7.9	331 028	31 879	8.8	Vehicle Drivers
74 702	1 235	1.6	68 529	1 113	1.6	Material-handling Equipment Operators (Cranes, Hoists, Forklifts etc.)
105 972	4 508	4.1	88 042	3 820	4.2	Courier Delivery Workers and Other Delivery Workers
561 577	14 761	2.6	423 125	8 935	2.1	Construction and Mining Occupations
561 577	14 761	2.6	423 125	8 935	2.1	Construction and Mining Related Workers
130 326	3 436 *	2.6	104 135	1 564 *	1.5	Construction Structure Workers
142 545	4 370	3.0	95 564	2 448	2.5	Construction Finishing Workers

Note : Based upon Korean Employment Classification of Occupation(2018)
Source : Labor Market Statistics Division, Ministry of Employment and Labor, 「Occupational Labor Force Survey At Establishments」
* indicates RSE(Relative Standard Error) is more than 30.

13. 직종(소분류) 규모별 현원, 부족인원 및 부족률(27-17)
(2023 하반기)

단위 : 명, %

직 종	0규모(상용근로자 5인 미만) (Less than 5 permanent employees)			1규모(상용근로자 5~9인) (5~9 permanent employees)		
	현 원 Current number of employees	부족인원 Number of vacancies	부족률 Rate of vacancies	현 원 Current number of employees	부족인원 Number of vacancies	부족률 Rate of vacancies
561. 청소·방역 및 가사서비스원	81 582	2 189	2.6	41 339	821	1.9
562. 검침·주차관리 및 기타서비스단순종사자	29 991	263	0.9	18 028	87	0.5
6. 영업·판매·운전·운송직	991 345	33 047	3.2	323 792	9 620	2.9
61. 영 업 · 판 매 직	800 424	26 969	3.3	240 669	7 263	2.9
611. 부동산컨설턴트 및 중개인	24 176	362	1.5	1 154	40	3.4
612. 영업원 및 상품중개인	142 550	6 369	4.3	101 150	3 764	3.6
613. 텔 레 마 케 터	2 961	35	1.2	1 264	67	5.0
614. 소규모상점경영 및 일선관리종사자	8 765	339	3.7	3 593	18	0.5
615. 판 매 종 사 자	519 860	16 588	3.1	91 440	2 137	2.3
616. 매장계산원 및 매표원	69 181	1 858	2.6	20 661	419	2.0
617. 판촉 및 기타판매단순종사자	32 930	1 419	4.1	21 407	817	3.7
62. 운 전 · 운 송 직	190 922	6 078	3.1	83 123	2 357	2.8
621. 항공기·선박·철도조종사 및 관제사	710	93	11.6	653	0	0.0
622. 자 동 차 운 전 원	110 267	2 758	2.4	58 367	1 547	2.6
623. 물품이동장비조작원(크레인, 호이스트, 지게차)	6 854	331	4.6	6 173	122	1.9
624. 택배원 및 기타운송종사자	73 090	2 897	3.8	17 930	689	3.7
7. 건 설 · 채 굴 직	168 816	6 088	3.5	138 452	5 826	4.0
70. 건 설 · 채 굴 직	168 816	6 088	3.5	138 452	5 826	4.0
701. 건 설 구 조 기 능 원	32 678	1 443	4.2	26 191	1 872	6.7
702. 건 축 마 감 기 능 원	56 090	1 612	2.8	46 982	1 922	3.9

주 : 한국고용직업분류(2018) 기준
자료 : 고용노동부 노동시장조사과, 「직종별사업체노동력조사」
*는 RSE(상대표준오차)값이 30이상이므로 자료이용시 유의바람

13. Current number of employees, number of vacancies, rate of vacancies by occupation(minor) and establishment size(27-17)(The second half of 2023)

In person, %

2규모(상용근로자 10~29인) (10~29 permanent employees)			3규모(상용근로자 30~99인) (30~99 permanent employees)			Occupations
현 원 Current number of employees	부족인원 Number of vacancies	부족률 Rate of vacancies	현 원 Current number of employees	부족인원 Number of vacancies	부족률 Rate of vacancies	
85 947	1 728	2.0	76 331	829	1.1	Workers for Cleaning, Desinfection and Houskeeping
27 847	424	1.5	15 866	172	1.1	Meter Reading, Parking Related Workers and Other Laborers
457 416	16 904	3.6	330 163	23 671	6.7	Sales, Driving and Transportation Occupations
301 789	9 114	2.9	181 857	5 347	2.9	Sales Related Workers
1 827	11	0.6	147	0	0.0	Real Estate Consultants and Brokers
159 602	5 229	3.2	107 948	3 145	2.8	Sales Representatives and Brokers
885	4	0.4	4 052	284	6.5	Telemarketers
2 103	6	0.3	316	0	0.0	Shopkeepers and Store Supervisors of Small-sized Shops
70 664	2 112	2.9	30 479	1 202	3.8	Salespersons
29 425	466	1.6	13 513	177	1.3	Cashiers and Ticket Issuing Clerks
37 283	1 287	3.3	25 403	539	2.1	General Workers for Promotion and Marketing
155 627	7 789	4.8	148 306	18 323	11.0	Driving and Transportation Related Workers
3 409	27	0.8	2 721	51	1.8	Pilots, Captains, Train Drivers and Traffic Controller
108 073	6 172	5.4	102 932	16 986	14.2	Vehicle Drivers
18 859	444	2.3	18 819	301	1.6	Material-handling Equipment Operators (Cranes, Hoists, Forklifts etc.)
25 286	1 147	4.3	23 834	986	4.0	Courier Delivery Workers and Other Delivery Workers
220 539	5 286	2.3	120 655	2 619	2.1	Construction and Mining Occupations
220 539	5 286	2.3	120 655	2 619	2.1	Construction and Mining Related Workers
61 331	1 204	1.9	37 410	300	0.8	Construction Structure Workers
56 774	1 824	3.1	20 431	352	1.7	Construction Finishing Workers

Note : Based upon Korean Employment Classification of Occupation(2018)
Source : Labor Market Statistics Division, Ministry of Employment and Labor, 「Occupational Labor Force Survey At Establishments」
* indicates RSE(Relative Standard Error) is more than 30.

13. 직종(소분류)·규모별 현원, 부족인원 및 부족률(27-18)
(2023 하반기)

단위 : 명, %

직종	4규모(상용근로자 100~299인) (100~299 permanent employees)			5규모(상용근로자 300인 이상) (300 or more permanent employees)		
	현 원 Current number of employees	부족인원 Number of vacancies	부족률 Rate of vacancies	현 원 Current number of employees	부족인원 Number of vacancies	부족률 Rate of vacancies
561. 청소·방역 및 가사서비스원	58 377	769	1.3	130 216	1 436	1.1
562. 검침·주차관리 및 기타서비스단순종사자	6 653	83	1.2	9 350	174	1.8
6. 영업·판매·운전·운송직	249 471	10 902	4.2	198 931	6 717	3.3
61. 영 업 · 판 매 직	120 269	2 752	2.2	118 553	3 827	3.1
611. 부동산컨설턴트 및 중개인	263	0	0.0	198	3	1.5
612. 영업원 및 상품중개인	62 316	1 647	2.6	57 499	952	1.6
613. 텔 레 마 케 터	2 702	79	2.8	9 090	536	5.6
614. 소규모상점경영 및 일선관리종사자	338	0	0.0	2	1	33.3
615. 판 매 종 사 자	12 416	204	1.6	20 533	426	2.0
616. 매장계산원 및 매표원	10 722	120	1.1	7 085	123	1.7
617. 판촉 및 기타판매단순종사자	31 512	702	2.2	24 146	1 786	6.9
62. 운 전 · 운 송 직	129 203	8 150	5.9	80 378	2 890	3.5
621. 항공기·선박·철도조종사 및 관제사	10 131	165	1.6	9 655	99	1.0
622. 자 동 차 운 전 원	86 682	7 202	7.7	33 341	1 519	4.4
623. 물품이동장비조작원(크레인, 호이스트, 지게차)	15 502	285	1.8	15 349	83	0.5
624. 택배원 및 기타운송종사자	16 888	497	2.9	22 035	1 190	5.1
7. 건 설 · 채 굴 직	58 309	825	1.4	23 621	206	0.9
70. 건 설 · 채 굴 직	58 309	825	1.4	23 621	206	0.9
701. 건 설 구 조 기 능 원	4 120	50	1.2	1 274	10	0.8
702. 건 축 마 감 기 능 원	7 192	114	1.6	11 167	158	1.4

주 : 한국고용직업분류(2018) 기준
자료 : 고용노동부 노동시장조사과, 「직종별사업체노동력조사」
*는 RSE(상대표준오차)값이 30이상이므로 자료이용시 유의바람

13. Current number of employees, number of vacancies, rate of vacancies by occupation(minor) and establishment size(27-18)(The second half of 2023)

In person, %

상용근로자 300인 미만 (Less than 300 permanent employees)			상용근로자 5~299인 (5~299 permanent employees)			Occupations
현 원 Current number of employees	부족인원 Number of vacancies	부족률 Rate of vacancies	현 원 Current number of employees	부족인원 Number of vacancies	부족률 Rate of vacancies	
343 576	6 336	1.8	261 994	4 147	1.6	Workers for Cleaning, Desinfection and Houskeeping
98 386	1 030	1.0	68 395	766	1.1	Meter Reading, Parking Related Workers and Other Laborers
2 352 187	94 143	3.8	1 360 842	61 096	4.3	Sales, Driving and Transportation Occupations
1 645 007	51 445	3.0	844 584	24 476	2.8	Sales Related Workers
27 566	413 *	1.5	3 391	51 *	1.5	Real Estate Consultants and Brokers
573 567	20 154	3.4	431 017	13 785	3.1	Sales Representatives and Brokers
11 864	469 *	3.8	8 903	434 *	4.6	Telemarketers
15 114	363 *	2.3	6 349	24 *	0.4	Shopkeepers and Store Supervisors of Small-sized Shops
724 859	22 242	3.0	204 998	5 654	2.7	Salespersons
143 502	3 041	2.1	74 321	1 183	1.6	Cashiers and Ticket Issuing Clerks
148 535	4 763	3.1	115 605	3 345	2.8	General Workers for Promotion and Marketing
707 180	42 698	5.7	516 258	36 620	6.6	Driving and Transportation Related Workers
17 623	336	1.9	16 913	243 *	1.4	Pilots, Captains, Train Drivers and Traffic Controller
466 321	34 664	6.9	356 054	31 906	8.2	Vehicle Drivers
66 207	1 483	2.2	59 353	1 152	1.9	Material-handling Equipment Operators (Cranes, Hoists, Forklifts etc.)
157 028	6 215	3.8	83 938	3 318	3.8	Courier Delivery Workers and Other Delivery Workers
706 772	20 644	2.8	537 956	14 555	2.6	Construction and Mining Occupations
706 772	20 644	2.8	537 956	14 555	2.6	Construction and Mining Related Workers
161 730	4 869	2.9	129 052	3 426 *	2.6	Construction Structure Workers
187 468	5 824	3.0	131 378	4 212	3.1	Construction Finishing Workers

Note : Based upon Korean Employment Classification of Occupation(2018)
Source : Labor Market Statistics Division, Ministry of Employment and Labor, 「Occupational Labor Force Survey At Establishments」
* indicates RSE(Relative Standard Error) is more than 30.

13. 직종(소분류) 규모별 현원, 부족인원 및 부족률(27-19)
(2023 하반기)

단위 : 명, %

직종	전규모(종사자 1인이상) (All workers)		
	현원 Current number of employees	부족인원 Number of vacancies	부족률 Rate of vacancies
703. 배관공	70 550	2 754 *	3.8
704. 건설·채굴기계운전원	40 840	621	1.5
705. 기타건설·채굴기능원(채굴포함)	10 468	157	1.5
706. 건설·채굴단순종사자	246 896	6 457	2.5
8. 설치·정비·생산직	3 009 743	123 649	3.9
81. 기계설치·정비·생산직	777 291	29 793	3.7
811. 기계장비설치·정비원(운송장비제외)	166 496	5 749	3.3
812. 운송장비정비원	111 108	4 563	3.9
813. 금형원 및 공작기계조작원	233 148	12 410	5.1
814. 냉·난방설비조작원	33 967	616	1.8
815. 자동조립라인·산업용로봇조작원	14 858	331	2.2
816. 기계조립원(운송장비제외)	67 095	3 699	5.2
817. 운송장비조립원	150 619	2 426	1.6
82. 금속·재료설치·정비·생산직(판금·단조·주조·용접·도장등)	320 403	15 299	4.6
821. 금속관련기계·설비조작원	94 800	3 683	3.7
822. 판금원 및 제관원	19 698	722	3.5
823. 단조원 및 주조원	28 488	1 224	4.1
824. 용접원	89 264	5 662	6.0
825. 도장원 및 도금원	44 461	2 235	4.8
826. 비금속제품생산기계조작원	43 692	1 773	3.9
83. 전기·전자설치·정비·생산직	579 682	15 642	2.6
831. 전기공	141 659	3 849	2.6

주 : 한국고용직업분류(2018) 기준
자료 : 고용노동부 노동시장조사과, 「직종별사업체노동력조사」
*는 RSE(상대표준오차)값이 30이상이므로 자료이용시 유의바람

13. Current number of employees, number of vacancies, rate of vacancies by occupation(minor) and establishment size(27-19)(The second half of 2023)

In person, %

상용근로자 5인 이상 (5 or more permanent employees)			상용근로자 10인 이상 (5 or more permanent employees)			Occupations
현 원 Current number of employees	부족인원 Number of vacancies	부족률 Rate of vacancies	현 원 Current number of employees	부족인원 Number of vacancies	부족률 Rate of vacancies	
57 334	829	1.4	47 844	633	1.3	Plumbers
30 553	549	1.8	21 136	281	1.3	Construction and Mining Machine Operators
8 373	138	1.6	6 945	122	1.7	Other Workers for Construction and Mining
192 446	5 439	2.7	147 501	3 888	2.6	Construction and Mining Laborers
2 553 055	91 308	3.5	2 212 631	73 801	3.2	Installation, Maintenance, Repair and Manufacturing Occupations
668 580	21 586	3.1	581 365	16 243	2.7	Mechanical Installation, Maintenance, Repair and Manufacturing Related Workers
147 918	4 378	2.9	133 385	3 515	2.6	Machinery Installers and Mechanics (except Transport Equipments)
85 185	2 588	2.9	68 609	1 589	2.3	Mechanics of Transport Equipments
185 717	8 207	4.2	143 976	5 773	3.9	Molding Workers and Machine Tool Workers
32 916	587	1.8	29 819	538	1.8	Cooling and Heating Equipment Operators
14 424	331	2.2	14 342	331	2.3	Automated Assembly Line and Industrial Robot Operators
55 983	3 156	5.3	48 142	2 358	4.7	Industrial Equipment and Machinery Assemblers (except Transport Equipments)
146 437	2 340	1.6	143 092	2 138	1.5	Transportation Equipment Assemblers
278 560	13 513	4.6	246 386	11 079	4.3	Metallurgy and Material Installation, Maintenance, Repair and Manufacturing Related Workers
86 642	3 095	3.4	78 104	2 440	3.0	Metalworking Machine and Equipment Operators
14 691	664	4.3	11 393	527	4.4	Sheet Metal Workers and Metal Workers for Pipe and Boiler
25 247	1 109	4.2	23 775	984	4.0	Blacksmiths and Forging Press Workers, Metal Casting Workers
73 057	4 954	6.4	62 660	3 855	5.8	Welders
38 730	1 918	4.7	34 446	1 616	4.5	Painting and Coating Machine Operators, Metal Plating Operators
40 192	1 773	4.2	36 007	1 657	4.4	Operators of Non-metal Product Machines
505 837	11 024	2.1	429 007	8 939	2.0	Electrical and Electronic Installation, Maintenance, Repair and Manufacturing Related Workers
114 258	2 536	2.2	84 851	1 844	2.1	Electricians

Note : Based upon Korean Employment Classification of Occupation(2018)
Source : Labor Market Statistics Division, Ministry of Employment and Labor, 「Occupational Labor Force Survey At Establishments」
* indicates RSE(Relative Standard Error) is more than 30.

13. 직종(소분류) 규모별 현원, 부족인원 및 부족률(27-20)
(2023 하반기)

단위 : 명, %

직 종	0규모(상용근로자 5인 미만) (Less than 5 permanent employees)			1규모(상용근로자 5~9인) (5~9 permanent employees)		
	현 원 Current number of employees	부족인원 Number of vacancies	부족률 Rate of vacancies	현 원 Current number of employees	부족인원 Number of vacancies	부족률 Rate of vacancies
703. 배　　　　　관　　　　　공	13 216	1 925	12.7	9 490	196	2.0
704. 건 설 · 채 굴 기 계 운 전 원	10 287	71	0.7	9 417	268	2.8
705. 기타건설·채굴기능원(채굴포함)	2 095	19	0.9	1 428	17	1.2
706. 건 설 · 채 굴 단 순 종 사 자	54 450	1 018	1.8	44 944	1 551	3.3
8. 설 치 · 정 비 · 생 산 직	456 688	32 341	6.6	340 423	17 507	4.9
81. 기 계 설 치 · 정 비 · 생 산 직	108 710	8 207	7.0	87 215	5 343	5.8
811. 기계장비설치·정비원(운송장비제외)	18 577	1 371	6.9	14 534	863	5.6
812. 운 송 장 비 정 비 원	25 923	1 975	7.1	16 576	999	5.7
813. 금 형 원 및 공 작 기 계 조 작 원	47 431	4 203	8.1	41 741	2 433	5.5
814. 냉 · 난 방 설 비 조 작 원	1 050	29	2.7	3 097	49	1.6
815. 자동조립라인·산업용로봇조작원	434	0	0.0	82	0	0.0
816. 기 계 조 립 원 (운 송 장 비 제 외)	11 112	543	4.7	7 841	798	9.2
817. 운 송 장 비 조 립 원	4 183	86	2.0	3 344	201	5.7
82. 금속·재료설치·정비·생산직(판금·단조·주조·용접·도장등)	41 843	1 786	4.1	32 174	2 434	7.0
821. 금 속 관 련 기 계 · 설 비 조 작 원	8 158	589	6.7	8 538	655	7.1
822. 판 금 원 및 제 관 원	5 007	58	1.1	3 297	137	4.0
823. 단 조 원 및 주 조 원	3 240	115	3.4	1 472	126	7.9
824. 용　　　　　접　　　　　원	16 207	708	4.2	10 397	1 099	9.6
825. 도 장 원 및 도 금 원	5 730	317	5.2	4 284	301	6.6
826. 비 금 속 제 품 생 산 기 계 조 작 원	3 500	0	0.0	4 185	116	2.7
83. 전 기 · 전 자 설 치 · 정 비 · 생 산 직	73 845	4 618	5.9	76 831	2 085	2.6
831. 전　　기　　공	27 401	1 313	4.6	29 407	692	2.3

주 : 한국고용직업분류(2018) 기준
자료 : 고용노동부 노동시장조사과, 「직종별사업체노동력조사」
*는 RSE(상대표준오차)값이 30이상이므로 자료이용시 유의바람

13. Current number of employees, number of vacancies, rate of vacancies by occupation(minor) and establishment size(27-20)(The second half of 2023)

In person, %

2규모(상용근로자 10~29인) (10~29 permanent employees)			3규모(상용근로자 30~99인) (30~99 permanent employees)			Occupations
현원 Current number of employees	부족인원 Number of vacancies	부족률 Rate of vacancies	현원 Current number of employees	부족인원 Number of vacancies	부족률 Rate of vacancies	
26 508	113	0.4	11 045	268	2.4	Plumbers
14 526	199	1.4	4 723	75	1.6	Construction and Mining Machine Operators
3 229	69	2.1	1 842	32	1.7	Other Workers for Construction and Mining
58 171	1 876	3.1	45 205	1 592	3.4	Construction and Mining Laborers
698 359	32 624	4.5	622 375	25 707	4.0	Installation, Maintenance, Repair and Manufacturing Occupations
161 285	7 821	4.6	138 372	4 762	3.3	Mechanical Installation, Maintenance, Repair and Manufacturing Related Workers
31 296	1 511	4.6	34 317	1 118	3.2	Machinery Installers and Mechanics (except Transport Equipments)
28 378	917	3.1	17 349	425	2.4	Mechanics of Transport Equipments
65 187	3 281	4.8	41 222	1 832	4.3	Molding Workers and Machine Tool Workers
5 765	65	1.1	4 887	65	1.3	Cooling and Heating Equipment Operators
1 664	103	5.8	2 655	126	4.5	Automated Assembly Line and Industrial Robot Operators
17 262	1 382	7.4	14 428	505	3.4	Industrial Equipment and Machinery Assemblers (except Transport Equipments)
11 735	563	4.6	23 513	691	2.9	Transportation Equipment Assemblers
82 845	5 167	5.9	71 333	4 288	5.7	Metallurgy and Material Installation, Maintenance, Repair and Manufacturing Related Workers
20 617	1 039	4.8	20 806	997	4.6	Metalworking Machine and Equipment Operators
6 250	394	5.9	3 188	80	2.4	Sheet Metal Workers and Metal Workers for Pipe and Boiler
7 117	440	5.8	6 928	380	5.2	Blacksmiths and Forging Press Workers, Metal Casting Workers
21 891	1 835	7.7	21 403	1 690	7.3	Welders
12 658	795	5.9	9 090	683	7.0	Painting and Coating Machine Operators, Metal Plating Operators
14 313	664	4.4	9 916	459	4.4	Operators of Non-metal Product Machines
111 450	3 447	3.0	99 206	2 820	2.8	Electrical and Electronic Installation, Maintenance, Repair and Manufacturing Related Workers
42 646	1 138	2.6	24 590	565	2.2	Electricians

Note : Based upon Korean Employment Classification of Occupation(2018)
Source : Labor Market Statistics Division, Ministry of Employment and Labor, 「Occupational Labor Force Survey At Establishments」
* indicates RSE(Relative Standard Error) is more than 30.

13. 직종(소분류) 규모별 현원, 부족인원 및 부족률(27-21)
(2023 하반기)

단위 : 명, %

직 종	4규모(상용근로자 100~299인) (100~299 permanent employees)			5규모(상용근로자 300인 이상) (300 or more permanent employees)		
	현 원 Current number of employees	부족인원 Number of vacancies	부족률 Rate of vacancies	현 원 Current number of employees	부족인원 Number of vacancies	부족률 Rate of vacancies
703. 배 관 공	7 799	244	3.0	2 492	8	0.3
704. 건설·채굴기계운전원	1 694	7	0.4	193	0	0.0
705. 기타건설·채굴기능원(채굴포함)	1 324	18	1.3	550	2	0.4
706. 건설·채굴단순종사자	36 180	391	1.1	7 945	29	0.4
8. 설치·정비·생산직	393 552	8 520	2.1	498 345	6 950	1.4
81. 기계설치·정비·생산직	104 704	1 822	1.7	177 005	1 838	1.0
811. 기계장비설치·정비원(운송장비제외)	30 073	495	1.6	37 699	391	1.0
812. 운송장비정비원	10 348	90	0.9	12 534	157	1.2
813. 금형원 및 공작기계조작원	23 834	558	2.3	13 734	103	0.7
814. 냉·난방설비조작원	4 406	118	2.6	14 762	290	1.9
815. 자동조립라인·산업용로봇조작원	3 985	67	1.7	6 039	34	0.6
816. 기계조립원(운송장비제외)	9 510	202	2.1	6 942	269	3.7
817. 운송장비조립원	22 548	292	1.3	85 296	593	0.7
82. 금속·재료설치·정비·생산직(판금·단조·주조·용접·도장등)	41 887	1 025	2.4	50 320	599	1.2
821. 금속관련기계·설비조작원	15 436	323	2.0	21 244	81	0.4
822. 판금원 및 제관원	1 180	53	4.3	775	0	0.0
823. 단조원 및 주조원	5 389	106	1.9	4 341	58	1.3
824. 용 접 원	8 932	201	2.2	10 434	129	1.2
825. 도장원 및 도금원	5 648	122	2.1	7 050	16	0.2
826. 비금속제품생산기계조작원	5 302	220	4.0	6 477	315	4.6
83. 전기·전자설치·정비·생산직	81 730	1 391	1.7	136 620	1 281	0.9
831. 전 기 공	13 941	111	0.8	3 672	29	0.8

주 : 한국고용직업분류(2018) 기준
자료 : 고용노동부 노동시장조사과, 「직종별사업체노동력조사」
*는 RSE(상대표준오차)값이 30이상이므로 자료이용시 유의바람

13. Current number of employees, number of vacancies, rate of vacancies by occupation(minor) and establishment size(27-21)(The second half of 2023)

In person, %

상용근로자 300인 미만 (Less than 300 permanent employees)			상용근로자 5~299인 (5~299 permanent employees)			Occupations
현 원 Current number of employees	부족인원 Number of vacancies	부족률 Rate of vacancies	현 원 Current number of employees	부족인원 Number of vacancies	부족률 Rate of vacancies	
68 059	2 746 *	3.9	54 842	821	1.5	Plumbers
40 647	621	1.5	30 360	549	1.8	Construction and Mining Machine Operators
9 918	155	1.5	7 823	136	1.7	Other Workers for Construction and Mining
238 951	6 428	2.6	184 501	5 410	2.8	Construction and Mining Laborers
2 511 398	116 698	4.4	2 054 710	84 358	3.9	Installation, Maintenance, Repair and Manufacturing Occupations
600 286	27 956	4.4	491 576	19 749	3.9	Mechanical Installation, Maintenance, Repair and Manufacturing Related Workers
128 797	5 358	4.0	110 220	3 987	3.5	Machinery Installers and Mechanics (except Transport Equipments)
98 574	4 406	4.3	72 651	2 431	3.2	Mechanics of Transport Equipments
219 414	12 307	5.3	171 984	8 104	4.5	Molding Workers and Machine Tool Workers
19 205	326	1.7	18 155	297	1.6	Cooling and Heating Equipment Operators
8 819	296 *	3.2	8 385	296 *	3.4	Automated Assembly Line and Industrial Robot Operators
60 153	3 430	5.4	49 041	2 887	5.6	Industrial Equipment and Machinery Assemblers (except Transport Equipments)
65 323	1 833	2.7	61 140	1 747	2.8	Transportation Equipment Assemblers
270 083	14 700	5.2	228 240	12 914	5.4	Metallurgy and Material Installation, Maintenance, Repair and Manufacturing Related Workers
73 555	3 602	4.7	65 398	3 014	4.4	Metalworking Machine and Equipment Operators
18 923	722	3.7	13 916	664	4.6	Sheet Metal Workers and Metal Workers for Pipe and Boiler
24 147	1 166	4.6	20 906	1 051	4.8	Blacksmiths and Forging Press Workers, Metal Casting Workers
78 830	5 533	6.6	62 623	4 825	7.2	Welders
37 411	2 219	5.6	31 681	1 902	5.7	Painting and Coating Machine Operators, Metal Plating Operators
37 216	1 458	3.8	33 716	1 458	4.1	Operators of Non-metal Product Machines
443 062	14 361	3.1	369 217	9 743	2.6	Electrical and Electronic Installation, Maintenance, Repair and Manufacturing Related Workers
137 987	3 820	2.7	110 585	2 507	2.2	Electricians

Note : Based upon Korean Employment Classification of Occupation(2018)
Source : Labor Market Statistics Division, Ministry of Employment and Labor, 「Occupational Labor Force Survey At Establishments」
* indicates RSE(Relative Standard Error) is more than 30.

13. 직종(소분류) 규모별 현원, 부족인원 및 부족률(27-22)
(2023 하반기)

단위 : 명, %

직 종	전규모(종사자 1인이상) (All workers)		
	현 원 Current number of employees	부족인원 Number of vacancies	부족률 Rate of vacancies
832. 전기·전자기기설치·수리원	52 185	2 562	4.7
833. 발전·배전장치조작원	20 229	96	0.5
834. 전기·전자설비조작원	111 385	2 025	1.8
835. 전기·전자부품·제품생산기계조작원	108 543	2 125	1.9
836. 전기·전자부품·제품조립원	145 681	4 985	3.3
84. 정보통신설치·정비직	82 556	1 468	1.7
841. 정보통신기기설치·수리원	20 031	644 *	3.1
842. 방송·통신장비설치·정비원	62 525	823	1.3
85. 화학·환경설치·정비·생산직	226 365	8 198	3.5
851. 석유·화학물가공장치조작원	43 726	1 267	2.8
852. 고무·플라스틱 및 화학제품생산기계조작원 및 조립원	156 029	6 242	3.8
853. 환경관련장치조작원	26 609	690	2.5
86. 섬유·의복생산직	113 534	4 501	3.8
861. 섬유제조·가공기계조작원	39 347	901	2.2
862. 패턴사, 재단사 및 재봉사	50 034	2 434 *	4.6
863. 의복제조원 및 수선원	5 434	103 *	1.9
864. 제화원, 기타섬유·의복기계조작원 및 조립원	18 720	1 063 *	5.4
87. 식품가공·생산직	184 859	10 801	5.5
871. 제과·제빵원 및 떡제조원	33 133	1 412	4.1
872. 식품가공기능원	76 701	5 196	6.3
873. 식품가공기계조작원	75 025	4 193	5.3

주 : 한국고용직업분류(2018) 기준
자료 : 고용노동부 노동시장조사과, 「직종별사업체노동력조사」
*는 RSE(상대표준오차)값이 30이상이므로 자료이용시 유의바람

13. Current number of employees, number of vacancies, rate of vacancies by occupation(minor) and establishment size(27-22)(The second half of 2023)

In person, %

상용근로자 5인 이상 (5 or more permanent employees)			상용근로자 10인 이상 (5 or more permanent employees)			Occupations
현 원 Current number of employees	부족인원 Number of vacancies	부족률 Rate of vacancies	현 원 Current number of employees	부족인원 Number of vacancies	부족률 Rate of vacancies	
41 472	1 182	2.8	33 742	771	2.2	Installers and Servicepersons of Electrical and Electronic Devices
19 944	96	0.5	19 372	96	0.5	Operators of Electric Generators and Distributors
102 891	1 903	1.8	79 935	1 482	1.8	Operators of Electrical and Electronic Devices
102 230	1 969	1.9	98 089	1 786	1.8	Operators of Production Machines for Electrical and Electronic Components and Products
125 042	3 337	2.6	113 018	2 959	2.6	Assemblers of Electrical and Electronic Components and Products
72 108	1 274	1.7	61 510	1 055	1.7	ICT Installation, Maintenance and Repair Related Workers
16 839	545 *	3.1	14 931	425 *	2.8	Installers and Servicepersons of Information and Communication Devices
55 269	729	1.3	46 579	629	1.3	Installers and Servicepersons of Broadcasting and Communication Equipments
201 547	6 640	3.2	181 612	5 697	3.0	Chemical Installation, Maintenance, Repair and Manufacturing Related Workers
42 195	1 267	2.9	39 700	1 017	2.5	Operators of Oil and Chemical Processing Facilities
135 616	4 846	3.5	120 984	4 262	3.4	Operators and Assemblers of Production Machines for Chemical Products, Rubber and Plastic Products
23 736	527	2.2	20 928	418	2.0	Operators of Environmental Facilities
71 343	2 235 *	3.0	56 547	1 192	2.1	Textile and Clothing Manufacturing Related Workers
30 361	683	2.2	24 554	553	2.2	Operators of Textile Machinery
25 871	1 047 *	3.9	19 214	279 *	1.4	Patternmakers, Cutters and Sewers
1 900	13 *	0.7	1 241	13 *	1.0	Tailors and Repairpersons
13 211	493 *	3.6	11 539	346 *	2.9	Shoemakers, Other Operators and Assemblers of Textile and Garment Machines
143 105	6 318	4.2	120 690	5 168	4.1	Food Processing and Manufacturing Related Workers
22 531	661	2.9	17 791	474	2.6	Confectioners, Pastry Chefs, Bakers and Rice Cake Cooks
59 819	2 749	4.4	49 953	2 243	4.3	Workers in Food Processing
60 755	2 909	4.6	52 945	2 451	4.4	Operators of Food Processing Machinery

Note : Based upon Korean Employment Classification of Occupation(2018)
Source : Labor Market Statistics Division, Ministry of Employment and Labor, 「Occupational Labor Force Survey At Establishments」
* indicates RSE(Relative Standard Error) is more than 30.

13. 직종(소분류) 규모별 현원, 부족인원 및 부족률(27-23)
(2023 하반기)

단위 : 명, %

직 종	0규모(상용근로자 5인 미만) (Less than 5 permanent employees)			1규모(상용근로자 5~9인) (5~9 permanent employees)		
	현 원 Current number of employees	부족인원 Number of vacancies	부족률 Rate of vacancies	현 원 Current number of employees	부족인원 Number of vacancies	부족률 Rate of vacancies
832. 전기·전자기기설치·수리원	10 713	1 380	11.4	7 730	410	5.0
833. 발전·배전장치조작원	286	0	0.0	572	0	0.0
834. 전기·전자설비조작원	8 494	122	1.4	22 956	421	1.8
835. 전기·전자부품·제품생산기계조작원	6 313	155	2.4	4 141	183	4.2
836. 전기·전자부품·제품조립원	20 638	1 647	7.4	12 024	378	3.0
84. 정보통신설치·정비직	10 448	194	1.8	10 597	219	2.0
841. 정보통신기기설치·수리원	3 192	99	3.0	1 908	119	5.9
842. 방송·통신장비설치·정비원	7 256	95	1.3	8 690	99	1.1
85. 화학·환경설치·정비·생산직	24 818	1 558	5.9	19 934	943	4.5
851. 석유·화학물가공장치조작원	1 531	0	0.0	2 495	250	9.1
852. 고무·플라스틱 및 화학제품생산기계조작원 및 조립원	20 414	1 395	6.4	14 631	584	3.8
853. 환경관련장치조작원	2 873	163	5.4	2 808	109	3.7
86. 섬유·의복생산직	42 191	2 266	5.1	14 796	1 044	6.6
861. 섬유제조·가공기계조작원	8 985	218	2.4	5 808	130	2.2
862. 패턴사, 재단사 및 재봉사	24 163	1 387	5.4	6 657	768	10.3
863. 의복제조원 및 수선원	3 534	90	2.5	658	0	0.0
864. 제화원, 기타섬유·의복기계조작원 및 조립원	5 508	571	9.4	1 672	146	8.0
87. 식품가공·생산직	41 754	4 483	9.7	22 415	1 150	4.9
871. 제과·제빵원 및 떡제조원	10 602	752	6.6	4 739	186	3.8
872. 식품가공기능원	16 882	2 446	12.7	9 866	506	4.9
873. 식품가공기계조작원	14 270	1 285	8.3	7 810	458	5.5

주 : 한국고용직업분류(2018) 기준
자료 : 고용노동부 노동시장조사과, 「직종별사업체노동력조사」
*는 RSE(상대표준오차)값이 30이상이므로 자료이용시 유의바람

13. Current number of employees, number of vacancies, rate of vacancies by occupation(minor) and establishment size(27-23)(The second half of 2023)

In person, %

2규모(상용근로자 10~29인) (10~29 permanent employees)			3규모(상용근로자 30~99인) (30~99 permanent employees)			Occupations
현 원 Current number of employees	부족인원 Number of vacancies	부족률 Rate of vacancies	현 원 Current number of employees	부족인원 Number of vacancies	부족률 Rate of vacancies	
12 384	298	2.3	9 633	158	1.6	Installers and Servicepersons of Electrical and Electronic Devices
1 366	5	0.4	5 979	27	0.4	Operators of Electric Generators and Distributors
21 514	500	2.3	17 100	398	2.3	Operators of Electrical and Electronic Devices
10 612	482	4.3	16 189	508	3.0	Operators of Production Machines for Electrical and Electronic Components and Products
22 928	1 025	4.3	25 714	1 163	4.3	Assemblers of Electrical and Electronic Components and Products
22 028	394	1.8	27 262	559	2.0	ICT Installation, Maintenance and Repair Related Workers
4 609	54	1.2	6 917	343	4.7	Installers and Servicepersons of Information and Communication Devices
17 419	340	1.9	20 345	216	1.1	Installers and Servicepersons of Broadcasting and Communication Equipments
45 334	2 086	4.4	49 123	1 849	3.6	Chemical Installation, Maintenance, Repair and Manufacturing Related Workers
5 267	126	2.3	7 672	174	2.2	Operators of Oil and Chemical Processing Facilities
32 888	1 808	5.2	32 744	1 488	4.3	Operators and Assemblers of Production Machines for Chemical Products, Rubber and Plastic Products
7 180	152	2.1	8 706	186	2.1	Operators of Environmental Facilities
25 636	712	2.7	19 793	350	1.7	Textile and Clothing Manufacturing Related Workers
11 046	289	2.5	9 284	225	2.4	Operators of Textile Machinery
8 786	187	2.1	6 621	56	0.8	Patternmakers, Cutters and Sewers
393	0	0.0	415	7	1.7	Tailors and Repairpersons
5 411	235	4.2	3 472	62	1.8	Shoemakers, Other Operators and Assemblers of Textile and Garment Machines
38 479	1 947	4.8	34 021	1 943	5.4	Food Processing and Manufacturing Related Workers
7 005	213	3.0	1 781	138	7.2	Confectioners, Pastry Chefs, Bakers and Rice Cake Cooks
16 191	690	4.1	19 183	965	4.8	Workers in Food Processing
15 284	1 045	6.4	13 057	840	6.0	Operators of Food Processing Machinery

Note : Based upon Korean Employment Classification of Occupation(2018)
Source : Labor Market Statistics Division, Ministry of Employment and Labor, 「Occupational Labor Force Survey At Establishments」
* indicates RSE(Relative Standard Error) is more than 30.

13. 직종(소분류) 규모별 현원, 부족인원 및 부족률(27-24)
(2023 하반기)

단위 : 명, %

직 종	4규모(상용근로자 100~299인) (100~299 permanent employees)			5규모(상용근로자 300인 이상) (300 or more permanent employees)		
	현 원 Current number of employees	부족인원 Number of vacancies	부족률 Rate of vacancies	현 원 Current number of employees	부족인원 Number of vacancies	부족률 Rate of vacancies
832. 전기·전자기기설치·수리원	8 336	280	3.2	3 389	35	1.0
833. 발전·배전장치조작원	4 878	36	0.7	7 149	29	0.4
834. 전기·전자설비조작원	13 442	225	1.6	27 880	360	1.3
835. 전기·전자부품·제품생산기계조작원	15 438	399	2.5	55 850	397	0.7
836. 전기·전자부품·제품조립원	25 696	341	1.3	38 681	430	1.1
84. 정보통신설치·정비직	6 801	58	0.8	5 419	44	0.8
841. 정보통신기기설치·수리원	1 593	25	1.5	1 813	3	0.2
842. 방송·통신장비설치·정비원	5 208	33	0.6	3 606	40	1.1
85. 화학·환경설치·정비·생산직	37 376	567	1.5	49 779	1 196	2.3
851. 석유·화학물가공장치조작원	9 624	112	1.2	17 137	605	3.4
852. 고무·플라스틱 및 화학제품생산기계조작원 및 조립원	24 521	404	1.6	30 832	562	1.8
853. 환경관련장치조작원	3 232	51	1.6	1 810	30	1.6
86. 섬유·의복생산직	7 535	110	1.4	3 584	20	0.6
861. 섬유제조·가공기계조작원	2 527	26	1.0	1 697	12	0.7
862. 패턴사, 재단사 및 재봉사	2 797	32	1.1	1 010	4	0.4
863. 의복제조원 및 수선원	369	3	0.8	64	3	4.5
864. 제화원, 기타섬유·의복기계조작원 및 조립원	1 842	49	2.6	813	0	0.0
87. 식품가공·생산직	26 373	845	3.1	21 817	433	1.9
871. 제과·제빵원 및 떡제조원	2 615	50	1.9	6 391	74	1.1
872. 식품가공기능원	9 141	418	4.4	5 439	170	3.0
873. 식품가공기계조작원	14 617	377	2.5	9 987	189	1.9

주 : 한국고용직업분류(2018) 기준
자료 : 고용노동부 노동시장조사과, 「직종별사업체노동력조사」
*는 RSE(상대표준오차)값이 30이상이므로 자료이용시 유의바람

13. Current number of employees, number of vacancies, rate of vacancies by occupation(minor) and establishment size(27-24)(The second half of 2023)

In person, %

상용근로자 300인 미만 (Less than 300 permanent employees)			상용근로자 5~299인 (5~299 permanent employees)			Occupations
현 원 Current number of employees	부족인원 Number of vacancies	부족률 Rate of vacancies	현 원 Current number of employees	부족인원 Number of vacancies	부족률 Rate of vacancies	
48 796	2 527	4.9	38 083	1 147	2.9	Installers and Servicepersons of Electrical and Electronic Devices
13 081	67	0.5	12 795	67	0.5	Operators of Electric Generators and Distributors
83 506	1 665	2.0	75 012	1 543	2.0	Operators of Electrical and Electronic Devices
52 694	1 727	3.2	46 381	1 572	3.3	Operators of Production Machines for Electrical and Electronic Components and Products
107 000	4 554	4.1	86 362	2 907	3.3	Assemblers of Electrical and Electronic Components and Products
77 137	1 424	1.8	66 689	1 230	1.8	ICT Installation, Maintenance and Repair Related Workers
18 218	641 *	3.4	15 026	541 *	3.5	Installers and Servicepersons of Information and Communication Devices
58 919	783	1.3	51 663	689	1.3	Installers and Servicepersons of Broadcasting and Communication Equipments
176 586	7 002	3.8	151 768	5 444	3.5	Chemical Installation, Maintenance, Repair and Manufacturing Related Workers
26 589	662	2.4	25 058	662	2.6	Operators of Oil and Chemical Processing Facilities
125 198	5 680	4.3	104 784	4 285	3.9	Operators and Assemblers of Production Machines for Chemical Products, Rubber and Plastic Products
24 799	660	2.6	21 926	498	2.2	Operators of Environmental Facilities
109 950	4 482	3.9	67 759	2 215 *	3.2	Textile and Clothing Manufacturing Related Workers
37 650	888	2.3	28 665	670	2.3	Operators of Textile Machinery
49 024	2 430 *	4.7	24 860	1 043 *	4.0	Patternmakers, Cutters and Sewers
5 369	100 *	1.8	1 835	10 *	0.5	Tailors and Repairpersons
17 907	1 063 *	5.6	12 398	493 *	3.8	Shoemakers, Other Operators and Assemblers of Textile and Garment Machines
163 042	10 368	6.0	121 288	5 886	4.6	Food Processing and Manufacturing Related Workers
26 742	1 339	4.8	16 140	587	3.5	Confectioners, Pastry Chefs, Bakers and Rice Cake Cooks
71 262	5 026	6.6	54 380	2 580	4.5	Workers in Food Processing
65 038	4 004	5.8	50 768	2 720	5.1	Operators of Food Processing Machinery

Note : Based upon Korean Employment Classification of Occupation(2018)
Source : Labor Market Statistics Division, Ministry of Employment and Labor, 「Occupational Labor Force Survey At Establishments」
* indicates RSE(Relative Standard Error) is more than 30.

13. 직종(소분류) 규모별 현원, 부족인원 및 부족률(27-25)
(2023 하반기)

단위 : 명, %

직 종	전규모(종사자 1인이상) (All workers)		
	현 원 Current number of employees	부족인원 Number of vacancies	부 족 률 Rate of vacancies
88. 인쇄·목재·공예 및 기타설치·정비·생산직	157 744	6 527	4.0
881. 인쇄기계·사진현상기조작원	35 629	1 066	2.9
882. 목재·펄프·종이생산기계조작원	37 770	2 171	5.4
883. 가구·목제품제조·수리원	25 744	1 251	4.6
884. 공예원 및 귀금속세공원	8 525	73 *	0.8
885. 악기·간판 및 기타제조종사자	50 076	1 967	3.8
89. 제 조 단 순 직	567 309	31 419	5.2
890. 제 조 단 순 종 사 자	567 309	31 419	5.2
9. 농 림 어 업 직	37 932	714	1.8
90. 농 림 어 업 직	37 932	714	1.8
901. 작 물 재 배 종 사 자	22 975	414 *	1.8
902. 낙 농·사 육 종 사 자	2 894	72 *	2.4
903. 임 업 종 사 자	382 *	0	0.0
904. 어 업 종 사 자	392 *	11 *	2.7
905. 농 림 어 업 단 순 종 사 자	11 289	217 *	1.9

주 : 한국고용직업분류(2018) 기준
자료 : 고용노동부 노동시장조사과, 「직종별사업체노동력조사」
*는 RSE(상대표준오차)값이 30이상이므로 자료이용시 유의바람

13. Current number of employees, number of vacancies, rate of vacancies by occupation(minor) and establishment size(27-25)(The second half of 2023)

In person, %

상용근로자 5인 이상 (5 or more permanent employees)			상용근로자 10인 이상 (5 or more permanent employees)			Occupations
현 원 Current number of employees	부족인원 Number of vacancies	부족률 Rate of vacancies	현 원 Current number of employees	부족인원 Number of vacancies	부족률 Rate of vacancies	
119 832	4 650	3.7	98 784	3 773	3.7	Installation, Maintenance, Repair and Manufacturing Related Workers in Other Manufacturing Industries(Printing, Timber, Handicrafts etc.)
26 718	852	3.1	21 790	507 *	2.3	Operators of Photo printing and Development Machinery
31 355	1 370	4.2	25 939	1 071	4.0	Operators of Wood Processing Machines for Pulp, Paper and Paper Products
17 377	592 *	3.3	12 175	537 *	4.2	Manufacturers and Repairers of Furniture, Woodworking
4 265	73 *	1.7	2 895	31 *	1.1	Handicraftsmen and Goldsmiths
40 118	1 763	4.2	35 985	1 627	4.3	Other Workers for Musical Instrument, Signboard and Manufacturing
492 143	24 067	4.7	436 730	20 655	4.5	Manufacturing Related Laborers
492 143	24 067	4.7	436 730	20 655	4.5	Manufacturing Laborers
27 121	607	2.2	23 251	499	2.1	Farming, Fishery and Forestry Occupations
27 121	607	2.2	23 251	499	2.1	Agriculture, Fishery and Forestry Related Workers
14 972	337 *	2.2	12 422	337 *	2.6	Farmers
2 258	72 *	3.1	1 927	16 *	0.8	Livestock Farmers
301 *	0	0.0	301 *	0	0.0	Workers in Forestry
245 *	11 *	4.3	167 *	0	0.0	Workers in Fishery
9 344	187 *	2.0	8 433	146 *	1.7	Agriculture, Forestry and Fishery Laborers

Note : Based upon Korean Employment Classification of Occupation(2018)
Source : Labor Market Statistics Division, Ministry of Employment and Labor, 「Occupational Labor Force Survey At Establishments」
* indicates RSE(Relative Standard Error) is more than 30.

13. 직종(소분류) 규모별 현원, 부족인원 및 부족률(27-26)
(2023 하반기)

단위 : 명, %

직 종	0규모(상용근로자 5인 미만) (Less than 5 permanent employees)			1규모(상용근로자 5~9인) (5~9 permanent employees)		
	현 원 Current number of employees	부족인원 Number of vacancies	부족률 Rate of vacancies	현 원 Current number of employees	부족인원 Number of vacancies	부족률 Rate of vacancies
88. 인쇄·목재·공예 및 기타설치·정비·생산직	37 912	1 877	4.7	21 048	877	4.0
881. 인쇄기계·사진현상기조작원	8 912	214	2.3	4 927	345	6.5
882. 목재·펄프·종이생산기계조작원	6 415	801	11.1	5 415	299	5.2
883. 가구·목제품제조·수리원	8 367	658	7.3	5 202	55	1.0
884. 공예원 및 귀금속세공원	4 260	0	0.0	1 370	42	3.0
885. 악기·간판 및 기타제조종사자	9 958	204	2.0	4 133	135	3.2
89. 제 조 단 순 직	75 166	7 352	8.9	55 413	3 412	5.8
890. 제 조 단 순 종 사 자	75 166	7 352	8.9	55 413	3 412	5.8
9. 농 림 어 업 직	10 811	107	1.0	3 870	108	2.7
90. 농 림 어 업 직	10 811	107	1.0	3 870	108	2.7
901. 작 물 재 배 종 사 자	8 004	77	1.0	2 549	0	0.0
902. 낙 농 · 사 육 종 사 자	636	0	0.0	331	56	14.5
903. 임 업 종 사 자	81	0	0.0	0	0	0.0
904. 어 업 종 사 자	146	0	0.0	78	11	12.4
905. 농 림 어 업 단 순 종 사 자	1 944	30	1.5	912	42	4.4

주 : 한국고용직업분류(2018) 기준
자료 : 고용노동부 노동시장조사과, 「직종별사업체노동력조사」
*는 RSE(상대표준오차)값이 30이상이므로 자료이용시 유의바람

13. Current number of employees, number of vacancies, rate of vacancies by occupation(minor) and establishment size(27-26)(The second half of 2023)

In person, %

2규모(상용근로자 10~29인)(10~29 permanent employees)			3규모(상용근로자 30~99인)(30~99 permanent employees)			Occupations
현 원 Current number of employees	부족인원 Number of vacancies	부족률 Rate of vacancies	현 원 Current number of employees	부족인원 Number of vacancies	부족률 Rate of vacancies	
45 873	1 776	3.7	28 699	1 415	4.7	Installation, Maintenance, Repair and Manufacturing Related Workers in Other Manufacturing Industries(Printing, Timber, Handicrafts etc.)
11 538	248	2.1	7 196	230	3.1	Operators of Photo printing and Development Machinery
10 605	504	4.5	7 716	333	4.1	Operators of Wood Processing Machines for Pulp, Paper and Paper Products
8 407	486	5.5	2 303	51	2.2	Manufacturers and Repairers of Furniture, Woodworking
2 495	20	0.8	315	10	3.1	Handicraftsmen and Goldsmiths
12 828	519	3.9	11 169	791	6.6	Other Workers for Musical Instrument, Signboard and Manufacturing
165 429	9 272	5.3	154 567	7 721	4.8	Manufacturing Related Laborers
165 429	9 272	5.3	154 567	7 721	4.8	Manufacturing Laborers
7 961	138	1.7	9 092	239	2.6	Farming, Fishery and Forestry Occupations
7 961	138	1.7	9 092	239	2.6	Agriculture, Fishery and Forestry Related Workers
4 101	100	2.4	4 909	195	3.8	Farmers
853	8	0.9	348	0	0.0	Livestock Farmers
292	0	0.0	9	0	0.0	Workers in Forestry
80	0	0.0	87	0	0.0	Workers in Fishery
2 634	30	1.1	3 739	43	1.1	Agriculture, Forestry and Fishery Laborers

Note : Based upon Korean Employment Classification of Occupation(2018)
Source : Labor Market Statistics Division, Ministry of Employment and Labor, 「Occupational Labor Force Survey At Establishments」
* indicates RSE(Relative Standard Error) is more than 30.

13. 직종(소분류) 규모별 현원, 부족인원 및 부족률(27-27)
(2023 하반기)

단위 : 명, %

직 종	4규모(상용근로자 100~299인) (100~299 permanent employees)			5규모(상용근로자 300인 이상) (300 or more permanent employees)		
	현 원 Current number of employees	부족인원 Number of vacancies	부족률 Rate of vacancies	현 원 Current number of employees	부족인원 Number of vacancies	부족률 Rate of vacancies
88. 인쇄·목재·공예 및 기타설치·정비·생산직	17 280	526	3.0	6 933	55	0.8
881. 인쇄기계·사진현상기조작원	2 369	26	1.1	688	4	0.6
882. 목재·펄프·종이생산기계조작원	5 514	230	4.0	2 105	4	0.2
883. 가구·목제품제조·수리원	1 158	0	0.0	308	0	0.0
884. 공예원 및 귀금속세공원	16	0	0.0	69	1	1.4
885. 악기·간판 및 기타제조종사자	8 224	271	3.2	3 764	47	1.2
89. 제 조 단 순 직	69 866	2 176	3.0	46 868	1 485	3.1
890. 제 조 단 순 종 사 자	69 866	2 176	3.0	46 868	1 485	3.1
9. 농 림 어 업 직	4 633	108	2.3	1 565	15	0.9
90. 농 림 어 업 직	4 633	108	2.3	1 565	15	0.9
901. 작 물 재 배 종 사 자	2 538	30	1.2	874	12	1.4
902. 낙 농 · 사 육 종 사 자	171	6	3.4	555	2	0.4
903. 임 업 종 사 자	0	0	0.0	0	0	0.0
904. 어 업 종 사 자	0	0	0.0	0	0	0.0
905. 농림어업단순종사자	1 925	72	3.6	135	1	0.7

주 : 한국고용직업분류(2018) 기준
자료 : 고용노동부 노동시장조사과, 「직종별사업체노동력조사」
*는 RSE(상대표준오차)값이 30이상이므로 자료이용시 유의바람

13. Current number of employees, number of vacancies, rate of vacancies by occupation(minor) and establishment size(27-27)(The second half of 2023)

In person, %

상용근로자 300인 미만 (Less than 300 permanent employees)			상용근로자 5~299인 (5~299 permanent employees)			Occupations
현원 Current number of employees	부족인원 Number of vacancies	부족률 Rate of vacancies	현원 Current number of employees	부족인원 Number of vacancies	부족률 Rate of vacancies	
150 811	6 472	4.1	112 899	4 595	3.9	Installation, Maintenance, Repair and Manufacturing Related Workers in Other Manufacturing Industries(Printing, Timber, Handicrafts etc.)
34 941	1 062	2.9	26 030	849	3.2	Operators of Photo printing and Development Machinery
35 665	2 167	5.7	29 250	1 366	4.5	Operators of Wood Processing Machines for Pulp, Paper and Paper Products
25 437	1 251	4.7	17 069	592 *	3.4	Manufacturers and Repairers of Furniture, Woodworking
8 456	72 *	0.8	4 196	72 *	1.7	Handicraftsmen and Goldsmiths
46 312	1 920	4.0	36 354	1 716	4.5	Other Workers for Musical Instrument, Signboard and Manufacturing
520 441	29 934	5.4	445 275	22 581	4.8	Manufacturing Related Laborers
520 441	29 934	5.4	445 275	22 581	4.8	Manufacturing Laborers
36 367	700	1.9	25 556	592	2.3	Farming, Fishery and Forestry Occupations
36 367	700	1.9	25 556	592	2.3	Agriculture, Fishery and Forestry Related Workers
22 101	402 *	1.8	14 097	325 *	2.3	Farmers
2 339	70 *	2.9	1 702	70 *	4.0	Livestock Farmers
382 *	0	0.0	301 *	0	0.0	Workers in Forestry
392 *	11 *	2.7	245 *	11 *	4.3	Workers in Fishery
11 154	216 *	1.9	9 209	186 *	2.0	Agriculture, Forestry and Fishery Laborers

Note : Based upon Korean Employment Classification of Occupation(2018)
Source : Labor Market Statistics Division, Ministry of Employment and Labor, 「Occupational Labor Force Survey At Establishments」
* indicates RSE(Relative Standard Error) is more than 30.

Ⅲ. 임금, 근로시간 및 노동생산성
Wages, hours worked and labor productivity

임금근로시간

A. 임금 및 근로시간
Wages and hours worked
⟨상용근로자 1인 이상 사업체⟩
Establishments with 1 or more permanent employees

14. 산업(대·중분류)별 월평균 임금, 근로일수 및 근로시간 (2019년 이전)(15-1)

단위 : 일, 시간, 원

전 산 업 (Total)

연도	근로일수 Days Worked			근로시간 Hours Worked					급여액 Wages					
	전체 All Employees	상용 Permanent	임시일용 Temporary & Daily	전체 All Employees	상용 Permanent			임시일용 Temporary & Daily	전체 All Employees	상용 Permanent				임시일용 Temporary & Daily
					총근로시간 Total	소정실근로 Regular	초과근로 Overtime			임금총액 Total	정액급여 Regular	초과급여 Overtime	특별급여 Special	
2013	20.8	21.4	16.4	172.6	179.0	168.5	10.5	123.4	2 836 631	3 045 636	2 432 917	154 268	458 452	1 246 741
2014	20.6	21.1	16.2	170.6	177.4	166.4	11.0	117.6	2 904 080	3 116 692	2 506 101	170 432	440 159	1 253 198
2015	20.7	21.3	15.5	171.5	178.7	167.9	10.8	113.7	2 991 329	3 204 163	2 580 230	180 955	442 978	1 280 663
2016	20.4	21.1	14.7	169.4	177.1	166.4	10.7	107.2	3 105 742	3 331 212	2 667 954	188 584	474 675	1 287 930
2017	20.1	20.8	14.4	166.3	173.3	163.2	10.1	104.7	3 206 792	3 417 905	2 763 995	189 731	464 179	1 353 466
2018	20.0	20.7	13.6	163.9	171.2	161.6	9.5	98.6	3 375 933	3 591 519	2 891 025	196 818	503 676	1 428 153
2019	20.0	20.7	13.3	163.1	170.3	161.3	9.1	96.0	3 490 415	3 701 889	3 010 295	202 080	489 514	1 517 205

C. 제조업 (Manufacturing)

연도	근로일수 Days Worked			근로시간 Hours Worked					급여액 Wages					
	전체 All Employees	상용 Permanent	임시일용 Temporary & Daily	전체 All Employees	상용 Permanent			임시일용 Temporary & Daily	전체 All Employees	상용 Permanent				임시일용 Temporary & Daily
					총근로시간 Total	소정실근로 Regular	초과근로 Overtime			임금총액 Total	정액급여 Regular	초과급여 Overtime	특별급여 Special	
2013	21.3	21.4	17.8	184.1	186.2	163.3	22.9	139.3	3 239 819	3 326 931	2 361 702	321 698	643 532	1 316 242
2014	21.2	21.3	17.6	184.2	186.2	162.1	24.1	136.4	3 364 886	3 448 583	2 432 166	360 872	655 545	1 368 627
2015	21.3	21.4	17.4	184.9	186.7	163.3	23.3	135.8	3 462 028	3 537 204	2 521 507	378 569	637 128	1 456 963
2016	21.0	21.2	16.1	183.1	184.9	161.8	23.1	127.7	3 602 539	3 668 846	2 612 797	389 325	666 724	1 540 070
2017	20.8	20.9	15.4	179.8	181.7	159.4	22.3	124.7	3 690 128	3 762 582	2 717 038	395 258	650 286	1 581 150
2018	20.6	20.7	14.8	177.1	178.9	158.5	20.4	119.5	3 930 372	4 002 504	2 864 447	399 015	739 042	1 631 793
2019	20.5	20.7	14.6	175.9	177.9	158.9	19.0	116.2	4 017 254	4 094 454	3 006 878	396 550	691 025	1 656 305

E. 하수폐기물처리, 원료재생 및 환경복원업 (Sewerage, waste management, materials recovery and remediation, activities)

연도	근로일수 Days Worked			근로시간 Hours Worked					급여액 Wages					
	전체 All Employees	상용 Permanent	임시일용 Temporary & Daily	전체 All Employees	상용 Permanent			임시일용 Temporary & Daily	전체 All Employees	상용 Permanent				임시일용 Temporary & Daily
					총근로시간 Total	소정실근로 Regular	초과근로 Overtime			임금총액 Total	정액급여 Regular	초과급여 Overtime	특별급여 Special	
2013	22.0	22.2	16.7	181.2	184.8	170.7	14.1	104.8	2 643 347	2 721 638	2 286 643	216 794	218 201	961 066
2014	21.6	22.0	13.3	177.7	181.3	169.2	12.1	99.8	2 696 211	2 776 990	2 374 610	194 801	207 580	974 543
2015	21.9	22.2	12.7	178.0	181.4	170.4	10.9	94.8	2 827 587	2 901 091	2 449 665	211 827	239 599	1 007 462
2016	21.6	22.0	13.9	177.1	181.0	169.9	11.1	103.9	2 978 286	3 078 216	2 568 986	229 920	279 310	1 084 641
2017	21.4	21.8	13.8	177.1	180.6	169.8	10.7	102.8	3 088 788	3 178 702	2 702 994	202 031	273 678	1 179 928
2018	21.5	21.8	13.2	177.8	181.1	169.3	11.8	98.6	3 288 178	3 375 998	2 854 182	239 008	282 809	1 171 378
2019	21.4	21.8	13.1	178.6	181.8	169.5	12.4	98.1	3 505 521	3 592 964	3 013 190	270 855	308 919	1 330 436

주 : 한국표준산업분류 제9차 개정(2007) 기준
  임금총액 = 정액급여 + 초과급여 + 특별급여
  …은 미상자료
자료 : 고용노동부 노동시장조사과, 「사업체노동력조사(구, 사업체임금근로시간조사)」

14. Average monthly wages, days and hours worked by industry(sections, divisions) (previous 2019)(15-1)

In day, hour, won

B. 광업 / Mining and quarrying

근로일수 Days Worked			근로시간 Hours Worked					급여액 Wages						Year
전체	상용	임시일용	전체	상용 Permanent			임시일용	전체	상용 Permanent				임시일용	
All Employees	Permanent	Temporary & Daily	All Employees	총근로시간 Total	소정실근로 Regular	초과근로 Overtime	Temporary & Daily	All Employees	임금총액 Total	정액급여 Regular	초과급여 Overtime	특별급여 Special	Temporary & Daily	
21.4	21.8	13.7	180.3	184.0	165.8	18.3	107.7	3 474 043	3 574 414	2 763 864	269 493	541 056	1 557 551	2013
21.6	21.9	13.7	179.1	182.3	163.9	18.4	110.3	3 412 677	3 509 529	2 733 974	284 411	491 144	1 353 046	2014
21.7	22.1	12.9	179.7	183.3	166.1	17.1	102.0	3 581 269	3 685 132	2 872 853	275 566	536 713	1 298 182	2015
21.2	21.8	10.0	177.9	183.2	164.9	18.3	78.4	3 678 313	3 816 635	2 984 526	310 313	521 796	1 090 394	2016
21.2	21.7	12.7	175.8	180.5	164.5	15.9	102.0	3 713 427	3 857 503	3 120 750	261 221	475 532	1 431 741	2017
21.4	21.9	10.7	176.6	181.7	165.0	16.7	83.3	3 834 721	3 975 642	3 257 458	277 769	440 415	1 279 473	2018
21.2	22.0	10.3	175.7	182.0	164.2	17.8	81.2	3 976 572	4 155 001	3 414 585	311 302	429 114	1 280 833	2019

D. 전기, 가스, 증기 및 수도사업 / Electricity, gas, steam and water supply

근로일수 Days Worked			근로시간 Hours Worked					급여액 Wages						Year
전체	상용	임시일용	전체	상용 Permanent			임시일용	전체	상용 Permanent				임시일용	
All Employees	Permanent	Temporary & Daily	All Employees	총근로시간 Total	소정실근로 Regular	초과근로 Overtime	Temporary & Daily	All Employees	임금총액 Total	정액급여 Regular	초과급여 Overtime	특별급여 Special	Temporary & Daily	
20.2	20.3	18.1	173.6	174.2	160.0	14.3	138.0	5 519 443	5 598 386	4 017 765	347 387	1 233 234	1 307 583	2013
19.9	19.9	18.6	170.7	171.1	157.7	13.4	144.1	5 526 600	5 586 105	4 159 426	336 727	1 089 952	1 532 627	2014
20.0	20.1	19.2	171.0	171.3	159.4	11.9	148.5	5 824 516	5 883 072	4 274 176	320 162	1 288 735	1 783 660	2015
19.7	19.7	19.3	167.7	167.9	156.6	11.4	147.2	6 300 086	6 353 225	4 417 813	337 636	1 597 776	1 995 591	2016
19.4	19.5	18.0	164.9	165.3	154.8	10.5	139.0	6 280 982	6 345 564	4 485 278	327 561	1 532 725	1 916 200	2017
19.1	19.2	17.6	162.1	162.4	152.6	9.8	138.1	6 436 235	6 504 572	4 582 694	319 902	1 601 976	2 090 868	2018
19.2	19.2	16.9	160.4	160.9	153.2	7.7	134.2	6 502 381	6 600 100	4 696 095	283 960	1 620 044	1 722 003	2019

F. 건설업 / Construction

근로일수 Days Worked			근로시간 Hours Worked					급여액 Wages						Year
전체	상용	임시일용	전체	상용 Permanent			임시일용	전체	상용 Permanent				임시일용	
All Employees	Permanent	Temporary & Daily	All Employees	총근로시간 Total	소정실근로 Regular	초과근로 Overtime	Temporary & Daily	All Employees	임금총액 Total	정액급여 Regular	초과급여 Overtime	특별급여 Special	Temporary & Daily	
18.9	21.4	15.3	151.6	171.2	168.7	2.5	123.6	2 311 574	2 751 155	2 500 063	42 712	208 380	1 682 625	2013
18.2	21.0	14.7	146.7	169.5	166.4	3.0	117.4	2 377 187	2 864 125	2 617 214	55 095	191 816	1 749 387	2014
17.8	21.1	14.1	143.9	171.3	167.5	3.8	113.9	2 431 641	3 023 217	2 759 589	70 635	186 993	1 783 935	2015
17.5	21.0	13.8	142.0	170.7	166.5	4.2	112.6	2 507 323	3 165 423	2 856 907	88 874	219 641	1 831 733	2016
17.5	20.7	13.8	141.9	167.4	163.1	4.3	112.2	2 624 174	3 226 933	2 926 116	91 991	208 826	1 923 933	2017
17.0	20.6	12.9	138.5	167.7	162.7	5.1	104.8	2 783 640	3 466 970	3 131 036	112 172	223 761	1 997 239	2018
16.8	20.6	12.4	136.3	168.1	162.6	5.5	100.2	2 951 013	3 698 668	3 317 562	133 344	247 762	2 103 733	2019

Note : Based upon 9th revision(2007) of Korean Standard Industrial Classification
Total wages = Regular wages + Overtime wages + Special wages
··· is not available
Source : Labor Market Statistics Division, Ministry of Employment and Labor, 「Labor Force Survey at Establishments」

14. 산업(대·중분류)별 월평균 임금, 근로일수 및 근로시간 (2019년 이전)(15-2)

단위 : 일, 시간, 원

G. 도매 및 소매업 / Wholesale and retail trade

연도	근로일수 Days Worked			근로시간 Hours Worked					급여액 Wages				
	전체 All Employees	상용 Permanent	임시일용 Temporary & Daily	전체 All Employees	상용 Permanent			임시일용 Temporary & Daily	전체 All Employees	상용 Permanent				임시일용 Temporary & Daily
					총근로시간 Total	소정실근로 Regular	초과근로 Overtime			임금총액 Total	정액급여 Regular	초과급여 Overtime	특별급여 Special	
2013	21.7	22.0	18.8	176.8	179.7	175.3	4.3	144.0	2 685 025	2 827 980	2 394 476	64 883	368 621	1 043 907
2014	21.4	21.7	17.5	172.4	175.8	171.0	4.8	129.3	2 705 732	2 840 081	2 448 620	71 512	319 949	992 935
2015	21.5	21.8	15.4	173.5	177.4	172.6	4.8	113.0	2 773 433	2 889 582	2 500 312	75 038	314 232	946 220
2016	21.0	21.6	14.5	170.2	175.6	170.5	5.1	103.7	2 880 322	3 037 194	2 602 853	80 412	353 928	919 777
2017	20.7	21.1	14.4	167.6	172.3	167.1	5.2	105.4	3 048 777	3 205 623	2 740 072	83 334	382 216	983 758
2018	20.5	21.0	13.5	165.2	169.7	164.7	5.0	98.8	3 214 316	3 364 246	2 869 842	92 095	402 309	993 542
2019	20.6	21.1	13.2	165.5	169.7	164.5	5.2	96.9	3 372 163	3 515 484	3 003 370	105 323	406 791	1 035 105

I. 숙박 및 음식점업 / Accommodation and food service activities

연도	근로일수 Days Worked			근로시간 Hours Worked					급여액 Wages				
	전체 All Employees	상용 Permanent	임시일용 Temporary & Daily	전체 All Employees	상용 Permanent			임시일용 Temporary & Daily	전체 All Employees	상용 Permanent				임시일용 Temporary & Daily
					총근로시간 Total	소정실근로 Regular	초과근로 Overtime			임금총액 Total	정액급여 Regular	초과급여 Overtime	특별급여 Special	
2013	21.5	23.8	17.1	179.2	207.8	204.2	3.7	126.4	1 483 088	1 832 432	1 704 183	45 012	83 237	837 356
2014	21.3	23.2	18.3	172.9	201.9	197.0	4.9	126.3	1 514 012	1 929 693	1 789 176	57 265	83 252	847 590
2015	21.2	23.4	17.6	172.5	202.7	198.3	4.3	121.9	1 546 902	1 962 732	1 834 077	57 687	70 967	849 264
2016	20.4	23.4	15.4	165.7	201.6	197.2	4.4	105.4	1 569 828	2 040 546	1 898 550	63 873	78 122	777 494
2017	20.1	23.2	14.8	160.4	197.4	191.7	5.7	97.1	1 625 656	2 114 437	1 938 599	78 098	97 740	787 857
2018	19.9	23.1	13.8	159.7	195.8	188.9	6.8	90.0	1 757 468	2 246 911	2 060 243	100 165	86 503	812 730
2019	20.0	23.0	13.5	158.6	192.3	185.5	6.8	85.0	1 874 608	2 344 433	2 156 220	104 711	83 501	845 957

K. 금융 및 보험업 / Financial and insurance activities

연도	근로일수 Days Worked			근로시간 Hours Worked					급여액 Wages				
	전체 All Employees	상용 Permanent	임시일용 Temporary & Daily	전체 All Employees	상용 Permanent			임시일용 Temporary & Daily	전체 All Employees	상용 Permanent				임시일용 Temporary & Daily
					총근로시간 Total	소정실근로 Regular	초과근로 Overtime			임금총액 Total	정액급여 Regular	초과급여 Overtime	특별급여 Special	
2013	20.0	20.1	16.8	162.9	164.2	159.9	4.3	126.9	4 881 772	5 012 197	3 596 740	94 180	1 321 276	1 262 429
2014	19.9	20.0	19.0	163.4	163.9	158.9	4.9	139.6	5 055 397	5 133 051	3 715 906	106 835	1 310 310	1 367 434
2015	20.1	20.1	19.4	164.3	164.7	159.9	4.8	146.3	5 285 800	5 373 804	3 823 304	106 975	1 443 524	1 555 104
2016	19.9	19.9	19.1	162.9	163.3	158.6	4.7	145.1	5 499 056	5 590 959	3 972 590	113 416	1 504 953	1 634 695
2017	19.7	19.7	19.5	160.5	160.8	156.4	4.3	147.3	5 706 396	5 775 191	4 137 973	112 860	1 524 359	1 755 282
2018	19.6	19.6	19.2	160.9	161.2	156.3	4.9	144.8	6 026 380	6 098 174	4 286 708	129 005	1 682 461	1 896 425
2019	19.7	19.7	18.9	161.5	161.9	157.0	4.9	139.9	6 236 453	6 309 663	4 421 257	127 467	1 760 938	2 080 465

주 : 한국표준산업분류 제9차 개정(2007) 기준
임금총액 = 정액급여 + 초과급여 + 특별급여
…은 미상자료
자료 : 고용노동부 노동시장조사과, 「사업체노동력조사(구, 사업체임금근로시간조사)」

14. Average monthly wages, days and hours worked by industry(sections, divisions) (previous 2019)(15-2)

In day, hour, won

H. 운수업 / Transportation

근로일수 Days Worked			근로시간 Hours Worked				급여액 Wages						Year
전체	상용	임시일용	전체	상용 Permanent			임시일용	전체	상용 Permanent			임시일용	
All Employees	Permanent	Temporary & Daily	All Employees	총근로시간 Total	소정실근로 Regular	초과근로 Overtime	Temporary & Daily	All Employees	임금총액 Total	정액급여 Regular	초과급여 Overtime	특별급여 Special	Temporary & Daily	
21.3	21.4	18.0	177.5	179.8	166.9	12.9	136.1	2 678 897	2 750 749	2 139 360	224 776	386 613	1 346 885	2013
21.3	21.5	18.5	173.3	175.2	162.7	12.5	134.7	2 745 412	2 813 989	2 209 513	227 813	376 664	1 321 473	2014
21.4	21.5	18.8	174.5	175.8	163.6	12.1	142.6	2 881 205	2 939 015	2 303 209	233 255	402 551	1 384 339	2015
21.2	21.3	18.8	172.9	174.0	161.8	12.2	140.5	3 023 064	3 080 581	2 403 664	246 580	430 337	1 362 414	2016
21.1	21.2	17.7	169.2	170.4	158.5	11.9	129.2	3 156 001	3 212 578	2 530 001	259 226	423 352	1 289 274	2017
21.0	21.1	18.3	166.5	167.5	155.9	11.6	125.1	3 357 075	3 405 523	2 655 341	275 189	474 993	1 393 663	2018
20.9	20.9	18.4	164.3	165.2	154.9	10.3	125.7	3 475 846	3 521 865	2 770 681	265 995	485 189	1 503 580	2019

J. 출판,영상,방송통신및정보서비스업 / Information and communications

근로일수 Days Worked			근로시간 Hours Worked				급여액 Wages						Year
전체	상용	임시일용	전체	상용 Permanent			임시일용	전체	상용 Permanent			임시일용	
All Employees	Permanent	Temporary & Daily	All Employees	총근로시간 Total	소정실근로 Regular	초과근로 Overtime	Temporary & Daily	All Employees	임금총액 Total	정액급여 Regular	초과급여 Overtime	특별급여 Special	Temporary & Daily	
20.2	20.4	16.9	163.0	165.3	161.0	4.3	118.1	3 819 681	3 958 072	3 368 295	81 387	508 390	1 162 332	2013
19.9	20.1	15.9	161.9	164.4	159.5	4.8	111.8	3 782 860	3 915 375	3 387 570	104 193	423 612	1 110 016	2014
20.2	20.5	16.1	164.0	166.9	162.2	4.8	110.8	3 851 808	3 997 744	3 452 648	109 764	435 332	1 151 676	2015
20.1	20.3	15.7	162.8	165.7	161.4	4.3	105.3	3 978 087	4 118 921	3 576 992	100 666	441 263	1 185 444	2016
19.8	19.9	15.7	160.9	163.3	158.3	5.0	103.7	4 122 319	4 247 014	3 647 043	109 597	490 373	1 140 429	2017
19.7	19.9	16.2	161.6	163.5	157.2	6.3	106.7	4 277 209	4 386 317	3 737 200	133 414	515 703	1 169 936	2018
19.9	20.0	16.5	163.9	165.3	158.0	7.3	110.6	4 463 134	4 549 558	3 848 518	162 396	538 643	1 340 243	2019

L. 부동산업 및 임대업 / Real estate activities and renting and leasing

근로일수 Days Worked			근로시간 Hours Worked				급여액 Wages						Year
전체	상용	임시일용	전체	상용 Permanent			임시일용	전체	상용 Permanent			임시일용	
All Employees	Permanent	Temporary & Daily	All Employees	총근로시간 Total	소정실근로 Regular	초과근로 Overtime	Temporary & Daily	All Employees	임금총액 Total	정액급여 Regular	초과급여 Overtime	특별급여 Special	Temporary & Daily	
20.2	20.3	17.6	190.9	192.3	190.3	2.0	148.6	2 110 876	2 146 656	1 925 767	35 370	185 518	1 084 807	2013
19.7	19.7	18.7	189.7	191.4	189.3	2.1	153.9	2 148 140	2 195 960	2 032 304	42 994	120 662	1 130 946	2014
19.9	19.9	19.8	191.5	193.0	191.0	2.0	159.7	2 255 039	2 306 603	2 116 057	46 160	144 300	1 178 334	2015
19.8	19.8	19.2	189.0	190.5	188.5	2.1	157.4	2 383 105	2 430 360	2 220 390	54 431	164 540	1 252 690	2016
19.5	19.6	18.5	184.9	186.6	184.8	1.8	152.1	2 446 291	2 506 432	2 312 960	52 391	141 081	1 280 502	2017
19.3	19.5	16.9	178.9	180.8	179.0	1.8	139.9	2 600 249	2 668 331	2 437 415	61 730	169 186	1 235 203	2018
19.3	19.5	15.7	176.4	178.6	177.1	1.5	130.9	2 755 026	2 831 812	2 580 576	65 990	185 246	1 189 847	2019

Note : Based upon 9th revision(2007) of Korean Standard Industrial Classification
Total wages = Regular wages + Overtime wages + Special wages
···is not available
Source : Labor Market Statistics Division, Ministry of Employment and Labor, 「Labor Force Survey at Establishments」

14. 산업(대·중분류)별 월평균 임금, 근로일수 및 근로시간 (2019년 이전)(15-3)

단위 : 일, 시간, 원

M. 전문, 과학 및 기술 서비스업 / Professional, scientific and technical activities

연도	근로일수 Days Worked			근로시간 Hours Worked					급여액 Wages				
	전체 All Employees	상용 Permanent	임시일용 Temporary & Daily	전체 All Employees	상용 Permanent			임시일용 Temporary & Daily	전체 All Employees	상용 Permanent				임시일용 Temporary & Daily
					총근로시간 Total	소정실근로 Regular	초과근로 Overtime			임금총액 Total	정액급여 Regular	초과급여 Overtime	특별급여 Special	
2013	20.2	20.4	17.1	164.1	165.1	161.9	3.2	135.0	3 945 419	4 040 496	3 428 965	53 878	557 653	1 342 556
2014	20.2	20.3	16.0	163.2	164.1	160.7	3.4	122.5	4 079 627	4 135 724	3 535 972	56 419	543 333	1 427 982
2015	20.4	20.5	15.5	164.8	165.9	162.7	3.2	118.6	4 199 394	4 261 604	3 667 569	55 148	538 887	1 421 035
2016	20.1	20.3	15.5	162.9	164.1	160.7	3.4	116.5	4 444 192	4 520 478	3 799 309	62 653	658 516	1 511 388
2017	19.8	19.9	16.2	160.1	161.3	157.8	3.5	121.9	4 491 808	4 572 557	3 899 489	64 013	609 055	1 701 732
2018	19.8	19.9	16.6	160.4	161.4	157.6	3.8	124.4	4 756 835	4 842 390	4 025 143	76 732	740 515	1 776 812
2019	19.8	19.9	16.7	161.4	162.3	158.0	4.3	127.5	4 900 835	4 982 821	4 150 723	96 190	735 908	1 830 742

P. 교육 서비스업 / Education

연도	근로일수 Days Worked			근로시간 Hours Worked					급여액 Wages				
	전체 All Employees	상용 Permanent	임시일용 Temporary & Daily	전체 All Employees	상용 Permanent			임시일용 Temporary & Daily	전체 All Employees	상용 Permanent				임시일용 Temporary & Daily
					총근로시간 Total	소정실근로 Regular	초과근로 Overtime			임금총액 Total	정액급여 Regular	초과급여 Overtime	특별급여 Special	
2013	19.4	20.5	14.3	148.4	162.3	158.9	3.4	79.9	2 940 432	3 329 970	2 930 606	47 282	352 082	1 016 189
2014	19.3	20.2	13.6	150.4	163.1	158.3	4.8	72.1	3 119 013	3 452 650	3 092 206	60 116	300 327	1 057 797
2015	19.2	20.4	12.4	150.7	164.4	159.5	4.9	69.0	3 196 513	3 551 318	3 154 788	59 139	337 391	1 079 049
2016	18.9	20.2	12.0	147.5	162.9	158.5	4.4	66.0	3 230 981	3 640 216	3 207 472	60 761	371 983	1 061 308
2017	18.8	20.0	12.1	144.4	159.0	156.0	3.1	63.1	3 315 550	3 723 119	3 264 824	49 842	408 454	1 059 981
2018	18.7	20.0	11.2	142.3	157.4	154.0	3.4	52.6	3 396 843	3 794 539	3 330 508	52 907	411 124	1 041 884
2019	18.8	19.6	12.1	142.1	151.7	148.2	3.5	56.9	3 474 398	3 747 010	3 295 308	53 385	398 318	1 050 283

R. 예술, 스포츠 및 여가관련 서비스업 / Arts, sports and recreation related services

연도	근로일수 Days Worked			근로시간 Hours Worked					급여액 Wages				
	전체 All Employees	상용 Permanent	임시일용 Temporary & Daily	전체 All Employees	상용 Permanent			임시일용 Temporary & Daily	전체 All Employees	상용 Permanent				임시일용 Temporary & Daily
					총근로시간 Total	소정실근로 Regular	초과근로 Overtime			임금총액 Total	정액급여 Regular	초과급여 Overtime	특별급여 Special	
2013	20.3	22.0	16.3	157.6	181.6	170.8	10.8	101.2	2 052 685	2 586 701	2 124 298	137 276	325 127	798 614
2014	19.7	21.5	14.7	157.8	177.1	166.4	10.7	103.0	2 135 163	2 586 773	2 199 555	154 266	232 951	857 125
2015	19.9	21.7	14.6	159.9	178.5	167.3	11.2	103.3	2 236 890	2 680 390	2 291 694	167 286	221 410	889 962
2016	19.9	21.5	14.6	160.2	176.8	166.0	10.8	105.7	2 352 584	2 783 281	2 375 576	170 934	236 771	932 629
2017	19.9	21.2	14.2	159.5	173.6	163.3	10.3	101.6	2 512 414	2 882 849	2 463 172	173 518	246 159	993 215
2018	19.8	20.5	15.3	157.7	166.2	156.9	9.4	109.2	2 684 470	2 959 521	2 533 414	180 561	245 546	1 113 613
2019	19.8	20.5	15.2	156.1	163.8	155.3	8.5	107.4	2 818 847	3 074 511	2 640 472	172 823	261 216	1 192 741

주 : 한국표준산업분류 제9차 개정(2007) 기준
 임금총액 = 정액급여 + 초과급여 + 특별급여
 …은 미상자료
자료 : 고용노동부 노동시장조사과, 「사업체노동력조사(구, 사업체임금근로시간조사)」

14. Average monthly wages, days and hours worked by industry(sections, divisions) (previous 2019)(15-3)

In day, hour, won

N. 사업시설관리및사업지원서비스업 / Business facilities management and business support services

근로일수 Days Worked			근로시간 Hours Worked					급여액 Wages					Year
All Employees	Permanent	Temporary & Daily	All Employees	상용 Permanent			Temporary & Daily	All Employees	상용 Permanent			Temporary & Daily	
				총근로시간 Total	소정실근로 Regular	초과근로 Overtime			임금총액 Total	정액급여 Regular	초과급여 Overtime	특별급여 Special		
20.5	20.9	17.3	170.8	176.2	167.8	8.5	127.9	1 846 273	1 940 490	1 700 657	94 539	145 294	1 107 352	2013
20.4	20.8	16.7	170.0	175.8	167.0	8.7	117.9	1 893 719	1 988 567	1 722 582	110 462	155 524	1 036 852	2014
20.5	21.0	16.4	171.2	177.7	169.0	8.7	116.9	1 970 816	2 080 926	1 788 830	118 129	173 967	1 055 996	2015
20.1	20.6	15.7	170.2	176.6	168.9	7.7	111.7	2 049 359	2 159 094	1 867 750	126 007	165 338	1 051 695	2016
19.8	20.4	14.5	165.1	171.6	165.0	6.6	99.8	2 088 296	2 196 580	1 904 497	126 760	165 323	1 000 165	2017
19.7	20.3	13.5	163.2	169.8	163.4	6.4	91.4	2 202 746	2 312 174	2 011 867	137 318	162 989	1 014 410	2018
19.7	20.3	12.9	162.7	169.2	162.9	6.3	86.4	2 332 265	2 441 824	2 120 883	154 889	166 053	1 037 671	2019

Q. 보건업및사회복지서비스업 / Human health and social work activities

근로일수 Days Worked			근로시간 Hours Worked					급여액 Wages					Year
All Employees	Permanent	Temporary & Daily	All Employees	상용 Permanent			Temporary & Daily	All Employees	상용 Permanent			Temporary & Daily	
				총근로시간 Total	소정실근로 Regular	초과근로 Overtime			임금총액 Total	정액급여 Regular	초과급여 Overtime	특별급여 Special		
21.5	21.6	18.1	171.2	174.2	168.1	6.1	116.5	2 370 663	2 447 577	2 041 844	111 595	294 138	949 160	2013
20.9	21.1	17.6	169.0	172.1	166.3	5.8	105.3	2 400 587	2 472 247	2 084 158	106 641	281 448	939 541	2014
21.2	21.3	17.7	170.7	173.8	167.7	6.1	103.2	2 491 586	2 562 561	2 161 392	128 862	272 307	951 513	2015
20.9	21.1	17.3	168.2	171.9	165.5	6.3	96.5	2 575 124	2 657 296	2 229 710	138 204	289 381	944 404	2016
20.7	20.8	17.4	164.5	167.1	161.6	5.5	98.1	2 670 583	2 730 996	2 332 143	145 860	252 992	1 102 601	2017
20.7	20.8	17.4	162.5	164.8	159.5	5.3	98.5	2 798 526	2 855 799	2 469 544	154 778	231 476	1 221 565	2018
20.7	20.8	16.6	162.2	164.6	159.2	5.3	95.5	2 959 732	3 020 438	2 624 547	168 397	227 494	1 267 070	2019

S. 협회및단체, 수리 및 기타 개인 서비스업 / Membership organizations, repair and other personal services

근로일수 Days Worked			근로시간 Hours Worked					급여액 Wages					Year
All Employees	Permanent	Temporary & Daily	All Employees	상용 Permanent			Temporary & Daily	All Employees	상용 Permanent			Temporary & Daily	
				총근로시간 Total	소정실근로 Regular	초과근로 Overtime			임금총액 Total	정액급여 Regular	초과급여 Overtime	특별급여 Special		
21.4	22.6	14.3	170.0	181.7	178.2	3.5	104.2	1 939 749	2 133 272	1 904 797	47 061	181 414	846 645	2013
21.0	22.2	13.9	168.0	179.1	175.5	3.6	102.0	1 994 933	2 191 642	1 966 933	55 254	169 455	825 537	2014
21.2	22.5	13.3	168.5	180.5	176.9	3.6	94.7	2 056 767	2 261 836	2 023 930	60 321	177 584	795 578	2015
21.1	22.4	12.2	167.6	179.3	175.3	4.0	86.1	2 167 214	2 367 229	2 092 751	72 020	202 458	772 883	2016
20.7	21.8	12.4	164.2	174.8	170.1	4.7	81.0	2 240 001	2 428 789	2 141 405	78 259	209 125	759 695	2017
20.6	21.6	11.6	162.0	171.5	167.6	3.9	73.4	2 400 862	2 576 208	2 262 622	82 777	230 810	779 644	2018
20.5	21.5	10.8	159.9	169.1	165.3	3.8	68.4	2 516 964	2 689 950	2 377 623	87 932	224 396	786 336	2019

Note : Based upon 9th revision(2007) of Korean Standard Industrial Classification
Total wages = Regular wages + Overtime wages + Special wages
··· is not available
Source : Labor Market Statistics Division, Ministry of Employment and Labor, 「Labor Force Survey at Establishments」

14. 산업(대·중분류)별 월평균 임금, 근로일수 및 근로시간 (2019년 이전)(15-4)

단위 : 일, 시간, 원

B05. 석탄, 원유 및 천연가스 광업 / Mining of Coal, Crude Petroleum and Natural Gas

연도	근로일수 Days Worked			근로시간 Hours Worked					급여액 Wages					
	전체 All Employees	상용 Permanent	임시일용 Temporary & Daily	전체 All Employees	상용 Permanent			임시일용 Temporary & Daily	전체 All Employees	상용 Permanent				임시일용 Temporary & Daily
					총근로시간 Total	소정실근로 Regular	초과근로 Overtime			임금총액 Total	정액급여 Regular	초과급여 Overtime	특별급여 Special	
2013	20.0	20.0	18.3	149.2	149.2	138.6	10.6	144.9	4 462 679	4 466 671	3 267 192	252 205	947 274	1 243 179
2014	19.9	19.9	19.4	146.0	146.0	132.9	13.1	155.5	4 601 583	4 606 431	3 154 004	341 344	1 111 083	1 554 135
2015	20.4	20.4	19.9	149.5	149.5	135.9	13.5	158.9	4 781 027	4 782 757	3 237 922	379 784	1 165 052	1 545 745
2016	20.2	20.2	18.8	150.9	150.9	136.3	14.6	153.8	4 817 423	4 816 573	3 328 726	415 624	1 072 223	5 417 467
2017	20.1	20.1	23.0	141.4	141.4	127.0	14.4	157.0	4 919 259	4 919 543	3 435 108	402 298	1 082 136	2 356 464
2018	20.0	20.0	17.8	137.4	137.4	123.3	14.0	134.7	5 026 522	5 036 827	3 540 372	402 061	1 094 394	1 833 251
2019	20.1	20.1	10.3	140.4	140.5	126.5	14.0	77.2	5 275 678	5 287 708	3 681 692	402 369	1 203 647	1 106 193

B07. 비금속광물광업;연료용 제외 / Mining of Non-metallic Minerals, Except Fuel

연도	근로일수 Days Worked			근로시간 Hours Worked					급여액 Wages					
	전체 All Employees	상용 Permanent	임시일용 Temporary & Daily	전체 All Employees	상용 Permanent			임시일용 Temporary & Daily	전체 All Employees	상용 Permanent				임시일용 Temporary & Daily
					총근로시간 Total	소정실근로 Regular	초과근로 Overtime			임금총액 Total	정액급여 Regular	초과급여 Overtime	특별급여 Special	
2013	21.9	22.5	12.5	192.0	198.2	176.6	21.6	97.7	3 111 832	3 224 494	2 551 010	274 869	398 615	1 398 485
2014	22.0	22.5	13.0	188.4	193.2	173.0	20.2	105.1	3 065 784	3 172 988	2 588 061	272 300	312 627	1 233 375
2015	22.0	22.6	12.4	187.1	192.1	173.8	18.3	97.5	3 260 234	3 376 674	2 745 624	255 844	375 206	1 181 013
2016	21.5	22.3	9.5	184.4	191.8	172.0	19.7	74.8	3 363 459	3 522 681	2 854 163	293 727	374 792	996 332
2017	21.5	22.2	12.6	183.4	190.0	173.2	16.8	101.2	3 386 964	3 546 117	3 002 511	233 880	309 726	1 414 290
2018	21.7	22.5	10.6	184.7	192.0	174.5	17.5	82.5	3 494 863	3 652 741	3 149 535	248 182	255 024	1 272 154
2019	21.5	22.4	10.3	182.8	191.5	172.8	18.8	81.3	3 611 160	3 812 409	3 324 391	286 283	201 735	1 282 070

C10. 식료품 제조업 / Manufacture of Food Products

연도	근로일수 Days Worked			근로시간 Hours Worked					급여액 Wages					
	전체 All Employees	상용 Permanent	임시일용 Temporary & Daily	전체 All Employees	상용 Permanent			임시일용 Temporary & Daily	전체 All Employees	상용 Permanent				임시일용 Temporary & Daily
					총근로시간 Total	소정실근로 Regular	초과근로 Overtime			임금총액 Total	정액급여 Regular	초과급여 Overtime	특별급여 Special	
2013	21.2	21.8	17.9	180.3	187.7	166.2	21.4	134.6	2 242 630	2 444 677	1 893 128	256 158	295 391	979 866
2014	21.4	21.6	19.4	181.6	186.5	164.2	22.4	136.1	2 344 374	2 488 396	1 875 339	294 065	318 992	1 021 234
2015	21.4	21.6	19.3	183.8	188.8	164.7	24.1	133.1	2 469 712	2 606 310	1 955 680	326 220	324 409	1 092 767
2016	21.1	21.4	15.6	183.5	187.6	164.2	23.4	116.3	2 615 199	2 711 279	2 038 758	337 599	334 922	1 023 662
2017	20.8	21.4	13.4	179.8	186.0	161.0	25.0	105.2	2 749 202	2 893 977	2 127 099	378 280	388 598	981 227
2018	20.6	21.2	13.7	177.3	183.2	159.4	23.9	108.5	2 847 388	2 997 442	2 244 139	388 828	364 475	1 117 590
2019	20.3	21.0	13.6	173.0	179.5	159.1	20.4	105.0	2 954 364	3 127 727	2 388 572	374 870	364 285	1 153 352

주 : 한국표준산업분류 제9차 개정(2007) 기준
　　 임금총액 = 정액급여 + 초과급여 + 특별급여
　　 …은 미상자료
자료 : 고용노동부 노동시장조사과, 「사업체노동력조사(구, 사업체임금근로시간조사)」

14. Average monthly wages, days and hours worked by industry(sections, divisions) (previous 2019)(15-4)

In day, hour, won

B06. 금속광업 / Mining of Metal Ores

근로일수 Days Worked			근로시간 Hours Worked					급여액 Wages					Year
전체 All Employees	상용 Permanent	임시일용 Temporary & Daily	전체 All Employees	상용 Permanent 총근로시간 Total	소정실근로 Regular	초과근로 Overtime	임시일용 Temporary & Daily	전체 All Employees	상용 Permanent 임금총액 Total	정액급여 Regular	초과급여 Overtime	특별급여 Special	임시일용 Temporary & Daily	
...	...	...	...	...	...	...	...	...	...	...	...	...	...	2013
24.3	24.3	17.5	203.5	204.2	162.9	41.3	119.9	3 243 106	3 254 189	2 157 494	593 493	503 202	1 911 255	2014
24.0	24.0	16.6	202.3	202.6	161.1	41.6	133.0	3 301 006	3 312 219	2 195 274	611 638	505 307	1 320 413	2015
...	...	...	...	...	...	...	...	...	...	...	...	...	...	2016
21.9	21.9	16.9	195.4	195.9	160.8	35.1	134.9	3 410 898	3 424 531	2 384 694	770 323	269 515	1 838 186	2017
22.3	22.3	-	203.0	203.0	161.3	41.8	-	3 632 859	3 632 859	2 511 333	921 180	200 346	-	2018
22.9	22.9	-	201.6	201.6	158.8	42.8	-	3 894 006	3 894 006	2 650 043	955 928	288 035	-	2019

B08. 광업지원서비스업 / Mining support service activities

근로일수 Days Worked			근로시간 Hours Worked					급여액 Wages					Year
전체 All Employees	상용 Permanent	임시일용 Temporary & Daily	전체 All Employees	상용 Permanent 총근로시간 Total	소정실근로 Regular	초과근로 Overtime	임시일용 Temporary & Daily	전체 All Employees	상용 Permanent 임금총액 Total	정액급여 Regular	초과급여 Overtime	특별급여 Special	임시일용 Temporary & Daily	
...	...	...	...	...	...	...	...	...	...	...	...	...	...	2013
20.1	20.1	20.5	161.8	161.5	160.4	1.1	164.3	3 920 217	4 046 313	3 546 670	24 204	475 440	2 674 243	2014
20.7	20.7	20.6	165.9	165.9	165.5	0.4	164.8	4 453 576	4 562 190	3 889 858	9 821	662 511	3 011 162	2015
20.5	20.5	20.4	164.4	164.4	164.0	0.4	163.4	4 768 267	4 851 340	4 049 287	9 753	792 300	2 990 834	2016
20.2	20.1	20.5	161.7	161.6	161.2	0.4	164.1	5 287 939	5 338 552	4 242 835	10 308	1 085 409	2 685 203	2017
20.3	20.3	18.8	162.8	162.9	162.3	0.5	150.3	5 641 651	5 661 625	4 384 801	14 501	1 262 324	1 705 658	2018
19.7	19.7	-	158.3	158.3	157.7	0.6	-	5 898 257	5 898 257	4 388 023	18 000	1 492 234	-	2019

C11. 음료제조업 / Manufacture of Beverages

근로일수 Days Worked			근로시간 Hours Worked					급여액 Wages					Year
전체 All Employees	상용 Permanent	임시일용 Temporary & Daily	전체 All Employees	상용 Permanent 총근로시간 Total	소정실근로 Regular	초과근로 Overtime	임시일용 Temporary & Daily	전체 All Employees	상용 Permanent 임금총액 Total	정액급여 Regular	초과급여 Overtime	특별급여 Special	임시일용 Temporary & Daily	
21.0	21.3	17.0	185.8	188.4	161.5	26.8	142.8	3 611 287	3 756 422	2 372 080	446 262	938 080	1 183 110	2013
21.0	21.3	16.5	184.5	187.1	160.7	26.5	139.3	3 860 655	4 013 692	2 399 665	456 256	1 157 770	1 251 072	2014
21.1	21.4	17.2	183.4	185.5	161.9	23.5	152.0	3 821 943	3 981 158	2 538 235	500 342	942 582	1 368 020	2015
20.9	21.3	16.6	183.4	186.2	160.6	25.7	147.3	3 874 319	4 057 732	2 623 995	567 652	866 085	1 495 011	2016
20.4	20.8	14.8	179.7	183.3	160.4	22.9	129.6	4 005 368	4 190 923	2 751 052	541 195	898 676	1 389 519	2017
20.1	20.5	13.4	174.9	179.2	156.3	22.9	110.5	4 241 929	4 433 298	2 901 028	596 644	935 626	1 408 461	2018
19.3	20.1	9.4	171.0	177.8	155.3	22.6	75.8	4 519 477	4 783 330	3 138 588	629 070	1 015 672	855 948	2019

Note : Based upon 9th revision(2007) of Korean Standard Industrial Classification
Total wages = Regular wages + Overtime wages + Special wages
··· is not available
Source : Labor Market Statistics Division, Ministry of Employment and Labor, 「Labor Force Survey at Establishments」

14. 산업(대·중분류)별 월평균 임금, 근로일수 및 근로시간 (2019년 이전)(15-5)

단위 : 일, 시간, 원

C12. 담배 제조업 (Manufacture of Tobacco Products)

연도	근로일수 Days Worked			근로시간 Hours Worked					급여액 Wages					
	전체 All Employees	상용 Permanent	임시일용 Temporary & Daily	전체 All Employees	상용 Permanent			임시일용 Temporary & Daily	전체 All Employees	상용 Permanent				임시일용 Temporary & Daily
					총근로시간 Total	소정실근로 Regular	초과근로 Overtime			임금총액 Total	정액급여 Regular	초과급여 Overtime	특별급여 Special	
2013	20.2	20.2	18.8	186.9	187.6	160.9	26.7	150.4	5 833 334	5 907 516	4 096 623	406 998	1 403 894	1 865 231
2014	20.3	20.3	21.9	185.6	185.6	159.4	26.2	174.9	6 272 497	6 281 791	4 190 624	430 241	1 660 926	2 150 189
2015	20.0	20.0	19.1	189.0	189.7	160.1	29.6	144.5	6 449 574	6 516 747	4 600 184	412 469	1 504 094	2 184 247
2016	19.8	19.8	17.0	179.0	179.7	153.4	26.2	138.9	6 557 306	6 634 490	4 261 879	618 777	1 753 834	2 009 484
2017	19.6	19.6	17.2	176.1	177.2	151.7	25.4	139.1	6 262 204	6 383 654	4 264 853	559 249	1 559 553	1 851 373
2018	18.9	19.0	15.5	165.0	166.1	148.8	17.3	128.3	6 179 834	6 315 907	4 347 289	442 622	1 525 996	1 785 299
2019	18.5	18.5	17.3	161.0	161.4	144.3	17.2	140.5	6 307 781	6 403 088	4 416 318	508 340	1 478 430	2 080 321

C14. 의복, 의복액세서리 및 모피제품 제조업 (Manufacture of wearing apparel, Clothing Accessories and Fur Articles)

연도	근로일수 Days Worked			근로시간 Hours Worked					급여액 Wages					
	전체 All Employees	상용 Permanent	임시일용 Temporary & Daily	전체 All Employees	상용 Permanent			임시일용 Temporary & Daily	전체 All Employees	상용 Permanent				임시일용 Temporary & Daily
					총근로시간 Total	소정실근로 Regular	초과근로 Overtime			임금총액 Total	정액급여 Regular	초과급여 Overtime	특별급여 Special	
2013	21.0	21.7	15.9	171.4	178.9	171.7	7.2	112.7	2 262 489	2 433 796	2 225 276	104 723	103 797	921 944
2014	20.8	21.1	18.8	172.9	175.5	167.5	8.0	151.6	2 391 735	2 543 984	2 348 433	109 234	86 317	1 170 895
2015	21.1	21.2	19.5	174.1	175.9	168.4	7.5	156.0	2 504 016	2 628 695	2 441 765	100 434	86 496	1 296 228
2016	21.1	21.2	18.1	175.3	177.3	169.9	7.4	143.2	2 617 090	2 704 195	2 506 147	97 569	100 479	1 177 135
2017	20.4	20.7	17.9	168.4	171.0	166.2	4.8	147.1	2 639 545	2 805 060	2 612 160	74 075	118 825	1 280 347
2018	20.4	20.7	17.7	167.8	170.0	165.8	4.2	143.7	2 771 478	2 895 575	2 709 863	76 868	108 844	1 429 163
2019	20.6	20.8	18.6	166.8	169.5	164.8	4.6	144.0	2 911 957	3 074 265	2 862 968	95 953	115 343	1 486 009

C16. 목재 및 나무제품 제조업;가구 제외 (Manufacture of Wood and of Products of Wood and Cork ; Except Furniture)

연도	근로일수 Days Worked			근로시간 Hours Worked					급여액 Wages					
	전체 All Employees	상용 Permanent	임시일용 Temporary & Daily	전체 All Employees	상용 Permanent			임시일용 Temporary & Daily	전체 All Employees	상용 Permanent				임시일용 Temporary & Daily
					총근로시간 Total	소정실근로 Regular	초과근로 Overtime			임금총액 Total	정액급여 Regular	초과급여 Overtime	특별급여 Special	
2013	21.7	22.0	17.4	184.6	189.1	168.6	20.5	131.0	2 333 821	2 423 835	2 002 477	242 010	179 349	1 259 392
2014	21.2	21.7	16.6	179.0	184.4	167.4	17.1	130.7	2 337 068	2 454 946	2 082 336	211 874	160 736	1 294 377
2015	21.5	22.0	15.6	184.9	189.9	168.9	21.1	122.1	2 510 756	2 590 995	2 160 930	252 358	177 706	1 499 707
2016	21.0	21.9	12.7	180.3	188.0	167.5	20.4	105.4	2 653 922	2 772 656	2 272 983	276 829	222 845	1 488 699
2017	20.9	21.8	10.8	180.1	188.3	165.9	22.4	86.8	2 793 630	2 916 005	2 340 603	323 090	252 312	1 400 702
2018	21.2	21.6	10.3	181.6	185.8	165.9	19.9	80.7	2 984 071	3 056 147	2 483 889	322 247	250 011	1 263 068
2019	21.2	21.6	10.4	179.3	183.2	165.7	17.6	80.2	3 111 626	3 187 499	2 666 243	317 898	203 357	1 175 164

주 : 한국표준산업분류 제9차 개정(2007) 기준
　　임금총액 = 정액급여 + 초과급여 + 특별급여
　　…은 미상자료
자료 : 고용노동부 노동시장조사과, 「사업체노동력조사(구, 사업체임금근로시간조사)」

14. Average monthly wages, days and hours worked by industry(sections, divisions) (previous 2019)(15-5)

In day, hour, won

C13. 섬유제품 제조업; 의복제외 / Manufacture of Textiles, Except Apparel

| 근로일수 Days Worked ||| 근로시간 Hours Worked |||| 급여액 Wages ||||| Year |
All Employees	Permanent 상용	Temporary & Daily 임시일용	All Employees 전체	총근로시간 Total 상용 Permanent	소정실근로 Regular	초과근로 Overtime	Temporary & Daily 임시일용	All Employees 전체	임금총액 Total	정액급여 Regular 상용 Permanent	초과급여 Overtime	특별급여 Special	Temporary & Daily 임시일용	
22.4	22.4	21.7	189.9	191.0	173.4	17.6	163.9	2 373 065	2 416 561	2 000 043	237 576	178 942	1 412 428	2013
22.3	22.5	19.8	191.0	194.3	172.0	22.3	145.2	2 404 918	2 473 728	2 034 193	279 459	160 076	1 450 459	2014
22.2	22.5	17.7	189.6	193.6	173.3	20.3	121.7	2 483 230	2 557 354	2 129 004	267 735	160 616	1 228 828	2015
22.0	22.2	16.2	189.9	192.0	172.1	20.0	120.3	2 647 672	2 685 205	2 233 518	283 049	168 638	1 398 006	2016
21.5	21.6	13.1	188.0	189.4	170.1	19.3	94.9	2 799 231	2 823 309	2 317 044	342 716	163 549	1 184 185	2017
21.5	21.6	11.5	185.7	186.9	168.6	18.2	70.0	2 939 559	2 959 485	2 462 743	369 099	127 643	1 011 938	2018
21.2	21.3	11.8	182.8	183.4	165.8	17.6	69.7	3 055 112	3 066 984	2 572 855	369 797	124 333	1 093 452	2019

C15. 가죽, 가방 및 신발 제조업 / Tanning and Dressing of Leather, Manufacture of Luggage and Footwear

| 근로일수 Days Worked ||| 근로시간 Hours Worked |||| 급여액 Wages ||||| Year |
All Employees	Permanent 상용	Temporary & Daily 임시일용	All Employees 전체	총근로시간 Total 상용 Permanent	소정실근로 Regular	초과근로 Overtime	Temporary & Daily 임시일용	All Employees 전체	임금총액 Total	정액급여 Regular	초과급여 Overtime	특별급여 Special	Temporary & Daily 임시일용	
21.1	21.9	15.8	176.9	185.0	173.5	11.6	118.8	2 224 449	2 397 522	2 122 354	156 023	119 146	983 691	2013
21.5	22.0	17.0	176.4	182.2	173.2	9.0	127.6	2 156 655	2 299 131	2 124 354	107 510	67 267	945 069	2014
21.7	22.2	15.6	183.5	188.4	177.0	11.4	120.2	2 295 026	2 398 621	2 195 241	134 960	68 420	935 205	2015
21.4	21.8	13.3	179.1	182.6	173.8	8.9	105.2	2 454 215	2 527 575	2 328 729	130 665	68 180	924 622	2016
21.0	21.3	16.8	174.4	177.1	169.4	7.7	125.0	2 626 394	2 701 016	2 483 591	123 318	94 107	1 270 275	2017
20.6	20.8	16.0	169.9	172.3	165.7	6.6	116.5	2 727 276	2 794 665	2 608 531	115 269	70 865	1 228 119	2018
20.7	20.9	16.0	168.3	170.6	166.4	4.1	120.4	2 905 592	2 974 135	2 827 832	77 493	68 811	1 441 017	2019

C17. 펄프, 종이 및 종이제품 제조업 / Manufacture of Pulp, Paper and Paper Products

| 근로일수 Days Worked ||| 근로시간 Hours Worked |||| 급여액 Wages ||||| Year |
All Employees	Permanent 상용	Temporary & Daily 임시일용	All Employees 전체	총근로시간 Total 상용 Permanent	소정실근로 Regular	초과근로 Overtime	Temporary & Daily 임시일용	All Employees 전체	임금총액 Total	정액급여 Regular	초과급여 Overtime	특별급여 Special	Temporary & Daily 임시일용	
21.2	21.5	14.8	186.6	190.1	165.3	24.8	116.6	2 750 696	2 839 962	2 074 368	334 082	431 512	934 030	2013
21.1	21.3	16.4	186.2	189.2	162.9	26.3	130.9	2 806 170	2 898 421	2 136 844	347 307	414 270	1 108 269	2014
21.3	21.5	16.8	188.2	190.9	165.4	25.4	134.1	2 905 988	2 997 207	2 233 374	344 134	419 099	1 063 573	2015
21.2	21.3	16.3	188.0	190.3	163.9	26.4	128.9	3 005 922	3 084 000	2 308 675	390 426	385 560	1 029 247	2016
21.2	21.4	12.9	188.6	191.1	161.2	29.9	104.6	3 130 291	3 190 999	2 371 015	438 191	381 793	1 083 196	2017
21.1	21.3	14.5	185.6	187.4	160.8	26.7	111.1	3 333 784	3 386 739	2 506 606	458 017	422 116	1 133 717	2018
21.1	21.3	15.2	184.8	186.2	161.8	24.5	120.7	3 447 685	3 495 135	2 661 782	452 314	381 038	1 319 668	2019

Note : Based upon 9th revision(2007) of Korean Standard Industrial Classification
Total wages = Regular wages + Overtime wages + Special wages
··· is not available
Source : Labor Market Statistics Division, Ministry of Employment and Labor, 「Labor Force Survey at Establishments」

14. 산업(대·중분류)별 월평균 임금, 근로일수 및 근로시간 (2019년 이전)(15-6)

단위 : 일, 시간, 원

C18. 인쇄 및 기록매체 복제업 (Printing and Reproduction of Recorded Media)

연도	근로일수 Days Worked			근로시간 Hours Worked					급여액 Wages					
	전체 All Employees	상용 Permanent	임시일용 Temporary & Daily	전체 All Employees	상용 Permanent			임시일용 Temporary & Daily	전체 All Employees	상용 Permanent				임시일용 Temporary & Daily
					총근로시간 Total	소정실근로 Regular	초과근로 Overtime			임금총액 Total	정액급여 Regular	초과급여 Overtime	특별급여 Special	
2013	21.3	21.6	17.3	180.9	184.3	168.9	15.4	136.5	2 334 443	2 436 427	2 128 755	195 567	112 105	990 722
2014	21.1	21.4	16.5	176.0	179.3	168.2	11.1	119.4	2 350 361	2 429 152	2 152 104	150 917	126 130	993 059
2015	21.2	21.6	13.3	177.0	180.6	169.4	11.3	98.0	2 410 280	2 482 644	2 218 221	147 676	116 747	816 588
2016	20.9	21.3	11.2	175.9	179.2	167.9	11.3	83.6	2 510 474	2 573 934	2 286 697	165 729	121 507	752 462
2017	20.5	20.7	14.0	172.2	174.8	163.3	11.5	114.2	2 585 467	2 639 465	2 342 389	201 029	96 046	1 340 070
2018	20.6	20.9	13.2	172.9	175.8	163.8	12.0	109.2	2 731 666	2 794 958	2 473 528	219 698	101 733	1 361 256
2019	20.5	20.8	12.9	173.8	177.3	163.7	13.5	105.4	2 777 838	2 850 535	2 528 922	236 412	85 202	1 334 980

C20. 화학물질 및 화학제품 제조업:의약품 제외 (Manufacture of chemicals and chemical products (except pharmaceuticals, medicinal chemicals))

연도	근로일수 Days Worked			근로시간 Hours Worked					급여액 Wages					
	전체 All Employees	상용 Permanent	임시일용 Temporary & Daily	전체 All Employees	상용 Permanent			임시일용 Temporary & Daily	전체 All Employees	상용 Permanent				임시일용 Temporary & Daily
					총근로시간 Total	소정실근로 Regular	초과근로 Overtime			임금총액 Total	정액급여 Regular	초과급여 Overtime	특별급여 Special	
2013	21.0	21.1	17.8	182.3	183.5	162.8	20.7	143.2	3 812 459	3 896 869	2 713 037	362 314	821 518	1 170 419
2014	20.8	20.9	16.0	181.0	182.4	161.1	21.3	119.8	4 040 028	4 103 617	2 751 424	467 830	884 363	1 104 265
2015	20.9	21.0	16.8	181.8	182.5	162.6	19.9	153.9	4 209 680	4 273 801	2 858 504	510 775	904 523	1 496 574
2016	20.8	20.9	15.6	181.4	182.3	161.8	20.5	140.6	4 492 333	4 557 552	2 982 833	564 416	1 010 303	1 512 618
2017	20.4	20.5	14.7	177.5	178.6	159.3	19.3	119.9	4 534 199	4 601 120	3 063 834	535 124	1 002 162	1 219 256
2018	20.4	20.5	13.3	175.8	177.2	158.8	18.4	108.5	4 715 143	4 784 215	3 250 561	541 670	991 984	1 230 611
2019	20.3	20.4	13.3	174.9	176.0	159.2	16.8	109.9	4 810 589	4 865 803	3 380 571	541 247	943 985	1 492 402

C22. 고무제품 및 플라스틱제품 제조업 (Manufacture of Rubber and Plastic Products)

연도	근로일수 Days Worked			근로시간 Hours Worked					급여액 Wages					
	전체 All Employees	상용 Permanent	임시일용 Temporary & Daily	전체 All Employees	상용 Permanent			임시일용 Temporary & Daily	전체 All Employees	상용 Permanent				임시일용 Temporary & Daily
					총근로시간 Total	소정실근로 Regular	초과근로 Overtime			임금총액 Total	정액급여 Regular	초과급여 Overtime	특별급여 Special	
2013	21.6	21.7	18.4	192.9	194.0	165.6	28.4	157.6	2 637 214	2 683 576	2 009 429	348 516	325 631	1 162 779
2014	21.5	21.5	17.6	191.2	191.9	163.9	28.0	147.0	2 799 977	2 827 254	2 073 222	385 820	368 212	1 202 768
2015	21.4	21.5	16.7	191.7	192.6	164.0	28.6	138.3	2 931 482	2 963 898	2 187 564	394 373	381 961	1 073 230
2016	21.3	21.4	14.5	195.5	196.6	163.3	33.2	115.4	3 145 001	3 171 741	2 289 464	457 187	425 089	1 047 147
2017	21.5	21.6	16.7	194.1	195.1	162.0	33.1	144.3	3 320 531	3 356 541	2 422 182	518 374	415 986	1 450 087
2018	21.2	21.2	18.6	187.6	187.9	160.3	27.5	170.9	3 426 487	3 449 147	2 560 886	507 903	380 357	1 887 738
2019	21.1	21.1	18.2	185.3	185.6	160.5	25.2	162.1	3 556 118	3 580 294	2 687 464	493 698	399 132	1 968 674

주 : 한국표준산업분류 제9차 개정(2007) 기준
    임금총액 = 정액급여 + 초과급여 + 특별급여
    …은 미상자료
자료 : 고용노동부 노동시장조사과, 「사업체노동력조사(구, 사업체임금근로시간조사)」

14. Average monthly wages, days and hours worked by industry(sections, divisions) (previous 2019)(15-6)

In day, hour, won

C19. 코크스, 연탄 및 석유정제품 제조업 / Manufacture of Coke, hard-coal and lignite fuel briquettes and Refined Petroleum Products

근로일수 Days Worked			근로시간 Hours Worked					급여액 Wages					Year
전체	상용	임시일용	전체	상용 Permanent			임시일용	전체	상용 Permanent			임시일용	
All Employees	Permanent	Temporary & Daily	All Employees	총근로시간 Total	소정실근로 Regular	초과근로 Overtime	Temporary & Daily	All Employees	임금총액 Total	정액급여 Regular	초과급여 Overtime	특별급여 Special	Temporary & Daily	
20.7	20.7	18.9	174.9	175.1	159.0	16.1	149.0	5 746 604	5 773 633	3 317 305	463 825	1 992 503	1 673 877	2013
20.2	20.2	18.2	171.7	172.0	157.0	15.0	138.2	5 686 407	5 721 621	3 441 854	528 978	1 750 789	1 666 076	2014
20.3	20.3	12.5	171.2	171.7	158.7	13.0	97.1	5 894 245	5 927 144	3 523 507	468 751	1 934 886	1 112 312	2015
20.3	20.3	13.3	174.2	174.5	159.0	15.5	104.3	7 337 642	7 366 470	3 627 344	518 005	3 221 121	1 388 454	2016
20.1	20.2	17.5	172.7	172.9	157.9	15.0	137.4	7 506 252	7 530 943	3 739 471	535 881	3 255 591	1 771 167	2017
20.2	20.2	15.7	172.9	173.2	157.1	16.1	121.2	7 789 858	7 824 823	3 835 662	619 319	3 369 843	1 629 741	2018
20.2	20.2	13.6	170.0	170.3	156.9	13.4	102.4	7 554 593	7 586 419	3 942 889	572 208	3 071 322	1 417 049	2019

C21. 의료용물질 및 의약품 제조업 / Manufacture of Pharmaceuticals, Medicinal Chemicals and Botanical Products

근로일수 Days Worked			근로시간 Hours Worked					급여액 Wages					Year
전체	상용	임시일용	전체	상용 Permanent			임시일용	전체	상용 Permanent			임시일용	
All Employees	Permanent	Temporary & Daily	All Employees	총근로시간 Total	소정실근로 Regular	초과근로 Overtime	Temporary & Daily	All Employees	임금총액 Total	정액급여 Regular	초과급여 Overtime	특별급여 Special	Temporary & Daily	
20.3	20.4	17.0	169.5	170.5	160.8	9.6	135.1	3 486 218	3 555 173	2 814 948	161 415	578 810	1 025 659	2013
20.2	20.3	17.8	170.1	171.2	158.9	12.3	136.7	3 614 225	3 697 554	2 796 343	196 976	704 236	1 134 059	2014
20.2	20.3	18.1	170.5	171.8	160.0	11.8	139.9	3 761 123	3 863 454	2 896 042	223 246	744 166	1 359 913	2015
20.0	20.1	17.6	172.1	173.5	158.0	15.5	138.7	3 899 819	4 012 017	2 980 996	317 684	713 337	1 342 412	2016
19.8	19.8	17.3	167.1	167.6	155.1	12.5	139.2	3 929 442	3 976 438	3 104 533	232 317	639 588	1 475 900	2017
19.8	19.8	16.9	167.9	168.4	155.4	12.9	135.5	4 022 551	4 060 272	3 243 637	242 379	574 256	1 513 978	2018
19.9	19.9	17.9	166.5	166.9	156.8	10.0	147.4	4 286 876	4 331 043	3 441 927	213 402	675 714	1 651 497	2019

C23. 비금속광물제품 제조업 / Manufacture of Other Non-metallic Mineral Products

근로일수 Days Worked			근로시간 Hours Worked					급여액 Wages					Year
전체	상용	임시일용	전체	상용 Permanent			임시일용	전체	상용 Permanent			임시일용	
All Employees	Permanent	Temporary & Daily	All Employees	총근로시간 Total	소정실근로 Regular	초과근로 Overtime	Temporary & Daily	All Employees	임금총액 Total	정액급여 Regular	초과급여 Overtime	특별급여 Special	Temporary & Daily	
21.8	22.0	17.6	189.0	191.5	167.0	24.5	134.1	3 173 223	3 250 693	2 357 437	323 636	569 621	1 492 225	2013
21.0	21.9	14.7	188.9	192.2	166.0	26.2	116.1	3 244 250	3 342 508	2 434 991	375 711	531 806	1 105 884	2014
21.9	22.2	15.6	191.0	194.5	168.1	26.4	122.5	3 388 193	3 494 010	2 536 538	398 872	558 000	1 315 371	2015
21.8	22.1	15.3	189.9	193.0	166.7	26.3	119.7	3 589 495	3 686 516	2 641 225	452 168	593 123	1 421 271	2016
21.4	21.7	10.4	185.4	187.9	165.8	22.1	81.2	3 709 283	3 777 342	2 775 017	349 546	652 779	951 910	2017
21.2	21.5	8.6	184.1	186.5	163.2	23.3	67.5	3 824 520	3 883 911	2 953 002	393 024	537 886	953 520	2018
21.2	21.5	7.0	182.2	185.0	164.0	21.0	54.9	4 011 737	4 079 941	3 139 255	396 038	544 648	891 823	2019

Note : Based upon 9th revision(2007) of Korean Standard Industrial Classification
Total wages = Regular wages + Overtime wages + Special wages
··· is not available
Source : Labor Market Statistics Division, Ministry of Employment and Labor, 「Labor Force Survey at Establishments」

14. 산업(대·중분류)별 월평균 임금, 근로일수 및 근로시간 (2019년 이전)(15-7)

단위 : 일, 시간, 원

C24. 1차 금속 제조업 (Manufacture of Basic Metal Products)

연도	근로일수 Days Worked			근로시간 Hours Worked					급여액 Wages					
	전체 All Employees	상용 Permanent	임시일용 Temporary & Daily	전체 All Employees	상용 Permanent			임시일용 Temporary & Daily	전체 All Employees	상용 Permanent				임시일용 Temporary & Daily
					총근로시간 Total	소정실근로 Regular	초과근로 Overtime			임금총액 Total	정액급여 Regular	초과급여 Overtime	특별급여 Special	
2013	21.3	21.3	19.3	189.0	189.9	160.3	29.6	158.8	3 856 485	3 918 911	2 454 690	477 942	986 280	1 712 515
2014	21.0	21.1	16.3	189.0	190.2	159.6	30.6	134.4	3 904 379	3 956 118	2 500 779	490 928	964 411	1 531 381
2015	21.0	21.1	14.7	189.2	190.5	160.5	30.0	119.8	3 953 266	3 997 975	2 562 862	495 112	940 000	1 456 457
2016	20.9	21.0	13.3	189.6	190.8	159.5	31.4	108.0	4 215 911	4 258 228	2 676 108	549 344	1 032 776	1 383 645
2017	20.9	21.0	12.3	186.0	187.6	157.3	30.3	98.6	4 251 350	4 305 345	2 793 509	571 911	939 925	1 403 030
2018	20.7	20.8	11.1	184.3	185.5	156.8	28.7	88.7	4 537 756	4 577 920	2 926 905	572 823	1 078 192	1 270 466
2019	20.6	20.7	12.0	180.3	181.3	156.9	24.4	94.7	4 462 891	4 496 190	3 086 736	517 012	892 442	1 596 234

C26. 전자부품, 컴퓨터, 영상, 음향 및 통신장비 제조업 (Manufacture of Electronic Components, Computer, Radio, Television and Communication Equipment and Apparatuses)

연도	근로일수 Days Worked			근로시간 Hours Worked					급여액 Wages					
	전체 All Employees	상용 Permanent	임시일용 Temporary & Daily	전체 All Employees	상용 Permanent			임시일용 Temporary & Daily	전체 All Employees	상용 Permanent				임시일용 Temporary & Daily
					총근로시간 Total	소정실근로 Regular	초과근로 Overtime			임금총액 Total	정액급여 Regular	초과급여 Overtime	특별급여 Special	
2013	21.0	21.0	18.8	180.6	181.2	158.8	22.4	148.7	4 234 930	4 283 008	2 804 513	335 324	1 143 172	1 350 427
2014	20.8	20.8	19.0	178.8	179.5	158.3	21.2	152.7	4 441 193	4 518 156	2 949 863	407 273	1 161 020	1 394 476
2015	20.9	20.9	18.6	178.9	179.4	160.2	19.2	151.6	4 482 455	4 542 826	3 056 305	413 521	1 073 000	1 400 965
2016	20.6	20.7	16.8	175.4	176.1	158.0	18.0	135.4	4 618 488	4 672 841	3 145 343	408 258	1 119 241	1 399 701
2017	20.3	20.4	18.3	172.3	172.6	156.1	16.5	154.6	5 032 794	5 073 790	3 327 902	420 725	1 325 163	1 892 447
2018	20.1	20.1	18.0	170.5	170.7	155.1	15.6	155.5	5 639 945	5 686 218	3 542 814	406 573	1 736 832	2 175 994
2019	20.1	20.2	18.0	172.7	172.9	156.0	16.9	154.5	5 805 820	5 847 535	3 747 856	430 908	1 668 770	2 419 686

C28. 전기장비 제조업 (Manufacture of electrical equipment)

연도	근로일수 Days Worked			근로시간 Hours Worked					급여액 Wages					
	전체 All Employees	상용 Permanent	임시일용 Temporary & Daily	전체 All Employees	상용 Permanent			임시일용 Temporary & Daily	전체 All Employees	상용 Permanent				임시일용 Temporary & Daily
					총근로시간 Total	소정실근로 Regular	초과근로 Overtime			임금총액 Total	정액급여 Regular	초과급여 Overtime	특별급여 Special	
2013	21.1	21.2	16.5	182.3	183.4	162.7	20.7	131.8	3 008 792	3 048 228	2 286 033	281 160	481 035	1 238 273
2014	20.8	21.0	16.1	179.4	181.5	161.3	20.1	132.6	3 141 635	3 217 699	2 397 165	305 890	514 645	1 426 390
2015	20.9	21.1	17.5	180.0	181.6	162.9	18.7	141.4	3 222 664	3 290 134	2 491 835	307 878	490 421	1 631 460
2016	20.9	21.0	19.2	179.0	180.7	161.6	19.1	153.3	3 423 423	3 507 423	2 648 432	331 886	527 106	2 146 458
2017	20.3	20.5	17.3	173.5	176.0	157.8	18.2	137.3	3 535 692	3 640 206	2 799 532	301 025	539 649	2 004 183
2018	20.2	20.4	17.2	171.4	173.6	157.2	16.4	136.2	3 659 238	3 764 968	2 967 060	299 130	498 778	1 984 441
2019	20.1	20.4	16.7	171.0	173.2	157.7	15.5	134.3	3 774 206	3 871 867	3 083 426	310 928	477 513	2 202 847

주 : 한국표준산업분류 제9차 개정(2007) 기준
    임금총액 = 정액급여 + 초과급여 + 특별급여
    …은 미상자료
자료 : 고용노동부 노동시장조사과, 「사업체노동력조사(구, 사업체임금근로시간조사)」

14. Average monthly wages, days and hours worked by industry(sections, divisions) (previous 2019)(15-7)

In day, hour, won

C25. 금속가공제품 제조업 ; 기계 및 가구 제외
Manufacture of Fabricated Metal Products, Except Machinery and Furniture

근로일수 Days Worked			근로시간 Hours Worked				급여액 Wages						Year
전체	상용	임시일용	전체	상용 Permanent		임시일용	전체	상용 Permanent				임시일용	
All Employees	Permanent	Temporary & Daily	All Employees	총근로시간 Total	소정실근로 Regular	초과근로 Overtime	Temporary & Daily	All Employees	임금총액 Total	정액급여 Regular	초과급여 Overtime	특별급여 Special	Temporary & Daily
21.5	21.8	16.8	185.9	188.7	167.9	20.8	133.1	2 730 723	2 787 872	2 213 400	263 361	311 111	1 655 407	2013
21.7	21.8	16.0	189.1	191.3	167.5	23.8	119.5	2 814 956	2 857 826	2 273 659	295 993	288 174	1 450 982	2014
21.8	22.0	16.0	189.6	191.5	167.9	23.6	126.8	2 957 066	2 996 589	2 366 582	336 457	293 550	1 634 149	2015
21.4	21.7	14.6	185.7	188.2	165.7	22.5	116.6	3 072 968	3 121 535	2 472 666	348 779	300 090	1 721 071	2016
21.1	21.4	14.8	183.6	186.4	163.3	23.1	122.5	3 151 348	3 212 122	2 567 822	332 406	311 894	1 822 919	2017
20.9	21.2	13.0	179.0	181.5	162.2	19.3	104.7	3 273 834	3 329 543	2 715 751	327 078	286 715	1 603 096	2018
20.8	21.1	12.4	176.1	179.0	162.0	17.0	99.4	3 360 298	3 431 315	2 862 756	307 438	261 121	1 501 890	2019

C27. 의료, 정밀, 광학기기 및 시계제조업
Manufacture of Medical, Precision and Optical Instruments, Watches and Clocks

근로일수 Days Worked			근로시간 Hours Worked				급여액 Wages						Year
전체	상용	임시일용	전체	상용 Permanent		임시일용	전체	상용 Permanent				임시일용	
All Employees	Permanent	Temporary & Daily	All Employees	총근로시간 Total	소정실근로 Regular	초과근로 Overtime	Temporary & Daily	All Employees	임금총액 Total	정액급여 Regular	초과급여 Overtime	특별급여 Special	Temporary & Daily
20.9	21.1	16.6	175.3	177.3	163.5	13.9	125.1	2 769 742	2 837 192	2 384 566	164 712	287 914	1 058 937	2013
20.8	20.9	17.7	176.3	177.6	162.2	15.4	130.3	2 901 764	2 947 315	2 511 595	204 183	231 537	1 311 205	2014
20.9	21.0	17.9	176.3	177.6	163.4	14.2	127.8	2 988 226	3 033 757	2 588 817	199 390	245 549	1 285 196	2015
20.9	20.9	16.8	175.7	177.1	161.9	15.2	107.5	3 106 065	3 150 238	2 676 000	230 056	244 182	982 159	2016
20.3	20.4	15.8	171.3	172.7	159.2	13.5	103.0	3 269 995	3 307 321	2 839 199	182 473	285 649	1 437 329	2017
20.2	20.3	15.6	168.6	170.0	158.7	11.3	99.1	3 421 750	3 456 647	2 998 705	176 046	281 897	1 738 305	2018
20.1	20.3	13.2	165.8	167.7	158.9	8.8	89.7	3 558 593	3 605 761	3 178 455	167 915	259 390	1 597 392	2019

C29. 기타 기계 및 장비 제조업
Manufacture of Other Machinery and Equipment

근로일수 Days Worked			근로시간 Hours Worked				급여액 Wages						Year
전체	상용	임시일용	전체	상용 Permanent		임시일용	전체	상용 Permanent				임시일용	
All Employees	Permanent	Temporary & Daily	All Employees	총근로시간 Total	소정실근로 Regular	초과근로 Overtime	Temporary & Daily	All Employees	임금총액 Total	정액급여 Regular	초과급여 Overtime	특별급여 Special	Temporary & Daily
21.4	21.4	19.2	183.8	184.7	164.0	20.7	158.7	3 056 353	3 105 811	2 393 870	281 944	429 997	1 659 802	2013
21.3	21.5	16.8	185.5	187.7	162.0	25.8	131.6	3 262 548	3 332 643	2 486 964	334 419	511 260	1 577 038	2014
21.3	21.5	16.2	184.7	186.7	163.2	23.4	130.4	3 374 882	3 436 803	2 578 844	340 917	517 041	1 663 699	2015
21.2	21.4	15.7	182.8	184.4	162.2	22.2	125.6	3 420 309	3 467 684	2 669 908	342 453	455 323	1 638 223	2016
21.0	21.2	13.8	182.8	184.5	161.4	23.0	110.8	3 539 847	3 581 037	2 758 399	372 191	450 447	1 774 282	2017
20.8	21.0	14.0	181.0	182.8	160.7	22.0	112.7	3 587 318	3 633 975	2 835 675	380 259	418 041	1 758 195	2018
20.6	20.8	14.1	178.6	180.4	160.4	20.0	108.4	3 717 451	3 767 187	2 949 068	374 675	443 444	1 752 406	2019

Note : Based upon 9th revision(2007) of Korean Standard Industrial Classification
Total wages = Regular wages + Overtime wages + Special wages
··· is not available
Source : Labor Market Statistics Division, Ministry of Employment and Labor, 「Labor Force Survey at Establishments」

14. 산업(대·중분류)별 월평균 임금, 근로일수 및 근로시간 (2019년 이전)(15-8)

단위 : 일, 시간, 원

C30. 자동차 및 트레일러 제조업 (Manufacture of Motor Vehicles, Trailers and Semitrailers)

연도	근로일수 Days Worked			근로시간 Hours Worked					급여액 Wages				
	전체 All Employees	상용 Permanent	임시일용 Temporary & Daily	전체 All Employees	상용 Permanent			임시일용 Temporary & Daily	전체 All Employees	상용 Permanent			임시일용 Temporary & Daily
					총근로시간 Total	소정실근로 Regular	초과근로 Overtime			임금총액 Total	정액급여 Regular	초과급여 Overtime	특별급여 Special	
2013	21.2	21.2	19.8	188.8	189.3	154.8	34.4	162.1	4 310 833	4 357 254	2 450 706	539 363	1 367 185	1 907 275
2014	21.2	21.3	19.7	189.2	190.0	154.6	35.4	158.7	4 383 042	4 437 560	2 500 915	556 555	1 380 090	2 277 481
2015	21.1	21.1	19.8	189.3	189.7	155.6	34.0	168.7	4 370 944	4 406 667	2 583 232	576 861	1 246 574	2 638 497
2016	20.7	20.8	18.5	184.9	185.8	153.2	32.6	147.2	4 604 345	4 661 548	2 676 913	538 423	1 446 212	2 203 069
2017	20.7	20.7	20.2	180.2	180.3	150.8	29.5	174.0	4 350 329	4 388 198	2 768 616	559 514	1 060 068	2 676 702
2018	20.2	20.3	19.3	176.3	176.6	150.1	26.5	159.5	4 986 850	5 014 400	2 929 404	561 940	1 523 057	3 457 227
2019	20.3	20.4	19.8	177.6	177.8	152.4	25.4	162.4	4 877 805	4 900 490	3 055 086	555 583	1 289 820	3 521 379

C32. 가구 제조업 (Manufacture of Furniture)

연도	근로일수 Days Worked			근로시간 Hours Worked					급여액 Wages				
	전체 All Employees	상용 Permanent	임시일용 Temporary & Daily	전체 All Employees	상용 Permanent			임시일용 Temporary & Daily	전체 All Employees	상용 Permanent			임시일용 Temporary & Daily
					총근로시간 Total	소정실근로 Regular	초과근로 Overtime			임금총액 Total	정액급여 Regular	초과급여 Overtime	특별급여 Special	
2013	21.6	21.6	20.9	186.5	187.7	166.6	21.2	162.3	2 483 440	2 537 246	2 004 979	287 740	244 527	1 382 741
2014	21.3	21.5	16.3	186.3	187.8	164.8	23.0	129.6	2 588 543	2 625 938	2 045 505	313 694	266 738	1 154 498
2015	21.7	21.9	16.1	187.7	190.1	167.3	22.8	125.1	2 636 886	2 689 933	2 098 172	313 902	277 859	1 276 223
2016	21.4	21.6	14.9	183.3	185.4	165.3	20.1	119.3	2 858 355	2 907 553	2 227 753	284 405	395 394	1 361 076
2017	20.7	21.3	9.6	176.8	182.2	164.1	18.2	76.5	2 885 449	2 978 537	2 356 318	279 169	343 050	1 174 355
2018	20.4	21.2	8.7	174.2	181.1	163.9	17.2	69.1	2 997 546	3 118 621	2 491 361	291 375	335 884	1 136 195
2019	20.6	21.3	8.8	173.1	178.9	164.4	14.5	70.7	3 088 864	3 189 973	2 602 798	259 601	327 574	1 322 064

D35. 전기, 가스, 증기 및 공기조절 공급업 (Electricity, gas, steam and air conditioning supply)

연도	근로일수 Days Worked			근로시간 Hours Worked					급여액 Wages				
	전체 All Employees	상용 Permanent	임시일용 Temporary & Daily	전체 All Employees	상용 Permanent			임시일용 Temporary & Daily	전체 All Employees	상용 Permanent			임시일용 Temporary & Daily
					총근로시간 Total	소정실근로 Regular	초과근로 Overtime			임금총액 Total	정액급여 Regular	초과급여 Overtime	특별급여 Special	
2013	20.2	20.3	18.1	173.0	173.6	159.9	13.7	139.1	5 533 036	5 606 912	4 036 482	336 269	1 234 162	1 345 088
2014	19.9	19.9	19.3	170.2	170.5	157.7	12.8	152.1	5 612 837	5 665 570	4 228 351	323 487	1 113 732	1 658 889
2015	20.1	20.1	19.9	170.4	170.6	159.6	11.0	155.1	5 895 646	5 948 631	4 357 098	305 774	1 285 760	1 930 252
2016	19.8	19.8	19.9	167.7	167.9	157.0	10.8	154.0	6 388 671	6 431 545	4 459 835	328 417	1 643 292	2 234 923
2017	19.5	19.5	18.2	165.0	165.3	155.3	10.0	141.7	6 346 931	6 410 122	4 517 884	321 306	1 570 932	1 993 565
2018	19.2	19.2	17.6	161.7	162.1	152.8	9.2	139.0	6 498 473	6 565 732	4 615 924	310 696	1 639 112	2 170 321
2019	19.2	19.3	16.9	161.2	161.7	153.6	8.1	134.5	6 567 833	6 662 556	4 720 097	298 606	1 643 853	1 744 066

주 : 한국표준산업분류 제9차 개정(2007) 기준
　　 임금총액 = 정액급여 + 초과급여 + 특별급여
　　 …은 미상자료
자료 : 고용노동부 노동시장조사과, 「사업체노동력조사(구, 사업체임금근로시간조사)」

14. Average monthly wages, days and hours worked by industry(sections, divisions) (previous 2019)(15-8)

In day, hour, won

C31. 기타운송장비제조업 / Manufacture of Other Transport Equipment

근로일수 Days Worked			근로시간 Hours Worked					급여액 Wages					Year
전체	상용	임시일용	전체	상용 Permanent			임시일용	전체	상용 Permanent			임시일용	
All Employees	Permanent	Temporary & Daily	All Employees	총근로시간 Total	소정실근로 Regular	초과근로 Overtime	Temporary & Daily	All Employees	임금총액 Total	정액급여 Regular	초과급여 Overtime	특별급여 Special	Temporary & Daily	
21.0	21.1	19.1	186.7	188.1	155.7	32.5	147.1	4 106 703	4 177 368	2 581 609	430 394	1 165 365	2 159 531	2013
20.9	21.0	17.1	187.5	188.8	155.6	33.2	142.5	4 107 978	4 161 324	2 629 136	471 554	1 060 634	2 218 768	2014
21.0	21.0	18.9	190.2	191.3	158.5	32.8	156.8	4 344 326	4 407 758	2 717 502	544 343	1 145 912	2 361 802	2015
20.5	20.5	18.3	181.9	182.6	155.1	27.5	151.8	4 196 323	4 235 328	2 786 987	466 020	982 321	2 375 044	2016
19.6	19.6	14.8	168.8	169.3	146.1	23.2	128.8	4 147 629	4 176 346	2 751 376	397 072	1 027 899	1 996 206	2017
19.5	19.6	13.2	169.1	169.7	145.6	24.1	108.2	4 666 713	4 694 785	2 913 110	469 515	1 312 160	1 596 293	2018
20.2	20.3	9.9	175.8	176.5	150.3	26.1	77.5	4 753 994	4 781 111	3 043 893	547 437	1 189 781	1 079 335	2019

C33. 기타제품제조업 / Other manufacturing

근로일수 Days Worked			근로시간 Hours Worked					급여액 Wages					Year
전체	상용	임시일용	전체	상용 Permanent			임시일용	전체	상용 Permanent			임시일용	
All Employees	Permanent	Temporary & Daily	All Employees	총근로시간 Total	소정실근로 Regular	초과근로 Overtime	Temporary & Daily	All Employees	임금총액 Total	정액급여 Regular	초과급여 Overtime	특별급여 Special	Temporary & Daily	
20.9	21.4	16.0	172.2	177.2	169.1	8.1	121.8	2 134 631	2 240 957	2 023 768	101 370	115 819	1 074 177	2013
20.6	21.3	13.8	170.2	176.4	168.2	8.2	110.8	2 201 556	2 310 527	2 085 845	100 536	124 147	1 149 072	2014
20.7	21.5	12.6	168.8	175.7	169.0	6.7	98.8	2 250 710	2 370 382	2 158 498	90 815	121 069	1 051 727	2015
20.7	21.4	12.9	169.7	175.4	168.0	7.5	101.7	2 419 609	2 526 731	2 290 545	98 616	137 571	1 139 044	2016
20.4	20.7	17.6	167.7	170.2	162.9	7.2	139.6	2 576 196	2 679 906	2 362 868	125 247	191 792	1 370 144	2017
20.2	20.7	15.3	164.5	168.7	162.8	5.9	124.8	2 611 132	2 742 068	2 456 975	117 694	167 399	1 378 643	2018
20.1	20.7	15.1	164.4	169.1	162.6	6.5	122.7	2 681 391	2 827 686	2 547 856	122 646	157 183	1 379 595	2019

D36. 수도사업 / Water Supply

근로일수 Days Worked			근로시간 Hours Worked					급여액 Wages					Year
전체	상용	임시일용	전체	상용 Permanent			임시일용	전체	상용 Permanent			임시일용	
All Employees	Permanent	Temporary & Daily	All Employees	총근로시간 Total	소정실근로 Regular	초과근로 Overtime	Temporary & Daily	All Employees	임금총액 Total	정액급여 Regular	초과급여 Overtime	특별급여 Special	Temporary & Daily	
20.1	20.2	17.4	179.8	181.4	160.5	20.9	130.7	5 354 971	5 493 727	3 788 032	483 857	1 221 839	1 055 994	2013
19.7	19.8	15.7	173.6	175.1	157.3	17.8	115.4	4 928 763	5 028 406	3 675 699	429 648	923 059	1 075 627	2014
19.8	19.9	16.4	174.8	176.0	158.6	17.4	122.0	5 352 491	5 444 288	3 719 185	416 457	1 308 646	1 189 074	2015
19.2	19.3	17.5	167.4	168.4	153.6	14.8	128.8	5 715 464	5 828 378	4 136 209	399 410	1 292 759	1 356 529	2016
19.0	19.0	15.8	164.7	165.5	151.1	14.4	119.8	5 703 216	5 778 446	4 198 851	382 506	1 197 089	1 344 651	2017
19.0	19.0	16.9	165.4	166.0	151.0	15.0	130.3	5 862 895	5 940 106	4 276 003	404 865	1 259 238	1 437 771	2018
18.7	18.7	17.0	152.9	153.5	149.8	3.7	132.5	5 897 213	6 017 925	4 472 370	147 443	1 398 113	1 577 491	2019

Note : Based upon 9th revision(2007) of Korean Standard Industrial Classification
Total wages = Regular wages + Overtime wages + Special wages
… is not available
Source : Labor Market Statistics Division, Ministry of Employment and Labor, 「Labor Force Survey at Establishments」

14. 산업(대·중분류)별 월평균 임금, 근로일수 및 근로시간 (2019년 이전)(15-9)

단위 : 일, 시간, 원

E37. 하 수, 폐 수 및 분 뇨 처 리 업 / Sewage, Wastewater and Human Waste Treatment Services

연도	근로일수 Days Worked			근로시간 Hours Worked					급여액 Wages				
	전체	상용	임시일용	전체	상용 Permanent			임시일용	전체	상용 Permanent				임시일용
	All Employees	Permanent	Temporary & Daily	All Employees	총근로시간 Total	소정실근로 Regular	초과근로 Overtime	Temporary & Daily	All Employees	임금총액 Total	정액급여 Regular	초과급여 Overtime	특별급여 Special	Temporary & Daily
2013	21.1	21.2	16.5	171.8	172.5	165.4	7.0	123.7	2 684 391	2 704 375	2 386 052	122 489	195 834	1 171 513
2014	20.8	20.9	18.4	174.1	175.3	165.5	9.8	140.9	2 766 518	2 823 384	2 471 381	173 015	178 988	1 112 967
2015	21.0	21.1	17.9	172.0	173.0	166.5	6.4	137.8	2 861 515	2 909 250	2 543 481	150 951	214 819	1 165 415
2016	20.9	20.9	19.1	171.1	172.0	166.1	6.0	140.2	3 045 268	3 096 231	2 672 005	161 109	263 118	1 326 749
2017	20.3	20.6	13.1	166.7	169.2	161.4	7.8	102.6	3 260 167	3 341 510	2 793 825	194 745	352 940	1 136 953
2018	20.1	20.4	13.8	165.2	167.8	159.2	8.6	109.7	3 444 013	3 540 914	2 924 724	219 748	396 442	1 339 925
2019	20.4	20.6	14.2	167.9	170.4	160.7	9.7	112.8	3 604 112	3 698 287	3 013 762	260 457	424 068	1 556 926

E39. 환 경 정 화 및 복 원 업 / Remediation activities and other waste management services

연도	근로일수 Days Worked			근로시간 Hours Worked					급여액 Wages				
	전체	상용	임시일용	전체	상용 Permanent			임시일용	전체	상용 Permanent				임시일용
	All Employees	Permanent	Temporary & Daily	All Employees	총근로시간 Total	소정실근로 Regular	초과근로 Overtime	Temporary & Daily	All Employees	임금총액 Total	정액급여 Regular	초과급여 Overtime	특별급여 Special	Temporary & Daily
2013	20.0	20.2	15.8	171.8	173.6	159.5	14.0	128.9	3 453 322	3 538 291	2 929 433	210 900	397 958	1 370 243
2014	20.8	20.9	19.2	171.3	173.6	164.5	9.1	149.6	3 328 932	3 499 604	2 915 577	188 673	395 354	1 666 730
2015	20.3	20.9	16.4	166.2	172.7	164.6	8.2	123.3	3 241 262	3 501 328	2 899 933	168 720	432 675	1 530 334
2016	20.2	20.6	15.4	165.5	169.3	162.0	7.3	119.3	3 435 817	3 590 059	2 981 680	177 444	430 935	1 566 174
2017	20.2	20.5	10.1	168.7	170.9	162.1	8.8	73.7	3 815 365	3 873 428	3 031 006	259 689	582 733	1 350 539
2018	20.0	20.2	8.6	168.0	169.9	160.3	9.6	66.3	3 986 879	4 040 441	3 198 018	267 633	574 790	1 044 513
2019	20.1	20.4	6.8	168.9	171.3	160.7	10.5	53.4	4 196 377	4 263 162	3 376 208	288 433	598 521	939 621

F42. 전 문 직 별 공 사 업 / Special Trade Construction

연도	근로일수 Days Worked			근로시간 Hours Worked					급여액 Wages				
	전체	상용	임시일용	전체	상용 Permanent			임시일용	전체	상용 Permanent				임시일용
	All Employees	Permanent	Temporary & Daily	All Employees	총근로시간 Total	소정실근로 Regular	초과근로 Overtime	Temporary & Daily	All Employees	임금총액 Total	정액급여 Regular	초과급여 Overtime	특별급여 Special	Temporary & Daily
2013	19.0	21.7	15.8	152.3	173.8	170.8	3.0	127.8	2 110 253	2 467 756	2 304 567	46 756	116 432	1 701 610
2014	18.5	21.2	15.7	148.0	171.7	168.3	3.3	124.6	2 189 086	2 555 414	2 361 177	57 773	136 464	1 825 769
2015	17.8	21.4	14.9	144.1	172.6	169.6	2.9	120.5	2 244 471	2 667 580	2 462 069	56 729	148 781	1 893 295
2016	17.5	21.2	14.7	142.2	171.7	168.3	3.5	119.2	2 328 802	2 832 045	2 581 949	68 419	181 676	1 935 136
2017	17.9	20.9	15.2	144.9	168.0	164.2	3.8	123.3	2 500 376	2 928 452	2 683 304	74 631	170 517	2 101 214
2018	17.3	20.7	14.2	140.4	167.6	163.1	4.5	115.5	2 660 689	3 166 397	2 884 512	94 619	187 266	2 197 914
2019	17.0	20.8	13.5	137.4	168.1	163.2	4.9	109.6	2 823 472	3 398 842	3 085 637	110 910	202 295	2 301 825

주 : 한국표준산업분류 제9차 개정(2007) 기준
　　　임금총액 = 정액급여 + 초과급여 + 특별급여
　　　…은 미상자료
자료 : 고용노동부 노동시장조사과, 「사업체노동력조사(구, 사업체임금근로시간조사)」

14. Average monthly wages, days and hours worked by industry(sections, divisions) (previous 2019)(15-9)

In day, hour, won

E38. 폐기물 수집운반, 처리 및 원료재생업 / Waste Collection, Disposal and Materials Recovery

근로일수 Days Worked			근로시간 Hours Worked					급여액 Wages					Year
전체	상용	임시일용	전체	상용 Permanent			임시일용	전체	상용 Permanent			임시일용	
All Employees	Permanent	Temporary & Daily	All Employees	총근로시간 Total	소정실근로 Regular	초과근로 Overtime	Temporary & Daily	All Employees	임금총액 Total	정액급여 Regular	초과급여 Overtime	특별급여 Special	Temporary & Daily	
22.2	22.5	16.7	183.6	187.9	172.3	15.6	103.1	2 602 152	2 692 295	2 238 562	237 886	215 848	937 196	2013
21.8	22.3	12.2	178.7	183.0	170.3	12.7	90.5	2 665 783	2 751 377	2 339 462	200 526	211 389	922 190	2014
22.1	22.5	11.6	179.7	183.6	171.5	12.1	85.6	2 810 664	2 887 883	2 417 723	227 925	242 236	944 772	2015
21.8	22.3	13.1	178.8	183.4	171.0	12.5	98.8	2 952 834	3 063 611	2 535 244	248 040	280 327	1 040 293	2016
21.7	22.0	13.9	179.3	183.1	171.8	11.4	103.2	3 038 523	3 130 133	2 677 176	202 299	250 658	1 185 069	2017
21.8	22.1	13.1	180.6	184.1	171.6	12.5	96.3	3 241 122	3 327 617	2 832 216	242 393	253 008	1 133 331	2018
21.7	22.1	12.9	181.1	184.5	171.5	13.0	94.9	3 470 539	3 556 836	3 005 744	272 733	278 359	1 277 715	2019

F41. 종합건설업 / General Construction

근로일수 Days Worked			근로시간 Hours Worked					급여액 Wages					Year
전체	상용	임시일용	전체	상용 Permanent			임시일용	전체	상용 Permanent			임시일용	
All Employees	Permanent	Temporary & Daily	All Employees	총근로시간 Total	소정실근로 Regular	초과근로 Overtime	Temporary & Daily	All Employees	임금총액 Total	정액급여 Regular	초과급여 Overtime	특별급여 Special	Temporary & Daily	
18.7	20.9	14.0	150.4	167.8	165.8	2.0	113.0	2 657 090	3 130 757	2 761 920	37 296	331 540	1 634 600	2013
17.9	20.6	11.9	144.3	166.5	163.9	2.6	96.9	2 715 278	3 270 164	2 953 974	51 571	264 619	1 533 680	2014
17.7	20.8	11.7	143.5	169.5	164.6	5.0	93.9	2 792 826	3 497 711	3 156 543	103 194	237 975	1 448 719	2015
17.3	20.7	11.0	141.5	169.2	163.9	5.3	90.6	2 881 321	3 638 289	3 246 911	117 887	273 491	1 486 162	2016
16.8	20.4	10.2	136.0	166.5	161.6	4.9	81.5	2 860 390	3 654 897	3 274 261	116 882	263 754	1 434 811	2017
16.5	20.5	9.4	134.9	167.9	162.1	5.9	75.2	3 016 209	3 889 275	3 477 404	136 835	275 036	1 441 540	2018
16.4	20.4	9.1	133.9	168.0	161.7	6.3	72.4	3 207 422	4 144 261	3 662 243	166 684	315 334	1 518 244	2019

G45. 자동차 및 부품 판매업 / Sale of Motor Vehicles and Parts

근로일수 Days Worked			근로시간 Hours Worked					급여액 Wages					Year
전체	상용	임시일용	전체	상용 Permanent			임시일용	전체	상용 Permanent			임시일용	
All Employees	Permanent	Temporary & Daily	All Employees	총근로시간 Total	소정실근로 Regular	초과근로 Overtime	Temporary & Daily	All Employees	임금총액 Total	정액급여 Regular	초과급여 Overtime	특별급여 Special	Temporary & Daily	
22.0	22.0	23.4	178.9	178.9	175.1	3.8	180.7	3 710 559	3 753 532	2 611 670	49 326	1 092 536	1 165 684	2013
21.6	21.6	20.6	176.2	177.2	171.5	5.7	153.7	3 778 232	3 886 332	2 767 878	64 120	1 054 334	1 403 907	2014
21.6	21.8	16.1	175.5	177.3	172.7	4.6	121.7	3 677 637	3 760 313	2 829 246	57 434	873 632	1 165 731	2015
21.8	21.8	20.5	174.9	176.2	172.7	3.4	122.3	3 969 220	4 038 462	3 011 436	48 387	978 639	1 050 512	2016
21.1	21.2	15.4	171.9	173.0	168.2	4.8	111.8	4 016 674	4 072 571	3 192 706	81 219	798 646	1 047 353	2017
21.1	21.2	16.7	169.8	170.5	165.4	5.1	112.7	4 635 837	4 677 976	3 324 714	97 061	1 256 201	1 274 054	2018
21.2	21.3	16.7	169.4	170.1	165.3	4.8	108.5	4 482 018	4 519 221	3 437 381	92 512	989 327	1 272 675	2019

Note : Based upon 9th revision(2007) of Korean Standard Industrial Classification
Total wages = Regular wages + Overtime wages + Special wages
… is not available
Source : Labor Market Statistics Division, Ministry of Employment and Labor, 「Labor Force Survey at Establishments」

14. 산업(대·중분류)별 월평균 임금, 근로일수 및 근로시간 (2019년 이전)(15-10)

단위 : 일, 시간, 원

G46. 도 매 및 상 품 중 개 업 / Wholesale Trade and Commission Trade, Except of Motor Vehicles and Motorcycles

연도	근로일수 Days Worked			근로시간 Hours Worked				급여액 Wages				
	전체 All Employees	상용 Permanent	임시일용 Temporary & Daily	전체 All Employees	상용 Permanent 총근로시간 Total	소정실근로 Regular	초과근로 Overtime	임시일용 Temporary & Daily	전체 All Employees 임금총액 Total	상용 Permanent 정액급여 Regular	초과급여 Overtime	특별급여 Special	임시일용 Temporary & Daily
2013	21.3	21.5	16.2	173.0	174.7	171.2	3.6	125.4	3 096 230	3 167 376	2 675 824	60 065	431 486	1 171 376
2014	21.2	21.3	18.1	171.4	173.0	169.7	3.3	132.2	3 115 389	3 198 964	2 777 937	59 182	361 845	1 112 310
2015	21.2	21.5	15.1	172.0	174.4	171.2	3.3	116.9	3 170 993	3 263 586	2 845 272	60 985	357 329	1 017 245
2016	20.9	21.2	14.8	169.3	172.1	168.7	3.4	112.1	3 310 518	3 419 848	2 946 423	64 957	408 467	1 079 852
2017	20.3	20.7	13.8	164.4	167.3	164.3	3.0	108.2	3 505 600	3 625 368	3 108 188	54 709	462 471	1 137 607
2018	20.3	20.6	13.5	163.5	166.3	163.0	3.3	103.0	3 631 680	3 747 348	3 234 550	66 653	446 145	1 138 136
2019	20.4	20.7	13.2	164.4	167.1	163.2	3.9	101.1	3 824 034	3 937 190	3 392 527	83 128	461 535	1 185 583

H49. 육 상 운 송 및 파 이 프 라 인 운 송 업 / Land Transport ; Transport Via Pipelines

연도	근로일수 Days Worked			근로시간 Hours Worked				급여액 Wages				
	전체 All Employees	상용 Permanent	임시일용 Temporary & Daily	전체 All Employees	상용 Permanent 총근로시간 Total	소정실근로 Regular	초과근로 Overtime	임시일용 Temporary & Daily	전체 All Employees 임금총액 Total	상용 Permanent 정액급여 Regular	초과급여 Overtime	특별급여 Special	임시일용 Temporary & Daily
2013	21.8	21.9	18.0	182.5	183.5	168.9	14.6	132.7	2 066 577	2 086 617	1 605 802	261 587	219 228	1 115 103
2014	21.9	22.0	18.5	175.6	176.5	162.5	14.1	126.2	2 249 862	2 271 393	1 751 353	256 070	263 970	1 072 576
2015	21.9	21.9	18.9	175.8	176.4	162.7	13.6	132.4	2 335 980	2 353 300	1 815 237	260 755	277 308	1 155 921
2016	21.8	21.8	18.3	173.3	174.2	160.8	13.4	116.2	2 453 834	2 475 582	1 902 258	273 312	300 013	1 077 619
2017	21.8	21.8	19.8	169.2	170.1	156.4	13.7	130.8	2 559 350	2 592 328	1 986 584	312 995	292 749	1 151 701
2018	21.7	21.7	20.0	165.6	166.6	153.0	13.6	113.8	2 702 124	2 731 627	2 085 869	332 344	313 414	1 184 004
2019	21.6	21.6	20.1	162.4	163.4	151.7	11.7	112.0	2 791 146	2 821 534	2 185 727	316 230	319 577	1 241 639

H51. 항 공 운 송 업 / Air Transport

연도	근로일수 Days Worked			근로시간 Hours Worked				급여액 Wages				
	전체 All Employees	상용 Permanent	임시일용 Temporary & Daily	전체 All Employees	상용 Permanent 총근로시간 Total	소정실근로 Regular	초과근로 Overtime	임시일용 Temporary & Daily	전체 All Employees 임금총액 Total	상용 Permanent 정액급여 Regular	초과급여 Overtime	특별급여 Special	임시일용 Temporary & Daily
2013	20.0	20.0	20.6	162.9	162.9	155.6	7.3	162.9	5 234 024	5 302 145	3 586 889	183 392	1 531 864	2 148 834
2014	20.1	20.1	20.2	163.9	163.9	157.8	6.2	160.9	5 037 673	5 121 722	3 587 778	161 287	1 372 657	2 012 685
2015	20.0	19.9	20.4	164.1	164.1	158.6	5.5	162.0	5 200 159	5 275 529	3 671 664	167 063	1 436 801	2 439 341
2016	19.5	19.5	19.7	161.9	162.0	155.6	6.4	156.3	5 437 374	5 470 484	3 820 696	175 464	1 474 325	3 102 789
2017	19.3	19.3	20.1	160.3	160.3	154.4	6.0	160.2	5 602 330	5 618 378	3 958 254	171 152	1 488 972	3 850 146
2018	18.5	18.5	20.1	152.7	152.6	146.8	5.8	156.0	6 210 590	6 226 389	4 137 690	212 594	1 876 105	4 133 257
2019	18.2	18.2	20.3	151.3	151.2	145.6	5.6	160.8	6 252 394	6 268 649	4 271 999	228 772	1 767 879	4 464 763

주 : 한국표준산업분류 제9차 개정(2007) 기준
    임금총액 = 정액급여 + 초과급여 + 특별급여
    …은 미상자료
자료 : 고용노동부 노동시장조사과, 「사업체노동력조사(구, 사업체임금근로시간조사)」

14. Average monthly wages, days and hours worked by industry(sections, divisions) (previous 2019)(15-10)

In day, hour, won

G47. 소 매 업; 자 동 차 제 외 / Retail Trade, Except Motor Vehicles and Motorcycles

근로일수 Days Worked			근로시간 Hours Worked				급여액 Wages						Year
전체	상용	임시일용	전체	상용 Permanent		임시일용	전체	상용 Permanent				임시일용	
All Employees	Permanent	Temporary & Daily	All Employees	총근로시간 Total	소정실근로 Regular	초과근로 Overtime	Temporary & Daily	All Employees	임금총액 Total	정액급여 Regular	초과급여 Overtime	특별급여 Special	Temporary & Daily
22.2	22.6	19.7	182.1	187.8	182.2	5.6	149.8	1 986 644	2 161 728	1 910 172	74 639	176 917	999 272	2013
21.6	22.2	17.1	173.5	179.8	173.0	6.8	127.0	2 027 472	2 179 177	1 917 853	90 845	170 479	922 522	2014
21.8	22.4	15.5	175.4	181.8	174.6	7.1	110.1	2 117 158	2 236 609	1 954 101	97 786	184 722	891 371	2015
21.2	22.1	14.2	171.0	180.6	172.9	7.7	98.7	2 170 389	2 348 599	2 042 714	107 227	198 658	829 059	2016
21.0	21.8	14.8	171.7	180.1	171.3	8.7	103.4	2 276 091	2 446 510	2 113 532	127 840	205 138	884 307	2017
20.9	21.6	13.5	167.1	174.8	167.2	7.6	95.9	2 442 473	2 608 245	2 251 188	130 593	226 464	892 948	2018
20.9	21.6	13.2	166.6	173.4	166.3	7.1	94.0	2 629 219	2 788 388	2 391 853	138 759	257 777	932 738	2019

H50. 수 상 운 송 업 / Water Transport

근로일수 Days Worked			근로시간 Hours Worked				급여액 Wages						Year
전체	상용	임시일용	전체	상용 Permanent		임시일용	전체	상용 Permanent				임시일용	
All Employees	Permanent	Temporary & Daily	All Employees	총근로시간 Total	소정실근로 Regular	초과근로 Overtime	Temporary & Daily	All Employees	임금총액 Total	정액급여 Regular	초과급여 Overtime	특별급여 Special	Temporary & Daily
21.2	21.2	20.5	174.0	174.1	166.9	7.2	164.7	3 970 920	3 990 139	3 285 784	150 742	553 612	2 810 220	2013
21.1	21.1	18.1	172.9	173.6	167.1	6.5	134.2	3 792 963	3 822 390	3 202 504	133 318	486 568	2 237 666	2014
21.3	21.4	15.4	175.1	176.2	169.3	6.9	116.2	3 795 218	3 830 408	3 264 358	152 828	413 223	1 900 547	2015
21.1	21.2	15.4	172.9	173.8	167.3	6.5	120.9	3 914 321	3 939 538	3 446 342	128 052	365 144	2 437 323	2016
20.7	20.8	20.0	170.6	170.9	166.3	4.6	157.1	3 966 011	3 976 637	3 592 982	109 283	274 372	3 449 946	2017
20.6	20.6	20.4	169.8	170.1	165.2	4.8	159.0	4 063 669	4 071 830	3 757 367	135 305	179 158	3 736 846	2018
20.8	20.8	18.9	172.4	172.9	166.3	6.6	144.6	4 326 735	4 337 185	3 866 325	169 387	301 473	3 706 794	2019

H52. 창 고 및 운 송 관 련 서 비 스 업 / Storage and support activities for transportation

근로일수 Days Worked			근로시간 Hours Worked				급여액 Wages						Year
전체	상용	임시일용	전체	상용 Permanent		임시일용	전체	상용 Permanent				임시일용	
All Employees	Permanent	Temporary & Daily	All Employees	총근로시간 Total	소정실근로 Regular	초과근로 Overtime	Temporary & Daily	All Employees	임금총액 Total	정액급여 Regular	초과급여 Overtime	특별급여 Special	Temporary & Daily
20.6	20.9	17.9	172.2	176.8	165.2	11.5	135.8	3 110 084	3 331 430	2 702 380	173 874	455 176	1 365 877	2013
20.4	20.7	18.4	170.6	174.6	163.4	11.2	136.4	3 191 839	3 406 629	2 790 248	193 023	423 359	1 354 617	2014
20.7	20.9	18.8	174.0	176.5	165.6	10.9	145.4	3 396 737	3 572 749	2 903 144	200 363	469 243	1 391 700	2015
20.6	20.7	19.1	173.9	175.6	164.0	11.6	149.0	3 505 056	3 656 858	2 939 772	222 957	494 129	1 392 280	2016
20.2	20.4	16.0	170.4	172.4	161.7	10.7	125.9	3 644 173	3 751 799	3 066 326	202 350	483 123	1 238 684	2017
20.3	20.4	16.6	169.6	170.9	160.9	10.0	131.7	3 890 119	3 980 518	3 227 581	207 502	545 435	1 337 732	2018
20.1	20.2	16.7	168.4	169.4	160.1	9.3	136.3	4 025 748	4 104 611	3 343 218	203 326	558 068	1 529 166	2019

Note : Based upon 9th revision(2007) of Korean Standard Industrial Classification
Total wages = Regular wages + Overtime wages + Special wages
··· is not available
Source : Labor Market Statistics Division, Ministry of Employment and Labor, 「Labor Force Survey at Establishments」

14. 산업(대·중분류)별 월평균 임금, 근로일수 및 근로시간 (2019년 이전)(15-11)

단위 : 일, 시간, 원

I55. 숙박업 (Accommodation)

연도	근로일수 Days Worked			근로시간 Hours Worked					급여액 Wages					
	전체 All Employees	상용 Permanent	임시일용 Temporary & Daily	전체 All Employees	상용 Permanent			임시일용 Temporary & Daily	전체 All Employees	상용 Permanent				임시일용 Temporary & Daily
					총근로시간 Total	소정실근로 Regular	초과근로 Overtime			임금총액 Total	정액급여 Regular	초과급여 Overtime	특별급여 Special	
2013	21.4	22.3	16.9	176.0	186.4	178.9	7.4	122.8	2 054 452	2 287 990	1 836 072	105 185	346 733	859 582
2014	21.1	21.8	17.6	179.6	186.4	176.2	10.1	148.4	2 129 791	2 364 826	1 891 135	132 763	340 928	1 040 218
2015	21.1	22.0	17.2	179.8	187.5	177.2	10.3	144.6	2 192 515	2 434 307	1 981 548	149 435	303 324	1 075 465
2016	20.8	21.8	16.2	178.9	188.0	178.6	9.4	136.9	2 282 438	2 541 385	2 085 320	144 497	311 568	1 081 492
2017	20.7	21.7	16.1	170.0	178.4	170.3	8.1	130.4	2 418 125	2 681 318	2 171 806	128 429	381 083	1 178 901
2018	20.6	21.5	16.2	170.1	178.0	171.5	6.5	130.0	2 473 171	2 712 867	2 260 865	124 362	327 640	1 254 265
2019	20.7	21.7	15.8	168.3	177.2	171.5	5.7	123.9	2 507 227	2 751 205	2 320 224	114 222	316 759	1 286 155

J58. 출판업 (Publishing activities)

연도	근로일수 Days Worked			근로시간 Hours Worked					급여액 Wages					
	전체 All Employees	상용 Permanent	임시일용 Temporary & Daily	전체 All Employees	상용 Permanent			임시일용 Temporary & Daily	전체 All Employees	상용 Permanent				임시일용 Temporary & Daily
					총근로시간 Total	소정실근로 Regular	초과근로 Overtime			임금총액 Total	정액급여 Regular	초과급여 Overtime	특별급여 Special	
2013	20.3	20.4	17.3	164.1	165.4	161.8	3.6	125.3	3 601 272	3 668 216	3 276 387	63 881	327 948	1 620 242
2014	20.0	20.1	16.5	162.6	163.6	159.7	3.9	126.8	3 540 298	3 587 828	3 307 400	74 252	206 176	1 732 531
2015	20.3	20.4	16.8	164.9	165.9	162.2	3.7	128.2	3 608 592	3 655 212	3 337 179	77 129	240 904	1 888 207
2016	20.2	20.4	15.7	164.0	165.4	161.8	3.6	114.2	3 723 398	3 775 195	3 433 647	73 987	267 561	1 813 510
2017	19.9	20.0	14.9	162.6	163.8	159.6	4.2	106.4	3 819 714	3 864 315	3 491 826	88 577	283 912	1 704 461
2018	19.9	20.0	16.3	165.0	165.7	159.1	6.7	119.2	3 947 722	3 979 893	3 548 271	126 541	305 080	1 817 069
2019	20.1	20.1	16.5	167.5	168.2	160.0	8.2	119.1	4 107 975	4 140 551	3 663 683	157 471	319 396	1 858 671

J60. 방송업 (Broadcasting)

연도	근로일수 Days Worked			근로시간 Hours Worked					급여액 Wages					
	전체 All Employees	상용 Permanent	임시일용 Temporary & Daily	전체 All Employees	상용 Permanent			임시일용 Temporary & Daily	전체 All Employees	상용 Permanent				임시일용 Temporary & Daily
					총근로시간 Total	소정실근로 Regular	초과근로 Overtime			임금총액 Total	정액급여 Regular	초과급여 Overtime	특별급여 Special	
2013	20.8	20.9	18.7	172.0	172.2	162.4	9.8	141.8	5 321 619	5 349 894	3 869 845	191 995	1 288 054	1 250 394
2014	20.5	20.5	18.6	170.8	171.1	161.2	9.9	140.6	5 188 963	5 224 726	3 977 521	187 706	1 059 499	1 634 219
2015	20.8	20.8	18.8	173.2	173.5	163.5	10.1	143.9	5 372 039	5 412 053	4 112 162	181 786	1 118 105	1 831 163
2016	20.6	20.6	18.9	170.4	170.7	161.4	9.3	142.3	5 446 915	5 491 985	4 289 553	174 366	1 028 067	2 017 628
2017	20.5	20.5	17.8	167.9	168.2	158.3	9.9	138.8	5 359 119	5 388 033	4 367 241	146 047	874 745	1 746 326
2018	20.4	20.4	18.0	169.0	169.3	158.1	11.2	140.1	5 536 869	5 572 082	4 498 143	184 004	889 935	1 724 179
2019	20.3	20.4	18.1	168.7	169.0	157.8	11.2	143.6	5 712 453	5 756 227	4 610 850	229 309	916 069	1 932 771

주 : 한국표준산업분류 제9차 개정(2007) 기준
    임금총액 = 정액급여 + 초과급여 + 특별급여
    …은 미상자료
자료 : 고용노동부 노동시장조사과, 「사업체노동력조사(구, 사업체임금근로시간조사)」

14. Average monthly wages, days and hours worked by industry(sections, divisions) (previous 2019)(15-11)

In day, hour, won

I56. 음 식 점 및 주 점 업 / Food and beverage service activities

| 근로일수 Days Worked ||| 근로시간 Hours Worked ||||| 급여액 Wages ||||| Year |
| All Employees | Permanent | Temporary & Daily | All Employees | 상용 Permanent ||| Temporary & Daily | All Employees | 상용 Permanent |||| Temporary & Daily | |
				총근로시간 Total	소정실근로 Regular	초과근로 Overtime			임금총액 Total	정액급여 Regular	초과급여 Overtime	특별급여 Special		
21.5	24.1	17.1	179.6	211.3	208.2	3.1	126.6	1 413 992	1 758 843	1 682 878	35 292	40 673	836 180	2013
21.4	23.4	18.3	172.1	204.2	200.1	4.1	125.3	1 448 838	1 865 915	1 774 232	46 199	45 484	838 681	2014
21.3	23.6	17.6	171.7	204.9	201.5	3.4	120.8	1 476 564	1 892 950	1 812 255	44 111	36 584	838 155	2015
20.4	23.7	15.4	164.2	203.7	200.0	3.6	103.8	1 488 807	1 963 133	1 869 682	51 412	42 040	761 969	2016
20.0	23.4	14.7	159.3	200.4	195.1	5.3	95.3	1 531 829	2 023 484	1 901 182	70 023	52 279	767 132	2017
19.9	23.4	13.7	158.5	198.3	191.4	6.9	88.0	1 679 135	2 180 255	2 031 543	96 704	52 008	790 709	2018
19.9	23.1	13.4	157.6	194.2	187.3	6.9	82.9	1 807 956	2 291 197	2 134 757	103 466	52 974	822 482	2019

J59. 영상·오디오기록물제작및배급업 / Motion picture, video and television programme production, sound recording and music publishing activities

| 근로일수 Days Worked ||| 근로시간 Hours Worked ||||| 급여액 Wages ||||| Year |
| All Employees | Permanent | Temporary & Daily | All Employees | 상용 Permanent ||| Temporary & Daily | All Employees | 상용 Permanent |||| Temporary & Daily | |
				총근로시간 Total	소정실근로 Regular	초과근로 Overtime			임금총액 Total	정액급여 Regular	초과급여 Overtime	특별급여 Special		
19.3	20.6	16.5	149.5	167.9	164.3	3.6	109.5	2 288 128	2 952 605	2 829 330	53 973	69 301	840 672	2013
19.0	20.7	15.5	146.2	168.9	165.5	3.5	100.2	2 230 402	2 971 842	2 769 125	65 846	136 871	729 443	2014
19.1	20.9	15.9	145.0	169.7	166.7	2.9	100.9	2 269 259	3 110 879	2 903 290	68 411	139 178	764 595	2015
18.9	20.6	15.7	142.8	166.8	164.3	2.5	97.8	2 383 342	3 225 021	2 995 399	62 170	167 451	800 918	2016
18.7	20.3	15.6	141.6	163.5	160.7	2.8	97.9	2 454 407	3 263 931	3 056 275	61 150	146 506	841 179	2017
18.7	19.9	16.0	142.1	160.3	155.7	4.6	100.0	2 605 764	3 338 546	3 113 377	93 201	131 968	910 646	2018
19.0	19.7	16.0	147.0	159.6	153.9	5.8	100.7	2 918 347	3 441 398	3 155 439	111 582	174 377	994 936	2019

J61. 통 신 업 / Telecommunications

| 근로일수 Days Worked ||| 근로시간 Hours Worked ||||| 급여액 Wages ||||| Year |
| All Employees | Permanent | Temporary & Daily | All Employees | 상용 Permanent ||| Temporary & Daily | All Employees | 상용 Permanent |||| Temporary & Daily | |
				총근로시간 Total	소정실근로 Regular	초과근로 Overtime			임금총액 Total	정액급여 Regular	초과급여 Overtime	특별급여 Special		
20.2	20.2	16.9	164.9	165.2	157.8	7.5	85.2	4 888 850	4 903 958	3 590 234	152 794	1 160 929	729 071	2013
19.7	19.7	17.2	165.4	166.2	154.6	11.6	110.6	4 917 467	4 973 807	3 455 401	315 365	1 203 041	1 182 542	2014
20.0	20.1	16.5	168.7	169.5	157.1	12.5	113.8	5 116 274	5 179 921	3 564 326	366 659	1 248 937	1 198 198	2015
19.7	19.8	12.4	165.8	166.8	155.9	11.0	73.2	5 165 743	5 208 253	3 623 263	335 791	1 249 199	1 098 457	2016
19.3	19.3	19.0	166.8	167.0	151.7	15.3	150.1	5 696 536	5 734 699	3 729 127	376 824	1 628 748	2 063 489	2017
19.5	19.5	19.3	166.8	166.9	152.1	14.7	151.4	5 722 505	5 735 893	3 880 080	366 062	1 489 751	1 943 532	2018
19.8	19.8	16.4	169.0	169.1	155.0	14.0	129.0	5 974 809	5 981 312	4 033 625	395 425	1 552 262	1 691 157	2019

Note : Based upon 9th revision(2007) of Korean Standard Industrial Classification
Total wages = Regular wages + Overtime wages + Special wages
… is not available
Source : Labor Market Statistics Division, Ministry of Employment and Labor, 「Labor Force Survey at Establishments」

14. 산업(대·중분류)별 월평균 임금, 근로일수 및 근로시간 (2019년 이전)(15-12)

단위 : 일, 시간, 원

J62. 컴퓨터 프로그래밍, 시스템 통합 및 관리업
Computer programming, consultancy and related activities

연도	근로일수 Days Worked			근로시간 Hours Worked				급여액 Wages				
	전체	상용	임시일용	전체	상용 Permanent			임시일용	전체	상용 Permanent				임시일용
	All Employees	Permanent	Temporary & Daily	All Employees	총근로시간 Total	소정실근로 Regular	초과근로 Overtime	Temporary & Daily	All Employees	임금총액 Total	정액급여 Regular	초과급여 Overtime	특별급여 Special	Temporary & Daily
2013	20.0	20.0	19.2	161.7	161.7	159.3	2.3	159.8	3 993 357	4 009 543	3 560 365	59 137	390 041	2 481 083
2014	20.0	20.0	18.9	161.9	162.2	159.5	2.7	149.1	3 999 375	4 042 293	3 559 952	60 429	421 911	1 763 355
2015	20.4	20.4	18.8	165.6	165.8	162.8	3.0	147.5	4 083 990	4 115 741	3 625 834	74 502	415 405	2 016 476
2016	20.3	20.3	19.5	164.9	165.0	162.3	2.7	152.9	4 305 387	4 328 569	3 843 703	75 366	409 500	2 335 237
2017	19.9	19.9	18.5	160.6	160.9	158.2	2.7	127.1	4 488 441	4 510 653	3 927 605	71 014	512 034	1 672 263
2018	19.7	19.7	15.8	158.3	158.7	156.3	2.4	106.7	4 663 342	4 689 272	4 034 472	71 861	582 939	1 517 977
2019	19.8	19.8	18.9	160.1	160.3	157.1	3.2	144.2	4 840 778	4 858 419	4 150 036	93 488	614 895	2 323 821

K64. 금융업
Financial Institutions, Except Insurance and Pension Funding

연도	근로일수 Days Worked			근로시간 Hours Worked				급여액 Wages				
	전체	상용	임시일용	전체	상용 Permanent			임시일용	전체	상용 Permanent				임시일용
	All Employees	Permanent	Temporary & Daily	All Employees	총근로시간 Total	소정실근로 Regular	초과근로 Overtime	Temporary & Daily	All Employees	임금총액 Total	정액급여 Regular	초과급여 Overtime	특별급여 Special	Temporary & Daily
2013	19.9	20.1	15.0	162.9	164.8	159.3	5.5	117.7	4 866 656	5 015 094	3 531 778	113 684	1 369 632	1 339 351
2014	19.9	19.9	18.7	163.8	164.2	158.6	5.6	140.6	5 134 518	5 204 132	3 675 849	117 052	1 411 232	1 488 653
2015	20.0	20.0	19.1	164.6	164.9	159.4	5.6	149.3	5 349 081	5 431 132	3 790 531	121 192	1 519 409	1 691 421
2016	19.9	19.9	19.1	163.5	163.8	158.6	5.2	148.4	5 572 014	5 658 694	3 945 967	124 539	1 588 189	1 782 821
2017	19.7	19.7	19.7	161.3	161.5	156.7	4.7	154.0	5 867 283	5 928 414	4 137 135	125 055	1 666 224	1 951 050
2018	19.7	19.7	19.6	161.5	161.6	156.7	4.9	150.2	6 134 394	6 193 866	4 291 383	131 970	1 770 512	2 107 229
2019	19.8	19.8	18.6	161.7	162.1	157.4	4.7	137.1	6 447 787	6 509 792	4 428 591	124 697	1 956 504	2 396 454

K66. 금융 및 보험 관련 서비스업
Activities Auxiliary to Financial Service and Insurance Activities

연도	근로일수 Days Worked			근로시간 Hours Worked				급여액 Wages				
	전체	상용	임시일용	전체	상용 Permanent			임시일용	전체	상용 Permanent				임시일용
	All Employees	Permanent	Temporary & Daily	All Employees	총근로시간 Total	소정실근로 Regular	초과근로 Overtime	Temporary & Daily	All Employees	임금총액 Total	정액급여 Regular	초과급여 Overtime	특별급여 Special	Temporary & Daily
2013	20.3	20.2	20.7	162.2	163.0	161.7	1.3	122.0	5 067 159	5 150 736	3 729 731	27 853	1 393 152	1 008 981
2014	20.1	20.2	19.0	162.3	163.1	160.7	2.5	116.7	5 138 853	5 209 530	3 792 763	45 713	1 371 053	1 161 022
2015	20.3	20.4	19.2	163.5	164.4	162.2	2.3	120.6	5 558 636	5 652 631	3 860 014	45 112	1 747 505	1 268 527
2016	20.2	20.2	19.0	161.9	162.7	160.6	2.0	121.0	5 771 336	5 855 261	4 058 132	42 003	1 755 126	1 415 689
2017	19.7	19.7	19.2	160.6	161.1	156.8	4.3	132.1	5 720 710	5 800 734	4 176 255	89 096	1 535 383	1 503 778
2018	19.7	19.7	19.1	161.4	161.9	156.3	5.6	134.8	6 280 475	6 364 339	4 295 159	125 483	1 943 697	1 766 941
2019	19.8	19.8	19.3	162.9	163.4	157.2	6.2	135.3	6 321 393	6 404 186	4 459 550	144 482	1 800 155	1 833 159

주 : 한국표준산업분류 제9차 개정(2007) 기준
　　　임금총액 = 정액급여 + 초과급여 + 특별급여
　　　…은 미상자료
자료 : 고용노동부 노동시장조사과, 「사업체노동력조사(구, 사업체임금근로시간조사)」

14. Average monthly wages, days and hours worked by industry(sections, divisions) (previous 2019)(15-12)

In day, hour, won

J63. 정보서비스업 / Information service activities

근로일수 Days Worked			근로시간 Hours Worked					급여액 Wages						Year
전체	상용	임시일용	전체	상용 Permanent			임시일용	전체	상용 Permanent				임시일용	
All Employees	Permanent	Temporary & Daily	All Employees	총근로시간 Total	소정실근로 Regular	초과근로 Overtime	Temporary & Daily	All Employees	임금총액 Total	정액급여 Regular	초과급여 Overtime	특별급여 Special	Temporary & Daily	
20.1	20.3	16.8	162.2	164.1	161.4	2.7	129.8	3 416 155	3 556 232	3 133 105	36 839	386 289	1 035 731	2013
19.8	20.2	13.4	159.8	163.3	160.8	2.5	102.1	3 450 937	3 606 826	3 283 038	41 511	282 276	880 334	2014
20.1	20.5	13.7	161.7	165.5	162.4	3.1	95.7	3 583 585	3 738 248	3 387 939	54 135	296 174	901 881	2015
20.0	20.3	13.7	160.3	163.2	160.6	2.6	98.1	3 761 445	3 892 900	3 459 764	41 786	391 350	989 039	2016
19.6	19.7	16.3	159.0	159.6	156.4	3.1	125.2	3 999 056	4 042 393	3 598 501	58 343	385 549	1 261 318	2017
19.6	19.6	17.5	158.5	158.9	155.5	3.3	134.0	4 276 330	4 317 772	3 773 456	75 169	469 147	1 395 633	2018
19.7	19.7	17.6	159.8	160.2	156.1	4.1	134.6	4 484 573	4 531 213	3 927 031	110 260	493 923	1 564 536	2019

K65. 보험 및 연금업 / Insurance and Pension Funding

근로일수 Days Worked			근로시간 Hours Worked					급여액 Wages						Year
전체	상용	임시일용	전체	상용 Permanent			임시일용	전체	상용 Permanent				임시일용	
All Employees	Permanent	Temporary & Daily	All Employees	총근로시간 Total	소정실근로 Regular	초과근로 Overtime	Temporary & Daily	All Employees	임금총액 Total	정액급여 Regular	초과급여 Overtime	특별급여 Special	Temporary & Daily	
20.0	20.0	19.8	163.6	163.8	159.9	3.9	155.9	4 758 011	4 883 641	3 636 514	105 406	1 141 721	1 170 571	2013
19.8	19.8	19.4	163.3	163.6	158.3	5.3	150.7	4 774 746	4 876 939	3 749 633	136 514	990 791	1 276 304	2014
20.0	20.0	19.9	164.3	164.5	159.5	5.0	157.5	4 880 081	4 976 409	3 879 039	122 960	974 410	1 459 003	2015
19.6	19.7	19.3	162.3	162.6	156.9	5.7	152.5	5 060 185	5 169 104	3 963 824	149 958	1 055 321	1 468 873	2016
19.5	19.5	19.1	158.5	158.7	155.3	3.4	147.4	5 284 197	5 359 936	4 103 913	104 201	1 151 822	1 595 164	2017
19.5	19.5	18.5	159.2	159.5	155.2	4.3	144.0	5 535 816	5 623 399	4 267 681	125 071	1 230 646	1 661 333	2018
19.6	19.6	18.9	159.8	160.0	155.9	4.1	148.1	5 642 457	5 729 750	4 366 139	117 676	1 245 935	1 752 659	2019

L68. 부동산업 / Real Estate Activities

근로일수 Days Worked			근로시간 Hours Worked					급여액 Wages						Year
전체	상용	임시일용	전체	상용 Permanent			임시일용	전체	상용 Permanent				임시일용	
All Employees	Permanent	Temporary & Daily	All Employees	총근로시간 Total	소정실근로 Regular	초과근로 Overtime	Temporary & Daily	All Employees	임금총액 Total	정액급여 Regular	초과급여 Overtime	특별급여 Special	Temporary & Daily	
20.1	20.1	17.8	192.3	193.6	192.1	1.6	150.5	2 070 411	2 104 410	1 894 214	31 167	179 028	1 030 522	2013
19.5	19.5	19.3	191.0	192.4	190.6	1.8	160.1	2 115 529	2 159 685	2 005 233	38 192	116 259	1 123 908	2014
19.7	19.6	20.0	192.7	194.0	192.4	1.6	163.2	2 226 733	2 276 070	2 091 404	41 753	142 912	1 132 433	2015
19.6	19.6	19.5	190.3	191.8	190.0	1.7	159.6	2 349 394	2 403 849	2 191 718	48 972	163 159	1 163 891	2016
19.3	19.4	18.5	186.0	187.7	186.3	1.4	152.3	2 411 772	2 471 512	2 284 462	47 225	139 825	1 241 341	2017
19.2	19.3	17.0	179.9	181.7	180.2	1.5	141.8	2 567 435	2 633 259	2 402 150	58 966	172 143	1 213 888	2018
19.2	19.4	15.9	177.3	179.4	178.1	1.3	133.7	2 728 866	2 803 122	2 545 402	65 772	191 948	1 197 169	2019

Note : Based upon 9th revision(2007) of Korean Standard Industrial Classification
Total wages = Regular wages + Overtime wages + Special wages
… is not available
Source : Labor Market Statistics Division, Ministry of Employment and Labor, 「Labor Force Survey at Establishments」

14. 산업(대·중분류)별 월평균 임금, 근로일수 및 근로시간 (2019년 이전)(15-13)

단위 : 일, 시간, 원

L69. 임 대 업;부 동 산 제 외 / Renting and leasing; except real estate

연도	근로일수 Days Worked			근로시간 Hours Worked					급여액 Wages					
	전체 All Employees	상용 Permanent	임시일용 Temporary & Daily	전체 All Employees	상용 Permanent			임시일용 Temporary & Daily	전체 All Employees	상용 Permanent				임시일용 Temporary & Daily
					총근로시간 Total	소정실근로 Regular	초과근로 Overtime			임금총액 Total	정액급여 Regular	초과급여 Overtime	특별급여 Special	
2013	21.3	21.6	16.2	176.7	178.9	172.1	6.9	137.6	2 516 722	2 580 430	2 249 752	78 523	252 155	1 403 295
2014	21.5	22.0	15.0	176.8	181.2	175.6	5.6	115.2	2 467 081	2 560 035	2 303 996	91 189	164 850	1 174 681
2015	21.9	22.1	18.3	179.4	182.5	177.0	5.5	138.6	2 527 195	2 608 766	2 360 019	89 837	158 909	1 449 025
2016	21.6	21.9	17.8	175.9	178.5	173.2	5.3	146.6	2 701 313	2 787 842	2 501 752	108 002	178 088	1 710 855
2017	21.1	21.3	17.9	174.3	175.7	169.2	6.5	150.2	2 796 184	2 862 442	2 603 499	105 055	153 888	1 637 023
2018	20.8	21.1	15.7	169.3	172.0	167.2	4.8	125.2	2 928 690	3 024 012	2 795 054	89 765	139 192	1 403 413
2019	20.7	21.0	13.8	167.1	170.5	167.3	3.3	105.2	3 024 678	3 129 397	2 945 414	68 250	115 733	1 122 983

M71. 전 문 서 비 스 업 / Professional Services

연도	근로일수 Days Worked			근로시간 Hours Worked					급여액 Wages					
	전체 All Employees	상용 Permanent	임시일용 Temporary & Daily	전체 All Employees	상용 Permanent			임시일용 Temporary & Daily	전체 All Employees	상용 Permanent				임시일용 Temporary & Daily
					총근로시간 Total	소정실근로 Regular	초과근로 Overtime			임금총액 Total	정액급여 Regular	초과급여 Overtime	특별급여 Special	
2013	20.2	20.4	16.3	162.8	164.1	162.8	1.3	127.1	4 215 301	4 328 035	3 796 238	25 918	505 879	1 137 237
2014	20.1	20.2	16.5	161.9	162.6	160.7	1.9	123.8	4 418 333	4 469 514	3 888 834	37 081	543 599	1 394 987
2015	20.4	20.5	15.7	164.0	164.8	163.1	1.7	116.0	4 556 493	4 607 836	4 039 067	36 658	532 111	1 369 951
2016	20.2	20.3	14.5	162.2	163.1	161.6	1.5	105.8	4 751 572	4 810 056	4 159 075	34 136	616 844	1 420 227
2017	19.8	19.9	15.1	159.2	160.5	158.5	2.0	108.3	4 883 140	4 968 887	4 225 163	37 498	706 226	1 514 576
2018	19.8	19.9	16.0	159.4	160.6	158.0	2.6	111.6	5 158 913	5 249 983	4 359 884	49 000	841 099	1 545 966
2019	19.9	20.0	16.1	160.4	161.3	158.4	2.9	117.5	5 294 763	5 374 031	4 475 336	62 688	836 007	1 542 967

M73. 기 타 전 문, 과 학 및 기 술 서비스업 / Professional, Scientific and Technical Services, n.e.c.

연도	근로일수 Days Worked			근로시간 Hours Worked					급여액 Wages					
	전체 All Employees	상용 Permanent	임시일용 Temporary & Daily	전체 All Employees	상용 Permanent			임시일용 Temporary & Daily	전체 All Employees	상용 Permanent				임시일용 Temporary & Daily
					총근로시간 Total	소정실근로 Regular	초과근로 Overtime			임금총액 Total	정액급여 Regular	초과급여 Overtime	특별급여 Special	
2013	20.5	21.0	15.8	165.1	169.4	168.8	0.6	122.6	2 428 643	2 551 664	2 456 782	12 140	82 742	1 217 147
2014	20.2	20.8	11.7	161.9	167.5	166.0	1.5	89.5	2 486 615	2 593 517	2 468 310	28 680	96 528	1 115 429
2015	20.4	21.0	10.8	163.1	168.6	166.9	1.6	84.5	2 584 751	2 689 402	2 559 627	28 472	101 303	1 069 474
2016	20.3	20.8	12.8	162.5	167.5	165.3	2.2	89.2	2 666 422	2 787 380	2 651 031	33 108	103 241	918 298
2017	20.1	20.5	12.9	161.0	164.6	162.8	1.8	92.8	2 834 665	2 913 167	2 748 686	31 524	132 957	1 322 261
2018	20.0	20.4	12.4	161.3	164.9	162.1	2.7	92.7	3 008 087	3 091 015	2 862 204	39 889	188 922	1 391 906
2019	20.1	20.4	12.2	161.6	164.9	161.0	3.9	88.8	3 126 473	3 205 359	2 952 754	50 121	202 484	1 376 474

주 : 한국표준산업분류 제9차 개정(2007) 기준
　　　임금총액 = 정액급여 + 초과급여 + 특별급여
　　　…은 미상자료
자료 : 고용노동부 노동시장조사과, 「사업체노동력조사(구, 사업체임금근로시간조사)」

14. Average monthly wages, days and hours worked by industry(sections, divisions) (previous 2019)(15-13)

In day, hour, won

M70. 연구개발업 / Research and Development

근로일수 Days Worked			근로시간 Hours Worked					급여액 Wages					Year
전체	상용	임시일용	전체	상용 Permanent			임시일용	전체	상용 Permanent				
All Employees	Permanent	Temporary & Daily	All Employees	총근로시간 Total	소정실근로 Regular	초과근로 Overtime	Temporary & Daily	All Employees	임금총액 Total	정액급여 Regular	초과급여 Overtime	특별급여 Special	Temporary & Daily	
19.9	19.9	19.8	162.5	162.8	157.4	5.4	155.4	4 720 037	4 843 840	3 575 879	93 643	1 174 318	1 627 732	2013
19.8	19.8	19.4	160.8	161.1	156.5	4.6	150.1	4 977 338	5 064 030	3 818 523	78 766	1 166 740	1 837 997	2014
20.0	20.0	20.1	162.6	162.8	157.3	5.5	156.3	5 045 940	5 132 689	3 911 806	96 574	1 124 309	1 935 413	2015
19.7	19.7	19.7	160.4	160.7	154.3	6.4	152.7	5 478 091	5 588 403	4 046 645	123 744	1 418 014	1 973 586	2016
19.4	19.4	19.3	157.9	158.2	152.7	5.5	150.8	5 088 101	5 200 176	4 146 204	110 776	943 197	2 032 135	2017
19.5	19.5	19.6	158.1	158.4	153.7	4.6	152.6	5 541 592	5 675 480	4 293 411	110 303	1 271 766	2 118 069	2018
19.5	19.5	19.7	158.8	159.0	153.9	5.1	153.8	5 643 946	5 779 903	4 439 456	122 714	1 217 733	2 179 030	2019

M72. 건축기술, 엔지니어링 및 기타 과학기술 서비스업 / Architectural, Engineering and Other Scientific Technical Services

근로일수 Days Worked			근로시간 Hours Worked					급여액 Wages					Year
전체	상용	임시일용	전체	상용 Permanent			임시일용	전체	상용 Permanent				
All Employees	Permanent	Temporary & Daily	All Employees	총근로시간 Total	소정실근로 Regular	초과근로 Overtime	Temporary & Daily	All Employees	임금총액 Total	정액급여 Regular	초과급여 Overtime	특별급여 Special	Temporary & Daily	
20.4	20.5	16.3	166.6	167.4	162.8	4.6	134.5	3 310 753	3 357 352	3 007 086	68 097	282 169	1 481 971	2013
20.4	20.5	15.3	166.6	167.2	162.0	5.2	121.3	3 407 405	3 437 681	3 071 411	75 891	290 378	1 342 751	2014
20.6	20.7	14.4	167.5	168.7	164.3	4.3	112.4	3 477 215	3 522 377	3 165 673	63 844	292 861	1 288 970	2015
20.3	20.5	14.4	165.8	167.4	162.8	4.6	110.9	3 579 481	3 637 182	3 268 276	70 530	298 376	1 504 086	2016
20.0	20.1	15.4	163.2	164.2	159.7	4.5	120.7	3 726 724	3 774 930	3 413 697	73 768	287 465	1 752 959	2017
19.9	20.0	15.4	163.4	164.3	159.2	5.1	121.0	3 877 654	3 922 304	3 534 182	98 424	289 698	1 862 053	2018
20.0	20.1	14.9	164.9	165.9	160.1	5.8	118.2	4 018 814	4 064 520	3 641 635	133 207	289 678	1 908 949	2019

N74. 사업시설관리 및 조경 서비스업 / Business Facilities Management and Landscape Services

근로일수 Days Worked			근로시간 Hours Worked					급여액 Wages					Year
전체	상용	임시일용	전체	상용 Permanent			임시일용	전체	상용 Permanent				
All Employees	Permanent	Temporary & Daily	All Employees	총근로시간 Total	소정실근로 Regular	초과근로 Overtime	Temporary & Daily	All Employees	임금총액 Total	정액급여 Regular	초과급여 Overtime	특별급여 Special	Temporary & Daily	
20.7	21.4	17.1	167.5	175.7	169.0	6.7	125.4	1 814 996	1 949 526	1 716 211	98 448	134 868	1 122 409	2013
20.8	21.2	17.9	173.8	180.1	170.4	9.7	127.7	1 900 089	1 997 186	1 760 747	121 289	115 150	1 195 957	2014
20.8	21.2	17.0	173.1	178.7	170.3	8.4	121.0	2 010 578	2 090 656	1 830 007	125 344	135 305	1 268 706	2015
20.5	21.0	15.6	169.6	175.9	168.1	7.8	110.0	2 038 531	2 133 085	1 894 554	118 917	119 613	1 139 546	2016
20.1	20.8	14.4	163.1	170.4	162.9	7.5	98.8	2 072 571	2 183 969	1 920 176	139 567	124 226	1 092 979	2017
19.9	20.6	13.8	162.9	170.0	162.2	7.8	97.0	2 224 010	2 333 003	2 048 998	158 274	125 731	1 209 855	2018
19.9	20.6	12.5	161.2	167.7	160.0	7.7	90.4	2 336 747	2 442 672	2 138 235	176 841	127 595	1 184 216	2019

Note : Based upon 9th revision(2007) of Korean Standard Industrial Classification
Total wages = Regular wages + Overtime wages + Special wages
··· is not available
Source : Labor Market Statistics Division, Ministry of Employment and Labor, 「Labor Force Survey at Establishments」

14. 산업(대·중분류)별 월평균 임금, 근로일수 및 근로시간 (2019년 이전)(15-14)

단위 : 일, 시간, 원

N75. 사업지원서비스업 / Business Support Services

연도	근로일수 Days Worked			근로시간 Hours Worked					급여액 Wages					
	전체 All Employees	상용 Permanent	임시일용 Temporary & Daily	전체 All Employees	상용 Permanent			임시일용 Temporary & Daily	전체 All Employees	상용 Permanent				임시일용 Temporary & Daily
					총근로시간 Total	소정실근로 Regular	초과근로 Overtime			임금총액 Total	정액급여 Regular	초과급여 Overtime	특별급여 Special	
2013	20.4	20.8	17.3	171.7	176.4	167.4	9.0	129.1	1 855 416	1 938 037	1 696 434	93 478	148 125	1 100 092
2014	20.3	20.7	16.2	168.8	174.5	166.1	8.4	114.0	1 891 799	1 986 048	1 711 429	107 298	167 322	974 450
2015	20.4	20.9	16.3	170.6	177.4	168.6	8.8	115.7	1 957 268	2 077 561	1 774 588	115 634	187 339	992 292
2016	20.0	20.4	15.8	170.4	176.9	169.2	7.7	112.2	2 053 007	2 167 907	1 858 668	128 409	180 830	1 023 647
2017	19.8	20.3	14.5	165.8	172.1	165.7	6.3	100.2	2 093 584	2 200 749	1 899 315	122 528	178 906	963 373
2018	19.6	20.2	13.4	163.3	169.7	163.8	5.9	89.2	2 195 574	2 305 278	1 999 574	130 381	175 323	934 474
2019	19.7	20.2	13.1	163.2	169.6	163.8	5.8	85.0	2 330 809	2 441 552	2 115 295	147 819	178 437	984 961

Q86. 보건업 / Human Health

연도	근로일수 Days Worked			근로시간 Hours Worked					급여액 Wages					
	전체 All Employees	상용 Permanent	임시일용 Temporary & Daily	전체 All Employees	상용 Permanent			임시일용 Temporary & Daily	전체 All Employees	상용 Permanent				임시일용 Temporary & Daily
					총근로시간 Total	소정실근로 Regular	초과근로 Overtime			임금총액 Total	정액급여 Regular	초과급여 Overtime	특별급여 Special	
2013	22.1	22.2	18.0	173.3	175.1	169.2	5.8	121.2	2 837 251	2 893 841	2 338 404	127 903	427 534	1 155 214
2014	21.5	21.7	16.8	173.7	175.8	168.7	7.1	111.5	2 945 979	3 006 099	2 432 802	142 198	431 099	1 158 054
2015	21.7	21.8	15.8	175.0	177.1	170.0	7.1	103.2	3 074 781	3 131 447	2 537 136	171 416	422 895	1 176 704
2016	21.4	21.7	13.8	172.8	175.4	167.8	7.6	91.9	3 225 133	3 290 283	2 650 516	183 856	455 911	1 204 047
2017	21.3	21.4	15.3	169.2	171.0	164.4	6.6	104.3	3 296 235	3 347 089	2 758 353	201 777	386 959	1 453 925
2018	21.3	21.4	15.8	167.4	169.3	163.1	6.2	102.9	3 431 336	3 487 628	2 913 640	213 982	360 006	1 507 381
2019	21.2	21.4	14.8	166.9	169.0	162.8	6.2	98.6	3 618 515	3 682 746	3 095 512	234 139	353 094	1 500 506

R90. 창작, 예술 및 여가관련서비스업 / Creative, Arts and Recreation Related Services

연도	근로일수 Days Worked			근로시간 Hours Worked					급여액 Wages					
	전체 All Employees	상용 Permanent	임시일용 Temporary & Daily	전체 All Employees	상용 Permanent			임시일용 Temporary & Daily	전체 All Employees	상용 Permanent				임시일용 Temporary & Daily
					총근로시간 Total	소정실근로 Regular	초과근로 Overtime			임금총액 Total	정액급여 Regular	초과급여 Overtime	특별급여 Special	
2013	20.8	21.1	19.0	167.9	173.7	163.8	9.9	136.9	2 361 607	2 594 847	2 210 929	115 073	268 846	1 110 944
2014	20.3	21.0	16.8	164.5	171.1	162.4	8.8	130.6	2 327 390	2 552 469	2 269 165	121 506	161 797	1 169 654
2015	20.5	21.4	15.8	164.0	172.2	163.8	8.5	121.2	2 354 529	2 593 822	2 318 772	121 700	153 350	1 114 547
2016	20.0	21.1	15.2	159.8	169.7	161.8	7.9	119.1	2 375 962	2 682 434	2 401 664	115 851	164 920	1 107 695
2017	19.6	20.5	15.1	157.0	166.2	158.3	7.9	114.5	2 609 011	2 907 994	2 487 140	157 772	263 083	1 213 382
2018	19.5	20.5	14.5	157.1	166.4	157.9	8.5	110.5	2 696 308	2 990 005	2 551 681	175 181	263 142	1 232 173
2019	19.6	20.7	14.4	156.8	167.7	159.1	8.6	107.0	2 754 852	3 078 712	2 621 851	180 213	276 648	1 270 996

주 : 한국표준산업분류 제9차 개정(2007) 기준
　　 임금총액 = 정액급여 + 초과급여 + 특별급여
　　 …은 미상자료
자료 : 고용노동부 노동시장조사과, 「사업체노동력조사(구, 사업체임금근로시간조사)」

14. Average monthly wages, days and hours worked by industry(sections, divisions) (previous 2019)(15-14)

In day, hour, won

P85. 교육서비스업 / Education

Days Worked			Hours Worked				Wages					Year
전체	상용	임시일용	전체	상용 Permanent			임시일용	전체	상용 Permanent			임시일용	
All Employees	Permanent	Temporary & Daily	All Employees	총근로시간 Total	소정실근로 Regular	초과근로 Overtime	Temporary & Daily	All Employees	임금총액 Total	정액급여 Regular	초과급여 Overtime	특별급여 Special	Temporary & Daily	
19.4	20.5	14.3	148.4	162.3	158.9	3.4	79.9	2 940 432	3 329 970	2 930 606	47 282	352 082	1 016 189	2013
19.3	20.2	13.6	150.4	163.1	158.3	4.8	72.1	3 119 013	3 452 650	3 092 206	60 116	300 327	1 057 797	2014
19.2	20.4	12.4	150.7	164.4	159.5	4.9	69.0	3 196 513	3 551 318	3 154 788	59 139	337 391	1 079 049	2015
18.9	20.2	12.0	147.5	162.9	158.5	4.4	66.0	3 230 981	3 640 216	3 207 472	60 761	371 983	1 061 308	2016
18.8	20.0	12.1	144.4	159.0	156.0	3.1	63.1	3 315 550	3 723 119	3 264 824	49 842	408 454	1 059 981	2017
18.7	20.0	11.2	142.3	157.4	154.0	3.4	52.6	3 396 843	3 794 539	3 330 508	52 907	411 124	1 041 884	2018
18.8	19.6	12.1	142.1	151.7	148.2	3.5	56.9	3 474 398	3 747 010	3 295 308	53 385	398 318	1 050 283	2019

Q87. 사회복지서비스업 / Social Work Activities

Days Worked			Hours Worked				Wages					Year
전체	상용	임시일용	전체	상용 Permanent			임시일용	전체	상용 Permanent			임시일용	
All Employees	Permanent	Temporary & Daily	All Employees	총근로시간 Total	소정실근로 Regular	초과근로 Overtime	Temporary & Daily	All Employees	임금총액 Total	정액급여 Regular	초과급여 Overtime	특별급여 Special	Temporary & Daily	
20.5	20.7	18.1	167.9	172.7	166.2	6.5	113.5	1 635 253	1 707 171	1 549 815	84 537	72 819	818 547	2013
20.2	20.3	18.1	162.4	166.8	162.9	3.9	101.1	1 655 051	1 716 177	1 590 390	56 285	69 503	792 743	2014
20.5	20.6	18.8	165.1	169.3	164.7	4.6	103.2	1 743 124	1 805 646	1 661 456	72 243	71 947	819 350	2015
20.4	20.5	19.2	162.9	167.5	162.7	4.8	99.1	1 802 319	1 875 137	1 709 736	81 795	83 607	802 389	2016
19.9	20.0	18.8	158.5	161.9	157.9	4.0	93.9	1 856 834	1 909 804	1 764 048	71 329	74 427	859 140	2017
19.9	19.9	18.8	156.1	158.9	154.7	4.2	94.8	1 978 904	2 024 448	1 885 211	76 879	62 358	980 303	2018
20.0	20.0	18.4	156.1	158.9	154.6	4.3	92.6	2 122 205	2 168 079	2 018 437	83 789	65 853	1 055 158	2019

R91. 스포츠및오락관련서비스업 / Sports activities and amusement activities

Days Worked			Hours Worked				Wages					Year
전체	상용	임시일용	전체	상용 Permanent			임시일용	전체	상용 Permanent			임시일용	
All Employees	Permanent	Temporary & Daily	All Employees	총근로시간 Total	소정실근로 Regular	초과근로 Overtime	Temporary & Daily	All Employees	임금총액 Total	정액급여 Regular	초과급여 Overtime	특별급여 Special	Temporary & Daily	
20.1	22.3	16.0	154.5	184.5	173.4	11.1	96.3	1 961 679	2 583 635	2 091 692	145 633	346 310	756 119	2013
19.5	21.6	14.3	155.9	179.1	167.7	11.4	98.6	2 080 755	2 598 205	2 176 357	165 183	256 664	807 293	2014
19.8	21.8	14.3	158.7	180.6	168.5	12.1	100.3	2 203 006	2 709 118	2 282 708	182 413	243 997	851 556	2015
19.8	21.6	14.5	160.3	179.0	167.4	11.7	102.5	2 345 557	2 815 584	2 367 219	188 578	259 786	890 686	2016
19.9	21.5	13.9	160.3	176.3	165.1	11.1	97.7	2 478 847	2 873 822	2 454 567	179 171	240 084	926 671	2017
19.9	20.6	15.6	158.0	166.2	156.5	9.7	108.5	2 679 914	2 948 130	2 526 588	182 571	238 971	1 059 939	2018
19.8	20.4	15.7	155.8	162.3	153.8	8.5	107.7	2 844 422	3 072 948	2 647 403	170 073	255 472	1 145 484	2019

Note : Based upon 9th revision(2007) of Korean Standard Industrial Classification
Total wages = Regular wages + Overtime wages + Special wages
··· is not available
Source : Labor Market Statistics Division, Ministry of Employment and Labor, 「Labor Force Survey at Establishments」

14. 산업(대·중분류)별 월평균 임금, 근로일수 및 근로시간 (2019년 이전)(15-15)

단위 : 일, 시간, 원

S94. 협회 및 단체 (Membership Organizations and Community)

연도	근로일수 Days Worked			근로시간 Hours Worked				급여액 Wages						
	전체 All Employees	상용 Permanent	임시일용 Temporary & Daily	전체 All Employees	상용 Permanent			임시일용 Temporary & Daily	전체 All Employees	상용 Permanent				임시일용 Temporary & Daily
					총근로시간 Total	소정실근로 Regular	초과근로 Overtime			임금총액 Total	정액급여 Regular	초과급여 Overtime	특별급여 Special	
2013	21.6	22.4	15.6	167.8	176.4	174.1	2.3	101.2	1 962 698	2 097 820	1 886 783	27 084	183 954	909 516
2014	21.2	21.9	15.5	167.6	174.6	172.5	2.1	113.2	2 058 400	2 184 731	1 998 459	31 377	154 894	1 076 514
2015	21.5	22.2	14.2	170.8	177.4	175.4	2.0	103.9	2 135 703	2 242 291	2 057 765	31 300	153 226	1 061 089
2016	21.2	22.1	12.5	168.6	176.4	174.1	2.3	88.6	2 197 959	2 321 194	2 102 771	42 261	176 162	937 131
2017	21.2	21.8	15.0	166.0	171.9	170.9	1.0	105.0	2 200 471	2 312 271	2 096 941	17 199	198 131	1 044 744
2018	21.0	21.6	13.9	164.6	170.7	169.5	1.2	93.4	2 300 688	2 407 761	2 194 473	21 363	191 925	1 044 107
2019	20.8	21.4	13.4	163.0	168.7	167.7	1.0	88.4	2 404 041	2 510 435	2 301 051	20 695	188 689	1 015 433

S96. 기타 개인 서비스업 (Other Personal Services Activities)

연도	근로일수 Days Worked			근로시간 Hours Worked				급여액 Wages						
	전체 All Employees	상용 Permanent	임시일용 Temporary & Daily	전체 All Employees	상용 Permanent			임시일용 Temporary & Daily	전체 All Employees	상용 Permanent				임시일용 Temporary & Daily
					총근로시간 Total	소정실근로 Regular	초과근로 Overtime			임금총액 Total	정액급여 Regular	초과급여 Overtime	특별급여 Special	
2013	19.6	23.0	12.4	162.1	192.6	188.3	4.3	95.7	1 500 736	1 874 594	1 719 810	47 935	106 849	687 804
2014	19.6	22.5	12.2	159.5	187.4	182.9	4.5	88.7	1 470 434	1 811 832	1 679 306	65 371	67 155	605 912
2015	19.5	22.7	11.9	155.7	186.4	181.6	4.8	81.5	1 484 270	1 855 669	1 686 330	76 864	92 475	587 084
2016	19.6	22.6	11.2	155.5	183.4	178.8	4.5	77.0	1 548 646	1 892 218	1 737 988	75 137	79 092	579 972
2017	19.2	21.9	10.7	150.0	177.0	170.6	6.4	64.6	1 654 966	2 003 811	1 809 366	106 295	88 150	554 292
2018	19.3	21.6	9.8	148.6	171.1	165.8	5.3	57.1	1 827 516	2 139 131	1 942 063	117 151	79 918	555 339
2019	19.2	21.5	8.7	144.3	164.5	159.7	4.8	52.2	1 925 489	2 220 785	2 017 029	116 769	86 986	576 135

주 : 한국표준산업분류 제9차 개정(2007) 기준
  임금총액 = 정액급여 + 초과급여 + 특별급여
  …은 미상자료
자료 : 고용노동부 노동시장조사과, 「사업체노동력조사(구, 사업체임금근로시간조사)」

14. Average monthly wages, days and hours worked by industry(sections, divisions) (previous 2019)(15-15)

In day, hour, won

				S95. 수리업 Maintenance and Repair Services									
근로일수 Days Worked			근로시간 Hours Worked				급여액 Wages						Year
전체 All Employees	상용 Permanent	임시일용 Temporary & Daily	전체 All Employees	상용 Permanent			임시일용 Temporary & Daily	전체 All Employees	상용 Permanent				임시일용 Temporary & Daily
				총근로시간 Total	소정실근로 Regular	초과근로 Overtime			임금총액 Total	정액급여 Regular	초과급여 Overtime	특별급여 Special	
22.6	22.8	19.6	180.3	182.2	177.6	4.6	150.4	2 288 284	2 348 958	2 048 541	75 085	225 333	1 374 456	2013
22.3	22.5	18.3	177.6	179.3	174.1	5.2	143.5	2 440 037	2 498 069	2 145 570	82 057	270 443	1 250 832	2014
22.5	22.7	18.8	178.2	180.4	175.3	5.0	142.9	2 523 117	2 598 520	2 233 447	88 483	276 590	1 272 174	2015
22.4	22.7	16.9	178.2	180.2	174.4	5.8	133.8	2 731 915	2 789 670	2 348 323	109 823	331 524	1 446 010	2016
21.5	21.7	15.8	175.0	176.5	168.7	7.9	118.4	2 833 344	2 874 884	2 434 631	130 477	309 776	1 293 127	2017
21.4	21.6	15.1	170.8	172.9	166.7	6.2	105.3	3 046 349	3 103 622	2 584 432	128 912	390 278	1 250 242	2018
21.5	21.7	14.8	170.8	173.2	166.9	6.4	97.7	3 224 678	3 289 348	2 762 664	147 521	379 164	1 256 757	2019

Note : Based upon 9th revision(2007) of Korean Standard Industrial Classification
Total wages = Regular wages + Overtime wages + Special wages
··· is not available
Source : Labor Market Statistics Division, Ministry of Employment and Labor, 「Labor Force Survey at Establishments」

15. 산업(대·중분류)별 월평균 임금, 근로일수 및 근로시간 (2020년 이후)(12-1)

단위 : 일, 시간, 원

전 산 업 (Total)

연도	근로일수 Days Worked			근로시간 Hours Worked					급여액 Wages				
	전체 All Employees	상용 Permanent	임시일용 Temporary & Daily	전체 All Employees	상용 Permanent			임시일용 Temporary & Daily	전체 All Employees	상용 Permanent			임시일용 Temporary & Daily
				Total	총근로시간 Total	소정실근로 Regular	초과근로 Overtime		All Employees	임금총액 Total	정액급여 Regular	초과급여 Overtime	특별급여 Special	
2020	19.7	20.4	13.2	160.6	166.9	158.6	8.3	97.6	3 527 356	3 718 538	3 077 243	200 221	441 075	1 636 029
2021	19.8	20.4	13.4	160.7	167.0	158.7	8.3	99.0	3 688 916	3 893 125	3 181 472	207 671	503 982	1 699 675
2022	19.6	20.2	13.3	158.7	165.1	156.8	8.3	98.1	3 869 461	4 094 878	3 319 095	219 592	556 191	1 746 884
2023	19.4	20.1	12.5	156.2	163.6	155.6	8.0	90.0	3 965 994	4 210 818	3 444 099	226 813	539 906	1 784 578

C. 제조업 (Manufacturing)

연도	전체	상용	임시일용	전체	총근로시간	소정실근로	초과근로	임시일용	전체	임금총액	정액급여	초과급여	특별급여	임시일용
2020	20.2	20.4	14.1	172.7	174.5	157.6	16.9	113.9	3 990 086	4 058 423	3 090 580	382 741	585 102	1 736 811
2021	20.4	20.5	14.7	173.5	175.2	158.4	16.8	119.9	4 238 595	4 310 740	3 212 377	397 766	700 597	1 949 593
2022	20.1	20.3	14.2	171.1	172.9	156.4	16.5	117.0	4 483 866	4 565 743	3 367 064	416 300	782 378	2 092 286
2023	20.0	20.2	13.6	170.5	172.5	156.0	16.5	109.4	4 632 731	4 714 235	3 509 346	438 270	766 619	2 185 860

E. 수도, 하수 및 폐기물 처리, 원료 재생업 (Water supply; sewage, waste management, materials recovery)

연도	전체	상용	임시일용	전체	총근로시간	소정실근로	초과근로	임시일용	전체	임금총액	정액급여	초과급여	특별급여	임시일용
2020	21.3	21.6	14.8	176.5	179.3	167.6	11.8	110.1	3 887 682	3 988 824	3 270 097	341 779	376 948	1 543 560
2021	21.3	21.6	16.0	176.9	178.9	166.9	12.1	127.7	4 094 095	4 179 867	3 411 875	355 385	412 608	2 057 735
2022	21.0	21.3	14.5	174.4	177.0	164.3	12.7	115.7	4 167 725	4 266 761	3 496 896	378 812	391 053	1 946 494
2023	20.8	21.2	13.6	170.0	173.1	162.0	11.1	103.7	4 297 261	4 416 355	3 557 489	400 270	458 596	1 790 078

G. 도매 및 소매업 (Wholesale and retail trade)

연도	전체	상용	임시일용	전체	총근로시간	소정실근로	초과근로	임시일용	전체	임금총액	정액급여	초과급여	특별급여	임시일용
2020	20.5	20.9	13.4	163.8	167.7	162.6	5.1	93.6	3 422 671	3 550 201	3 109 206	104 245	336 750	1 097 756
2021	20.5	20.9	13.6	163.8	167.8	162.5	5.3	93.8	3 550 757	3 688 394	3 207 309	108 621	372 464	1 159 783
2022	20.3	20.7	13.5	162.3	166.2	160.9	5.3	94.9	3 772 902	3 922 361	3 376 805	119 932	425 624	1 210 560
2023	20.0	20.4	13.3	159.2	163.4	158.7	4.7	94.4	3 920 911	4 089 474	3 550 358	117 867	421 249	1 304 741

주 : 한국표준산업분류 제10차 개정(2017) 기준
　　임금총액 = 정액급여 + 초과급여 + 특별급여
　　…은 미상자료
자료 : 고용노동부 노동시장조사과, 「사업체노동력조사(구, 사업체임금근로시간조사)」

15. Average monthly wages, days and hours worked by industry(sections, divisions) (since 2020)(12-1)

In day, hour, won

B. 광업 / Mining and quarrying

근로일수 Days Worked			근로시간 Hours Worked					급여액 Wages						Year
전체 All Employees	상용 Permanent	임시일용 Temporary & Daily	전체 All Employees	상용 Permanent			임시일용 Temporary & Daily	전체 All Employees	상용 Permanent				임시일용 Temporary & Daily	
				총근로시간 Total	소정실근로 Regular	초과근로 Overtime			임금총액 Total	정액급여 Regular	초과급여 Overtime	특별급여 Special		
21.6	21.9	11.4	181.2	183.7	164.1	19.6	87.5	4 325 202	4 405 344	3 507 078	429 499	468 766	1 317 132	2020
21.6	21.9	10.8	179.9	183.2	164.4	18.8	85.3	4 415 388	4 519 779	3 626 511	432 323	460 945	1 368 193	2021
20.9	21.3	8.4	174.8	178.0	160.8	17.2	66.6	4 607 896	4 712 761	3 834 311	392 630	485 819	1 113 011	2022
20.2	20.9	7.3	168.5	175.3	159.0	16.3	57.0	4 636 029	4 845 522	3 943 380	372 028	530 114	1 196 376	2023

D. 전기, 가스, 증기 및 공기조절공급업 / Electricity, gas, steam and air conditioning supply

근로일수 Days Worked			근로시간 Hours Worked					급여액 Wages						Year
전체 All Employees	상용 Permanent	임시일용 Temporary & Daily	전체 All Employees	상용 Permanent			임시일용 Temporary & Daily	전체 All Employees	상용 Permanent				임시일용 Temporary & Daily	
				총근로시간 Total	소정실근로 Regular	초과근로 Overtime			임금총액 Total	정액급여 Regular	초과급여 Overtime	특별급여 Special		
19.3	19.4	18.6	163.7	164.0	154.0	10.0	148.3	6 733 071	6 824 385	4 764 187	372 488	1 687 710	2 000 754	2020
19.1	19.2	17.3	161.6	162.2	152.8	9.5	140.0	6 753 004	6 881 984	4 870 199	365 276	1 646 508	2 009 839	2021
18.8	18.9	17.2	158.6	159.1	149.9	9.3	137.6	6 906 890	7 039 197	4 986 971	364 926	1 687 299	1 935 380	2022
19.0	19.0	18.3	160.0	160.1	151.2	8.9	146.0	7 188 344	7 250 144	5 117 991	367 958	1 764 195	1 910 268	2023

F. 건설업 / Construction

근로일수 Days Worked			근로시간 Hours Worked					급여액 Wages						Year
전체 All Employees	상용 Permanent	임시일용 Temporary & Daily	전체 All Employees	상용 Permanent			임시일용 Temporary & Daily	전체 All Employees	상용 Permanent				임시일용 Temporary & Daily	
				총근로시간 Total	소정실근로 Regular	초과근로 Overtime			임금총액 Total	정액급여 Regular	초과급여 Overtime	특별급여 Special		
16.9	20.7	12.7	136.9	169.4	163.7	5.7	101.7	3 032 156	3 824 904	3 408 376	164 798	251 730	2 172 488	2020
16.8	20.8	12.6	135.9	169.3	164.1	5.2	101.1	3 105 606	3 969 530	3 538 856	158 972	271 702	2 206 310	2021
16.6	20.5	12.6	134.3	167.0	161.8	5.2	101.1	3 229 118	4 148 673	3 700 493	167 917	280 264	2 296 241	2022
15.9	20.3	11.7	128.7	165.4	160.4	5.0	93.4	3 358 882	4 291 414	3 846 994	179 944	264 475	2 460 274	2023

H. 운수 및 창고업 / Transportation and storage

근로일수 Days Worked			근로시간 Hours Worked					급여액 Wages						Year
전체 All Employees	상용 Permanent	임시일용 Temporary & Daily	전체 All Employees	상용 Permanent			임시일용 Temporary & Daily	전체 All Employees	상용 Permanent				임시일용 Temporary & Daily	
				총근로시간 Total	소정실근로 Regular	초과근로 Overtime			임금총액 Total	정액급여 Regular	초과급여 Overtime	특별급여 Special		
19.9	20.0	16.1	159.0	159.9	150.9	9.0	114.1	3 529 748	3 562 162	2 852 040	261 680	448 441	1 876 131	2020
19.9	20.0	15.5	160.2	161.2	151.8	9.4	110.7	3 795 199	3 833 768	2 986 914	276 743	570 112	1 872 504	2021
19.9	20.0	15.6	160.6	161.5	152.1	9.4	111.9	4 040 454	4 079 619	3 161 111	297 769	620 739	1 983 905	2022
19.8	20.1	11.8	160.6	162.8	152.3	10.5	86.8	4 184 751	4 265 160	3 347 214	334 066	583 879	1 515 498	2023

Note : Based upon 10th revision(2017) of Korean Standard Industrial Classification
Total wages = Regular wages + Overtime wages + Special wages
··· is not available

Source : Labor Market Statistics Division, Ministry of Employment and Labor, 「Labor Force Survey at Establishments」

15. 산업(대·중분류)별 월평균 임금, 근로일수 및 근로시간 (2020년 이후)(12-2)

단위 : 일, 시간, 원

I. 숙박 및 음식점업 (Accommodation and food service activities)

연도	근로일수 (Days Worked)			근로시간 (Hours Worked)				급여액 (Wages)				
	전체 All Employees	상용 Permanent	임시일용 Temporary & Daily	전체 All Employees	상용 Permanent			임시일용 Temporary & Daily	전체 All Employees	상용 Permanent			임시일용 Temporary & Daily
					총근로시간 Total	소정실근로 Regular	초과근로 Overtime			임금총액 Total	정액급여 Regular	초과급여 Overtime	특별급여 Special	
2020	18.9	21.7	11.7	149.7	177.2	172.1	5.1	78.1	1 878 720	2 273 082	2 126 682	83 460	62 940	850 093
2021	18.9	21.7	11.8	148.4	175.6	170.8	4.8	78.3	1 904 899	2 304 830	2 153 282	83 543	68 004	873 107
2022	19.0	21.9	12.3	146.5	175.0	169.3	5.7	80.1	2 003 540	2 467 497	2 285 408	104 943	77 146	923 084
2023	18.2	21.4	11.3	138.8	170.2	163.5	6.7	70.3	2 097 226	2 657 882	2 433 338	133 324	91 221	871 744

K. 금융 및 보험업 (Financial and insurance activities)

연도	전체 All Employees	상용 Permanent	임시일용 Temporary & Daily	전체 All Employees	총근로시간 Total	소정실근로 Regular	초과근로 Overtime	임시일용 Temporary & Daily	전체 All Employees	임금총액 Total	정액급여 Regular	초과급여 Overtime	특별급여 Special	임시일용 Temporary & Daily
2020	19.9	19.9	18.8	162.1	162.5	157.9	4.5	143.7	6 526 274	6 621 835	4 632 588	126 679	1 862 568	2 061 261
2021	19.8	19.8	19.0	161.9	162.2	157.7	4.5	144.2	6 963 401	7 046 479	4 811 981	129 238	2 105 259	2 188 994
2022	19.5	19.5	18.8	159.8	160.1	155.2	4.9	143.7	7 323 792	7 400 548	4 950 083	139 530	2 310 936	2 453 846
2023	19.4	19.5	18.9	159.3	159.6	154.5	5.1	146.1	7 337 948	7 421 203	5 098 805	152 952	2 169 446	2 668 420

M. 전문, 과학 및 기술 서비스업 (Professional, scientific and technical activities)

연도	전체 All Employees	상용 Permanent	임시일용 Temporary & Daily	전체 All Employees	총근로시간 Total	소정실근로 Regular	초과근로 Overtime	임시일용 Temporary & Daily	전체 All Employees	임금총액 Total	정액급여 Regular	초과급여 Overtime	특별급여 Special	임시일용 Temporary & Daily
2020	19.9	20.0	17.1	161.7	163.0	158.3	4.8	119.0	4 871 451	4 967 893	4 167 529	119 910	680 454	1 752 712
2021	19.8	19.9	16.7	161.6	162.5	157.7	4.8	126.9	5 105 990	5 185 908	4 272 771	123 640	789 497	1 983 560
2022	19.7	19.8	16.4	160.3	161.3	156.3	5.0	123.4	5 375 576	5 466 841	4 422 572	136 238	908 031	1 991 097
2023	19.6	19.7	16.3	158.8	159.8	155.4	4.4	120.4	5 463 503	5 553 650	4 539 886	138 336	875 428	2 020 536

P. 교육 서비스업 (Education)

연도	전체 All Employees	상용 Permanent	임시일용 Temporary & Daily	전체 All Employees	총근로시간 Total	소정실근로 Regular	초과근로 Overtime	임시일용 Temporary & Daily	전체 All Employees	임금총액 Total	정액급여 Regular	초과급여 Overtime	특별급여 Special	임시일용 Temporary & Daily
2020	18.2	18.6	13.0	136.6	141.0	138.5	2.4	70.0	3 365 722	3 516 639	3 162 056	44 841	309 742	1 089 165
2021	18.4	18.8	14.0	137.2	141.9	139.2	2.8	73.0	3 354 988	3 517 107	3 161 457	48 961	306 689	1 127 794
2022	18.3	18.6	14.0	136.1	141.2	138.5	2.7	68.0	3 435 471	3 609 660	3 237 117	49 844	322 699	1 111 386
2023	18.3	18.7	12.9	135.9	141.2	138.6	2.5	60.9	3 507 590	3 681 391	3 325 969	52 071	303 351	1 056 208

주 : 한국표준산업분류 제10차 개정(2017) 기준
  임금총액 = 정액급여 + 초과급여 + 특별급여
  …은 미상자료
자료 : 고용노동부 노동시장조사과, 「사업체노동력조사(구, 사업체임금근로시간조사)」

15. Average monthly wages, days and hours worked by industry(sections, divisions) (since 2020)(12-2)

In day, hour, won

J. 정보통신업 / Information and communications

| 근로일수 Days Worked ||| 근로시간 Hours Worked ||||| 급여액 Wages ||||| Year |
All Employees	상용 Permanent	임시일용 Temporary & Daily	전체 All Employees Total	상용 Permanent 총근로시간 Total	상용 Permanent 소정실근로 Regular	상용 Permanent 초과근로 Overtime	임시일용 Temporary & Daily	전체 All Employees	상용 임금총액 Total	상용 Permanent 정액급여 Regular	상용 Permanent 초과급여 Overtime	특별급여 Special	임시일용 Temporary & Daily	
19.9	20.0	15.8	163.8	165.1	157.6	7.5	112.8	4 612 804	4 692 486	3 979 131	195 112	518 244	1 640 982	2020
19.9	20.0	15.9	164.1	165.4	158.1	7.4	114.8	4 796 089	4 881 671	4 100 268	208 574	572 830	1 725 719	2021
19.7	19.9	15.8	162.7	164.1	156.7	7.5	112.5	4 998 923	5 096 816	4 266 288	221 480	609 047	1 638 841	2022
19.7	19.8	15.9	162.2	163.7	156.4	7.3	112.6	5 120 299	5 222 732	4 398 637	225 178	598 917	1 609 191	2023

L. 부동산업 / Real estate activities

All Employees	Permanent	Temporary & Daily	All Employees Total	Permanent Total	Permanent Regular	Permanent Overtime	Temporary & Daily	All Employees	Permanent Total	Permanent Regular	Permanent Overtime	Special	Temporary & Daily	Year
19.3	19.4	17.2	173.2	175.1	174.1	1.0	131.2	2 847 661	2 921 487	2 631 725	65 252	224 510	1 235 680	2020
19.3	19.4	17.3	171.8	173.9	172.8	1.1	121.2	2 954 373	3 027 510	2 726 484	67 946	233 080	1 234 679	2021
19.1	19.2	16.7	169.4	172.1	170.9	1.2	107.3	3 086 439	3 168 465	2 835 093	75 971	257 401	1 187 753	2022
19.2	19.3	16.9	167.5	170.1	168.9	1.2	106.6	3 117 385	3 191 241	2 936 974	72 712	181 555	1 405 101	2023

N. 사업시설 관리, 사업 지원 및 임대 서비스업 / Business facilities management and business support services; rental and leasing activities

All Employees	Permanent	Temporary & Daily	All Employees Total	Permanent Total	Permanent Regular	Permanent Overtime	Temporary & Daily	All Employees	Permanent Total	Permanent Regular	Permanent Overtime	Special	Temporary & Daily	Year
19.6	20.1	13.2	161.7	166.5	160.5	5.9	103.1	2 410 733	2 503 999	2 199 473	145 834	158 693	1 259 149	2020
19.6	20.1	13.5	162.1	167.0	161.2	5.8	106.7	2 491 935	2 595 260	2 272 470	152 616	170 175	1 318 619	2021
19.5	20.1	13.1	159.8	165.3	159.9	5.5	101.8	2 583 619	2 704 942	2 376 000	154 835	174 107	1 309 749	2022
19.3	20.1	11.9	158.2	164.8	159.4	5.4	92.6	2 686 999	2 828 837	2 495 707	163 944	169 185	1 286 608	2023

Q. 보건업 및 사회복지서비스업 / Human health and social work activities

All Employees	Permanent	Temporary & Daily	All Employees Total	Permanent Total	Permanent Regular	Permanent Overtime	Temporary & Daily	All Employees	Permanent Total	Permanent Regular	Permanent Overtime	Special	Temporary & Daily	Year
20.5	20.6	16.8	158.6	161.2	155.6	5.6	96.1	2 941 850	3 009 065	2 642 507	166 505	200 053	1 306 881	2020
20.5	20.7	17.9	158.3	160.6	154.8	5.8	107.6	3 013 966	3 086 183	2 695 363	178 044	212 776	1 435 838	2021
20.2	20.4	17.3	155.3	157.7	151.7	6.1	105.1	3 121 981	3 200 823	2 785 394	190 262	225 167	1 482 949	2022
20.1	20.3	16.6	150.7	154.5	149.5	5.0	86.5	3 132 146	3 244 503	2 841 319	173 308	229 876	1 221 907	2023

Note : Based upon 10th revision(2017) of Korean Standard Industrial Classification
Total wages = Regular wages + Overtime wages + Special wages
··· is not available

Source : Labor Market Statistics Division, Ministry of Employment and Labor, 「Labor Force Survey at Establishments」

15. 산업(대·중분류)별 월평균 임금, 근로일수 및 근로시간 (2020년 이후)(12-3)

단위 : 일, 시간, 원

연도	R. 예술, 스포츠 및 여가 관련 서비스업 Arts, sports and recreation related services											
	근로일수 Days Worked			근로시간 Hours Worked				급여액 Wages				
	전체 All Employees	상용 Permanent	임시일용 Temporary & Daily	전체 All Employees	상용 Permanent			임시일용 Temporary & Daily	전체 All Employees	상용 Permanent				임시일용 Temporary & Daily
					총근로시간 Total	소정실근로 Regular	초과근로 Overtime			임금총액 Total	정액급여 Regular	초과급여 Overtime	특별급여 Special	
2020	19.2	19.9	14.7	149.7	156.2	148.8	7.4	103.5	2 873 154	3 094 890	2 660 822	158 025	276 043	1 292 289
2021	19.6	20.4	14.1	152.7	161.1	152.5	8.6	99.2	2 993 986	3 265 726	2 808 729	180 220	276 777	1 269 402
2022	19.3	20.2	14.0	150.8	159.0	150.4	8.7	99.1	3 077 445	3 361 280	2 855 952	191 116	314 212	1 305 256
2023	19.0	19.9	14.2	148.2	157.0	149.4	7.6	101.8	3 058 057	3 374 317	2 946 549	161 255	266 512	1 382 966

주 : 한국표준산업분류 제10차 개정(2017) 기준
　　임금총액 = 정액급여 + 초과급여 + 특별급여
　　…은 미상자료
자료 : 고용노동부 노동시장조사과, 「사업체노동력조사(구, 사업체임금근로시간조사)」

15. Average monthly wages, days and hours worked by industry(sections, divisions) (since 2020)(12-3)

In day, hour, won

S. 협회 및 단체, 수리 및 기타 개인 서비스업 Membership organizations, repair and other personal services													Year
근로일수 Days Worked			근로시간 Hours Worked					급여액 Wages						
전체	상용	임시일용	전체	상용 Permanent			임시일용	전체	상용 Permanent				임시일용	
All Employees	Permanent	Temporary & Daily	All Employees	총근로시간 Total	소정실근로 Regular	초과근로 Overtime	Temporary & Daily	All Employees	임금총액 Total	정액급여 Regular	초과급여 Overtime	특별급여 Special	Temporary & Daily	
20.5	21.3	9.9	160.3	166.9	163.7	3.2	65.0	2 562 629	2 689 147	2 446 398	66 898	175 852	742 232	2020
20.8	21.3	10.7	162.4	167.4	164.1	3.3	73.0	2 699 734	2 800 590	2 532 602	72 928	195 060	896 247	2021
20.5	21.1	11.0	160.3	165.6	162.3	3.3	74.6	2 832 155	2 948 553	2 637 252	79 816	231 484	955 905	2022
20.3	21.0	9.7	160.3	165.8	162.2	3.6	68.6	3 009 078	3 127 760	2 752 250	86 563	288 947	1 030 445	2023

Note : Based upon 10th revision(2017) of Korean Standard Industrial Classification
Total wages = Regular wages + Overtime wages + Special wages
··· is not available

Source : Labor Market Statistics Division, Ministry of Employment and Labor, 「Labor Force Survey at Establishments」

15. 산업(대·중분류)별 월평균 임금, 근로일수 및 근로시간 (2020년 이후)(12-4)

단위 : 일, 시간, 원

B05. 석탄, 원유 및 천연가스 광업 (Mining of coal, crude petroleum and natural gas)

연도	근로일수 (Days Worked)			근로시간 (Hours Worked)					급여액 (Wages)					
	전체 All Employees	상용 Permanent	임시일용 Temporary & Daily	전체 All Employees	상용 Permanent			임시일용 Temporary & Daily	전체 All Employees	상용 Permanent				임시일용 Temporary & Daily
					총근로시간 Total	소정실근로 Regular	초과근로 Overtime			임금총액 Total	정액급여 Regular	초과급여 Overtime	특별급여 Special	
2020	19.6	19.6	13.6	141.4	141.5	127.1	14.4	106.4	5 462 785	5 470 565	3 737 893	439 069	1 293 604	1 779 259
2021	20.0	20.1	15.5	142.9	143.0	128.4	14.6	124.4	5 526 848	5 538 536	3 740 362	446 530	1 351 643	2 221 413
2022	19.9	19.9	15.8	141.2	141.6	127.1	14.5	98.2	5 595 583	5 631 366	3 813 030	456 118	1 362 218	1 906 025
2023	19.4	19.4	19.0	140.1	139.9	125.5	14.5	142.5	5 768 914	5 925 507	3 850 963	475 216	1 599 328	2 795 173

B07. 비금속광물광업; 연료용 제외 (Mining of non-metallic minerals, except fuel)

연도	근로일수 (Days Worked)			근로시간 (Hours Worked)					급여액 (Wages)					
	전체 All Employees	상용 Permanent	임시일용 Temporary & Daily	전체 All Employees	상용 Permanent			임시일용 Temporary & Daily	전체 All Employees	상용 Permanent				임시일용 Temporary & Daily
					총근로시간 Total	소정실근로 Regular	초과근로 Overtime			임금총액 Total	정액급여 Regular	초과급여 Overtime	특별급여 Special	
2020	22.2	22.5	11.4	191.0	194.6	173.4	21.2	87.1	4 005 221	4 098 552	3 433 565	436 415	228 572	1 313 397
2021	22.0	22.5	10.8	188.9	193.4	172.9	20.6	85.1	4 137 581	4 258 801	3 567 380	448 978	242 443	1 361 708
2022	21.2	21.7	8.0	182.1	186.4	167.8	18.5	64.7	4 343 274	4 461 004	3 791 508	397 968	271 527	1 069 600
2023	20.3	21.3	5.4	174.4	183.1	165.7	17.4	43.0	4 328 258	4 552 381	3 873 461	368 882	310 037	948 112

C10. 식료품 제조업 (Manufacture of food Products)

연도	근로일수 (Days Worked)			근로시간 (Hours Worked)					급여액 (Wages)					
	전체 All Employees	상용 Permanent	임시일용 Temporary & Daily	전체 All Employees	상용 Permanent			임시일용 Temporary & Daily	전체 All Employees	상용 Permanent				임시일용 Temporary & Daily
					총근로시간 Total	소정실근로 Regular	초과근로 Overtime			임금총액 Total	정액급여 Regular	초과급여 Overtime	특별급여 Special	
2020	20.4	20.8	14.9	173.0	177.2	159.7	17.5	117.9	2 989 867	3 117 685	2 448 349	352 814	316 522	1 324 468
2021	20.4	20.8	14.9	172.9	176.8	159.5	17.3	118.5	3 137 851	3 262 483	2 553 935	355 983	352 564	1 373 122
2022	20.1	20.5	14.4	170.7	174.9	157.3	17.6	114.6	3 329 853	3 472 728	2 674 405	375 821	422 502	1 424 963
2023	20.0	20.5	13.3	169.5	174.2	156.6	17.6	103.4	3 278 079	3 412 415	2 733 441	376 697	302 277	1 399 996

C12. 담배 제조업 (Manufacture of tobacco Products)

연도	근로일수 (Days Worked)			근로시간 (Hours Worked)					급여액 (Wages)					
	전체 All Employees	상용 Permanent	임시일용 Temporary & Daily	전체 All Employees	상용 Permanent			임시일용 Temporary & Daily	전체 All Employees	상용 Permanent				임시일용 Temporary & Daily
					총근로시간 Total	소정실근로 Regular	초과근로 Overtime			임금총액 Total	정액급여 Regular	초과급여 Overtime	특별급여 Special	
2020	18.4	18.3	18.6	158.5	158.7	143.3	15.5	151.4	6 433 839	6 554 442	4 406 849	531 296	1 616 297	2 420 630
2021	18.3	18.4	17.2	160.5	161.1	145.0	16.1	141.7	6 526 671	6 652 743	4 500 490	510 140	1 642 113	2 513 522
2022	19.0	19.0	19.0	169.4	169.7	149.0	20.7	159.3	6 991 349	7 111 813	4 585 068	678 789	1 847 955	2 683 748
2023	19.0	19.1	15.0	173.1	174.2	150.1	24.1	123.0	6 911 035	7 012 247	4 582 541	697 968	1 731 738	2 340 386

주 : 한국표준산업분류 제10차 개정(2017) 기준
　　임금총액 = 정액급여 + 초과급여 + 특별급여
　　…은 미상자료
자료 : 고용노동부 노동시장조사과, 「사업체노동력조사(구, 사업체임금근로시간조사)」

15. Average monthly wages, days and hours worked by industry(sections, divisions) (since 2020)(12-4)

In day, hour, won

B06. 금속광업 / Mining of metal Ores

근로일수 Days Worked			근로시간 Hours Worked					급여액 Wages					Year
전체	상용	임시일용	전체	상용 Permanent			임시일용	전체	상용 Permanent			임시일용	
All Employees	Permanent	Temporary & Daily	All Employees	총근로시간 Total	소정실근로 Regular	초과근로 Overtime	Temporary & Daily	All Employees	임금총액 Total	정액급여 Regular	초과급여 Overtime	특별급여 Special	Temporary & Daily	
22.8	22.9	10.8	195.3	196.3	160.3	36.0	83.1	3 887 523	3 912 710	2 890 944	759 797	261 969	1 018 741	2020
21.8	22.0	6.1	182.0	183.7	161.4	22.2	46.7	4 017 505	4 057 326	3 268 800	545 120	243 406	713 627	2021
21.8	22.0	12.1	180.9	182.9	158.0	24.8	85.7	4 318 338	4 380 886	3 472 996	634 379	273 511	1 338 069	2022
22.1	22.1	21.4	181.3	181.5	157.1	24.4	165.5	4 674 499	4 696 829	3 798 636	641 204	256 990	2 893 359	2023

B08. 광업지원서비스업 / Mining support service activities

근로일수 Days Worked			근로시간 Hours Worked					급여액 Wages					Year
전체	상용	임시일용	전체	상용 Permanent			임시일용	전체	상용 Permanent			임시일용	
All Employees	Permanent	Temporary & Daily	All Employees	총근로시간 Total	소정실근로 Regular	초과근로 Overtime	Temporary & Daily	All Employees	임금총액 Total	정액급여 Regular	초과급여 Overtime	특별급여 Special	Temporary & Daily	
18.9	18.9	20.8	151.6	151.6	151.0	0.6	166.6	5 852 805	5 855 511	4 339 895	19 640	1 495 976	2 120 926	2020
18.8	18.8	-	151.3	151.3	150.9	0.4	-	5 685 450	5 685 450	4 498 347	12 540	1 174 562	-	2021
18.6	18.6	-	148.3	148.3	148.3	-	-	6 213 310	6 213 310	4 750 030	328	1 462 952	-	2022
18.8	18.8	20.4	150.1	149.9	149.9	-	163.2	6 511 389	6 568 867	5 483 218	-	1 085 649	2 120 378	2023

C11. 음료제조업 / Manufacture of beverages

근로일수 Days Worked			근로시간 Hours Worked					급여액 Wages					Year
전체	상용	임시일용	전체	상용 Permanent			임시일용	전체	상용 Permanent			임시일용	
All Employees	Permanent	Temporary & Daily	All Employees	총근로시간 Total	소정실근로 Regular	초과근로 Overtime	Temporary & Daily	All Employees	임금총액 Total	정액급여 Regular	초과급여 Overtime	특별급여 Special	Temporary & Daily	
19.7	20.1	10.9	170.4	173.7	155.0	18.6	87.7	4 445 316	4 578 586	3 212 065	555 800	810 720	1 056 316	2020
19.6	20.0	9.4	168.6	172.2	153.5	18.8	69.8	4 585 655	4 721 765	3 272 658	588 714	860 393	872 580	2021
19.6	19.9	11.0	171.0	174.6	153.0	21.6	83.9	4 918 383	5 067 143	3 438 615	694 660	933 869	1 336 533	2022
19.5	19.7	11.4	169.3	172.1	151.7	20.4	86.6	5 083 113	5 212 571	3 467 376	666 863	1 078 331	1 259 603	2023

C13. 섬유제품 제조업; 의복제외 / Manufacture of textiles, except apparel

근로일수 Days Worked			근로시간 Hours Worked					급여액 Wages					Year
전체	상용	임시일용	전체	상용 Permanent			임시일용	전체	상용 Permanent			임시일용	
All Employees	Permanent	Temporary & Daily	All Employees	총근로시간 Total	소정실근로 Regular	초과근로 Overtime	Temporary & Daily	All Employees	임금총액 Total	정액급여 Regular	초과급여 Overtime	특별급여 Special	Temporary & Daily	
20.1	20.2	10.0	171.4	172.0	154.2	17.8	83.0	3 068 428	3 081 696	2 598 683	366 985	116 028	1 205 256	2020
20.8	20.8	11.5	175.3	175.7	158.4	17.3	100.0	3 183 172	3 193 505	2 716 398	355 772	121 335	1 490 752	2021
20.5	20.6	9.3	172.0	172.7	156.5	16.2	78.2	3 388 215	3 404 625	2 859 600	361 299	183 726	1 232 643	2022
20.2	20.3	12.4	171.3	172.1	156.5	15.6	96.0	3 363 604	3 384 865	2 944 144	334 984	105 737	1 444 099	2023

Note : Based upon 10th revision(2017) of Korean Standard Industrial Classification
Total wages = Regular wages + Overtime wages + Special wages
··· is not available

Source : Labor Market Statistics Division, Ministry of Employment and Labor, 「Labor Force Survey at Establishments」

15. 산업(대·중분류)별 월평균 임금, 근로일수 및 근로시간 (2020년 이후)(12-5)

단위 : 일, 시간, 원

C14. 의복, 의복 액세서리 및 모피제품 제조업 / Manufacture of wearing apparel, clothing accessories and fur articles

연도	근로일수 Days Worked			근로시간 Hours Worked				급여액 Wages				
	전체 All Employees	상용 Permanent	임시일용 Temporary & Daily	전체 All Employees	상용 Permanent 총근로시간 Total	소정실근로 Regular	초과근로 Overtime	임시일용 Temporary & Daily	전체 All Employees 임금총액 Total	상용 Permanent 정액급여 Regular	초과급여 Overtime	특별급여 Special	임시일용 Temporary & Daily
2020	19.4	19.7	17.0	156.9	158.8	154.2	4.6	139.0	2 961 858	3 132 317	2 897 243	96 758	138 316	1 375 321
2021	20.3	20.5	18.9	166.3	166.8	161.8	5.0	160.9	3 077 377	3 218 162	2 951 949	104 604	161 609	1 577 805
2022	20.3	20.4	18.3	165.8	166.8	161.3	5.5	154.4	3 278 357	3 438 299	3 085 077	119 162	234 060	1 574 319
2023	20.1	20.2	18.6	161.9	163.3	159.1	4.2	146.9	3 477 445	3 617 900	3 242 909	97 562	277 429	1 967 583

C16. 목재 및 나무제품 제조업; 가구 제외 / Manufacture of wood and of products of wood and cork; except furniture

연도	전체	상용	임시일용	전체	총근로시간	소정실근로	초과근로	임시일용	임금총액	정액급여	초과급여	특별급여	임시일용
2020	21.0	21.5	8.4	178.5	183.3	164.3	19.0	71.4	3 318 045	3 408 647	2 846 296	346 237	216 114	1 287 366
2021	21.0	21.5	11.5	180.6	184.3	163.5	20.8	99.7	3 498 377	3 567 192	2 914 814	405 536	246 841	1 990 220
2022	20.6	21.2	11.0	176.1	180.8	162.1	18.7	94.1	3 617 939	3 707 825	3 047 757	394 423	265 645	2 049 425
2023	20.3	20.6	15.3	169.7	172.5	159.2	13.3	123.2	3 546 566	3 608 628	3 111 054	317 523	180 051	2 546 180

C18. 인쇄 및 기록매체 복제업 / Printing and reproduction of recorded media

연도	전체	상용	임시일용	전체	총근로시간	소정실근로	초과근로	임시일용	임금총액	정액급여	초과급여	특별급여	임시일용
2020	20.0	20.4	8.0	166.9	170.7	159.5	11.2	61.8	2 845 325	2 917 483	2 598 386	216 566	102 531	814 139
2021	20.3	20.8	7.8	169.7	173.5	161.5	12.0	62.3	2 983 069	3 055 986	2 709 081	243 822	103 082	939 674
2022	19.7	20.2	9.0	163.1	167.6	157.4	10.3	70.6	3 095 938	3 196 919	2 856 801	240 583	99 535	1 026 122
2023	19.7	20.1	8.4	160.4	163.9	157.0	6.9	59.2	3 174 486	3 249 566	2 943 871	187 071	118 624	993 660

C20. 화학물질 및 화학제품 제조업; 의약품 제외 / Manufacture of chemicals and chemical products; except pharmaceuticals and medicinal chemicals

연도	전체	상용	임시일용	전체	총근로시간	소정실근로	초과근로	임시일용	임금총액	정액급여	초과급여	특별급여	임시일용
2020	20.3	20.4	13.7	174.3	175.3	158.8	16.5	106.5	4 739 294	4 788 002	3 454 226	526 508	807 268	1 515 854
2021	20.5	20.5	13.4	175.2	176.0	159.6	16.4	106.1	4 911 574	4 952 216	3 534 939	545 888	871 389	1 471 920
2022	20.2	20.3	11.7	171.9	173.0	157.4	15.6	95.5	5 197 971	5 251 097	3 661 092	554 506	1 035 499	1 435 079
2023	20.1	20.2	14.7	170.7	171.7	155.8	15.9	117.6	5 295 371	5 356 104	3 750 043	607 695	998 367	1 852 381

주 : 한국표준산업분류 제10차 개정(2017) 기준
    임금총액 = 정액급여 + 초과급여 + 특별급여
    …은 미상사료
자료 : 고용노동부 노동시장조사과, 「사업체노동력조사(구, 사업체임금근로시간조사)」

15. Average monthly wages, days and hours worked by industry(sections, divisions) (since 2020)(12-5)

In day, hour, won

C15. 가죽, 가방 및 신발 제조업 / Manufacture of leather, luggage and footwear

근로일수 Days Worked			근로시간 Hours Worked					급여액 Wages						Year
전체 All Employees	상용 Permanent	임시일용 Temporary & Daily	전체 All Employees	상용 Permanent 총근로시간 Total	소정실근로 Regular	초과근로 Overtime	임시일용 Temporary & Daily	전체 All Employees	상용 Permanent 임금총액 Total	정액급여 Regular	초과급여 Overtime	특별급여 Special	임시일용 Temporary & Daily	
19.7	19.8	17.9	160.8	161.8	156.6	5.2	134.7	2 930 809	2 978 085	2 818 055	120 078	39 952	1 584 258	2020
20.6	20.6	18.7	169.1	170.3	163.1	7.2	138.1	3 126 617	3 180 745	2 970 214	162 588	47 943	1 769 486	2021
20.5	20.6	17.9	168.0	169.4	162.8	6.6	128.4	3 241 443	3 294 971	3 088 110	151 862	54 999	1 768 670	2022
20.2	20.4	16.0	167.7	169.3	161.3	8.0	117.5	3 408 891	3 467 440	3 193 353	185 960	88 127	1 622 713	2023

C17. 펄프, 종이 및 종이제품 제조업 / Manufacture of pulp, paper and paper products

근로일수 Days Worked			근로시간 Hours Worked					급여액 Wages						Year
전체 All Employees	상용 Permanent	임시일용 Temporary & Daily	전체 All Employees	상용 Permanent 총근로시간 Total	소정실근로 Regular	초과근로 Overtime	임시일용 Temporary & Daily	전체 All Employees	상용 Permanent 임금총액 Total	정액급여 Regular	초과급여 Overtime	특별급여 Special	임시일용 Temporary & Daily	
21.1	21.2	19.6	188.2	188.5	163.3	25.1	179.3	3 506 208	3 554 150	2 725 410	506 925	321 815	1 848 262	2020
21.0	21.1	17.4	185.2	186.7	163.0	23.7	155.5	3 575 892	3 663 998	2 818 103	506 053	339 842	1 760 717	2021
20.5	20.7	17.3	180.7	181.8	159.8	22.0	158.8	3 769 987	3 867 596	2 980 188	501 932	385 476	1 897 768	2022
20.1	20.4	15.4	174.3	176.9	157.1	19.7	129.1	4 038 362	4 156 798	3 181 882	489 427	485 488	1 931 923	2023

C19. 코크스, 연탄 및 석유정제품 제조업 / Manufacture of coke, briquettes and refined petroleum products

근로일수 Days Worked			근로시간 Hours Worked					급여액 Wages						Year
전체 All Employees	상용 Permanent	임시일용 Temporary & Daily	전체 All Employees	상용 Permanent 총근로시간 Total	소정실근로 Regular	초과근로 Overtime	임시일용 Temporary & Daily	전체 All Employees	상용 Permanent 임금총액 Total	정액급여 Regular	초과급여 Overtime	특별급여 Special	임시일용 Temporary & Daily	
20.4	20.4	6.3	171.0	171.4	157.7	13.7	46.0	7 143 043	7 164 292	3 848 114	642 376	2 673 802	679 662	2020
20.2	20.2	8.9	170.6	170.8	155.4	15.5	69.8	7 469 642	7 481 835	3 970 659	744 670	2 766 506	1 366 071	2021
19.8	19.8	9.6	167.3	167.5	150.5	16.9	73.0	9 834 618	9 850 346	4 110 446	991 180	4 748 720	1 140 684	2022
19.9	19.9	18.2	173.6	173.7	153.9	19.8	147.9	9 971 950	9 994 322	4 417 864	1 268 840	4 307 617	3 326 573	2023

C21. 의료용 물질 및 의약품 제조업 / Manufacture of pharmaceuticals, medicinal chemical and botanical products

근로일수 Days Worked			근로시간 Hours Worked					급여액 Wages						Year
전체 All Employees	상용 Permanent	임시일용 Temporary & Daily	전체 All Employees	상용 Permanent 총근로시간 Total	소정실근로 Regular	초과근로 Overtime	임시일용 Temporary & Daily	전체 All Employees	상용 Permanent 임금총액 Total	정액급여 Regular	초과급여 Overtime	특별급여 Special	임시일용 Temporary & Daily	
19.9	20.1	13.0	167.0	168.4	157.1	11.3	104.2	4 324 428	4 393 431	3 462 656	294 504	636 271	1 203 239	2020
19.7	19.9	12.0	165.5	167.0	155.8	11.2	97.9	4 506 419	4 576 887	3 585 599	305 773	685 515	1 183 904	2021
19.6	19.6	13.9	165.3	166.1	153.7	12.3	118.2	4 634 857	4 683 321	3 716 742	335 620	630 959	1 486 640	2022
19.6	19.7	18.5	166.3	166.5	153.2	13.3	157.3	4 709 840	4 770 620	3 819 253	358 153	593 214	1 918 123	2023

Note : Based upon 10th revision(2017) of Korean Standard Industrial Classification
Total wages = Regular wages + Overtime wages + Special wages
··· is not available
Source : Labor Market Statistics Division, Ministry of Employment and Labor, 「Labor Force Survey at Establishments」

15. 산업(대·중분류)별 월평균 임금, 근로일수 및 근로시간 (2020년 이후)(12-6)

단위 : 일, 시간, 원

C22. 고무 및 플라스틱제품 제조업 (Manufacture of rubber and plastics products)

연도	근로일수 Days Worked			근로시간 Hours Worked				급여액 Wages					
	전체 All Employees	상용 Permanent	임시일용 Temporary & Daily	전체 All Employees	상용 Permanent			임시일용 Temporary & Daily	전체 All Employees	상용 Permanent				임시일용 Temporary & Daily
					총근로시간 Total	소정실근로 Regular	초과근로 Overtime			임금총액 Total	정액급여 Regular	초과급여 Overtime	특별급여 Special	
2020	20.4	20.4	14.6	178.6	179.1	158.1	21.0	125.1	3 530 084	3 548 904	2 794 531	428 963	325 411	1 544 694
2021	20.5	20.5	15.7	179.5	180.1	158.9	21.2	129.4	3 700 057	3 721 821	2 916 218	449 824	355 780	1 695 438
2022	20.2	20.2	16.2	177.6	178.0	157.3	20.7	129.5	3 836 610	3 856 388	3 023 524	461 137	371 727	1 821 352
2023	20.0	20.1	12.8	174.4	175.3	157.6	17.8	104.2	3 915 715	3 945 153	3 100 511	461 724	382 918	1 639 385

C24. 1차 금속 제조업 (Manufacture of basic metals)

연도	근로일수 Days Worked			근로시간 Hours Worked				급여액 Wages					
	전체 All Employees	상용 Permanent	임시일용 Temporary & Daily	전체 All Employees	총근로시간 Total	소정실근로 Regular	초과근로 Overtime	임시일용 Temporary & Daily	전체 All Employees	임금총액 Total	정액급여 Regular	초과급여 Overtime	특별급여 Special	임시일용 Temporary & Daily
2020	20.5	20.6	15.5	176.9	177.6	157.2	20.4	126.2	4 538 879	4 568 946	3 220 098	474 828	874 020	2 280 961
2021	20.7	20.8	12.8	178.9	179.8	158.7	21.1	106.5	4 867 582	4 904 401	3 303 141	520 149	1 081 110	2 018 829
2022	20.4	20.5	12.6	176.6	177.7	156.1	21.6	104.6	4 969 454	5 015 530	3 441 144	557 656	1 016 730	2 119 824
2023	20.3	20.4	14.4	174.3	175.0	155.8	19.2	117.8	5 298 036	5 334 048	3 765 819	564 618	1 003 611	2 167 397

C26. 전자부품, 컴퓨터, 영상, 음향 및 통신장비 제조업 (Manufacture of electronic components, computer; visual, sounding and communication equipment)

연도	근로일수 Days Worked			근로시간 Hours Worked				급여액 Wages					
	전체 All Employees	상용 Permanent	임시일용 Temporary & Daily	전체 All Employees	총근로시간 Total	소정실근로 Regular	초과근로 Overtime	임시일용 Temporary & Daily	전체 All Employees	임금총액 Total	정액급여 Regular	초과급여 Overtime	특별급여 Special	임시일용 Temporary & Daily
2020	20.2	20.3	16.6	172.9	173.2	156.7	16.5	151.6	5 583 393	5 629 120	3 869 078	441 885	1 318 157	2 472 999
2021	20.1	20.1	17.6	171.7	171.8	155.3	16.5	164.7	6 360 628	6 422 568	4 071 115	480 819	1 870 634	2 936 758
2022	19.8	19.8	17.2	168.1	168.3	153.3	15.0	160.0	6 802 465	6 892 572	4 338 713	466 953	2 086 905	3 345 675
2023	19.6	19.6	17.6	166.8	167.1	153.4	13.7	151.4	6 899 853	6 979 629	4 631 792	451 117	1 896 720	3 012 580

C28. 전기장비 제조업 (Manufacture of electrical equipment)

연도	근로일수 Days Worked			근로시간 Hours Worked				급여액 Wages					
	전체 All Employees	상용 Permanent	임시일용 Temporary & Daily	전체 All Employees	총근로시간 Total	소정실근로 Regular	초과근로 Overtime	임시일용 Temporary & Daily	전체 All Employees	임금총액 Total	정액급여 Regular	초과급여 Overtime	특별급여 Special	임시일용 Temporary & Daily
2020	19.8	20.2	13.7	167.2	170.5	156.5	13.9	112.1	3 828 836	3 935 025	3 152 324	323 988	458 712	2 056 728
2021	20.1	20.4	14.3	168.5	171.8	157.9	13.9	116.4	4 035 601	4 150 314	3 274 287	335 341	540 685	2 245 927
2022	19.7	20.1	13.4	166.2	169.3	155.6	13.8	109.9	4 249 989	4 363 258	3 402 841	345 868	614 549	2 241 031
2023	19.7	20.1	13.2	166.4	169.5	157.2	12.3	103.8	4 415 210	4 528 790	3 559 817	353 146	615 826	2 157 834

주 : 한국표준산업분류 제10차 개정(2017) 기준
임금총액 = 정액급여 + 초과급여 + 특별급여
…은 미상자료
자료 : 고용노동부 노동시장조사과, 「사업체노동력조사(구, 사업체임금근로시간조사)」

15. Average monthly wages, days and hours worked by industry(sections, divisions) (since 2020)(12-6)

In day, hour, won

C23. 비금속광물제품제조업 / Manufacture of other non-metallic mineral products

근로일수 Days Worked			근로시간 Hours Worked					급여액 Wages						Year
전체 All Employees	상용 Permanent	임시일용 Temporary & Daily	전체 All Employees	상용 Permanent			임시일용 Temporary & Daily	전체 All Employees	상용 Permanent				임시일용 Temporary & Daily	
				총근로시간 Total	소정실근로 Regular	초과근로 Overtime			임금총액 Total	정액급여 Regular	초과급여 Overtime	특별급여 Special		
20.8	21.1	8.3	178.1	180.5	162.0	18.5	63.5	4 012 049	4 071 115	3 209 159	376 603	485 353	1 119 031	2020
20.9	21.2	7.9	178.6	181.4	163.3	18.1	60.1	4 130 990	4 201 357	3 346 822	388 771	465 764	1 166 639	2021
20.4	20.8	8.0	174.1	177.9	160.9	17.0	61.5	4 276 741	4 375 403	3 491 402	399 351	484 649	1 346 462	2022
20.5	20.7	9.9	175.4	177.7	160.4	17.2	80.0	4 498 167	4 565 022	3 594 811	448 933	521 279	1 686 317	2023

C25. 금속가공제품 제조업 ; 기계 및 가구 제외 / Manufacture of fabricated metal products, except machinery and furniture

근로일수 Days Worked			근로시간 Hours Worked					급여액 Wages						Year
전체 All Employees	상용 Permanent	임시일용 Temporary & Daily	전체 All Employees	상용 Permanent			임시일용 Temporary & Daily	전체 All Employees	상용 Permanent				임시일용 Temporary & Daily	
				총근로시간 Total	소정실근로 Regular	초과근로 Overtime			임금총액 Total	정액급여 Regular	초과급여 Overtime	특별급여 Special		
20.4	20.7	12.9	173.7	176.4	161.0	15.4	101.6	3 349 572	3 417 973	2 890 807	323 240	203 926	1 488 813	2020
20.8	20.9	15.9	175.7	177.2	161.6	15.7	127.8	3 501 493	3 547 288	2 959 173	349 804	238 311	2 052 796	2021
20.3	20.5	15.6	172.6	174.3	158.9	15.4	126.7	3 684 415	3 741 175	3 094 849	364 207	282 118	2 115 693	2022
20.3	20.6	10.5	174.2	177.4	159.7	17.7	85.8	3 792 856	3 873 932	3 200 843	379 096	293 994	1 523 142	2023

C27. 의료, 정밀, 광학기기 및 시계제조업 / Manufacture of medical, precision and optical instruments, watches and clocks

근로일수 Days Worked			근로시간 Hours Worked					급여액 Wages						Year
전체 All Employees	상용 Permanent	임시일용 Temporary & Daily	전체 All Employees	상용 Permanent			임시일용 Temporary & Daily	전체 All Employees	상용 Permanent				임시일용 Temporary & Daily	
				총근로시간 Total	소정실근로 Regular	초과근로 Overtime			임금총액 Total	정액급여 Regular	초과급여 Overtime	특별급여 Special		
20.1	20.3	14.2	165.7	167.4	159.2	8.2	98.4	3 748 098	3 806 241	3 304 931	179 538	321 772	1 487 721	2020
20.1	20.2	14.8	165.5	167.4	158.9	8.5	104.8	3 964 672	4 045 343	3 423 083	210 626	411 634	1 378 435	2021
19.7	19.9	14.2	161.8	163.1	156.1	7.0	108.7	4 126 497	4 189 671	3 548 864	190 076	450 731	1 587 059	2022
19.9	20.1	12.2	164.3	165.4	156.3	9.1	96.3	4 299 971	4 346 641	3 726 390	238 122	382 129	1 508 607	2023

C29. 기타 기계 및 장비 제조업 / Manufacture of other machinery and equipment

근로일수 Days Worked			근로시간 Hours Worked					급여액 Wages						Year
전체 All Employees	상용 Permanent	임시일용 Temporary & Daily	전체 All Employees	상용 Permanent			임시일용 Temporary & Daily	전체 All Employees	상용 Permanent				임시일용 Temporary & Daily	
				총근로시간 Total	소정실근로 Regular	초과근로 Overtime			임금총액 Total	정액급여 Regular	초과급여 Overtime	특별급여 Special		
20.5	20.6	14.0	175.4	176.8	159.6	17.2	106.5	3 714 938	3 752 562	3 076 459	358 973	317 129	1 920 456	2020
20.7	20.9	15.1	177.0	178.4	161.4	17.0	121.4	3 864 514	3 906 986	3 198 858	364 259	343 869	2 142 729	2021
20.4	20.6	11.6	173.8	176.1	159.9	16.2	95.5	4 046 708	4 112 094	3 333 347	385 250	393 497	1 772 457	2022
20.0	20.3	11.4	172.0	174.5	157.5	17.1	91.8	4 162 093	4 234 919	3 432 787	415 739	386 394	1 894 480	2023

Note : Based upon 10th revision(2017) of Korean Standard Industrial Classification
Total wages = Regular wages + Overtime wages + Special wages
··· is not available
Source : Labor Market Statistics Division, Ministry of Employment and Labor, 「Labor Force Survey at Establishments」

15. 산업(대·중분류)별 월평균 임금, 근로일수 및 근로시간 (2020년 이후)(12-7)

단위 : 일, 시간, 원

C30. 자동차 및 트레일러 제조업 (Manufacture of motor vehicles, trailers and semitrailers)

연도	근로일수 (Days Worked)			근로시간 (Hours Worked)					급여액 (Wages)					
	전체 All Employees	상용 Permanent	임시일용 Temporary & Daily	전체 All Employees	상용 Permanent			임시일용 Temporary & Daily	전체 All Employees	상용 Permanent				임시일용 Temporary & Daily
					총근로시간 Total	소정실근로 Regular	초과근로 Overtime			임금총액 Total	정액급여 Regular	초과급여 Overtime	특별급여 Special	
2020	19.6	19.6	18.3	170.1	170.6	149.3	21.3	147.0	4 756 181	4 789 700	3 097 489	505 456	1 186 755	3 143 313
2021	19.7	19.8	17.3	171.8	172.7	151.1	21.6	137.9	4 945 156	4 983 016	3 204 945	516 638	1 261 434	3 500 682
2022	19.7	19.7	18.4	171.6	172.3	149.3	23.0	147.3	5 324 478	5 360 464	3 342 137	575 186	1 443 142	4 166 463
2023	19.9	19.9	19.4	173.8	174.4	149.5	24.9	155.1	5 750 099	5 767 788	3 444 648	678 570	1 644 570	5 238 870

C32. 가구 제조업 (Manufacture of furniture)

연도	근로일수 (Days Worked)			근로시간 (Hours Worked)					급여액 (Wages)					
	전체 All Employees	상용 Permanent	임시일용 Temporary & Daily	전체 All Employees	상용 Permanent			임시일용 Temporary & Daily	전체 All Employees	상용 Permanent				임시일용 Temporary & Daily
					총근로시간 Total	소정실근로 Regular	초과근로 Overtime			임금총액 Total	정액급여 Regular	초과급여 Overtime	특별급여 Special	
2020	20.9	21.7	8.6	176.3	183.3	166.4	16.9	68.7	2 906 424	3 008 885	2 631 211	267 115	110 558	1 333 755
2021	20.8	21.7	9.0	173.5	181.0	166.4	14.6	72.2	2 919 476	3 039 640	2 715 308	237 436	86 896	1 281 036
2022	20.2	21.2	7.6	167.8	176.1	163.3	12.7	60.6	3 005 826	3 161 823	2 846 371	211 697	103 755	985 673
2023	20.1	20.6	9.3	168.7	173.1	161.0	12.1	74.1	3 256 386	3 338 545	3 023 068	210 624	104 853	1 505 228

C34. 산업용 기계 및 장비 수리업 (Maintenance and repair services of industrial machinery and equipment)

연도	근로일수 (Days Worked)			근로시간 (Hours Worked)					급여액 (Wages)					
	전체 All Employees	상용 Permanent	임시일용 Temporary & Daily	전체 All Employees	상용 Permanent			임시일용 Temporary & Daily	전체 All Employees	상용 Permanent				임시일용 Temporary & Daily
					총근로시간 Total	소정실근로 Regular	초과근로 Overtime			임금총액 Total	정액급여 Regular	초과급여 Overtime	특별급여 Special	
2020	20.3	20.8	12.0	167.5	171.7	161.1	10.6	105.3	3 906 869	4 009 113	3 239 297	233 794	536 022	2 405 920
2021	20.8	21.1	13.2	170.6	173.6	163.6	10.0	105.5	4 222 923	4 323 076	3 430 306	239 120	653 650	1 999 516
2022	20.5	20.7	11.9	168.5	170.9	160.5	10.4	91.6	4 596 105	4 686 464	3 708 245	249 369	728 849	1 763 300
2023	19.9	20.2	9.2	165.7	168.7	156.7	11.9	75.2	4 917 962	5 009 857	3 872 009	337 255	800 594	2 112 159

E36. 수도업 (Water Supply)

연도	근로일수 (Days Worked)			근로시간 (Hours Worked)					급여액 (Wages)					
	전체 All Employees	상용 Permanent	임시일용 Temporary & Daily	전체 All Employees	상용 Permanent			임시일용 Temporary & Daily	전체 All Employees	상용 Permanent				임시일용 Temporary & Daily
					총근로시간 Total	소정실근로 Regular	초과근로 Overtime			임금총액 Total	정액급여 Regular	초과급여 Overtime	특별급여 Special	
2020	19.0	19.1	17.7	150.9	155.2	152.2	3.0	95.5	5 587 557	5 930 026	4 514 668	142 730	1 272 627	1 143 134
2021	18.8	18.9	16.4	152.6	154.0	150.5	3.5	124.8	5 918 805	6 126 347	4 566 874	162 020	1 397 453	1 621 946
2022	18.4	18.5	17.7	150.2	150.8	147.5	3.3	136.6	5 975 089	6 131 583	4 647 339	157 689	1 326 555	1 908 572
2023	18.6	18.7	17.3	151.9	152.4	149.0	3.4	134.4	6 305 962	6 436 820	4 691 553	163 469	1 581 799	1 977 769

주 : 한국표준산업분류 제10차 개정(2017) 기준
　　임금총액 = 정액급여 + 초과급여 + 특별급여
　　…은 미상자료
자료: 고용노동부 노동시장조사과, 「사업체노동력조사(구, 사업체임금근로시간조사)」

15. Average monthly wages, days and hours worked by industry(sections, divisions) (since 2020)(12-7)

In day, hour, won

C31. 기 타 운 송 장 비 제 조 업 / Manufacture of other transport equipment

근로일수 Days Worked			근로시간 Hours Worked					급여액 Wages					Year
전 체 All Employees	상 용 Permanent	임시일용 Temporary & Daily	전 체 All Employees	상 용 Permanent			임시일용 Temporary & Daily	전 체 All Employees	상 용 Permanent				임시일용 Temporary & Daily
				총근로시간 Total	소정실근로 Regular	초과근로 Overtime			임금총액 Total	정액급여 Regular	초과급여 Overtime	특별급여 Special	
19.9	20.0	12.7	170.0	171.0	150.4	20.5	105.9	4 484 209	4 520 986	3 168 450	454 058	898 478	2 012 755	2020
19.6	19.8	11.4	165.4	166.9	149.8	17.1	95.5	4 700 416	4 764 218	3 315 676	373 518	1 075 025	1 771 016	2021
19.9	20.0	14.3	169.1	170.6	150.0	20.6	120.1	4 997 822	5 073 870	3 523 309	490 312	1 060 250	2 533 837	2022
19.9	20.2	11.7	171.1	174.0	150.8	23.2	97.3	5 243 920	5 352 732	3 716 093	559 736	1 076 903	2 449 513	2023

C33. 기 타 제 품 제 조 업 / Other manufacturing

근로일수 Days Worked			근로시간 Hours Worked					급여액 Wages					Year
전 체 All Employees	상 용 Permanent	임시일용 Temporary & Daily	전 체 All Employees	상 용 Permanent			임시일용 Temporary & Daily	전 체 All Employees	상 용 Permanent				임시일용 Temporary & Daily
				총근로시간 Total	소정실근로 Regular	초과근로 Overtime			임금총액 Total	정액급여 Regular	초과급여 Overtime	특별급여 Special	
20.0	20.5	10.4	164.3	168.6	161.1	7.5	79.2	2 764 824	2 853 292	2 618 373	126 108	108 811	1 035 479	2020
19.8	20.7	6.6	163.5	170.7	162.1	8.5	54.9	2 857 649	2 997 500	2 731 912	147 067	118 520	749 913	2021
19.7	20.4	6.4	162.1	168.0	160.3	7.7	53.3	3 031 744	3 154 847	2 880 008	148 272	126 567	786 874	2022
19.6	20.2	8.6	159.6	165.1	158.8	6.3	58.5	3 159 096	3 277 881	3 017 449	133 369	127 063	972 614	2023

D35. 전 기, 가 스, 증 기 및 공기조절 공급업 / Electricity, gas, steam and air conditioning supply

근로일수 Days Worked			근로시간 Hours Worked					급여액 Wages					Year
전 체 All Employees	상 용 Permanent	임시일용 Temporary & Daily	전 체 All Employees	상 용 Permanent			임시일용 Temporary & Daily	전 체 All Employees	상 용 Permanent				임시일용 Temporary & Daily
				총근로시간 Total	소정실근로 Regular	초과근로 Overtime			임금총액 Total	정액급여 Regular	초과급여 Overtime	특별급여 Special	
19.3	19.4	18.6	163.7	164.0	154.0	10.0	148.3	6 733 071	6 824 385	4 764 187	372 488	1 687 710	2 000 754	2020
19.1	19.2	17.3	161.6	162.2	152.8	9.5	140.0	6 753 004	6 881 984	4 870 199	365 276	1 646 508	2 009 839	2021
18.8	18.9	17.2	158.6	159.1	149.9	9.3	137.6	6 906 890	7 039 197	4 986 971	364 926	1 687 299	1 935 380	2022
19.0	19.0	18.3	160.0	160.1	151.2	8.9	146.0	7 188 344	7 250 144	5 117 991	367 958	1 764 195	1 910 268	2023

E37. 하 수, 폐 수 및 분 뇨 처 리 업 / Sewage, wastewater, human and animal waste treatment services

근로일수 Days Worked			근로시간 Hours Worked					급여액 Wages					Year
전 체 All Employees	상 용 Permanent	임시일용 Temporary & Daily	전 체 All Employees	상 용 Permanent			임시일용 Temporary & Daily	전 체 All Employees	상 용 Permanent				임시일용 Temporary & Daily
				총근로시간 Total	소정실근로 Regular	초과근로 Overtime			임금총액 Total	정액급여 Regular	초과급여 Overtime	특별급여 Special	
20.6	20.7	16.3	170.9	172.2	162.3	9.9	131.8	3 824 941	3 890 568	3 234 532	275 457	380 579	1 828 889	2020
20.3	20.5	14.8	168.8	170.5	161.2	9.3	124.4	3 925 137	4 007 515	3 294 902	285 136	427 476	1 815 811	2021
20.1	20.2	15.6	167.2	168.4	158.9	9.4	132.9	4 075 744	4 145 410	3 445 159	298 079	402 171	1 968 263	2022
20.1	20.3	14.6	166.4	168.1	159.2	8.9	125.6	4 103 140	4 194 348	3 512 111	267 812	414 425	1 914 814	2023

Note : Based upon 10th revision(2017) of Korean Standard Industrial Classification
Total wages = Regular wages + Overtime wages + Special wages
… is not available

Source : Labor Market Statistics Division, Ministry of Employment and Labor, 「Labor Force Survey at Establishments」

15. 산업(대·중분류)별 월평균 임금, 근로일수 및 근로시간 (2020년 이후)(12-8)

단위 : 일, 시간, 원

E38. 폐기물 수집, 운반, 처리 및 원료 재생업 (Waste collection, treatment and disposal activities; materials recovery)

연도	근로일수 Days Worked			근로시간 Hours Worked				급여액 Wages					
	전체 All Employees	상용 Permanent	임시일용 Temporary & Daily	전체 All Employees	상용 Permanent 총근로시간 Total	소정실근로 Regular	초과근로 Overtime	임시일용 Temporary & Daily	전체 All Employees	상용 Permanent 임금총액 Total	정액급여 Regular	초과급여 Overtime	특별급여 Special	임시일용 Temporary & Daily
2020	21.7	22.1	14.0	180.9	183.9	170.6	13.3	109.3	3 704 073	3 793 580	3 139 391	382 136	272 053	1 565 161
2021	21.9	22.1	16.3	181.5	183.8	170.0	13.7	128.5	3 945 373	4 021 037	3 321 445	396 051	303 540	2 165 266
2022	21.5	21.8	14.1	178.4	181.6	167.2	14.4	111.5	4 021 249	4 121 576	3 400 373	422 435	298 769	1 944 772
2023	21.2	21.6	13.2	172.6	176.4	163.9	12.5	98.0	4 151 919	4 273 925	3 457 363	457 613	358 949	1 757 191

F41. 종합건설업 (General construction)

연도	전체	상용	임시일용	전체	총근로시간	소정실근로	초과근로	임시일용	전체	임금총액	정액급여	초과급여	특별급여	임시일용
2020	16.5	20.7	9.4	135.1	170.0	162.7	7.4	75.7	3 285 436	4 255 358	3 706 065	233 391	315 901	1 636 201
2021	16.3	20.7	9.4	133.1	169.8	163.2	6.6	75.9	3 364 534	4 411 743	3 830 350	221 875	359 519	1 731 183
2022	16.1	20.4	9.4	131.5	168.1	161.0	7.1	75.7	3 557 789	4 695 522	4 076 124	243 496	375 902	1 821 498
2023	15.5	20.2	8.7	126.9	167.1	160.0	7.1	69.5	3 629 255	4 875 413	4 228 291	285 130	361 992	1 849 384

G45. 자동차 및 부품 판매업 (Sale of motor vehicles and parts)

연도	전체	상용	임시일용	전체	총근로시간	소정실근로	초과근로	임시일용	전체	임금총액	정액급여	초과급여	특별급여	임시일용
2020	20.6	20.6	18.0	164.4	165.0	161.6	3.4	111.3	4 271 705	4 305 050	3 524 459	73 111	707 479	1 366 096
2021	20.8	20.8	18.1	164.9	165.4	162.2	3.2	115.0	4 526 291	4 556 966	3 610 061	71 652	875 254	1 483 910
2022	20.7	20.7	17.3	165.5	165.9	162.0	4.0	111.8	4 898 285	4 925 434	3 818 863	91 196	1 015 374	1 455 783
2023	20.5	20.5	16.8	162.8	163.1	159.6	3.5	130.9	5 121 701	5 147 616	3 949 889	81 607	1 116 119	1 775 516

G47. 소매업; 자동차 제외 (Retail trade, except motor vehicles and motorcycles)

연도	전체	상용	임시일용	전체	총근로시간	소정실근로	초과근로	임시일용	전체	임금총액	정액급여	초과급여	특별급여	임시일용
2020	20.5	21.1	13.6	162.8	168.9	163.1	5.8	93.4	2 659 709	2 803 410	2 464 047	111 586	227 777	1 041 665
2021	20.6	21.2	13.8	162.8	169.4	163.1	6.3	94.1	2 778 528	2 938 134	2 566 148	122 091	249 894	1 104 109
2022	20.3	21.0	13.9	161.1	167.6	160.8	6.8	96.3	2 942 857	3 122 102	2 721 249	138 775	262 078	1 170 454
2023	20.1	20.7	14.1	158.5	165.3	158.8	6.5	98.1	3 101 126	3 304 684	2 882 400	142 014	280 270	1 307 532

주 : 한국표준산업분류 제10차 개정(2017) 기준
  임금총액 = 정액급여 + 초과급여 + 특별급여
  …은 미상자료
자료 : 고용노동부 노동시장조사과, 「사업체노동력조사(구, 사업체임금근로시간조사)」

15. Average monthly wages, days and hours worked by industry(sections, divisions) (since 2020)(12-8)

In day, hour, won

E39. 환경정화 및 복원업 / Remediation activities and other waste management services

근로일수 Days Worked			근로시간 Hours Worked					급여액 Wages						Year
전체	상용	임시일용	전체	상용 Permanent			임시일용	전체	상용 Permanent				임시일용	
All Employees	Permanent	Temporary & Daily	All Employees	총근로시간 Total	소정실근로 Regular	초과근로 Overtime	Temporary & Daily	All Employees	임금총액 Total	정액급여 Regular	초과급여 Overtime	특별급여 Special	Temporary & Daily	
20.0	20.3	12.5	165.5	168.3	159.9	8.4	100.2	4 196 752	4 297 247	3 422 191	185 999	689 057	1 863 916	2020
20.1	20.3	12.9	162.7	164.4	160.2	4.2	102.6	4 350 566	4 426 803	3 544 180	139 771	742 853	1 729 797	2021
19.8	19.9	13.4	159.8	160.8	157.6	3.2	107.0	4 646 653	4 697 253	3 839 464	117 520	740 269	2 057 857	2022
19.9	20.0	15.1	159.7	160.7	157.2	3.5	114.1	4 714 931	4 776 485	3 879 169	106 569	790 747	1 825 231	2023

F42. 전문직별 공사업 / Specialized construction activities

근로일수 Days Worked			근로시간 Hours Worked					급여액 Wages						Year
전체	상용	임시일용	전체	상용 Permanent			임시일용	전체	상용 Permanent				임시일용	
All Employees	Permanent	Temporary & Daily	All Employees	총근로시간 Total	소정실근로 Regular	초과근로 Overtime	Temporary & Daily	All Employees	임금총액 Total	정액급여 Regular	초과급여 Overtime	특별급여 Special	Temporary & Daily	
17.1	20.8	13.9	137.9	169.0	164.4	4.6	110.9	2 902 900	3 527 049	3 202 388	117 335	207 326	2 361 717	2020
17.1	20.9	13.8	137.4	169.0	164.8	4.2	110.6	2 969 997	3 661 419	3 335 759	115 144	210 516	2 385 678	2021
16.9	20.6	13.8	135.7	166.3	162.3	4.0	110.3	3 066 309	3 788 048	3 452 778	118 075	217 195	2 466 680	2022
16.1	20.4	12.7	129.6	164.3	160.6	3.7	101.9	3 230 520	3 924 507	3 607 438	113 860	203 209	2 675 269	2023

G46. 도매 및 상품중개업 / Wholesale trade on own account or on a fee or contract basis

근로일수 Days Worked			근로시간 Hours Worked					급여액 Wages						Year
전체	상용	임시일용	전체	상용 Permanent			임시일용	전체	상용 Permanent				임시일용	
All Employees	Permanent	Temporary & Daily	All Employees	총근로시간 Total	소정실근로 Regular	초과근로 Overtime	Temporary & Daily	All Employees	임금총액 Total	정액급여 Regular	초과급여 Overtime	특별급여 Special	Temporary & Daily	
20.4	20.7	13.0	164.6	167.0	162.2	4.7	93.5	3 936 413	4 029 110	3 542 863	101 532	384 716	1 197 025	2020
20.4	20.6	13.0	164.4	166.9	162.2	4.7	92.6	4 070 928	4 165 867	3 644 019	101 852	419 996	1 266 713	2021
20.2	20.5	12.5	163.0	165.3	160.9	4.4	91.6	4 297 777	4 396 164	3 795 520	109 189	491 455	1 291 685	2022
19.9	20.2	11.5	159.4	162.1	158.5	3.6	85.9	4 415 448	4 528 670	3 963 217	104 643	460 810	1 291 091	2023

H49. 육상운송 및 파이프라인 운송업 / Land transport and transport via pipelines

근로일수 Days Worked			근로시간 Hours Worked					급여액 Wages						Year
전체	상용	임시일용	전체	상용 Permanent			임시일용	전체	상용 Permanent				임시일용	
All Employees	Permanent	Temporary & Daily	All Employees	총근로시간 Total	소정실근로 Regular	초과근로 Overtime	Temporary & Daily	All Employees	임금총액 Total	정액급여 Regular	초과급여 Overtime	특별급여 Special	Temporary & Daily	
20.6	20.6	17.8	159.6	160.4	149.7	10.6	95.3	2 980 614	2 999 556	2 355 126	323 761	320 670	1 390 805	2020
20.6	20.7	16.5	162.2	163.1	151.9	11.2	89.9	3 238 468	3 262 030	2 518 446	342 060	401 524	1 386 967	2021
20.5	20.6	14.6	161.2	162.3	151.2	11.1	76.2	3 391 589	3 419 419	2 657 333	363 874	398 212	1 153 254	2022
20.3	20.6	9.0	161.2	163.5	150.4	13.1	65.4	3 435 785	3 495 180	2 732 719	402 436	360 025	1 011 112	2023

Note : Based upon 10th revision(2017) of Korean Standard Industrial Classification
Total wages = Regular wages + Overtime wages + Special wages
··· is not available
Source : Labor Market Statistics Division, Ministry of Employment and Labor, 「Labor Force Survey at Establishments」

15. 산업(대·중분류)별 월평균 임금, 근로일수 및 근로시간 (2020년 이후)(12-9)

단위 : 일, 시간, 원

H50. 수 운 송 업 / Water transport

연도	근로일수 / Days Worked			근로시간 / Hours Worked				급여액 / Wages				
	전체 All Employees	상용 Permanent	임시일용 Temporary & Daily	전체 All Employees	상용 Permanent			임시일용 Temporary & Daily	전체 All Employees	상용 Permanent			임시일용 Temporary & Daily
					총근로시간 Total	소정실근로 Regular	초과근로 Overtime			임금총액 Total	정액급여 Regular	초과급여 Overtime	특별급여 Special	
2020	20.6	20.6	20.7	172.1	171.4	165.5	5.9	190.1	4 594 921	4 615 711	4 142 967	197 812	274 931	4 099 505
2021	20.8	20.7	22.5	173.7	172.4	165.7	6.7	198.3	5 635 458	5 644 125	4 475 482	216 408	952 235	5 468 778
2022	20.7	20.6	22.5	172.8	171.8	164.9	6.9	191.8	6 192 413	6 209 275	4 747 804	249 822	1 211 649	5 879 544
2023	20.2	20.3	18.9	168.6	169.7	162.9	6.8	149.0	6 085 565	6 153 854	4 959 783	272 594	921 477	4 805 745

H52. 창고 및 운송관련서비스업 / Warehousing and support activities for transportation

연도	근로일수 / Days Worked			근로시간 / Hours Worked				급여액 / Wages				
	전체 All Employees	상용 Permanent	임시일용 Temporary & Daily	전체 All Employees	상용 Permanent			임시일용 Temporary & Daily	전체 All Employees	상용 Permanent			임시일용 Temporary & Daily
					총근로시간 Total	소정실근로 Regular	초과근로 Overtime			임금총액 Total	정액급여 Regular	초과급여 Overtime	특별급여 Special	
2020	19.9	20.1	14.8	164.4	165.8	158.2	7.6	116.9	4 068 961	4 136 240	3 405 683	192 728	537 829	1 843 771
2021	19.8	20.0	14.1	164.2	165.7	157.8	7.9	111.9	4 334 740	4 413 323	3 505 666	210 026	697 631	1 604 250
2022	19.9	20.0	15.0	164.7	165.9	157.9	8.0	120.6	4 483 391	4 555 910	3 621 668	234 315	699 927	1 796 053
2023	19.7	19.9	13.1	162.9	165.5	157.3	8.2	95.8	4 468 791	4 588 948	3 769 472	265 288	554 188	1 435 564

I56. 음식점 및 주점업 / Food and beverage service activities

연도	근로일수 / Days Worked			근로시간 / Hours Worked				급여액 / Wages				
	전체 All Employees	상용 Permanent	임시일용 Temporary & Daily	전체 All Employees	상용 Permanent			임시일용 Temporary & Daily	전체 All Employees	상용 Permanent			임시일용 Temporary & Daily
					총근로시간 Total	소정실근로 Regular	초과근로 Overtime			임금총액 Total	정액급여 Regular	초과급여 Overtime	특별급여 Special	
2020	19.0	22.0	11.5	149.5	179.7	174.5	5.2	76.0	1 823 777	2 231 978	2 109 367	81 134	41 477	829 245
2021	18.9	21.9	11.6	147.4	176.9	172.1	4.8	76.5	1 841 284	2 251 885	2 125 851	78 957	47 076	854 585
2022	18.9	22.0	12.1	145.0	175.7	170.1	5.6	78.1	1 932 067	2 405 036	2 253 909	98 714	52 413	898 340
2023	18.1	21.5	11.2	136.5	170.2	163.7	6.5	68.6	2 009 775	2 586 612	2 398 736	124 327	63 548	847 158

J59. 영상·오디오기록물제작 및 배급업 / Motion picture, video and television programme production, sound recording and music publishing activities

연도	근로일수 / Days Worked			근로시간 / Hours Worked				급여액 / Wages				
	전체 All Employees	상용 Permanent	임시일용 Temporary & Daily	전체 All Employees	상용 Permanent			임시일용 Temporary & Daily	전체 All Employees	상용 Permanent			임시일용 Temporary & Daily
					총근로시간 Total	소정실근로 Regular	초과근로 Overtime			임금총액 Total	정액급여 Regular	초과급여 Overtime	특별급여 Special	
2020	19.0	19.7	14.4	150.3	158.8	152.6	6.2	92.8	3 212 536	3 539 675	3 242 804	122 104	174 766	991 503
2021	19.3	20.1	13.4	153.2	162.3	156.0	6.3	87.2	3 345 807	3 673 449	3 356 715	137 769	178 965	979 445
2022	18.8	19.7	13.6	147.8	158.6	152.1	6.5	87.1	3 408 918	3 836 717	3 436 080	159 186	241 451	999 204
2023	19.1	20.1	13.4	152.3	164.0	156.8	7.2	87.0	3 442 499	3 880 504	3 469 104	202 996	208 405	1 000 234

주 : 한국표준산업분류 제10차 개정(2017) 기준
　　　임금총액 = 정액급여 + 초과급여 + 특별급여
　　　···은 미상자료
자료 : 고용노동부 노동시장조사과, 「사업체노동력조사(구, 사업체임금근로시간조사)」

15. Average monthly wages, days and hours worked by industry(sections, divisions) (since 2020)(12-9)

In day, hour, won

H51. 항공운송업 / Air transport

근로일수 Days Worked			근로시간 Hours Worked					급여액 Wages					Year
전체	상용	임시일용	전체	상용 Permanent			임시일용	전체	상용 Permanent			임시일용	
All Employees	Permanent	Temporary & Daily	All Employees	총근로시간 Total	소정실근로 Regular	초과근로 Overtime	Temporary & Daily	All Employees	임금총액 Total	정액급여 Regular	초과급여 Overtime	특별급여 Special	Temporary & Daily
11.7	11.6	14.3	96.5	96.4	93.0	3.4	114.5	4 785 791	4 787 918	3 307 370	141 362	1 339 187	4 498 593	2020
10.6	10.6	12.0	87.6	87.5	84.4	3.1	97.2	4 335 451	4 335 056	2 987 061	124 966	1 223 028	4 381 092	2021
13.6	13.6	18.6	113.0	112.9	108.7	4.2	148.6	5 778 569	5 769 308	3 706 128	154 583	1 908 597	9 035 035	2022
16.3	16.3	20.1	136.8	136.7	130.5	6.3	158.4	7 410 623	7 400 770	4 772 470	255 199	2 373 102	9 953 140	2023

I55. 숙박업 / Accommodation

근로일수 Days Worked			근로시간 Hours Worked					급여액 Wages					Year
전체 All Employees	상용 Permanent	임시일용 Temporary & Daily	전체 All Employees	총근로시간 Total	소정실근로 Regular	초과근로 Overtime	임시일용 Temporary & Daily	전체 All Employees	임금총액 Total	정액급여 Regular	초과급여 Overtime	특별급여 Special	임시일용 Temporary & Daily
18.6	19.0	16.0	151.7	155.7	151.5	4.2	125.4	2 452 098	2 623 624	2 274 347	103 295	245 983	1 328 230	2020
19.5	20.0	16.2	159.5	164.1	158.9	5.2	126.4	2 592 497	2 765 308	2 391 859	123 428	250 021	1 353 673	2021
19.8	20.6	15.4	162.0	169.3	162.7	6.5	122.8	2 761 548	3 006 759	2 557 356	158 724	290 679	1 447 059	2022
19.8	20.8	14.2	161.3	170.0	161.5	8.5	108.5	2 948 835	3 198 079	2 695 602	201 511	300 966	1 433 771	2023

J58. 출판업 / Publishing activities

근로일수 Days Worked			근로시간 Hours Worked					급여액 Wages					Year
전체 All Employees	상용 Permanent	임시일용 Temporary & Daily	전체 All Employees	총근로시간 Total	소정실근로 Regular	초과근로 Overtime	임시일용 Temporary & Daily	전체 All Employees	임금총액 Total	정액급여 Regular	초과급여 Overtime	특별급여 Special	임시일용 Temporary & Daily
20.0	20.1	15.8	165.7	166.7	158.5	8.2	117.7	4 354 074	4 400 592	3 817 849	201 547	381 197	2 045 961	2020
20.0	20.0	16.7	166.0	167.0	158.8	8.2	124.3	4 539 129	4 597 255	3 961 087	227 754	408 414	2 131 217	2021
19.8	19.9	17.3	165.3	166.1	157.5	8.6	129.9	4 737 870	4 796 301	4 124 208	246 657	425 436	2 121 067	2022
19.8	19.9	17.7	163.9	164.7	157.6	7.1	129.5	4 842 378	4 904 880	4 266 232	214 019	424 629	1 965 812	2023

J60. 방송업 / Broadcasting activities

근로일수 Days Worked			근로시간 Hours Worked					급여액 Wages					Year
전체 All Employees	상용 Permanent	임시일용 Temporary & Daily	전체 All Employees	총근로시간 Total	소정실근로 Regular	초과근로 Overtime	임시일용 Temporary & Daily	전체 All Employees	임금총액 Total	정액급여 Regular	초과급여 Overtime	특별급여 Special	임시일용 Temporary & Daily
20.4	20.4	20.1	167.2	167.2	159.0	8.3	161.3	5 766 945	5 800 125	4 677 954	216 812	905 360	2 669 809	2020
20.3	20.3	19.3	165.7	165.8	158.4	7.5	154.3	5 997 650	6 032 678	4 841 938	205 298	985 442	2 453 897	2021
20.1	20.1	18.9	163.6	163.9	156.8	7.1	146.4	6 240 946	6 292 053	4 957 433	203 199	1 131 420	2 287 134	2022
19.9	19.9	19.5	161.9	162.0	155.0	7.0	147.8	6 348 413	6 388 257	5 087 445	210 298	1 090 514	2 443 353	2023

Note : Based upon 10th revision(2017) of Korean Standard Industrial Classification
Total wages = Regular wages + Overtime wages + Special wages
··· is not available

Source : Labor Market Statistics Division, Ministry of Employment and Labor, 「Labor Force Survey at Establishments」

15. 산업(대·중분류)별 월평균 임금, 근로일수 및 근로시간 (2020년 이후)(12-10)

단위 : 일, 시간, 원

J61. 우편 및 통신업 (Postal activities and telecommunications)

연도	근로일수 Days Worked			근로시간 Hours Worked					급여액 Wages					
	전체 All Employees	상용 Permanent	임시일용 Temporary & Daily	전체 All Employees	상용 Permanent			임시일용 Temporary & Daily	전체 All Employees	상용 Permanent				임시일용 Temporary & Daily
					총근로시간 Total	소정실근로 Regular	초과근로 Overtime			임금총액 Total	정액급여 Regular	초과급여 Overtime	특별급여 Special	
2020	19.8	19.8	16.5	166.1	167.0	154.1	12.8	96.1	6 073 634	6 130 965	4 588 730	387 720	1 154 515	1 262 151
2021	19.7	19.7	17.6	164.7	165.1	152.9	12.2	125.1	6 464 854	6 516 751	4 756 735	389 187	1 370 830	1 778 897
2022	19.6	19.6	16.3	162.7	163.2	151.3	11.9	112.2	7 156 729	7 212 671	5 027 403	413 081	1 772 187	1 724 959
2023	19.3	19.4	16.6	163.0	163.1	150.0	13.1	133.0	7 715 020	7 728 719	5 218 464	502 162	2 008 093	1 918 367

J63. 정보서비스업 (Information service activities)

연도	근로일수 Days Worked			근로시간 Hours Worked					급여액 Wages					
	전체 All Employees	상용 Permanent	임시일용 Temporary & Daily	전체 All Employees	상용 Permanent			임시일용 Temporary & Daily	전체 All Employees	상용 Permanent				임시일용 Temporary & Daily
					총근로시간 Total	소정실근로 Regular	초과근로 Overtime			임금총액 Total	정액급여 Regular	초과급여 Overtime	특별급여 Special	
2020	19.6	19.8	15.7	159.9	161.2	156.5	4.7	117.9	4 584 981	4 681 256	4 041 916	143 891	495 449	1 522 358
2021	19.7	19.8	16.4	161.1	162.3	157.1	5.3	123.6	4 903 730	5 009 548	4 180 197	155 143	674 208	1 578 244
2022	19.5	19.6	16.4	159.8	160.6	155.7	4.9	125.4	5 160 252	5 241 756	4 417 214	153 684	670 858	1 640 148
2023	19.5	19.5	17.4	159.0	159.8	154.1	5.7	130.8	5 299 552	5 392 143	4 649 400	166 343	576 400	1 833 007

K65. 보험 및 연금업 (Insurance and pension funding)

연도	근로일수 Days Worked			근로시간 Hours Worked					급여액 Wages					
	전체 All Employees	상용 Permanent	임시일용 Temporary & Daily	전체 All Employees	상용 Permanent			임시일용 Temporary & Daily	전체 All Employees	상용 Permanent				임시일용 Temporary & Daily
					총근로시간 Total	소정실근로 Regular	초과근로 Overtime			임금총액 Total	정액급여 Regular	초과급여 Overtime	특별급여 Special	
2020	19.5	19.6	17.7	160.6	161.4	155.7	5.7	140.2	5 767 765	5 929 421	4 489 183	149 719	1 290 519	1 667 113
2021	19.5	19.5	18.2	160.4	160.9	155.2	5.7	143.3	6 183 855	6 295 235	4 656 395	161 237	1 477 604	1 857 242
2022	19.2	19.2	18.9	158.3	158.6	152.7	6.0	144.9	6 534 654	6 646 840	4 807 032	173 432	1 666 376	1 961 726
2023	19.2	19.2	18.8	158.7	159.0	152.9	6.1	145.7	6 722 875	6 826 887	4 970 157	167 471	1 689 259	2 086 813

L68. 부동산업 (Real estate activities)

연도	근로일수 Days Worked			근로시간 Hours Worked					급여액 Wages					
	전체 All Employees	상용 Permanent	임시일용 Temporary & Daily	전체 All Employees	상용 Permanent			임시일용 Temporary & Daily	전체 All Employees	상용 Permanent				임시일용 Temporary & Daily
					총근로시간 Total	소정실근로 Regular	초과근로 Overtime			임금총액 Total	정액급여 Regular	초과급여 Overtime	특별급여 Special	
2020	19.3	19.4	17.2	173.2	175.1	174.1	1.0	131.2	2 847 661	2 921 487	2 631 725	65 252	224 510	1 235 680
2021	19.3	19.3	17.3	171.8	173.9	172.8	1.1	121.2	2 954 373	3 027 510	2 726 484	67 946	233 080	1 234 679
2022	19.1	19.2	16.7	169.4	172.1	170.9	1.2	107.3	3 086 439	3 168 465	2 835 093	75 971	257 401	1 187 753
2023	19.2	19.3	16.9	167.5	170.1	168.9	1.2	106.6	3 117 385	3 191 241	2 936 974	72 712	181 555	1 405 101

주 : 한국표준산업분류 제10차 개정(2017) 기준
   임금총액 = 정액급여 + 초과급여 + 특별급여
   …은 미상자료
자료 : 고용노동부 노동시장조사과, 「사업체노동력조사(구, 사업체임금근로시간조사)」

15. Average monthly wages, days and hours worked by industry(sections, divisions) (since 2020)(12-10)

In day, hour, won

J62. 컴퓨터 프로그래밍, 시스템 통합 및 관리업 / Computer programming, consultancy and related activities

근로일수 Days Worked			근로시간 Hours Worked					급여액 Wages					Year
전체 All Employees	상용 Permanent	임시일용 Temporary & Daily	전체 All Employees	상용 Permanent 총근로시간 Total	소정실근로 Regular	초과근로 Overtime	임시일용 Temporary & Daily	전체 All Employees	상용 Permanent 임금총액 Total	정액급여 Regular	초과급여 Overtime	특별급여 Special	임시일용 Temporary & Daily	
20.1	20.1	19.4	163.7	163.8	158.5	5.4	153.5	4 815 103	4 846 494	4 117 201	142 417	586 876	2 473 802	2020
20.1	20.1	20.1	164.0	164.1	159.1	4.9	158.6	5 004 635	5 026 981	4 219 681	146 398	660 901	2 749 042	2021
20.0	20.0	20.1	162.9	163.0	158.3	4.8	153.6	5 192 716	5 212 326	4 415 525	150 602	646 198	2 823 850	2022
19.7	19.7	18.7	163.2	163.4	156.6	6.9	142.3	5 307 230	5 335 246	4 516 258	201 836	617 152	2 761 015	2023

K64. 금융업 / Financial service activities, except insurance and pension funding

근로일수 Days Worked			근로시간 Hours Worked					급여액 Wages					Year
전체 All Employees	상용 Permanent	임시일용 Temporary & Daily	전체 All Employees	상용 Permanent 총근로시간 Total	소정실근로 Regular	초과근로 Overtime	임시일용 Temporary & Daily	전체 All Employees	상용 Permanent 임금총액 Total	정액급여 Regular	초과급여 Overtime	특별급여 Special	임시일용 Temporary & Daily	
20.0	20.0	19.8	162.8	163.0	158.7	4.2	148.9	6 851 479	6 912 318	4 692 333	123 429	2 096 557	2 578 828	2020
19.9	19.9	19.4	162.1	162.3	158.1	4.2	147.6	7 231 737	7 285 999	4 882 486	124 022	2 279 491	2 698 074	2021
19.5	19.5	18.7	160.1	160.2	155.5	4.7	146.2	7 604 229	7 657 006	4 983 957	137 138	2 535 912	3 126 395	2022
19.5	19.5	18.8	159.7	159.8	154.9	4.9	148.6	7 614 170	7 671 780	5 136 852	152 472	2 382 456	3 302 911	2023

K66. 금융 및 보험 관련 서비스업 / Activities auxiliary to financial service and insurance activities

근로일수 Days Worked			근로시간 Hours Worked					급여액 Wages					Year
전체 All Employees	상용 Permanent	임시일용 Temporary & Daily	전체 All Employees	상용 Permanent 총근로시간 Total	소정실근로 Regular	초과근로 Overtime	임시일용 Temporary & Daily	전체 All Employees	상용 Permanent 임금총액 Total	정액급여 Regular	초과급여 Overtime	특별급여 Special	임시일용 Temporary & Daily	
19.9	19.9	19.4	162.0	162.4	158.4	4.1	141.4	6 508 361	6 603 782	4 629 874	111 467	1 862 441	1 941 446	2020
20.0	20.0	19.2	162.8	163.3	159.2	4.1	140.9	7 073 467	7 189 960	4 791 133	111 061	2 287 767	1 899 270	2021
19.8	19.8	19.1	160.7	161.1	156.9	4.2	138.2	7 402 474	7 493 829	5 002 118	114 126	2 377 586	2 019 993	2022
19.6	19.6	19.2	159.1	159.5	155.0	4.5	143.1	7 252 566	7 371 437	5 126 178	140 877	2 104 382	2 333 009	2023

M70. 연구개발업 / Research and development

근로일수 Days Worked			근로시간 Hours Worked					급여액 Wages					Year
전체 All Employees	상용 Permanent	임시일용 Temporary & Daily	전체 All Employees	상용 Permanent 총근로시간 Total	소정실근로 Regular	초과근로 Overtime	임시일용 Temporary & Daily	전체 All Employees	상용 Permanent 임금총액 Total	정액급여 Regular	초과급여 Overtime	특별급여 Special	임시일용 Temporary & Daily	
19.5	19.5	19.7	159.3	159.5	154.8	4.7	152.8	5 612 681	5 725 184	4 513 227	129 442	1 082 515	2 345 193	2020
19.4	19.4	19.5	158.1	158.5	154.0	4.5	147.7	5 942 446	6 072 444	4 705 409	123 038	1 243 997	2 351 787	2021
19.2	19.2	18.7	156.0	156.5	152.1	4.4	142.8	6 440 272	6 586 548	4 884 381	126 146	1 576 021	2 436 521	2022
19.2	19.2	18.6	155.5	155.9	151.9	4.0	143.4	6 601 978	6 745 177	4 998 129	115 923	1 631 125	2 361 171	2023

Note : Based upon 10th revision(2017) of Korean Standard Industrial Classification
Total wages = Regular wages + Overtime wages + Special wages
… is not available

Source : Labor Market Statistics Division, Ministry of Employment and Labor, 「Labor Force Survey at Establishments」

15. 산업(대·중분류)별 월평균 임금, 근로일수 및 근로시간 (2020년 이후)(12-11)

단위 : 일, 시간, 원

M71. 전문서비스업 (Professional services)

연도	근로일수 전체 All Employees	근로일수 상용 Permanent	근로일수 임시일용 Temporary & Daily	근로시간 전체 All Employees	근로시간 상용 총근로시간 Total	근로시간 상용 소정실근로 Regular	근로시간 상용 초과근로 Overtime	근로시간 임시일용 Temporary & Daily	급여액 전체 All Employees	급여액 상용 임금총액 Total	급여액 상용 정액급여 Regular	급여액 상용 초과급여 Overtime	급여액 상용 특별급여 Special	급여액 임시일용 Temporary & Daily
2020	20.0	20.1	15.2	162.1	163.0	159.0	4.0	112.1	5 126 909	5 186 320	4 401 209	89 523	695 588	1 666 933
2021	19.9	20.0	14.4	161.7	162.6	158.4	4.2	105.0	5 343 808	5 406 365	4 477 029	97 074	832 262	1 620 852
2022	19.8	19.9	14.0	160.5	161.6	157.0	4.6	100.4	5 632 141	5 706 286	4 650 323	113 340	942 622	1 588 745
2023	19.7	19.8	14.9	158.4	159.5	155.7	3.8	104.5	5 674 006	5 748 288	4 763 658	112 536	872 094	1 709 316

M73. 기타 전문, 과학 및 기술서비스업 (Other professional, scientific and technical services)

연도	전체	상용	임시일용	전체	총근로시간	소정실근로	초과근로	임시일용	전체	임금총액	정액급여	초과급여	특별급여	임시일용
2020	20.1	20.5	11.7	160.1	163.7	161.1	2.6	84.9	3 172 398	3 265 346	3 047 839	57 652	159 855	1 236 149
2021	20.3	20.5	13.3	161.6	163.5	161.1	2.4	100.6	3 345 934	3 405 848	3 156 584	59 368	189 897	1 373 995
2022	19.9	20.2	12.5	158.5	160.8	158.2	2.6	92.5	3 552 351	3 634 596	3 363 849	61 057	209 690	1 235 867
2023	19.6	19.9	11.0	156.3	159.4	156.3	3.1	84.7	3 576 285	3 674 789	3 407 789	74 662	192 338	1 277 858

N75. 사업지원서비스업 (Business support services)

연도	전체	상용	임시일용	전체	총근로시간	소정실근로	초과근로	임시일용	전체	임금총액	정액급여	초과급여	특별급여	임시일용
2020	19.4	19.9	13.4	162.4	167.1	161.1	6.0	104.0	2 376 356	2 469 646	2 160 990	143 044	165 613	1 216 932
2021	19.5	20.0	13.7	162.9	167.7	161.9	5.7	108.6	2 444 794	2 547 152	2 221 855	149 906	175 391	1 276 226
2022	19.3	19.9	13.0	160.6	166.3	160.9	5.4	100.7	2 536 642	2 658 138	2 332 832	150 750	174 555	1 266 060
2023	19.2	19.9	11.7	159.9	167.0	161.2	5.8	91.1	2 652 999	2 799 152	2 461 176	171 043	166 933	1 233 240

P85. 교육서비스업 (Education)

연도	전체	상용	임시일용	전체	총근로시간	소정실근로	초과근로	임시일용	전체	임금총액	정액급여	초과급여	특별급여	임시일용
2020	18.2	18.6	13.0	136.6	141.0	138.5	2.4	70.0	3 365 722	3 516 639	3 162 056	44 841	309 742	1 089 165
2021	18.4	18.8	14.0	137.2	141.9	139.2	2.8	73.0	3 354 988	3 517 107	3 161 457	48 961	306 689	1 127 794
2022	18.3	18.6	14.0	136.1	141.2	138.5	2.7	68.0	3 435 471	3 609 660	3 237 117	49 844	322 699	1 111 386
2023	18.3	18.7	12.9	135.9	141.2	138.6	2.5	60.9	3 507 590	3 681 391	3 325 969	52 071	303 351	1 056 208

주 : 한국표준산업분류 제10차 개정(2017) 기준
  임금총액 = 정액급여 + 초과급여 + 특별급여
  …은 미싱자료
자료 : 고용노동부 노동시장조사과, 「사업체노동력조사(구, 사업체임금근로시간조사)」

15. Average monthly wages, days and hours worked by industry(sections, divisions) (since 2020)(12-11)

In day, hour, won

M72. 건축기술, 엔지니어링 및 기타 과학기술 서비스업 / Architectural, engineering and other scientific technical services

근로일수 Days Worked			근로시간 Hours Worked					급여액 Wages					Year
전체 All Employees	상용 Permanent	임시일용 Temporary & Daily	전체 All Employees	상용 Permanent			임시일용 Temporary & Daily	전체 All Employees	상용 Permanent			임시일용 Temporary & Daily	
				총근로시간 Total	소정실근로 Regular	초과근로 Overtime			임금총액 Total	정액급여 Regular	초과급여 Overtime	특별급여 Special		
20.1	20.2	17.5	163.5	166.1	159.7	6.4	107.9	4 172 296	4 294 260	3 716 232	170 083	407 945	1 520 851	2020
20.0	20.1	16.6	164.4	165.4	159.2	6.3	129.7	4 381 102	4 449 351	3 813 745	177 097	458 510	2 041 190	2021
19.9	19.9	17.2	163.8	164.7	158.1	6.6	131.9	4 489 024	4 561 877	3 917 520	192 445	451 911	2 085 354	2022
19.8	19.9	16.9	162.5	163.5	157.6	6.0	123.2	4 590 003	4 655 797	4 058 467	205 402	391 927	2 199 096	2023

N74. 사업시설관리및조경서비스업 / Business facilities management and landscape services

근로일수 Days Worked			근로시간 Hours Worked					급여액 Wages					Year
전체 All Employees	상용 Permanent	임시일용 Temporary & Daily	전체 All Employees	상용 Permanent			임시일용 Temporary & Daily	전체 All Employees	상용 Permanent			임시일용 Temporary & Daily	
				총근로시간 Total	소정실근로 Regular	초과근로 Overtime			임금총액 Total	정액급여 Regular	초과급여 Overtime	특별급여 Special		
19.9	20.6	12.9	159.6	164.8	158.5	6.3	101.4	2 371 022	2 458 222	2 159 238	164 994	133 990	1 388 128	2020
19.9	20.5	12.9	159.5	165.1	158.8	6.3	102.7	2 461 084	2 561 643	2 238 912	170 840	151 892	1 436 960	2021
19.7	20.4	13.3	157.0	162.4	156.6	5.8	104.9	2 520 053	2 634 995	2 303 568	173 487	157 940	1 426 055	2022
19.5	20.3	12.3	152.7	159.0	154.5	4.6	95.5	2 605 600	2 739 514	2 428 834	155 539	155 141	1 403 655	2023

N76. 임대업; 부동산 제외 / Rental and leasing activities; except real estate

근로일수 Days Worked			근로시간 Hours Worked					급여액 Wages					Year
전체 All Employees	상용 Permanent	임시일용 Temporary & Daily	전체 All Employees	상용 Permanent			임시일용 Temporary & Daily	전체 All Employees	상용 Permanent			임시일용 Temporary & Daily	
				총근로시간 Total	소정실근로 Regular	초과근로 Overtime			임금총액 Total	정액급여 Regular	초과급여 Overtime	특별급여 Special		
20.3	20.6	13.6	161.9	165.0	162.3	2.7	90.5	3 334 667	3 431 119	3 169 574	79 294	182 251	1 088 385	2020
20.6	20.8	13.7	164.5	167.1	164.0	3.0	93.7	3 529 006	3 614 306	3 333 894	90 848	189 563	1 165 138	2021
20.4	20.7	14.2	164.1	166.4	162.4	4.1	97.6	3 713 244	3 801 882	3 431 300	114 256	256 325	1 203 524	2022
20.6	20.7	14.6	163.5	164.3	160.7	3.6	119.7	3 763 445	3 797 333	3 410 687	102 448	284 198	1 861 153	2023

Q86. 보건업 / Human health activities

근로일수 Days Worked			근로시간 Hours Worked					급여액 Wages					Year
전체 All Employees	상용 Permanent	임시일용 Temporary & Daily	전체 All Employees	상용 Permanent			임시일용 Temporary & Daily	전체 All Employees	상용 Permanent			임시일용 Temporary & Daily	
				총근로시간 Total	소정실근로 Regular	초과근로 Overtime			임금총액 Total	정액급여 Regular	초과급여 Overtime	특별급여 Special		
21.0	21.2	14.0	165.4	167.9	161.5	6.5	89.5	3 687 798	3 762 273	3 202 656	236 488	323 129	1 463 058	2020
21.1	21.3	15.2	166.0	168.2	161.5	6.8	95.9	3 840 754	3 914 870	3 309 088	253 426	352 356	1 534 082	2021
20.8	21.0	14.5	162.8	165.4	158.5	6.9	92.0	3 982 606	4 073 243	3 427 489	267 458	378 297	1 552 053	2022
20.4	20.7	12.9	159.9	162.4	156.7	5.7	88.3	4 099 062	4 188 508	3 544 984	249 112	394 412	1 578 820	2023

Note : Based upon 10th revision(2017) of Korean Standard Industrial Classification
Total wages = Regular wages + Overtime wages + Special wages
…is not available
Source : Labor Market Statistics Division, Ministry of Employment and Labor, 「Labor Force Survey at Establishments」

15. 산업(대·중분류)별 월평균 임금, 근로일수 및 근로시간 (2020년 이후)(12-12)

단위 : 일, 시간, 원

Q87. 사회복지서비스업 / Social work activities

연도	근로일수 Days Worked			근로시간 Hours Worked					급여액 Wages				
	전 체 All Employees	상 용 Permanent	임시일용 Temporary & Daily	전 체 All Employees	상 용 Permanent			임시일용 Temporary & Daily	전 체 All Employees	상 용 Permanent				임시일용 Temporary & Daily
					총근로시간 Total	소정실근로 Regular	초과근로 Overtime			임금총액 Total	정액급여 Regular	초과급여 Overtime	특별급여 Special	
2020	19.9	20.0	19.0	151.2	153.7	149.2	4.5	101.1	2 123 629	2 169 978	2 018 491	88 542	62 945	1 189 498
2021	20.0	20.0	19.5	150.6	152.7	147.9	4.8	114.1	2 178 080	2 225 828	2 058 183	99 782	67 863	1 381 138
2022	19.7	19.8	19.0	148.1	150.1	144.9	5.3	113.3	2 286 400	2 336 212	2 149 046	113 757	73 408	1 439 529
2023	19.8	20.0	18.1	142.4	147.0	142.7	4.3	85.8	2 256 368	2 352 004	2 176 047	101 640	74 317	1 073 822

R91. 스포츠 및 오락관련서비스업 / Sports activities and amusement activities

연도	근로일수 Days Worked			근로시간 Hours Worked					급여액 Wages				
	전 체 All Employees	상 용 Permanent	임시일용 Temporary & Daily	전 체 All Employees	상 용 Permanent			임시일용 Temporary & Daily	전 체 All Employees	상 용 Permanent				임시일용 Temporary & Daily
					총근로시간 Total	소정실근로 Regular	초과근로 Overtime			임금총액 Total	정액급여 Regular	초과급여 Overtime	특별급여 Special	
2020	19.3	19.8	14.9	149.3	154.6	146.4	8.2	102.0	2 902 140	3 089 411	2 633 452	174 559	281 400	1 228 509
2021	19.7	20.5	13.3	153.3	160.9	151.4	9.5	92.5	3 043 257	3 282 565	2 815 623	201 102	265 840	1 129 571
2022	19.4	20.3	13.4	150.3	158.1	148.7	9.4	93.2	3 086 398	3 345 840	2 832 512	210 721	302 608	1 201 357
2023	18.9	19.9	13.7	147.3	156.3	148.4	7.9	96.3	3 041 501	3 350 498	2 921 666	166 833	261 999	1 293 520

S95. 개인 및 소비용품수리업 / Maintenance and repair services of personal and household goods

연도	근로일수 Days Worked			근로시간 Hours Worked					급여액 Wages				
	전 체 All Employees	상 용 Permanent	임시일용 Temporary & Daily	전 체 All Employees	상 용 Permanent			임시일용 Temporary & Daily	전 체 All Employees	상 용 Permanent				임시일용 Temporary & Daily
					총근로시간 Total	소정실근로 Regular	초과근로 Overtime			임금총액 Total	정액급여 Regular	초과급여 Overtime	특별급여 Special	
2020	21.7	21.8	13.4	172.4	173.6	167.4	6.2	88.5	3 130 901	3 160 619	2 806 637	127 156	226 827	1 067 866
2021	21.9	22.0	12.4	175.1	175.9	169.4	6.4	92.6	3 314 620	3 335 504	2 916 039	138 880	280 584	1 014 996
2022	21.4	21.5	8.5	171.6	172.4	166.2	6.3	65.4	3 517 807	3 537 422	3 034 195	146 755	356 471	968 949
2023	20.8	20.9	8.8	167.7	168.4	162.0	6.4	70.3	3 909 082	3 926 132	3 191 031	151 892	583 209	1 642 840

주 : 한국표준산업분류 제10차 개정(2017) 기준
  임금총액 = 정액급여 + 초과급여 + 특별급여
  …은 미상자료
자료 : 고용노동부 노동시장조사과, 「사업체노동력조사(구, 사업체임금근로시간조사)」

15. Average monthly wages, days and hours worked by industry(sections, divisions) (since 2020)(12-12)

In day, hour, won

R90. 창작, 예술 및 여가 관련 서비스업 / Creative, arts and recreation related services

Days Worked			Hours Worked					Wages						Year
전체	상용	임시일용	전체	상용 Permanent			임시일용	전체	상용 Permanent				임시일용	
All Employees	Permanent	Temporary & Daily	All Employees	총근로시간 Total	소정실근로 Regular	초과근로 Overtime	Temporary & Daily	All Employees	임금총액 Total	정액급여 Regular	초과급여 Overtime	특별급여 Special	Temporary & Daily	
19.1	20.1	14.5	150.7	160.5	155.1	5.3	105.5	2 801 064	3 109 809	2 735 358	112 997	261 455	1 381 639	2020
19.3	20.3	15.3	151.3	161.8	155.7	6.1	108.4	2 873 355	3 220 076	2 790 039	123 611	306 427	1 462 318	2021
19.1	20.0	15.1	152.0	161.5	154.8	6.7	109.0	3 055 179	3 402 465	2 918 477	138 820	345 168	1 478 437	2022
19.0	19.8	15.3	151.0	159.1	152.6	6.6	114.6	3 105 212	3 444 904	3 020 291	144 726	279 887	1 591 740	2023

S94. 협회 및 단체 / Membership organizations

Days Worked			Hours Worked					Wages						Year
전체	상용	임시일용	전체	상용 Permanent			임시일용	전체	상용 Permanent				임시일용	
All Employees	Permanent	Temporary & Daily	All Employees	총근로시간 Total	소정실근로 Regular	초과근로 Overtime	Temporary & Daily	All Employees	임금총액 Total	정액급여 Regular	초과급여 Overtime	특별급여 Special	Temporary & Daily	
20.8	21.2	15.3	161.5	165.9	165.0	0.9	94.7	2 564 600	2 664 526	2 435 238	16 353	212 936	1 065 364	2020
20.9	21.2	15.5	161.9	165.2	164.3	0.9	100.2	2 641 162	2 717 870	2 488 955	16 948	211 967	1 221 419	2021
20.8	21.0	16.6	161.1	163.5	162.6	1.0	103.6	2 748 824	2 810 675	2 563 467	20 113	227 094	1 322 302	2022
20.7	21.0	14.5	163.7	165.8	164.3	1.5	102.8	2 854 536	2 899 842	2 659 652	33 561	206 628	1 533 233	2023

S96. 기타 개인 서비스업 / Other personal services activities

Days Worked			Hours Worked					Wages						Year
전체	상용	임시일용	전체	상용 Permanent			임시일용	전체	상용 Permanent				임시일용	
All Employees	Permanent	Temporary & Daily	All Employees	총근로시간 Total	소정실근로 Regular	초과근로 Overtime	Temporary & Daily	All Employees	임금총액 Total	정액급여 Regular	초과급여 Overtime	특별급여 Special	Temporary & Daily	
18.9	20.8	4.6	147.6	162.0	157.8	4.2	35.7	2 056 203	2 267 316	2 110 818	95 181	61 317	416 181	2020
19.4	20.9	5.8	150.1	162.1	157.6	4.5	44.8	2 167 235	2 349 752	2 177 253	111 491	61 008	568 870	2021
19.1	21.0	8.1	146.2	161.4	156.8	4.6	58.9	2 237 845	2 497 629	2 290 039	127 986	79 604	749 655	2022
19.0	21.1	7.7	145.4	162.5	157.8	4.7	54.3	2 311 372	2 597 070	2 386 082	121 489	89 499	788 539	2023

Note : Based upon 10th revision(2017) of Korean Standard Industrial Classification
Total wages = Regular wages + Overtime wages + Special wages
… is not available
Source : Labor Market Statistics Division, Ministry of Employment and Labor, 「Labor Force Survey at Establishments」

A-1. 시도별 임금 및 근로시간
Wages and hours worked by Region

〈상용근로자 5인 이상 사업체〉
Establishments with 5 or more permanent employees

16. 산업(대분류)·지역별 월평균 근로일수, 근로시간 및 임금(9-1)
(2023. 4월)

단위 : 일, 시간, 원   〈상용근로자〉

산 업		서울 Seoul						
		근로일수 Days worked	근로시간 Hours worked	소정실근로시간 Regular	초과근로시간 Overtime	월급여액 Regular & overtime wages	정액급여 Regular wages	초과급여 Overtime wages	특별급여 Special wages
서울 Seoul	2017.4	20.1	166.3	161.1	5.2	3 445 867	3 336 121	109 746	496 411
	2018.4	20.8	171.2	165.9	5.3	3 563 940	3 439 652	124 288	501 323
	2019.4	21.6	177.5	171.5	5.9	3 704 202	3 554 867	149 335	521 900
	2020.4	19.2	157.1	151.6	5.4	3 745 761	3 588 914	156 846	432 176
	2021.4	21.1	172.9	167.0	5.9	3 904 436	3 733 628	170 808	547 102
	2022.4	20.3	166.1	160.2	5.9	4 082 853	3 902 156	180 697	472 405
	2023.4	19.6	160.5	154.6	5.9	4 263 174	4 070 061	193 114	521 278
B. 광업 Mining and quarrying	2023.4	19.4	156.9	154.8	2.2	4 907 474	4 840 144	67 330	0
C. 제조업 Manufacturing		20.1	164.1	158.1	6.0	3 953 119	3 794 742	158 376	164 047
D. 전기, 가스, 증기 및 공기조절 공급업 Electricity, gas, steam and air conditioning supply		19.3	164.5	153.0	11.5	5 698 539	5 235 545	462 994	277 398
E. 수도, 하수 및 폐기물 처리, 원료 재생업 Water supply; sewage, waste management, materials recovery		20.8	167.1	165.0	2.1	3 770 255	3 460 818	309 437	150 239
F. 건설업 Construction		19.8	168.3	157.2	11.1	5 457 724	4 988 748	468 975	162 756
G. 도매 및 소매업 Wholesale and retail trade		19.8	163.5	156.7	6.8	4 647 567	4 477 999	169 567	594 764
H. 운수 및 창고업 Transportation and storage		19.6	155.6	149.6	6.0	4 155 722	3 903 660	252 062	1 041 904
I. 숙박 및 음식점업 Accommodation and food service activities		20.9	176.2	165.6	10.6	3 050 056	2 829 803	220 254	88 964
J. 정보통신업 Information and communication		19.6	163.9	154.4	9.4	4 811 972	4 524 849	287 123	295 242
K. 금융 및 보험업 Financial and insurance activities		19.2	158.9	152.2	6.6	5 941 690	5 753 179	188 511	2 250 076
L. 부동산업 Real estate activities		19.1	165.0	163.3	1.8	3 555 167	3 472 913	82 254	333 704
M. 전문, 과학 및 기술 서비스업 Professional, scientific and technical activities		19.7	161.3	156.5	4.7	5 169 173	5 005 734	163 439	549 814
N. 사업시설관리 및 사업지원 및 임대 서비스업 Business facilities management and business support services; rental and leasing activities		19.8	160.6	157.8	2.8	2 645 736	2 517 189	128 546	110 306
P. 교육 서비스업 Education		17.8	137.3	134.7	2.6	3 544 403	3 488 925	55 478	423 598
Q. 보건업 및 사회복지 서비스업 Human health and social work activities		19.8	156.2	151.0	5.2	3 400 013	3 192 972	207 041	353 403
R. 예술, 스포츠 및 여가관련 서비스업 Arts, sports and recreation related services		19.5	154.2	149.4	4.8	3 281 934	3 106 593	175 341	209 004
S. 협회 및 단체, 수리 및 기타 개인 서비스업 Membership organizations, repair and other personal services		19.8	160.2	156.0	4.2	3 347 179	3 247 471	99 707	213 205

주 : 한국표준산업분류 제10차 개정(2017) 기준
   월급여액 = 정액급여 + 초과급여
자료 : 고용노동부 노동시장조사과, 「시도별 임금 및 근로시간 조사(사업체노동력조사 부가조사)」

16. Average monthly days worked, hours worked and wages by industry(sections) and region(city, province)(9-1) (April, 2023)

⟨ Permanent employees ⟩

In day, hour, won

부 산 Busan								
근로일수 Days worked	근로시간 Hours worked	소 정 실근로시간 Regular	초 과 근로시간 Overtime	월급여액 Regular & overtime wages	정액급여 Regular wages	초과급여 Overtime wages	특별급여 Special wages	industry
20.9	174.7	165.0	9.7	2 786 616	2 602 855	183 762	278 049	2017.4 부 산 Busan
21.3	175.8	167.3	8.5	2 962 069	2 782 542	179 527	259 227	2018.4
21.9	181.0	172.6	8.4	3 050 186	2 868 469	181 717	265 008	2019.4
19.7	160.1	153.1	7.0	3 124 238	2 960 706	163 532	258 259	2020.4
21.7	175.5	168.2	7.3	3 288 414	3 114 169	174 246	275 073	2021.4
21.0	168.8	161.8	7.0	3 404 468	3 220 150	184 319	234 289	2022.4
19.8	160.2	154.8	5.4	3 510 555	3 345 321	165 234	261 644	2023.4
22.2	177.4	177.4	0.0	3 798 030	3 783 576	14 453	0	2023.4 B. 광 업 Mining and quarrying
19.8	166.6	155.9	10.8	3 645 761	3 347 319	298 442	155 745	C. 제 조 업 Manufacturing
20.9	176.6	168.6	8.0	5 393 710	5 052 378	341 332	36 153	D. 전기, 가스, 증기 및 공기조절 공급업 Electricity, gas, steam and air conditioning supply
20.0	160.1	157.1	3.0	3 672 519	3 459 380	213 139	130 028	E. 수도, 하수 및 폐기물 처리, 원료 재생업 Water supply; sewage, waste management, materials recovery
20.0	164.3	159.1	5.2	4 233 144	4 059 326	173 819	56 258	F. 건 설 업 Construction
19.8	160.5	156.4	4.2	3 473 337	3 388 537	84 799	211 205	G. 도 매 및 소 매 업 Wholesale and retail trade
19.9	164.6	156.2	8.3	4 032 929	3 780 894	252 035	669 711	H. 운 수 및 창 고 업 Transportation and storage
21.1	167.6	165.4	2.2	2 424 998	2 374 663	50 335	97 654	I. 숙박 및 음식점업 Accommodation and food service activities
19.7	160.1	154.2	5.9	4 324 873	4 151 632	173 241	128 558	J. 정 보 통 신 업 Information and communication
19.2	156.5	153.0	3.5	4 768 784	4 635 520	133 263	1 534 239	K. 금 융 및 보 험 업 Financial and insurance activities
18.7	166.9	166.5	0.4	2 716 913	2 689 902	27 011	41 743	L. 부 동 산 업 Real estate activities
19.6	157.9	154.9	3.0	4 368 670	4 284 794	83 876	331 116	M. 전문, 과학 및 기술 서비스업 Professional, scientific and technical activities
20.1	156.7	154.9	1.8	2 546 196	2 465 135	81 061	164 753	N. 사업시설관리 및 사업지원 및 임대 서비스업 Business facilities management and business support services; rental and leasing activities
18.4	140.9	139.8	1.1	3 342 636	3 293 946	48 690	27 614	P. 교 육 서 비 스 업 Education
20.1	156.1	152.7	3.4	3 185 938	3 048 101	137 837	187 368	Q. 보건업 및 사회복지 서비스업 Human health and social work activities
19.7	147.2	139.0	8.2	3 100 464	2 807 557	292 908	364 243	R. 예술, 스포츠 및 여가관련 서비스업 Arts, sports and recreation related services
20.3	159.7	155.1	4.6	2 846 453	2 718 759	127 694	177 241	S. 협회 및 단체, 수리 및 기타 개인 서비스업 Membership organizations, repair and other personal services

Note : Based upon 10th revision(2017) of Korean Standard Industrial Classification
= Regular wages + Overtime wages
Source : Labor Market Statistics Division, Ministry of Employment and Labor,
「Wages and Working Hours Survey at Establishments by Region(Supplementary Survey of the Labor Force Survey at Establishments)」

16. 산업(대분류)·지역별 월평균 근로일수, 근로시간 및 임금(9-2)
(2023. 4월)

단위 : 일, 시간, 원 〈상용근로자〉

산 업		근로일수 Days worked	근로시간 Hours worked	소정실근로시간 Regular	초과근로시간 Overtime	월급여액 Regular & overtime wages	정액급여 Regular wages	초과급여 Overtime wages	특별급여 Special wages
대　　　　　　구 Daegu	2017.4	21.2	178.3	163.2	15.1	2 634 209	2 391 299	242 911	212 081
	2018.4	21.5	179.8	166.8	13.0	2 766 527	2 521 683	244 844	196 211
	2019.4	22.2	184.7	172.6	12.1	2 908 433	2 679 240	229 192	185 373
	2020.4	19.4	159.4	151.2	8.2	2 939 627	2 754 341	185 286	208 427
	2021.4	21.5	177.3	167.3	10.1	3 094 138	2 880 484	213 654	219 143
	2022.4	20.6	169.3	159.3	10.0	3 202 101	2 975 417	226 684	224 192
	2023.4	19.9	163.2	153.0	10.1	3 335 313	3 093 981	241 332	252 744
B. 광　　　　　　업 Mining and quarrying	2023.4	18.9	146.5	144.7	1.8	5 183 735	5 125 804	57 931	1 547 539
C. 제　　조　　업 Manufacturing		20.0	176.9	155.2	21.7	3 536 869	3 043 323	493 547	213 587
D. 전기, 가스, 증기 및 공기조절 공급업 Electricity, gas, steam and air conditioning supply		19.5	163.4	157.0	6.4	5 314 390	5 061 767	252 623	331 174
E. 수도, 하수 및 폐기물 처리, 원료 재생업 Water supply; sewage, waste management, materials recovery		20.3	166.7	153.5	13.3	4 488 122	4 061 893	426 229	298 780
F. 건　　설　　업 Construction		20.9	167.1	161.1	6.0	3 701 600	3 526 196	175 404	137 679
G. 도 매 및 소 매 업 Wholesale and retail trade		21.7	164.6	155.9	8.7	3 256 755	3 094 811	161 944	315 304
H. 운 수 및 창 고 업 Transportation and storage		19.8	148.4	144.9	3.5	3 284 289	3 104 791	179 498	459 943
I. 숙박 및 음식점업 Accommodation and food service activities		20.6	155.1	151.5	3.7	2 364 498	2 282 485	82 013	114
J. 정 보 통 신 업 Information and communication		19.6	160.1	151.3	8.8	4 163 904	3 945 221	218 684	670 428
K. 금 융 및 보 험 업 Financial and insurance activities		18.9	153.6	150.2	3.4	4 627 554	4 530 716	96 839	1 466 297
L. 부 동 산 업 Real estate activities		18.8	178.9	177.2	1.7	2 806 889	2 697 433	109 456	85 102
M. 전문, 과학 및 기술 서비스업 Professional, scientific and technical activities		19.4	153.5	152.5	1.0	4 019 852	3 996 621	23 232	135 636
N. 사업시설관리 및 사업지원 및 임대 서비스업 Business facilities management and business support services; rental and leasing activities		19.6	163.5	159.0	4.5	2 443 222	2 321 820	121 402	27 053
P. 교 육 서 비 스 업 Education		19.0	149.7	142.9	6.8	3 289 413	3 199 014	90 399	104 661
Q. 보건업 및 사회복지 서비스업 Human health and social work activities		19.5	153.0	146.1	6.9	3 039 430	2 855 458	183 972	206 941
R. 예술, 스포츠 및 여가관련 서비스업 Arts, sports and recreation related services		18.9	154.7	145.3	9.5	3 083 474	2 883 547	199 927	354 722
S. 협회 및 단체, 수리 및 기타 개인 서비스업 Membership organizations, repair and other personal services		20.5	168.1	165.5	2.6	2 831 047	2 748 129	82 919	151 102

주 : 한국표준산업분류 제10차 개정(2017) 기준
　　 월급여액 = 정액급여 + 초과급여
자료 : 고용노동부 노동시장조사과, 「시도별 임금 및 근로시간 조사(사업체노동력조사 부가조사)」
* '23.7월 경북에서 대구로 편입된 군위군은 경북으로 집계('23.4월 급여계산기간 기준)

16. Average monthly days worked, hours worked and wages by industry(sections) and region(city, province)(9-2) (April, 2023)

⟨ Permanent employees ⟩

In day, hour, won

		인 천 Incheon						Industry
근로일수	근로시간	소 정 실근로시간	초 과 근로시간	월급여액	정액급여	초과급여	특별급여	
Days worked	Hours worked	Regular	Overtime	Regular & overtime wages	Regular wages	Overtime wages	Special wages	
20.8	177.9	163.0	14.8	2 913 439	2 665 555	247 884	318 309	2017.4 인 천 Incheon
21.3	179.1	166.7	12.4	3 013 149	2 780 194	232 955	299 665	2018.4
21.9	183.0	172.5	10.5	3 121 843	2 896 765	225 078	269 077	2019.4
19.7	164.0	154.3	9.7	3 172 498	2 944 863	227 636	270 186	2020.4
21.4	178.7	168.7	9.9	3 309 353	3 068 634	240 720	302 194	2021.4
20.6	171.5	161.7	9.8	3 418 862	3 166 608	252 254	279 763	2022.4
19.9	164.9	155.7	9.2	3 546 307	3 284 522	261 785	252 266	2023.4
17.0	141.8	133.2	8.7	3 922 678	3 664 555	258 123	53 474	2023.4 B. 광 업 Mining and quarrying
19.9	172.5	155.8	16.7	3 783 961	3 352 710	431 250	188 974	C. 제 조 업 Manufacturing
20.0	169.9	159.0	10.9	5 250 093	4 869 068	381 025	0	D. 전기, 가스, 증기 및 공기조절 공급업 Electricity, gas, steam and air conditioning supply
20.0	174.6	158.4	16.2	4 292 706	3 853 483	439 223	93 578	E. 수도, 하수 및 폐기물 처리, 원료 재생업 Water supply; sewage, waste management, materials recovery
20.2	163.3	160.7	2.6	4 475 352	4 376 086	99 265	23 530	F. 건 설 업 Construction
20.8	160.7	156.3	4.4	3 616 840	3 501 706	115 133	390 953	G. 도 매 및 소 매 업 Wholesale and retail trade
20.2	170.2	160.5	9.7	3 684 659	3 353 610	331 049	684 215	H. 운 수 및 창 고 업 Transportation and storage
21.2	164.9	159.6	5.2	2 631 275	2 523 985	107 290	19 568	I. 숙 박 및 음 식 점 업 Accommodation and food service activities
19.5	167.3	154.9	12.4	4 053 280	3 756 506	296 774	267 691	J. 정 보 통 신 업 Information and communication
19.2	156.5	153.5	3.0	4 605 817	4 517 826	87 991	1 889 237	K. 금 융 및 보 험 업 Financial and insurance activities
18.3	177.1	175.6	1.6	3 051 311	2 948 169	103 142	1 591	L. 부 동 산 업 Real estate activities
19.4	158.6	153.7	4.9	4 232 540	4 080 038	152 502	535 613	M. 전문, 과학 및 기술 서비스업 Professional, scientific and technical activities
18.9	166.5	163.5	3.0	2 485 057	2 296 765	188 293	16 676	N. 사업시설관리 및 사업지원 및 임대 서비스업 Business facilities management and business support services; rental and leasing activities
18.7	139.9	134.9	5.1	3 413 902	3 302 797	111 105	107 433	P. 교 육 서 비 스 업 Education
20.2	154.9	149.9	5.0	3 075 703	2 923 872	151 831	126 188	Q. 보건업 및 사회복지 서비스업 Human health and social work activities
19.3	156.4	148.9	7.5	3 043 369	2 818 776	224 592	156 362	R. 예술, 스포츠 및 여가관련 서비스업 Arts, sports and recreation related services
20.7	168.2	161.9	6.3	3 037 573	2 867 214	170 359	23 853	S. 협회 및 단체, 수리 및 기타 개인 서비스업 Membership organizations, repair and other personal services

Note : Based upon 10th revision(2017) of Korean Standard Industrial Classification
    = Regular wages + Overtime wages
Source : Labor Market Statistics Division, Ministry of Employment and Labor,
    「Wages and Working Hours Survey at Establishments by Region (Supplementary Survey of the Labor Force Survey at Establishments)」

16. 산업(대분류)·지역별 월평균 근로일수, 근로시간 및 임금(9-3)
(2023. 4월)

단위 : 일, 시간, 원 〈상용근로자〉

산 업		광 주 Gwangju							
		근로일수 Days worked	근로시간 Hours worked	소정 실근로시간 Regular	초과 근로시간 Overtime	월급여액 Regular & overtime wages	정액급여 Regular wages	초과급여 Overtime wages	특별급여 Special wages
광 주 Gwangju	2017.4	20.8	172.2	161.9	10.2	2 731 776	2 491 666	240 110	369 865
	2018.4	21.2	174.8	165.6	9.3	2 803 147	2 580 884	222 263	374 725
	2019.4	22.0	179.3	171.5	7.9	2 942 622	2 717 458	225 164	335 405
	2020.4	19.8	160.3	154.2	6.1	2 989 188	2 807 101	182 086	283 658
	2021.4	21.4	173.2	165.6	7.6	3 141 221	2 934 066	207 155	317 094
	2022.4	20.4	166.1	158.1	8.0	3 284 566	3 063 731	220 835	314 755
	2023.4	20.1	161.8	154.3	7.5	3 373 343	3 156 062	217 281	357 798
B. 광 업 Mining and quarrying	2023.4	19.1	147.3	147.3	0.0	5 249 714	5 249 714	0	0
C. 제 조 업 Manufacturing		19.8	168.3	152.4	15.9	3 628 997	3 180 055	448 942	775 596
D. 전기, 가스, 증기 및 공기조절 공급업 Electricity, gas, steam and air conditioning supply		20.1	163.5	158.1	5.4	5 004 691	4 733 569	271 122	920 895
E. 수도, 하수 및 폐기물 처리, 원료 재생업 Water supply; sewage, waste management, materials recovery		20.4	164.4	151.1	13.3	3 503 529	3 086 107	417 421	836 445
F. 건 설 업 Construction		20.0	162.6	158.5	4.2	4 055 740	3 935 722	120 018	30 228
G. 도 매 및 소 매 업 Wholesale and retail trade		20.4	160.4	155.3	5.1	3 144 387	3 039 998	104 389	253 111
H. 운 수 및 창 고 업 Transportation and storage		20.7	169.4	155.4	13.9	2 915 352	2 406 905	508 447	43 827
I. 숙박및음식점업 Accommodation and food service activities		22.8	177.5	172.2	5.3	2 654 946	2 498 245	156 700	21 855
J. 정 보 통 신 업 Information and communication		19.5	160.6	153.7	6.9	4 305 807	4 059 474	246 333	128 239
K. 금 융 및 보 험 업 Financial and insurance activities		19.2	159.1	153.3	5.8	4 832 037	4 672 369	159 668	2 383 995
L. 부 동 산 업 Real estate activities		20.0	165.4	164.8	0.6	2 579 457	2 536 067	43 390	12 256
M. 전문, 과학 및 기술 서비스업 Professional, scientific and technical activities		19.5	160.1	154.9	5.2	3 773 185	3 662 306	110 879	87 434
N. 사업시설관리 및 사업지원 및 임대 서비스업 Business facilities management and business support services; rental and leasing activities		19.6	161.3	154.5	6.8	2 329 564	2 167 513	162 052	157 635
P. 교 육 서 비 스 업 Education		18.8	147.9	146.3	1.7	3 675 393	3 635 524	39 869	79 996
Q. 보건업 및 사회복지 서비스업 Human health and social work activities		20.9	157.0	153.4	3.6	3 136 984	3 012 605	124 379	107 777
R. 예술, 스포츠 및 여가관련 서비스업 Arts, sports and recreation related services		19.3	149.4	142.8	6.6	2 961 660	2 795 542	166 118	179 863
S. 협회 및 단체, 수리 및 기타 개인 서비스업 Membership organizations, repair and other personal services		20.9	163.3	158.7	4.7	2 970 413	2 851 949	118 464	333 508

주 : 한국표준산업분류 제10차 개정(2017) 기준
월급여액 = 정액급여 + 초과급여
자료 : 고용노동부 노동시장조사과, 「시도별 임금 및 근로시간 조사(사업체노동력조사 부가조사)」

16. Average monthly days worked, hours worked and wages by industry(sections) and region(city, province)(9-3) (April, 2023)

⟨ Permanent employees ⟩

In day, hour, won

대전 Daejeon								Industry
근로일수	근로시간	소 정 실근로시간	초 과 근로시간	월급여액	정액급여	초과급여	특별급여	
Days worked	Hours worked	Regular	Overtime	Regular & overtime wages	Regular wages	Overtime wages	Special wages	
20.3	168.7	160.0	8.6	3 071 837	2 907 279	164 557	334 973	2017.4 대　　　　　　　전 Daejeon
20.8	170.6	162.8	7.8	3 189 820	3 027 910	161 910	329 565	2018.4
21.6	175.9	168.9	7.0	3 287 005	3 130 710	156 296	314 723	2019.4
19.4	159.2	153.5	5.7	3 301 865	3 151 149	150 717	224 549	2020.4
21.3	173.2	167.7	5.5	3 401 031	3 257 260	143 771	240 555	2021.4
20.3	164.0	158.3	5.7	3 556 267	3 395 644	160 623	254 567	2022.4
19.4	158.7	153.0	5.7	3 648 549	3 491 658	156 891	238 394	2023.4
20.0	224.8	160.0	64.8	5 390 000	4 450 800	939 200	0	2023.4 B. 광　　　　　　　업 Mining and quarrying
19.4	160.9	150.2	10.7	3 815 821	3 530 832	284 989	249 244	C. 제　　　　조　　　　업 Manufacturing
19.3	166.8	154.4	12.4	5 266 244	4 864 561	401 683	184 838	D. 전기 가스, 증기 및 공기조절 공급업 Electricity, gas, steam and air conditioning supply
20.1	162.5	156.1	6.4	4 477 797	4 158 031	319 766	177 244	E. 수도, 하수 및 폐기물 처리, 원료 재생업 Water supply; sewage, waste management, materials recovery
19.7	168.4	158.3	10.1	3 903 499	3 623 210	280 289	124 978	F. 건　　　　설　　　　업 Construction
20.5	162.6	157.7	4.9	3 184 172	3 081 013	103 159	613 973	G. 도 매 및 소 매 업 Wholesale and retail trade
19.9	155.9	149.0	6.9	3 586 712	3 315 125	271 588	95 380	H. 운 수 및 창 고 업 Transportation and storage
20.5	164.5	153.4	11.1	2 504 155	2 317 189	186 967	91 438	I. 숙박 및 음식점 업 Accommodation and food service activities
19.5	161.0	155.4	5.7	4 297 015	4 100 801	196 214	64 658	J. 정　보　통　신　업 Information and communication
19.0	153.8	151.2	2.5	4 769 261	4 692 004	77 256	1 003 184	K. 금 융 및 보 험 업 Financial and insurance activities
17.4	179.0	178.6	0.4	2 894 600	2 782 599	112 000	442	L. 부　　　동　　　산　　　업 Real estate activities
19.2	154.8	152.7	2.1	4 956 366	4 904 843	51 523	349 841	M. 전문, 과학 및 기술 서비스업 Professional, scientific and technical activities
18.8	175.1	168.4	6.7	2 589 515	2 419 603	169 912	156 016	N. 사업시설관리 및 사업지원 및 임대 서비스업 Business facilities management and business support services; rental and leasing activities
18.4	146.2	141.5	4.7	3 842 137	3 768 680	73 457	141 247	P. 교　육　서　비　스　업 Education
19.5	148.1	145.3	2.9	2 951 567	2 851 499	100 068	83 603	Q. 보건업 및 사회복지 서비스업 Human health and social work activities
20.3	162.4	147.8	14.6	3 286 675	2 950 530	336 146	0	R. 예술, 스포츠 및 여가관련 서비스업 Arts, sports and recreation related services
20.1	164.8	155.3	9.5	2 848 412	2 627 115	221 297	215 631	S. 협회 및 단체, 수리 및 기타 개인 서비스업 Membership organizations, repair and other personal services

Note : Based upon 10th revision(2017) of Korean Standard Industrial Classification
　　　 = Regular wages + Overtime wages
Source : Labor Market Statistics Division, Ministry of Employment and Labor,
　　　　「Wages and Working Hours Survey at Establishments by Region (Supplementary Survey of the Labor Force Survey at Establishments)」

16. 산업(대분류)·지역별 월평균 근로일수, 근로시간 및 임금(9-4)
(2023. 4월)

단위 : 일, 시간, 원 〈상용근로자〉

산 업		울 산 Ulsan							
		근로일수 Days worked	근로시간 Hours worked	소정 실근로시간 Regular	초과 근로시간 Overtime	월급여액 Regular & overtime wages	정액급여 Regular wages	초과급여 Overtime wages	특별급여 Special wages
울 산 Ulsan	2017.4	20.7	174.3	154.4	19.8	3 169 771	2 724 062	445 709	1 071 654
	2018.4	20.8	177.1	159.4	17.6	3 279 013	2 848 358	430 656	1 033 621
	2019.4	22.0	184.3	167.9	16.4	3 377 777	2 965 650	412 127	975 581
	2020.4	20.1	168.1	152.9	15.2	3 438 056	3 047 057	390 999	727 500
	2021.4	21.5	179.6	164.8	14.8	3 515 389	3 113 828	401 561	815 323
	2022.4	20.5	170.2	155.3	14.8	3 725 381	3 289 015	436 366	807 213
	2023.4	20.1	167.7	151.4	16.4	3 896 517	3 391 727	504 790	820 255
B. 광 업 Mining and quarrying	2023.4	19.6	171.1	152.1	19.0	5 073 843	4 385 062	688 780	111 603
C. 제 조 업 Manufacturing		20.0	171.1	147.8	23.2	4 325 941	3 556 265	769 676	1 248 202
D. 전기, 가스, 증기 및 공기조절 공급업 Electricity, gas, steam and air conditioning supply		20.3	174.2	162.0	12.2	5 605 765	5 271 371	334 394	309 051
E. 수도, 하수 및 폐기물 처리, 원료 재생업 Water supply; sewage, waste management, materials recovery		19.7	160.0	152.2	7.8	4 043 118	3 812 910	230 208	159 222
F. 건 설 업 Construction		20.4	168.6	160.2	8.4	4 200 875	3 982 075	218 799	78 319
G. 도매 및 소매업 Wholesale and retail trade		20.3	167.0	159.8	7.2	3 189 148	3 002 402	186 746	415 642
H. 운수 및 창고업 Transportation and storage		21.0	164.0	148.7	15.3	3 604 410	3 252 767	351 643	629 643
I. 숙박 및 음식점업 Accommodation and food service activities		22.4	180.1	160.9	19.2	2 581 509	2 239 159	342 350	185 767
J. 정보통신업 Information and communication		19.4	155.6	151.2	4.5	3 842 406	3 709 479	132 927	672 732
K. 금융 및 보험업 Financial and insurance activities		19.3	156.1	152.6	3.5	4 866 375	4 745 960	120 415	2 752 916
L. 부동산업 Real estate activities		19.9	180.1	178.7	1.4	3 050 363	2 965 547	84 816	8 091
M. 전문, 과학 및 기술 서비스업 Professional, scientific and technical activities		19.5	164.3	156.5	7.8	3 798 303	3 633 544	164 758	38 033
N. 사업시설관리 및 사업지원 및 임대 서비스업 Business facilities management and business support services; rental and leasing activities		20.1	186.2	172.2	14.0	2 872 538	2 567 443	305 095	119 139
P. 교육 서비스업 Education		18.7	147.4	143.4	4.0	3 791 523	3 707 105	84 418	501 420
Q. 보건업 및 사회복지 서비스업 Human health and social work activities		20.1	151.9	145.8	6.2	2 898 520	2 729 815	168 705	185 274
R. 예술, 스포츠 및 여가관련 서비스업 Arts, sports and recreation related services		21.6	170.9	161.8	9.2	3 295 679	2 984 967	310 711	0
S. 협회 및 단체, 수리 및 기타 개인 서비스업 Membership organizations, repair and other personal services		20.5	168.8	162.2	6.6	3 059 947	2 947 198	112 749	3 529

주 : 한국표준산업분류 제10차 개정(2017) 기준
    월급여액 = 정액급여 + 초과급여
자료 : 고용노동부 노동시장조사과, 「시도별 임금 및 근로시간 조사(사업체노동력조사 부가조사)」

16. Average monthly days worked, hours worked and wages by industry(sections) and region(city, province)(9-4) (April, 2023)

⟨ Permanent employees ⟩ In day, hour, won

근로일수 Days worked	근로시간 Hours worked	소정실근로시간 Regular	초과근로시간 Overtime	월급여액 Regular & overtime wages	정액급여 Regular wages	초과급여 Overtime wages	특별급여 Special wages	Industry
19.5	165.6	151.0	14.6	3 423 078	3 096 090	326 989	332 791	2020.4 세 종 Sejong
21.1	179.1	165.9	13.1	3 530 820	3 211 675	319 145	315 145	2021.4
20.2	170.8	156.8	14.0	3 685 371	3 346 826	338 545	298 585	2022.4
19.8	166.4	154.2	12.2	3 647 865	3 337 418	310 447	448 741	2023.4
21.0	179.5	173.4	6.1	4 619 042	4 469 223	149 819	79 594	2023.4 B. 광 업 Mining and quarrying
20.3	179.8	154.1	25.7	3 999 752	3 333 925	665 827	685 175	C. 제 조 업 Manufacturing
19.4	156.0	154.2	1.9	5 597 062	5 361 812	235 251	1 674 710	D. 전기, 가스, 증기 및 공기조절 공급업 Electricity, gas, steam and air conditioning supply
20.3	170.3	164.7	5.6	3 890 564	3 744 541	146 023	8 580	E. 수도, 하수 및 폐기물 처리, 원료 재생업 Water supply; sewage, waste management, materials recovery
19.9	159.1	158.8	0.3	3 204 007	3 197 602	6 405	0	F. 건 설 업 Construction
20.1	165.3	155.1	10.1	3 821 302	3 532 546	288 756	791 741	G. 도 매 및 소 매 업 Wholesale and retail trade
21.4	180.8	157.4	23.4	3 677 652	3 178 191	499 461	128 020	H. 운 수 및 창 고 업 Transportation and storage
22.0	195.3	187.6	7.7	3 133 573	2 955 340	178 233	0	I. 숙 박 및 음 식 점 업 Accommodation and food service activities
19.5	155.5	153.0	2.6	4 102 268	4 032 301	69 967	42 244	J. 정 보 통 신 업 Information and communication
19.3	157.8	154.4	3.4	4 615 931	4 494 166	121 765	1 336 740	K. 금 융 및 보 험 업 Financial and insurance activities
18.7	175.9	174.8	1.0	3 263 158	3 192 443	70 715	0	L. 부 동 산 업 Real estate activities
18.8	151.8	150.1	1.6	4 540 562	4 500 904	39 658	896 407	M. 전문, 과학 및 기술 서비스업 Professional, scientific and technical activities
20.0	170.7	156.1	14.6	2 636 352	2 314 231	322 122	160 385	N. 사업시설관리 및 사업지원 및 임대 서비스업 Business facilities management and business support services; rental and leasing activities
17.2	132.0	130.6	1.4	3 780 560	3 749 203	31 357	517 740	P. 교 육 서 비 스 업 Education
20.0	158.1	150.9	7.2	2 750 506	2 567 876	182 630	35 897	Q. 보건업 및 사회복지 서비스업 Human health and social work activities
21.0	170.0	165.4	4.6	3 137 884	3 041 009	96 876	120 416	R. 예술, 스포츠 및 여가관련 서비스업 Arts, sports and recreation related services
20.7	168.4	161.6	6.8	3 445 253	3 294 746	150 507	104 953	S. 협회 및 단체, 수리 및 기타 개인 서비스업 Membership organizations, repair and other personal services

Note : Based upon 10th revision(2017) of Korean Standard Industrial Classification
Total wages = Regular wages + Overtime wages
Sejong was announced for the first time in April of 2020 as it was separated from Chungnam (세종은 '20.4월 처음으로 충남에서 분리·공표됨)
Source : Labor Market Statistics Division, Ministry of Employment and Labor,
「Wages and Working Hours Survey at Establishments by Region (Supplementary Survey of the Labor Force Survey at Establishments)」

16. 산업(대분류)·지역별 월평균 근로일수, 근로시간 및 임금(9-5)
(2023. 4월)

단위 : 일, 시간, 원 〈상용근로자〉

산 업		경 기 Gyeonggi							
		근로일수 Days worked	근로시간 Hours worked	소 정 실근로시간 Regular	초 과 근로시간 Overtime	월급여액 Regular & overtime wages	정액급여 Regular wages	초과급여 Overtime wages	특별급여 Special wages
경 기 Gyeonggi	2017.4	20.6	175.1	162.4	12.7	3 102 230	2 869 392	232 838	330 840
	2018.4	21.1	178.2	166.8	11.4	3 236 256	3 005 107	231 149	314 456
	2019.4	21.9	184.2	173.1	11.2	3 384 598	3 147 200	237 398	313 931
	2020.4	19.8	166.4	156.7	9.7	3 467 004	3 235 868	231 136	324 515
	2021.4	21.5	179.3	169.9	9.4	3 611 344	3 369 741	241 603	326 786
	2022.4	20.6	171.4	162.3	9.2	3 751 651	3 500 180	251 471	276 333
	2023.4	19.7	163.6	155.3	8.3	3 880 952	3 644 062	236 890	277 600
B. 광 업 Mining and quarrying	2023.4	20.5	176.2	161.5	14.7	4 831 946	4 325 934	506 012	163 166
C. 제 조 업 Manufacturing		19.9	169.1	156.2	12.9	4 119 403	3 783 923	335 480	276 653
D. 전기, 가스, 증기 및 공기조절 공급업 Electricity, gas, steam and air conditioning supply		19.8	165.5	157.4	8.1	5 594 797	5 282 335	312 461	1 280 855
E. 수도, 하수 및 폐기물 처리, 원료 재생업 Water supply; sewage, waste management, materials recovery		20.0	166.2	156.2	10.0	4 200 462	3 916 407	284 056	137 001
F. 건 설 업 Construction		20.2	163.6	160.2	3.4	4 252 920	4 163 934	88 985	37 816
G. 도 매 및 소 매 업 Wholesale and retail trade		20.1	160.8	156.7	4.1	3 750 743	3 636 532	114 211	176 117
H. 운 수 및 창 고 업 Transportation and storage		19.4	170.6	155.7	14.9	3 347 805	2 864 059	483 745	126 674
I. 숙박 및 음식점업 Accommodation and food service activities		21.0	175.5	166.6	8.9	2 810 052	2 623 344	186 708	119 865
J. 정 보 통 신 업 Information and communication		19.2	159.3	151.9	7.4	5 388 403	5 115 607	272 796	461 730
K. 금 융 및 보 험 업 Financial and insurance activities		18.8	153.2	149.7	3.5	5 181 163	5 072 050	109 113	1 724 626
L. 부 동 산 업 Real estate activities		18.6	187.4	186.5	0.9	3 002 868	2 909 091	93 778	235 864
M. 전문, 과학 및 기술 서비스업 Professional, scientific and technical activities		19.4	160.1	154.1	6.0	5 131 047	4 932 409	198 638	528 447
N. 사업시설관리 및 사업지원 및 임대 서비스업 Business facilities management and business support services; rental and leasing activities		19.6	168.9	161.9	7.0	2 644 471	2 462 567	181 903	131 929
P. 교 육 서 비 스 업 Education		18.2	139.8	136.4	3.4	3 311 310	3 238 261	73 049	207 580
Q. 보건업 및 사회복지 서비스업 Human health and social work activities		19.7	152.6	148.4	4.3	3 061 357	2 894 429	166 929	170 895
R. 예술, 스포츠 및 여가관련 서비스업 Arts, sports and recreation related services		19.3	157.8	150.9	6.9	3 420 226	3 263 546	156 681	249 310
S. 협회 및 단체, 수리 및 기타 개인 서비스업 Membership organizations, repair and other personal services		20.1	163.6	157.6	6.0	3 159 709	2 999 605	160 104	91 150

주 : 한국표준산업분류 제10차 개정(2017) 기준
    월급여액 = 정액급여 + 초과급여
자료 : 고용노동부 노동시장조사과, 「시도별 임금 및 근로시간 조사(사업체노동력조사 부가조사)」

16. Average monthly days worked, hours worked and wages by industry(sections) and region(city, province)(9-5)
(April, 2023)

⟨ Permanent employees ⟩　　　　　　　　　　　　　　　　　　　　　　　　　　　　　　　　In day, hour, won

		강　원 Gangwon						Industry
근로일수	근로시간	소　정 실근로시간	초　과 근로시간	월급여액 Regular & overtime wages	정액급여 Regular wages	초과급여 Overtime wages	특별급여 Special wages	
Days worked	Hours worked	Regular	Overtime					
20.8	172.2	159.9	12.3	2 804 556	2 600 579	203 978	301 860	2017.4 강　　　　　　　　　원 Gangwon
21.3	176.1	164.6	11.5	2 931 838	2 710 643	221 195	275 211	2018.4
22.1	180.0	169.1	10.9	3 049 958	2 829 582	220 376	242 878	2019.4
19.7	160.1	151.8	8.3	3 053 154	2 867 460	185 694	184 471	2020.4
21.4	173.6	164.9	8.7	3 166 772	2 968 551	198 221	186 777	2021.4
20.6	166.9	158.0	8.8	3 285 138	3 070 433	214 705	182 580	2022.4
19.7	160.9	152.1	8.9	3 373 947	3 145 826	228 122	181 133	2023.4
20.0	157.0	144.7	12.3	4 473 679	4 108 534	365 145	52 085	2023.4 B. 광　　　　　　　　　업 Mining and quarrying
20.1	169.3	155.1	14.2	3 658 067	3 319 366	338 701	219 628	C. 제　　　　　　　　조　　　　　　　　　업 Manufacturing
19.3	159.1	153.1	6.0	5 084 717	4 773 518	311 199	93 345	D. 전기, 가스, 증기 및 공기조절 공급업 Electricity, gas, steam and air conditioning supply
20.4	165.4	155.0	10.4	3 990 891	3 684 372	306 519	103 939	E. 수도, 하수 및 폐기물 처리, 원료 재생업 Water supply; sewage, waste management, materials recovery
19.9	158.6	156.1	2.6	3 269 796	3 217 577	52 219	23 426	F. 건　　　　　　　　설　　　　　　　　　업 Construction
20.5	168.2	155.5	12.7	3 176 638	2 951 136	225 502	396 520	G. 도　매　및　소　매　업 Wholesale and retail trade
19.0	166.8	144.6	22.2	3 452 247	2 868 801	583 446	104 475	H. 운　수　및　창　고　업 Transportation and storage
19.9	163.8	155.4	8.4	2 761 711	2 563 724	197 987	67 378	I. 숙　박　및　음　식　점　업 Accommodation and food service activities
19.1	158.8	149.9	8.9	4 269 810	4 015 984	253 826	501 587	J. 정　　보　　통　　신　　업 Information and communication
18.6	155.6	147.9	7.6	4 679 730	4 452 352	227 379	649 603	K. 금　융　및　보　험　업 Financial and insurance activities
19.7	179.6	178.8	0.8	3 152 713	3 058 180	94 534	0	L. 부　　동　　산　　업 Real estate activities
19.2	153.0	149.8	3.2	3 376 162	3 309 184	66 979	38 033	M. 전문, 과학 및 기술 서비스업 Professional, scientific and technical activities
20.0	161.5	154.1	7.3	2 820 956	2 665 682	155 274	50 366	N. 사업시설관리 및 사업지원 및 임대 서비스업 Business facilities management and business support services; rental and leasing activities
18.5	144.8	142.7	2.1	3 738 745	3 705 976	32 770	133 611	P. 교　　육　　서　　비　　스　　업 Education
19.6	153.3	147.8	5.6	2 875 433	2 652 569	222 864	158 051	Q. 보건업 및 사회복지 서비스업 Human health and social work activities
19.2	168.4	148.3	20.1	3 824 394	3 518 800	305 594	175 615	R. 예술, 스포츠 및 여가관련 서비스업 Arts, sports and recreation related services
21.4	165.5	160.4	5.1	2 824 457	2 703 202	121 254	115 648	S. 협회 및 단체, 수리 및 기타 개인 서비스업 Membership organizations, repair and other personal services

Note : Based upon 10th revision(2017) of Korean Standard Industrial Classification
　　　Total wages = Regular wages + Overtime wages
Source : Labor Market Statistics Division, Ministry of Employment and Labor,
　　　「Wages and Working Hours Survey at Establishments by Region(Supplementary Survey of the Labor Force Survey at Establishments)」

16. 산업(대분류)·지역별 월평균 근로일수, 근로시간 및 임금(9-6)
(2023. 4월)

단위 : 일, 시간, 원 〈상용근로자〉

산업		충북 Chungbuk							
		근로일수 Days worked	근로시간 Hours worked	소정실근로시간 Regular	초과근로시간 Overtime	월급여액 Regular & overtime wages	정액급여 regular wages	초과급여 Overtime wages	특별급여 Special wages
충북 Chungbuk	2017.4	20.9	181.1	159.9	21.2	2 888 651	2 499 423	389 228	415 656
	2018.4	21.5	183.2	165.2	18.0	3 035 381	2 656 732	378 649	391 499
	2019.4	22.1	184.8	169.1	15.7	3 142 720	2 791 914	350 806	339 559
	2020.4	20.2	168.7	155.0	13.7	3 203 545	2 891 741	311 805	308 569
	2021.4	21.5	179.4	166.3	13.1	3 313 149	2 999 919	313 230	252 739
	2022.4	20.6	172.4	158.7	13.7	3 439 403	3 101 977	337 427	297 616
	2023.4	19.9	166.3	153.5	12.9	3 561 921	3 221 767	340 154	274 124
B. 광업 Mining and quarrying	2023.4	21.6	183.1	167.8	15.3	3 843 636	3 434 527	409 109	90 134
C. 제조업 Manufacturing		19.8	173.0	153.6	19.4	3 953 914	3 434 584	519 330	399 883
D. 전기, 가스, 증기 및 공기조절 공급업 Electricity, gas, steam and air conditioning supply		20.1	165.6	159.8	5.8	4 976 626	4 755 987	220 639	684 481
E. 수도, 하수 및 폐기물 처리, 원료 재생업 Water supply; sewage, waste management, materials recovery		20.3	162.0	159.1	2.9	4 035 375	3 890 348	145 028	62 961
F. 건설업 Construction		19.9	159.2	157.6	1.6	3 165 127	3 129 539	35 588	12 934
G. 도매 및 소매업 Wholesale and retail trade		20.4	160.2	155.8	4.4	3 322 233	3 245 415	76 818	445 757
H. 운수 및 창고업 Transportation and storage		20.8	158.2	146.5	11.6	3 265 271	2 956 229	309 042	178 252
I. 숙박 및 음식점업 Accommodation and food service activities		20.3	167.8	157.3	10.5	2 792 960	2 597 746	195 214	0
J. 정보통신업 Information and communication		19.0	159.0	150.1	8.9	3 979 014	3 668 055	310 959	326 852
K. 금융 및 보험업 Financial and insurance activities		19.2	157.6	153.8	3.8	4 459 020	4 354 288	104 732	769 820
L. 부동산업 Real estate activities		19.1	182.9	181.9	1.0	2 626 011	2 502 487	123 524	818
M. 전문, 과학 및 기술 서비스업 Professional, scientific and technical activities		19.5	159.3	155.0	4.3	3 751 494	3 620 186	131 308	82 037
N. 사업시설관리 및 사업지원 및 임대 서비스업 Business facilities management and business support services; rental and leasing activities		19.5	165.3	150.0	15.2	2 525 813	2 223 962	301 852	59 934
P. 교육 서비스업 Education		18.6	150.8	146.0	4.8	3 406 675	3 322 005	84 669	228 133
Q. 보건업 및 사회복지 서비스업 Human health and social work activities		20.2	156.5	149.5	7.0	2 954 534	2 749 683	204 852	80 406
R. 예술, 스포츠 및 여가관련 서비스업 Arts, sports and recreation related services		20.1	169.9	160.7	9.2	3 224 252	3 009 602	214 649	128 900
S. 협회 및 단체, 수리 및 기타 개인 서비스업 Membership organizations, repair and other personal services		20.0	160.7	156.9	3.8	3 159 597	3 066 210	93 387	172 905

주 : 한국표준산업분류 제10차 개정(2017) 기준
    월급여액 = 정액급여 + 초과급여
자료 : 고용노동부 노동시장조사과, 「시도별 임금 및 근로시간 조사(사업체노동력조사 부가조사)」

16. Average monthly days worked, hours worked and wages by industry(sections) and region(city, province)(9-6) (April, 2023)

⟨ Permanent employees ⟩

In day, hour, won

충 남 Chungnam								Industry
근로일수	근로시간	소 정 실근로시간	초 과 근로시간	월급여액	정액급여	초과급여	특별급여	
Days worked	Hours worked	Regular	Overtime	Regular & overtime wages	Regular wages	Overtime wages	Special wages	
20.7	179.7	157.6	22.1	3 139 647	2 733 986	405 661	455 341	2017.4 충 남 Chungnam
21.3	182.6	163.0	19.6	3 246 198	2 843 373	402 826	433 359	2018.4
22.0	187.3	169.6	17.7	3 372 295	2 970 746	401 549	406 035	2019.4
19.9	168.1	153.7	14.4	3 397 234	3 063 857	333 377	350 568	2020.4
21.5	181.2	166.8	14.4	3 564 920	3 216 396	348 524	486 891	2021.4
20.6	173.0	158.6	14.5	3 669 868	3 300 635	369 233	339 980	2022.4
19.8	167.4	154.0	13.4	3 812 337	3 432 243	380 095	216 004	2023.4
20.7	175.1	158.9	16.2	4 304 904	3 958 746	346 158	44 120	2023.4 B. 광 업 Mining and quarrying
20.0	173.0	154.1	18.9	4 273 759	3 722 827	550 932	263 846	C. 제 조 업 Manufacturing
18.9	154.8	150.4	4.4	5 205 702	4 952 528	253 174	47 450	D. 전기, 가스, 증기 및 공기조절 공급업 Electricity, gas, steam and air conditioning supply
19.6	160.4	151.6	8.9	4 247 453	3 959 407	288 046	220 116	E. 수도, 하수 및 폐기물 처리, 원료 재생업 Water supply; sewage, waste management, materials recovery
20.0	162.3	157.7	4.6	3 378 692	3 274 346	104 346	22 032	F. 건 설 업 Construction
21.3	165.2	158.9	6.3	3 295 255	3 145 721	149 534	291 098	G. 도 매 및 소 매 업 Wholesale and retail trade
19.0	166.5	150.7	15.8	3 652 266	3 241 086	411 180	173 547	H. 운 수 및 창 고 업 Transportation and storage
21.6	180.0	176.9	3.2	2 659 806	2 597 443	62 363	68 106	I. 숙 박 및 음 식 점 업 Accommodation and food service activities
19.4	168.5	153.8	14.7	4 290 814	3 842 814	448 000	24 235	J. 정 보 통 신 업 Information and communication
19.6	158.4	155.2	3.2	4 164 420	4 091 203	73 217	1 155 153	K. 금 융 및 보 험 업 Financial and insurance activities
18.7	181.3	180.0	1.3	2 958 065	2 870 069	87 995	113 504	L. 부 동 산 업 Real estate activities
19.6	164.0	157.4	6.5	3 923 689	3 701 651	222 037	237 116	M. 전문, 과학 및 기술 서비스업 Professional, scientific and technical activities
19.8	170.0	155.2	14.9	2 830 510	2 508 991	321 519	141 815	N. 사업시설관리 및 사업지원 및 임대 서비스업 Business facilities management and business support services; rental and leasing activities
18.1	143.4	138.1	5.4	3 626 855	3 533 239	93 616	248 768	P. 교 육 서 비 스 업 Education
19.2	157.9	150.6	7.4	2 950 609	2 741 428	209 181	42 464	Q. 보건업 및 사회복지 서비스업 Human health and social work activities
20.1	155.6	153.1	2.5	3 068 233	3 012 402	55 831	69 988	R. 예술, 스포츠 및 여가관련 서비스업 Arts, sports and recreation related services
19.6	161.0	154.5	6.5	2 867 452	2 680 050	187 401	1 736	S. 협회 및 단체, 수리 및 기타 개인 서비스업 Membership organizations, repair and other personal services

Note : Based upon 10th revision(2017) of Korean Standard Industrial Classification
Total wages = Regular wages + Overtime wages
Chungnam was announced the separation of Sejong for the first time in April 2020(충남은 '20.4월 처음으로 세종을 분리하여 공표함)
Source : Labor Market Statistics Division, Ministry of Employment and Labor,
「Wages and Working Hours Survey at Establishments by Region (Supplementary Survey of the Labor Force Survey at Establishments)」

16. 산업(대분류)·지역별 월평균 근로일수, 근로시간 및 임금(9-7)
(2023. 4월)

단위 : 일, 시간, 원 〈상용근로자〉

산 업		전 북 Jeonbuk							
		근로일수 Days worked	근로시간 Hours worked	소 정 실근로시간 Regular	초 과 근로시간 Overtime	월급여액 Regular & overtime wages	정액급여 Regular wages	초과급여 Overtime wages	특별급여 Special wages
전　　　　　　북 Jeonbuk	2017.4	20.6	178.0	160.9	17.1	2 750 571	2 442 906	307 665	444 668
	2018.4	21.1	180.2	164.5	15.7	2 901 251	2 586 429	314 821	392 183
	2019.4	21.8	184.9	170.6	14.4	2 992 628	2 683 884	308 744	388 463
	2020.4	20.3	167.2	155.5	11.7	3 028 036	2 764 224	263 812	298 831
	2021.4	21.7	178.1	166.4	11.7	3 082 279	2 810 742	271 537	290 219
	2022.4	20.7	169.0	157.8	11.1	3 192 759	2 912 969	279 791	333 286
	2023.4	20.0	162.2	151.8	10.5	3 271 052	3 004 846	266 205	324 611
B. 광　　　　　업 Mining and quarrying	2023.4	22.9	207.7	188.1	19.6	4 015 941	3 591 668	424 272	28 929
C. 제　　조　　업 Manufacturing		20.3	177.7	154.7	23.1	3 655 221	3 049 634	605 587	538 180
D. 전기 가스 증기 및 공기조절 공급업 Electricity, gas, steam and air conditioning supply		20.9	172.1	165.3	6.8	4 857 999	4 582 907	275 092	47 185
E. 수도, 하수 및 폐기물 처리, 원료 재생업 Water supply; sewage, waste management, materials recovery		19.2	156.3	149.7	6.6	4 270 967	4 074 938	196 029	2 320
F. 건　　설　　업 Construction		19.7	157.9	156.8	1.1	3 360 553	3 329 976	30 577	0
G. 도 매 및 소 매 업 Wholesale and retail trade		20.4	165.5	158.3	7.2	3 168 296	2 998 058	170 239	295 048
H. 운 수 및 창 고 업 Transportation and storage		19.5	179.9	158.3	21.6	3 275 244	2 815 622	459 622	498 236
I. 숙 박 및 음 식 점 업 Accommodation and food service activities		20.8	168.1	164.5	3.6	2 514 448	2 438 692	75 755	71 119
J. 정 보 통 신 업 Information and communication		18.8	154.0	148.2	5.8	3 852 462	3 696 484	155 978	511 344
K. 금 융 및 보 험 업 Financial and insurance activities		19.0	154.3	151.3	3.0	4 173 173	4 083 648	89 525	1 757 248
L. 부　　동　　산　　업 Real estate activities		18.0	180.2	179.3	1.0	2 651 758	2 601 346	50 412	1 064
M. 전문, 과학 및 기술 서비스업 Professional, scientific and technical activities		19.2	154.4	152.3	2.1	3 529 533	3 463 333	66 200	172 678
N. 사업시설관리 및 사업지원 및 임대 서비스업 Business facilities management and business support services; rental and leasing activities		19.9	165.3	153.8	11.4	2 507 164	2 314 095	193 069	109 845
P. 교 육 서 비 스 업 Education		18.7	149.4	142.6	6.8	3 509 558	3 410 483	99 075	147 890
Q. 보건업 및 사회복지 서비스업 Human health and social work activities		20.2	142.3	139.7	2.6	2 740 310	2 652 254	88 056	99 210
R. 예술, 스포츠 및 여가관련 서비스업 Arts, sports and recreation related services		21.4	168.0	163.3	4.7	3 228 494	3 116 191	112 303	5 729
S. 협회 및 단체, 수리 및 기타 개인 서비스업 Membership organizations, repair and other personal services		20.6	166.4	163.8	2.7	2 503 490	2 446 019	57 471	5 016

주 : 한국표준산업분류 제10차 개정(2017) 기준
　　월급여액 = 정액급여 + 초과급여
자료 : 고용노동부 노동시장조사과, 「시도별 임금 및 근로시간 조사(사업체노동력조사 부가조사)」

16. Average monthly days worked, hours worked and wages by industry(sections) and region(city, province)(9-7) (April, 2023)

⟨ Permanent employees ⟩ In day, hour, won

근로일수	근로시간	소정실근로시간	초과근로시간	월급여액	정액급여	초과급여	특별급여	
				전 남 / Jeonnam				
Days worked	Hours worked	Regular	Overtime	Regular & overtime wages	Regular wages	Overtime wages	Special wages	Industry
21.3	177.9	164.6	13.3	2 996 396	2 690 185	306 212	553 458	2017.4 전 남 / Jeonnam
21.5	179.8	166.9	12.8	3 145 992	2 809 543	336 449	550 082	2018.4
22.2	183.2	171.8	11.4	3 235 215	2 927 554	307 661	496 073	2019.4
20.3	165.7	157.5	8.2	3 252 923	2 989 038	263 885	407 820	2020.4
21.8	176.5	168.2	8.3	3 352 080	3 069 611	282 469	451 876	2021.4
21.0	169.4	160.6	8.8	3 445 263	3 141 087	304 175	420 767	2022.4
20.2	163.4	155.5	7.9	3 566 647	3 269 052	297 595	390 265	2023.4
21.1	170.2	162.0	8.1	3 868 513	3 682 539	185 974	89 528	2023.4 B. 광 업 Mining and quarrying
20.2	170.2	155.2	15.0	4 025 600	3 445 175	580 425	846 194	C. 제 조 업 Manufacturing
20.2	166.2	161.2	5.0	5 601 619	5 317 773	283 846	403 929	D. 전기, 가스, 증기 및 공기조절 공급업 Electricity, gas, steam and air conditioning supply
20.1	163.2	150.8	12.4	3 856 172	3 470 337	385 836	339 452	E. 수도, 하수 및 폐기물 처리, 원료 재생업 Water supply; sewage, waste management, materials recovery
20.6	163.3	160.4	2.9	3 724 508	3 588 607	135 901	19 179	F. 건 설 업 Construction
20.6	164.0	162.6	1.4	3 073 058	3 023 654	49 405	311 529	G. 도 매 및 소 매 업 Wholesale and retail trade
19.8	161.7	154.7	7.0	3 893 846	3 546 993	346 854	417 137	H. 운 수 및 창 고 업 Transportation and storage
22.5	182.3	166.8	15.5	2 782 431	2 499 285	283 146	73 877	I. 숙 박 및 음 식 점 업 Accommodation and food service activities
19.0	163.0	151.9	11.0	4 391 251	4 044 003	347 249	220 815	J. 정 보 통 신 업 Information and communication
19.3	158.2	154.0	4.2	4 336 614	4 164 449	172 164	988 188	K. 금 융 및 보 험 업 Financial and insurance activities
19.7	166.2	165.1	1.1	2 485 089	2 421 685	63 404	8 596	L. 부 동 산 업 Real estate activities
19.5	156.4	151.4	4.9	3 659 348	3 543 265	116 083	98 539	M. 전문, 과학 및 기술 서비스업 Professional, scientific and technical activities
19.9	161.5	155.4	6.1	2 902 542	2 697 799	204 743	114 753	N. 사업시설관리 및 사업지원 및 임대 서비스업 Business facilities management and business support services; rental and leasing activities
19.1	155.5	148.6	6.9	3 825 224	3 657 765	167 459	779 384	P. 교 육 서 비 스 업 Education
20.2	156.0	150.8	5.2	2 927 872	2 719 058	208 814	99 804	Q. 보건업 및 사회복지 서비스업 Human health and social work activities
21.2	166.4	161.5	5.0	2 940 672	2 828 947	111 725	4 205	R. 예술, 스포츠 및 여가관련 서비스업 Arts, sports and recreation related services
21.3	166.4	164.6	1.8	3 178 034	3 096 447	81 587	24 909	S. 협회 및 단체, 수리 및 기타 개인 서비스업 Membership organizations, repair and other personal services

Note : Based upon 10th revision(2017) of Korean Standard Industrial Classification
Total wages = Regular wages + Overtime wages
Source : Labor Market Statistics Division, Ministry of Employment and Labor,
「Wages and Working Hours Survey at Establishments by Region (Supplementary Survey of the Labor Force Survey at Establishments)」

16. 산업(대분류)·지역별 월평균 근로일수, 근로시간 및 임금(9-8)
(2023. 4월)

단위 : 일, 시간, 원 〈상용근로자〉

산업		경북 Gyeongbuk							
		근로일수 Days worked	근로시간 Hours worked	소정실근로시간 Regular	초과근로시간 Overtime	월급여액 Regular & overtime wages	정액급여 Regular wages	초과급여 Overtime wages	특별급여 Special wages
경 북 Gyeongbuk	2017.4	21.1	182.1	161.3	20.7	2 986 091	2 624 005	362 086	420 622
	2018.4	21.3	182.6	163.7	19.0	3 151 486	2 778 589	372 897	369 412
	2019.4	21.8	184.9	168.6	16.3	3 262 945	2 919 379	343 566	436 804
	2020.4	19.8	165.5	151.4	14.1	3 318 498	2 983 493	335 005	385 369
	2021.4	21.3	178.9	164.5	14.5	3 452 111	3 103 287	348 823	430 690
	2022.4	20.5	172.1	157.1	14.9	3 563 537	3 189 848	373 690	390 691
	2023.4	19.9	166.0	153.4	12.6	3 651 423	3 303 136	348 288	308 106
B. 광 업 Mining and quarrying	2023.4	21.9	184.7	172.5	12.1	3 569 229	3 334 234	234 995	25 419
C. 제조업 Manufacturing		20.0	175.6	155.0	20.6	4 001 475	3 452 544	548 931	417 515
D. 전기, 가스, 증기 및 공기조절 공급업 Electricity, gas, steam and air conditioning supply		18.8	159.1	151.9	7.2	5 482 321	5 107 210	375 112	110 964
E. 수도, 하수 및 폐기물 처리, 원료 재생업 Water supply; sewage, waste management, materials recovery		19.2	165.0	153.6	11.4	4 121 015	3 701 267	419 748	406 454
F. 건설업 Construction		19.7	160.2	155.7	4.5	3 151 844	3 047 258	104 585	58 792
G. 도매 및 소매업 Wholesale and retail trade		20.1	162.6	155.3	7.3	3 402 518	3 211 047	191 471	265 453
H. 운수 및 창고업 Transportation and storage		19.3	158.6	148.3	10.3	3 672 816	3 325 264	347 552	681 957
I. 숙박 및 음식점업 Accommodation and food service activities		20.7	177.1	165.6	11.5	2 667 188	2 420 348	246 840	36 645
J. 정보통신업 Information and communication		18.7	153.3	147.6	5.7	3 985 863	3 801 980	183 883	214 909
K. 금융 및 보험업 Financial and insurance activities		19.4	157.8	153.6	4.1	4 312 235	4 203 181	109 055	1 034 409
L. 부동산업 Real estate activities		18.7	172.8	172.8	0.0	2 386 889	2 294 784	92 104	3 961
M. 전문, 과학 및 기술 서비스업 Professional, scientific and technical activities		19.4	155.3	154.2	1.1	4 403 175	4 379 088	24 087	414 777
N. 사업시설관리 및 사업지원 및 임대 서비스업 Business facilities management and business support services; rental and leasing activities		19.8	160.6	152.5	8.2	2 632 879	2 441 246	191 634	103 914
P. 교육 서비스업 Education		18.6	141.4	135.6	5.7	3 493 987	3 384 423	109 564	157 399
Q. 보건업 및 사회복지 서비스업 Human health and social work activities		20.5	157.1	151.6	5.5	2 984 387	2 773 753	210 635	49 351
R. 예술, 스포츠 및 여가관련 서비스업 Arts, sports and recreation related services		20.8	170.4	160.7	9.7	3 175 207	2 991 430	183 777	246 640
S. 협회 및 단체, 수리 및 기타 개인 서비스업 Membership organizations, repair and other personal services		21.4	158.4	153.1	5.2	2 631 393	2 515 358	116 035	70 062

주 : 한국표준산업분류 제10차 개정(2017) 기준
    월급여액 = 정액급여 + 초과급여
자료 : 고용노동부 노동시장조사과, 「시도별 임금 및 근로시간 조사(사업체노동력조사 부가조사)」
* '23.7월 경북에서 대구로 편입된 군위군은 경북으로 집계('23.4월 급여계산기간 기준)

16. Average monthly days worked, hours worked and wages by industry(sections) and region(city, province)(9-8) (April, 2023)

⟨ Permanent employees ⟩ In day, hour, won

근로일수	근로시간	소정실근로시간	초과근로시간	월급여액	정액급여	초과급여	특별급여	Industry
Days worked	Hours worked	Regular	Overtime	Regular & overtime wages	Regular wages	Overtime wages	Special wages	
				경남 Gyeongnam				
20.8	180.8	159.8	21.0	2 943 459	2 610 037	333 422	377 382	2017.4 경남 Gyeongnam
21.1	181.6	163.4	18.2	3 054 555	2 737 276	317 279	342 182	2018.4
21.8	187.9	169.5	18.4	3 190 336	2 864 073	326 263	390 246	2019.4
20.0	168.4	154.2	14.2	3 260 329	2 961 696	298 633	277 271	2020.4
21.5	180.4	166.6	13.8	3 399 502	3 094 755	304 748	344 865	2021.4
20.9	174.6	159.8	14.8	3 560 180	3 215 398	344 781	334 082	2022.4
20.1	169.3	155.0	14.3	3 642 165	3 279 798	362 367	298 448	2023.4
21.4	167.6	162.4	5.2	4 042 709	3 910 752	131 957	0	2023.4 B. 광업 Mining and quarrying
20.3	176.9	155.1	21.8	3 956 164	3 419 951	536 213	416 149	C. 제조업 Manufacturing
20.1	167.1	161.4	5.8	5 306 496	4 973 399	333 097	106 800	D. 전기, 가스, 증기 및 공기조절 공급업 Electricity, gas, steam and air conditioning supply
20.3	163.8	159.8	4.0	3 869 207	3 735 512	133 695	77 524	E. 수도, 하수 및 폐기물 처리, 원료 재생업 Water supply; sewage, waste management, materials recovery
20.1	162.1	158.2	3.9	3 520 240	3 414 952	105 287	61 946	F. 건설업 Construction
20.0	163.2	153.5	9.7	3 565 121	3 364 571	200 550	416 636	G. 도매 및 소매업 Wholesale and retail trade
20.6	175.9	161.7	14.2	3 549 786	3 167 422	382 364	233 457	H. 운수 및 창고업 Transportation and storage
20.9	168.9	164.3	4.6	2 828 158	2 751 622	76 536	3 343	I. 숙박 및 음식점업 Accommodation and food service activities
19.8	166.8	156.2	10.6	3 946 428	3 593 592	352 836	380 300	J. 정보통신업 Information and communication
18.9	158.0	150.6	7.4	4 684 684	4 449 208	235 477	1 478 628	K. 금융 및 보험업 Financial and insurance activities
19.0	169.2	165.8	3.4	3 145 566	3 041 010	104 555	46 173	L. 부동산업 Real estate activities
19.7	159.5	155.0	4.5	3 574 969	3 502 323	72 646	197 041	M. 전문, 과학 및 기술 서비스업 Professional, scientific and technical activities
20.2	169.4	161.1	8.3	2 593 587	2 358 549	235 039	97 580	N. 사업시설관리 및 사업지원 및 임대 서비스업 Business facilities management and business support services; rental and leasing activities
19.1	150.8	142.5	8.3	3 568 671	3 449 287	119 383	3 010	P. 교육 서비스업 Education
20.0	158.3	150.4	8.0	3 113 807	2 851 240	262 567	64 855	Q. 보건업 및 사회복지 서비스업 Human health and social work activities
20.5	164.3	152.1	12.2	3 280 901	3 019 280	261 621	226 609	R. 예술, 스포츠 및 여가관련 서비스업 Arts, sports and recreation related services
20.9	169.6	164.5	5.0	2 885 719	2 776 994	108 726	69 133	S. 협회 및 단체, 수리 및 기타 개인 서비스업 Membership organizations, repair and other personal services

Note : Based upon 10th revision(2017) of Korean Standard Industrial Classification
Total wages = Regular wages + Overtime wages
Source : Labor Market Statistics Division, Ministry of Employment and Labor,
「Wages and Working Hours Survey at Establishments by Region(Supplementary Survey of the Labor Force Survey at Establishments)」

16. 산업(대분류)·지역별 월평균 근로일수, 근로시간 및 임금(9-9) (2023. 4월)

단위 : 일, 시간, 원

〈상용근로자〉

산 업		제 주 Jeju						
		근로일수 Days worked	근로시간 Hours worked	소정 실근로시간 Regular	초과 근로시간 Overtime	월급여액 Regular & overtime wages	정액급여 Regular wages	초과급여 Overtime wages	특별급여 Special wages
제 주 Jeju	2017.4	21.4	177.3	169.4	7.9	2 456 978	2 329 278	127 700	192 386
	2018.4	21.6	178.1	171.4	6.6	2 584 690	2 460 850	123 840	182 807
	2019.4	22.0	177.5	171.6	5.9	2 710 704	2 590 625	120 079	178 399
	2020.4	19.0	153.5	149.0	4.5	2 726 806	2 623 615	103 191	163 430
	2021.4	21.6	172.8	167.4	5.4	2 906 566	2 790 086	116 480	166 497
	2022.4	20.7	168.0	162.4	5.6	3 036 703	2 904 723	131 980	179 622
	2023.4	19.9	160.3	154.9	5.3	3 153 209	3 013 388	139 821	208 895
B. 광 업 Mining and quarrying	2023.4	20.4	161.9	161.2	0.8	3 661 512	3 646 824	14 688	58 038
C. 제조업 Manufacturing		20.0	161.2	156.3	4.8	3 104 494	2 960 709	143 785	95 993
D. 전기, 가스, 증기 및 공기조절 공급업 Electricity, gas, steam and air conditioning supply		20.1	163.3	160.2	3.1	5 156 225	4 922 200	234 025	36 922
E. 수도, 하수 및 폐기물 처리, 원료 재생업 Water supply; sewage, waste management, materials recovery		20.7	164.5	160.2	4.2	3 574 295	3 479 930	94 365	330 763
F. 건설업 Construction		19.9	159.6	159.5	0.1	3 098 142	3 095 250	2 892	0
G. 도매 및 소매업 Wholesale and retail trade		19.7	158.7	155.6	3.1	3 079 794	2 986 926	92 868	120 990
H. 운수 및 창고업 Transportation and storage		19.4	153.1	147.8	5.2	3 239 574	3 123 523	116 051	1 491 672
I. 숙박 및 음식점업 Accommodation and food service activities		20.7	175.3	165.3	10.1	2 825 614	2 566 581	259 033	128 168
J. 정보통신업 Information and communication		19.1	156.0	149.8	6.1	4 015 329	3 818 096	197 234	483 807
K. 금융 및 보험업 Financial and insurance activities		19.5	156.2	152.6	3.6	4 645 694	4 538 321	107 374	708 089
L. 부동산업 Real estate activities		19.2	160.0	158.6	1.5	3 166 753	3 095 056	71 697	86 341
M. 전문, 과학 및 기술 서비스업 Professional, scientific and technical activities		19.5	159.0	152.0	7.0	3 434 251	3 264 229	170 022	29 732
N. 사업시설관리 및 사업지원 및 임대 서비스업 Business facilities management and business support services; rental and leasing activities		20.3	165.9	155.4	10.5	2 664 231	2 476 356	187 874	20 565
P. 교육 서비스업 Education		19.8	153.8	149.4	4.5	3 424 389	3 363 408	60 981	12 550
Q. 보건업 및 사회복지 서비스업 Human health and social work activities		19.9	155.5	149.5	6.0	2 951 187	2 759 146	192 041	38 451
R. 예술, 스포츠 및 여가관련 서비스업 Arts, sports and recreation related services		20.2	161.7	161.5	0.1	3 169 933	3 145 912	24 021	59 088
S. 협회 및 단체, 수리 및 기타 개인 서비스업 Membership organizations, repair and other personal services		20.8	165.0	160.9	4.1	2 503 872	2 455 935	47 937	140 045

주 : 한국표준산업분류 제10차 개정(2017) 기준
　　월급여액 = 정액급여 + 초과급여
자료 : 고용노동부 노동시장조사과, 「시도별 임금 및 근로시간 조사(사업체노동력조사 부가조사)」

B. 임금구조 및 근로시간
Wage structure and hours worked

〈상용근로자 5인 이상 사업체의 상용근로자 대상〉
For permanent employees in establishments employing 5 or more permanent employees

17. 성·임금계층·학력별 근로자수 및 근로시간(3-1)
(2023. 6월)

단위 : 명, 시간

성·임금계층 Gender·wage groups	전학력 Total		중학교졸업이하 Middle school graduate or lower	
	근로자수 Employees	근로시간 Hours worked	근로자수 Employees	근로시간 Hours worked
총 수 Total	11 864 192	170.6	233 423	158.8
(Thousand won)				
~ 800 천원 미만	242 942	45.4	18 188	49.5
800 ~ 900 천원 미만	60 408	63.2	4 442	64.4
900 ~ 1 000 천원 미만	50 086	71.5	2 880	78.8
1 000 ~ 1 100 천원 미만	103 709	83.1	4 626	87.6
1 100 ~ 1 200 천원 미만	51 238	90.0	3 239	109.7
1 200 ~ 1 300 천원 미만	67 273	101.4	4 878	121.6
1 300 ~ 1 400 천원 미만	62 712	109.0	6 370	119.1
1 400 ~ 1 500 천원 미만	57 183	116.0	4 706	122.3
1 500 ~ 1 600 천원 미만	80 811	127.9	6 533	130.1
1 600 ~ 1 700 천원 미만	77 064	137.2	7 901	139.5
1 700 ~ 1 800 천원 미만	83 801	145.4	6 745	143.8
1 800 ~ 1 900 천원 미만	124 249	154.2	5 489	150.0
1 900 ~ 2 000 천원 미만	160 983	162.5	7 106	160.1
2 000 ~ 2 200 천원 미만	852 888	167.6	24 113	171.3
2 200 ~ 2 400 천원 미만	741 158	171.9	22 492	177.2
2 400 ~ 2 600 천원 미만	732 663	174.8	17 974	184.2
2 600 ~ 2 800 천원 미만	642 111	178.5	14 219	192.4
2 800 ~ 3 000 천원 미만	579 222	180.9	12 708	190.0
3 000 ~ 3 500 천원 미만	1 353 608	182.3	20 116	197.3
3 500 ~ 4 000 천원 미만	1 058 766	183.2	10 772	200.9
4 000 ~ 4 500 천원 미만	873 554	182.6	8 542	194.2
4 500 ~ 5 000 천원 미만	661 857	181.7	5 911	194.1
5 000 ~ 6 000 천원 미만	965 881	178.8	6 357	191.4
6 000천원 이상 ~	2 180 024	175.4	7 117	190.7

주 : 임금총액 = 정액급여+초과급여+(전년도 연간 특별급여액 ÷ 12)
자료 : 고용노동부 노동시장조사과, 「고용형태별근로실태조사 보고서」

17. Employees and hours worked by gender, wage group and educational attainment(3-1)
(June, 2023)

In person, hour

고등학교졸업 High school graduate		전문대학졸업 Community college graduate		대학교졸업이상 University graduate or higher	
근로자수 Employees	근로시간 Hours worked	근로자수 Employees	근로시간 Hours worked	근로자수 Employees	근로시간 Hours worked
4 161 578	173.0	1 847 773	173.0	5 621 418	168.5
140 738	52.0	19 669	46.7	64 347	29.4
38 664	67.0	6 149	65.9	11 154	48.0
29 966	75.7	4 694	77.5	12 547	57.4
50 017	86.3	19 903	83.4	29 163	76.8
26 752	96.2	6 554	90.2	14 693	74.1
39 434	106.7	7 589	102.1	15 372	81.0
35 859	114.3	7 949	102.3	12 534	92.7
35 354	119.8	5 190	117.7	11 933	101.7
45 426	130.1	9 766	132.1	19 086	119.8
45 743	140.7	8 023	132.4	15 396	128.1
49 923	148.4	9 022	142.6	18 112	139.1
70 560	154.5	16 471	156.0	31 730	153.4
91 379	163.7	23 671	163.2	38 827	159.7
426 950	168.7	152 797	168.1	249 027	165.1
350 114	174.8	133 608	170.2	234 944	168.0
319 174	179.4	128 314	173.4	267 201	169.2
266 961	184.6	115 103	177.0	245 828	171.8
227 988	189.2	102 179	178.3	236 348	173.5
501 041	192.7	236 024	180.1	596 427	173.9
364 051	195.1	177 412	182.0	506 532	174.7
265 738	195.5	150 097	183.4	449 177	174.5
185 776	194.0	104 478	183.2	365 693	174.8
213 929	191.0	153 827	180.7	591 767	173.8
340 042	186.5	249 283	180.1	1 583 583	172.2

Note : Total wages = Regular wages + Overtime wages + (Annual special wages for the previous year ÷ 12)
Source : Labor Market Statistics Division, Ministry of Employment and Labor, 「Survey Report on Labor Conditions by Employment Type」

17. 성·임금계층·학력별 근로자수 및 근로시간(3-2)
(2023. 6월)

단위 : 명, 시간

성·임금계층 Gender·wage groups	전학력 Total		중학교졸업이하 Middle school graduate or lower	
	근로자수 Employees	근로시간 Hours worked	근로자수 Employees	근로시간 Hours worked
남 자 Men	7 109 162	176.6	117 159	176.0
(Thousand won)				
~ 800 천원 미만	75 191	48.0	5 138	54.3
800 ~ 900 천원 미만	15 289	62.7	772	71.2
900 ~ 1 000 천원 미만	14 442	72.9	677	96.7
1 000 ~ 1 100 천원 미만	25 050	85.3	1 669	93.0
1 100 ~ 1 200 천원 미만	17 932	93.8	967	109.3
1 200 ~ 1 300 천원 미만	19 449	101.6	1 442	139.1
1 300 ~ 1 400 천원 미만	18 398	112.7	1 482	128.6
1 400 ~ 1 500 천원 미만	17 705	114.1	639	136.8
1 500 ~ 1 600 천원 미만	25 074	124.6	1 743	129.8
1 600 ~ 1 700 천원 미만	25 886	136.6	1 926	137.1
1 700 ~ 1 800 천원 미만	27 302	145.3	2 157	149.2
1 800 ~ 1 900 천원 미만	45 120	155.9	2 238	153.6
1 900 ~ 2 000 천원 미만	61 133	163.7	2 427	163.7
2 000 ~ 2 200 천원 미만	305 579	168.5	8 970	174.1
2 200 ~ 2 400 천원 미만	282 057	174.0	9 017	185.1
2 400 ~ 2 600 천원 미만	332 870	176.6	10 104	188.3
2 600 ~ 2 800 천원 미만	309 503	180.5	9 346	194.6
2 800 ~ 3 000 천원 미만	314 032	182.5	8 024	189.6
3 000 ~ 3 500 천원 미만	831 852	184.8	14 788	196.4
3 500 ~ 4 000 천원 미만	725 700	185.6	8 624	200.0
4 000 ~ 4 500 천원 미만	635 949	185.1	7 250	194.3
4 500 ~ 5 000 천원 미만	491 047	184.1	5 443	193.3
5 000 ~ 6 000 천원 미만	737 225	181.0	5 713	192.9
6 000천원 이상 ~	1 755 377	176.6	6 602	191.8

주 : 임금총액 = 정액급여+초과급여+(전년도 연간 특별급여액 ÷ 12)
자료 : 고용노동부 노동시장조사과, 「고용형태별근로실태조사 보고서」

17. Employees and hours worked by gender, wage group and educational attainment(3-2)
(June, 2023)

In person, hour

고 등 학 교 졸 업 High school graduate		전 문 대 학 졸 업 Community college graduate		대 학 교 졸 업 이 상 University graduate or higher	
근 로 자 수 Employees	근 로 시 간 Hours worked	근 로 자 수 Employees	근 로 시 간 Hours worked	근 로 자 수 Employees	근 로 시 간 Hours worked
2 444 917	183.3	1 046 232	179.5	3 500 854	171.1
37 229	60.3	5 997	53.6	26 827	28.5
7 553	72.7	2 121	62.4	4 843	45.8
7 393	82.3	1 062	81.8	5 311	54.9
13 121	91.6	2 258	87.0	8 002	72.8
9 288	104.8	1 761	91.1	5 916	75.0
10 821	109.4	1 337	109.6	5 849	76.0
9 791	118.2	1 910	107.9	5 215	99.5
11 359	119.0	1 806	119.7	3 902	93.6
13 515	128.9	2 454	134.3	7 362	112.3
14 922	139.5	2 741	135.3	6 296	130.1
16 144	148.3	3 081	142.0	5 919	137.3
24 411	156.9	5 646	160.0	12 825	152.6
34 553	165.1	8 739	164.8	15 415	159.9
166 318	170.2	43 231	169.4	87 060	164.4
144 381	177.5	40 678	170.9	87 981	168.7
158 944	181.0	48 749	175.0	115 073	170.1
143 718	185.7	49 690	178.0	106 749	173.3
139 388	189.2	49 001	180.8	117 619	174.9
350 363	193.3	137 846	183.7	328 855	175.7
286 045	196.0	121 328	184.8	309 704	176.0
221 752	196.9	112 775	185.9	294 172	175.6
158 037	196.0	79 063	185.5	248 504	176.0
181 446	193.8	122 244	182.9	427 822	174.8
284 429	189.4	200 713	182.2	1 263 634	172.7

Note : Total wages = Regular wages + Overtime wages + (Annual special wages for the previous year ÷ 12)
Source : Labor Market Statistics Division, Ministry of Employment and Labor, 「Survey Report on Labor Conditions by Employment Type」

17. 성·임금계층·학력별 근로자수 및 근로시간(3-3)
(2023. 6월)

단위 : 명, 시간

성·임금계층 Gender · wage groups	전학력 Total		중학교졸업이하 Middle school graduate or lower	
	근로자수 Employees	근로시간 Hours worked	근로자수 Employees	근로시간 Hours worked
여 자 Women	4 755 030	161.5	116 264	141.5
(Thousand won)				
~ 800 천원 미만	167 751	44.2	13 049	47.7
800 ~ 900 천원 미만	45 119	63.3	3 670	63.0
900 ~ 1 000 천원 미만	35 644	70.9	2 203	73.2
1 000 ~ 1 100 천원 미만	78 659	82.4	2 957	84.6
1 100 ~ 1 200 천원 미만	33 306	87.9	2 272	109.9
1 200 ~ 1 300 천원 미만	47 824	101.3	3 436	114.3
1 300 ~ 1 400 천원 미만	44 314	107.4	4 888	116.2
1 400 ~ 1 500 천원 미만	39 478	116.9	4 067	120.1
1 500 ~ 1 600 천원 미만	55 738	129.4	4 790	130.2
1 600 ~ 1 700 천원 미만	51 178	137.5	5 975	140.2
1 700 ~ 1 800 천원 미만	56 500	145.5	4 588	141.3
1 800 ~ 1 900 천원 미만	79 129	153.2	3 251	147.5
1 900 ~ 2 000 천원 미만	99 849	161.8	4 679	158.2
2 000 ~ 2 200 천원 미만	547 309	167.1	15 143	169.6
2 200 ~ 2 400 천원 미만	459 101	170.5	13 475	171.9
2 400 ~ 2 600 천원 미만	399 793	173.2	7 870	178.9
2 600 ~ 2 800 천원 미만	332 609	176.7	4 872	188.1
2 800 ~ 3 000 천원 미만	265 191	179.0	4 683	190.6
3 000 ~ 3 500 천원 미만	521 755	178.3	5 328	199.8
3 500 ~ 4 000 천원 미만	333 065	177.8	2 148	204.7
4 000 ~ 4 500 천원 미만	237 605	176.0	1 292	194.0
4 500 ~ 5 000 천원 미만	170 810	174.7	468	203.2
5 000 ~ 6 000 천원 미만	228 656	172.0	644	178.4
6 000천원 이상 ~	424 647	170.4	515	177.1

주 : 임금총액 = 정액급여+초과급여+(전년도 연간 특별급여액 ÷ 12)
자료 : 고용노동부 노동시장조사과, 「고용형태별근로실태조사 보고서」

17. Employees and hours worked by gender, wage group and educational attainment(3-3)
(June, 2023)

In person, hour

고 등 학 교 졸 업 High school graduate		전 문 대 학 졸 업 Community college graduate		대 학 교 졸 업 이 상 University graduate or higher	
근 로 자 수 Employees	근 로 시 간 Hours worked	근 로 자 수 Employees	근 로 시 간 Hours worked	근 로 자 수 Employees	근 로 시 간 Hours worked
1 716 661	158.3	801 541	164.5	2 120 564	164.1
103 509	49.0	13 672	43.7	37 520	30.1
31 111	65.6	4 028	67.8	6 311	49.7
22 573	73.6	3 632	76.3	7 236	59.2
36 896	84.4	17 645	82.9	21 161	78.4
17 464	91.7	4 793	89.9	8 777	73.5
28 613	105.7	6 252	100.5	9 523	84.1
26 069	112.9	6 039	100.5	7 318	87.8
23 996	120.2	3 384	116.6	8 031	105.6
31 911	130.6	7 313	131.3	11 724	124.5
30 821	141.3	5 282	131.0	9 100	126.6
33 780	148.5	5 940	143.0	12 193	140.0
46 148	153.2	10 825	154.0	18 904	153.9
56 826	162.8	14 932	162.3	23 412	159.5
260 633	167.8	109 566	167.6	161 967	165.5
205 733	172.9	92 930	169.9	146 963	167.5
160 229	177.8	79 565	172.5	152 128	168.5
123 244	183.2	65 413	176.2	139 080	170.7
88 600	189.4	53 178	176.1	118 729	172.0
150 678	191.3	98 179	174.9	267 571	171.7
78 006	191.7	56 084	175.9	196 828	172.6
43 987	188.3	37 322	175.7	155 005	172.4
27 739	182.8	25 415	175.7	117 189	172.4
32 483	175.1	31 583	172.3	163 946	171.2
55 613	172.1	48 570	171.5	319 950	169.9

Note : Total wages = Regular wages + Overtime wages + (Annual special wages for the previous year ÷ 12)
Source : Labor Market Statistics Division, Ministry of Employment and Labor, 「Survey Report on Labor Conditions by Employment Type」

18. 성·임금계층·산업(대분류)별 근로자수 및 근로시간(6-1)
(2023. 6월)

단위 : 명, 시간

성·임금계층 Gender·wage groups	전 산 업 Total		A. 농업, 임업 및 어업 Agriculture, forestry and fishing		B. 광 업 Mining & quarrying		C. 제 조 업 Manufacturing	
	근로자수 Employees	근로시간 Hours worked	근로자수 Employees	근로시간 Hours worked	근로자수 Employees	근로시간 Hours worked	근로자수 Employees	근로시간 Hours worked
총 수 Total (Thousand won)	11 864 192	170.6	31 296	175.4	10 361	188.6	3 184 129	182.1
～ 800 천원 미만	242 942	45.4	566	71.4	21	30.4	20 988	74.6
800 ～ 900 천원 미만	60 408	63.2	175	91.4	18	65.4	3 107	70.7
900 ～ 1 000 천원 미만	50 086	71.5	298	91.8	5	92.0	3 774	78.4
1 000 ～ 1 100 천원 미만	103 709	83.1	474	90.9	8	66.2	8 573	85.9
1 100 ～ 1 200 천원 미만	51 238	90.0	165	103.0	3	84.0	3 832	93.8
1 200 ～ 1 300 천원 미만	67 273	101.4	183	126.0	8	113.3	3 841	102.0
1 300 ～ 1 400 천원 미만	62 712	109.0	248	139.9	13	78.0	4 668	119.7
1 400 ～ 1 500 천원 미만	57 183	116.0	365	163.6	39	121.0	3 546	119.8
1 500 ～ 1 600 천원 미만	80 811	127.9	351	152.9	30	122.8	6 343	132.2
1 600 ～ 1 700 천원 미만	77 064	137.2	708	167.6	38	132.2	6 962	143.3
1 700 ～ 1 800 천원 미만	83 801	145.4	403	180.9	66	154.1	9 254	148.7
1 800 ～ 1 900 천원 미만	124 249	154.2	893	175.5	32	145.9	13 693	156.0
1 900 ～ 2 000 천원 미만	160 983	162.5	787	192.0	74	164.4	28 905	165.1
2 000 ～ 2 200 천원 미만	852 888	167.6	2 658	183.2	231	179.9	173 213	168.6
2 200 ～ 2 400 천원 미만	741 158	171.9	2 293	184.6	304	172.5	148 697	173.1
2 400 ～ 2 600 천원 미만	732 663	174.8	2 214	190.5	365	181.6	167 005	178.1
2 600 ～ 2 800 천원 미만	642 111	178.5	1 737	192.3	394	183.7	175 222	183.1
2 800 ～ 3 000 천원 미만	579 222	180.9	1 769	186.8	402	183.3	164 803	187.5
3 000 ～ 3 500 천원 미만	1 353 608	182.3	3 114	184.4	1 220	192.1	423 560	189.4
3 500 ～ 4 000 천원 미만	1 058 766	183.2	2 197	184.9	1 342	190.6	351 314	192.3
4 000 ～ 4 500 천원 미만	873 554	182.6	1 559	179.3	1 420	194.9	289 907	189.7
4 500 ～ 5 000 천원 미만	661 857	181.7	2 061	175.0	1 144	197.5	202 468	187.9
5 000 ～ 6 000 천원 미만	965 881	178.8	2 211	177.4	1 465	195.0	297 218	184.0
6 000천원 이상 ～	2 180 024	175.4	3 867	171.8	1 722	188.5	673 236	181.2

주 : 한국표준산업분류 10차개정(2017) 기준
　　임금총액 = 정액급여 + 초과급여 + (전년도 연간 특별급여액÷12)
자료 : 고용노동부 노동시장조사과, 「고용형태별근로실태조사 보고서」

18. Employees and hours worked by gender, wage group and industry (sections) (6-1)
(June, 2023)

In person, hour

D. 전기, 가스, 증기 및 공기조절 공급업 Electricity, gas, steam and air conditioning supply		E. 수도, 하수 및 폐기물 처리, 원료재생업 Water supply; sewage, waste management, materials recovery		F. 건 설 업 Construction		G. 도매 및 소매업 Wholesale and retail trade		H. 운수 및 창고업 Transportation and storage	
근로자수 Employees	근로시간 Hours worked	근로자수 Employees	근로시간 Hours worked	근로자수 Employees	근로시간 Hours worked	근로자수 Employees	근로시간 Hours worked	근로자수 Employees	근로시간 Hours worked
66 468	174.2	91 281	183.8	648 932	173.3	1 137 627	171.2	557 944	174.0
41	39.8	218	52.2	3 070	42.9	11 734	50.8	9 885	49.4
3	80.0	84	44.9	1 331	67.1	3 206	65.7	2 079	77.1
12	67.5	88	56.7	1 542	75.7	1 994	88.3	2 609	82.1
11	62.7	289	79.8	2 273	79.5	3 907	90.1	3 947	102.1
18	69.7	106	70.3	2 261	85.5	1 961	100.1	5 045	113.0
3	74.0	157	101.1	2 033	96.8	3 177	98.6	5 046	121.8
16	87.5	159	95.7	1 580	104.5	2 754	108.7	5 304	119.1
22	92.5	235	97.4	1 867	123.2	3 346	115.5	5 336	126.3
13	140.0	236	111.0	3 675	132.0	6 291	128.9	4 772	128.5
22	144.4	270	125.0	2 289	139.0	5 728	138.2	6 593	135.5
9	156.0	332	148.1	4 092	148.8	8 090	148.8	5 013	145.5
42	116.8	712	155.8	7 896	149.4	16 014	156.5	6 032	148.3
79	161.0	445	164.3	13 934	166.0	14 992	159.2	9 232	162.5
420	160.1	3 446	170.0	67 455	166.9	76 903	166.1	24 001	164.8
429	175.9	2 442	174.5	40 621	168.8	80 151	170.5	21 645	172.5
560	171.4	4 436	173.5	37 929	170.0	84 366	171.5	24 564	173.6
743	168.6	4 534	176.5	28 850	172.9	64 642	176.2	27 251	176.1
1 027	172.5	4 741	181.8	25 086	174.4	52 776	180.5	27 000	179.4
2 994	173.4	13 758	185.7	63 252	175.4	134 869	179.0	69 082	183.5
3 138	173.4	12 954	192.2	53 871	178.0	114 975	178.7	63 734	189.2
4 291	173.3	9 642	191.8	51 261	178.0	89 203	178.2	58 289	190.5
6 422	173.0	8 319	193.9	43 611	178.8	64 481	174.9	47 776	195.2
11 319	174.5	11 605	193.4	71 653	180.4	98 778	175.6	48 372	184.3
34 833	175.5	12 074	181.3	117 501	185.5	193 289	173.3	75 337	173.1

Note : Based upon the 10th revision(2017) of Korean Standard Industrial Classification
Total wages = Regular wages + Overtime wages + (Annual special wages for the previous year ÷ 12)
Source : Labor Market Statistics Division, Ministry of Employment and Labor, 「Survey Report on Labor Conditions by Employment Type」

18. 성·임금계층·산업(대분류)별 근로자수 및 근로시간(6-2)
(2023. 6월)

단위 : 명, 시간

성·임금계층 Gender · wages groups	I. 숙박 및 음식점업 Accommodation and food service activities		J. 정보통신업 Information and communication		K. 금융 및 보험업 Financial and insurance activities		L. 부동산업 Real estate activities	
	근로자수 Employees	근로시간 Hours worked	근로자수 Employees	근로시간 Hours worked	근로자수 Employees	근로시간 Hours worked	근로자수 Employees	근로시간 Hours worked
총 수 Total	331 125	166.9	626 879	168.5	445 184	169.2	267 260	177.1
(Thousand won)								
～ 800 천원 미만	28 232	46.3	2 638	46.3	392	50.1	1 047	38.4
800 ～ 900 천원 미만	3 825	72.7	705	74.3	107	69.2	309	67.3
900 ～ 1 000 천원 미만	2 310	83.9	608	88.8	102	67.9	396	77.3
1 000 ～ 1 100 천원 미만	6 212	87.0	2 150	76.7	103	88.8	813	88.7
1 100 ～ 1 200 천원 미만	3 779	108.6	844	90.5	274	95.7	1 098	107.4
1 200 ～ 1 300 천원 미만	3 769	135.7	775	92.2	354	93.7	4 875	109.6
1 300 ～ 1 400 천원 미만	3 692	105.6	1 158	102.5	256	123.8	6 714	118.5
1 400 ～ 1 500 천원 미만	2 407	114.8	805	113.7	359	149.4	6 475	119.6
1 500 ～ 1 600 천원 미만	3 582	119.4	1 171	114.2	751	150.3	9 646	137.5
1 600 ～ 1 700 천원 미만	5 598	134.3	875	122.1	743	140.4	11 805	143.8
1 700 ～ 1 800 천원 미만	4 832	137.1	1 296	146.8	468	149.0	6 561	149.3
1 800 ～ 1 900 천원 미만	5 555	141.7	2 794	156.5	917	161.6	5 208	155.0
1 900 ～ 2 000 천원 미만	8 100	160.4	4 744	165.7	1 825	163.1	4 264	169.0
2 000 ～ 2 200 천원 미만	30 436	169.7	22 023	167.1	5 852	166.2	23 376	186.0
2 200 ～ 2 400 천원 미만	26 769	177.9	25 450	167.8	9 164	164.1	26 983	192.8
2 400 ～ 2 600 천원 미만	33 713	185.3	31 101	167.9	10 897	166.2	23 549	196.5
2 600 ～ 2 800 천원 미만	29 403	191.1	27 837	168.8	8 696	168.8	17 662	201.6
2 800 ～ 3 000 천원 미만	28 921	198.2	26 891	169.5	10 525	168.3	16 736	196.8
3 000 ～ 3 500 천원 미만	46 203	201.5	66 569	169.7	25 732	167.5	34 925	202.6
3 500 ～ 4 000 천원 미만	21 991	198.9	56 110	169.8	28 611	169.8	18 125	179.8
4 000 ～ 4 500 천원 미만	12 909	197.9	51 159	170.3	27 686	169.5	10 713	175.0
4 500 ～ 5 000 천원 미만	6 376	197.6	42 708	170.9	26 583	170.6	6 735	174.1
5 000 ～ 6 000 천원 미만	7 568	194.8	79 409	170.5	49 950	170.6	7 059	171.4
6 000천원 이상 ～	4 943	186.1	177 059	171.9	234 837	170.1	22 188	170.9

주 : 한국표준산업분류 10차개정(2017) 기준
　　　임금총액 = 정액급여 + 초과급여 + (전년도 연간 특별급여액 ÷ 12)
자료 : 고용노동부 노동시장조사과, 「고용형태별근로실태조사 보고서」

18. Employees and hours worked by gender, wage group and industry (sections) (6-2)
(June, 2023)

In person, hour

M. 전문, 과학 및 기술서비스업 / Professional, scientific and technical activities		N. 사업시설관리, 사업지원 및 임대서비스업 / Business facilities management and business support services; rental and leasing activities		P. 교육 서비스업 / Education		Q. 보건업 및 사회 복지 서비스업 / Human health and social work activities		R. 예술, 스포츠 및 여가관련 서비스업 / Arts, sports and recreation related services		S. 협회 및 단체, 수리 및 기타 개인 서비스업 / Membership organizations, repair and other personal services	
근로자수 / Employees	근로시간 / Hours worked	근로자수 / Employees	근로시간 / Hours worked	근로자수 / Employees	근로시간 / Hours worked	근로자수 / Employees	근로시간 / Hours worked	근로자수 / Employees	근로시간 / Hours worked	근로자수 / Employees	근로시간 / Hours worked
1 002 002	169.2	908 894	172.5	485 646	143.0	1 731 105	154.3	115 388	167.4	222 670	170.2
3 119	50.4	9 391	63.4	38 506	18.2	105 727	45.6	3 646	45.1	3 721	72.8
1 472	61.3	2 562	73.3	5 237	30.1	34 582	64.3	897	61.4	708	59.6
757	79.2	2 821	77.8	5 578	34.4	25 177	73.4	989	58.7	1 027	78.9
1 413	74.2	4 797	82.6	6 767	50.7	58 625	84.0	765	67.7	2 583	106.9
745	83.5	3 935	101.4	5 619	42.1	19 636	87.9	537	74.5	1 381	123.2
2 634	94.9	3 589	110.9	5 505	51.0	29 443	100.8	377	99.0	1 506	119.4
1 507	130.3	5 221	129.7	4 345	67.4	23 260	104.0	572	92.6	1 244	121.1
1 415	103.4	7 827	136.0	4 045	63.1	16 604	112.9	1 000	114.0	1 490	121.2
2 265	119.6	10 601	146.3	4 989	95.9	23 390	122.7	870	111.8	1 836	126.5
1 878	137.3	11 345	152.1	3 945	89.1	15 018	130.8	742	115.6	2 505	145.5
1 903	122.6	14 126	156.5	5 188	120.1	18 418	141.6	1 027	137.9	2 723	152.6
3 091	150.7	25 728	163.4	4 620	124.8	24 379	151.1	1 558	156.7	5 086	160.0
4 429	161.7	29 470	164.1	5 006	135.6	28 366	161.1	2 057	160.4	4 274	164.6
39 886	163.5	70 229	167.0	47 761	158.9	233 939	168.1	10 056	170.4	21 003	170.0
45 461	166.4	70 723	171.0	33 443	162.0	179 055	171.8	10 051	172.7	17 475	176.4
47 928	167.4	67 462	174.4	29 198	162.3	138 031	174.6	10 667	179.1	18 680	177.4
42 115	169.3	63 174	177.9	23 466	166.9	102 277	177.0	8 536	178.4	15 574	178.1
42 926	169.6	54 873	178.1	20 380	167.7	80 997	178.0	7 247	181.2	12 121	177.3
108 118	171.5	125 169	180.6	39 207	167.6	152 504	178.2	14 284	183.5	29 047	178.1
90 140	172.5	85 084	181.1	27 701	170.5	98 718	178.5	9 047	181.4	19 711	179.6
82 418	173.5	65 052	186.4	22 165	168.8	72 714	179.3	7 177	182.3	15 989	180.3
63 051	174.8	45 770	185.6	19 394	169.1	57 720	179.1	5 535	180.2	11 703	180.4
105 070	173.3	56 170	185.1	32 673	169.5	64 627	176.9	7 387	175.2	13 346	178.4
308 261	169.9	73 774	172.4	90 910	168.8	127 897	174.9	10 362	172.1	17 934	169.4

Note : Based upon the 10th revision(2017) of Korean Standard Industrial Classification
Total wages = Regular wages + Overtime wages + (Annual special wages for the previous year ÷ 12)
Source : Labor Market Statistics Division, Ministry of Employment and Labor, 「Survey Report on Labor Conditions by Employment Type」

18. 성·임금계층·산업(대분류)별 근로자수 및 근로시간(6-3)
(2023. 6월)

단위 : 명, 시간

성·임금계층 Gender·wage groups	전 산 업 Total		A. 농업, 임업 및 어업 Agriculture, forestry and fishing		B. 광 업 Mining & quarrying		C. 제 조 업 Manufacturing	
	근로자수 Employees	근로시간 Hours worked	근로자수 Employees	근로시간 Hours worked	근로자수 Employees	근로시간 Hours worked	근로자수 Employees	근로시간 Hours worked
남 자 Men (Thousand won)	7 109 162	176.6	23 195	177.0	9 171	190.0	2 424 281	184.3
~ 800 천원 미만	75 191	48.0	375	76.2	20	30.4	11 608	74.2
800 ~ 900 천원 미만	15 289	62.7	110	86.8	9	64.8	1 777	72.5
900 ~ 1 000 천원 미만	14 442	72.9	242	92.9	-	-	2 010	81.5
1 000 ~ 1 100 천원 미만	25 050	85.3	350	93.9	8	66.2	4 735	82.5
1 100 ~ 1 200 천원 미만	17 932	93.8	87	100.5	-	-	2 239	94.1
1 200 ~ 1 300 천원 미만	19 449	101.6	92	100.9	8	113.3	1 817	106.5
1 300 ~ 1 400 천원 미만	18 398	112.7	125	118.5	13	78.0	1 980	122.2
1 400 ~ 1 500 천원 미만	17 705	114.1	120	141.3	39	121.0	1 494	113.4
1 500 ~ 1 600 천원 미만	25 074	124.6	98	130.2	26	114.5	2 839	125.4
1 600 ~ 1 700 천원 미만	25 886	136.6	322	170.5	15	152.3	2 967	136.4
1 700 ~ 1 800 천원 미만	27 302	145.3	250	183.1	45	150.3	4 432	145.8
1 800 ~ 1 900 천원 미만	45 120	155.9	586	176.6	22	133.8	4 220	154.2
1 900 ~ 2 000 천원 미만	61 133	163.7	513	192.8	40	168.8	11 740	164.1
2 000 ~ 2 200 천원 미만	305 579	168.5	1 576	183.4	149	181.2	76 813	169.1
2 200 ~ 2 400 천원 미만	282 057	174.0	1 546	185.3	156	170.1	75 403	173.1
2 400 ~ 2 600 천원 미만	332 870	176.6	1 461	193.1	225	181.0	95 945	178.3
2 600 ~ 2 800 천원 미만	309 503	180.5	1 451	194.4	300	181.6	110 757	183.6
2 800 ~ 3 000 천원 미만	314 032	182.5	1 442	189.5	315	181.0	112 080	188.3
3 000 ~ 3 500 천원 미만	831 852	184.8	2 511	185.8	1 098	192.4	320 515	190.1
3 500 ~ 4 000 천원 미만	725 700	185.6	1 757	186.1	1 244	191.0	286 324	193.0
4 000 ~ 4 500 천원 미만	635 949	185.1	1 231	182.4	1 345	195.4	248 222	190.6
4 500 ~ 5 000 천원 미만	491 047	184.1	1 618	177.2	1 112	198.1	178 033	188.9
5 000 ~ 6 000 천원 미만	737 225	181.0	1 867	178.2	1 401	195.6	264 266	185.2
6 000천원 이상 ~	1 755 377	176.6	3 467	172.2	1 583	190.0	602 064	182.4

주 : 한국표준산업분류 10차개정(2017) 기준
　　임금총액 = 정액급여+초과급여+(전년도 연간 특별급여액 ÷ 12)
자료 : 고용노동부 노동시장조사과, 「고용형태별근로실태조사 보고서」

18. Employees and hours worked by gender, wage group and industry (sections) (6-3)
(June, 2023)

In person, hour

D. 전기, 가스, 증기 및 공기조절 공급업 Electricity, gas, steam and air conditioning supply		E. 수도, 하수 및 폐기물 처리, 원료재생업 Water supply; sewage, waste management, materials recovery		F. 건 설 업 Construction		G. 도매 및 소매업 Wholesale and retail trade		H. 운수 및 창고업 Transportation and storage	
근로자수 Employees	근로시간 Hours worked	근로자수 Employees	근로시간 Hours worked	근로자수 Employees	근로시간 Hours worked	근로자수 Employees	근로시간 Hours worked	근로자수 Employees	근로시간 Hours worked
54 469	175.5	77 458	186.0	533 819	174.6	676 533	174.3	449 655	175.1
14	35.2	117	47.3	2 533	42.9	4 411	51.5	9 206	49.5
-	-	25	40.0	1 183	67.4	1 761	64.2	1 829	78.6
7	59.1	58	45.9	1 215	77.0	1 192	92.3	2 518	82.0
3	56.0	211	82.1	1 707	78.9	2 042	96.4	3 553	103.8
10	62.7	47	67.9	1 946	83.8	520	90.8	4 630	114.7
-	-	91	92.9	1 564	97.9	1 121	85.8	4 699	122.2
11	82.0	99	101.7	1 136	103.1	1 084	105.7	5 075	119.6
4	99.1	217	98.1	1 228	129.3	1 331	111.5	4 742	127.0
-	-	106	113.2	3 092	133.5	2 448	119.1	4 298	128.0
7	170.0	170	124.5	1 846	138.9	2 026	143.1	6 171	135.9
-	-	260	148.9	3 301	149.1	2 049	151.2	4 357	147.1
12	118.3	567	153.9	6 364	157.5	5 085	162.9	5 148	147.0
34	163.3	285	164.0	11 854	166.1	4 070	167.2	7 770	161.9
192	165.3	2 565	169.6	50 082	167.3	26 515	166.8	15 346	163.8
240	188.1	1 313	176.3	27 711	169.4	29 510	172.1	13 539	174.0
326	174.1	2 992	173.2	26 800	170.5	38 973	174.4	16 184	174.9
290	173.4	3 460	176.3	20 308	173.8	29 572	178.0	18 130	176.8
754	173.9	3 688	182.6	17 877	175.4	29 942	181.4	20 723	179.8
2 076	174.8	11 187	186.8	49 317	176.3	80 659	180.7	52 115	186.0
2 288	174.3	11 694	192.8	44 423	178.3	77 806	180.6	52 164	190.5
3 231	174.5	8 798	193.2	44 692	178.6	61 237	180.5	50 413	192.8
4 750	173.9	7 838	195.2	38 456	179.6	45 218	175.7	42 832	197.8
9 026	175.5	10 815	195.1	65 877	180.8	73 832	176.9	39 444	188.1
31 193	176.2	10 854	182.6	109 307	186.2	154 130	173.8	64 770	174.6

Note : Based upon the 10th revision(2017) of Korean Standard Industrial Classification
Total wages = Regular wages + Overtime wages + (Annual special wages for the previous year ÷ 12)
Source : Labor Market Statistics Division, Ministry of Employment and Labor, 「Survey Report on Labor Conditions by Employment Type」

18. 성·임금계층·산업(대분류)별 근로자수 및 근로시간(6-4)
(2023. 6월)

단위 : 명, 시간

성·임금계층 Gender · wage groups	I. 숙박 및 음식점업 Accommodation and food service activities		J. 정보통신업 Information and communication		K. 금융 및 보험업 Financial and insurance activities		L. 부동산업 Real estate activities	
	근로자수 Employees	근로시간 Hours worked	근로자수 Employees	근로시간 Hours worked	근로자수 Employees	근로시간 Hours worked	근로자수 Employees	근로시간 Hours worked
남 자 Men (Thousand won)	134 247	175.6	421 805	169.2	234 617	169.7	179 517	190.4
～ 800 천원 미만	6 974	43.8	1 379	46.2	21	47.4	612	38.7
800 ～ 900 천원 미만	1 014	73.7	339	83.7	12	65.2	22	88.9
900 ～ 1 000 천원 미만	665	93.9	315	88.2	3	84.0	168	82.6
1 000 ～ 1 100 천원 미만	1 218	79.9	1 227	77.1	34	84.1	425	97.2
1 100 ～ 1 200 천원 미만	643	111.8	480	95.5	20	99.9	309	92.4
1 200 ～ 1 300 천원 미만	1 568	141.7	358	82.7	174	90.6	284	108.1
1 300 ～ 1 400 천원 미만	711	104.7	480	97.8	24	155.3	454	109.3
1 400 ～ 1 500 천원 미만	787	114.7	591	113.6	119	156.0	469	126.1
1 500 ～ 1 600 천원 미만	880	116.6	616	114.3	81	156.8	1 376	145.1
1 600 ～ 1 700 천원 미만	1 277	131.2	469	125.5	255	157.9	2 735	147.8
1 700 ～ 1 800 천원 미만	903	128.9	491	153.4	145	155.4	2 664	154.5
1 800 ～ 1 900 천원 미만	1 481	150.3	1 245	160.2	458	163.3	2 996	157.2
1 900 ～ 2 000 천원 미만	1 468	154.0	1 856	164.6	900	168.0	2 907	175.0
2 000 ～ 2 200 천원 미만	10 110	167.3	11 161	167.3	2 146	168.0	16 928	192.8
2 200 ～ 2 400 천원 미만	8 848	176.9	12 499	168.3	3 374	160.7	21 092	200.0
2 400 ～ 2 600 천원 미만	13 609	183.2	16 796	168.4	3 751	164.5	17 257	205.9
2 600 ～ 2 800 천원 미만	11 278	187.6	14 150	169.2	2 853	166.0	13 215	212.0
2 800 ～ 3 000 천원 미만	11 559	191.9	14 881	169.7	3 495	169.9	13 955	201.6
3 000 ～ 3 500 천원 미만	23 125	196.8	38 442	169.6	9 302	169.3	30 530	207.2
3 500 ～ 4 000 천원 미만	13 723	198.6	34 750	170.0	11 887	171.3	15 100	181.6
4 000 ～ 4 500 천원 미만	8 759	199.5	34 877	170.5	11 385	170.3	7 726	175.8
4 500 ～ 5 000 천원 미만	4 072	195.0	29 569	171.0	11 688	172.0	4 631	174.6
5 000 ～ 6 000 천원 미만	5 630	195.1	58 808	170.3	23 054	171.5	5 061	171.7
6 000천원 이상 ～	3 945	186.6	146 023	172.0	149 438	169.8	18 603	171.1

주 : 한국표준산업분류 10차개정(2017) 기준
　　　임금총액 = 정액급여＋초과급여＋(전년도 연간 특별급여액 ÷ 12)
자료 : 고용노동부 노동시장조사과, 「고용형태별근로실태조사 보고서」

18. Employees and hours worked by gender, wage group and industry (sections) (6-4)
(June, 2023)

In person, hour

M. 전문, 과학 및 기술서비스업 Professional, scientific and technical activities		N. 사업시설관리, 사업지원 및 임대서비스업 Business facilities management and business support services; rental and leasing activities		P. 교육 서비스업 Education		Q. 보건업 및 사회 복지 서비스업 Human health and social work activities		R. 예술, 스포츠 및 여가관련 서비스업 Arts, sports and recreation related services		S. 협회 및 단체, 수리 및 기타 개인 서비스업 Membership organizations, repair and other personal services	
근로자수 Employees	근로시간 Hours worked	근로자수 Employees	근로시간 Hours worked	근로자수 Employees	근로시간 Hours worked	근로자수 Employees	근로시간 Hours worked	근로자수 Employees	근로시간 Hours worked	근로자수 Employees	근로시간 Hours worked
659 098	170.3	484 085	178.2	220 527	146.1	320 274	167.4	66 102	172.2	140 311	174.6
1 537	50.3	3 654	70.1	15 649	14.1	13 900	54.7	1 428	48.8	1 755	81.9
859	53.2	697	78.5	2 293	25.0	2 840	65.0	302	66.8	217	61.7
258	64.3	1 006	81.1	2 627	32.2	1 628	78.9	263	59.5	266	81.6
744	72.2	1 487	78.4	2 094	35.3	3 498	90.3	257	80.2	1 456	121.5
557	86.2	1 637	104.4	1 875	30.6	2 122	86.6	121	68.8	690	147.2
843	87.0	1 040	110.7	2 090	40.8	3 053	101.0	162	106.9	487	87.7
990	147.7	1 739	125.6	1 452	53.6	2 473	109.1	177	107.2	376	159.9
521	113.7	1 478	126.3	1 549	58.0	2 311	109.8	293	103.2	415	104.9
1 474	119.2	2 140	135.9	1 968	95.4	2 718	122.2	244	95.3	670	135.7
1 033	128.7	2 323	148.0	1 386	86.9	1 790	135.9	381	118.9	713	154.5
832	115.8	3 055	155.3	1 448	111.9	1 891	133.9	565	133.2	615	159.7
1 311	152.6	7 514	158.3	1 624	122.0	4 111	161.1	469	157.1	1 906	162.8
2 455	161.7	7 706	161.6	1 254	118.1	4 015	163.4	1 048	161.3	1 216	170.1
17 568	161.9	25 173	168.6	13 543	155.1	22 374	168.7	4 548	169.1	8 789	170.2
19 688	166.5	26 218	174.8	8 347	159.9	19 446	173.4	4 664	176.5	8 462	177.5
24 204	166.9	30 042	177.4	8 760	161.9	19 204	176.0	5 479	179.1	10 861	178.0
18 749	169.8	25 979	179.2	7 333	167.5	18 262	179.0	4 702	178.3	8 712	179.3
21 028	169.6	26 531	177.9	7 466	168.8	16 949	181.1	3 685	180.8	7 661	177.7
58 094	171.7	73 244	184.1	16 706	167.3	33 138	182.8	8 892	183.1	20 903	179.4
55 961	173.4	56 605	184.5	13 304	170.6	25 379	182.1	6 040	183.1	15 251	181.9
55 991	174.0	47 379	190.1	12 087	169.4	20 653	185.4	5 075	184.6	12 848	182.0
46 098	175.9	33 450	189.5	11 278	169.8	16 954	184.3	3 847	181.5	9 604	182.3
78 530	174.6	42 939	189.4	19 549	170.5	21 001	180.2	5 317	177.7	10 809	180.6
249 772	170.5	61 052	173.2	64 843	169.0	60 563	178.0	8 143	172.0	15 628	169.6

Note : Based upon the 10th revision(2017) of Korean Standard Industrial Classification
Total wages = Regular wages + Overtime wages + (Annual special wages for the previous year ÷ 12)
Source : Labor Market Statistics Division, Ministry of Employment and Labor, 「Survey Report on Labor Conditions by Employment Type」

18. 성·임금계층·산업(대분류)별 근로자수 및 근로시간(6-5)
(2023. 6월)

단위 : 명 시간

성·임금계층 Gender · wage groups	전 산 업 Total		A. 농업, 임업 및 어업 Agriculture, forestry and fishing		B. 광 업 Mining & quarrying		C. 제 조 업 Manufacturing	
	근로자수 Employees	근로시간 Hours worked	근로자수 Employees	근로시간 Hours worked	근로자수 Employees	근로시간 Hours worked	근로자수 Employees	근로시간 Hours worked
여자 Women	4 755 030	161.5	8 101	170.6	1 190	178.3	759 848	175.1
(Thousand won)								
~ 800 천원 미만	167 751	44.2	191	62.0	1	30.0	9 381	75.1
800 ~ 900 천원 미만	45 119	63.3	65	99.0	9	66.0	1 330	68.2
900 ~ 1 000 천원 미만	35 644	70.9	56	86.7	5	92.0	1 764	74.8
1 000 ~ 1 100 천원 미만	78 659	82.4	124	82.4	-	-	3 837	90.0
1 100 ~ 1 200 천원 미만	33 306	87.9	78	105.7	3	84.0	1 593	93.4
1 200 ~ 1 300 천원 미만	47 824	101.3	91	151.2	-	-	2 024	97.9
1 300 ~ 1 400 천원 미만	44 314	107.4	123	161.6	-	-	2 688	117.9
1 400 ~ 1 500 천원 미만	39 478	116.9	245	174.4	-	-	2 052	124.4
1 500 ~ 1 600 천원 미만	55 738	129.4	253	161.7	5	168.0	3 504	137.6
1 600 ~ 1 700 천원 미만	51 178	137.5	386	165.1	24	119.4	3 995	148.5
1 700 ~ 1 800 천원 미만	56 500	145.5	153	177.4	21	162.3	4 822	151.4
1 800 ~ 1 900 천원 미만	79 129	153.2	308	173.5	10	174.1	9 473	156.8
1 900 ~ 2 000 천원 미만	99 849	161.8	274	190.3	34	159.2	17 165	165.7
2 000 ~ 2 200 천원 미만	547 309	167.1	1 082	183.1	82	177.4	96 400	168.2
2 200 ~ 2 400 천원 미만	459 101	170.5	747	183.2	148	174.9	73 295	173.2
2 400 ~ 2 600 천원 미만	399 793	173.2	753	185.6	140	182.6	71 060	177.8
2 600 ~ 2 800 천원 미만	332 609	176.7	286	181.7	94	190.3	64 465	182.2
2 800 ~ 3 000 천원 미만	265 191	179.0	327	175.0	87	191.8	52 722	185.8
3 000 ~ 3 500 천원 미만	521 755	178.3	603	178.5	122	189.2	103 045	187.3
3 500 ~ 4 000 천원 미만	333 065	177.8	440	180.2	98	184.7	64 990	189.1
4 000 ~ 4 500 천원 미만	237 605	176.0	328	167.7	75	186.4	41 685	184.8
4 500 ~ 5 000 천원 미만	170 810	174.7	443	166.9	32	175.8	24 435	180.5
5 000 ~ 6 000 천원 미만	228 656	172.0	344	173.0	64	182.4	32 952	174.1
6 000천원 이상 ~	424 647	170.4	400	167.9	139	172.1	71 172	171.2

주 : 한국표준산업분류 10차개정(2017) 기준
　　임금총액 = 정액급여 + 초과급여 + (전년도 연간 특별급여액 ÷ 12)
자료 : 고용노동부 노동시장조사과, 「고용형태별근로실태조사 보고서」

18. Employees and hours worked by gender, wage group and industry (sections) (6-5)
(June, 2023)

In person, hour

D. 전기, 가스, 증기 및 공기조절 공급업		E. 수도, 하수 및 폐기물 처리, 원료재생업		F. 건 설 업		G. 도매 및 소매업		H. 운수 및 창고업	
Electricity, gas, steam and air conditioning supply		Water supply; sewage, waste management, materials recovery		Construction		Wholesale and retail trade		Transportation and storage	
근로자수	근로시간	근로자수	근로시간	근로자수	근로시간	근로자수	근로시간	근로자수	근로시간
Employees	Hours worked	Employees	Hours worked	Employees	Hours worked	Employees	Hours worked	Employees	Hours worked
11 999	168.5	13 823	171.6	115 113	167.2	461 094	166.7	108 290	169.8
27	42.2	101	57.9	536	43.0	7 324	50.5	679	47.3
3	80.0	59	46.9	148	64.1	1 445	67.6	250	65.5
5	80.0	30	77.9	326	70.6	802	82.5	92	86.1
7	65.8	79	73.5	566	81.4	1 864	83.2	394	87.2
8	78.9	59	72.2	315	95.5	1 441	103.5	415	94.6
3	74.0	66	112.4	469	93.1	2 055	105.6	347	116.3
5	99.0	60	85.9	444	108.2	1 670	110.7	228	109.0
17	90.8	18	89.0	639	111.3	2 015	118.2	594	121.3
13	140.0	130	109.1	583	124.4	3 843	135.2	474	133.5
15	132.5	100	125.8	443	139.8	3 702	135.6	421	129.9
9	156.0	72	144.9	791	147.6	6 040	147.9	656	134.7
30	116.1	145	163.2	1 532	115.8	10 929	153.5	884	155.9
46	159.3	160	164.8	2 080	165.8	10 921	156.2	1 462	165.6
228	155.7	880	170.9	17 374	165.8	50 388	165.7	8 654	166.5
189	160.4	1 129	172.5	12 910	167.5	50 641	169.7	8 106	169.8
234	167.6	1 443	174.0	11 130	168.6	45 393	169.0	8 380	171.1
454	165.4	1 074	177.3	8 542	170.9	35 070	174.7	9 121	174.7
272	168.8	1 052	179.1	7 209	171.8	22 835	179.3	6 277	178.0
918	170.2	2 571	180.9	13 935	172.0	54 210	176.4	16 967	175.9
851	170.9	1 260	186.4	9 448	176.3	37 170	174.8	11 570	183.5
1 060	169.5	844	177.2	6 568	174.2	27 966	173.3	7 876	175.6
1 672	170.3	481	172.6	5 155	173.0	19 263	172.9	4 944	172.6
2 292	170.6	790	171.0	5 776	175.7	24 946	171.5	8 929	167.5
3 640	169.7	1 219	169.6	8 194	176.1	39 158	171.6	10 567	164.1

Note : Based upon the 10th revision(2017) of Korean Standard Industrial Classification
Total wages = Regular wages + Overtime wages + (Annual special wages for the previous year ÷ 12)
Source : Labor Market Statistics Division, Ministry of Employment and Labor, 「Survey Report on Labor Conditions by Employment Type」

18. 성·임금계층·산업(대분류)별 근로자수 및 근로시간(6-6)
(2023. 6월)

단위 : 명, 시간

성·임금계층 Gender · wage groups	I. 숙박 및 음식점업 Accommodation and food service activities		J. 정보통신업 Information and communication		K. 금융 및 보험업 Financial and insurance activities		L. 부동산업 Real estate activities	
	근로자수 Employees	근로시간 Hours worked	근로자수 Employees	근로시간 Hours worked	근로자수 Employees	근로시간 Hours worked	근로자수 Employees	근로시간 Hours worked
여자 Women	196 878	160.9	205 074	167.0	210 567	168.6	87 743	149.9
(Thousand won)								
~ 800 천원 미만	21 258	47.2	1 258	46.4	371	50.3	435	38.0
800 ~ 900 천원 미만	2 811	72.3	366	65.7	94	69.7	287	65.7
900 ~ 1 000 천원 미만	1 645	79.9	292	89.4	99	67.5	228	73.4
1 000 ~ 1 100 천원 미만	4 994	88.8	923	76.1	70	91.1	388	79.3
1 100 ~ 1 200 천원 미만	3 136	107.9	365	84.0	254	95.4	789	113.3
1 200 ~ 1 300 천원 미만	2 201	131.5	417	100.5	180	96.7	4 591	109.7
1 300 ~ 1 400 천원 미만	2 981	105.8	678	105.8	232	120.6	6 260	119.2
1 400 ~ 1 500 천원 미만	1 621	114.8	214	114.0	240	146.1	6 006	119.1
1 500 ~ 1 600 천원 미만	2 702	120.3	554	114.0	670	149.6	8 270	136.2
1 600 ~ 1 700 천원 미만	4 321	135.2	406	118.1	489	131.4	9 070	142.6
1 700 ~ 1 800 천원 미만	3 929	139.0	806	142.8	323	146.1	3 898	145.6
1 800 ~ 1 900 천원 미만	4 074	138.6	1 549	153.5	459	159.8	2 211	151.9
1 900 ~ 2 000 천원 미만	6 632	161.9	2 888	166.4	925	158.3	1 357	156.1
2 000 ~ 2 200 천원 미만	20 326	170.9	10 861	166.9	3 706	165.2	6 448	168.0
2 200 ~ 2 400 천원 미만	17 921	178.4	12 951	167.4	5 790	166.1	5 891	167.3
2 400 ~ 2 600 천원 미만	20 103	186.7	14 305	167.3	7 146	167.0	6 292	170.9
2 600 ~ 2 800 천원 미만	18 125	193.2	13 687	168.4	5 842	170.2	4 447	170.5
2 800 ~ 3 000 천원 미만	17 362	202.4	12 010	169.3	7 030	167.5	2 782	172.4
3 000 ~ 3 500 천원 미만	23 079	206.2	28 127	169.8	16 430	166.5	4 395	170.3
3 500 ~ 4 000 천원 미만	8 268	199.4	21 360	169.6	16 724	168.8	3 025	171.2
4 000 ~ 4 500 천원 미만	4 151	194.8	16 283	169.7	16 301	168.9	2 987	172.7
4 500 ~ 5 000 천원 미만	2 304	202.2	13 139	170.7	14 895	169.5	2 104	172.9
5 000 ~ 6 000 천원 미만	1 938	193.7	20 601	171.0	26 896	169.7	1 998	170.4
6 000천원 이상 ~	998	183.8	31 036	171.4	85 399	170.7	3 585	169.8

주 : 한국표준산업분류 10차개정(2017) 기준
　　 임금총액 = 정액급여 + 초과급여 + (전년도 연간 특별급여액 ÷ 12)
자료 : 고용노동부 노동시장조사과, 「고용형태별근로실태조사 보고서」

18. Employees and hours worked by gender, wage group and industry (sections) (6-6)
(June, 2023)

In person, hour

M. 전문, 과학 및 기술서비스업 Professional, scientific and technical activities		N. 사업시설관리, 사업지원 및 임대서비스업 Business facilities management and business support services; rental and leasing activities		P. 교육 서비스업 Education		Q. 보건업 및 사회 복지 서비스업 Human health and social work activities		R. 예술, 스포츠 및 여가관련 서비스업 Arts, sports and recreation related services		S. 협회 및 단체, 수리 및 기타 개인 서비스업 Membership organizations, repair and other personal services	
근로자수 Employees	근로시간 Hours worked	근로자수 Employees	근로시간 Hours worked	근로자수 Employees	근로시간 Hours worked	근로자수 Employees	근로시간 Hours worked	근로자수 Employees	근로시간 Hours worked	근로자수 Employees	근로시간 Hours worked
342 904	167.0	424 809	166.1	265 119	140.4	1 410 831	151.4	49 287	161.0	82 359	162.8
1 582	50.5	5 738	59.2	22 857	21.0	91 827	44.2	2 218	42.6	1 966	64.7
613	72.7	1 865	71.4	2 944	34.0	31 742	64.2	595	58.7	491	58.7
499	86.9	1 816	75.9	2 951	36.3	23 549	73.1	727	58.4	761	78.0
669	76.5	3 310	84.6	4 673	57.6	55 126	83.6	507	61.4	1 127	88.0
188	75.5	2 298	99.2	3 744	47.9	17 514	88.0	417	76.1	691	99.3
1 791	98.6	2 549	111.0	3 415	57.3	26 390	100.8	214	93.1	1 019	134.6
517	97.1	3 482	131.7	2 893	74.3	20 787	103.4	396	86.1	868	104.4
895	97.4	6 349	138.2	2 496	66.3	14 294	113.4	707	118.4	1 075	127.5
791	120.4	8 461	148.9	3 020	96.3	20 672	122.8	626	118.3	1 166	121.2
845	147.9	9 022	153.2	2 559	90.3	13 228	130.2	360	112.2	1 792	141.9
1 071	127.8	11 071	156.8	3 740	123.3	16 527	142.5	462	143.8	2 109	150.6
1 779	149.3	18 214	165.5	2 995	126.3	20 268	149.1	1 089	156.5	3 180	158.3
1 974	161.6	21 764	165.0	3 752	141.5	24 350	160.7	1 009	159.5	3 058	162.4
22 318	164.7	45 057	166.1	34 218	160.4	211 566	168.0	5 508	171.6	12 214	169.8
25 774	166.3	44 504	168.7	25 096	162.6	159 609	171.6	5 387	169.5	9 012	175.3
23 724	168.0	37 421	172.0	20 438	162.5	118 827	174.4	5 187	179.1	7 818	176.5
23 366	168.9	37 195	177.0	16 132	166.7	84 015	176.5	3 833	178.5	6 862	176.6
21 898	169.6	28 343	178.3	12 913	167.0	64 048	177.1	3 563	181.6	4 460	176.6
50 024	171.1	51 926	175.7	22 501	167.8	119 367	176.9	5 392	184.1	8 144	174.8
34 178	171.1	28 479	174.4	14 397	170.4	73 339	177.2	3 007	178.0	4 461	171.7
26 427	172.6	17 673	176.4	10 078	168.2	52 061	176.8	2 102	176.8	3 140	173.4
16 954	171.8	12 320	175.2	8 115	168.2	40 766	177.0	1 688	177.3	2 100	171.7
26 539	169.4	13 231	171.2	13 124	168.0	43 627	175.4	2 070	168.8	2 538	168.9
58 489	167.2	12 722	168.1	26 067	168.4	67 335	172.1	2 220	172.2	2 306	168.5

Note : Based upon the 10th revision(2017) of Korean Standard Industrial Classification
Total wages = Regular wages + Overtime wages + (Annual special wages for the previous year ÷ 12)
Source : Labor Market Statistics Division, Ministry of Employment and Labor, 「Survey Report on Labor Conditions by Employment Type」

19. 성·임금계층·직종(대분류)별 근로자수 및 근로시간(3-1)
(2023. 6월)

단위 : 명, 시간

성·임금계층 Gender · wage groups	전 직 종 Total		1. 관리자 Managers		2. 전문가 및 관련 종사자 Professionals and Related Workers		3. 사무종사자 Clerks		4. 서비스종사자 Service workers	
	근로자수 Employees	근로시간 Hours worked	근로자수 Employees	근로시간 Hours worked	근로자수 Employees	근로시간 Hours worked	근로자수 Employees	근로시간 Hours worked	근로자수 Employees	근로시간 Hours worked
총 수 Total	11 864 192	170.6	131 942	170.3	3 477 868	167.1	3 291 603	170.2	852 075	143.3
(Thousand won)										
~ 800 천원 미만	242 942	45.4	-	-	46 865	24.5	13 096	49.4	103 297	43.3
800 ~ 900 천원 미만	60 408	63.2	-	-	8 768	43.4	2 669	67.3	34 787	64.2
900 ~ 1 000 천원 미만	50 086	71.5	-	-	8 473	45.1	2 895	82.3	25 313	73.6
1 000 ~ 1 100 천원 미만	103 709	83.1	1	40.0	25 152	75.4	9 627	82.3	40 973	82.6
1 100 ~ 1 200 천원 미만	51 238	90.0	-	-	10 955	66.4	5 069	93.1	15 531	90.8
1 200 ~ 1 300 천원 미만	67 273	101.4	5	84.0	17 118	87.0	5 107	96.5	19 954	103.0
1 300 ~ 1 400 천원 미만	62 712	109.0	-	-	12 184	88.0	6 322	113.6	16 649	103.4
1 400 ~ 1 500 천원 미만	57 183	116.0	8	168.0	9 435	88.9	7 710	120.9	14 304	113.9
1 500 ~ 1 600 천원 미만	80 811	127.9	27	116.4	13 483	111.7	11 342	134.4	17 479	122.4
1 600 ~ 1 700 천원 미만	77 064	137.2	-	-	9 499	113.0	8 205	138.8	13 462	130.4
1 700 ~ 1 800 천원 미만	83 801	145.4	-	-	11 604	126.9	9 512	149.4	18 081	142.8
1 800 ~ 1 900 천원 미만	124 249	154.2	68	159.7	18 001	147.0	27 683	157.8	21 358	149.0
1 900 ~ 2 000 천원 미만	160 983	162.5	10	168.0	25 589	158.2	34 020	163.6	24 242	161.4
2 000 ~ 2 200 천원 미만	852 888	167.6	182	166.5	233 043	165.7	177 869	166.4	97 903	167.6
2 200 ~ 2 400 천원 미만	741 158	171.9	233	164.4	187 376	168.0	186 178	168.7	87 310	173.8
2 400 ~ 2 600 천원 미만	732 663	174.8	272	172.3	188 437	169.4	194 240	169.3	61 722	180.8
2 600 ~ 2 800 천원 미만	642 111	178.5	355	172.3	167 996	171.3	170 478	171.6	46 700	187.4
2 800 ~ 3 000 천원 미만	579 222	180.9	286	176.8	148 264	172.6	160 658	172.1	35 981	193.7
3 000 ~ 3 500 천원 미만	1 353 608	182.3	958	173.2	352 991	172.8	392 707	172.9	63 382	201.3
3 500 ~ 4 000 천원 미만	1 058 766	183.2	1 972	174.8	284 053	173.8	315 037	174.8	30 589	199.0
4 000 ~ 4 500 천원 미만	873 554	182.6	2 873	170.7	248 759	174.6	265 843	174.6	21 266	199.5
4 500 ~ 5 000 천원 미만	661 857	181.7	3 259	172.7	210 972	175.2	207 213	174.4	11 754	199.8
5 000 ~ 6 000 천원 미만	965 881	178.8	9 271	174.7	339 958	174.5	330 450	173.3	16 267	200.3
6 000천원 이상 ~	2 180 024	175.4	112 161	169.8	898 893	173.7	747 672	171.5	13 772	189.6

주 : 한국표준직업분류 7차개정(2017)기준
     임금총액 = 정액급여 + 초과급여 + (전년도 연간 특별급여액 ÷ 12)
자료: 고용노동부 노동시장조사과, 「고용형태별근로실태조사 보고서」

19. Employees and hours worked by gender, wage group and occupation (major) (3-1)
(June, 2023)

In person, hour

5. 판매 종사자 Sales workers		6. 농 림, 어 업 숙련 종사자 Skilled Agricultural, Forestry and Fishery Workers		7. 기능원 및 관련 기 능 종 사 자 Craft and Related Trades workers		8. 장치, 기계조작 및 조립 종사자 Equipment, Machine Operating and Assembling Workers		9. 단순 노무 종 사 자 Elementary Workers	
근로자수 Employees	근로시간 Hours worked	근로자수 Employees	근로시간 Hours worked	근로자수 Employees	근로시간 Hours worked	근로자수 Employees	근로시간 Hours worked	근로자수 Employees	근로시간 Hours worked
559 482	167.8	26 914	182.9	760 156	178.8	1 767 806	186.9	996 348	173.0
18 006	49.3	217	64.0	5 962	58.6	15 602	48.6	39 897	69.0
3 046	64.8	162	80.6	1 021	76.0	3 764	74.4	6 191	73.7
2 636	81.9	245	85.3	1 406	75.6	4 468	83.1	4 650	82.6
2 922	90.3	373	87.9	2 341	95.5	7 765	93.7	14 554	89.2
1 998	98.4	64	96.3	1 278	100.7	7 523	105.0	8 820	99.6
1 846	107.7	147	136.1	1 575	110.0	8 225	110.3	13 297	111.7
2 259	131.3	279	124.9	1 407	117.1	8 896	118.9	14 715	120.0
2 610	146.0	363	164.7	1 361	120.1	7 108	121.9	14 284	123.4
6 104	150.0	373	151.1	2 413	138.8	9 143	123.4	20 447	133.3
7 651	153.7	374	172.9	2 952	148.5	9 978	137.3	24 942	142.6
7 639	156.7	279	184.5	2 779	156.3	10 100	146.2	23 807	149.1
11 906	159.7	1 036	181.2	5 785	157.3	13 480	150.1	24 932	157.6
9 848	161.2	853	182.2	13 108	164.5	24 021	163.3	29 290	164.2
39 376	166.6	3 368	179.2	61 765	168.8	90 965	167.3	148 417	172.0
34 559	169.8	2 263	184.1	43 127	170.9	84 544	175.1	115 567	180.0
35 002	172.9	3 226	187.3	50 142	175.1	97 074	180.1	102 548	186.3
27 964	177.0	2 248	196.4	43 323	181.2	102 597	186.2	80 451	192.0
25 129	181.0	1 581	191.1	44 071	183.8	101 270	191.8	61 983	196.0
67 219	179.5	3 583	192.3	107 570	185.0	261 914	196.4	103 284	201.6
56 317	178.9	2 284	195.7	83 932	186.6	224 401	199.2	60 182	202.4
47 563	179.5	1 471	195.0	77 489	186.5	173 483	198.8	34 807	205.7
31 219	177.5	777	198.1	53 111	183.9	123 143	200.3	20 409	202.5
43 888	175.0	828	194.1	64 104	183.6	142 860	196.0	18 255	201.4
72 773	173.0	521	191.5	88 134	183.8	235 480	192.7	10 618	193.4

Note : Based upon the 7th revision(2017) of Korean Standard Classification of Occupations
Total wages = Regular wages + Overtime wages + (Annual special wages for the previous year ÷ 12)
Source : Labor Market Statistics Division, Ministry of Employment and Labor, 「Survey Report on Labor Conditions by Employment Type」

19. 성·임금계층·직종(대분류)별 근로자수 및 근로시간(3-2)
(2023. 6월)

단위 : 명, 시간

성·임금계층 Gender·wage groups	전 직 종 Total		1. 관리자 Managers		2. 전문가 및 관련 종사자 Professionals and Related Workers		3. 사무종사자 Clerks		4. 서비스종사자 Service workers	
	근로자수 Employees	근로시간 Hours worked	근로자수 Employees	근로시간 Hours worked	근로자수 Employees	근로시간 Hours worked	근로자수 Employees	근로시간 Hours worked	근로자수 Employees	근로시간 Hours worked
남 자 Men	7 109 162	176.6	114 927	170.4	1 968 212	170.1	1 743 210	172.4	195 696	176.3
(Thousand won)										
~ 800 천원 미만	75 191	48.0	-	-	19 903	25.5	5 086	52.8	11 058	40.2
800 ~ 900 천원 미만	15 289	62.7	-	-	4 334	44.7	999	65.3	2 542	60.0
900 ~ 1 000 천원 미만	14 442	72.9	-	-	3 795	44.8	1 084	81.0	1 251	65.6
1 000 ~ 1 100 천원 미만	25 050	85.3	1	40.0	5 010	66.0	3 574	83.6	1 752	79.6
1 100 ~ 1 200 천원 미만	17 932	93.8	-	-	3 727	68.9	2 021	89.6	758	83.5
1 200 ~ 1 300 천원 미만	19 449	101.6	5	84.0	4 052	69.1	1 603	93.9	1 434	102.9
1 300 ~ 1 400 천원 미만	18 398	112.7	-	-	2 421	81.1	2 542	123.4	1 437	99.9
1 400 ~ 1 500 천원 미만	17 705	114.1	8	168.0	3 145	90.4	1 774	106.6	1 582	103.3
1 500 ~ 1 600 천원 미만	25 074	124.6	27	116.4	4 635	112.0	3 550	128.4	1 645	121.5
1 600 ~ 1 700 천원 미만	25 886	136.6	-	-	3 300	111.7	2 490	136.8	1 157	125.7
1 700 ~ 1 800 천원 미만	27 302	145.3	-	-	4 459	133.2	2 207	148.2	1 825	127.8
1 800 ~ 1 900 천원 미만	45 120	155.9	3	84.0	7 759	152.5	7 459	158.5	2 160	155.4
1 900 ~ 2 000 천원 미만	61 133	163.7	10	168.0	11 871	159.4	7 761	166.9	2 447	159.8
2 000 ~ 2 200 천원 미만	305 579	168.5	166	166.4	58 317	162.9	50 790	167.0	13 746	167.1
2 200 ~ 2 400 천원 미만	282 057	174.0	184	163.5	55 078	167.0	49 160	168.7	13 683	176.2
2 400 ~ 2 600 천원 미만	332 870	176.8	120	175.6	64 757	168.2	61 583	169.5	14 898	182.5
2 600 ~ 2 800 천원 미만	309 503	180.5	196	175.8	62 974	170.7	56 627	173.0	12 817	184.9
2 800 ~ 3 000 천원 미만	314 032	182.5	220	177.8	61 785	172.0	61 271	173.3	14 293	189.7
3 000 ~ 3 500 천원 미만	831 852	184.8	625	175.4	170 580	173.0	179 191	174.7	32 246	200.7
3 500 ~ 4 000 천원 미만	725 700	185.6	1 296	177.8	161 306	173.9	172 033	176.6	20 298	199.6
4 000 ~ 4 500 천원 미만	635 949	185.1	2 228	171.0	156 936	175.1	160 736	176.8	13 900	207.1
4 500 ~ 5 000 천원 미만	491 047	184.1	2 493	172.7	140 750	175.8	129 152	176.2	8 380	204.9
5 000 ~ 6 000 천원 미만	737 225	181.0	7 709	175.3	246 599	175.1	221 770	174.8	10 762	217.1
6 000천원 이상 ~	1 755 377	176.6	99 635	169.9	710 721	174.5	558 749	172.2	9 623	197.5

주 : 한국표준직업분류 7차개정(2017)기준
    임금총액 = 정액급여 + 초과급여 + (전년도 연간 특별급여액 ÷ 12)
자료 : 고용노동부 노동시장조사과, 「고용형태별근로실태조사 보고서」

19. Employees and hours worked by gender, wage group and occupation(major)(3-2)
(June, 2023)

In person, hour

5. 판매 종사자 Sales workers		6. 농 림, 어 업 숙련 종사자 Skilled Agricultural, Forestry and Fishery Workers		7. 기능원 및 관련 기 능 종 사 자 Craft and Related Trades workers		8. 장치, 기계조작 및 조립 종사자 Equipment, Machine Operating and Assembling Workers		9. 단순 노무 종 사 자 Elementary Workers	
근로자수 Employees	근로시간 Hours worked	근로자수 Employees	근로시간 Hours worked	근로자수 Employees	근로시간 Hours worked	근로자수 Employees	근로시간 Hours worked	근로자수 Employees	근로시간 Hours worked
329 813	171.9	22 611	184.2	681 288	179.8	1 529 852	187.5	523 555	183.5
3 820	48.9	139	57.9	4 063	58.4	14 046	48.4	17 078	74.7
1 508	59.1	123	69.4	645	81.8	3 292	74.9	1 844	81.1
1 552	86.1	156	87.8	764	80.4	4 236	82.9	1 605	95.1
962	84.6	305	88.9	1 668	90.5	7 021	94.7	4 756	93.1
578	98.3	49	90.3	967	95.7	6 940	105.8	2 891	101.5
514	89.8	48	93.7	1 210	101.0	7 120	111.3	3 463	124.7
517	113.6	175	99.2	1 064	115.2	7 587	117.9	2 655	123.2
411	134.3	170	133.5	1 136	117.7	6 619	121.7	2 861	127.5
885	128.3	250	134.4	1 822	133.9	7 902	122.4	4 358	134.8
1 730	145.5	216	176.0	2 094	145.9	8 791	136.3	6 109	145.3
757	139.3	210	182.5	2 060	159.5	7 760	144.9	8 025	151.4
2 908	164.4	769	181.5	4 459	155.4	8 848	145.9	10 756	161.1
2 175	159.2	580	191.1	8 998	162.7	16 152	162.9	11 139	168.2
12 334	167.9	2 580	178.6	42 542	168.1	60 185	166.7	64 919	176.8
11 548	170.0	1 697	181.9	31 581	171.3	59 862	174.9	59 263	185.7
15 590	172.6	2 819	187.7	41 934	175.1	75 652	179.0	55 517	191.0
12 243	174.3	2 051	196.2	36 767	180.9	81 029	184.9	44 798	195.1
14 883	178.9	1 346	192.0	39 747	184.0	83 730	190.1	36 757	195.2
45 150	178.3	3 312	192.9	100 673	184.2	230 556	195.5	69 520	201.6
39 969	178.0	2 156	196.6	80 145	186.4	204 120	198.6	44 378	202.8
35 743	179.2	1 407	196.1	75 225	186.6	162 140	198.8	27 633	202.4
23 751	176.0	751	198.5	51 894	184.1	116 257	200.8	17 618	201.4
36 316	174.7	788	194.5	62 965	183.8	133 825	197.0	16 492	203.2
63 968	173.4	513	191.7	86 864	184.1	216 183	194.2	9 121	199.1

Note : Based upon the 7th revision(2017) of Korean Standard Classification of Occupations
Total wages = Regular wages + Overtime wages + (Annual special wages for the previous year ÷ 12)
Source : Labor Market Statistics Division, Ministry of Employment and Labor, 「Survey Report on Labor Conditions by Employment Type」

19. 성·임금계층·직종(대분류)별 근로자수 및 근로시간(3-3)
(2023. 6월)

단위 : 명, 시간

성·임금계층 Gender · wage groups	전 직 종 Total		1. 관리자 Managers		2. 전문가 및 관련 종사자 Professionals and Related Workers		3. 사무종사자 Clerks		4. 서비스종사자 Service workers	
	근로자수 Employees	근로시간 Hours worked	근로자수 Employees	근로시간 Hours worked	근로자수 Employees	근로시간 Hours worked	근로자수 Employees	근로시간 Hours worked	근로자수 Employees	근로시간 Hours worked
여 자 Women	4 755 030	161.5	17 015	169.3	1 509 656	163.3	1 548 393	167.7	656 379	133.5
(Thousand won)										
～ 800 천원 미만	167 751	44.2	-	-	26 962	23.7	8 010	47.2	92 239	43.7
800～ 900 천원 미만	45 119	63.3	-	-	4 434	42.0	1 671	68.5	32 245	64.5
900～1 000 천원 미만	35 644	70.9	-	-	4 678	45.3	1 811	83.1	24 062	74.0
1 000～1 100 천원 미만	78 659	82.4	-	-	20 143	77.8	6 052	81.5	39 221	82.7
1 100～1 200 천원 미만	33 306	87.9	-	-	7 229	65.1	3 048	95.4	14 773	91.2
1 200～1 300 천원 미만	47 824	101.3	-	-	13 066	92.5	3 504	97.7	18 519	103.0
1 300～1 400 천원 미만	44 314	107.4	-	-	9 763	89.7	3 781	107.0	15 211	103.8
1 400～1 500 천원 미만	39 478	116.9	-	-	6 291	88.1	5 936	125.2	12 722	115.2
1 500～1 600 천원 미만	55 738	129.4	-	-	8 847	111.6	7 792	137.1	15 834	122.5
1 600～1 700 천원 미만	51 178	137.5	-	-	6 199	113.7	5 715	139.6	12 305	130.8
1 700～1 800 천원 미만	56 500	145.5	-	-	7 145	122.9	7 306	149.8	16 256	144.5
1 800～1 900 천원 미만	79 129	153.2	65	163.3	10 242	142.9	20 224	157.5	19 198	148.3
1 900～2 000 천원 미만	99 849	161.8	-	-	13 718	157.2	26 259	162.6	21 794	161.5
2 000～2 200 천원 미만	547 309	167.1	16	168.0	174 727	166.7	127 079	166.1	84 157	167.7
2 200～2 400 천원 미만	459 101	170.5	50	167.4	132 298	168.5	137 018	168.8	73 627	173.3
2 400～2 600 천원 미만	399 793	173.2	152	169.7	123 680	170.0	132 657	169.2	46 825	180.3
2 600～2 800 천원 미만	332 609	176.7	159	168.0	105 022	171.6	113 851	170.9	33 883	188.4
2 800～3 000 천원 미만	265 191	179.0	66	173.7	86 479	173.0	99 387	171.4	21 688	196.4
3 000～3 500 천원 미만	521 755	178.3	333	169.0	182 411	172.6	213 516	171.4	31 135	201.9
3 500～4 000 천원 미만	333 065	177.8	675	169.1	122 747	173.7	143 004	172.7	10 291	197.8
4 000～4 500 천원 미만	237 605	176.0	645	169.6	91 822	173.8	105 107	171.1	7 367	185.1
4 500～5 000 천원 미만	170 810	174.7	766	172.5	70 223	174.0	78 061	171.3	3 374	187.2
5 000～6 000 천원 미만	228 656	172.0	1 562	171.7	93 359	172.8	108 680	170.2	5 505	167.5
6 000천원 이상～	424 647	170.4	12 526	168.8	188 172	170.7	188 923	169.7	4 149	171.5

주 : 한국표준직업분류 7차개정(2017)기준
    임금총액 = 정액급여 + 초과급여 + (전년도 연간 특별급여액 ÷ 12)
자료 : 고용노동부 노동시장조사과, 「고용형태별근로실태조사 보고서」

19. Employees and hours worked by gender, wage group and occupation(major)(3-3)
(June, 2023)

In person, hour

5. 판매 종사자 Sales workers		6. 농 림, 어 업 숙련 종사자 Skilled Agricultural, Forestry and Fishery Workers		7. 기능원 및 관련 기능 종사자 Craft and Related Trades workers		8. 장치, 기계조작 및 조립 종사자 Equipment, Machine Operating and Assembling Workers		9. 단순 노무 종사자 Elementary Workers	
근로자수 Employees	근로시간 Hours worked	근로자수 Employees	근로시간 Hours worked	근로자수 Employees	근로시간 Hours worked	근로자수 Employees	근로시간 Hours worked	근로자수 Employees	근로시간 Hours worked
229 669	161.9	4 303	175.9	78 868	170.3	237 954	182.9	472 792	161.5
14 186	49.5	79	74.7	1 899	59.1	1 557	50.4	22 819	64.8
1 538	70.4	38	116.7	376	66.0	471	71.1	4 347	70.5
1 084	75.9	88	80.8	643	69.8	233	86.4	3 046	76.0
1 961	93.1	68	83.4	673	108.1	744	84.4	9 797	87.4
1 420	98.5	15	116.3	311	116.2	583	95.7	5 929	98.7
1 332	114.5	99	156.6	365	139.9	1 105	103.9	9 834	107.1
1 742	136.6	104	168.0	343	122.9	1 310	125.1	12 060	119.4
2 199	148.2	193	192.2	225	132.3	489	124.4	11 423	122.4
5 220	153.7	123	185.2	591	153.8	1 242	129.8	16 089	132.9
5 921	156.1	159	168.8	858	154.7	1 187	144.5	18 833	141.7
6 883	158.7	69	190.9	719	147.1	2 340	150.5	15 782	148.0
8 999	158.2	267	180.3	1 325	163.9	4 633	157.9	14 176	155.0
7 673	161.7	273	163.4	4 111	168.3	7 869	164.0	18 152	161.8
27 042	165.9	788	181.4	19 223	170.3	30 780	168.3	83 498	168.2
23 011	169.8	566	190.7	11 545	169.7	24 682	175.7	56 304	174.1
19 412	173.2	406	184.7	8 208	175.0	21 422	183.8	47 031	180.7
15 721	179.1	196	197.5	6 556	182.6	21 567	190.9	35 653	188.1
10 246	183.9	235	185.5	4 324	181.4	17 540	199.9	25 226	197.1
22 069	182.0	271	186.2	6 897	196.5	31 359	202.9	33 764	201.6
16 348	181.1	128	180.7	3 787	192.6	20 281	205.3	15 805	201.1
11 820	180.3	63	170.3	2 264	184.5	11 344	199.4	7 174	218.6
7 468	182.0	25	184.7	1 217	177.0	6 886	191.9	2 791	209.8
7 572	176.6	41	186.1	1 139	172.3	9 035	180.5	1 763	185.4
8 805	170.6	8	180.1	1 271	168.5	19 296	176.0	1 497	158.8

Note : Based upon the 7th revision(2017) of Korean Standard Classification of Occupations
Total wages = Regular wages + Overtime wages + (Annual special wages for the previous year ÷ 12)
Source : Labor Market Statistics Division, Ministry of Employment and Labor, 「Survey Report on Labor Conditions by Employment Type」

20. 성·임금계층·사업체규모별 근로자수 및 근로시간(3-1)
(2023. 6월)

단위 : 명, 시간

성·임금계층 Gender · wage groups	전 규모(5인 이상) Total(5 or more employees)		1 규모(5~9인) Group 1(5-9 employees)		2 규모 (10~29인) Group 2(10-29 employees)	
	근로자수 Employees	근로시간 Hours worked	근로자수 Employees	근로시간 Hours worked	근로자수 Employees	근로시간 Hours worked
총 수 Total	11 864 192	170.6	1 889 927	165.8	3 041 645	169.2
(Thousand won)						
~ 800 천원 미만	242 942	45.4	44 472	48.6	77 840	53.1
800 ~ 900 천원 미만	60 408	63.2	7 883	70.8	20 929	65.8
900 ~ 1 000 천원 미만	50 086	71.5	9 906	80.9	14 148	75.5
1 000 ~ 1 100 천원 미만	103 709	83.1	34 495	86.8	36 203	82.0
1 100 ~ 1 200 천원 미만	51 238	90.0	9 225	94.8	18 536	88.9
1 200 ~ 1 300 천원 미만	67 273	101.4	11 069	104.9	18 846	104.6
1 300 ~ 1 400 천원 미만	62 712	109.0	12 762	111.4	19 298	111.7
1 400 ~ 1 500 천원 미만	57 183	116.0	10 707	116.8	16 272	117.9
1 500 ~ 1 600 천원 미만	80 811	127.9	22 272	129.2	26 574	125.9
1 600 ~ 1 700 천원 미만	77 064	137.2	16 140	134.8	25 208	136.5
1 700 ~ 1 800 천원 미만	83 801	145.4	17 921	145.4	25 336	144.9
1 800 ~ 1 900 천원 미만	124 249	154.2	32 559	156.9	38 661	152.8
1 900 ~ 2 000 천원 미만	160 983	162.5	40 291	164.8	51 910	162.2
2 000 ~ 2 200 천원 미만	852 888	167.6	242 215	167.1	299 828	168.6
2 200 ~ 2 400 천원 미만	741 158	171.9	169 050	172.0	247 992	172.6
2 400 ~ 2 600 천원 미만	732 663	174.8	166 609	173.8	236 734	175.6
2 600 ~ 2 800 천원 미만	642 111	178.5	124 206	177.0	197 368	180.0
2 800 ~ 3 000 천원 미만	579 222	180.9	110 640	179.6	168 039	182.4
3 000 ~ 3 500 천원 미만	1 353 608	182.3	240 522	178.3	385 093	183.9
3 500 ~ 4 000 천원 미만	1 058 766	183.2	153 873	177.1	271 570	184.8
4 000 ~ 4 500 천원 미만	873 554	182.6	113 713	178.3	207 874	182.7
4 500 ~ 5 000 천원 미만	661 857	181.7	64 465	176.3	133 175	181.7
5 000 ~ 6 000 천원 미만	965 881	178.8	91 346	174.8	182 627	178.3
6 000천원 이상 ~	2 180 024	175.4	143 586	172.0	321 583	173.9

주 : 규모는 상용근로자 기준
　　 임금총액 = 정액급여 + 초과급여 + (전년도 연간 특별급여액÷12)
자료 : 고용노동부 노동시장조사과, 「고용형태별근로실태조사 보고서」

20. Employees and hours worked by gender, wage group and establishment size(3-1)
(June, 2023)

In person, hour

3 규모 (30~99인) Group 3(30-99 employees)		4 규모 (100~299인) Group 4(100-299 employees)		5 규모 (300~499인) Group 5(300-499 employees)		6 규모 (500인 이상) Group 6(500 or more employees)	
근로자수 Employees	근로시간 Hours worked	근로자수 Employees	근로시간 Hours worked	근로자수 Employees	근로시간 Hours worked	근로자수 Employees	근로시간 Hours worked
2 730 686	171.4	1 745 325	173.6	558 328	174.4	1 898 281	172.2
76 187	45.8	21 461	39.1	4 955	23.9	18 027	16.2
22 252	63.6	5 035	63.6	1 259	48.1	3 051	28.0
15 805	73.0	4 937	73.7	997	50.4	4 293	33.1
21 025	82.7	7 061	89.2	1 827	74.0	3 098	49.4
12 261	97.8	6 967	90.2	1 420	82.0	2 829	50.7
22 948	103.8	9 741	104.3	1 422	93.8	3 248	48.6
18 156	108.5	8 040	113.3	1 788	123.8	2 669	57.1
14 670	115.0	9 859	119.9	2 680	130.1	2 995	83.0
15 195	130.2	10 696	129.9	3 001	141.0	3 073	104.7
18 956	139.7	10 554	139.3	2 607	146.9	3 598	126.3
18 114	146.9	13 441	146.6	2 604	143.1	6 385	142.0
25 424	156.0	16 867	151.7	3 526	155.5	7 213	148.5
33 594	163.8	21 294	159.8	4 826	163.2	9 068	154.8
173 038	168.7	78 123	165.9	19 632	166.2	40 051	163.3
182 440	172.8	84 788	170.3	16 756	170.0	40 132	166.8
179 054	176.8	88 830	172.4	20 223	175.5	41 213	169.6
173 613	179.8	84 923	176.8	18 454	176.7	43 547	175.1
161 243	182.9	83 149	178.7	19 867	177.7	36 284	176.2
356 469	185.7	207 362	181.3	54 274	178.0	109 887	178.2
274 927	186.7	182 295	183.6	55 357	180.4	120 744	179.9
205 773	185.3	167 734	184.7	53 523	182.0	124 936	179.3
156 889	183.8	135 861	185.8	50 805	181.8	120 662	177.3
210 572	182.0	181 948	181.8	72 928	180.6	226 460	175.1
342 080	176.7	304 359	175.5	143 598	177.1	924 819	175.6

Note : The size of establishment is classified on the basis of permanent employees
Total wages = Regular wages + Overtime wages + (Annual special wages for the previous year ÷ 12)
Source : Labor Market Statistics Division, Ministry of Employment and Labor, 「Survey Report on Labor Conditions by Employment Type」

20. 성·임금계층·사업체규모별 근로자수 및 근로시간(3-2)
(2023. 6월)

단위 : 명, 시간

성·임금계층 Gender·wage groups	전 규모(5인 이상) Total(5 or more employees)		1 규모(5~9인) Group 1(5-9 employees)		2 규모(10~29인) Group 2(10-29 employees)	
	근로자수 Employees	근로시간 Hours worked	근로자수 Employees	근로시간 Hours worked	근로자수 Employees	근로시간 Hours worked
남 자 Men	7 109 162	176.6	1 038 571	172.0	1 781 070	176.2
(Thousand won)						
~ 800 천원 미만	75 191	48.0	12 965	52.8	23 038	62.2
800 ~ 900 천원 미만	15 289	62.7	2 054	72.0	6 577	65.8
900 ~ 1 000 천원 미만	14 442	72.9	3 161	90.6	4 640	78.1
1 000 ~ 1 100 천원 미만	25 050	85.3	8 394	92.2	7 246	80.3
1 100 ~ 1 200 천원 미만	17 932	93.8	2 712	103.1	6 711	89.9
1 200 ~ 1 300 천원 미만	19 449	101.6	3 703	100.8	6 643	103.3
1 300 ~ 1 400 천원 미만	18 398	112.7	3 262	129.4	5 874	110.0
1 400 ~ 1 500 천원 미만	17 705	114.1	3 357	119.3	5 772	115.8
1 500 ~ 1 600 천원 미만	25 074	124.6	6 818	127.0	9 332	121.8
1 600 ~ 1 700 천원 미만	25 886	136.6	5 640	136.6	7 499	133.5
1 700 ~ 1 800 천원 미만	27 302	145.3	5 975	144.2	8 344	146.5
1 800 ~ 1 900 천원 미만	45 120	155.9	12 991	160.3	14 397	155.9
1 900 ~ 2 000 천원 미만	61 133	163.7	16 634	166.8	19 534	164.1
2 000 ~ 2 200 천원 미만	305 579	168.5	91 665	167.7	112 095	169.4
2 200 ~ 2 400 천원 미만	282 057	174.0	75 990	173.9	100 710	175.5
2 400 ~ 2 600 천원 미만	332 870	176.6	83 932	175.2	115 406	177.8
2 600 ~ 2 800 천원 미만	309 503	180.5	64 467	178.8	102 238	182.7
2 800 ~ 3 000 천원 미만	314 032	182.5	58 604	180.8	101 529	184.7
3 000 ~ 3 500 천원 미만	831 852	184.8	152 393	180.6	257 967	186.1
3 500 ~ 4 000 천원 미만	725 700	185.6	111 872	179.0	201 558	187.2
4 000 ~ 4 500 천원 미만	635 949	185.1	83 962	180.8	160 634	185.0
4 500 ~ 5 000 천원 미만	491 047	184.1	48 077	177.6	103 311	183.9
5 000 ~ 6 000 천원 미만	737 225	181.0	70 216	175.8	145 108	179.8
6 000천원 이상 ~	1 755 377	176.6	109 726	172.4	254 905	174.6

주 : 규모는 상용근로자 기준
    임금총액 = 정액급여 + 초과급여 + (전년도 연간 특별급여액÷12)
자료 : 고용노동부 노동시장조사과, 「고용형태별근로실태조사 보고서」

20. Employees and hours worked by gender, wage group and establishment size(3-2)
(June, 2023)

In person, hour

3 규모 (30~99인) Group 3(30-99 employees)		4 규모 (100~299인) Group 4(100-299 employees)		5 규모 (300~499인) Group 5(300-499 employees)		6 규모 (500인 이상) Group 6(500 or more employees)	
근로자수 Employees	근로시간 Hours worked	근로자수 Employees	근로시간 Hours worked	근로자수 Employees	근로시간 Hours worked	근로자수 Employees	근로시간 Hours worked
1 618 231	179.2	1 067 707	179.2	362 104	178.5	1 241 480	174.9
20 067	50.2	7 631	37.7	2 329	24.6	9 161	15.2
3 453	68.3	1 315	65.7	503	35.2	1 386	27.2
2 886	78.2	1 335	78.8	343	42.8	2 077	28.0
5 593	90.7	1 928	93.8	631	60.9	1 258	42.5
4 577	111.2	2 160	91.8	519	72.0	1 253	44.0
4 657	117.6	2 526	107.6	367	77.6	1 552	43.7
4 917	114.6	2 806	121.5	393	92.1	1 146	56.7
4 665	115.9	2 404	124.0	335	109.8	1 172	64.6
4 650	131.4	2 580	128.6	655	134.5	1 039	86.6
8 327	143.2	3 183	136.7	500	139.7	736	90.4
6 454	146.9	4 556	146.9	617	142.5	1 354	129.5
8 657	156.7	5 460	149.4	1 001	155.6	2 614	145.5
12 550	162.9	7 268	160.7	1 341	164.5	3 807	155.6
58 860	170.1	24 070	168.5	6 203	167.4	12 685	160.8
59 575	173.8	24 745	174.4	5 622	170.2	15 415	166.9
77 371	178.2	29 734	175.4	8 032	180.3	18 395	168.6
82 926	181.3	34 529	178.9	7 659	178.8	17 683	173.5
88 511	183.3	39 518	180.2	9 434	180.6	16 436	177.8
225 826	187.8	113 664	184.3	28 181	180.5	53 823	180.6
194 238	189.4	118 221	186.0	34 330	182.6	65 481	181.5
159 543	186.9	125 605	187.4	38 595	184.4	67 609	182.3
124 617	185.9	107 205	188.4	39 160	183.6	68 677	179.6
170 324	184.4	146 487	183.7	56 988	182.8	148 102	177.3
284 986	177.9	258 775	176.4	118 366	178.5	728 619	177.2

Note : The size of establishment is classified on the basis of permanent employees
Total wages = Regular wages + Overtime wages + (Annual special wages for the previous year ÷ 12)
Source : Labor Market Statistics Division, Ministry of Employment and Labor, 「Survey Report on Labor Conditions by Employment Type」

20. 성·임금계층·사업체규모별 근로자수 및 근로시간(3-3)
(2023. 6월)

단위 : 명, 시간

성·임금계층 Gender·wage groups	전 규모(5인 이상) Total(5 or more employees)		1 규모(5~9인) Group 1(5-9 employees)		2 규모(10~29인) Group 2(10-29 employees)	
	근로자수 Employees	근로시간 Hours worked	근로자수 Employees	근로시간 Hours worked	근로자수 Employees	근로시간 Hours worked
여 자 Women	4 755 030	161.5	851 356	158.3	1 260 575	159.3
(Thousand won)						
~ 800 천원 미만	167 751	44.2	31 507	46.8	54 802	49.3
800 ~ 900 천원 미만	45 119	63.3	5 829	70.3	14 351	65.7
900 ~ 1 000 천원 미만	35 644	70.9	6 746	76.4	9 509	74.3
1 000 ~ 1 100 천원 미만	78 659	82.4	26 100	85.1	28 957	82.4
1 100 ~ 1 200 천원 미만	33 306	87.9	6 513	91.3	11 825	88.3
1 200 ~ 1 300 천원 미만	47 824	101.3	7 365	106.9	12 203	105.3
1 300 ~ 1 400 천원 미만	44 314	107.4	9 500	105.3	13 425	112.4
1 400 ~ 1 500 천원 미만	39 478	116.9	7 350	115.7	10 499	119.0
1 500 ~ 1 600 천원 미만	55 738	129.4	15 454	130.2	17 242	128.0
1 600 ~ 1 700 천원 미만	51 178	137.5	10 500	133.8	17 709	137.8
1 700 ~ 1 800 천원 미만	56 500	145.5	11 946	146.0	16 992	144.0
1 800 ~ 1 900 천원 미만	79 129	153.2	19 568	154.6	24 264	151.0
1 900 ~ 2 000 천원 미만	99 849	161.8	23 657	163.4	32 376	161.1
2 000 ~ 2 200 천원 미만	547 309	167.1	150 550	166.7	187 733	168.2
2 200 ~ 2 400 천원 미만	459 101	170.5	93 059	170.5	147 282	170.6
2 400 ~ 2 600 천원 미만	399 793	173.2	82 676	172.3	121 328	173.5
2 600 ~ 2 800 천원 미만	332 609	176.7	59 739	175.1	95 130	177.0
2 800 ~ 3 000 천원 미만	265 191	179.0	52 036	178.1	66 510	178.8
3 000 ~ 3 500 천원 미만	521 755	178.3	88 129	174.4	127 127	179.3
3 500 ~ 4 000 천원 미만	333 065	177.8	42 001	171.9	70 011	177.7
4 000 ~ 4 500 천원 미만	237 605	176.0	29 751	171.2	47 240	174.8
4 500 ~ 5 000 천원 미만	170 810	174.7	16 388	172.3	29 864	174.0
5 000 ~ 6 000 천원 미만	228 656	172.0	21 130	171.4	37 519	172.3
6 000천원 이상 ~	424 647	170.4	33 860	170.8	66 677	171.2

주 : 규모는 상용근로자 기준
　　임금총액 = 정액급여 + 초과급여 + (전년도 연간 특별급여액÷12)
자료 : 고용노동부 노동시장조사과, 「고용형태별근로실태조사 보고서」

20. Employees and hours worked by gender, wage group and establishment size(3-3)
(June, 2023)

In person, hour

3 규모 (30~99인) Group 3(30-99 employees)		4 규모 (100~299인) Group 4(100-299 employees)		5 규모 (300~499인) Group 5(300-499 employees)		6 규모 (500인 이상) Group 6(500 or more employees)	
근로자수 Employees	근로시간 Hours worked	근로자수 Employees	근로시간 Hours worked	근로자수 Employees	근로시간 Hours worked	근로자수 Employees	근로시간 Hours worked
1 112 456	160.1	677 618	164.9	196 224	167.0	656 801	167.1
56 120	44.2	13 830	39.9	2 626	23.2	8 866	17.3
18 798	62.8	3 719	62.9	756	56.7	1 664	28.6
12 919	71.9	3 602	71.7	653	54.4	2 216	37.9
15 432	79.8	5 133	87.6	1 196	80.8	1 840	54.2
7 684	89.8	4 807	89.5	901	87.7	1 576	56.0
18 291	100.3	7 215	103.1	1 055	99.5	1 695	53.1
13 239	106.3	5 234	109.0	1 394	132.7	1 522	57.4
10 005	114.5	7 455	118.6	2 345	133.0	1 823	94.8
10 545	129.6	8 117	130.3	2 346	142.8	2 034	114.0
10 629	137.0	7 371	140.4	2 107	148.6	2 862	135.5
11 661	146.8	8 884	146.4	1 987	143.2	5 031	145.3
16 767	155.6	11 407	152.8	2 525	155.4	4 599	150.1
21 044	164.3	14 026	159.4	3 485	162.7	5 261	154.2
114 178	168.0	54 053	164.8	13 429	165.7	27 366	164.5
122 865	172.2	60 043	168.5	11 134	169.9	24 718	166.7
101 683	175.7	59 096	170.9	12 191	172.4	22 818	170.3
90 687	178.4	50 394	175.5	10 795	175.3	25 864	176.3
72 732	182.3	43 631	177.4	10 434	175.1	19 848	174.8
130 644	181.9	93 698	177.7	26 093	175.3	56 065	175.8
80 689	180.3	64 074	179.0	21 026	176.8	55 263	177.9
46 230	179.6	42 129	176.9	14 928	175.8	57 327	175.8
32 272	175.6	28 656	176.2	11 646	175.7	51 985	174.3
40 249	171.9	35 461	174.3	15 939	172.6	78 358	170.8
57 094	171.0	45 584	170.5	25 232	170.5	196 200	169.8

Note : The size of establishment is classified on the basis of permanent employees
Total wages = Regular wages + Overtime wages + (Annual special wages for the previous year ÷ 12)
Source : Labor Market Statistics Division, Ministry of Employment and Labor, 「Survey Report on Labor Conditions by Employment Type」

21. 직종(중분류)·경력년수·성별 월급여액, 연간특별급여액 및 근로자수(6-1)
(2023. 6월)

단위 : 천원, 명

직 종	전 경 력 Total								
	월급여액 Regular & overtime wages			연간특별급여액 Annual special wages			근로자수 Employees		
	계 Total	남 Men	여 Women	계 Total	남 Men	여 Women	계 Total	남 Men	여 Women
0. 전 직 종	3 755	4 278	2 974	6 128	7 829	3 586	11 864 192	7 109 162	4 755 030
1. 관 리 자	10 391	10 627	8 801	18 560	19 372	13 072	131 942	114 927	17 015
11. 공공 기관 및 기업 고위직	20 983	21 589	14 806	44 592	45 882	31 435	2 142	1 951	191
12. 행정·경영 지원 및 마케팅 관리직	11 936	12 128	10 695	22 560	23 583	15 953	38 774	33 576	5 198
13. 전문 서비스 관리직	9 561	10 012	7 663	18 669	20 134	12 511	32 676	26 396	6 280
14. 건설·전기 및 생산 관련 관리직	9 274	9 332	8 212	12 848	13 106	8 117	33 215	31 495	1 720
15. 판매 및 고객 서비스 관리직	9 662	9 939	8 018	17 577	18 635	11 295	25 135	21 510	3 625
2. 전문가 및 관련종사자	4 290	4 985	3 383	7 258	9 715	4 055	3 477 868	1 968 212	1 509 656
21. 과학 전문가 및 관련직	4 261	4 682	3 818	5 912	6 721	5 061	71 868	36 838	35 029
22. 정보 통신 전문가 및 기술직	4 848	5 046	4 138	7 832	8 345	5 996	478 389	373 832	104 556
23. 공학 전문가 및 기술직	4 680	4 811	3 867	11 414	11 637	10 032	1 016 610	875 390	141 220
24. 보건·사회복지 및 종교 관련직	3 610	5 840	3 093	2 763	4 019	2 472	1 031 698	194 060	837 638
25. 교육 전문가 및 관련직	3 665	4 418	3 012	2 993	4 299	1 860	295 398	137 226	158 172
26. 법률 및 행정 전문직	8 264	8 462	7 914	13 647	14 007	13 013	15 983	10 197	5 787
27. 경영·금융전문가 및 관련직	5 218	5 518	4 548	13 538	14 783	10 756	350 717	242 304	108 412
28. 문화·예술·스포츠 전문가 및 관련직	3 530	3 850	3 265	3 529	4 792	2 483	217 205	98 364	118 841
3. 사 무 종 사 자	4 085	4 717	3 372	7 177	9 093	5 020	3 291 603	1 743 210	1 548 393
31. 경영 및 회계 관련 사무직	4 163	4 747	3 398	6 553	8 332	4 222	2 746 084	1 557 190	1 188 894
32. 금 융 사 무 직	4 710	5 257	4 299	20 103	24 173	17 034	223 532	96 085	127 448
33. 법률 및 감사 사무직	4 441	4 709	4 016	10 350	11 768	8 100	51 762	31 747	20 015
39. 상담·안내·통계 및 기타 사무직	2 707	3 046	2 613	2 225	3 099	1 986	270 224	58 188	212 036
4. 서 비 스 종 사 자	2 074	2 914	1 824	1 046	2 417	637	852 075	195 696	656 379
41. 경찰·소방 및 보안 관련 서비스직	3 258	3 371	2 617	4 112	4 539	1 686	65 374	55 598	9 777
42. 돌봄·보건 및 개인 생활 서비스직	1 636	2 157	1 582	368	996	303	482 016	45 166	436 851
43. 운송 및 여가 서비스직	3 316	3 555	3 114	5 988	4 655	7 116	39 619	18 154	21 464
44. 조리 및 음식 서비스직	2 393	2 876	2 196	782	1 188	617	265 065	76 778	188 287
5. 판 매 종 사 자	3 432	4 027	2 577	4 579	6 152	2 320	559 482	329 813	229 669
51. 영 업 직	4 215	4 381	3 480	6 905	7 430	4 579	297 510	242 692	54 817
52. 매장 판매 및 상품 대여직	2 585	3 134	2 275	2 309	2 999	1 920	181 879	65 627	116 252
53. 통신 및 방문·노점 판매 관련직	2 446	2 753	2 333	1 094	1 352	999	80 093	21 494	58 600

주 : 한국표준직업분류 7차개정(2017)기준
  임금총액 = 월급여액 + (전년도 연간 특별급여액 ÷ 12)
  월급여액 = 정액급여 + 초과급여
자료 : 고용노동부 노동시장조사과, 「고용형태별근로실태조사 보고서」

21. Regular & overtime wages, Annual special wages and employees by occupation(sub-major), years of career and gender(6-1) (June, 2023)

In thousand won, person

Less than a year									Occupation
Regular & overtime wages			Annual special wages			Employees			
Total	Men	Women	Total	Men	Women	Total	Men	Women	
2 575	2 946	2 193	202	282	119	1 389 212	704 747	684 464	All Occupations
8 657	8 922	6 154	643	711	3	2 084	1 885	199	Managers
12 787	12 787	-	0	0	-	59	59	-	Senior Public Officials and Senior Corporate Officials
9 952	10 609	6 506	313	372	3	929	781	149	Public, Business Administration, Marketing Management Occupations
8 340	8 477	6 040	2 143	2 271	0	416	392	23	Professional Services Management Occupations
5 671	5 671	-	532	532	-	301	301	-	Construction, Electricity and Production Related Managers
7 556	7 805	4 339	0	0	0	380	353	27	Sales and Customer Service Managers
2 962	3 472	2 564	283	419	178	369 314	161 537	207 777	Professionals and Related Workers
3 128	3 353	2 937	209	219	201	9 875	4 525	5 350	Science Professionals and Related Occupations
3 289	3 374	3 077	352	355	345	38 580	27 463	11 117	Information and Communication Professionals and Technical Occupations
3 490	3 639	2 879	656	655	658	78 924	63 438	15 486	Engineering Professionals and Technical Occupations
2 794	4 198	2 530	134	180	125	139 876	22 158	117 718	Health, Social Welfare and Religion Related Occupations
1 940	1 985	1 915	58	107	31	44 676	15 928	28 748	Education Professionals and Related Occupations
5 849	5 658	6 103	917	683	1 230	1 306	747	559	Legal and Administrative Occupations
3 665	3 932	3 328	400	474	306	30 057	16 774	13 283	Business and Finance Professionals and Related Occupations
2 509	2 612	2 440	104	111	98	26 018	10 503	15 515	Culture, Arts and Sports Professionals and Related Occupations
2 796	3 211	2 496	231	333	157	316 446	132 726	183 720	Clerks
2 896	3 295	2 566	238	321	168	257 235	116 505	140 730	Administration and Accounting Related Occupations
2 931	3 135	2 797	599	977	352	13 502	5 339	8 164	Financial Clerical Occupations
2 905	3 217	2 614	397	496	305	3 691	1 779	1 912	Legal and Inspection Occupations
2 129	2 178	2 115	59	77	54	42 018	9 103	32 914	Customer Service, Information Desk, Statistical Survey and Other Clerical Occupations
1 618	2 123	1 496	29	64	20	181 531	35 180	146 351	Service Workers
2 418	2 449	2 179	115	122	60	4 943	4 379	564	Police, Fire Fighting and Security Related Service Occupations
1 373	1 677	1 347	10	19	9	112 321	8 930	103 391	Caregiving, Health and Personal Service Workers
1 977	2 098	1 889	64	65	62	5 929	2 496	3 433	Transport and Leisure Services Occupations
1 985	2 258	1 849	53	71	44	58 338	19 375	38 963	Cooking and Food Service Occupations
2 272	2 628	1 933	109	146	75	64 162	31 304	32 857	Sales Workers
2 940	3 091	2 651	208	225	176	23 934	15 739	8 195	Sales Occupations
1 848	2 190	1 631	55	77	40	31 626	12 294	19 332	Store Sales and Rental Sales Occupations
1 972	2 049	1 925	36	24	43	8 602	3 271	5 331	Mobile, Door to Door and Street Sales Related Occupations

Note : Based upon the 7th revision(2017) of Korean Standard Classification of Occupations
Total wages = Regular wages + Overtime wages + (Annual special wages for the previous year ÷ 12)
Source : Labor Market Statistics Division, Ministry of Employment and Labor, 「Survey Report on Labor Conditions by Employment Type」

21. 직종(중분류)·경력년수·성별 월급여액, 연간특별급여액 및 근로자수(6-2)
(2023. 6월)

단위 : 천원, 명

직 종	1 ~ 3년 미만 / 1 to less than 3 years								
	월급여액 Regular & overtime wages			연간특별급여액 Annual special wages			근로자수 Employees		
	계 Total	남 Men	여 Women	계 Total	남 Men	여 Women	계 Total	남 Men	여 Women
0. 전 직 종	2 911	3 293	2 502	2 526	3 373	1 620	2 175 037	1 124 432	1 050 605
1. 관 리 자	8 864	9 188	7 343	9 285	10 052	5 679	5 779	4 765	1 014
11. 공공 기관 및 기업 고위직	16 073	17 065	11 865	42 661	37 296	65 419	82	66	16
12. 행정·경영 지원 및 마케팅 관리직	10 418	10 661	9 096	10 375	10 602	9 140	2 478	2 093	385
13. 전문 서비스 관리직	8 140	8 645	6 149	9 107	10 713	2 781	1 187	947	240
14. 건설·전기 및 생산 관련 관리직	6 599	6 599	6 598	3 447	3 575	1 943	981	904	77
15. 판매 및 고객 서비스 관리직	7 573	8 194	5 992	9 775	13 069	1 375	1 052	755	296
2. 전문가 및 관련종사자	3 365	3 868	2 920	3 604	5 068	2 307	663 173	311 452	351 721
21. 과학 전문가 및 관련직	3 359	3 537	3 220	2 653	2 710	2 609	17 754	7 761	9 992
22. 정보 통신 전문가 및 기술직	3 627	3 780	3 258	3 110	3 329	2 580	96 151	67 987	28 164
23. 공학 전문가 및 기술직	3 729	3 841	3 306	7 173	7 380	6 385	151 896	120 204	31 692
24. 보건·사회복지 및 종교 관련직	3 156	4 850	2 808	1 846	2 492	1 713	226 729	38 623	188 106
25. 교육 전문가 및 관련직	2 342	2 530	2 230	741	788	713	54 851	20 487	34 364
26. 법률 및 행정 전문직	6 805	6 679	6 937	5 522	5 958	5 062	3 540	1 817	1 723
27. 경영·금융전문가 및 관련직	4 032	4 333	3 641	6 772	8 452	4 580	61 348	34 721	26 627
28. 문화·예술·스포츠 전문가 및 관련직	2 778	2 868	2 721	1 179	1 376	1 053	50 903	19 851	31 052
3. 사 무 종 사 자	3 067	3 475	2 750	2 944	4 008	2 113	507 738	222 639	285 099
31. 경영 및 회계 관련 사무직	3 131	3 526	2 787	2 880	3 883	2 005	420 189	195 928	224 261
32. 금 융 사 무 직	3 291	3 627	3 050	7 525	9 219	6 312	25 692	10 723	14 969
33. 법률 및 감사 사무직	3 214	3 364	3 055	6 084	5 808	6 378	6 496	3 348	3 148
39. 상담·안내·통계 및 기타 사무직	2 463	2 582	2 428	932	1 061	894	55 361	12 639	42 721
4. 서 비 스 종 사 자	1 820	2 437	1 663	353	826	233	223 820	45 313	178 508
41. 경찰·소방 및 보안 관련 서비스직	2 811	2 914	2 307	1 634	1 871	468	10 459	8 692	1 767
42. 돌봄·보건 및 개인 생활 서비스직	1 515	1 850	1 478	153	288	139	140 596	13 744	126 851
43. 운송 및 여가 서비스직	2 366	2 430	2 273	1 277	1 298	1 246	7 341	4 364	2 977
44. 조리 및 음식 서비스직	2 256	2 650	2 101	473	624	414	65 424	18 512	46 913
5. 판 매 종 사 자	2 635	3 139	2 194	1 470	2 082	934	102 869	48 002	54 867
51. 영 업 직	3 286	3 432	2 888	2 474	2 558	2 244	42 240	30 923	11 317
52. 매장 판매 및 상품 대여직	2 180	2 678	1 961	877	1 366	662	42 038	12 844	29 194
53. 통신 및 방문·노점 판매 관련직	2 185	2 402	2 120	527	778	453	18 591	4 236	14 355

주 : 한국표준직업분류 7차개정(2017)기준
임금총액 = 월급여액 + (전년도 연간 특별급여액 ÷ 12)
월급여액 = 정액급여 + 초과급여
자료 : 고용노동부 노동시장조사과, 「고용형태별근로실태조사 보고서」

21. Regular & overtime wages, Annual special wages and employees by occupation(sub-major), years of career and gender(6-2) (June, 2023)

In thousand won, person

3 ~ 5년 미만 / 3 to less than 5 years									Occupation
월급여액 / Regular & overtime wages			연간특별급여액 / Annual special wages			근로자수 / Employees			
계 Total	남 Men	여 Women	계 Total	남 Men	여 Women	계 Total	남 Men	여 Women	
3 164	3 568	2 684	3 533	4 552	2 320	1 564 130	849 821	714 309	All Occupations
9 354	9 604	7 834	17 350	18 922	7 810	5 436	4 667	769	Managers
17 895	18 628	13 562	53 162	51 792	61 268	167	143	24	Senior Public Officials and Senior Corporate Officials
10 902	11 089	9 877	25 673	28 405	10 733	1 656	1 400	256	Public, Business Administration, Marketing Management Occupations
9 015	9 596	6 340	15 815	18 228	4 688	1 477	1 214	263	Professional Services Management Occupations
7 256	7 291	6 730	7 001	7 421	571	1 209	1 135	74	Construction, Electricity and Production Related Managers
8 319	8 655	6 601	11 953	13 641	3 311	926	775	151	Sales and Customer Service Managers
3 659	4 229	3 093	4 907	6 702	3 123	474 075	236 332	237 743	Professionals and Related Workers
3 823	4 194	3 525	5 155	5 939	4 526	9 864	4 391	5 473	Science Professionals and Related Occupations
4 079	4 175	3 802	5 052	5 290	4 360	64 734	48 202	16 532	Information and Communication Professionals and Technical Occupations
4 023	4 113	3 618	8 287	8 148	8 913	111 477	91 228	20 249	Engineering Professionals and Technical Occupations
3 356	5 227	2 915	2 400	3 805	2 069	166 734	31 848	134 886	Health, Social Welfare and Religion Related Occupations
2 757	3 172	2 481	1 450	1 983	1 097	41 626	16 614	25 012	Education Professionals and Related Occupations
7 936	8 160	7 198	14 708	14 887	14 118	2 119	1 625	493	Legal and Administrative Occupations
4 319	4 459	4 061	10 370	12 188	7 002	43 113	27 997	15 115	Business and Finance Professionals and Related Occupations
3 116	3 289	2 991	2 496	2 771	2 297	34 410	14 428	19 982	Culture, Arts and Sports Professionals and Related Occupations
3 334	3 759	2 967	4 212	5 504	3 094	382 449	177 348	205 101	Clerks
3 418	3 808	3 033	4 000	5 089	2 922	315 840	157 032	158 808	Administration and Accounting Related Occupations
3 505	3 762	3 306	12 700	16 335	9 894	20 741	9 036	11 706	Financial Clerical Occupations
3 509	3 696	3 336	4 770	4 963	4 592	5 868	2 815	3 053	Legal and Inspection Occupations
2 558	2 871	2 474	1 406	1 829	1 293	40 000	8 465	31 535	Customer Service, Information Desk, Statistical Survey and Other Clerical Occupations
2 035	2 786	1 827	609	1 529	355	157 366	34 137	123 229	Service Workers
3 051	3 201	2 661	2 519	2 828	1 717	16 574	11 974	4 600	Police, Fire Fighting and Security Related Service Occupations
1 677	2 030	1 641	181	575	141	95 445	8 897	86 548	Caregiving, Health and Personal Service Workers
2 859	2 872	2 853	2 942	2 129	3 301	3 634	1 114	2 520	Transport and Leisure Services Occupations
2 379	2 921	2 156	627	894	518	41 712	12 152	29 560	Cooking and Food Service Occupations
3 014	3 421	2 485	2 529	3 218	1 632	78 640	44 452	34 187	Sales Workers
3 515	3 623	3 144	3 540	3 693	3 009	39 099	30 317	8 783	Sales Occupations
2 612	3 112	2 287	1 877	2 628	1 388	27 010	10 637	16 373	Store Sales and Rental Sales Occupations
2 319	2 616	2 204	781	897	736	12 531	3 499	9 032	Mobile, Door to Door and Street Sales Related Occupations

Note : Based upon the 7th revision(2017) of Korean Standard Classification of Occupations
Total wages = Regular wages + Overtime wages + (Annual special wages for the previous year ÷ 12)
Source : Labor Market Statistics Division, Ministry of Employment and Labor, 「Survey Report on Labor Conditions by Employment Type」

21. 직종(중분류)·경력년수·성별 월급여액, 연간특별급여액 및 근로자수(6-3)
(2023. 6월)

단위 : 천원, 명

직 종	5 ~ 10년 미만 5 to less than 10 years								
	월급여액 Regular & overtime wages			연간특별급여액 Annual special wages			근로자수 Employees		
	계 Total	남 Men	여 Women	계 Total	남 Men	여 Women	계 Total	남 Men	여 Women
0. 전 직 종	3 622	4 057	3 043	5 418	6 825	3 542	2 226 393	1 271 996	954 397
1. 관 리 자	9 573	9 693	9 018	15 233	16 225	10 635	13 019	10 709	2 310
11. 공공 기관 및 기업 고위직	16 799	20 862	14 032	32 544	52 285	19 100	172	70	102
12. 행정·경영 지원 및 마케팅 관리직	11 897	12 204	10 990	24 566	27 723	15 243	3 340	2 495	845
13. 전문 서비스 관리직	9 145	9 816	7 466	15 910	20 331	4 854	2 856	2 040	816
14. 건설·전기 및 생산 관련 관리직	8 085	8 150	7 182	9 681	9 780	8 300	4 134	3 859	275
15. 판매 및 고객 서비스 관리직	8 924	9 094	7 513	10 016	9 675	12 842	2 517	2 246	271
2. 전문가 및 관련종사자	4 214	4 876	3 446	7 231	9 735	4 323	653 296	351 039	302 257
21. 과학 전문가 및 관련직	4 360	4 596	4 092	7 797	7 406	8 242	15 678	8 335	7 343
22. 정보 통신 전문가 및 기술직	4 741	4 888	4 267	7 552	7 921	6 365	95 386	72 775	22 611
23. 공학 전문가 및 기술직	4 521	4 642	3 925	11 753	11 820	11 421	179 159	149 083	30 076
24. 보건·사회복지 및 종교 관련직	3 546	6 036	3 044	2 626	3 784	2 393	197 959	33 197	164 762
25. 교육 전문가 및 관련직	3 452	4 010	3 032	2 230	3 058	1 609	43 068	18 471	24 597
26. 법률 및 행정 전문직	8 855	8 760	8 922	13 173	14 241	12 414	3 544	1 472	2 072
27. 경영·금융전문가 및 관련직	5 093	5 389	4 485	13 281	15 175	9 401	71 927	48 340	23 587
28. 문화·예술·스포츠 전문가 및 관련직	3 742	4 006	3 554	3 383	4 142	2 843	46 574	19 366	27 208
3. 사 무 종 사 자	3 781	4 280	3 311	5 758	7 124	4 472	640 871	310 719	330 151
31. 경영 및 회계 관련 사무직	3 881	4 320	3 396	5 267	6 515	3 892	531 088	278 480	252 608
32. 금 융 사 무 직	3 893	4 456	3 558	16 450	20 553	14 013	41 960	15 635	26 325
33. 법률 및 감사 사무직	4 172	4 428	3 879	8 644	10 776	6 213	8 134	4 334	3 800
39. 상담·안내·통계 및 기타 사무직	2 760	3 100	2 672	2 212	2 537	2 128	59 689	12 271	47 418
4. 서 비 스 종 사 자	2 314	3 156	2 049	1 395	3 250	810	140 258	33 645	106 613
41. 경찰·소방 및 보안 관련 서비스직	3 291	3 380	2 669	4 952	5 442	1 549	14 477	12 655	1 822
42. 돌봄·보건 및 개인 생활 서비스직	1 887	2 517	1 826	405	1 286	320	75 952	6 682	69 269
43. 운송 및 여가 서비스직	3 234	3 301	3 199	6 343	3 462	7 819	7 059	2 391	4 668
44. 조리 및 음식 서비스직	2 591	3 246	2 338	1 133	1 981	805	42 770	11 916	30 854
5. 판 매 종 사 자	3 438	3 900	2 761	4 310	5 319	2 836	119 506	70 966	48 540
51. 영 업 직	4 072	4 138	3 759	6 054	6 111	5 786	62 955	51 848	11 107
52. 매장 판매 및 상품 대여직	2 889	3 402	2 562	3 174	3 932	2 692	34 307	13 347	20 960
53. 통신 및 방문·노점 판매 관련직	2 489	2 915	2 340	1 127	1 405	1 030	22 244	5 771	16 473

주 : 한국표준직업분류 7차개정(2017)기준
　　임금총액 = 월급여액 + (전년도 연간 특별급여액 ÷ 12)
　　월급여액 = 정액급여 + 초과급여
자료 : 고용노동부 노동시장조사과, 「고용형태별근로실태조사 보고서」

21. Regular & overtime wages, Annual special wages and employees by occupation(sub-major), years of career and gender(6-3) (June, 2023)

In thousand won, person

10 년 이 상 10 years more									Occupation
월급여액 Regular & overtime wages			연간특별급여액 Annual special wages			근로자수 Employees			
계 Total	남 Men	여 Women	계 Total	남 Men	여 Women	계 Total	남 Men	여 Women	
4 797	5 207	3 840	10 942	12 385	7 571	4 509 420	3 158 166	1 351 254	All Occupations
10 663	10 894	8 977	19 893	20 615	14 627	105 623	92 901	12 723	Managers
22 258	22 390	17 956	46 651	47 107	31 701	1 662	1 613	49	Senior Public Officials and Senior Corporate Officials
12 181	12 334	11 031	23 845	24 636	17 897	30 371	26 807	3 564	Public, Business Administration, Marketing Management Occupations
9 717	10 141	7 847	19 803	20 952	14 727	26 740	21 803	4 938	Professional Services Management Occupations
9 690	9 745	8 613	14 092	14 358	8 881	26 590	25 297	1 293	Construction, Electricity and Production Related Managers
9 963	10 225	8 383	19 508	20 636	12 697	20 260	17 381	2 879	Sales and Customer Service Managers
5 391	5 877	4 315	11 910	13 739	7 862	1 318 010	907 852	410 159	Professionals and Related Workers
5 863	6 183	5 312	10 837	11 648	9 440	18 697	11 826	6 871	Science Professionals and Related Occupations
6 142	6 225	5 639	13 003	13 037	12 798	183 537	157 406	26 131	Information and Communication Professionals and Technical Occupations
5 366	5 431	4 700	15 011	14 958	15 561	495 153	451 436	43 717	Engineering Professionals and Technical Occupations
4 515	7 124	3 748	4 969	6 343	4 565	300 400	68 234	232 167	Health, Social Welfare and Religion Related Occupations
5 434	6 026	4 578	6 156	7 344	4 438	111 176	65 726	45 450	Education Professionals and Related Occupations
9 527	9 650	8 934	21 834	19 036	35 337	5 475	4 535	940	Legal and Administrative Occupations
6 377	6 423	6 200	20 228	19 269	23 911	144 272	114 472	29 800	Business and Finance Professionals and Related Occupations
4 698	4 949	4 355	7 762	9 432	5 485	59 300	34 217	25 083	Culture, Arts and Sports Professionals and Related Occupations
5 058	5 587	4 184	11 603	13 030	9 243	1 444 099	899 777	544 322	Clerks
5 099	5 581	4 155	10 364	11 817	7 513	1 221 732	809 244	412 487	Administration and Accounting Related Occupations
5 695	6 247	5 235	27 447	31 610	23 971	121 637	55 352	66 285	Financial Clerical Occupations
5 213	5 286	5 040	14 378	15 027	12 817	27 573	19 471	8 102	Legal and Inspection Occupations
3 261	3 973	3 066	4 907	7 613	4 168	73 158	15 710	57 448	Customer Service, Information Desk, Statistical Survey and Other Clerical Occupations
2 827	3 877	2 337	3 456	5 731	2 395	149 100	47 421	101 678	Service Workers
3 882	3 926	3 108	7 279	7 421	4 788	18 922	17 897	1 024	Police, Fire Fighting and Security Related Service Occupations
2 047	3 206	1 889	1 852	3 926	1 569	57 702	6 912	50 790	Caregiving, Health and Personal Service Workers
4 411	4 827	3 999	10 988	8 733	13 221	15 656	7 789	7 866	Transport and Leisure Services Occupations
2 831	3 630	2 549	1 737	2 955	1 308	56 820	14 823	41 997	Cooking and Food Service Occupations
4 402	4 933	3 193	8 696	10 394	4 823	194 305	135 087	59 218	Sales Workers
5 037	5 130	4 347	11 024	11 344	8 659	129 282	113 866	15 416	Sales Occupations
3 207	3 991	2 781	4 730	5 931	4 078	46 898	16 504	30 393	Store Sales and Rental Sales Occupations
2 973	3 462	2 801	2 352	3 062	2 103	18 126	4 717	13 409	Mobile, Door to Door and Street Sales Related Occupations

Note : Based upon the 7th revision(2017) of Korean Standard Classification of Occupations
Total wages = Regular wages + Overtime wages + (Annual special wages for the previous year ÷ 12)
Source : Labor Market Statistics Division, Ministry of Employment and Labor, 「Survey Report on Labor Conditions by Employment Type」

21. 직종(중분류)·경력년수·성별 월급여액, 연간특별급여액 및 근로자수(6-4)
(2023. 6월)

단위 : 천원, 명

직 종	전 경 력 Total								
	월급여액 Regular & overtime wages			연간특별급여액 Annual special wages			근로자수 Employees		
	계 Total	남 Men	여 Women	계 Total	남 Men	여 Women	계 Total	남 Men	여 Women
6. 농림·어업숙련종사자	2 706	2 813	2 143	1 487	1 600	895	26 914	22 611	4 303
61. 농·축산 숙련직	2 762	2 876	2 173	1 473	1 587	888	24 657	20 642	4 015
62. 임 업 숙 련 직	1 907	1 957	1 684	1 329	1 390	1 054	1 486	1 215	270
63. 어 업 숙 련 직	2 444	2 448	2 276	2 252	2 305	0	771	753	18
7. 기능원 및 관련 기능종사자	3 431	3 548	2 419	5 416	5 853	1 640	760 156	681 288	78 868
71. 식품가공 관련 기능직	2 645	2 925	2 346	1 181	1 385	964	70 896	36 538	34 357
72. 섬유·의복 및 가죽 관련 기능직	2 476	3 086	2 224	876	1 855	470	26 876	7 870	19 006
73. 목재·가구·악기 및 간판 관련 기능직	2 992	3 041	2 304	692	733	110	12 890	12 036	854
74. 금속 성형 관련 기능직	3 542	3 574	2 766	5 246	5 403	1 450	96 561	92 711	3 850
75. 운송 및 기계 관련 기능직	3 927	3 937	3 202	9 746	9 796	6 117	234 431	231 204	3 227
76. 전기 및 전자 관련 기능직	3 598	3 644	2 865	4 857	4 856	4 867	112 375	105 779	6 595
77. 정보 통신 및 방송장비 관련 기능직	3 302	3 317	2 964	4 656	4 510	8 078	70 283	67 401	2 882
78. 건설 및 채굴 관련 기능직	3 070	3 090	2 511	1 933	1 950	1 465	100 574	97 155	3 419
79. 기 타 기능 관련직	3 054	3 228	1 909	4 036	4 606	311	35 271	30 593	4 678
8. 장치·기계조작 및 조립종사자	3 422	3 516	2 813	6 948	7 152	5 634	1 767 806	1 529 852	237 954
81. 식품가공 관련 기계 조작직	3 215	3 478	2 662	5 093	6 414	2 314	50 588	34 297	16 291
82. 섬유 및 신발 관련 기계 조작직	3 031	3 210	2 514	1 787	1 973	1 251	46 251	34 384	11 867
83. 화학 관련 기계 조작직	3 852	4 056	2 772	8 982	10 096	3 070	181 805	152 977	28 828
84. 금속 및 비금속 관련 기계 조작직	3 786	3 854	2 726	9 197	9 632	2 401	175 800	165 223	10 577
85. 기계 제조 및 관련 기계 조작직	3 481	3 593	2 688	8 798	9 534	3 619	392 811	343 957	48 854
86. 전기 및 전자 관련 기계 조작직	3 559	3 738	3 083	9 570	9 125	10 760	317 865	231 245	86 620
87. 운전 및 운송 관련직	3 079	3 091	2 542	3 533	3 567	1 979	472 860	462 704	10 156
88. 상하수도 및 재활용 처리 관련 기계 조작직	3 785	3 802	2 875	6 764	6 835	3 028	20 853	20 464	390
89. 목재·인쇄 및 기타 기계 조작직	3 180	3 361	2 554	3 512	4 003	1 808	108 973	84 602	24 371
9. 단 순 노 무 종 사 자	2 412	2 674	2 121	1 503	1 889	1 076	996 348	523 555	472 792
91. 건설 및 광업 관련 단순 노무직	2 669	2 734	2 359	2 128	2 190	1 832	15 183	12 532	2 651
92. 운송 관련 단순 노무직	2 977	3 048	2 578	2 882	3 213	996	77 812	66 181	11 632
93. 제조 관련 단순 노무직	2 616	2 816	2 383	1 985	2 317	1 599	341 824	183 599	158 225
94. 청소 및 경비 관련 단순 노무직	2 173	2 453	1 871	791	990	577	333 853	173 416	160 436
95. 가사·음식 및 판매 관련 단순 노무직	2 215	2 507	2 079	1 278	1 718	1 074	168 692	53 554	115 138
99. 농림·어업 및 기타 서비스 단순 노무직	2 328	2 544	2 029	1 409	1 755	930	58 984	34 273	24 710

주 : 한국표준직업분류 7차개정(2017)기준
　　임금총액 = 월급여액 + (전년도 연간 특별급여액 ÷ 12)
　　월급여액 = 정액급여 + 초과급여
자료 : 고용노동부 노동시장조사과, 「고용형태별근로실태조사 보고서」

21. Regular & overtime wages, Annual special wages and employees by occupation(sub-major), years of career and gender(6-4) (June, 2023)

In thousand won, person

Regular & overtime wages			Annual special wages			Employees			Occupation
Total	Men	Women	Total	Men	Women	Total	Men	Women	
2 129	2 245	1 768	220	285	17	4 230	3 199	1 031	Skilled Agricultural, Forestry and Fishery Workers
2 137	2 259	1 778	231	304	18	3 974	2 964	1 010	Agricultural, Livestock Related Skilled Occupations
1 497	1 569	1 324	0	0	0	71	50	21	Skilled Forestry Occupations
2 200	2 200	-	54	54	-	185	185	-	Skilled Fishery Occupations
2 692	2 778	2 134	162	180	49	77 039	66 820	10 220	Craft and Related Trades Workers
2 396	2 653	2 173	39	45	34	12 294	5 726	6 568	Food Processing Related Trades Occupations
2 188	2 357	2 032	35	73	0	1 535	739	797	Textile, Clothing and Leather Related Trade occupations
2 583	2 584	1 933	36	36	0	1 529	1 526	2	Wood and Furniture, Musical Instrument and Signboard Related Trade Occupations
2 856	2 878	2 234	81	83	22	13 614	13 157	457	Metal Coremakers Related Trade Occupations
2 942	2 950	2 517	426	421	720	18 071	17 752	318	Transport and Machine Related Trade Occupations
2 836	2 858	2 423	191	199	55	9 533	9 049	484	Electric and Electronic Related Trade Occupations
2 474	2 483	2 323	34	36	0	6 351	6 002	349	Information and Communications Technology Related Occupations
2 688	2 699	2 240	97	99	3	10 527	10 275	253	Construction and Mining Related Trade Occupations
2 103	2 313	1 555	18	23	5	3 586	2 594	992	Other Technical Occupations
2 769	2 824	2 383	310	321	232	196 098	171 526	24 573	Equipment, Machine Operating and Assembling Workers
2 379	2 430	2 267	450	592	138	5 874	4 043	1 831	Food Processing Related Machine Operating Occupations
2 652	2 723	2 131	24	26	12	4 716	4 147	568	Textile and Shoe Related Machine Operating Occupations
2 885	2 963	2 487	367	432	38	18 551	15 518	3 033	Chemical Related Machine Operating Occupations
3 076	3 118	2 475	191	203	31	23 256	21 731	1 526	Metal and Nonmetal Related Machine Operating Occupations
2 804	2 874	2 313	421	462	127	42 466	37 221	5 245	Machine Production and Related Machine Operating Occupation
2 746	2 826	2 478	494	477	549	32 423	24 926	7 497	Electrical and Electronic Related Machine Operating Occupations
2 645	2 658	1 921	195	198	41	53 338	52 342	996	Driving and Transport Related Occupations
2 867	2 886	2 309	399	357	1 576	1 555	1 503	53	Water Treatment and Recycling Related Operating Occupation
2 717	2 841	2 388	137	151	100	13 918	10 095	3 823	Wood, Printing and Other Machine Operating Occupations
2 141	2 364	1 852	82	106	51	178 307	100 571	77 736	Elementary Workers
2 395	2 421	2 176	7	7	0	2 365	2 110	255	Construction and Mining Related Elementary Occupations
2 427	2 481	2 189	40	44	22	12 493	10 204	2 289	Transport Related Elementary Occupations
2 388	2 567	2 066	144	177	85	66 628	42 798	23 831	Production Related Elementary Occupations
2 046	2 282	1 783	32	40	23	53 018	27 955	25 063	Cleaning and Guard Related Elementary Occupations
1 778	1 910	1 697	62	106	35	35 278	13 478	21 800	Household Helpers, Cooking Attendants and Sales Related Elementary Workers
1 805	1 962	1 665	71	12	124	8 525	4 027	4 498	Agriculture, Forestry, Fishery and Other Service Elementary Occupations

Note : Based upon the 7th revision(2017) of Korean Standard Classification of Occupations
Total wages = Regular wages + Overtime wages + (Annual special wages for the previous year ÷ 12)
Source : Labor Market Statistics Division, Ministry of Employment and Labor, 「Survey Report on Labor Conditions by Employment Type」

21. 직종(중분류)·경력년수·성별 월급여액, 연간특별급여액 및 근로자수(6-5) (2023. 6월)

단위 : 천원, 명

직 종	1 ~ 3년 미만 1 to less than 3 years								
	월급여액 Regular & overtime wages			연간특별급여액 Annual special wages			근로자수 Employees		
	계 Total	남 Men	여 Women	계 Total	남 Men	여 Women	계 Total	남 Men	여 Women
6. 농림어업숙련종사자	2 473	2 554	1 990	805	847	554	6 205	5 314	891
61. 농·축산 숙련직	2 543	2 628	2 041	815	850	609	5 621	4 809	812
62. 임업 숙련직	1 575	1 603	1 469	240	303	0	386	306	79
63. 어업 숙련직	2 233	2 233	-	1 625	1 625	-	198	198	-
7. 기능원및관련기능종사자	2 895	3 015	2 274	2 090	2 335	821	123 480	103 508	19 973
71. 식품가공관련 기능직	2 517	2 836	2 286	887	1 123	716	17 808	7 466	10 341
72. 섬유·의복 및 가죽관련 기능직	2 112	2 422	2 069	197	515	153	4 514	543	3 971
73. 목재·가구·악기 및 간판관련 기능직	2 600	2 656	2 163	301	304	279	1 507	1 336	171
74. 금속성형관련 기능직	3 074	3 101	2 564	1 603	1 652	688	10 436	9 911	525
75. 운송 및 기계관련 기능직	3 266	3 272	3 014	3 987	3 972	4 572	35 660	34 817	842
76. 전기 및 전자관련 기능직	3 000	3 039	2 576	1 873	1 892	1 658	17 323	15 881	1 442
77. 건설 및 채굴관련 기능직	2 748	2 764	2 470	1 725	1 739	1 490	11 116	10 505	611
78. 영상 및 통신장비관련 기능직	2 821	2 849	2 245	1 021	1 044	538	18 746	17 883	863
79. 기타 기능 관련직	2 400	2 544	1 781	1 777	2 122	295	6 372	5 166	1 206
8. 장치, 기계조작 및 조립종사자	2 929	3 006	2 517	2 751	2 863	2 153	306 597	258 423	48 175
81. 식품가공관련 기계조작직	2 729	2 840	2 558	1 679	2 040	1 123	10 387	6 301	4 087
82. 섬유및신발관련 기계조작직	2 701	2 923	2 303	686	704	653	6 987	4 491	2 496
83. 화학관련기계 조작직	3 154	3 300	2 620	3 174	3 720	1 185	32 039	25 144	6 895
84. 금속 및 비금속관련 기계조작직	3 197	3 264	2 494	2 651	2 849	580	25 274	23 059	2 214
85. 기계제조 및 관련 기계조작직	2 988	3 072	2 494	2 793	2 918	2 057	72 147	61 667	10 480
86. 전기 및 전자관련 기계조작직	2 941	3 074	2 577	4 251	4 373	3 914	57 410	42 113	15 297
87. 운전 및 운송 관련직	2 740	2 757	2 235	2 018	2 065	651	79 057	76 453	2 604
88. 상·하수도 및 재활용처리관련 기계조작직	3 152	3 168	2 691	3 958	3 990	3 039	3 684	3 559	125
89. 목재·인쇄 및 기타 기계조작직	2 866	2 971	2 452	1 677	1 813	1 142	19 613	15 635	3 978
9. 단순노무종사자	2 303	2 541	2 034	934	1 206	626	235 376	125 017	110 359
91. 건설 및 광업관련 단순노무직	2 381	2 428	2 207	594	445	1 151	4 171	3 290	881
92. 운송관련 단순노무직	2 691	2 721	2 552	1 420	1 535	897	19 696	16 150	3 547
93. 제조관련 단순노무직	2 556	2 740	2 325	1 487	1 876	998	76 020	42 308	33 712
94. 청소 및 경비관련 단순노무직	2 116	2 408	1 792	564	729	382	84 803	44 548	40 255
95. 가사·음식 및 판매관련 단순노무직	2 102	2 337	2 000	610	808	524	38 339	11 603	26 736
99. 농림어업 및 기타서비스 단순노무직	2 017	2 169	1 810	414	462	347	12 348	7 119	5 229

주 : 한국표준직업분류 7차개정(2017)기준
　　임금총액 = 월급여액 + (전년도 연간 특별급여액 ÷ 12)
　　월급여액 = 정액급여 + 초과급여
자료 : 고용노동부 노동시장조사과, 「고용형태별근로실태조사 보고서」

21. Regular & overtime wages, Annual special wages and employees by occupation(sub-major), years of career and gender(6-5) (June, 2023)

In thousand won, person

3 ~ 5년 미만 3 to less than 5 years									Occupation
월급여액 Regular & overtime wages			연간특별급여액 Annual special wages			근로자수 Employees			
계 Total	남 Men	여 Women	계 Total	남 Men	여 Women	계 Total	남 Men	여 Women	
2 682	2 756	2 367	1 374	1 457	1 022	4 167	3 373	794	Skilled Agricultural, Forestry and Fishery Workers
2 713	2 793	2 386	1 337	1 407	1 052	3 940	3 168	772	Agricultural, Livestock Related Skilled Occupations
1 741	1 742	1 739	759	1 069	0	77	54	22	Skilled Forestry Occupations
2 362	2 362	-	2 641	2 641	-	151	151	-	Skilled Fishery Occupations
3 077	3 180	2 398	3 274	3 468	1 984	98 337	85 458	12 878	Craft and Related Trades Workers
2 566	2 843	2 303	728	805	655	11 850	5 759	6 091	Food Processing Related Trades Occupations
2 450	2 899	2 214	464	721	330	3 654	1 254	2 400	Textile, Clothing and Leather Related Trade occupations
2 969	2 969	-	758	758	-	1 537	1 537	-	Wood and Furniture, Musical Instrument and Signboard Related Trade Occupations
3 268	3 302	2 788	1 586	1 606	1 305	10 454	9 752	702	Metal Coremakers Related Trade Occupations
3 400	3 404	3 139	5 948	5 937	6 550	26 503	26 032	472	Transport and Machine Related Trade Occupations
3 278	3 373	2 612	4 644	4 454	5 981	16 959	14 842	2 117	Electric and Electronic Related Trade Occupations
2 900	2 908	2 692	2 538	2 178	11 886	7 703	7 417	286	Information and Communications Technology Related Occupations
2 902	2 920	2 404	1 701	1 722	1 116	16 272	15 701	571	Construction and Mining Related Trade Occupations
2 728	2 802	1 763	3 012	3 218	298	3 404	3 164	240	Other Technical Occupations
3 093	3 172	2 589	3 105	3 262	2 106	206 182	178 162	28 020	Equipment, Machine Operating and Assembling Workers
2 869	3 016	2 615	2 605	3 232	1 517	5 215	3 309	1 907	Food Processing Related Machine Operating Occupations
2 912	3 112	2 358	968	1 000	879	5 298	3 894	1 403	Textile and Shoe Related Machine Operating Occupations
3 315	3 409	2 674	4 565	4 976	1 752	22 732	19 831	2 901	Chemical Related Machine Operating Occupations
3 347	3 434	2 571	3 016	3 281	662	18 820	16 917	1 902	Metal and Nonmetal Related Machine Operating Occupations
3 101	3 214	2 585	3 141	3 495	1 511	42 924	35 250	7 674	Machine Production and Related Machine Operating Occupation
3 119	3 257	2 635	4 270	4 457	3 621	36 111	28 056	8 056	Electrical and Electronic Related Machine Operating Occupations
2 940	2 952	2 507	2 309	2 301	2 597	58 071	56 488	1 582	Driving and Transport Related Occupations
3 333	3 337	2 885	4 266	4 244	6 781	2 702	2 678	24	Water Treatment and Recycling Related Operating Occupation
3 033	3 145	2 522	1 843	1 948	1 361	14 309	11 739	2 571	Wood, Printing and Other Machine Operating Occupations
2 410	2 651	2 120	1 471	1 656	1 250	157 479	85 891	71 587	Elementary Workers
2 647	2 677	2 259	855	878	564	1 921	1 783	138	Construction and Mining Related Elementary Occupations
2 928	2 959	2 592	2 027	2 109	1 142	10 850	9 929	920	Transport Related Elementary Occupations
2 620	2 779	2 412	2 072	2 355	1 700	48 491	27 519	20 972	Production Related Elementary Occupations
2 190	2 462	1 920	1 092	1 135	1 050	62 170	30 942	31 228	Cleaning and Guard Related Elementary Occupations
2 367	2 687	2 142	1 094	1 127	1 071	25 996	10 739	15 257	Household Helpers, Cooking Attendants and Sales Related Elementary Workers
2 222	2 414	1 910	1 403	1 550	1 165	8 050	4 979	3 072	Agriculture, Forestry, Fishery and Other Service Elementary Occupations

Note : Based upon the 7th revision(2017) of Korean Standard Classification of Occupations
Total wages = Regular wages + Overtime wages + (Annual special wages for the previous year ÷ 12)
Source : Labor Market Statistics Division, Ministry of Employment and Labor, 「Survey Report on Labor Conditions by Employment Type」

21. 직종(중분류)·경력년수·성별 월급여액, 연간특별급여액 및 근로자수(6-6)
(2023. 6월)

단위 : 천원, 명

직 종	5 ~ 10년 미만 5 to less than 10 years								
	월급여액 Regular & overtime wages			연간특별급여액 Annual special wages			근로자수 Employees		
	계 Total	남 Men	여 Women	계 Total	남 Men	여 Women	계 Total	남 Men	여 Women
6. 농림어업숙련종사자	2 874	2 952	2 436	2 152	2 358	1 003	3 980	3 375	605
61. 농·축산 숙련직	2 953	3 038	2 488	2 241	2 465	1 007	3 596	3 043	553
62. 임 업 숙 련 직	1 998	2 020	1 882	941	937	960	320	268	52
63. 어 업 숙 련 직	2 797	2 797	-	3 248	3 248	-	64	64	-
7. 기능원및관련기능종사자	3 338	3 440	2 478	5 096	5 480	1 859	137 802	123 193	14 609
71. 식품가공관련 기능직	2 705	2 932	2 460	1 603	1 721	1 477	13 941	7 222	6 719
72. 섬유·의복 및 가죽관련 기능직	2 589	3 433	2 227	1 293	2 442	799	4 759	1 429	3 331
73. 목재·가구·악기 및 간판관련 기능직	2 982	3 028	2 493	975	1 060	60	2 777	2 540	237
74. 금속성형관련 기능직	3 491	3 513	2 919	4 007	4 081	2 062	16 066	15 472	593
75. 운송 및 기계관련 기능직	3 830	3 839	3 267	8 902	8 924	7 384	42 751	42 135	615
76. 전기 및 전자관련 기능직	3 458	3 490	2 863	5 760	5 751	5 937	19 656	18 653	1 004
77. 건설 및 채굴관련 기능직	3 121	3 126	2 927	3 458	3 430	4 516	14 722	14 338	384
78. 영상 및 통신장비관련 기능직	2 956	2 975	2 519	1 800	1 833	1 034	15 143	14 517	626
79. 기 타 기 능 관 련 직	2 894	3 015	2 133	4 352	4 981	409	7 987	6 888	1 099
8. 장치, 기계조작 및 조립종사자	3 334	3 429	2 798	5 246	5 463	4 018	323 666	275 018	48 648
81. 식품가공관련 기계조작직	3 137	3 435	2 700	3 734	4 810	2 151	10 160	6 048	4 112
82. 섬유및신발관련 기계조작직	3 088	3 223	2 567	1 764	1 843	1 460	8 956	7 119	1 837
83. 화학관련기계 조작직	3 585	3 737	2 866	6 524	7 300	2 842	34 221	28 264	5 957
84. 금속 및 비금속관련 기계조작직	3 600	3 657	2 814	6 266	6 368	4 837	29 781	27 796	1 985
85. 기계제조 및 관련 기계조작직	3 351	3 459	2 755	6 276	6 817	3 276	65 431	55 448	9 983
86. 전기 및 전자관련 기계조작직	3 465	3 661	2 940	6 905	7 005	6 637	56 053	40 812	15 240
87. 운전 및 운송 관련직	3 167	3 179	2 752	3 968	3 990	3 181	92 540	89 991	2 550
88. 상·하수도 및 재활용처리관련 기계조작직	3 488	3 497	2 581	4 662	4 671	3 759	4 465	4 420	45
89. 목재·인쇄 및 기타 기계조작직	3 056	3 254	2 624	2 205	2 204	2 205	22 058	15 120	6 938
9. 단 순 노 무 종 사 자	2 461	2 734	2 207	1 703	2 194	1 247	193 995	93 331	100 664
91. 건설 및 광업관련 단순노무직	2 906	2 982	2 434	1 810	1 823	1 727	1 793	1 544	249
92. 운송관련 단순노무직	3 188	3 228	2 734	3 392	3 455	2 693	13 300	12 200	1 100
93. 제조관련 단순노무직	2 603	2 807	2 434	2 062	2 720	1 519	72 468	32 745	39 722
94. 청소 및 경비관련 단순노무직	2 211	2 480	1 930	909	1 107	703	62 137	31 724	30 413
95. 가사·음식 및 판매관련 단순노무직	2 326	2 807	2 160	1 734	2 447	1 487	32 539	8 361	24 177
99. 농림어업 및 기타서비스 단순노무직	2 388	2 532	2 195	1 672	2 243	902	11 758	6 756	5 002

주 : 한국표준직업분류 7차개정(2017)기준
임금총액 = 월급여액 + (전년도 연간 특별급여액 ÷ 12)
월급여액 = 정액급여 + 초과급여
자료 : 고용노동부 노동시장조사과, 「고용형태별근로실태조사 보고서」

21. Regular & overtime wages, Annual special wages and employees by occupation(sub-major), years of career and gender(6-6) (June, 2023)

In thousand won, person

10 years more									Occupation
Regular & overtime wages			Annual special wages			Employees			
Total	Men	Women	Total	Men	Women	Total	Men	Women	
3 103	3 209	2 312	2 378	2 435	1 955	8 332	7 350	982	Skilled Agricultural, Forestry and Fishery Workers
3 190	3 297	2 367	2 325	2 374	1 942	7 527	6 659	868	Agricultural, Livestock Related Skilled Occupations
2 130	2 186	1 820	2 405	2 398	2 441	633	537	96	Skilled Forestry Occupations
2 889	2 960	2 276	4 623	5 156	0	172	155	18	Skilled Fishery Occupations
3 959	4 049	2 665	8 724	9 138	2 819	323 498	302 309	21 189	Craft and Related Trades Workers
3 006	3 180	2 618	2 432	2 402	2 498	15 003	10 365	4 638	Food Processing Related Trades Occupations
2 609	3 249	2 315	1 189	2 529	574	12 413	3 905	8 508	Textile, Clothing and Leather Related Trade occupations
3 223	3 307	2 259	820	885	72	5 540	5 096	444	Wood and Furniture, Musical Instrument and Signboard Related Trade Occupations
3 930	3 966	2 920	8 865	9 110	1 952	45 992	44 419	1 573	Metal Coremakers Related Trade Occupations
4 461	4 469	3 576	14 326	14 380	8 196	111 447	110 468	979	Transport and Machine Related Trade Occupations
4 125	4 142	3 619	6 533	6 513	7 147	48 903	47 355	1 548	Electric and Electronic Related Trade Occupations
3 868	3 885	3 456	7 811	7 555	13 767	30 391	29 139	1 253	Information and Communications Technology Related Occupations
3 399	3 415	2 832	2 992	2 993	2 947	39 886	38 779	1 106	Construction and Mining Related Trade Occupations
3 769	3 911	2 169	6 175	6 681	504	13 923	12 783	1 140	Other Technical Occupations
3 932	4 036	3 174	12 295	12 468	11 032	735 262	646 724	88 538	Equipment, Machine Operating and Assembling Workers
3 877	4 165	2 910	9 817	11 299	4 850	18 951	14 597	4 354	Food Processing Related Machine Operating Occupations
3 239	3 455	2 669	2 801	3 228	1 670	20 295	14 733	5 563	Textile and Shoe Related Machine Operating Occupations
4 683	4 956	2 934	16 125	17 741	5 796	74 261	64 219	10 043	Chemical Related Machine Operating Occupations
4 361	4 412	3 072	16 551	17 022	4 476	78 669	75 720	2 950	Metal and Nonmetal Related Machine Operating Occupations
4 005	4 110	2 953	15 846	16 720	7 129	169 843	154 370	15 473	Machine Production and Related Machine Operating Occupation
4 171	4 444	3 529	16 493	15 766	18 203	135 868	95 338	40 529	Electrical and Electronic Related Machine Operating Occupations
3 341	3 346	2 930	5 263	5 298	2 533	189 853	187 429	2 424	Driving and Transport Related Occupations
4 532	4 552	3 337	11 070	11 214	2 693	8 447	8 304	143	Water Treatment and Recycling Related Operating Occupation
3 627	3 845	2 643	6 984	7 889	2 879	39 075	32 014	7 061	Wood, Printing and Other Machine Operating Occupations
2 691	3 045	2 317	3 034	4 049	1 962	231 190	118 745	112 445	Elementary Workers
2 965	3 099	2 514	5 052	5 673	2 958	4 933	3 805	1 127	Construction and Mining Related Elementary Occupations
3 455	3 597	2 790	5 991	7 024	1 149	21 473	17 698	3 775	Transport Related Elementary Occupations
2 877	3 214	2 555	3 911	4 827	3 034	78 218	38 229	39 989	Production Related Elementary Occupations
2 288	2 599	1 933	1 258	1 773	671	71 724	38 247	33 478	Cleaning and Guard Related Elementary Occupations
2 547	3 102	2 356	2 880	5 187	2 084	36 540	9 373	27 167	Household Helpers, Cooking Attendants and Sales Related Elementary Workers
2 789	3 047	2 363	2 539	2 979	1 814	18 303	11 393	6 910	Agriculture, Forestry, Fishery and Other Service Elementary Occupations

Note : Based upon the 7th revision(2017) of Korean Standard Classification of Occupations
Total wages = Regular wages + Overtime wages + (Annual special wages for the previous year ÷ 12)
Source : Labor Market Statistics Division, Ministry of Employment and Labor, 「Survey Report on Labor Conditions by Employment Type」

22. 직종(대분류)·성·학력별 연령, 근속년수, 근로일수, 근로시간, 월급여액 및 근로자수(5-1)(2023. 6월)

단위 : 세, 년, 일, 시간, 천원, 명

직 종·성·학 력		평균연령 Average age	근속년수 Years of continuous employment	근로일수 Days worked	근로시간 Hours worked
0. 전 직 종 All Occupations	총 수	43.8	6.6	20.9	170.6
	중학교졸업이하	58.7	5.3	20.9	158.8
	고등학교졸업	48.2	6.3	21.2	173.0
	전문대학졸업	40.8	6.7	21.1	173.0
	대학교졸업이상	40.8	6.9	20.7	168.5
	남 자	44.4	7.6	21.0	176.6
	중학교졸업이하	55.1	6.1	20.7	176.0
	고등학교졸업	47.2	7.2	21.3	183.3
	전문대학졸업	42.0	7.7	21.2	179.5
	대학교졸업이상	42.7	7.8	20.7	171.1
	여 자	42.8	5.3	20.8	161.5
	중학교졸업이하	62.3	4.4	21.1	141.5
	고등학교졸업	49.5	5.0	21.0	158.3
	전문대학졸업	39.3	5.4	21.0	164.5
	대학교졸업이상	37.7	5.5	20.5	164.1
1. 관 리 자 Managers	총 수	52.7	14.2	20.9	170.3
	중학교졸업이하	69.6	15.2	23.5	183.5
	고등학교졸업	56.8	15.6	21.1	173.8
	전문대학졸업	51.2	13.8	21.2	176.6
	대학교졸업이상	52.4	14.1	20.8	169.4
	남 자	53.1	14.4	20.9	170.4
	중학교졸업이하	69.6	15.2	23.5	183.5
	고등학교졸업	57.3	15.6	21.1	174.4
	전문대학졸업	51.3	13.9	21.1	177.5
	대학교졸업이상	52.8	14.3	20.8	169.5
	여 자	49.9	13.0	20.9	169.3
	중학교졸업이하	-	-	-	-
	고등학교졸업	53.2	16.0	21.2	169.6
	전문대학졸업	50.4	13.3	21.2	171.6
	대학교졸업이상	49.5	12.6	20.9	169.0

주 : 한국표준직업분류 7차개정(2017)기준
　　임금총액 = 월급여액 + (전년도 연간 특별급여액 ÷ 12)
　　월급여액 = 정액급여 + 초과급여
자료 : 고용노동부 노동시장조사과, 「고용형태별근로실태조사 보고서」

22. Average age, years of continuous employment, days and hours worked, regular & overtime wages and employees by occupation(major), gender and educational attainment (5-1) (June, 2023)

In age, year, day, hour, thousand won, person

월급여액			연간특별급여액	근로자수	
Regular & overtime wages	정액급여액 Regular wages	초과급여액 Overtime wages	Annual special wages	Employees	Educational Attainment
3 755	3 508	248	6 128	11 864 192	Total
2 341	2 111	230	1 977	233 423	Middle school graduate or lower
2 976	2 658	318	3 967	4 161 578	High school graduate
3 427	3 146	281	5 620	1 847 773	Community college graduate
4 499	4 314	185	8 068	5 621 418	University graduate or higher
4 278	3 956	323	7 829	7 109 162	Men
2 819	2 470	349	3 175	117 159	Middle school graduate or lower
3 409	2 978	431	5 230	2 444 917	High school graduate
3 890	3 491	399	7 596	1 046 232	Community college graduate
5 051	4 827	223	9 869	3 500 854	University graduate or higher
2 974	2 838	135	3 586	4 755 030	Women
1 859	1 750	110	769	116 264	Middle school graduate or lower
2 359	2 202	158	2 167	1 716 661	High school graduate
2 823	2 696	127	3 041	801 541	Community college graduate
3 589	3 466	122	5 095	2 120 564	University graduate or higher
10 391	10 194	198	18 560	131 942	Total
10 114	10 114	0	738	22	Middle school graduate or lower
8 690	8 435	255	11 632	12 383	High school graduate
7 548	7 190	358	13 104	8 496	Community college graduate
10 798	10 620	179	19 754	111 041	University graduate or higher
10 627	10 419	208	19 372	114 927	Men
10 114	10 114	0	738	22	Middle school graduate or lower
8 979	8 707	271	11 222	10 872	High school graduate
7 633	7 231	402	14 147	7 198	Community college graduate
11 034	10 848	186	20 680	96 835	University graduate or higher
8 801	8 673	127	13 072	17 015	Women
-	-	-	-	-	Middle school graduate or lower
6 616	6 476	141	14 578	1 511	High school graduate
7 075	6 961	114	7 316	1 298	Community college graduate
9 191	9 063	127	13 438	14 206	University graduate or higher

Note : Based upon the 7th revision(2017) of Korean Standard Classification of Occupations
Total wages = Regular wages + Overtime wages + (Annual special wages for the previous year ÷ 12)
Source : Labor Market Statistics Division, Ministry of Employment and Labor, 「Survey Report on Labor Conditions by Employment Type」

22. 직종(대분류)·성·학력별 연령, 근속년수, 근로일수, 근로시간, 월급여액 및 근로자수(5-2)(2023. 6월)

단위 : 세, 년, 일, 시간, 천원, 명

직 종·성·학 력		평균연령 Average age	근속년수 Years of continuous employment	근로일수 Days worked	근로시간 Hours worked
2. 전문가 및 관련 종사자 Professionals and Related Workers	총 수	40.1	6.1	20.6	167.1
	중학교졸업이하	56.1	6.0	21.4	147.5
	고등학교졸업	45.3	5.9	21.1	166.0
	전문대학졸업	39.7	5.8	21.1	170.7
	대학교졸업이상	39.7	6.2	20.5	166.5
	남 자	41.9	7.1	20.6	170.1
	중학교졸업이하	53.5	6.0	21.1	160.9
	고등학교졸업	45.6	7.4	21.0	173.0
	전문대학졸업	41.7	7.0	21.1	175.9
	대학교졸업이상	41.6	7.1	20.5	168.9
	여 자	37.9	4.8	20.6	163.3
	중학교졸업이하	59.4	6.0	21.8	131.0
	고등학교졸업	45.0	4.7	21.1	160.6
	전문대학졸업	38.2	4.8	21.1	166.7
	대학교졸업이상	36.7	4.8	20.3	162.7
3. 사무종사자 Clerks	총 수	41.9	7.9	20.9	170.2
	중학교졸업이하	54.0	8.6	21.1	169.5
	고등학교졸업	45.0	8.2	21.1	171.2
	전문대학졸업	40.7	7.7	21.0	170.4
	대학교졸업이상	41.1	7.9	20.8	169.8
	남 자	44.2	9.0	21.0	172.4
	중학교졸업이하	56.5	10.0	21.4	174.8
	고등학교졸업	47.5	9.3	21.3	175.8
	전문대학졸업	43.3	9.0	21.1	173.7
	대학교졸업이상	43.5	9.0	20.9	171.2
	여 자	39.2	6.7	20.8	167.7
	중학교졸업이하	48.6	5.6	20.3	158.0
	고등학교졸업	42.9	7.2	20.9	167.2
	전문대학졸업	38.7	6.7	20.9	167.9
	대학교졸업이상	37.8	6.4	20.8	167.9

주 : 한국표준직업분류 7차개정(2017)기준
　　임금총액 = 월급여액 + (전년도 연간 특별급여액 ÷ 12)
　　월급여액 = 정액급여 + 초과급여
자료 : 고용노동부 노동시장조사과,「고용형태별근로실태조사 보고서」

22. Average age, years of continuous employment, days and hours worked, regular & overtime wages and employees by occupation(major), gender and educational attainment (5-2) (June, 2023)

In age, year, day, hour, thousand won, person

월급여액			연간특별급여액	근로자수	
Regular & overtime wages	정액급여액 Regular wages	초과급여액 Overtime wages	Annual special wages	Employees	Educational Attainment
4 290	4 094	195	7 258	3 477 868	Total
2 652	2 562	89	2 667	3 919	Middle school graduate or lower
3 022	2 827	195	4 697	257 142	High school graduate
3 391	3 190	201	4 265	576 347	Community college graduate
4 612	4 417	194	8 167	2 640 460	University graduate or higher
4 985	4 744	241	9 715	1 968 212	Men
2 964	2 844	120	2 787	2 159	Middle school graduate or lower
3 757	3 453	304	7 573	112 191	High school graduate
4 106	3 808	298	6 844	252 898	Community college graduate
5 213	4 984	228	10 327	1 600 963	University graduate or higher
3 383	3 248	135	4 055	1 509 656	Women
2 269	2 217	52	2 521	1 760	Middle school graduate or lower
2 452	2 342	110	2 471	144 951	High school graduate
2 832	2 707	125	2 249	323 448	Community college graduate
3 686	3 544	141	4 841	1 039 497	University graduate or higher
4 085	3 935	150	7 177	3 291 603	Total
3 942	3 775	167	4 257	9 098	Middle school graduate or lower
3 545	3 382	162	4 940	703 231	High school graduate
3 546	3 399	147	5 282	530 323	Community college graduate
4 410	4 264	146	8 448	2 048 951	University graduate or higher
4 717	4 519	198	9 093	1 743 210	Men
4 512	4 312	200	5 289	6 224	Middle school graduate or lower
4 133	3 884	249	6 071	326 009	High school graduate
4 143	3 919	224	6 751	230 450	Community college graduate
4 992	4 813	179	10 405	1 180 527	University graduate or higher
3 372	3 277	95	5 020	1 548 393	Women
2 708	2 613	96	2 024	2 874	Middle school graduate or lower
3 036	2 949	87	3 963	377 221	High school graduate
3 088	3 000	88	4 154	299 873	Community college graduate
3 619	3 518	101	5 789	868 425	University graduate or higher

Note : Based upon the 7th revision(2017) of Korean Standard Classification of Occupations
Total wages = Regular wages + Overtime wages + (Annual special wages for the previous year ÷ 12)
Source : Labor Market Statistics Division, Ministry of Employment and Labor, 「Survey Report on Labor Conditions by Employment Type」

22. 직종(대분류)·성·학력별 연령, 근속년수, 근로일수, 근로시간, 월급여액 및 근로자수(5-3)(2023. 6월)

단위 : 세, 년, 일, 시간, 천원, 명

직 종·성·학 력		평균연령 Average age	근속년수 Years of continuous employment	근로일수 Days worked	근로시간 Hours worked
4. 서비스종사자 Service Workers	총 수	50.6	3.6	20.9	143.3
	중학교졸업이하	63.9	3.5	20.9	124.0
	고등학교졸업	53.5	3.2	20.8	139.1
	전문대학졸업	41.2	4.2	21.1	156.5
	대학교졸업이상	42.4	4.8	20.9	155.2
	남 자	41.5	5.1	21.3	176.3
	중학교졸업이하	59.4	3.6	20.8	126.8
	고등학교졸업	43.1	4.4	21.1	172.1
	전문대학졸업	37.6	5.7	21.4	183.7
	대학교졸업이상	40.6	6.2	21.5	181.5
	여 자	53.3	3.1	20.7	133.5
	중학교졸업이하	64.3	3.5	20.9	123.8
	고등학교졸업	55.8	2.9	20.8	132.0
	전문대학졸업	43.4	3.2	20.9	140.5
	대학교졸업이상	43.4	4.0	20.5	139.9
5. 판매종사자 Sales Workers	총 수	42.0	6.3	20.7	167.8
	중학교졸업이하	55.4	5.9	18.2	145.4
	고등학교졸업	43.7	5.8	20.7	165.7
	전문대학졸업	40.5	6.9	20.7	168.0
	대학교졸업이상	40.9	6.6	20.8	169.9
	남 자	42.1	7.1	20.9	171.9
	중학교졸업이하	51.8	4.4	19.8	160.5
	고등학교졸업	42.4	6.3	21.0	173.3
	전문대학졸업	41.8	7.8	20.9	171.2
	대학교졸업이상	42.0	7.3	20.9	171.6
	여 자	41.9	5.3	20.4	161.9
	중학교졸업이하	58.2	7.1	17.1	133.5
	고등학교졸업	44.6	5.4	20.5	159.9
	전문대학졸업	38.5	5.6	20.4	163.2
	대학교졸업이상	38.1	4.9	20.5	165.6

주 : 한국표준직업분류 7차개정(2017)기준
　　임금총액 = 월급여액 + (전년도 연간 특별급여액 ÷ 12)
　　월급여액 = 정액급여 + 초과급여
자료 : 고용노동부 노동시장조사과, 「고용형태별근로실태조사 보고서」

22. Average age, years of continuous employees, days and hours worked, regular & overtime wages and employees by occupation(major), gender and educational attainment (5-3) (June, 2023)

In age, year, day, hour, thousand won, person

월 급 여 액			연간특별급여액	근 로 자 수	
Regular & overtime wages	정액급여액 Regular wages	초과급여액 Overtime wages	Annual special wages	Employees	Educational Attainment
2 074	1 915	160	1 046	852 075	Total
1 644	1 566	78	267	46 121	Middle school graduate or lower
1 925	1 799	126	544	550 558	High school graduate
2 413	2 143	270	1 923	128 460	Community college graduate
2 535	2 313	222	2 617	126 936	University graduate or higher
2 914	2 558	356	2 417	195 696	Men
1 910	1 743	168	953	3 663	Middle school graduate or lower
2 704	2 415	290	1 567	97 763	High school graduate
3 100	2 646	454	3 357	47 600	Community college graduate
3 241	2 833	408	3 353	46 669	University graduate or higher
1 824	1 723	101	637	656 379	Women
1 621	1 551	70	207	42 457	Middle school graduate or lower
1 757	1 666	91	323	452 795	High school graduate
2 009	1 847	162	1 079	80 860	Community college graduate
2 124	2 010	114	2 190	80 266	University graduate or higher
3 432	3 295	137	4 579	559 482	Total
2 164	2 007	157	2 093	4 298	Middle school graduate or lower
2 787	2 648	139	2 467	217 333	High school graduate
3 421	3 278	143	4 391	88 653	Community college graduate
4 021	3 888	132	6 531	249 198	University graduate or higher
4 027	3 870	157	6 152	329 813	Men
2 301	2 065	236	1 512	1 890	Middle school graduate or lower
3 472	3 303	169	3 576	93 662	High school graduate
3 870	3 702	167	5 678	53 762	Community college graduate
4 380	4 232	148	7 679	180 498	University graduate or higher
2 577	2 471	107	2 320	229 669	Women
2 056	1 962	94	2 549	2 409	Middle school graduate or lower
2 268	2 152	115	1 627	123 670	High school graduate
2 729	2 624	105	2 407	34 890	Community college graduate
3 076	2 984	92	3 514	68 700	University graduate or higher

Note : Based upon the 7th revision(2017) of Korean Standard Classification of Occupations
Total wages = Regular wages + Overtime wages + (Annual special wages for the previous year ÷ 12)
Source : Labor Market Statistics Division, Ministry of Employment and Labor, 「Survey Report on Labor Conditions by Employment Type」

22. 직종(대분류)·성·학력별 연령, 근속년수, 근로일수, 근로시간, 월급여액 및 근로자수(5-4)(2023. 6월)

단위 : 세, 년, 일, 시간, 천원, 명

직 종·성·학 력		평균연령 Average age	근속년수 Years of continuous employment	근로일수 Days worked	근로시간 Hours worked
6. 농림·어업 숙련종사자 Skilled Agricultural, Forestry and Fishery Workers	총 수	46.0	3.9	22.7	182.9
	중학교졸업이하	53.4	5.0	22.7	184.0
	고등학교졸업	47.0	3.6	23.1	186.0
	전문대학졸업	43.9	4.3	22.1	178.7
	대학교졸업이상	43.5	4.0	22.1	177.7
	남 자	46.4	3.9	22.8	184.2
	중학교졸업이하	51.7	4.4	23.0	187.3
	고등학교졸업	47.1	3.6	23.1	187.2
	전문대학졸업	45.1	4.4	22.1	178.5
	대학교졸업이상	44.8	4.2	22.2	179.8
	여 자	43.9	3.8	22.1	175.9
	중학교졸업이하	57.6	6.6	22.1	175.7
	고등학교졸업	46.8	3.9	22.6	179.0
	전문대학졸업	36.7	3.1	22.0	180.2
	대학교졸업이상	38.0	3.2	21.3	168.5
7. 기능원 및 관련 기능 종사자 Craft and Related Trades Workers	총 수	45.6	6.6	21.4	178.8
	중학교졸업이하	53.7	7.0	21.7	179.9
	고등학교졸업	48.0	6.4	21.4	179.7
	전문대학졸업	41.9	7.3	21.5	181.0
	대학교졸업이상	42.0	6.6	21.0	174.1
	남 자	45.3	6.9	21.4	179.8
	중학교졸업이하	52.7	7.4	21.6	180.4
	고등학교졸업	47.4	6.6	21.5	181.1
	전문대학졸업	42.2	7.6	21.5	181.6
	대학교졸업이상	42.3	6.7	21.0	174.7
	여 자	48.0	4.5	21.1	170.3
	중학교졸업이하	57.2	5.7	21.9	177.8
	고등학교졸업	51.6	4.5	21.0	170.0
	전문대학졸업	36.8	3.7	21.3	172.8
	대학교졸업이상	36.7	4.6	20.9	166.5

주 : 한국표준직업분류 7차개정(2017)기준
    임금총액 = 월급여액 + (전년도 연간 특별급여액 ÷ 12)
    월급여액 = 정액급여 + 초과급여
자료 : 고용노동부 노동시장조사과, 「고용형태별근로실태조사 보고서」

22. Average age, years of continuous employment, days and hours worked, regular & overtime wages and employees by occupation(major), gender and educational attainment (5-4) (June, 2023)

In age, year, day, hour, thousand won, person

월 급 여 액			연간특별급여액	근 로 자 수	Educational Attainment
Regular & overtime wages	정액급여액 Regular wages	초과급여액 Overtime wages	Annual special wages	Employees	
2 706	2 534	171	1 487	26 914	Total
2 403	2 270	132	831	1 200	Middle school graduate or lower
2 625	2 442	183	1 253	15 415	High school graduate
2 783	2 599	184	1 686	3 854	Community college graduate
2 908	2 765	144	2 051	6 444	University graduate or higher
2 813	2 633	180	1 600	22 611	Men
2 580	2 419	160	1 080	854	Middle school graduate or lower
2 722	2 532	190	1 316	13 221	High school graduate
2 852	2 665	187	1 744	3 320	Community college graduate
3 056	2 902	154	2 314	5 215	University graduate or higher
2 143	2 018	125	895	4 303	Women
1 965	1 902	63	215	345	Middle school graduate or lower
2 042	1 903	139	875	2 194	High school graduate
2 351	2 186	165	1 323	534	Community college graduate
2 282	2 181	101	936	1 229	University graduate or higher
3 431	3 113	318	5 416	760 156	Total
2 922	2 614	307	3 020	18 675	Middle school graduate or lower
3 259	2 941	318	4 391	428 740	High school graduate
3 618	3 238	380	7 748	156 445	Community college graduate
3 776	3 520	256	6 182	156 296	University graduate or higher
3 548	3 212	336	5 853	681 288	Men
3 077	2 740	336	3 656	14 745	Middle school graduate or lower
3 396	3 057	339	4 870	374 338	High school graduate
3 696	3 298	398	8 113	146 425	Community college graduate
3 837	3 571	266	6 332	145 779	University graduate or higher
2 419	2 263	156	1 640	78 868	Women
2 339	2 141	198	631	3 930	Middle school graduate or lower
2 315	2 147	168	1 093	54 402	High school graduate
2 481	2 357	124	2 418	10 019	Community college graduate
2 927	2 821	106	4 105	10 517	University graduate or higher

Note : Based upon the 7th revision(2017) of Korean Standard Classification of Occupations
Total wages = Regular wages + Overtime wages + (Annual special wages for the previous year ÷ 12)
Source : Labor Market Statistics Division, Ministry of Employment and Labor, 「Survey Report on Labor Conditions by Employment Type」

22. 직종(대분류)·성·학력별 연령, 근속년수, 근로일수, 근로시간, 월급여액 및 근로자수(5-5)(2023. 6월)

단위 : 세, 년, 일, 시간, 천원, 명

직 종·성·학 력		평균연령 Average age	근속년수 Years of continuous employment	근로일수 Days worked	근로시간 Hours worked
8. 장치·기계조작 및 조립종사자 Equipment, Machine Operating and Assembling Workers	총 수	46.0	7.7	21.4	186.9
	중학교졸업이하	53.2	7.6	21.4	181.9
	고등학교졸업	47.2	7.9	21.5	188.3
	전문대학졸업	41.1	8.1	21.0	186.3
	대학교졸업이상	42.9	6.2	21.1	180.6
	남 자	46.0	7.8	21.4	187.5
	중학교졸업이하	53.0	7.6	21.4	181.0
	고등학교졸업	47.3	8.0	21.5	189.0
	전문대학졸업	41.2	8.3	21.0	187.4
	대학교졸업이상	43.1	6.4	21.1	181.1
	여 자	46.0	6.9	21.3	182.9
	중학교졸업이하	54.2	7.6	21.7	188.1
	고등학교졸업	46.8	7.0	21.4	184.5
	전문대학졸업	40.1	6.6	20.7	173.9
	대학교졸업이상	40.8	4.7	20.9	173.4
9. 단순 노무 종사자 Elementary Workers	총 수	51.1	4.2	21.0	173.0
	중학교졸업이하	61.0	4.0	20.5	158.2
	고등학교졸업	51.2	4.2	21.1	174.8
	전문대학졸업	44.2	4.5	21.3	176.6
	대학교졸업이상	46.3	3.8	20.6	170.5
	남 자	48.8	4.2	20.8	183.5
	중학교졸업이하	58.1	3.7	19.4	174.6
	고등학교졸업	49.2	4.2	20.8	185.0
	전문대학졸업	42.8	4.8	21.3	183.5
	대학교졸업이상	45.5	3.8	20.7	179.5
	여 자	53.7	4.2	21.3	161.5
	중학교졸업이하	63.1	4.3	21.3	146.4
	고등학교졸업	53.2	4.2	21.4	164.4
	전문대학졸업	46.8	3.9	21.1	163.2
	대학교졸업이상	48.2	3.8	20.5	149.2

주 : 한국표준직업분류 7차개정(2017)기준
    임금총액 = 월급여액 + (전년도 연간 특별급여액 ÷ 12)
    월급여액 = 정액급여 + 초과급여
자료 : 고용노동부 노동시장조사과, 「고용형태별근로실태조사 보고서」

22. Average age, years of continuous employment, days and hours worked, regular & overtime wages and employees by occupation(major), gender and educational attainment (5-5) (June, 2023)

In age, year, day, hour, thousand won, person

월 급 여 액			연간특별급여액	근 로 자 수	Educational Attainment
Regular & overtime wages	정액급여액 Regular wages	초과급여액 Overtime wages	Annual special wages	Employees	
3 422	2 837	585	6 948	1 767 806	Total
3 027	2 536	491	4 695	54 361	Middle school graduate or lower
3 328	2 738	590	6 383	1 235 247	High school graduate
3 762	3 064	698	10 843	270 666	Community college graduate
3 637	3 204	433	5 820	207 532	University graduate or higher
3 516	2 910	606	7 152	1 529 852	Men
3 084	2 586	498	4 869	47 559	Middle school graduate or lower
3 428	2 813	614	6 577	1 041 253	High school graduate
3 827	3 112	714	10 925	249 034	Community college graduate
3 702	3 255	447	5 942	192 007	University graduate or higher
2 813	2 364	450	5 634	237 954	Women
2 631	2 189	442	3 474	6 802	Middle school graduate or lower
2 796	2 337	459	5 341	193 994	High school graduate
3 013	2 506	507	9 903	21 633	Community college graduate
2 832	2 577	255	4 300	15 525	University graduate or higher
2 412	2 163	249	1 503	996 348	Total
2 015	1 859	156	818	95 730	Middle school graduate or lower
2 417	2 161	256	1 429	741 530	High school graduate
2 665	2 359	306	2 646	84 529	Community college graduate
2 583	2 349	233	1 831	74 560	University graduate or higher
2 674	2 355	318	1 889	523 555	Men
2 248	2 010	238	1 007	40 043	Middle school graduate or lower
2 666	2 341	325	1 755	375 608	High school graduate
2 919	2 558	361	3 231	55 543	Community college graduate
2 791	2 506	285	2 107	52 361	University graduate or higher
2 121	1 950	171	1 076	472 792	Women
1 847	1 751	97	682	55 686	Middle school graduate or lower
2 160	1 976	184	1 094	365 922	High school graduate
2 178	1 979	199	1 527	28 985	Community college graduate
2 091	1 980	110	1 180	22 198	University graduate or higher

Note : Based upon the 7th revision(2017) of Korean Standard Classification of Occupations
Total wages = Regular wages + Overtime wages + (Annual special wages for the previous year ÷ 12)
Source : Labor Market Statistics Division, Ministry of Employment and Labor, 「Survey Report on Labor Conditions by Employment Type」

23. 직종(중분류)별 평균연령, 근속년수, 근로일수, 근로시간, 월급여액 및 근로자수(2-1)(2023. 6월)

단위 : 세, 년, 일, 시간, 천원, 명

직 종·성 별	평균연령 Average age	근속년수 Years of continuous employment	근로일수 Days worked	근로시간 Hours worked
0. 전 직 종	43.8	6.6	20.9	170.6
1. 관 리 자	52.7	14.2	20.9	170.3
11. 공공 기관 및 기업 고위직	53.3	12.8	20.9	167.4
12. 행정·경영 지원 및 마케팅 관리직	52.4	13.7	20.8	167.9
13. 전문 서비스 관리직	53.0	14.9	20.9	169.5
14. 건설·전기 및 생산 관련 관리직	54.2	14.5	20.9	173.6
15. 판매 및 고객 서비스 관리직	51.0	14.0	21.0	170.8
2. 전 문 가 및 관련종사자	40.1	6.1	20.6	167.1
21. 과학 전문가 및 관련직	37.9	5.1	20.7	165.0
22. 정보 통신 전문가 및 기술직	37.3	6.0	20.7	169.5
23. 공학 전문가 및 기술직	42.1	7.3	20.8	174.2
24. 보건·사회복지 및 종교 관련직	39.9	4.9	21.2	168.3
25. 교육 전문가 및 관련직	43.8	7.4	17.5	132.9
26. 법률 및 행정 전문직	40.5	4.3	20.6	165.9
27. 경영·금융전문가 및 관련직	39.2	6.9	20.7	169.7
28. 문화·예술·스포츠 전문가 및 관련직	35.8	4.7	20.7	166.5
3. 사 무 종 사 자	41.9	7.9	20.9	170.2
31. 경영 및 회계 관련 사무직	42.3	7.8	20.9	170.7
32. 금 융 사 무 직	39.9	12.4	20.7	169.2
33. 법률 및 감사 사무직	44.1	8.9	20.5	165.0
39. 상담·안내·통계 및 기타 사무직	39.3	5.6	20.7	166.8
4. 서 비 스 종 사 자	50.6	3.6	20.9	143.3
41. 경찰·소방 및 보안 관련 서비스직	38.8	6.9	21.2	200.3
42. 돌봄·보건 및 개인 생활 서비스직	56.1	2.9	20.7	121.0
43. 운송 및 여가 서비스직	38.5	8.7	19.9	165.2
44. 조리 및 음식 서비스직	45.2	3.2	21.3	166.5
5. 판 매 종 사 자	42.0	6.3	20.7	167.8
51. 영 업 직	42.6	7.4	20.9	171.0
52. 매장 판매 및 상품 대여직	41.9	5.1	20.4	162.3
53. 통신 및 방문·노점 판매 관련직	40.1	5.3	20.8	168.7

주 : 한국표준직업분류 7차개정(2017)기준
임금총액 = 월급여액 + (전년도 연간 특별급여액 ÷ 12)
월급여액 = 정액급여 + 초과급여
자료 : 고용노동부 노동시장조사과, 「고용형태별근로실태조사 보고서」

23. Average age, years of continuous employment, days and hours worked, regular & overtime wages and employees by occupation(sub-major) (2-1) (June, 2023)

In age, year, day, hour, thousand won, person

월급여액			연간특별급여액	근로자수	Occupation · gender
Regular & overtime wages	정액급여액 Regular wages	초과급여액 Overtime wages	Annual special wages	Employees	
3 755	3 508	248	6 128	11 864 192	All Occupations
10 391	10 194	198	18 560	131 942	Managers
20 983	20 904	79	44 592	2 142	Senior Public Officials and Senior Corporate Officials
11 936	11 762	174	22 560	38 774	Public, Business Administration, Marketing Management Occupations
9 561	9 408	153	18 669	32 676	Professional Services Management Occupations
9 274	8 976	298	12 848	33 215	Construction, Electricity and Production Related Managers
9 662	9 492	170	17 577	25 135	Sales and Customer Service Managers
4 290	4 094	195	7 258	3 477 868	Professionals and Related Workers
4 261	4 199	62	5 912	71 868	Science Professionals and Related Occupations
4 848	4 681	167	7 832	478 389	Information and Communication Professionals and Technical Occupations
4 680	4 369	310	11 414	1 016 610	Engineering Professionals and Technical Occupations
3 610	3 433	176	2 763	1 031 698	Health, Social Welfare and Religion Related Occupations
3 665	3 610	55	2 993	295 398	Education Professionals and Related Occupations
8 264	8 142	122	13 647	15 983	Legal and Administrative Occupations
5 218	5 059	159	13 538	350 717	Business and Finance Professionals and Related Occupations
3 530	3 424	106	3 529	217 205	Culture, Arts and Sports Professionals and Related Occupations
4 085	3 935	150	7 177	3 291 603	Clerks
4 163	4 008	155	6 553	2 746 084	Administration and Accounting Related Occupations
4 710	4 549	161	20 103	223 532	Financial Clerical Occupations
4 441	4 313	128	10 350	51 762	Legal and Inspection Occupations
2 707	2 613	93	2 225	270 224	Customer Service, Information Desk, Statistical Survey and Other Clerical Occupations
2 074	1 915	160	1 046	852 075	Service Workers
3 258	2 573	685	4 112	65 374	Police, Fire Fighting and Security Related Service Occupations
1 636	1 568	69	368	482 016	Caregiving, Health and Personal Service Workers
3 316	2 988	328	5 988	39 619	Transport and Leisure Services Occupations
2 393	2 223	170	782	265 065	Cooking and Food Service Occupations
3 432	3 295	137	4 579	559 482	Sales Workers
4 215	4 090	125	6 905	297 510	Sales Occupations
2 585	2 404	181	2 309	181 879	Store Sales and Rental Sales Occupations
2 446	2 366	79	1 094	80 093	Mobile, Door to Door and Street Sales Related Occupations

Note : Based upon the 7th revision(2017) of Korean Standard Classification of Occupations
Total wages = Regular wages + Overtime wages + (Annual special wages for the previous year ÷ 12)
Source : Labor Market Statistics Division, Ministry of Employment and Labor, 「Survey Report on Labor Conditions by Employment Type」

23. 직종(중분류)별 평균연령, 근속년수, 근로일수, 근로시간, 월급여액 및 근로자수(2-2)(2023. 6월)

단위 : 세, 년, 일, 시간, 천원, 명

직종·성별	평균연령 Average age	근속년수 Years of continuous employment	근로일수 Days worked	근로시간 Hours worked
6. 농림·어업숙련종사자	46.0	3.9	22.7	182.9
61. 농·축산 숙련직	45.5	3.8	22.9	186.0
62. 임업 숙련직	56.3	5.1	18.6	130.4
63. 어업 숙련직	41.0	2.7	23.9	185.1
7. 기능원 및 관련기능종사자	45.6	6.6	21.4	178.8
71. 식품가공 관련 기능직	45.1	3.8	21.4	175.3
72. 섬유·의복 및 가죽 관련 기능직	54.5	5.0	20.9	166.6
73. 목재·가구·악기 및 간판 관련 기능직	47.5	4.8	21.6	184.2
74. 금속 성형 관련 기능직	46.0	7.1	21.9	191.0
75. 운송 및 기계 관련 기능직	43.3	8.5	21.6	182.3
76. 전기 및 전자 관련 기능직	44.5	5.9	21.1	171.1
77. 정보 통신 및 방송장비 관련 기능직	44.4	7.4	21.1	172.7
78. 건설 및 채굴 관련 기능직	50.1	4.9	20.9	179.1
79. 기타 기능 관련직	46.8	5.7	21.4	172.7
8. 장치·기계조작 및 조립종사자	46.0	7.7	21.4	186.9
81. 식품가공 관련 기계 조작직	44.9	7.9	22.0	191.7
82. 섬유 및 신발 관련 기계 조작직	49.4	6.1	22.1	187.5
83. 화학 관련 기계 조작직	42.1	8.7	21.5	193.0
84. 금속 및 비금속 관련 기계 조작직	44.2	8.9	21.6	200.9
85. 기계 제조 및 관련 기계 조작직	44.0	8.5	21.6	191.8
86. 전기 및 전자 관련 기계 조작직	41.8	8.1	20.5	183.7
87. 운전 및 운송 관련직	52.6	6.3	21.5	175.3
88. 상하수도 및 재활용 처리 관련 기계 조작직	44.0	8.2	20.7	182.2
89. 목재·인쇄 및 기타 기계 조작직	45.4	6.6	21.7	194.3
9. 단순노무종사자	51.1	4.2	21.0	173.0
91. 건설 및 광업 관련 단순 노무직	51.2	3.3	21.3	171.3
92. 운송 관련 단순 노무직	45.6	5.2	21.5	181.9
93. 제조 관련 단순 노무직	44.5	4.7	21.4	183.9
94. 청소 및 경비 관련 단순 노무직	60.7	3.5	20.6	167.6
95. 가사·음식 및 판매 관련 단순 노무직	48.1	4.1	21.0	162.1
99. 농림·어업 및 기타 서비스 단순 노무직	51.5	4.5	21.0	160.7

주 : 한국표준직업분류 7차개정(2017)기준
  임금총액 = 월급여액 + (전년도 연간 특별급여액 ÷ 12)
  월급여액 = 정액급여 + 초과급여
자료 : 고용노동부 노동시장조사과, 「고용형태별근로실태조사 보고서」

23. Average age, years of continuous employment, days and hours worked, regular & overtime wages and employees by occupation(sub-major) (2-2) (June, 2023)

In age, year, day, hour, thousand won, person

월 급 여 액			연간특별급여액	근 로 자 수	
Regular & overtime wages	정액급여액 Regular wages	초과급여액 Overtime wages	Annual special wages	Employees	Occupation · gender
2 706	2 534	171	1 487	26 914	Skilled Agricultural, Forestry and Fishery Workers
2 762	2 583	179	1 473	24 657	Agricultural, Livestock Related Skilled Occupations
1 907	1 783	124	1 329	1 486	Skilled Forestry Occupations
2 444	2 434	10	2 252	771	Skilled Fishery Occupations
3 431	3 113	318	5 416	760 156	Craft and Related Trades Workers
2 645	2 441	203	1 181	70 896	Food Processing Related Trades Occupations
2 476	2 419	58	876	26 876	Textile, Clothing and Leather Related Trade occupations
2 992	2 676	316	692	12 890	Wood and Furniture, Musical Instrument and Signboard Related Trade Occupations
3 542	2 998	544	5 246	96 561	Metal Coremakers Related Trade Occupations
3 927	3 499	428	9 746	234 431	Transport and Machine Related Trade Occupations
3 598	3 389	209	4 857	112 375	Electric and Electronic Related Trade Occupations
3 302	3 049	253	4 656	70 283	Information and Communications Technology Related Occupations
3 070	2 875	194	1 933	100 574	Construction and Mining Related Trade Occupations
3 054	2 836	218	4 036	35 271	Other Technical Occupations
3 422	2 837	585	6 948	1 767 806	Equipment, Machine Operating and Assembling Workers
3 215	2 573	642	5 093	50 588	Food Processing Related Machine Operating Occupations
3 031	2 662	369	1 787	46 251	Textile and Shoe Related Machine Operating Occupations
3 852	2 997	855	8 982	181 805	Chemical Related Machine Operating Occupations
3 786	2 970	816	9 197	175 800	Metal and Nonmetal Related Machine Operating Occupations
3 481	2 820	661	8 798	392 811	Machine Production and Related Machine Operating Occupation
3 559	3 041	518	9 570	317 865	Electrical and Electronic Related Machine Operating Occupations
3 079	2 682	397	3 533	472 860	Driving and Transport Related Occupations
3 785	3 211	573	6 764	20 853	Water Treatment and Recycling Related Operating Occupation
3 180	2 615	566	3 512	108 973	Wood, Printing and Other Machine Operating Occupations
2 412	2 163	249	1 503	996 348	Elementary Workers
2 669	2 505	164	2 128	15 183	Construction and Mining Related Elementary Occupations
2 977	2 603	374	2 882	77 812	Transport Related Elementary Occupations
2 616	2 196	420	1 985	341 824	Production Related Elementary Occupations
2 173	2 056	117	791	333 853	Cleaning and Guard Related Elementary Occupations
2 215	2 057	158	1 278	168 692	Household Helpers, Cooking Attendants and Sales Related Elementary Workers
2 328	2 208	120	1 409	58 984	Agriculture, Forestry, Fishery and Other Service Elementary Occupations

Note : Based upon the 7th revision(2017) of Korean Standard Classification of Occupations
Total wages = Regular wages + Overtime wages + (Annual special wages for the previous year ÷ 12)
Source : Labor Market Statistics Division, Ministry of Employment and Labor, 「Survey Report on Labor Conditions by Employment Type」

24. 산업(대분류)·성별 월급여액, 연간특별급여액 및 근로자수 (2023. 6월)

단위 : 천원, 시간

산업	월급여액 Regular & overtime wages			계
	계 Total	남 Men	여 Women	Total
전 산 업	3 755	4 278	2 974	6 128
A. 농업, 임업 및 어업(01~03)	3 101	3 291	2 555	5 260
B. 광업(05~08)	4 130	4 239	3 288	5 553
C. 제조업(10~34)	3 913	4 185	3 042	8 580
D. 전기, 가스, 증기 및 공기조절공급업(35)	5 187	5 405	4 200	16 757
E. 수도, 하수 및 폐기물 처리, 원료 재생업(36~39)	3 885	4 001	3 238	4 223
F. 건설업(41~42)	4 099	4 302	3 158	2 944
G. 도매 및 소매업(45~47)	3 870	4 376	3 128	4 879
H. 운수 및 창고업(49~52)	3 511	3 600	3 143	5 642
I. 숙박 및 음식점업(55~56)	2 501	2 879	2 242	932
J. 정보통신업(58~63)	4 618	5 018	3 795	5 845
K. 금융 및 보험업(64~66)	5 261	5 904	4 546	21 754
L. 부동산업(68)	2 978	3 288	2 342	2 776
M. 전문, 과학 및 기술 서비스업(70~73)	4 572	5 024	3 703	9 580
N. 사업시설관리, 사업지원 및 임대서비스업(74~76)	3 175	3 624	2 663	3 550
P. 교육 서비스업(85)	3 524	4 238	2 930	2 556
Q. 보건업 및 사회복지 서비스업(86~87)	2 967	4 622	2 592	2 058
R. 예술, 스포츠 및 여가관련 서비스업(90~91)	3 167	3 496	2 725	2 578
S. 협회 및 단체, 수리 및 기타 개인 서비스업(94~96)	3 118	3 440	2 569	3 275

주 : 한국표준산업분류 10차개정(2017)기준
　　임금총액 = 월급여액 + (전년도 연간 특별급여액 ÷ 12)
　　월급여액 = 정액급여 + 초과급여
자료 : 고용노동부 노동시장조사과, 「고용형태별근로실태조사 보고서」

24. Regular & overtime wages, annual special wages and employees by industry (sections) (June. 2023)

In thousand won, hour

연간 특별 급여액 Annual special wages		근로자수 employees			Industry
남 Men	여 Women	계 Total	남 Men	여 Women	
7 829	3 586	11 864 192	7 109 162	4 755 030	All Industries
5 897	3 434	31 296	23 195	8 101	A. Agriculture, forestry and fishing
5 749	4 042	10 361	9 171	1 190	B. Mining & quarrying
9 739	4 884	3 184 129	2 424 281	759 848	C. Manufacturing
17 904	11 552	66 468	54 469	11 999	D. Electricity, gas, steam and air conditioning supply
4 388	3 301	91 281	77 458	13 823	E. Water supply; sewage, waste management, materials recovery
3 150	1 991	648 932	533 819	115 113	F. Construction
6 108	3 077	1 137 627	676 533	461 094	G. Wholesale and retail trade
5 672	5 518	557 944	449 655	108 290	H. Transportation and storage
1 248	717	331 125	134 247	196 878	I. Accommodation and food service activities
6 738	4 007	626 879	421 805	205 074	J. Information and communication
25 644	17 420	445 184	234 617	210 567	K. Financial and insurance activities
3 297	1 709	267 260	179 517	87 743	L. Real estate activities
11 351	6 176	1 002 002	659 098	342 904	M. Professional, scientific and technical activities
4 862	2 054	908 894	484 085	424 809	N. Business facilities management and business support services; rental and leasing activities
3 704	1 600	485 646	220 527	265 119	P. Education
3 449	1 742	1 731 105	320 274	1 410 831	Q. Human health and social work activities
3 118	1 853	115 388	66 102	49 287	R. Arts, sports and recreation related services
4 243	1 626	222 670	140 311	82 359	S. Membership organizations, repair and other personal services

Note : Based upon the 10th revision(2017) of Korean Standard Industrial Classification
Total wages = Regular wages + Overtime wages + (Annual special wages for the previous year ÷12)
Source : Labor Market Statistics Division, Ministry of Employment and Labor, 「Survey Report on Labor Conditions by Employment Type」

C. 노동생산성
Labor productivity

25. 산업별 부가가치 노동생산성지수 및 증감률(1인당)
Indices of value added labor productivity and change rate by industry(per person)

단위 : %
In % (2020=100.0)

년 (분기) Year (quarter)	비농전산업 Total 지수 Index	증감률 Change rate	제조업 Manufacturing 지수 Index	증감률 Change rate	서비스업 Service 지수 Index	증감률 Change rate	건설업 Construction 지수 Index	증감률 Change rate
2016	104.1	0.6	97.3	1.8	103.2	0.8	125.3	0.4
1/4	100.3	0.0	91.8	1.2	101.5	0.8	95.6	-5.4
2/4	104.2	1.3	99.2	2.3	102.2	1.7	130.7	0.3
3/4	103.3	0.3	96.1	0.9	102.7	0.7	129.0	1.7
4/4	108.3	0.9	102.2	2.4	106.2	0.2	143.9	4.4
2017	105.0	0.9	100.8	3.6	102.8	-0.3	128.4	2.5
1/4	100.6	0.3	95.0	3.5	100.3	-1.2	102.2	7.0
2/4	104.4	0.2	101.2	2.0	101.3	-0.9	134.7	3.1
3/4	105.5	2.1	102.0	6.1	102.9	0.3	131.7	2.0
4/4	109.4	1.1	105.2	2.9	106.8	0.6	143.8	-0.1
2018	105.5	0.5	102.2	1.4	103.8	1.0	122.9	-4.3
1/4	101.3	0.7	94.2	-0.9	102.4	2.1	101.2	-1.1
2/4	105.0	0.6	102.5	1.3	102.2	0.9	133.2	-1.1
3/4	105.3	-0.2	103.1	1.1	103.2	0.2	122.4	-7.1
4/4	110.4	0.9	109.1	3.8	107.5	0.7	133.9	-6.9
2019	105.3	-0.2	101.9	-0.3	104.6	0.8	116.9	-4.9
1/4	100.0	-1.3	93.7	-0.5	102.2	-0.3	89.5	-11.6
2/4	104.8	-0.3	101.4	-1.1	103.0	0.8	126.5	-5.1
3/4	104.9	-0.3	102.9	-0.2	104.0	0.8	116.3	-4.9
4/4	111.3	0.8	109.8	0.6	109.3	1.7	134.7	0.6
2020	100.0	-5.0	100.0	-1.9	100.0	-4.4	100.0	-14.4
1/4	95.1	-4.9	93.0	-0.7	97.1	-5.0	78.2	-12.6
2/4	97.7	-6.7	94.5	-6.9	98.1	-4.8	109.0	-13.8
3/4	100.1	-4.6	101.8	-1.1	99.7	-4.2	99.2	-14.7
4/4	107.2	-3.7	111.0	1.1	105.2	-3.7	113.7	-15.6
2021	103.3	3.3	107.5	7.5	103.7	3.7	95.8	-4.2
1/4	98.7	3.8	101.2	8.8	101.6	4.7	77.6	-0.8
2/4	102.8	5.3	108.4	14.7	102.5	4.5	103.3	-5.2
3/4	103.2	3.2	108.3	6.4	102.7	3.0	93.4	-5.9
4/4	108.3	1.0	112.2	1.1	107.7	2.4	107.8	-5.2
2022	103.4	0.1	108.4	0.8	103.7	0.1	91.4	-4.6
1/4	99.1	0.3	103.7	2.5	100.9	-0.7	70.8	-8.7
2/4	103.7	0.8	110.7	2.1	103.0	0.4	95.6	-7.5
3/4	103.7	0.4	111.1	2.7	103.1	0.4	91.3	-2.3
4/4	107.1	-1.1	108.1	-3.7	107.9	0.2	107.4	-0.4
2023	104.2	0.8	108.8	0.4	104.1	0.3	93.0	1.8
1/4	99.0	-0.1	99.0	-4.6	102.4	1.5	74.8	5.6
2/4	103.8	0.1	110.1	-0.5	102.4	-0.6	98.8	3.4
3/4	104.8	1.0	111.4	0.2	103.5	0.4	94.0	3.1
4/4	109.4	2.1	114.9	6.3	107.9	0.0	103.9	-3.3

자료 : 한국생산성본부, 「물적노동생산성지수」, 「부가가치 노동생산성지수」
Source : Korea Productivity Center, 「Quarterly Productivity Review」

26. 산업별 물적 노동생산성지수 및 증감률(전체근로자기준/1인당)
Indices of labor productivity and change rate by industry(based on all employees/per person)

단위 : %　　　　　　　　　　　　　　　　　　　　　　　　　　　　　　　　　　　　　　In % (2020=100.0)

년(분기) Year(quarter)	비농전산업 Total		제조업 Manufacturing		서비스업 Service		건설업 Construction	
	지수 Index	증감률 Change rate	지수 Index	증감률 Change rate	지수 Index	증감률 Change rate	지수 Index	증감률 Change rate
2016	109.0	0.5	99.3	2.0	109.9	0.0	125.2	5.0
1/4	105.6	-0.6	94.9	1.3	107.5	-0.4	108.5	-3.9
2/4	109.4	1.0	100.5	2.2	110.4	0.8	125.2	4.5
3/4	107.3	0.2	97.0	0.9	109.1	0.0	121.8	6.1
4/4	113.4	1.2	104.9	3.3	112.6	-0.6	144.1	12.4
2017	109.0	0.0	101.0	1.7	108.6	-1.2	134.1	7.1
1/4	106.4	0.7	98.9	4.2	105.6	-1.7	123.5	13.8
2/4	109.3	-0.1	102.1	1.6	108.8	-1.4	136.3	8.8
3/4	109.5	2.1	101.9	5.1	109.2	0.1	134.2	10.2
4/4	110.8	-2.3	101.2	-3.6	110.9	-1.5	142.0	-1.4
2018	107.5	-1.4	100.4	-0.6	107.6	-1.0	125.6	-6.3
1/4	105.3	-1.0	95.6	-3.3	105.9	0.3	122.9	-0.5
2/4	108.3	-0.9	102.3	0.2	107.8	-1.0	131.5	-3.5
3/4	106.2	-3.0	99.8	-2.0	106.4	-2.5	120.1	-10.5
4/4	110.3	-0.5	104.0	2.7	110.1	-0.7	127.9	-9.9
2019	105.6	-1.7	100.1	-0.3	105.9	-1.5	118.8	-5.5
1/4	101.6	-3.5	93.0	-2.7	103.4	-2.4	109.9	-10.6
2/4	106.1	-2.1	100.8	-1.5	105.9	-1.7	124.1	-5.7
3/4	104.6	-1.5	99.9	0.1	105.1	-1.3	112.5	-6.3
4/4	110.2	-0.1	106.7	2.6	109.2	-0.8	128.6	0.5
2020	100.0	-5.3	100.0	-0.1	100.0	-5.6	100.0	-15.8
1/4	96.8	-4.7	94.9	2.1	97.4	-5.8	93.9	-14.5
2/4	97.8	-7.8	95.8	-5.0	98.3	-7.2	103.0	-17.0
3/4	99.4	-4.9	101.4	1.4	99.1	-5.7	95.6	-15.0
4/4	106.1	-3.7	108.1	1.3	105.2	-3.7	107.4	-16.4
2021	104.0	4.0	109.9	9.9	104.3	4.3	90.1	-9.9
1/4	100.1	3.4	105.6	11.3	101.0	3.7	86.8	-7.6
2/4	103.8	6.2	109.5	14.3	104.9	6.6	92.7	-10.0
3/4	102.5	3.1	108.8	7.3	102.3	3.2	83.2	-12.9
4/4	109.7	3.4	115.5	6.9	109.0	3.7	97.5	-9.2
2022	105.7	1.6	109.1	-0.7	107.5	3.0	87.6	-2.8
1/4	102.1	2.0	110.3	4.5	101.9	0.9	78.8	-9.2
2/4	107.1	3.3	113.9	4.0	107.9	2.9	88.7	-4.3
3/4	104.4	1.8	106.5	-2.1	107.3	4.9	82.4	-1.0
4/4	109.0	-0.6	105.6	-8.6	112.6	3.2	100.3	2.9
2023	106.2	0.5	104.9	-3.9	109.0	1.4	92.9	6.0
1/4	102.3	0.2	99.1	-10.2	105.9	3.9	87.4	10.9
2/4	105.9	-1.2	105.4	-7.5	108.3	0.4	96.3	8.5
3/4	105.2	0.8	104.7	-1.6	108.0	0.7	89.0	8.0
4/4	111.1	1.9	110.3	4.5	113.6	0.9	98.9	-1.5

자료 : 한국생산성본부, 「물적노동생산성지수」, 「부가가치 노동생산성지수」　　　Source : Korea Productivity Center, 「Quarterly Productivity Review」

IV. 물가 및 가계수지
Prices and household economy

가계수지

A. 물가
Prices

27. 생산자 물가지수
(기본분류 및 국내공급 지수)

(2020=100.0)

연도		기본분류지수 Indexes for basic groups						국내 Indexes			
		총지수 All items	농림수산품 Agricultural, forestry & marine products	광산품 Mining products	공산품 Manufacturing products	전력,수도 및도시가스 Electric power, gas & water supply	서비스 Services	총지수	원재료 Raw materials	제조용 For manufacturing	연료 Crude fuels	기타 원재료 Others
2012		103.3	82.7	84.6	113.3	98.3	91.1	110.0	164.6	169.5	165.3	88.0
2013		101.7	77.7	86.6	109.9	103.6	91.3	106.6	152.6	158.1	146.9	90.4
2014		101.1	78.2	88.5	107.6	109.1	92.7	104.4	142.2	146.9	137.9	91.9
2015		97.1	80.0	88.8	100.4	101.9	93.8	97.8	100.7	99.6	112.8	92.9
2016		95.3	84.7	92.3	96.8	96.1	94.8	95.2	85.3	84.5	90.4	91.6
2017		98.6	90.2	96.9	101.5	97.5	96.1	99.1	104.8	102.1	122.9	98.9
2018		100.4	93.4	101.6	103.7	98.0	97.5	102.1	120.2	119.6	132.3	96.6
2019		100.5	91.3	102.3	102.6	100.3	98.7	102.4	119.7	118.7	133.3	98.2
2020		100.0	100.0	100.0	100.0	100.0	100.0	100.0	100.0	100.0	100.0	100.0
2021		106.4	108.1	106.5	110.4	100.6	102.3	108.6	131.4	133.2	126.3	115.9
2022		115.3	109.3	118.8	123.3	121.6	105.5	122.5	188.1	184.6	231.3	129.2
2023		117.1	112.6	131.0	122.2	140.9	108.1	121.7	168.4	169.7	185.5	134.4
2022	1	111.0	109.9	116.2	117.2	110.2	104.0	115.2	150.6	147.8	176.8	122.8
	2	111.6	104.3	118.7	118.7	110.1	104.0	116.6	160.0	158.5	183.1	122.4
	3	113.3	104.5	119.6	121.9	110.3	104.3	119.5	172.8	170.1	205.6	127.0
	4	115.1	106.6	118.1	124.4	116.3	104.8	122.7	191.3	191.5	214.1	130.6
	5	115.9	108.3	117.2	125.8	114.6	105.2	123.9	194.2	191.3	234.1	132.8
	6	116.6	109.0	116.0	126.9	114.8	105.5	124.9	202.3	197.9	254.5	132.8
	7	116.9	113.5	118.1	126.0	119.5	106.2	125.8	211.4	207.3	265.0	134.1
	8	116.5	116.4	120.1	124.1	123.8	106.5	124.4	199.2	198.2	231.2	132.2
	9	116.5	116.5	121.8	124.0	126.9	106.3	125.6	204.3	200.4	256.1	127.4
	10	117.1	107.9	120.3	124.5	137.3	106.4	126.0	200.9	194.4	266.7	126.6
	11	116.8	104.5	120.1	124.0	137.2	106.4	124.0	191.6	184.9	253.2	128.8
	12	116.3	109.6	119.8	122.4	137.5	106.6	121.9	179.2	172.3	235.4	132.6
2023	1	116.7	110.5	125.6	122.1	142.9	107.1	120.7	165.5	157.0	213.6	131.4
	2	116.9	110.3	127.0	122.3	142.4	107.5	121.5	167.7	164.7	201.2	131.4
	3	117.1	109.4	127.9	122.6	141.8	107.6	122.5	172.9	172.2	204.3	131.7
	4	117.0	107.4	127.8	122.8	137.7	107.9	122.3	169.0	168.7	197.3	129.4
	5	116.5	109.0	127.9	121.7	138.4	108.0	122.0	172.9	174.4	197.4	131.5
	6	116.3	107.6	132.0	120.9	140.8	108.1	120.4	159.8	158.2	182.7	129.3
	7	116.5	112.7	133.2	120.8	140.0	108.4	119.9	158.1	156.0	173.5	135.3
	8	117.5	120.8	133.2	122.1	139.4	108.6	121.5	166.5	166.5	174.4	144.0
	9	118.0	121.2	132.9	123.1	140.5	108.5	122.5	172.3	177.5	169.5	144.3
	10	117.9	114.3	134.9	123.2	141.0	108.6	123.3	177.9	190.2	167.5	136.8
	11	117.4	111.3	135.0	122.3	142.0	108.6	122.0	171.0	180.4	167.8	132.2
	12	117.6	116.2	134.5	121.9	143.4	108.8	121.8	167.5	170.6	176.5	135.8

자료 : 한국은행, 「생산자 물가조사」

27. Producer price indices(Indexes for basic groups and domestic supply)

(2020=100.0)

공급물가지수 for domestic supply											연도	
중간재 Intermediate goods & services					최종재 Finished goods & services							
	제조용 For manufac- turing	건설용 For construc- tion	연료동력 Processed fuels & energy	기타중간재 Others		자본재 Capital equipment	소비재 Consumption goods	내구재 Durable consumption goods	비내구재 Non-durable consumption goods			
112.2	120.7	105.6	130.9	93.6	96.5	99.3	103.7	111.9	100.3	2012		
108.2	114.2	102.3	130.4	93.0	95.8	97.1	101.9	108.8	99.0	2013		
105.4	109.5	100.0	128.1	93.6	96.5	95.6	102.5	107.8	100.1	2014		
98.6	101.2	96.0	104.2	94.1	96.4	96.4	100.3	105.7	98.0	2015		
95.4	97.1	93.9	93.9	94.5	97.0	97.8	99.5	103.8	97.5	2016		
99.4	101.7	98.7	102.8	95.9	97.8	96.8	100.4	102.6	99.3	2017		
102.1	104.3	101.3	111.4	97.5	98.5	96.6	100.6	101.0	100.4	2018		
102.0	103.1	101.3	111.7	98.8	99.5	98.9	100.8	101.2	100.6	2019		
100.0	100.0	100.0	100.0	100.0	100.0	100.0	100.0	100.0	100.0	2020		
109.5	112.5	119.1	112.3	103.1	102.4	100.8	103.2	99.5	105.0	2021		
122.9	127.5	137.3	157.0	107.7	108.8	107.9	112.2	102.0	117.2	2022		
122.2	122.9	139.9	164.3	109.9	111.3	109.3	114.5	100.7	121.6	2023		
116.7	120.8	130.8	130.3	105.9	105.1	103.8	106.8	100.3	110.0	2022	1
117.9	122.7	131.4	133.8	105.8	105.3	104.6	106.8	100.1	110.1		2
120.6	126.7	133.9	141.4	106.2	106.6	105.7	109.2	101.3	113.1		3
123.4	129.7	138.0	154.8	106.8	107.6	106.4	110.8	101.5	115.4		4
124.5	131.1	140.2	155.5	107.3	108.8	107.6	112.8	102.2	118.0		5
125.0	131.2	140.3	159.5	107.6	109.6	107.7	114.1	102.2	120.0		6
125.0	130.1	140.1	163.5	108.4	110.2	108.6	114.7	103.4	120.3		7
124.0	128.0	138.8	163.5	108.6	110.2	108.7	114.1	103.0	119.6		8
124.9	129.6	138.6	165.6	108.7	111.0	111.2	115.5	103.9	121.2		9
125.8	129.7	138.9	175.9	108.9	111.4	112.3	115.8	104.2	121.6		10
124.2	126.7	138.8	172.9	108.9	110.1	110.1	113.6	101.5	119.6		11
122.4	123.9	138.1	167.0	108.8	109.3	108.4	112.1	100.1	118.0		12
121.8	122.2	139.1	168.5	109.1	109.5	107.5	112.5	99.9	118.8	2023	1
122.5	123.7	139.5	167.3	109.2	110.2	108.5	113.2	101.0	119.3		2
123.3	125.1	140.0	167.5	109.4	110.7	109.5	113.7	101.5	119.8		3
123.2	125.1	140.5	162.5	109.8	111.1	110.0	113.8	101.2	120.0		4
122.3	124.1	140.7	156.9	109.9	111.2	110.1	114.0	101.2	120.4		5
121.1	121.6	140.6	157.2	110.0	110.8	109.0	113.5	100.3	120.3		6
120.5	120.2	140.4	157.8	110.2	111.0	108.6	113.9	100.1	121.0		7
121.7	121.6	140.5	163.2	110.4	112.0	109.5	116.0	101.1	123.9		8
122.6	122.8	140.2	168.3	110.3	112.3	109.6	116.9	100.7	125.6		9
123.2	123.9	139.6	169.6	110.3	112.4	110.4	116.2	101.2	124.1		10
122.2	122.3	139.1	167.1	110.3	111.7	109.3	114.8	99.9	122.6		11
121.9	122.0	138.9	165.4	110.5	112.1	109.6	115.6	100.2	123.7		12

Source : The Bank of Korea, 「Producer Price Index」

28. 항목별 전도시 소비자 물가지수(3-1)

(2020=100.0)

연도(월)	총지수 Total items	지수 Index	지수 Index	빵 및 곡물 Bread & cereals	육류 Meat	어류 및 수산 Fish & seafood	우유·치즈 및 계란 Milk, cheese & eggs	식용유지 Oils & fats	과일 Fruits	채소 및 해조 Vegetables & seaweeds
2012	91.8	85.6	85.2	84.0	79.4	80.3	86.6	94.3	103.0	83.5
2013	93.0	86.4	85.8	87.7	77.9	81.3	89.7	96.8	99.0	84.6
2014	94.2	86.6	86.0	88.3	84.9	82.8	95.6	99.2	91.7	72.3
2015	94.9	88.0	87.4	87.9	88.5	83.4	95.6	98.2	87.3	78.5
2016	95.8	90.1	89.6	86.2	92.5	85.6	93.6	98.5	86.2	90.9
2017	97.6	93.1	92.9	86.3	94.2	90.3	101.5	95.7	98.0	91.1
2018	99.1	95.7	95.6	94.2	93.8	93.4	95.4	95.2	100.4	95.5
2019	99.5	95.8	95.5	99.4	93.5	94.5	97.6	96.3	96.5	87.6
2020	100.0	100.0	100.0	100.0	100.0	100.0	100.0	100.0	100.0	100.0
2021	102.5	105.9	106.2	106.3	108.4	101.5	111.4	107.2	110.7	104.2
2022	107.7	112.2	112.4	110.7	116.7	105.4	114.5	134.2	118.3	110.3
2023	111.6	118.3	118.3	117.4	115.9	112.1	122.8	151.4	129.7	115.1
2022 1	104.9	109.3	109.6	107.4	113.7	103.1	111.9	115.4	121.6	107.9
2	105.4	109.6	109.8	107.9	113.5	103.2	110.7	122.6	119.7	109.2
3	106.1	109.6	109.7	109.9	111.6	103.5	111.9	128.5	119.3	104.8
4	106.8	110.3	110.4	109.8	112.8	104.7	113.3	127.8	120.7	103.2
5	107.5	111.4	111.6	109.8	120.5	105.2	114.3	129.2	118.7	99.7
6	108.2	111.3	111.5	109.7	120.7	105.3	114.3	134.1	117.9	98.2
7	108.7	113.0	113.3	110.5	118.8	104.1	114.1	140.1	121.1	112.9
8	108.6	114.6	115.0	111.0	118.1	104.0	113.7	138.0	123.6	125.1
9	108.8	116.1	116.6	111.0	119.3	105.7	115.0	142.1	118.4	136.0
10	109.2	114.7	115.1	112.9	118.0	107.2	115.6	144.2	115.9	120.3
11	109.1	112.5	112.7	114.1	116.4	108.8	116.8	142.4	107.8	105.3
12	109.3	113.5	113.7	114.3	116.8	110.7	122.1	145.8	115.1	100.8
2023 1	110.1	115.4	115.5	114.1	116.3	111.3	121.0	147.3	117.7	113.4
2	110.3	115.9	115.8	116.3	113.5	112.1	121.0	149.6	116.7	117.0
3	110.5	116.5	116.3	116.2	112.2	111.9	120.2	152.0	120.8	118.2
4	110.8	115.9	115.7	116.7	113.5	112.4	120.4	151.1	119.2	110.1
5	111.1	116.0	115.8	116.7	116.3	113.0	121.9	147.5	118.8	105.9
6	111.2	116.3	116.1	116.8	117.6	112.8	122.2	146.9	122.2	101.5
7	111.3	117.3	117.1	116.7	116.2	111.9	121.9	146.4	128.7	107.9
8	112.3	120.5	120.7	117.8	116.0	111.4	121.7	153.7	140.6	124.0
9	112.9	122.5	122.7	118.7	118.5	110.9	122.5	151.9	147.3	129.1
10	113.3	122.9	123.1	120.1	118.7	111.9	126.8	156.4	146.8	126.6
11	112.7	119.8	119.8	119.6	116.0	112.4	127.1	158.1	134.2	115.0
12	112.7	120.6	120.7	119.5	116.2	113.3	127.3	156.3	143.4	111.9

자료 : 통계청, 「소비자물가지수」

28. All cities consumer price indices by item(3-1)

(2020=100.0)

비주류음료 non alchollic beverages					주류 · 담배 Alchollic beverage & tabacco			Year and month
품			차와 음료					
과자·빙과류 및 당류 Sugar, jam, honey, chocolate & confectionery	기타 식료품 Food products n.e.c	지 수 index	커피·차 및 코코아 Coffee, tea & cocoa	생수·청량음료 ·과일주스및채소주스 Mineral water, softdrink, fruit & vegetable juices	지 수 index	주류 Alchollic beverage	담배 Tabacco	
85.6	90.4	92.4	101.2	88.0	63.4	85.4	56.4	2012
88.9	88.1	94.8	102.2	91.0	64.5	89.4	56.4	2013
96.1	86.6	95.9	102.1	92.7	64.4	89.5	56.3	2014
97.6	88.9	97.7	103.9	94.5	96.7	90.2	100.0	2015
96.6	88.9	97.5	103.6	94.4	97.3	92.2	100.0	2016
97.7	90.5	96.9	99.3	95.6	98.8	96.6	100.0	2017
97.6	96.7	97.8	99.6	96.9	99.1	97.4	100.0	2018
99.3	99.3	99.2	100.2	98.7	99.7	99.1	100.0	2019
100.0	100.0	100.0	100.0	100.0	100.0	100.0	100.0	2020
101.0	104.3	101.8	99.8	102.9	100.4	101.1	100.0	2021
108.9	109.5	108.5	108.5	108.6	102.6	106.9	100.0	2022
118.3	116.1	118.3	122.6	115.8	103.6	109.4	100.0	2023
103.3	104.4	105.2	102.8	106.6	100.8	102.3	100.0	2022 1
103.5	105.8	107.1	106.6	107.4	101.5	104.1	100.0	2
105.8	107.5	107.1	108.3	106.5	102.3	106.0	100.0	3
107.8	108.1	109.0	110.1	108.4	102.7	107.1	100.0	4
108.7	108.1	108.7	109.4	108.3	103.0	107.7	100.0	5
108.9	108.7	109.3	110.0	108.9	102.9	107.5	100.0	6
109.2	109.0	108.5	108.0	108.8	103.1	108.0	100.0	7
109.3	109.8	108.1	107.9	108.2	103.2	108.3	100.0	8
110.3	111.1	109.2	110.3	108.5	102.9	107.6	100.0	9
113.0	112.8	109.5	109.3	109.6	103.1	108.0	100.0	10
113.2	114.1	109.8	109.3	110.1	103.0	107.8	100.0	11
113.2	114.6	110.8	109.6	111.5	103.0	107.9	100.0	12
113.7	114.8	114.1	116.2	112.9	102.9	107.4	100.0	2023 1
115.0	115.1	116.8	120.5	114.8	103.3	108.6	100.0	2
116.9	115.8	118.3	122.5	115.9	103.4	108.8	100.0	3
118.2	115.7	118.6	123.1	116.0	103.4	108.9	100.0	4
118.3	115.7	117.7	122.9	114.8	103.2	108.4	100.0	5
119.1	116.0	119.1	124.2	116.3	103.5	109.1	100.0	6
118.2	116.4	119.2	124.7	116.0	103.6	109.2	100.0	7
119.7	116.5	118.2	121.8	116.2	103.6	109.3	100.0	8
119.5	116.6	118.9	124.6	115.7	103.3	108.5	100.0	9
119.9	116.5	119.5	123.6	117.1	103.7	109.5	100.0	10
120.5	116.7	119.5	123.5	117.2	104.8	112.4	100.0	11
120.4	117.2	119.3	124.1	116.5	105.0	112.9	100.0	12

Source : Statistics Korea, 「Consumer Price Index」

28. 항목별 전도시 소비자 물가지수(3-2)

(2020=100.0)

연도(월)	의복·신발 Clothing & footwear			주택·수도·전기 및 연료 Housing, water, electricity & other fuels					
	지수 Index	의류 Clothing	신발 Footwear	지수 Index	주택임차료 Rentals for housing	주거시설 유지·보수 Maintenance & repairs of the dwelling	상하수도료 Water supply & sewage disposal charge	기타주거관련 서비스 Other services relating to the dwelling n.e.c	전기 Electricity
2012	87.9	87.6	89.5	91.5	89.0	77.7	75.1	70.4	109.7
2013	90.4	90.7	88.6	94.7	91.4	80.2	77.2	75.0	113.8
2014	94.1	94.5	91.1	97.5	93.5	82.2	80.1	77.2	116.4
2015	95.3	95.8	92.1	96.8	95.9	84.9	83.6	80.2	114.4
2016	97.0	97.4	94.7	96.0	97.7	86.4	89.6	83.2	109.7
2017	98.1	98.5	95.4	97.7	99.3	90.0	94.3	87.3	102.8
2018	99.2	99.5	97.4	98.4	99.9	94.2	97.6	91.1	99.8
2019	99.3	99.4	98.5	99.5	99.8	97.9	99.2	95.3	100.0
2020	100.0	100.0	100.0	100.0	100.0	100.0	100.0	100.0	100.0
2021	100.6	100.4	101.3	101.6	101.4	105.0	103.0	105.1	99.5
2022	103.7	103.7	104.1	107.2	103.3	112.5	106.3	110.0	112.3
2023	110.7	110.9	109.7	112.6	103.8	116.6	109.6	115.6	138.1
2022 1	102.1	102.0	102.7	104.0	102.6	108.5	106.4	106.2	105.4
2	102.2	102.0	103.4	104.8	102.7	108.9	106.2	111.1	105.4
3	102.3	102.1	103.5	104.9	102.9	109.8	106.2	109.6	105.4
4	102.2	102.1	102.9	105.8	103.0	111.4	106.2	109.1	111.5
5	103.4	103.4	103.5	106.5	103.1	112.3	105.6	109.2	111.5
6	103.5	103.5	103.6	106.8	103.2	113.1	105.7	109.9	111.5
7	103.6	103.5	104.0	106.7	103.3	113.6	106.4	109.5	102.2
8	103.7	103.6	104.0	106.9	103.5	113.9	106.6	110.7	102.2
9	103.7	103.7	104.0	108.4	103.6	114.3	106.6	110.4	118.3
10	103.8	103.9	103.7	110.5	103.7	114.5	106.4	111.9	124.8
11	106.9	107.1	106.2	110.4	103.8	114.7	106.4	110.8	124.8
12	107.2	107.1	107.4	110.6	103.8	114.7	106.8	111.7	124.8
2023 1	107.4	107.4	107.5	111.8	103.9	115.1	109.2	112.0	136.4
2	107.5	107.5	107.6	112.4	103.9	115.4	109.6	116.6	136.4
3	107.9	107.5	109.8	112.0	103.9	115.8	109.3	114.2	136.4
4	107.8	107.5	109.9	112.0	103.8	116.0	109.2	114.6	136.4
5	111.6	111.9	109.9	112.6	103.8	116.4	109.2	115.0	140.0
6	111.5	111.7	109.9	113.1	103.7	116.7	109.2	115.5	143.4
7	111.6	111.9	109.9	111.8	103.6	117.0	109.5	115.3	127.6
8	111.7	112.0	109.9	111.9	103.6	117.1	109.5	116.0	127.6
9	111.7	112.0	109.9	113.3	103.7	117.3	109.9	115.6	143.4
10	112.3	112.8	109.9	113.7	103.7	117.5	109.9	117.7	143.4
11	113.5	114.0	110.7	113.6	103.7	117.6	109.9	116.6	143.4
12	113.6	114.0	111.0	113.7	103.7	117.7	110.3	117.8	143.4

자료 : 통계청, 「소비자물가지수」

28. All cities consumer price indices by item(3-2)

(2020=100.0)

가스 Gas	기타연료 및 에너지 Other fuels & energy	지 수 Index	가정용품 및 가사서비스 Furnishing, Household equipment & routine household maintenance						Year and month
			가구·가사비품 및 카페트 Furniture & funishing, carpets & floor coverings	가정용 섬유제품 Household textiles	가정용기기 Household appliances	주방용품 및 가정용품 Glassware, tableware & household ustensils	가정·정원용 공구 및 장비 Tools & equipment for house & garden	일상 생활용품 및 가사 서비스 Goods & services for routine household maintenance	
127.8	130.8	88.7	80.4	93.8	91.3	89.4	94.7	89.3	2012
135.0	132.7	89.0	79.3	94.2	92.2	90.3	98.9	88.7	2013
143.2	131.4	90.9	80.1	93.3	95.7	92.1	100.0	90.4	2014
120.6	114.5	93.2	81.8	92.9	99.1	96.8	98.6	92.6	2015
100.4	96.2	94.7	86.0	93.9	100.7	97.4	98.8	91.9	2016
104.2	98.9	95.7	88.8	94.8	100.6	97.5	99.9	93.1	2017
100.3	102.5	97.9	93.7	95.6	101.0	98.8	100.6	96.5	2018
103.4	105.0	100.0	99.6	97.2	101.6	99.0	99.5	99.1	2019
100.0	100.0	100.0	100.0	100.0	100.0	100.0	100.0	100.0	2020
95.9	105.4	101.9	104.6	101.0	99.8	100.4	105.4	103.2	2021
111.2	146.7	106.8	112.6	105.8	100.1	110.1	111.8	111.9	2022
133.3	158.8	112.6	121.3	110.5	103.0	116.3	114.2	121.7	2023
96.9	117.8	104.6	113.4	101.5	99.6	103.0	109.5	106.5	2022 1
96.9	121.9	104.9	112.2	101.6	99.5	106.5	110.3	107.5	2
97.0	131.4	104.2	112.4	95.3	99.2	105.5	111.1	106.9	3
100.0	138.0	106.3	114.4	101.4	100.1	110.1	111.5	109.5	4
107.2	140.8	106.4	111.0	101.4	100.2	112.5	111.8	111.7	5
107.2	147.7	106.9	111.0	107.8	100.0	112.5	111.6	112.2	6
113.7	158.8	107.4	111.3	107.8	100.3	112.3	112.0	113.8	7
113.8	156.1	107.9	111.8	110.4	100.1	114.6	112.7	114.4	8
113.6	155.2	107.4	114.1	110.5	100.0	107.8	112.8	113.1	9
129.5	165.0	108.0	110.9	110.5	100.9	113.1	112.6	114.8	10
129.4	165.3	108.4	114.0	110.4	100.9	109.1	112.7	115.6	11
129.4	163.1	109.0	114.1	110.5	100.5	114.4	112.8	116.7	12
129.4	159.7	110.3	117.9	110.6	102.2	109.5	112.9	118.4	2023 1
129.3	158.1	111.2	117.4	110.6	102.7	117.8	113.4	118.6	2
129.3	156.0	111.3	118.8	110.6	102.6	114.6	113.6	119.4	3
129.3	154.8	112.0	119.9	110.6	103.2	114.6	114.5	120.2	4
132.3	153.6	112.7	120.6	110.6	103.2	117.8	114.6	121.8	5
135.3	154.4	112.6	120.2	110.6	103.9	116.5	114.6	120.9	6
135.3	158.4	112.9	123.1	110.3	102.4	117.7	114.8	121.9	7
135.4	159.2	113.3	123.2	110.4	103.2	118.8	114.4	122.0	8
135.6	161.6	113.4	123.2	110.4	102.7	116.3	114.5	124.5	9
135.8	164.3	113.8	123.6	110.4	103.2	118.8	113.8	124.5	10
136.0	163.8	113.4	123.6	110.5	103.3	115.3	113.6	123.8	11
136.0	162.0	114.0	123.6	110.5	103.7	118.3	115.3	124.1	12

Source : Statistics Korea, 「Consumer Price Index」

28. 항목별 전도시 소비자 물가지수(3-3)

(2020=100.0)

연도(월)		지수 Index	보 건 Health			교 통 Transport	통 신 Communication	오락 및 문화 Recreation & culture	교 육 Education
			의료용품 및 장비 Medical products, appliances & equipment	외래환자 서비스 Outpatient services	병원 서비스 Hospital services				
2012		94.1	96.7	91.5	95.9	110.9	105.4	98.0	93.4
2013		94.4	97.2	91.2	97.6	110.3	105.3	99.0	94.5
2014		95.1	98.1	91.5	99.0	108.5	105.2	99.4	95.9
2015		96.3	99.4	92.6	100.0	100.0	105.0	98.9	97.5
2016		97.2	99.4	94.2	101.7	97.8	105.1	100.7	99.1
2017		98.1	98.8	95.9	103.5	101.3	105.4	100.8	100.3
2018		98.1	98.0	97.2	101.3	103.7	104.5	101.3	101.6
2019		98.5	98.8	97.9	99.9	101.9	102.1	101.0	102.2
2020		100.0	100.0	100.0	100.0	100.0	100.0	100.0	100.0
2021		99.9	98.4	101.6	99.4	106.3	99.1	100.4	100.9
2022		100.8	98.8	103.7	97.7	116.7	100.0	103.3	102.2
2023		102.4	100.4	105.5	99.0	112.7	101.0	107.1	104.2
2022	1	100.8	98.4	103.6	99.9	109.3	99.6	101.6	101.5
	2	100.9	98.5	103.6	99.8	111.2	99.7	101.0	101.7
	3	100.4	98.2	103.6	97.3	117.0	99.4	101.6	101.7
	4	100.6	98.6	103.6	97.3	118.9	99.7	102.4	101.9
	5	100.5	98.5	103.7	97.3	119.6	99.7	102.6	102.1
	6	100.6	98.6	103.7	97.3	123.4	99.7	103.3	102.4
	7	100.6	98.6	103.7	97.3	123.5	99.8	104.2	102.5
	8	100.8	99.0	103.7	97.3	117.6	99.8	105.0	102.6
	9	100.6	98.6	103.7	97.3	115.7	100.1	104.2	102.5
	10	101.1	99.7	103.7	97.3	115.3	100.9	104.2	102.5
	11	101.1	99.7	103.7	97.3	115.4	100.9	104.2	102.5
	12	101.1	99.6	103.7	97.3	113.2	100.9	105.3	102.7
2023	1	102.1	99.9	105.5	99.0	112.3	100.9	106.1	103.2
	2	102.2	100.1	105.5	99.0	111.4	100.9	106.1	103.4
	3	102.3	100.2	105.5	99.0	110.9	100.9	106.4	104.1
	4	101.9	99.3	105.5	99.0	111.8	101.0	106.8	104.3
	5	102.0	99.5	105.6	99.0	111.5	101.0	107.0	104.4
	6	102.4	100.4	105.5	99.0	109.7	101.0	107.1	104.4
	7	102.5	100.5	105.5	99.0	110.3	101.0	107.6	104.5
	8	102.6	100.8	105.6	99.0	114.1	101.0	107.9	104.5
	9	102.5	100.6	105.6	99.0	115.3	101.2	107.6	104.5
	10	102.6	100.9	105.6	99.0	117.3	101.2	107.7	104.6
	11	102.8	101.3	105.6	99.0	115.0	101.2	107.2	104.5
	12	102.8	101.4	105.5	99.0	112.9	101.2	107.4	104.5

자료 : 통계청, 「소비자물가지수」

28. All cities consumer price indices by item(3-3)

(2020=100.0)

음 식 및 숙 박 Restaurants & hotels			기 타 상 품 및 서 비 스 Miscellaneous goods & services				Year and month	
지 수 Index	음식 서비스 Catering services	숙박 서비스 Accomodation services	지 수 Index	미용용품 및 미용 서비스 Personal care	기타 개인용품 Personal efffect n.e.c	기타서비스 Other services		
85.3	85.4	83.8	84.9	89.8	77.0	83.9	2012	
86.7	86.7	86.0	85.3	92.1	81.2	78.5	2013	
87.9	88.0	87.6	87.9	95.4	85.6	79.1	2014	
90.0	90.0	89.4	90.3	97.3	92.2	80.4	2015	
92.2	92.3	90.7	93.4	97.5	94.3	87.6	2016	
94.4	94.5	92.4	96.0	97.1	96.3	94.2	2017	
97.3	97.4	94.5	96.5	97.7	97.4	94.5	2018	
99.1	99.2	95.3	98.1	98.8	99.5	96.5	2019	
100.0	100.0	100.0	100.0	100.0	100.0	100.0	2020	
102.7	102.8	100.5	102.0	101.1	99.3	103.8	2021	
110.5	110.7	105.7	108.3	108.4	101.5	110.1	2022	
117.2	117.4	111.5	114.6	114.5	108.1	116.5	2023	
106.3	106.4	102.9	105.0	103.5	98.7	108.8	2022	1
107.1	107.4	100.8	106.4	106.0	99.5	108.9		2
107.9	108.4	98.0	106.1	105.1	100.5	108.9		3
108.5	108.9	99.9	105.8	104.7	100.8	108.7		4
109.6	109.9	102.2	107.7	106.9	101.7	110.6		5
110.4	110.7	102.3	108.7	108.8	101.8	110.6		6
111.6	111.4	113.7	109.1	109.7	101.8	110.6		7
112.6	112.2	119.1	109.2	109.8	101.9	110.7		8
112.6	112.8	106.6	109.6	110.4	102.3	110.7		9
112.9	113.1	107.8	110.1	111.2	102.6	110.8		10
113.1	113.4	105.7	110.5	112.0	102.6	110.8		11
113.8	114.0	109.2	111.0	112.7	104.5	110.8		12
114.4	114.6	109.8	113.0	113.5	105.3	114.7	2023	1
115.0	115.4	105.6	113.3	113.6	106.2	114.9		2
115.8	116.3	105.5	113.6	114.3	107.3	114.5		3
116.7	117.1	108.0	114.8	114.7	107.4	117.0		4
117.0	117.3	109.8	114.3	114.5	104.8	117.0		5
117.3	117.6	109.5	114.5	114.4	106.5	117.0		6
117.9	117.9	117.8	114.8	114.5	108.1	117.1		7
118.4	118.0	124.8	115.2	115.0	108.9	117.2		8
118.0	118.2	111.1	115.3	114.5	111.4	117.2		9
118.2	118.4	111.9	115.3	114.9	109.9	117.2		10
118.4	118.8	108.5	115.3	114.6	110.7	117.2		11
118.9	119.0	115.7	115.6	115.2	110.7	117.2		12

Source : Statistics Korea, 「Consumer Price Index」

B. 가계수지
Household income and expenditure

29. 연도별 전도시 가구당 월평균 가계수지
(2인 이상 비농림어가)

단위 : 1,000원, %

가 계 수 지 내 역	2020년 4분기			2021년 4분기		
	전 가 구 All households	근로자가구 Salary & wage earners' households	근로자외가구 Other households	전 가 구 All households	근로자가구 Salary & wage earners' households	근로자외가구 Other households
가 구 원 수	3.0	3.1	2.9	3.0	3.1	2.8
가 구 주 연 령	52.2	49.0	57.9	52.7	49.2	58.9
조 사 가 구 분 포	100.0	63.6	36.4	100.0	63.8	36.2
소 득	5,222.9	5,794.4	4,225.9	5,596.9	6,237.0	4,470.8
경 상 소 득	5,132.9	5,709.5	4,127.1	5,493.7	6,112.8	4,404.3
근 로 소 득	3,489.3	4,973.0	900.9	3,726.1	5,320.9	920.3
사 업 소 득	976.8	255.2	2,235.7	1,068.4	282.7	2,450.8
재 산 소 득	29.8	21.0	45.3	30.8	24.2	42.4
이 전 소 득	637.0	460.3	945.2	668.3	485.1	990.8
비 경 상 소 득	90.0	84.9	98.8	103.3	124.2	66.5
가 계 지 출	3,940.7	4,303.6	3,307.7	4,127.6	4,532.8	3,414.5
소 비 지 출	2,931.6	3,120.0	2,602.9	3,062.0	3,263.1	2,708.3
01.식료품·비주류음료료	481.7	482.9	479.7	489.0	486.8	492.7
02.주 류 · 담 배	38.8	41.2	34.7	39.7	42.2	35.3
03.의 류 · 신 발	182.4	202.4	147.5	203.6	222.8	169.9
04.주 거 · 수 도 · 광 열	297.3	297.0	298.0	290.9	290.1	292.2
05.가 정 용 품 가 사 서 비 스	157.9	169.2	138.2	155.8	168.9	132.9
06.보 건	273.6	275.4	270.5	288.9	279.0	306.2
07.교 통	369.6	411.8	296.1	344.0	376.3	287.3
08.통 신	149.3	158.9	132.5	158.4	169.5	139.0
09.오 락 · 문 화	161.9	180.7	129.0	170.4	190.1	135.8
10.교 육	194.6	229.3	134.1	233.0	278.1	153.8
11.음 식 · 숙 박	370.9	413.8	295.9	430.8	481.5	341.5
12.기 타 상 품 · 서 비 스	253.5	257.3	246.7	257.5	277.9	221.6
비 소 비 지 출	1,009.2	1,183.6	704.9	1,065.5	1,269.8	706.3

자료 : 통계청, 「가계동향조사」
주 : 1) 2017년~2018년 가계동향조사에서는 분기자료에 한 하여 자료 제공, 지출부문은 연단위로 자료제공 관계로 분기자료제외.

29. Average monthly income and expenditure per household by year in all cities
(2 persons and over)

In thousand won, %

2022년 4분기			2023년 4분기			Item of household income and expenditure
전 가 구	근로자가구	근로자외가구	전 가 구	근로자가구	근로자외가구	
All households	Salary & wage earners' households	Other households	All households	Salary & wage earners' households	Other households	
3.0	3.1	2.8	3.0	3.1	2.7	Household size
52.7	49.5	58.9	53.2	50.3	59.0	Age of household head
100.0	66.2	33.8	100.0	65.9	34.1	Distribution of households
5,852.0	6,452.1	4,674.3	6,184.4	6,804.3	4,988.1	Income
5,742.5	6,357.9	4,535.0	6,085.4	6,712.5	4,875.3	Regular income
3,976.1	5,528.1	930.5	4,081.0	5,757.6	845.2	Employee income
1,111.1	352.8	2,599.0	1,172.1	335.5	2,786.8	Income from self-employment
33.1	22.6	53.5	71.1	55.5	101.3	Property income
622.4	454.4	952.0	761.2	563.9	1,142.0	Transfer income
109.4	94.2	139.3	99.0	91.8	112.8	Irregular income
4,395.5	4,774.8	3,651.3	4,709.0	5,140.2	3,876.8	Expenditure
3,243.2	3,425.4	2,885.5	3,475.3	3,694.5	3,052.3	Consumption expenditure
482.7	485.9	476.5	508.9	506.7	513.1	Food and non-alcoholic beverages
39.7	42.2	35.0	39.1	42.3	32.9	Alcoholic beverages, tobacco
204.6	229.6	155.6	212.8	227.0	185.4	Clothing and footwear
300.3	301.9	297.2	352.9	351.6	355.6	Housing, water, electricity, gas and other fuels
135.7	143.4	120.5	156.6	158.4	153.2	Furnishings, household equipment and routine household maintenance
275.5	275.6	275.2	308.3	306.5	311.8	Health
411.5	433.8	367.7	405.9	462.6	296.5	Transport
165.8	173.9	150.0	160.2	168.7	143.7	Communication
212.2	211.4	213.8	242.1	261.8	204.3	Recreation and culture
274.6	326.1	173.6	280.6	331.9	181.5	Education
489.6	532.4	405.7	524.2	579.6	417.2	Restaurants and hotels
250.8	269.2	214.6	283.8	297.6	257.1	Miscellaneous goods and services
1,152.4	1,349.4	765.9	1,233.7	1,445.7	824.5	Non-consumption expenditures

Source : Statistics Korea, 「Household Income and Expenditure Survey」

30. 소비지출계층별 전도시 가구당 월평균 가계지출 (1인 이상) (2023)

⟨ 전가구 All households ⟩

단위 : 1,000원

가계지출내역	평균 Average	100만 원 미만 1 million Under	100만원 ~ 200만원 미만	200만원 ~ 300만원 미만	300만원 ~ 400만원 미만	400만원 이상 and over
가 구 원 수	2.3	1.2	1.6	2.3	3.0	3.4
가 구 주 연 령	51.7	62.2	52.7	50.2	49.0	48.9
조 사 가 구 분 포	100.0	9.6	31.1	22.8	16.4	20.0
가 계 지 출	3,913.1	992.2	2,045.9	3,408.8	4,799.2	8,079.5
소 비 지 출	2,856.9	768.8	1,499.2	2,462.9	3,471.0	5,925.4
01. 식료품·비주류음료	397.2	194.2	265.6	379.8	498.9	636.6
02. 주류·담배	38.3	16.5	29.0	40.9	44.9	54.5
03. 의류·신발	146.0	25.1	68.0	127.2	189.9	311.4
04. 주거·수도·광열	338.4	171.3	274.1	332.2	352.4	514.7
05. 가정용품·가사서비스	120.3	23.4	48.8	98.3	147.2	281.7
06. 보건	236.0	72.7	137.7	218.2	291.5	442.6
07. 교통	337.8	42.9	123.1	223.7	321.7	958.3
08. 통신	130.3	38.4	78.7	130.6	179.9	213.7
09. 오락·문화	209.4	33.0	79.4	172.6	258.2	498.9
10. 교육	229.9	2.5	23.4	106.9	316.3	730.6
11. 음식·숙박	447.1	99.8	259.3	429.2	592.2	808.3
12. 기타상품·서비스	226.3	48.9	112.1	203.3	277.8	474.0
비 소 비 지 출	1,056.2	223.4	546.7	945.9	1,328.1	2,154.2

자료 : 통계청, 「가계동향조사」

30. Average monthly expenditure per household by consumption expenditure groups in all cities (1 persons and over) (2023)

⟨ 근로자가구 Salary and wage earners' households ⟩

In thousand won

평 균 Average	100만 원 미만 1 million Under	100만원 ~ 200만원 미만	200만원 ~ 300만원 미만	300만원 ~ 400만원 미만	400만원 이상 and over	Item of household expenditure
2.4	1.1	1.5	2.2	3.1	3.4	Household size
47.8	55.7	47.5	47.3	46.7	47.7	Age of household head
100.0	5.9	28.7	23.5	18.3	23.6	Distribution of households
4,384.5	1,124.9	2,152.3	3,538.5	4,932.3	8,332.0	Expenditure
3,104.6	798.9	1,517.3	2,469.5	3,475.2	5,956.4	Consumption expenditure
397.8	172.6	232.9	357.1	482.8	629.2	Food and non-alcoholic beverages
41.8	17.7	31.7	40.7	46.0	58.1	Alcoholic beverages, tobacco
163.1	31.6	73.8	132.7	188.9	314.7	Clothing and footwear
344.6	160.9	270.1	329.0	342.7	498.1	Housing, water, electricity, gas and other fuels
129.7	20.6	46.0	98.3	145.9	277.2	Furnishings, household equipment and routine household maintenance
233.7	65.0	117.3	191.8	280.2	423.3	Health
387.6	51.9	138.3	233.9	317.7	981.8	Transport
140.6	43.2	81.7	130.1	183.1	214.4	Communication
235.2	39.9	87.9	179.0	249.7	507.9	Recreation and culture
278.7	2.5	24.5	109.6	349.6	770.3	Education
510.6	133.5	297.4	463.1	612.7	832.6	Restaurants and hotels
241.1	59.5	115.5	204.3	276.1	448.8	Miscellaneous goods and services
1,279.9	326.0	635.0	1,069.0	1,457.0	2,375.6	Non-consumption expenditures

Source : Statistics Korea, 「Household Income and Expenditure Survey」

31. 가구원수별 전도시 가구당 월평균 가계수지 (1인 이상)(2023)

〈 전가구 All households 〉

단위 : 1,000원

가계수지내역	가구원수 by Number of families					
	평균 Average	1인 1 person	2인 2 persons	3인 3 persons	4인 4 persons	5인 이상 5 persons and over
가 구 원 수	2.3	1.0	2.0	3.0	4.0	5.2
가 구 주 연 령	51.7	48.5	59.2	51.0	47.4	48.3
조 사 가 구 분 포	100.0	33.5	26.7	20.3	16.4	3.2
소　　　　득(4/4분기)[1]	5,077.8	2,914.5	4,579.6	6,755.1	7,627.4	8,682.9
경 상 소 득	4,984.0	2,826.0	4,470.2	6,637.7	7,570.8	8,625.0
근 로 소 득	3,342.7	1,979.0	2,364.2	4,492.6	5,900.6	5,867.1
사 업 소 득	934.6	410.8	1,008.6	1,240.7	1,289.1	2,095.9
재 산 소 득	52.9	14.9	102.5	83.0	17.5	25.7
이 전 소 득	653.8	421.3	994.9	821.5	363.5	636.2
비 경 상 소 득	93.8	88.5	109.4	117.3	56.6	57.9
가 계 지 출	3,913.1	2,254.6	3,428.4	4,974.4	6,250.7	6,709.6
소 비 지 출	2,856.9	1,659.6	2,522.3	3,603.6	4,517.1	5,013.8
01. 식료품·비주류음료	397.2	192.5	416.2	505.0	595.2	693.7
02. 주 류 · 담 배	38.3	36.1	33.7	42.6	44.0	42.5
03. 의 류 · 신 발	146.0	87.8	122.2	186.0	236.1	243.1
04. 주거·수도·광열	338.4	301.2	307.1	369.2	407.2	444.0
05. 가정용품·가사서비스	120.3	58.3	114.8	166.9	186.6	183.7
06. 보　　　　건	236.0	127.8	270.9	284.5	318.0	352.4
07. 교　　　　통	337.8	189.6	316.8	449.9	497.4	542.6
08. 통　　　　신	130.3	69.5	110.6	173.5	209.7	254.1
09. 오 락 · 문 화	209.4	130.0	189.3	258.0	323.1	321.9
10. 교　　　　육	229.9	30.9	61.6	287.4	715.5	881.3
11. 음 식 · 숙 박	447.1	308.8	363.9	564.2	673.5	695.1
12. 기타상품·서비스	226.3	127.0	215.2	316.6	310.7	359.4
비 소 비 지 출	1,056.2	595.0	906.1	1,370.8	1,733.6	1,695.7

자료 : 통계청, 「가계동향조사」, 주: 1) 가계소득의 경우 통계청에서 분기별 자료만 제공, 지출은 연간자료 제공

31. Average monthly income and expenditure per household by size of family in all cities (1 person and over) (2023)

⟨ 근로자가구 Salary and wage earners' households ⟩

In thousand won

평균 Average	1인 1 person	2인 2 persons	3인 3 persons	4인 4 persons	5인 이상 5 persons and over	Item of household income and expenditure
2.4	1.0	2.0	3.0	4.0	5.1	Household size (person)
47.8	43.5	54.1	48.8	46.7	48.1	Age of household head
100.0	32.3	22.5	22.0	19.4	3.8	Distribution of households
5,747.5	3,577.9	5,160.3	7,149.2	7,886.0	9,026.9	Income
5,648.5	3,460.2	5,076.2	7,021.1	7,819.2	9,005.9	Regular income
4,909.1	3,178.5	4,029.1	5,882.0	7,239.1	7,695.8	Employee income
248.5	62.0	268.5	374.8	281.4	823.9	Income from self-employment
41.2	10.4	70.3	88.5	10.6	11.8	Property income
449.7	209.3	708.4	675.9	288.1	474.4	Transfer income
99.0	117.6	84.1	128.1	66.8	21.0	Irregular income
4,384.5	2,575.2	3,843.2	5,258.3	6,532.6	6,974.8	Expenditure
3,104.6	1,811.6	2,716.9	3,719.3	4,621.5	5,111.0	Consumption expenditure
397.8	176.8	398.8	499.7	593.3	684.6	Food and non-alcoholic beverages
41.8	42.3	36.6	44.6	44.3	40.1	Alcoholic beverages, tobacco
163.1	101.8	136.1	195.6	241.4	256.2	Clothing and footwear
344.6	305.1	313.3	372.0	398.8	432.3	Housing, water, electricity, gas and other fuels
129.7	60.5	126.1	175.5	186.6	183.7	Furnishings, household equipment and routine household maintenance
233.7	122.9	250.0	279.1	328.2	335.5	Health
387.6	224.5	376.7	488.9	517.4	593.1	Transport
140.6	78.0	121.2	174.4	207.1	254.6	Communication
235.2	151.6	207.0	280.1	336.1	339.3	Recreation and culture
278.7	33.9	77.1	313.3	761.5	894.8	Education
510.6	373.9	431.4	596.9	691.2	723.8	Restaurants and hotels
241.1	140.3	242.7	299.3	315.4	373.0	Miscellaneous goods and services
1,279.9	763.6	1,126.3	1,539.0	1,911.1	1,863.9	Non-consumption expenditures

Source : Statistics Korea, 「Household Income and Expenditure Survey」

32. 가구주연령계층별 전도시 가구당 월평균 가계수지 (1인 이상)(2023)

〈 전가구 All households 〉

단위 : 1,000원

가계수지내역	가구주연령계층 by age of household head				
	평균 Average	39세 이하 Years and less	40～49세 Years	50～59세 Years	60세 이상 Years and over
가 구 원 수	2.3	1.9	3.0	2.6	1.9
가 구 주 연 령	51.7	31.8	44.5	54.4	69.5
조 사 가 구 분 포	100.0	24.9	20.0	22.8	32.3
소 득(4/4분기)[1]	5,077.8	4,580.3	6,377.6	6,100.5	3,923.3
경 상 소 득	4,984.0	4,512.9	6,250.1	6,007.1	3,830.1
근 로 소 득	3,342.7	3,447.7	4,835.1	4,327.5	1,634.6
사 업 소 득	934.6	681.6	1,016.8	1,189.0	896.8
재 산 소 득	52.9	7.4	10.6	19.9	137.3
이 전 소 득	653.8	376.2	387.6	470.8	1,161.3
비 경 상 소 득	93.8	67.4	127.5	93.4	93.3
가 계 지 출	3,913.1	3,526.9	5,133.3	4,825.7	2,808.4
소 비 지 출	2,856.9	2,605.4	3,701.1	3,412.3	2,134.2
01. 식료품·비주류음료	397.2	264.8	456.1	461.9	417.0
02. 주 류 · 담 배	38.3	37.9	48.7	45.3	27.1
03. 의 류 · 신 발	146.0	152.6	195.9	165.7	96.2
04. 주 거 · 수 도 · 광 열	338.4	344.3	378.9	360.3	293.2
05. 가정용품·가사서비스	120.3	125.2	144.5	131.5	93.7
06. 보 건	236.0	155.7	247.1	264.1	271.0
07. 교 통	337.8	316.3	430.4	442.4	222.9
08. 통 신	130.3	121.1	163.3	169.3	89.3
09. 오 락 · 문 화	209.4	236.7	258.5	234.0	140.5
10. 교 육	229.9	132.3	565.0	324.8	29.9
11. 음 식 · 숙 박	447.1	509.1	558.4	531.2	270.8
12. 기타상품·서비스	226.3	209.4	254.4	282.1	182.6
비 소 비 지 출	1,056.2	921.5	1,432.1	1,413.4	674.2

자료 : 통계청, 「가계동향조사」, 주: 1) 가계소득의 경우 통계청에서 분기별 자료만 제공, 지출은 연간자료 제공

32. Average monthly income and expenditure per household by age group of household head in all cities (1 persons and over) (2023)

⟨ 근로자가구 Salary and wage earners' households ⟩

In thousand won

평균 Average	39세 이하 Years and less	40~49세 Years	50~59세 Years	60세 이상 Years and over	Item of household income and expenditure
2.4	1.9	3.0	2.7	2.0	Household size (person)
47.8	32.0	44.3	54.2	67.2	Age of household head
100.0	30.4	23.9	24.6	21.1	Distribution of households
5,747.5	4,852.3	6,854.4	6,589.4	4,791.6	Income
5,648.5	4,780.9	6,702.0	6,505.2	4,698.0	Regular income
4,909.1	4,343.8	6,134.7	5,814.4	3,289.6	Employee income
248.5	99.8	267.0	341.0	329.9	Income from self-employment
41.2	7.9	7.8	17.7	151.6	Property income
449.7	329.5	292.5	332.1	926.9	Transfer income
99.0	71.3	152.4	84.2	93.7	Irregular income
4,384.5	3,699.5	5,444.1	5,270.2	3,139.4	Expenditure
3,104.6	2,650.0	3,833.0	3,623.2	2,329.9	Consumption expenditure
397.8	268.8	458.6	477.0	422.2	Food and non-alcoholic beverages
41.8	38.7	49.8	45.8	32.7	Alcoholic beverages, tobacco
163.1	159.3	202.7	177.4	106.9	Clothing and footwear
344.6	341.0	376.1	354.3	302.8	Housing, water, electricity, gas and other fuels
129.7	128.4	145.6	140.4	101.1	Furnishings, household equipment and routine household maintenance
233.7	163.6	253.7	274.1	265.0	Health
387.6	319.4	470.6	493.0	269.2	Transport
140.6	121.0	165.5	173.2	102.9	Communication
235.2	240.0	275.9	255.3	158.8	Recreation and culture
278.7	121.4	591.3	371.4	42.8	Education
510.6	531.5	583.9	570.6	328.1	Restaurants and hotels
241.1	217.0	259.3	290.7	197.5	Miscellaneous goods and services
1,279.9	1,049.6	1,611.1	1,647.0	809.4	Non-consumption expenditures

Source : Statistics Korea, 「Household Income and Expenditure Survey」

V. 노동조합과 노동위원회
Labor union and Labor Relations Commission

노 동 조 합

33. 노동조합수 및 조합원수
Number of unions and unionized members

단위 : 개소, 명　　　　　　　　　　　　　　　　　　　　　　　　　　　　　　　　　　　In Each, Person

연 도 Year	조 합 수 Unions		조 합 원 수 Members		
	연합단체 Associated organization	단위노조 Unit union	계 Total	남 Men	여 Women
2004	44	6 017	1 536 843	1 211 952	324 891
2005	45	5 971	1 506 172	1 182 535	323 637
2006	53	5 889	1 559 179	1 215 253	343 926
2007	53	5 099	1 687 782	1 317 467	307 315
2008	56	4 886	1 665 798	1 290 682	375 116
2009	55	4 689	1 640 334	1 285 965	354 369
2010	54	4 420	1 643 113	1 272 274	370 839
2011	64	5 120	1 719 922	1 328 055	391 867
2012	66	5 177	1 781 337	1 358 699	422 638
2013	68	5 305	1 847 586	1 404 821	442 765
2014	69	5 445	1 905 470	1 452 619	452 861
2015	68	5 794	1 938 745	1 456 255	482 490
2016	71	6 164	1 966 881	1 525 322	441 559
2017	72	6 239	2 088 540	1 600 226	488 314
2018	76	5 868	2 331 632	1 806 706	524 926
2019	66	6 156	2 539 652	1 948237	591 415
2020	67	6 564	2 804 633	2 128 425	676 208
2021	71	7 105	2 932 672	2 173 783	758 889
2022	74	6,005	2,722,484	1,969,566	752,918
2023	74	6,169	2,737,379	1,786,416	950,963

주 : 단위노조 수는 연합단체 및 총연합단체 노조 수를 포함한 숫자임
Note : The number of trade unions(nationwide in its scope) by industry includes associated organizations
자료 : 고용노동부 노사관계법제과
Source : Ministry of Employment and Labor, Labor Relations Legal Affairs Division

34. 산업(대분류)·규모별 노사협의회 설치수
Number of labor-management council by industry(sections) and size

산업(대분류)별 설치수
Number of labor-management council by industry(sections)

단위 : 개소 In each

연도 Year	계 Total	광 업 Mining	제조업 Manufac- turing	전기가스 및 수도사업 Electricity, gas & water	건설업 Construc- tion	도·소매 및 음식숙박업 Wholesale & retail trade, restaurants & hotels	운수·창고 및 통신업 Transport, storage & communi- cations	기 타 Others
2010	46 702	239	16 831	277	1 676	3 813	4 109	19 757
2011	47 529	233	17 306	267	1 595	3 581	4 130	20 417
2012	47 456	238	16 097	314	1 246	3 547	4 499	21 515
2013	37 542	126	12 495	416	494	2 409	3 924	17 678
2014	38 843	129	12 930	416	500	2 534	4 029	18 305
2015	39 747	135	13 190	420	511	2 666	4 120	18 705
2016	41 012	136	13 538	437	515	2 819	4 216	19 351
2017	42 339	134	13 768	443	520	2 912	4 366	20 196
2018	43 607	139	14 025	454	530	3 033	4 438	20 988
2019	50 422	163	15 936	517	571	3 580	5 056	24 599
2020	51 098	165	15 544	543	544	3 641	5 171	25 490
2021	52 110	160	15 324	563	561	3 639	5 195	26 668
2022	59 415	167	16 622	633	658	4 307	5 968	31 060
2023	60 626	184	17 668	736	711	4 854	6 608	29 865

규모별 설치수
Number of labor-management council by size

단위 : 개소 In each

연도 Year	계 Total	100인 미만 Persons under	100~299인 Persons	300~499인 Persons	500인 이상 Persons & over
2010	46 702	34 685	8 027	2 523	1 467
2011	47 529	34 961	8 657	2 435	1 476
2012	47 456	34 601	8 778	2 376	1 701
2013	37 542	26 184	8 540	1 333	1 485
2014	38 843	27 297	8 721	1 331	1 494
2015	39 747	28 026	8 871	1 341	1 509
2016	41 012	29 122	9 027	1 349	1 514
2017	42 339	30 290	9 179	1 348	1 522
2018	43 607	31 396	9 294	1 372	1 545
2019	50 422	37 113	10 063	1 517	1 729
2020	51 098	37 456	10 323	1 529	1 790
2021	52 110	38 259	10 462	1 529	1 860
2022	59 415	44 062	11 522	1 761	2 070
2023	60 626	45 160	11 883	1 513	2 070

자료 : 고용노동부 노사협력정책과 Source : Ministry of Employment and Labor, Labor Relations Legal Affairs Division

* 2008년부터 규모별 구분을 변경했습니다. 2007년까지 100-199인을 100-299인으로, 200-499인을 300-499인으로 변경
* 2013년부터 노사협의회 신규설치 및 소멸 현황을 보다 정확하게 산출할 수 있는 방식으로 전산시스템을 개편하였습니다.

※ Categories for the number of labor-management council by size are changed to 100-299 persons in 2008 from 100-199 persons in 2007 and to 300-499 persons in 2008 from 200-499 in 2007

35. 임금결정현황(구 임금교섭타결현황)
Summary of wage decision

단위 : %

연 도 Year	협 약 임 금 인 상 률[1] The rate of agreed wage			임 금 결 정 진 도 율[2] The rate of wage decision progress		
	계 Total	민간부문 Private	공공부문 Public	계 Total	민간부문 Private	공공부문 Public
2004	5.2	5.3	3.4	93.3	93.6	84.6
2005	4.7	4.8	2.9	90.7	91.1	79.4
2006	4.8	4.9	3.5	85.6	86.3	66.5
2007	4.9	4.9	3.1	76.5	77.2	58.7
2008	4.9	5.0	3.0	84.0	84.4	73.3
2009	1.7	1.8	0.0	76.2	77.4	48.4
2010	4.8	5.0	1.1	69.1	70.2	43.8
2011	5.1	5.2	4.6	82.2	83.1	60.5
2012	4.7	4.7	3.0	77.2	78.2	50.4
2013	3.5	3.5	2.3	80.6	81.4	58.5
2014	4.1	4.2	1.9	82.5	83.7	49.9
2015	3.7	3.7	3.3	90.6	90.9	80.1
2016	3.3	3.3	3.4	86.7	87.3	69.3
2017	3.6	3.7	3.0	84.1	84.3	79.8
2018	4.2	4.3	3.1	84.2	84.0	89.9
2019	3.9	4.1	1.8	90.1	90.4	83.1
2020	3.0	3.1	2.7	89.4	89.4	91.3
2021	3.6	3.9	1.5	94.7	94.8	93.7
2022	4.7	5.2	1.2	94.4	94.5	90.2
2023	4.2	4.4	2.4	95.9	95.9	94.6

주: 1) 협약임금인상률: 상시근로자 100인이상 사업장의 노사가 임금협약을 통해 인상하기로 사전 합의한 인상률로 실제 근로자에게 지급된 명목임금의 상승률과는 다름. 사후적으로 결정되는 연장·야간·휴일근로수당과 연·월차에 갈음하여 지급하는 연·월차유급휴가근로수당 및 생리휴가보전수당, 결산 후 잉여금이 발생하는 배당금 형식으로 지급하는 성과금 등은 포함되지 않음
2) 임금결정진도율: 상시근로자 100인이상 사업장 중 임금을 결정한 사업장의 비율임

Note : 1) The rate of agreed wage: An increase wage rate agreed by labor and management through wage agreement for establishments with more than 100 regular workers and it is different from increase rate of nominal wage actually paid to workers. It excludes overtime pay, night work allowance, payment for work on a day-off, paid monthly, annual leave and menstruation leave allowance and bonus pay provided to the workers in the form of dividend if there remains any surplus after settlement of accounts.
2) The rate of wage decision progress: The rate of establishments that set the wage among establishments with more than 100 regular workers.

자료: 고용노동부 노사협력정책과   Source: Ministry of Employment and Labor, Labor-Management Cooperation Policy Division

36. 업종별 노사분규 발생건수
Number of labor disputes by industry

단위 : 건수　　　　　　　　　　　　　　　　　　　　　　　　　　　　　　　　　　　　　　　In number of case

산 업 Industry	2014	2015	2016	2017	2018	2019	2020	2021	2022	2023
계 Total	111	105	120	101	134	141	105	119	132	223
제 조 업 Manufacturing	45	47	40	45	55	52	40	51	52	59
화 학 공 업 Chemical products	4	6	1	5	1	1	3	3	5	6
기 계 · 금 속 Machine, metal	28	27	33	26	43	32	29	38	38	44
전 기 · 전 자 Electricity, electronics	3	2	2	-	0	2	3	3	1	3
섬 유 Textiles	-	-	-	-	0	0	1	0	0	0
기 타 제 조 Other manufacturing	10	12	4	14	11	17	4	7	8	6
운 수 업 Transport	10	10	16	15	24	13	14	14	16	23
택 시 Taxi	1	-	2	1	0	1	0	1	1	0
기 타 운 수 Other transport	9	10	14	14	24	12	14	13	15	23
광 업 Mining	-	-	-	-	0	0	0	0	0	0
기 타 Other	56	48	64	41	55	76	51	54	64	134

자료 : 고용노동부 노사관계지원과　　　　　　　　Source : Ministry of Employment and Labor, Labor-Relations Support Division

37. 연도·월별 근로손실일수
Working days lost by year and month

단위 : 일 / In day

월 Month	2014	2015	2016	2017	2018	2019	2020	2021	2022	2023
계 Total	650 924	446 852	2 034 751	861 783	551 773	401 845	554 009	471 754	343 800	355 222
1	5 206	41 058	39 732	11 159	219 886	27 402	36 314	25 948	48 426	2 096
2	8 086 (13 292)	31 828 (72 886)	7 120 (46 852)	14.745 (25 904)	12 610 (232 496)	22 537 (49 939)	10 290 (46 604)	21 882 (47 830)	33 924 (82 350)	1 438 (3 579)
3	11 409 (24 701)	17 326 (90 212)	4 419 (51 271)	14 141 (40 045)	18 657 (251 153)	18 951 (68 890)	9 314 (55 918)	19 996 (67 826)	3 237 (85 587)	27 555 (31 334)
4	6 564 (31 265)	27 715 (117 927)	6 059 (57 330)	19 655 (59 700)	7 152 (258 305)	12 675 (81 565)	7 692 (63 610)	23 465 (91 291)	23 195 (108 781)	14 429 (45 763)
5	17 986 (49 251)	19 143 (137 070)	7 610 (64 940)	10 491 (70 191)	7 914 (266 219)	20 562 (102 127)	7 024 (70 634)	23 380 (114 671)	19 013 (127 794)	16 914 (62 677)
6	53 141 (102 392)	49 044 (186 114)	12 645 (77 585)	47 180 (117 371)	12 325 (278 544)	16 672 (118 799)	13 959 (84 593)	17 355 (132 025)	23 761 (151 556)	8 628 (71 305)
7	58 195 (160 587)	21 297 (207 411)	137 599 (215 184)	42 310 (159 681)	71 645 (350 189)	25 873 (144 672)	44 004 (128 597)	34 622 (166 647)	20 758 (172 314)	81 165 (152 470)
8	105 356 (265 943)	52 928 (260 339)	493 939 (709 123)	196 216 (355 897)	35 898 (386 087)	34 010 (178 682)	105 645 (234 242)	47 690 (214 337)	24 406 (196 720)	29 699 (182 169)
9	150 105 (416 048)	152 296 (412 635)	538 031 (1 247 154)	126 657 (482 554)	30 089 (416 176)	63 941 (242 623)	15 768 (250 010)	89 599 (303 936)	36 527 (233 247)	72 028 (254 197)
10	116 168 (532 216)	17 964 (430 599)	408 398 (1 655 552)	77 184 (559 738)	62 757 (478 933)	55 828 (298 451)	12 305 (262 315)	42 379 (346 315)	28 893 (262 140)	31 942 (286 139)
11	52 634 (584 850)	6 501 (437 100)	277 282 (1 932 834)	63 643 (623 381)	36 450 (515 383)	67 309 (365 760)	95 163 (357 478)	42 856 (389 171)	68 770 (330 910)	44 612 (330 751)
12	66 074 (650 924)	9 752 (446 852)	101 917 (2 034 751)	238 402 (861 783)	36 450 (551 773)	36 085 (401 845)	196 531 (554 009)	82 583 (471 754)	12 890 (343 800)	24 471 (355 222)

주 : ( )는 당월까지의 누계임
자료 : 고용노동부 노사관계지원과

Note : ( ) is an accumulated number by the month
Source : Ministry of Employment and Labor, Labor-Relations Support Division

38. 노동위원회 사건처리건수
(초 심)

단위 : 건수

연도 Year	신청 건수 계 Total	부당노동행위 Unfair labor practice							이월 Transfer	부당해고 Unfair dismissal							이월 Transfer
		신청건수 Number of applica-tions	유형별 처리건수 Classification of decision by type							신청건수 Number of applica-tions	유형별 처리건수 Classification of decision by type						
			소계 Total	인정 Recogni-tion	화해 Compro-mise	기각 Rejec-tion	각하 Dismi-ssal	취하 Withdr-awal			소계 Total	인정 Recogni-tion	화해 Compro-mise	기각 Rejec-tion	각하 Dismi-ssal	취하 Withdr-awal	
2009	10,376	1,151	65	173	415	60	270	168		9,017	801	2,484	1,012	464	3,451	805
2010	11,278	1,723	33	108	682	289	455	156		9,266	806	2,740	1,287	702	2,945	786
2011	10,361	988	16	148	378	61	192	193		9,146	682	3,409	1,003	438	2,813	801
2012	11,021	918	56	113	448	23	185	93		9,905	821	3,736	976	451	3,062	859
2013	12,271	824	33	92	309	19	227	144		11,152	801	4,083	970	519	3,756	1,023
2014	12,325	948	44	96	369	11	320	108		11,377	893	3,358	1,143	574	4,401	1,008
2015	11,848	947	66	79	346	35	241	180		10,901	959	2,962	1,077	601	4,226	1,076
2016	10,823	979	114	89	364	15	283	114		9,456	986	2,453	1,056	585	3,423	953
2017	10,735	804	57	66	279	19	264	119		9,517	840	2,845	1,008	523	3,198	1,094
2018	12,040	821	82	70	282	14	231	142		10,832	1,045	3,364	1,172	589	3,447	1,215
2019	14,323	996	135	72	368	30	232	159		12,775	1,084	3,657	1,517	675	4,509	1,333
2020	14,783	1,083	54	90	455	23	258	203		13,086	1,177	3,712	1,636	630	4,514	1,417
2021	13,256	911	45	68	376	42	245	186		11,873	1,160	3,379	1,674	531	3,839	1,290
2022	13,888	678	48	65	293	13	156	104		12,814	1,106	3,898	2,012	242	4,178	1,381
2023	16,924	739	48	67	333	5	174	112		15,823	1,245	4,925	2,477	318	4,982	1,856

자료 : 중앙노동위원회

39. 노동위원회 사건처리건수
(재 심)

단위 : 건수

연도 Year	신청 건수 계 Total	부당노동행위 Unfair labor practice							이월 Transfer	부당해고 Unfair dismissal							이월 Transfer
		신청건수 Number of applica-tions	유형별 처리건수 Classification of decision by type							신청건수 Number of applica-tions	유형별 처리건수 Classification of decision by type						
			소계 Total	인정 Recogni-tion	화해 Compro-mise	기각 Rejec-tion	각하 Dismi-ssal	취하 Withdr-awal			소계 Total	인정 Recogni-tion	화해 Compro-mise	기각 Rejec-tion	각하 Dismi-ssal	취하 Withdr-awal	
2009	1,559	278	26	3	141	17	47	44		1,271	268	64	394	108	246	191
2010	2,313	601	18	5	153	8	56	361		1,703	222	58	456	95	271	601
2011	2,320	610	8	2	461	8	87	44		1,702	337	52	729	100	282	202
2012	1,901	337	15	4	142	7	44	125		1,539	285	46	395	112	234	467
2013	2,052	339	34	14	191	8	39	53		1,653	403	80	463	168	266	273
2014	1,897	278	15	8	133	4	46	72		1,619	351	102	423	119	314	310
2015	1,999	329	50	12	136	12	47	72		1,670	370	80	387	168	300	365
2016	2,167	326	69	7	112	1	75	62		1,768	418	128	386	174	323	339
2017	1,968	286	44	14	129	13	39	47		1,618	380	118	453	174	230	263
2018	2,039	235	29	17	101	5	28	55		1,718	334	140	457	171	220	396
2019	2,497	346	70	11	154	13	44	54		2,074	422	189	625	168	273	397
2020	2,731	367	32	12	172	5	55	91		2,298	465	180	766	158	269	460
2021	2,583	359	41	12	196	16	41	53		2,135	552	165	742	120	221	335
2022	2,427	256	37	8	134	8	24	44		2,084	490	146	862	50	158	377
2023	2,630	266	40	8	127	4	17	71		2,344	518	198	904	62	187	476

자료 : 중앙노동위원회

38. Settlement numbers of the Regional Labor Relations Commission
(first adjudication)

In number of case

기준미달 휴업수당 지급 승인 Permission of pay for business suspension lower than the standards suspension							기 타 Others						
신청건수 Number of applications	유형별 처리건수 Classification of decision by type					이월 Transfer	신청건수 Number of applications	유형별 처리건수 Classification of decision by type					이월 Transfer
소계 Total	인정 Recognition	화해 Compromise	기각 Rejection	각하 Dismissal	취하 Withdrawal		소계 Total	인정 Recognition	화해 Compromise	기각 Rejection	각하 Dismissal	취하 Withdrawal	
14	5	-	2	-	7	-	194	90	-	26	15	51	12
7	-	-	3	-	4	-	282	165	4	20	17	56	20
3	-	-	1	-	2	-	224	72	30	27	12	61	22
2	-	-	-	-	2	-	196	66	8	27	14	60	21
16	1	-	3	-	11	1	279	71	8	38	38	83	41
5	-	-	1	-	3	1	332	100	6	46	43	98	39
11	1	-	1	-	9	-	169	53	3	20	16	59	18
19	1	-	-	-	17	1	369	77	9	51	14	96	122
5	1	-	-	-	4	-	409	98	12	41	21	173	64
15	-	-	6	-	7	2	372	87	15	55	31	133	51
17	1	-	6	-	5	5	535	231	28	78	27	127	44
191	49	-	10	-	120	12	423	103	38	52	35	122	73
66	32	-	3	-	28	3	406	110	25	67	29	123	52
23	22	-	2	-	16	1	373	113	24	83	9	91	53
15	2	-	3	0	8	2	347	204	1	38	10	60	34

Source : National Labor Relations Commission

39. Settlement numbers of the National Labor Relations Commission
(review adjudication)

In number of case

기준미달 휴업수당 지급 승인 Permission of pay for business suspension lower than the standards suspension							기 타 Others						
신청건수 Number of applications	유형별 처리건수 Classification of decision by type					이월 Transfer	신청건수 Number of applications	유형별 처리건수 Classification of decision by type					이월 Transfer
소계 Total	인정 Recognition	화해 Compromise	기각 Rejection	각하 Dismissal	취하 Withdrawal		소계 Total	인정 Recognition	화해 Compromise	기각 Rejection	각하 Dismissal	취하 Withdrawal	
1	-	-	1	-	-	-	9	1	-	4	3	-	1
-	-	-	-	-	-	-	9	1	-	4	1	3	-
-	-	-	-	-	-	-	8	1	2	2	1	1	1
-	-	-	-	-	-	-	25	6	-	5	7	2	5
-	-	-	-	-	-	-	60	7	-	15	5	14	19
1	-	-	1	-	-	-	71	24	-	14	5	3	25
-	-	-	-	-	-	-	27	3	1	7	1	11	4
1	-	-	-	-	-	1	72	20	5	15	3	12	17
1	-	-	-	-	1	-	63	16	4	9	6	7	21
4	-	-	3	-	1	-	82	27	1	22	13	6	13
3	-	-	2	-	1	-	74	15	14	20	7	6	12
2	-	-	-	-	2	-	64	13	2	22	4	8	15
1	-	-	-	-	-	-	88	22	7	29	8	11	11
-	-	-	-	-	-	-	87	31	3	30	4	5	14
1	-	-	1	0	0	0	19	3	-	8	5	2	1

Source : National Labor Relations Commission

40. 내역별 부당노동행위 신청건수
Number of application for unfair labor practice by type

단위 : 건수
In number of case

연도 Year	계 Total	1호 (조합활동관련) No.1 (Trade union activity)	2호 (고용조건) No.2 (Employment conditions)	3호 (단체교섭거부) No.3 (Refusal of collective bargaining)	4호 (경비지원 등) No.4 (Financial support for the operation of a trade union)	5호 (단체행동참가등) No.5 (Taking part in justifiable collective activities)
2009	1,429	1,198	1	33	196	1
2010	2,324	1,905	3	33	380	3
2011	1,598	1,321	4	78	124	71
2012	1,255	955	5	70	133	92
2013	1,163	1,001	5	28	76	53
2014	1,226	1,075	10	28	110	3
2015	,1,276	1,067	8	65	112	24
2016	1,305	1,059	9	107	120	10
2017	1,090	874	6	104	104	2
2018	1,056	790	18	117	119	12
2019	1,342	923	52	223	134	10
2020	1,450	1,330	7	33	79	1
2021	1,270	1,170	2	35	57	6
2022	934	868	5	26	31	4
2023	1,005	916	5	37	44	3

자료 : 중앙노동위원회
Source : National Labor Relations Commission

41. 조정사건 처리건수
Number of mediation case

단위 : 건수, %
In case, %

연 도 Year		처리건수 Number of cases	조 정 Mediation			행정지도 Administrative guidance	취하철회 Withdrawal
			성 립 Successful	불성립 Unsuccessful	성립률(%) Success		
2012	계 Total	750	394	243	61.9	38	73
	중노위 NLRC	63	28	30	48.3	2	3
	지노위 RLRC	687	366	213	63.2	36	70
2013	계 Total	739	414	223	65.0	34	68
	중노위 NLRC	70	27	38	41.5	2	3
	지노위 RLRC	669	387	185	67.7	32	65
2014	계 Total	885	401	327	55.1	45	101
	중노위 NLRC	105	27	62	30.3	3	12
	지노위 RLRC	781	374	265	58.5	42	90
2015	계 Total	861	381	329	53.7	42	107
	중노위 NLRC	117	40	53	43.0	5	18
	지노위 RLRC	744	341	276	55.3	37	89
2016	계 Total	805	410	293	58.3	14	85
	중노위 NLRC	113	35	67	34.3	3	6
	지노위 RLRC	692	375	226	62.4	11	79
2017	계 Total	817	434	299	59.2	15	68
	중노위 NLRC	98	40	47	46.0	3	8
	지노위 RLRC	719	394	252	61.0	12	60
2018	계 Total	1,130	503	524	49.0	17	94
	중노위 NLRC	131	44	75	37.0	2	13
	지노위 RLRC	999	459	449	50.6	15	81
2019	계 Total	1,244	527	581	47.6	27	109
	중노위 NLRC	162	49	95	34.0	7	11
	지노위 RLRC	1,082	478	486	49.6	20	98
2020	계 Total	957	454	397	53.3	14	92
	중노위 NLRC	103	34	52	39.5	4	13
	지노위 RLRC	854	420	345	54.9	10	79
2021	계 Total	1,169	482	559	46.3	18	110
	중노위 NLRC	161	34	103	24.8	4	20
	지노위 RLRC	1,008	448	456	49.6	14	90
2022	계 Total	1,150	506	485	51.1	18	141
	중노위 NLRC	171	42	104	28.8	3	22
	지노위 RLRC	979	464	381	54.9	15	119
2023	계 Total	1,056	403	527	43.3	18	108
	중노위 NLRC	160	38	100	27.5	6	16
	지노위 RLRC	896	365	427	46.1	12	92

주 : NLRC : National Labor Relations Commission
RLRC : Regional Labor Relations Commission
자료 : 중앙노동위원회

Note : NLRC : National Labor Relations Commission
RLRC : Regional Labor Relations Commission
Source : National Labor Relations Commission

42. 행정소송 처리건수
Settlement numbers of handling of administrative suit cases

단위 : 건수, % In case, %

연도 Year	소송제기건수 Number of suit cases filed			승소 Winning a law suit	패소 Losing a law suit			승소율 The rate of winning a law suit	계류중 Losing a law suit		
	계 Total	근로자 Employees	사용자 Employers		계 Total	근로자승소 Court decision on favor of employees	사용자승소 Court decision on favor of employers		행정법원 Administration court	고법 The high court	대법 The supreme court
2010	321	202	119	262	57	20	3837	82.1	202	146	68
2011	457	264	193	274	46	19	27	85.6	276	145	60
2012	352	181	171	229	58	19	39	79.8	318	137	73
2013	443	224	219	234	41	20	21	85.1	346	151	87
2014	384	211	173	246	59	16	43	80.7	357	151	76
2015	415	186	229	285	66	26	40	81.2	305	154	52
2016	457	183	274	241	62	23	39	79.8	410	164	90
2017	449	201	248	297	103	27	76	74.3	421	153	99
2018	488	201	287	312	61	19	42	83.6	438	141	80
2019	639	265	374	273	52	13	39	84.0	656	137	80
2020	593	301	292	255	56	21	35	82.0	709	305	70
2021	567	287	280	299	74	25	49	80.2	791	366	105
2022	550	264	286	355	90	39	51	84.2	724	315	91
2023	553	296	257	327	75	38	37	81.3	824	262	78

자료 : 중앙노동위원회 Source : National Labor Relations Commission

근로기준
Labor standards

43. 인가내역별 근로기준법상 인가건수
Permission numbers of according to labor standard law by item of permission

단위 : 건수, 명
In case, person

인 가 내 역 Item of permission	2017	2018	2019	2020	2021	2022	2023
계 Total	19 604 (73 758)	28 838 (101 696)	20 475 (88 555)	23 705 (302 851)	26,937 (382,918)	28,119 (508,795)	24,260 (418,375)
특별한사정에의한연장근로 (법 제53조 제4항) Exceptions hours of work	15 (167)	204 (4 684)	908 (15 694)	4 204 (233 550)	6,477 (312,342)	9,119 (443,369)	6,424 (353,149)
감시적단속적근로의적용제외 (법 제63조) Exceptions of supervisory and intermittent assigned works	11 936 (50 383)	21 724 (75 518)	13 258 (54 669)	11 522 (47 936)	11 702 (48 768)	10,201 (42,944)	10,377 (46,150)
취 직 인 허 (법 제64조) Employment certification	32 (32)	48 (48)	99 (99)	38 (38)	77 (77)	124 (124)	138 (138)
임산부와 18세 미만자의 야간 및 휴 일 근 로 (법 제70조) Night and holiday work of pregnant woman and minor under 18 years of age	5 809 (14 633)	5 012 (12 033)	4 290 (9 181)	3 454 (7 253)	3 599 (7 004)	4 443 (8 236)	4,995 (8,623)
최저임금적용제외 Except application of minimum wages	1 787 (8 632)	1 850 (9 413)	1 896 (9 000)	1 812 (9 060)	2,080 (9,494)	2,128 (10,075)	2,326 (10,315)

주 : ( )는 근로자수임.
자료 : 고용노동부
Note : ( ) is Number of employees.
Source : Ministry of Employment and Labor

44. 노동관계법 위반 신고사건 접수 및 처리 실적

단위 : 건수

연 도 Year	신고건수 Report		처리내역 Measurement by contents				계 Total
	계 Total	진정(고소, 고발) Petition (accusation, prosecution)	계 Sub total	행정처리 Correction	사법처리 Commitment	법적용제외 Exceptions from applicable to the law	
2015	341 704	312 186 (20 437)	343 731	259 611	84 120	4 234	397 567
2016	363 291	331 966 (21 769)	366 361	279 698	86 663	4 243	426 422
2017	372 330	341 416 (21 465)	374 006	294 525	79 481	4 886	436 745
2018	390 736	358 612 (25 148)	399 207	318 153	81 054	5 515	469 668
2019	403 023	371 192 (25 374)	417 708	335 764	81 944	6 595	498 584
2020	364 355	337 819 (20 415)	380 138	313 462	66 676	6 814	458 833
2021	314 308	291 704 (17 326)	322 994	271 119	51 875	6 170	390 391
2022	305 519	285 389 (15 153)	310 805	267 987	42 818	6 080	376 783
2023	371,116	350,318 (17,067)	370,653	326,805	43,848	7,536	450,679

주 : "개선사항별" 항목은 1개 사건에 법위반사항이 2건 이상인 경우 2건으로 산정되므로, 처리내역의 "사건별" "계"와 "개선사항별"의 "계"는 일치하지 않을 수 있음
자료 : 고용노동부 근로감독기획과

45. 체불임금 발생 및 처리현황

단위 : 개소, 명, 억원

연도 Year	발생 Occurrence			처리	
	사업체 Establishments	근로자 Employees	금액 Amounts	계 Total	
				근로자 Employees	금액 Amounts
2015	127 243	295 677	12 993	284 534	12 329
2016	133 546	325 430	14 286	312 654	13 489
2017	130 996	326 661	13 811	312 338	12 889
2018	138 533	351 531	16 472	336 857	15 509
2019	135 384	344 977	17 217	336 019	16 561
2020	114 803	294 312	15 830	287 976	15 374
2021	94 385	247 005	13 505	242 541	13 141
2022	88 870	237 501	13 472	233 458	13 101
2023	93 559	275 432	17 845	270 074	17 267

자료 : 고용노동부 근로감독기획과

44. Results of receipt and measurements in labor accidents from labor law violation

In number of case

	개선내용별 Case by contents								
소계 Sub total	근로기준법 Labor standards law						노동조합법 Trade union law	근로자참여 협력증진법 Labor management council law	기타 Others
	금품청산 Liquidation of wages	해고제한 Restriction on dismissal	근로시간및휴가 Hours of work and leave	취업규칙 Regulation of work	기타 Others				
295 297	284 608	290	1 144	235	9 020		1 864	143	100 263
319 495	306 658	348	1 072	361	11 056		1 432	126	105 369
333 520	316 737	336	1 453	294	14 700		1 438	133	101 654
359 332	337 118	376	1 759	493	19 586		2 478	182	107 676
382 899	356 917	370	2 090	422	23 100		1 911	176	113 598
348 491	318 094	391	2 099	564	27 343		1 982	229	108 131
298 435	267 879	337	2 357	435	27 427		2 068	173	89 715
288 741	237 947	341	2 103	430	47 920		1 954	160	85 928
340 762	281 432	353	1,908	400	56 669		1 490	156	108,271

Notes : As "case by contents" refers to the number of violations in case when more than two violations are committed per incident, the "total" of "measurement by contents" may not be identical with the "total" of "case by contents".
Source : Labor Inspection Planning Division of the Ministry of Employment and Labor

45. Wage arrears and measures taken

In each, person, hundred million won

Case completed				처리중 Cases in progress	
지도해결 Settlement		사법처리 Legal punishments		계 Total	
근로자 Employees	금액 Amounts	근로자 Employees	금액 Amounts	근로자 Employees	금액 Amounts
178 926	6 020	105 608	6 309	11 143	664
198 392	6 866	114 262	6 623	12 776	797
203 902	6 751	108 436	6 139	14 323	921
203 243	7 292	133 614	8 217	14 674	963
203 374	8 260	132 645	8 301	8 958	656
181 113	8 307	106 863	7 067	6 336	456
157 782	7 403	84 759	5 738	4 464	364
161 193	8 060	72 265	5 041	4 043	371
196 866	11 385	73 208	5 882	5 358	579

Source : Labor Inspection Planning Division of the Ministry of Employment and Labor

VII. 산재보험
Industrial accident compensation insurance

46. 산업(대분류)별 산재보험적용 사업체수 및 근로자수

단위 : 개소, 명

산업 Industry	2016		2017		2018		2019	
	사업체수 Establishments	근로자수 Employees	사업체수 Establishments	근로자수 Employees	사업체수 Establishments	근로자수 Employees	사업체수 Establishments	근로자수 Employees
총 수 Total	2 457 225	18 431 716	2 507 364	18 560 142	2 654 107	19 073 438	2 680 874	18 725 160
농 업 Agriculture	14 954	80 990	15 452	76 033	17 449	83 540	18 785	79 482
임 업 Forestry	12 422	93 493	11 740	82 773	12 105	89 751	12 289	91 682
어 업 Fishing	1 734	5 591	1 633	5 289	1 748	5 416	1 858	5 121
광 업 Mining	1 105	11 153	1 054	11 199	1 078	11 697	1 082	11 108
제 조 업 Manufacturing	375 634	4 236 653	368 305	4 149 966	379 387	4 152 058	386 119	4 045 048
전기가스및수도사업 Electricity gas and water supply	2 363	72 940	2 272	75 496	2 493	76 967	2 814	76 687
건 설 업 Construction	333 201	3 152 859	397 405	3 046 523	441 758	2 943 742	378 343	2 487 807
운수창고및통신업 Transport, storage and communication	71 860	836 471	71 532	838 006	77 160	873 232	81,424	910,585
금 융 및 보 험 업 Financial intermediation	41 419	761 187	40 892	764 141	41 968	778 105	42 320	777 764
기 타 각 종 사 업 Others	1 602 533	9 180 379	1 597 079	9 510 716	1 678 961	10 058 930	1 755 840	10 239 876

자료 : 고용노동부 산재보상정책과

46. Number of establishments and employment covered by industrial accident compensation insurance by industry(sections)

In each person

2020		2021		2022		2023	
사업체수 Establishments	근로자수 Employees	사업체수 Establishments	근로자수 Employees	사업체수 Establishments	근로자수 Employees	사업체수 Establishments	근로자수 Employees
2 719 308	18 974 513	2 876 635	19 378 565	2 976 026	20 173 615	2 945 136	20 637 107
19 382	78 940	20 302	78 999	22 509	84 180	25 693	93 504
12 919	101 404	14 596	110 395	16 483	124 991	17 948	137 826
1 898	4 973	1 918	4 955	2 163	5 565	2 129	5 775
1 087	10 664	1 071	10 257	1 055	9 850	1 026	9 713
395 141	4 012 541	400 242	3 959 780	410 117	3 988 609	412 474	4 006 893
3 103	79 034	3 341	79 791	3 502	79 103	3 651	79 956
329 279	2 284 916	400 990	2 378 751	396 622	2 494 031	321 949	2 233 184
87 059	936 449	93 249	993 678	98 044	1 071 768	102 185	1 120 705
42 858	782 173	43 679	781 685	44 013	815 562	44 137	853 734
1 826 582	10 683 419	1 897 247	10 980 274	1 981 518	11 499 956	2 013 944	12 095 817

Source : Ministry of Employment and Labor, Industrial Accident Compensation Policy Division

47. 산업(대분류)별 산재보험급여 지급액
Payment of industrial accident compensation insurance by industry(sections)

단위 : 백만원   In million won

연 도 Year	계 Total	광 업 Mining	제조업 Manufacturing	전기가스 수도사업 Electricity gas and water service	건설업 Construction	운수창고 및통신업 Transport, storage and communications	금융 및 보험업 Financial intermediation	기타산업 Others
2004	2 859 914	258 864	1 079 369	7 368	932 668	150 973	16 049	414 623
2005	3 025 771	286 209	1 169 331	7 616	919 955	158 922	17 796	465 942
2006	3 163 769	297 099	1 186 433	8 764	946 684	174 247	20 486	530 056
2007	3 242 276	310 031	1 165 055	8 599	993 950	177 540	22 493	564 608
2008	3 421 885	320 861	1 207 372	9 888	1 058 406	182 937	23 481	618 940
2009	3 463 141	323 329	1 200 629	9 570	1 082 601	177 811	23 667	645 534
2010	3 523 735	319 586	1 232 024	9 829	1 102 852	178 882	23 363	657 199
2011	3 625 397	363 900	1 260 697	10 096	1 127 986	182 368	23 691	656 659
2012	3 851 287	368 261	1 302 739	11 579	1 285 843	190 790	26 284	665 791
2013	3 795 434	378 715	1 285 056	12 152	1 205 129	194 763	25 958	693 661
2014	3 926 559	398 604	1 312 436	11 832	1 261 548	203 137	27 958	711 044
2015	4 079 108	421 731	1 345 291	12 821	1 322 734	206 864	28 167	741 500
2016	4 280 055	440 644	1 377 904	12 114	1 448 883	211 498	28 652	760 361
2017	4 436 038	465 808	1 415 754	12 520	1 506 200	215 174	32 709	787 872
2018	5 033 901	592 159	1 554 488	13 144	1 644 938	247 482	35 896	945 793
2019	5 529 360	608 621	1 708 063	14 412	1 770 613	281 086	37 225	1 109 340
2020	5 996 819	644 918	1 864 554	15 854	1 883 070	313 251	41 179	1 233 993
2021	6 452 940	680 543	1 998 732	15 750	2 027 324	355 505	43 980	1 256 861
2022	6 686 486	690 750	2 065 877	15 736	2 114 916	396 098	47 822	1 279 383
2023	7 284 941	649 810	2 261 637	17 711	2 309 543	451 267	50 965	1 544 007

자료 : 고용노동부 산재보상정책과   Source : Ministry of Employment and Labor, Industrial Accident Compensation Policy Division

48. 급여종류별 산재보험급여 지급액
Payment of industrial accident compensation insurance by kinds of payment

단위 : 백만원
In million won

연도 Year	계 Total	요양급여 Medical care benefits	휴업급여 Sick leave benefits	장해급여 Disability benefits	유족급여 Survivors benefits	장의비 Funeral benefits	상병보상연금 Survivor	간병급여 Nursing benefits	재활급여 Rehabilitation benefits
2004	2 859 914	786 792	954 612	752 289	210 834	22 811	123 143	9 433	-
2005	3 025 771	769 167	938 439	922 185	220 577	21 221	140 345	13 837	-
2006	3 163 769	800 391	848 135	1 067 385	253 876	22 162	151 580	20 240	-
2007	3 242 275	763 003	800 305	1 170 647	296 797	22 753	162 236	26 534	-
2008	3 421 885	812 279	792 490	1 265 916	317 714	23 526	176 158	33 772	29
2009	3 463 141	800 171	786 075	1 291 084	332 550	21 963	189 956	39 366	1 977
2010	3 523 375	766 535	753 066	1 397 873	352 125	22 533	182 866	44 263	4 474
2011	3 625 397	761 560	719 908	1 509 245	376 251	22 317	172 863	48 327	14 927
2012	3 851 287	718 017	724 162	1 712 958	407 498	23 259	195 211	51 682	18 500
2013	3 795 434	723 328	731 329	1 629 027	441 922	24 835	169 397	55 193	20 403
2014	3 926 559	740 574	779 382	1 667 219	476 889	24 477	166 516	54 671	16 832
2015	4 079 108	783 256	816 881	1 710 784	508 938	24 344	162 572	52 279	14 965
2016	4 280 055	838 072	876 672	1 772 503	538 713	24 918	158 877	56 058	14 242
2017	4 436 038	843 741	921 179	1 832 568	589 255	27 751	152 640	54 897	14 007
2018	5 033 901	1 015 138	1 107 405	1 998 758	656 438	32 268	154 101	54 966	14 828
2019	5 529 359	1 085 076	1 319 085	2 157 725	710 174	31,838	148 720	53 633	23 108
2020	5 996 819	1 309 810	1 413 340	2 257 947	761 244	34 179	146 043	52 003	22 253
2021	6 452 940	1 360 677	1 583 963	2 434 528	821 770	34 780	143 921	52 582	20 717
2022	6 686 486	1 316 455	1 693 399	2 544 825	885 042	38 765	137 078	50 618	20 300
2023	7 284 941	1 518 685	1 864 777	2 699 536	944 683	36 300	143 857	51 527	25 577

자료 : 고용노동부 산재보상정책과
Source : Ministry of Employment and Labor, Industrial Accident Compensation Policy Division

49. 산업(대분류)별 산재보험급여 수급자수
Benefit persons of industrial accident compensation insurance by industry(sections)

단위 : 명　　　In person

연도 Year	계[1] Total	광업 Mining	제조업 Manufacturing	전기가스 수도사업 Electricity gas and water service	건설업 Construction	운수창고 및통신업 Transport, storage and communications	금융 및 보험업 Financial intermediation	기타산업 Others
2013	245 399	20 491	81 930	405	62 659	12 491	1 272	66 447
2014	252 106	21 102	82 654	413	66 166	12 684	1 230	68 145
2015	269 893	21 934	85 524	457	71 156	13 395	1 296	76 459
2016	269 510	23 782	83 513	459	73 578	13 253	1 235	74 038
2017	283 514	24 052	87 133	470	76 662	13 905	1 359	80 210
2018	297 239	24 552	88 888	504	79 305	15 161	1 445	87 713
2019	320 184	26 973	94 156	520	81 559	17 065	1 596	98 697
2020	350 363	26 977	101 106	538	86 799	20 189	1 717	113 471
2021	386 260	29 067	108 041	580	93 987	25 298	1 865	128 096
2022	390 475	29 070	110 469	605	94 217	28 785	2 165	125 971
2023	398 324	27 896	112 755	627	96 501	32 485	2 285	127 008

주 : 1) 급여간 중복이 발생하는 수급자는 합계에서는 1명으로 계산
자료 : 고용노동부 산재보상정책과

Notes : 1) Those receiving more than one benefit was counted only once
Source : Ministry of Employment and Labor, Industrial Accident Compensation Policy Division

50. 급여종류별 산재보험급여 수급자수
Benefit persons of industrial accident compensation insurance by kinds of payment

단위 : 명　　In person

연도 Year	계[1] Total	요양급여 Medical care benefits	휴업급여 Sick leave benefits	장해급여 Disability benefits	유족급여 Survivors benefits	장의비 Funeral benefits	상병보상연금 Survivor	간병급여 Nursing benefits	재활급여 Rehabilitation benefits
2013	245 399	163 757	111 432	93 524	22 194	2 255	5 261	5 448	4 809
2014	252 106	168 566	110 843	93 689	23 517	2 169	5 058	5 487	4 245
2015	269 893	185 202	111 078	93 953	24 760	2 080	4 853	5 485	3 764
2016	269 510	185 704	111 811	93 383	25 949	2 052	4 643	5 472	3 337
2017	283 514	195 407	110 979	93 407	27 272	2 218	4 400	5 383	3 088
2018	297 239	207 456	125 162	96 493	28 843	2 565	4 192	5 365	3 042
2019	320 184	225 665	137 309	101 942	30 328	2 470	3 943	5 273	3 688
2020	350 363	256 611	138 675	103 768	31 846	2 566	3 800	5 143	2 945
2021	386 260	291 475	153 252	108 780	33 425	2 541	3 646	5 070	2 581
2022	390 475	291 226	161 509	112 002	35 100	2 706	3 509	4 892	2 515
2023	398 324	297 512	169 728	115 515	36 393	2 456	3 231	4 725	3 046

주 : 1) 급여간 중복이 발생하는 수급자는 합계에서는 1명으로 계산
자료 : 고용노동부 산재보상정책과

Notes : 1) Those receiving more than one benefit was counted only once
Source : Ministry of Employment and Labor, Industrial Accident Compensation Policy Division

51. 지역·의료기관별 산재지정의료기관수
Number of appointed hospitals for industrial accident compensation by province, hospital

단위 : 개소 　　　In each

지역 Province	계 Total		종합병원 Synthetic hospital		병원 Hospital		의원 Clinic	
	2022	2023	2022	2023	2022	2023	2022	2023
계 Total	5 952	6179	372	374	1 853	1869	3 727	3936
서울 Seoul	1 104	1367	54	65	278	352	772	950
부산 Busan	426	436	29	29	132	137	265	270
대구 Daegu	345	359	19	20	100	102	226	237
인천 Incheon	381	395	21	21	122	127	238	247
광주 Gwangju	207	249	25	30	94	115	88	104
대전 Daejeon	266	315	12	15	66	82	188	218
울산 Ulsan	113	112	9	9	25	23	79	80
경기 Gyeonggi	1 438	1363	69	59	482	412	887	892
강원 Gangwon	162	159	17	17	41	39	104	103
충북 Chungbuk	185	177	13	12	50	46	122	119
충남 Chungnam	225	194	13	11	66	63	146	120
전북 Jeonbuk	272	276	13	13	95	96	164	167
전남 Jeonnam	196	148	26	20	84	63	86	65
경북 Gyeongbuk	253	246	20	21	64	65	169	160
경남 Gyeongnam	336	338	26	26	146	138	164	174
제주 Jeju	43	45	6	6	8	9	29	30

자료 : 고용노동부 산재보상정책과　　　　　Source : Ministry of Employment and Labor, Industrial Accident Compensation Policy Division

52. 산재보험료등 징수결정액 및 수납액
Premiums and amount of receipt of industrial accidents compensation insurance

단위 : 백만원 　　　In million won

연 도 Year	징 수 결 정 액 Premiums	수 납 액 Amount of receipt
2003	3 004 573	2 537 647
2004	3 520 999	2 959 030
2005	3 894 265	3 247 703
2006	4 470 064	3 827 266
2007	5 116 770	4 514 368
2008	5 504 968	4 942 067
2009	5 305 840	4 815 805
2010	5 175 677	4 705 340
2011	5 696 702	4 872 846
2012	6 589 672	5 585 108
2013	6 675 184	5 510 515
2014	7 184 846	5 863 212
2015	7 520 280	6 150 784
2016	7 700 328	6 363 515
2017	7 840 266	6 499 306
2018	8 848 397	7 407 068
2019	9 044 481	7 594 041
2020	8 576 384	7 152 345
2021	9 026 585	7 604 849
2022	9 762 447	8 334 133
2023	10 580 193	9 140 392

자료 : 고용노동부 산재보상정책과　　　Source : Ministry of Employment and Labor, Industrial Accident Compensation Policy Division

53. 산업(소분류)별 산재보험료율(2-1)

단위 : ‰

산업 Industry		2014	2015	2016	2017	2018	2019	2020	2021	2022	2023
1. 임업 Forestry logging	임업 Forestry logging	87	89	89	90	90	72	58	58	58	58
	벌목업 Logging	-	-	-	-	-	-	-	-	-	-
	기타의 임업 Other forestry	-	-	-	-	-	-	-	-	-	-
1. 어업 Fishing	어업 Fishing	202	162	130	-	-	28	28	28	28	28
	양식어업 및 어업관련서비스업 Operation of fish hatcheries and fish farms ; Services incidental to fishing	21	25	30	-	-	-	-	-	-	-
1. 농업 Agriculture	농업 Agriculture	27	27	27	26	25	20	20	20	20	20
2. 광업 Mining	석탄광업 및 채석업 Coall & Quarrying	-	-	-	323	281	225	185	185	185	185
	석회석·금속·비금속광업및기타광업 Calcareous stone quarrrying·Metal·nonmetal&Other	-	-	-	71	71	57	57	57	57	57
	석탄광업 (갑) Coal	340	340	340	-	-	-	-	-	-	-
	금속 및 비금속광업 Metal & nonmetal	104	84	77	-	-	-	-	-	-	-
	채석업 Quarrying	285	338	325	-	-	-	-	-	-	-
	석회석광업 Calcareous stone quarrying	87	83	76	-	-	-	-	-	-	-
	제염업 Salt	-	-	-	-	-	-	-	-	-	-
	기타광업 Other	71	69	71	-	-	-	-	-	-	-
	연탄및응집고체연료생산업 Production	-	-	-	-	-	-	-	-	-	-
3. 제조업 Manufacturing	식료품제조업 Food	20	19	19	19	19	16	16	16	16	16
	담배제조업 Tobacco	8	8	8	8	-	-	-	-	-	-
	섬유및섬유제품제조업	-	-	-	-	-	11	11	11	11	11
	섬유또는섬유제품제조업(갑) Textile & wearing	13	13	13	13	13	-	-	-	-	-
	섬유또는섬유제품제조업(을) Textile & wearing	22	21	20	20	20	-	-	-	-	-
	제재 및 베니아판제조업 Wood or plywood & veneered	-	-	-	-	-	-	-	-	-	-
	목재및종이제품제조업	-	-	-	-	-	20	20	20	20	20

주 : 1. 보험요율 = $\frac{보험료}{임금총액} \times 1,000$
    2. ( )은 요율 조정 숫자임.
자료 : 고용노동부 산재보상정책과

53. Premium rate of industrial accidents compensation insurance by industry(groups) (2-1)

In : ‰

산업 Industry		2014	2015	2016	2017	2018	2019	2020	2021	2022	2023
3. 제조업 Manufacturing	목재품제조업 Lumber	49	46	44	42	42	-	-	-	-	-
	펄프·지류제조업 및 제본 또는 인쇄물가공업	25	24	24	24	-	-	-	-	-	-
	신문, 화폐발행 및 출판업, 인쇄업 Sub-editor, newspapers and periodicals, printing	12	12	12	11	-	-.	-.	-.	-.	-
	출판·인쇄·제본업	-	-	-	-	11	10	10	10	10	10
	인쇄업 Printing	-	-	-	-	-	-	-	-	-	-
	화학제품제조업 Chemical	17	17	17	16	16	-	-	-	-	-
	의약품 및 화장품향료제조업 Drug & medicines or cosmetics	9	9	9	9	-	-	-	-	-	-
	의약품·화장품향료·담배제조업	-	-	-	-	8	7	7	7	7	7
	코크스및석탄가스제조업 Coke & coal gas	-	-	-	-	-	-	-	-	-	-
	연탄 및 응집고체 연료생산업 Production	-	-	-	-	-	-	-	-	-	-
	코크스, 연탄 및 석유정제품제조업 Coke, hard coal and lignite fuel briquettes & refined petroleum	14	13	12	11	11	9	-	-	-	-
	화학 및 고무제품제조업	-	-	-	-	-	13	13	3	13	13
	고무제품제조업 Rubber products	23	22	21	21	21	-	-	-	-	-
	유리·도자기·시멘트제조업	-	-	-	-	13	-	-	-	-	-
	도자기제품제조업 Chinaware products	-	-	-	-	-	-	-	-	-	-
	유리제조업 Glass & glassware products	16	15	15	15	15	-	-	-	-	-
	요업또는토석제품제조업 Ceramics or clay products	31	30	29	29	-	-	-	-	-	-
	시멘트제조업 Cement	28	29	29	26	-	-	-	-	-	-
	기계기구·비금속광물및금속제품제조업	-	-	-	-	-	13	13	13	13	13
	비금속광물제품·금속제품 Non-metallic mineral	41	39	37	32	-	-	-	-	-	-
	금속제품제조업 또는 금속가공업 Metal working machinery	-	-	-	-	-	-	-	-	-	-

Note : 1. Premium Rate $= \frac{Premium}{Total\ Wage} \times 1,000$
2. ( ) is coordinated Premium Rate.
Source : Ministry of Employment and Labor, Industrial Accident Compensation Policy Division

53. 산업(소분류)별 산재보험료율(2-2)

단위 : ‰

산업 Industry		2014	2015	2016	2017	2018	2019	2020	2021	2022	2023
3. 제조업 Manufacturing	금속재료품제조업 Fabricated metal products include metal	33	33	33	-	-	-	-	-	-	-
	금속제련업 Metal Smelting	11	10	11	11	11	10	10	10	10	10
	도금업 Plating metal products	20	19	18	17	17	-	-	-	-	-
	기계기구제조업 Machinery appliances	21	20	19	19	-	-	-	-	-	-
	전기기계기구제조업 Electric machinery & apparatus	12	11	11	11	-	-	-	-	-	-
	전기기계기구·전자제품·계량기 ·광학기계·기타정밀기구제조업	-	-	-	-	7	-	-	-	-	-
	전기기계기구·정밀기구·전자제품제조업	-	-	-	-	-	6	6	6	6	6
	전자제품제조업 Electric products	7	7	7	7	-	-	-	-	-	-
	선박건조및수리업 Ship & boat building repairing	26	26	25	26	26	24	24	24	24	24
	수송용기계기구제조업(갑) Transport equipment	17	16	16	16	16	-	-	-	-	-
	자동차 및 모터사이클 수리업 Motor & Motorcycle repairing	18	17	17	17	-	-	-	-	-	-
	수송용기계기구제조업(을) Transport equipment	-	-	-	-	-	-	-	-	-	-
	계량기, 광학기계, 기타정밀기구 제조업 Manufacture of optical instrument Other precise machinery and tools	9	9	9	9	-	-	-	-	-	-
	수제품제조업 Hand products	16	16	16	15	15	-	-	-	-	-
	기타제조업 Others	30	29	28	27	27	-	-	-	-	-
	수제품및기타제품제조업	-	-	-	-	-	12	12	12	12	12
4. 전기·가스 및 수도사업 Electricity, gas & water service	전기·가스 및 상수도업 Electricity, gas & water service	10	9	10	10	10	9	8	8	8	8
5. 건설업 Construction	건설업 Construction	37	37	38	38	39	39	36	36	36	36
	건설기계관리사업 Heavy machinery management	-	-	-	-	-	-	-	-	-	-

53. Premium rate of industrial accidents compensation insurance by industry(groups)(2-2)

In : ‰

산업 / Industry		2014	2015	2016	2017	2018	2019	2020	2021	2022	2023
7. 운수, 창고 및 통신업 Transport, and communication	철도·항공·창고·운수관련서비스업 Rig and cable splice	-	-	-	-	-	-	8	8	8	8
	철도궤도및삭도운수업	8	8	9	9	-	-	-	-	-	-
	철도·궤도삭도 및 항공운수업	-	-	-	-	9	8	-	-	-	-
	자동차운수업및택배업·퀵서비스업 Automobile transport&Courier service…express delivery	-	-	-	20	20	-	-	-	-	-
	육상 및 수상 운수업	-	-	-	-	-	18	18	18	18	18
	여객자동차운수업 Automobile transport	19	19	19	-	-	-	-	-	-	-
	소형화물운수업및택배업·퀵서비스업	23	25	28	-	-	-	-	-	-	-
	소형자동차운수업 Car transport	-	-	-	-	-	-	-	-	-	-
	화물자동차운수업 Lorry transport	71	69	66	-	-	-	-	-	-	-
	수상운수업, 항만하역 및 화물취급업 Water transport, unloading subordinates & goods handling	31	30	29	28	28	-	-	-	-	-
	항공운수업 Airline transport	7	8	9	9	-	-	-	-	-	-
	운수관련서비스업 Service allied to transport	9	9	9	9	9	-	-	-	-	-
	창고업 Storage	15	14	14	13	13	-	-	-	-	-
	통신업 Communication	12	12	11	11	11	9	9	9	9	9
기타사업 Others	농수산물위탁판매업 Whole sailing of farm product & sea food	-	-	-	-	-	-	-	-	-	-
	건물등의종합관리사업 Building management	18	17	17	16	16	-	-	-	-	-
	위생 및 유사 서비스업 Sanitary & similar services	32	32	32	31	30	-	-	-	-	-
	건물등의종합관리사업	-	-	-	-	-	13	8	8	8	8
	골프장및경마장운영업 Golf-course & horse-racing-track Operation	-	-	-	-	-	-	-	-	-	-
	기타의각종사업 Others	10	10	10	10	10	9	9	9	9	9
	전문·보건·교육·여가관련서비스업	-	-	-	-	-	-	6	6	6	6
	전문기술서비스업 Propessional tecnology services	7	7	7	7	7	6	-	-	-	-
	보건 및 사회복지사업 Health & social welfare	7	7	7	7	7	6	-	-	-	-
	교육서비스업 education services	7	7	7	7	7	6	-	-	-	-
	도소매·음식·숙박업	-	-	-	-	-	-	8	8	8	8
	도·소매 및 소비자용품수리업 Wholesale and retail trade, consumer goods repairing	10	9	9	9	9	8	-	-	-	-
	부동산업 및 임대업 Real estate activities and renting and leasing	9	9	9	8	8	7	7	7	7	7
	오락·문화및운동관련사업 Amusement, culture & sports activities	11	11	10	10	10	8	-	-	-	-
	국가및지방자치단체의행정 Public administration	9	9	8	-	-	-	-	-	-	-
	국가및지방자치단체의사업 Public administration	-	-	-	8	9	9	9	9	9	9
	사업서비스업	-	-	-	-	9	8	8	8	8	8
	금융 및 보험업 Financial intermediation	6	7	7	7	7	6	6	6	6	6

54. 심리유형·산재보험급여 종류별 심사건수
Number of inspection demand
by type of judging and kind of industrial accident compensation insurance

단위 : 건수

심리유형 Type of Judging	2022						2023					
	소계 Sub total	요양 Medical care	휴업 Sick leave	장해 Disability	유족 survivor	기타 Other	소계 Sub total	요양 Medical care	휴업 Sick leave	장해 Disability	유족 survivor	기타 Other
총 계 Total	10 011	5 178	256	3 725	383	469	11 155	5 673	310	4 009	369	794
기 각 Turning down	8 277	4 257	211	3 086	339	384	9 326	4 714	260	3 398	343	611
각 하 Reject	103	59	4	22	2	16	92	43	3	22	3	21
취 소 Cancellation	1 493	792	36	567	36	62	1 592	825	41	555	19	152
기 타 Other	138	70	5	50	6	7	145	91	6	34	4	10

자료 : 고용노동부 산재보상정책과

55. 심리유형·산재보험급여 종류별 재심사건수
Number of reinspection demand
by type of judging and kind of industrial accident compensation insurance

단위 : 건수

심리유형 Type of Judging	2022						2023					
	소계 Sub total	요양 Medical care	휴업 Sick leave	장해 Disability	유족 survivor	기타 Other	소계 Sub total	요양 Medical care	휴업 Sick leave	장해 Disability	유족 survivor	기타 Other
총 계 Total	4 705	2 709	81	1 039	379	497	6 261	3 675	90	1 364	443	689
취 소 Cancellation	353	217	7	82	26	21	386	243	8	73	18	44
기 각 Turning down	4 311	2 470	74	947	348	472	5 824	3 402	81	1 275	424	642
각 하 Reject	41	22	0	10	5	4	51	30	1	16	1	3
일부취소 Partial cancellation	-	-	-	-	-	-	-	-	-	-	-	-
각하환송 Reject return	-	-	-	-	-	-	-	-	-	-	-	-
취소환송 Cancellation	-	-	-	-	-	-	-	-	-	-	-	-
기 타 Other	-	-	-	-	-	-	-	-	-	-	-	-

자료 : 고용노동부 산재보상정책과

VIII. 산업안전
Industrial safety

56. 근로자 건강진단 실시상황
Summary of health examination for employees

단위 : 명, % In person, %

연도 Year	수진근로자수 Number of examinees	질병유소견자 Diseased suspected persons			질병유소견률 Disease suspected rate		
		일반병 General disease	작업관련질병 (야간작업) Work related disease (Night work)	직업병 Occupational disease	일반병 General disease	작업관련질병 (야간작업) Work related disease (Night work)	직업병 Occupational disease
2008	859 635	29 749		4 229	3.46		0.49
2009	793 790	16 313		5 041	2.06		0.64
2010	922 115	19 161		5 945	2.08		0.65
2011	980 227	25 826		6 541	2.63		0.67
2012	1 092 303	27 815		7 643	2.54		0.70
2013	1 107 866	31 735		8 097	2.86		0.73
2014**	1 411 045	38 738	27 814	8 678	2.75	7.56	0.62
2015**	1 722 691	41 140	82 279	10 328	2.39	10.49	0.60
2016	1 976 820	45 583	122 109	11 694	2.31	12.02	0.59
2017	2 023 783	46 143	147 770	12 000	2.28	14.08	0.59
2018	2 147 824	51 457	163 957	13 018	2.39	15.09	0.60
2019	2 301 148	55 741	189 124	14 454	2.40	16.48	0.63
2020	2 213 193	56 451	189 998	14 469	2.55	17.00	0.65
2021	2,282,720	59,213	207,164	16,474	2.59	17.91	0.72
2022	2,453,697	66,393	233,022	23,348	2.71	19.68	0.95
2023	2,669,267	76,125	261,036	29,440	2.85	20.93	1.10

주 : * 2014년부터 특수건강진단 대상업무에 '야간작업'을 포함하여 연차적으로 시행함(('14) 300인 이상, ('15)50인이상, ('16)전규모 사업장))
자료 : 고용노동부 산업보건기준과

Note : * Special health examination related work includes 'night work' and is gradually implemented year by year (('14) establishments with over 300 workers, ('15) over 50 workers, ('16) all establishments) from 2014.
Source : Ministry of Employment and Labor, Occupational Health Standard Division

57. 재해강도율 및 도수율
Severity rate and frequency rate of occupational injury

연도 Year	1)강 도 율 Severity rate	2)도 수 율 Frequency rate
2008	2.53	3.41
2009	1.80	3.37
2010	1.87	3.27
2011	1.80	3.05
2012	1.68	2.81
2013	1.65	2.85
2014	1.38	2.57
2015	1.28	2.40
2016	1.24	2.38
2017	1.27	2.38
2018	1.33	2.56
2019	1.49	2.96
2020	1.51	2.94
2021	1.62	3.26
2022	1.58	3.36
2023	1.65	3.52

주 : 1) 강도율 = $\frac{총근로손실일수}{연근로시간수} \times 1,000$
2) 도수율 = $\frac{재해건수}{연근로시간수} \times 1,000,000$
자료 : 고용노동부 산업안전보건정책과

Note : 1) Severity rate = $\frac{Workdays\ Last}{Annual\ Hours\ Worked} \times 1,000$
2) Frequency rate = $\frac{Numbers\ of\ Accident}{Annual\ Hours\ Worked} \times 1,000,000$
Source : Occupational Safety and Health Policy Division of the Ministry of Employment and Labor

58. 질병종류별 직업병 유소견건수
Number of occupational disease suspect by kind of disease

단위 : 건수 In number of case

질병종류 Kind of disease	2010*	2011*	2012*	2013*	2014*	2015*	2016	2017	2018	2019	2020	2021	2022	2023
계 Total	6 030	6 605	7 765	8 256	8 840	10 377	11 810	12 123	13 198	14 687	14 620	16 626	23,556	29,628
소음성난청 Disease caused by noise	5 607	6 221	7 304	7 765	8 428	10 042	11 456	11 730	12 824	14 274	14 327	16 285	23,166	29,289
진폐증 Pneumoconiosis	197	222	246	229	165	124	137	203	179	152	96	117	107	121
고열가스광선등에의한질병 Disease caused by high pressure Gas and light	-	-	-	-	-	-	-	-	-	-	-	-	1	1
연중독 Poisoning by lead	82	63	64	39	36	31	58	31	25	21	21	14	14	22
유기용제중독 Poisoning by organic solvent	76	55	65	93	80	74	52	40	29	51	40	56	107	64
크롬중독 Poisoning by chrome	9	6	12	12	18	15	15	19	21	31	21	16	22	17
상기이외의유해물에의한중독 Poisoning caused by harmful materials Except those mentioned above	49	27	55	84	95	79	74	83	108	135	88	116	114	89
기타직업병 Other occupational diseases	10	11	19	34	18	12	18	17	12	23	27	22	25	25

주 : * 2006년 자료부터 일반건강진단 자료가 제외됨
자료 : 고용노동부 산업보건기준과

Note : General health examination results excluded since 2006
Source : Ministry of Employment and Labor, Occupational Health Standard Division

59. 산업(대분류)별 재해건수 및 재해자수(2-1)

단위 : 건수, 명

연도 Year	총계 Total					1. 농림어업 Agriculture, forestry and fishing				
	재해건수 Industrial accidents	재해자수 Industrial accident persons				재해건수 Industrial accidents	재해자수 Industrial accident persons			
		재해자 Industrial accident	사망 Death	신체장해 Physical disability	부상 및 질병 Injury and disease		재해자 Industrial accident	사망 Death	신체장해 Physical disability	부상 및 질병 Injury and disease
1999	54 534	55 405	2 291	19 591	33 523	1 575	1 617	35	175	1 407
2000	67 930	68 976	2 528	19 784	46 664	1 374	1 398	43	218	1 137
2001	80 433	81 434	2 748	25 360	53 326	1 409	1 436	42	337	1 057
2002	80 755	81 911	2 605	26 354	52 952	1 202	1 225	54	315	856
2003	92 697	94 924	2 923	30 356	61 645	1 339	1 354	47	280	1 027
2004	87 039	88 874	2 825	33 899	52 150	1 287	1 328	45	326	957
2005	84 161	85 411	2 493	36 973	45 945	1 448	1 457	30	377	1 050
2006	88 821	89 910	2 453	38 597	48 860	1 621	1 645	26	460	1 159
2007	89 106	90 147	2 406	35 793	51 948	1 799	1 849	32	464	1 353
2008	94 745	95 806	2 422	36 883	56 501	2 253	2 268	32	589	1 647
2009	96 984	97 821	2 181	35 273	60 367	3 736	3 777	37	724	3 016
2010	97 923	98 645	2 200	37 440	59 005	2 867	2 879	49	855	1 975
2011	92 657	93 292	2 114	36 968	54 210	2 620	2 636	33	786	1 817
2012	91 417	92 256	1 864	37 323	52 768	2 446	2 481	38	811	1 623
2013	91 097	91 824	1 929	35 490	54 101	2 649	2 665	28	781	1 849
2014	90 158	90 909	1 850	34 403	54 372	2 372	2 398	52	743	1 599
2015	89 354	90 129	1 810	34 158	53 905	2 298	2 331	26	703	1 591
2016	90 009	90 656	1 777	32 914	55 702	2 199	2 216	17	661	1 529
2017	89 080	89 848	1 957	32 083	55 556	1 724	1 738	25	572	1 135
2018	101 574	102 305	2 142	33 368	99 890	1 743	1 755	28	526	1 717
2019	108 437	109 242	2 020	37 450	106 962	1 712	1 719	29	539	1 685
2020	107 620	108 379	2 062	37 426	106 053	1 713	1 717	28	525	1 681
2021	121 852	122 713	2 080	41 772	120 365	1 686	1 688	27	577	1 659
2022	129 123	130 348	2 223	44 240	127 823	1 703	1 709	26	542	1 677
2023	136 077	136 796	2 016	46 507	134 500	1 741	1 743	33	573	1 709

주 : 2018.1.1.부터 확대 적용된「산업재해보상보험법」상의 통상 출퇴근 재해는 제외
주 : 2012년부터 재해자에는 제외되는 사망자가 모두 포함되어 있어 사망, 신체장해, 부상 및 질병자를 합한 수치와 재해자는 일치하지 않음
주 : 2012년부터 사망자에는 사업장 밖의 교통사고, 체육행사, 폭력행위, 사고발생일로부터 1년 경과 사고사망자, 통상 출퇴근 사망자는 제외
　　 (다만, 운수업, 음식숙박업의 사업장 밖의 교통사고 사망자는 포함)
주 : 2018년부터 부상 및 질병자수에 신체장해자수가 포함
자료 : 고용노동부 산업안전보건정책과

59. Number of industrial accidents and injured persons by industry(sections)(2-1)

In number of case, person

	2. 광 업 Mining					3. 제 조 업 Manufacturing				
재해건수	재해자수 Industrial accident persons				재해건수	재해자수 Industrial accident persons				
	재해자	사 망	신체장해	부상 및 질병		재해자	사 망	신체장해	부상 및 질병
Industrial accidents	Industrial accident	Death	Physical disability	Injury and disease	Industrial accidents	Industrial accident	Death	Physical disability	Injury and disease
1 192	1 212	409	557	246	26 269	26 620	559	10 000	16 061
894	914	396	333	185	32 788	33 349	700	11 230	21 419
1 374	1 405	436	647	322	35 039	35 506	711	13 732	21 063
1 231	1 268	396	631	241	34 321	34 919	641	13 516	20 762
1 671	1 743	460	1 054	229	38 750	40 201	739	15 233	24 229
2 176	2 289	436	1 739	114	36 516	37 579	672	16 642	20 265
2 089	2 258	421	1 724	113	35 415	35 999	649	17 793	17 557
1 811	1 869	482	1 223	164	35 521	35 914	612	18 587	16 715
1 534	1 593	436	965	192	33 774	34 117	605	16 498	17 014
1 286	1 326	420	764	142	35 355	35 819	602	16 269	18 948
1 088	1 118	399	578	141	32 727	32 997	561	15 204	17 232
1 047	1 084	386	581	117	33 813	34 069	618	15 967	17 484
1 065	1 103	375	368	360	32 051	32 294	548	15 982	15 764
876	911	320	187	400	31 320	31 666	543	15 995	15 061
879	921	380	208	327	29 175	29 432	460	14 427	14 457
1 151	1 235	401	324	506	28 390	28 649	453	13 786	14 350
1 383	1 469	417	488	558	26 769	27 011	428	13 250	13 273
1 489	1 534	364	625	539	25 888	26 142	408	12 312	13 350
1 819	1 897	457	852	579	24 959	25 333	433	12 043	12 807
2 136	2 225	478	1 885	1 740	27 141	27 377	472	11 888	26 853
2 364	2 543	406	2 662	2 134	29 005	29 274	492	12 475	28 723
2 602	2 753	424	2 176	2 325	28 597	28 840	469	12 459	28 326
3 155	3 336	349	2 828	2 982	31 366	31 709	512	13 780	31 144
3 667	3 873	453	3 270	3 414	31 223	31 554	506	14 280	30 992
2 843	2 988	427	1 872	2 551	32 697	32 967	476	15 409	32 428

Note: typical commuting accidents are excluded
Note: Since 2012, deaths that are excluded have been included in the total number of accident persons, so the combined figure of deaths, physical disabilities, injuries, and disease does not match the number of accident persons.
Note: Since 2012, deaths exclude those caused by traffic accidents outside the workplace, sports events, acts of violence, fatalities occurring more than a year after the incident, and typical commuting accidents. However, deaths from traffic accidents outside the workplace in the transportation and food/accommodation industries are included.
Note: Since 2018, the number of injuries and disease includes the number of individuals with physical disabilities.

Source : Occupational Safety and Health Policy Division of the Ministry of Employment and Labor

59. 산업(대분류)별 재해건수 및 재해자수(2-2)

단위 : 건수, 명

연도 Year	4. 전기가스 및 수도사업 Electricity, gas and water service					5. 건설업 Construction				
	재해건수 Industrial accidents	재해자수 Industrial accident persons				재해건수 Industrial accidents	재해자수 Industrial accident persons			
		재해자 Industrial accident	사 망 Death	신체장해 Physical disability	부상 및 질병 Injury and disease		재해자 Industrial accident	사 망 Death	신체장해 Physical disability	부상 및 질병 Injury and disease
1999	129	132	12	28	92	10 719	10 966	583	5 874	4 509
2000	126	134	15	25	94	13 263	13 500	614	4 881	8 005
2001	127	127	12	32	83	16 517	16 771	659	6 041	10 071
2002	138	142	17	30	95	19 626	19 925	667	6 734	12 524
2003	138	139	14	51	74	22 295	22 680	762	7 913	14 005
2004	126	129	8	46	75	18 592	18 896	779	8 590	9 527
2005	124	126	7	48	71	15 663	15 918	609	9 038	6 271
2006	122	122	11	54	57	17 664	17 955	631	9 199	8 125
2007	120	121	6	44	71	18 723	19 050	630	9 067	9 353
2008	96	99	7	53	39	20 161	20 473	669	9 839	9 965
2009	112	114	9	34	71	20 729	20 998	606	9 508	10 884
2010	85	85	7	41	37	22 252	22 504	611	10 007	11 886
2011	86	86	4	35	47	22 563	22 782	621	10 191	11 970
2012	95	96	2	32	62	23 090	23 349	496	11 075	11 682
2013	76	77	3	49	23	23 341	23 600	567	10 265	12 677
2014	98	98	7	39	50	23 432	23 669	486	10 436	12 663
2015	97	98	6	32	60	24 851	25 132	493	10 536	14 028
2016	98	103	3	36	62	26 367	26 570	554	10 978	14 950
2017	87	87	4	23	59	25 444	25 649	579	10 681	14 310
2018	103	108	5	25	101	27 470	27 686	570	10 739	27 022
2019	109	111	5	33	104	27 024	27 211	517	11 923	26 615
2020	103	105	9	39	95	26 615	26 799	567	11 831	26 144
2021	129	130	4	41	126	29 812	29 943	551	12 942	29 277
2022	129	129	3	38	126	31 106	31 245	539	14 079	30 587
2023	130	134	3	58	131	32 212	32 353	486	15 238	31 768

주 : 2018.1.1.부터 확대 적용된 「산업재해보상보험법」 상의 통상 출퇴근 재해는 제외
주 : 2012년부터 재해자에는 제외되는 사망자가 모두 포함되어 있어 사망, 신체장해, 부상 및 질병자를 합한 수치와 재해자는 일치하지 않음
주 : 2012년부터 사망자에는 사업장 밖의 교통사고, 체육행사, 폭력행위, 사고발생일로부터 1년 경과 사고사망자, 통상 출퇴근 사망자는 제외
(다만, 운수업, 음식숙박업의 사업장 밖의 교통사고 사망자는 포함)
주 : 2018년부터 부상 및 질병자수에 신체장해자수가 포함
자료 : 고용노동부 산업안전보건정책과

59. Number of industrial accidents and injured persons by industry(sections)(2-2)

In number of case, person

6. 금융보험업 Financial intermediation					7. 운수, 창고 및 통신업 Transport, Storage and communications					기 타 의 사 업 Other				
재해건수 Industrial accidents	재해자수 Industrial accident persons				재해건수 Industrial accidents	재해자수 Industrial accident persons				재해건수 Industrial accidents	재해자수 Industrial accident persons			
	재해자 Industrial accident	사 망 Death	신체장해 Physical disability	부상 및 질병 Injury and disease		재해자 Industrial accident	사 망 Death	신체장해 Physical disability	부상 및 질병 Injury and disease		재해자 Industrial accident	사 망 Death	신체장해 Physical disability	부상 및 질병 Injury and disease
525	534	43	35	456	4 659	4 710	247	1 157	3 306	9 466	9 614	403	1 765	7 446
720	722	37	77	608	5 530	5 575	227	1 051	4 297	13 235	13 384	496	1 969	10 919
636	643	37	100	506	5 734	5 788	263	1 296	4 229	19 597	19 758	588	3 175	15 995
596	604	49	90	465	4 880	4 917	204	1 280	3 433	18 761	18 911	577	3 758	14 576
623	632	42	121	469	5 669	5 716	212	1 362	4 142	22 212	22 459	647	4 342	17 470
564	574	31	129	414	5 012	5 099	212	1 462	3 425	22 760	22 980	642	4 965	17 373
541	549	23	149	377	4 670	4 700	184	1 553	2 963	24 211	24 404	570	6 291	17 543
591	611	24	185	402	4 953	5 049	155	1 760	3 134	26 538	26 745	512	7 129	19 104
530	544	28	159	357	4 668	4 736	166	1 589	2 981	27 958	28 137	503	7 007	20 627
549	560	23	145	392	4 699	4 739	183	1 606	2 950	30 346	30 522	486	7 618	22 418
476	484	12	134	338	4 342	4 372	132	1 440	2 800	33 774	33 961	425	7 561	25 885
487	489	18	116	355	4 339	4 365	122	1 531	2 712	33 033	33 170	389	8 342	24 439
427	429	18	133	278	4 212	4 226	134	1 410	2 682	29 633	29 736	381	8 063	21 292
388	393	10	120	258	4 179	4 201	140	1 488	2 558	29 023	29 159	315	7 615	21 124
363	363	21	81	258	4 215	4 240	135	1 485	2 610	30 399	30 526	335	8 194	21 900
335	337	10	107	216	4 172	4 188	119	1 398	2 658	30 208	30 335	322	7 570	22 330
295	295	9	81	202	4 039	4 059	131	1 403	2 511	29 622	29 734	300	7 665	21 682
284	285	9	70	203	4 106	4 114	129	1 234	2 740	29 578	29 692	293	6 998	22 329
311	312	20	77	208	4 219	4 237	121	1 176	2 926	30 517	30 595	318	6 659	23 532
353	358	16	74	338	5 268	5 291	157	1 242	5 123	37 360	37 505	416	6 989	36 996
399	400	12	94	386	6 148	6 173	153	1 465	6 005	41 676	41 811	406	8 259	41 310
338	341	16	86	322	7 229	7 251	150	1 592	7 080	40 423	40 573	399	8 718	40 080
403	408	18	78	387	10 043	10 091	158	2 114	9 919	45 258	45 408	461	9 412	44 871
638	666	16	114	650	12 438	12 468	198	2 471	12 246	48 219	48 704	482	9 446	48 131
605	605	19	134	584	14 899	14 937	189	2 837	14 721	50 950	51 069	383	10 386	50 608

Note: typical commuting accidents are excluded
Note: Since 2012, deaths that are excluded have been included in the total number of accident persons, so the combined figure of deaths, physical disabilities, injuries, and disease does not match the number of accident persons.
Note: Since 2012, deaths exclude those caused by traffic accidents outside the workplace, sports events, acts of violence, fatalities occurring more than a year after the incident, and typical commuting accidents. However, deaths from traffic accidents outside the workplace in the transportation and food/accommodation industries are included.
Note: Since 2018, the number of injuries and disease includes the number of individuals with physical disabilities.

Source : Occupational Safety and Health Policy Division of the Ministry of Employment and Labor

IX. 직업안정
Employments security

60. 지역별 직업안정기관 현황
Summary of employment security offices by province

단위 : 개소   In each

지 역 Province	2019				2020				2021				2022				2023			
	계 Total	국립 National	공립 Public	사설 Private	계 Total	국립 National	공립 Public	사설 Private	계 Total	국립 National	공립 Public	사설 Private	계 Total	국립 National	공립 Public	사설 Private	계 Total	국립 National	공립 Public	사설 Private
계 Total	15 488	100	243	15 145	15 766	100	243	15 423	16 212	100	243	15 869	14 935	101	243	16 522	17 816	101	243	17 472
서울 Seoul	3 429	9	26	3 394	3 462	9	26	3 427	3 487	9	26	3 452	3 378	11	26	3 528	3 726	11	26	3 689
부산 Busan	604	4	17	583	614	4	17	593	638	4	17	617	563	4	17	630	732	4	17	711
대구 Daegu	557	5	9	543	606	5	9	592	641	5	9	627	559	5	9	653	724	5	9	710
인천 Incheon	631	3	11	617	639	3	11	625	661	3	11	647	629	3	11	730	794	3	11	780
광주 Gwangju	352	2	6	344	359	2	6	351	364	2	6	356	334	2	6	365	371	2	6	363
대전 Daejeon	333	1	6	326	334	1	6	327	334	1	6	327	318	1	6	325	363	1	6	356
울산 Ulsan	250	1	6	198	204	1	6	197	207	1	6	200	205	1	6	221	252	1	6	245
세종 Sejong	60	1	1	58	63	1	1	61	73	1	1	71	56	1	1	74	71	1	1	69
경기 Gyeonggi	3 708	24	32	3 652	3 739	24	32	3 683	3 807	24	32	3 751	3 581	24	32	3 862	4 025	24	32	3 969
강원 Gangweon	489	7	19	463	537	7	19	511	533	7	19	507	475	7	19	547	622	7	19	596
충북 Chungbuk	642	5	12	625	657	5	12	640	688	5	12	671	583	5	12	690	739	5	12	722
충남 Chungnam	846	6	16	824	847	6	16	825	867	6	16	845	782	6	16	902	997	6	16	975
전북 Jeonbuk	727	7	15	705	748	7	15	726	775	7	15	753	660	7	15	775	896	7	15	874
전남 Jeonnam	673	5	23	645	700	5	23	672	762	5	23	734	669	5	23	810	871	5	23	843
경북 Gyeongbuk	731	10	24	697	744	10	24	710	788	10	24	754	709	9	24	819	933	9	24	900
경남 Gyeongnam	1 377	10	19	1 348	1 373	10	19	1 344	1 425	10	19	1 396	1 324	10	19	1 419	1 519	10	19	1 490
제주 Jeju	124	0	1	123	140	0	1	139	162	0	1	161	110	0	1	172	181	0	1	180

자료 : 고용노동부 고용서비스정책과   Source : Ministry of Employment and Labor

61. 직업안정기관별 구인·구직 및 취업자수
Number of job openings, job applicants and placements by employment security office

단위 : 명 　　　In person

연도·직업안정기관 Year · employment security office	구　　인 Job openings	구　　직 Job applicants	취　　업 Placements
2004	733 430	1 380 957	296 415
2005	836 330	1 645 315	394 165
2006	877 846	1 840 576	463 041
2007	1 105 951	2 178 212	559 056
2008	1 199 993	2 311 181	607 623
2009	1 376 003	3 171 019	813 203
2010	2 048 128	3 221 712	820 950
2011	2 026 174	3 039 248	814 406
2012	2 118 123	3 000 169	949 828
2013	2 164 706	3 420 332	1 134 711
2014	2 097 149	3 576 472	1 221 284
2015	2 156 715	3 747 440	1 357 090
2016	2 279 911	3 632 441	1 391 209
2017	2 286 238	3 697 266	1 396 631
2018	1 950 825	3 339 309	1 188 373
국　립 National	1 562 202	2 690 900	691 587
공　립 Public	388 623	648 409	496 786
2019	1 689 356	3 506 816	1 088 075
국　립 National	1 351 945	2 787 425	699 282
공　립 Public	337 411	719 391	388 793
2020	1 632,647	4 040 236	1 090 862
국　립 National	1 301 666	3 297 437	719 548
공　립 Public	330 981	742 799	371 314
2021	2 381 676	4 639 418	1 341 585
국　립 National	1 969 018	3 913 395	973 384
공　립 Public	412 658	726 023	368 201
2022	2 878 478	4 188 552	1 196 829
국　립 National	2 406 790	3 576 476	877 471
공　립 Public	471 688	612 076	319 358
2023	2 508 780	4 265 303	1 226 515
국　립 National	2 080 561	3 609 577	869 848
공　립 Public	428 219	655 726	356 667

주 : 2000년부터 사설직업소개소 취업알선 실적 제외　　　　Note : Job referrals by private employment services excluded since 2000
자료 : 고용노동부 고용서비스정책과　　　　　　　　　　　Source : Ministry of Employment and Labor

62. 직종(중분류)별 직업안정기관의 구인·구직 및 취업실적(2023)

단위 : 명, % In person, %

직종 Occupation	구인 Job openings	구직 Job applicants	취업 Placements	구인배수[2] Job opening	취업률[3] Placements rate
계 Total	2,506,162	4,230,697	1,181,740	0.59	27.9
관리직(임원·부서장) Top Executives and Managers	26,609	110,826	28,725	0.24	25.9
경영, 회계, 사무직 Business administration, public administration, Desk work Related Workers	297,504	926,496	240,026	0.32	25.9
금융·보험직 Finance and Insurance Related Workers	5,951	34,136	7,792	0.17	22.8
인문·사회과학 연구직 Liberal Arts and Social Scientists	1,081	2,901	722	0.39	24.9
자연·생명과학 연구직 Natural and Life Scientists	1,988	10,344	2,760	0.19	26.7
정보통신 연구개발직 및 공학 기술직 Computer Specialists and ICT Engineers	16,100	126,232	30,986	0.13	24.5
건설·채굴 연구개발직 및 공학 기술직 Architecture, Construction and Mining Engineers	45,923	61,048	21,618	0.75	35.4
제조 연구개발직 및 공학 기술직 Manufacturing Engineers	75,049	134,164	40,308	0.56	30.0
교육직 Teaching and Education Related Workers	13,733	99,077	18,328	0.14	18.5
법률직 Legal Services Related Workers	1,678	14,798	3,710	0.11	25.1
사회복지·종교직 Social Welfare and Religions Related Workers	86,353	231,603	61,716	0.37	26.6
경찰·소방·교도직 Police, Firefighter and Corrections Related Workers	50	6,245	789	0.01	12.6
군인 Armed Forces Related Workers	54	1,297	156	0.04	12.0
보건·의료직 Medical Professionals and Technicians	62,815	236,404	68,460	0.27	29.0
예술·디자인·방송직 Arts, Design and Broadcasting Related Workers	21,956	207,462	42,041	0.11	20.3
스포츠·레크리에이션직 Sports and Recreation Related Workers	6,407	19,922	3,594	0.32	18.0
미용·예식 서비스직 Beauty Care and Ceremonies Related Workers	3,862	63,907	8,401	0.06	13.1

주 : * 한국고용직업분류(2018) 기준
1) 사설직업소개소 취업알선 실적 제외
2) 구인배수 = $\frac{구인수}{구직수}$
3) 취업률 = $\frac{취업자}{구직자}$ ×100
자료 : 고용노동부 고용서비스정책과

62. Number of job openings, job applicants and placements of employment security office by occupation(sub-major) (2023)

단위 : 명, % In person, %

직 종 Occupation	구 인 Job openings	구 직 Job applicants	취 업 Placements	구인배수[2] Job opening	취업률[3] Placements rate
여행·숙박·오락 서비스직 Travel, Accommodation and Leisure Related Workers	7,556	24,305	5,874	0.31	24.2
음 식 서 비 스 직 Cuisine Related Workers	121,690	210,534	44,802	0.58	21.3
경 호 · 경 비 직 Guards and Security Related Workers	52,513	119,727	45,493	0.44	38.0
돌봄 서비스직(간병·육아) Caregiving related Workers	261,987	239,999	91,944	1.09	38.3
청소 및 기타 개인서비스직 Cleaning and Other Services Related Workers	123,970	184,796	72,216	0.67	39.1
영 업 · 판 매 직 Sales Related Workers	88,729	161,956	35,088	0.55	21.7
운 전 · 운 송 직 Driving and Transportation Related Workers	141,815	179,580	61,465	0.79	34.2
건 설 · 채 굴 직 Construction and Extraction Related Workers	101,564	156,167	34,411	0.65	22.0
기계 설치·정비·생산직 Mechanical Installation, Maintenance, Repair and Manufacturing Related Workers	186,058	132,132	44,341	1.41	33.6
금속·재료 설치·정비·생산직(판금·단조·주조·용접·도장 등) Metallurgy and Material Installation, Maintenance, Repair and Manufacturing Related Workers	132,393	50,428	16,176	2.63	32.1
전기·전자 설치·정비·생산직 Electrical and Electronic Installation, Maintenance, Repair and Manufacturing Related Workers	94,590	146,990	44,783	0.64	30.5
정보통신 설치·정비직 ICT Installation, Maintenance and Repair Related Workers	9,648	11,493	3,134	0.84	27.3
화학·환경 설치·정비·생산직 Chemical Installation, Maintenance, Repair and Manufacturing Related Workers	61,635	23,589	8,913	2.61	37.8
섬 유 · 의 복 생 산 직 Textile and Clothing Manufacturing Related Workers	13,689	13,999	3,201	0.98	22.9
식 품 가 공 · 생 산 직 Food Processing and Manufacturing Related Workers	41,022	44,746	10,876	0.92	24.3
인쇄·목재·공예 및 기타 설치·정비·생산직 Installation, Maintenance, Repair and Manufacturing Related Workers in Other Manufacturing Industries	33,062	29,236	7,047	1.13	24.1
제 조 단 순 직 Manufacturing Related Laborers	300,751	172,421	56,896	1.74	31.8
농 림 어 업 직 Fishing and Forestry Related Workers	66,377	41,737	16,948	1.59	40.6

Note : * Based upon Korean Employment Classification of Occupations(2018)
1) Job referrals by private employment services excluded
2) Job opening = $\frac{Job\ openings}{Job\ applications}$
3) Placements rate $\frac{Placements}{Job\ applications} \times 100$

Source : Ministry of Employment and Labor

63. 직업안정기관별 구인배율, 취업률
Job openings rate, placements rate by employment security office

단위 : 배, %
In rate, %

연도 Year	구 인 배 수[1] Job opening			취 업 률[2] Placements rate		
	계 Total	국·공 National public	사 설 Private	계 Total	국·공 National public	사 설 Private
2008[3]	-	0.52	-	-	26.3	-
2009	-	0.43	-	-	25.6	-
2010	-	0.64	-	-	25.5	-
2011	-	0.67	-	-	26.8	-
2012	-	0.71	-	-	31.7	-
2013	-	0.63	-	-	33.2	-
2014	-	0.59	-	-	34.1	-
2015	-	0.58	-	-	36.2	-
2016	-	0.63	-	-	38.3	-
2017	-	0.62	-	-	37.8	-
2018	-	0.58	-	-	35.6	-
2019	-	0.48	-	-	31.0	-
2020	-	0.40	-	-	27.0	-
2021	-	0.51	-	-	28.9	-
2022	-	0.69	-	-	28.6	-
2023	-	0.59	-	-	27.9	-

주 : 1) 구인배수 = $\frac{구인수}{구직수}$
    2) 취 업 률 = $\frac{취업자}{구직자} \times 100$
    3) 2000년부터 사설직업소개소 취업알선 실적 제외
자료 : 고용노동부 고용서비스정책과

Note : 1) Job opening = $\frac{Job\ opening}{Job\ applications}$
    2) Placements rate = $\frac{Placements}{Job\ applications} \times 100$
    3) Job referrals by private employment services excluded since 2000
Source : Ministry of Employment and Labor

X. 직업훈련
Vocational training

64. 직업능력개발훈련 참여기관 현황
Number of training institutes participating in vocational skills development programs

단위 : 개소
Unit : Number of establishments

구 분 Division	계 Total	공공 Public					민간 Civil			
		소계 Subtotal	한국폴리텍대학 Korea Polytechnic colleges	한국기술교육대학교 Korea University of Technology and Education	한국장애인고용공단 Korea Employment Agency for the Disabled	기타 Others	소계 Subtotal	지정직업훈련시설 (훈련법인 포함) Designated training institutes (including training corporate bodies)	사업주단체 등 시설 Training institutes by company owners	기타 Others
2018	7 313	85	37	1	5	42	7 228	748	3 450	3 030
2019	6 718	85	37	1	5	42	6 633	730	2 924	2 979
2020	6 767	88	40	1	5	42	6 679	697	2 920	3 062
2021	7 195	90	40	1	5	44	7 105	681	3 182	3 242
2022	7 341	91	40	1	5	45	7 250	662	3 387	3 201
2023	8 407	92	40	1	5	46	8 315	630	4 147	3 538

자료 : 고용노동부 직업능력정책과
※ 공공훈련기관 기타는 국가·지방자치단체에서 설치한 시설임
※ 민간훈련기관 기타는 직업능력개발단체, 고등교육법에 의한 학교, 평생교육시설, 학원, 타법령에 따른 직업훈련시설(기관), 기타 등 포함

Source: Skills Development Policy Division of the Ministry of Employment and Labor
※ Others in public institutes are established by the central government and local governments.
※ Others in civil institutes include schools by vocational skills development institutes and higher eduction act, life-long learning centers, private academies, vocational institutes by other laws, and others.

65. 직업능력개발훈련 현황
Vocational skills development programs

Unit : Number of establishments, and trainees

구 분 Division		계 Total	재직자 능력개발 Vocational skills development for employees	유급휴가 훈 련 Training on paid leave	일학습 병 행 Work-Based Learning Dual System	국민내일 배움카드 (재직자) National Training Card (The Employed)
2018	사업장 Establishments	162 446	157 161	5 285	-	-
	훈련인원 Number of trainees	4 914 227	4 583 150	19 676	-	311 401
2019	사업장 Establishments	144 654	139 369	5 285	-	-
	훈련인원 Number of trainees	3 970 953	3 440 629	24 333	-	505 991
2020	사업장 Establishments	116 051	105 706	3 471	6 874	-
	훈련인원 Number of trainees	2 405 292	2 057 338	26 954	34 339	286 661
2021	사업장 Establishments	123 053	112 312	4 140	6 601	-
	훈련인원 Number of trainees	2 569 013	2 128 901	29 562	32 662	377 888
2022	사업장 Establishments	165 015	154 320	4 221	6 474	-
	훈련인원 Number of trainees	3 274 554	2 860 990	28 899	31 565	353 100
2023	사업장 Establishments	150 255	139 627	4 162	6 466	-
	훈련인원 Number of trainees	3 206 729	2 736 172	27 339	31 625	411 593

자료 : 고용노동부 직업능력정책과
Source: Skills Development Policy Division of the Ministry of Employment and Labor

66. 실업대책 직업훈련 추진현황
Training programs for the unemployed

단위 : 명, %　　　　　　　　　　　　　　　　　　　　　　　　　　　　　　　Unit : Number of trainees, %

훈련종류 Type	계 Total	국민내일배움카드(실업자) National Training Card (The Unemployed)		지역실업자훈련 Training to promote employment	전문기술과정 Vocational Training Program (State-sponsored)	국가기간전략산업직종훈련 Training for occupations in national key industries and strategic industries
		전직실업자훈련 Reemployment training for the unemployed	신규실업자훈련 Employment training			
2018	282 540 (100.0)	174 161 (61.6)	37 285 (13.2)	283 (0.1)	5 148 (1.8)	65 663 (23.2)
2019	247 982 (100.0)	151 060 (60.9)	31 523 (12.7)	258 (0.1)	4 879 (2.0)	60 262 (24.3)
2020	436 024 (100.0)	355 513 (81.5)		-	4 572 (1.0)	75 939 (17.4)
2021	680 596 (100.0)	588 466 (86.5)		-	4 070 (0.6)	88 060 (12.9)
2022	590 360 (100.0)	513 459 (87.0)		-	3 393 (0.6)	73 508 (12.5)
2023	666 698 (100.0)	591 645 (88.7)		-	3 350 (0.5)	71 703 (10.8)

자료 : 고용노동부 직업능력정책과
Source: Skills Development Policy Division of the Ministry of Employment and Labor

67. 국가기술자격 검정현황(2023)
National skill qualification test (2023)

단위 : 명, %
In person, %

구분(Division) 등급(Grade)	자격취득총인원수[1] Total acquired people	실 적[2] results		합 격 률 Success ratio
		응 시 Participation	합 격 Success in the test	
총 계 Total	32,991,047	3,981,888	725,455	14.9
기 술 사 Professional engineer	59,881	28,777	1,376	4.8
기 능 장 Master craftsman	86,457	46,774	7,646	16.3
기 사 Engineer	2,528,043	899,935	145,304	16.1
산 업 기 사 Industrial engineer	2,278,768	371,785	59,554	16.0
기 능 사[3] Craftsman	13,691,724	1,698,466	381,561	22.5
서 비 스 Service	14,346,174	936,151	130,014	13.9

주 : 1) 자격취득 총 인원수 : '75~'23년까지의 총 자격취득자수임.
    2) '23년 실적이며, 과정평가형자격 미포함.
    3) 기능사보 포함.
※응시 : 필기응시+실기응시, 합격 : 실기합격
자료 : 고용노동부 직업능력평가과

Note : 1) Total number of people who acquired certificate from 1975 to 2023.
    2) It's the results in 2023. Course based qualification was not included.
    3) It includes assistant craftsman.
※ Test : Written test+ practice test, Pass : Passing the practice test
Source : Skills Development Assessment Division of the Ministry of Employment and Labor

68. 국제기능올림픽 참가현황
Participation in the WorldSkills Competition

단위 : 개, 명　　　In case, person

연도 Year	대회별 By event	실시직종 Competition areas	참가직종 (인원) Participated areas (person)	메달수(인원) Number of medals(person)				종합순위 Ranking	개최국 Host country
				계 Total	금 Gold	은 Silver	동 Brass		
계 Total			1,003 (1,048)	608 (636)	322 (339)	162 (164)	124 (133)		
1967	16	32	9	5	2	1	2	6	스페인 Spain
1968	17	28	15	8	4	4	-	3	스위스 Swiss
1969	18	28	17	8	2	5	1	3	벨기에 Belgium
1970	19	30	29	13	4	4	5	2	일본 Japan
1971	20	31	26	11	3	8	-	4	스페인 Spain
1973	21	33	18	12	6	4	2	2	서독 West Germany
1975	22	31	25	19	8	6	5	2	스페인 Spain
1977	23	31	28	21	12	4	5	1	네덜란드 Netherlands
1978	24	31	31	31	22	6	3	1	한국 Korea
1979	25	33	33	23	17	5	1	1	아일랜드 Ireland
1981	26	33	31	24	15	6	3	1	미국 United States
1983	27	32	32	20	15	2	3	1	오스트리아 Austria
1985	28	34	33	24	15	6	3	1	일본 Japan
1988	29	34	34	21	12	6	3	1	오스트레일리아 Australia
1989	30	34	32	16	11	2	3	1	영국 United Kingdom
1991	31	34	32	18	13	2	3	1	네덜란드 Netherlands
1993	32	35	32	20	12	3	5	2	대만 Taiwan
1995	33	34	32(33)	18(19)	10(11)	5	3	1	프랑스 France
1997	34	37	34(35)	17(18)	10(11)	3	4	1	스위스 Swiss
1999	35	41	35(36)	16(17)	7(8)	7	2	1	캐나다 Canada
2001	36	45	38(39)	32(33)	20(21)	5	7	1	한국 Korea
2003	37	42	38(39)	25	11	6	8	1	스위스 Swiss
2005	38	39	35(39)	16(18)	3	8	5(7)	2	핀란드 Finland
2007	39	47	42(47)	27(31)	11(13)	10	6(8)	1	일본 Japan
2009	40	45	40(45)	23(27)	13(16)	5	5(6)	1	캐나다 Canada
2011	41	46	39(43)	25(27)	13(14)	5	7(8)	1	영국 United Kingdom
2013	42	46	37(41)	23(26)	12(15)	5	6	1	독일 Germany
2015	43	50	41(45)	25(27)	13(15)	7	5	1	브라질 Brazil
2017	44	51	42(46)	24(27)	8(9)	8	8(10)	2	아랍에미리트 UAE
2019	45	56	47(52)	15(16)	7	6(7)	2	3	러시아 Russia
2022	46	61	46(51)	28(31)	11(12)	8(9)	9(10)	2	한국 등 15개국

자료 : 고용노동부 직업능력평가과　　　　　　　Source : Skills Development Assessment Division of the Ministry of Employment and Labor
※ 계 : '67~'22년까지의 누계　　　　　　　　　※ Total : Sum of 1967-2022
※ 국제기능올림픽대회 격년 실시　　　　　　　※ WorldSkills Competition is held every other year

XI. 고용보험
Employment insurance

69. 산업(대분류)·지역별 고용보험적용 사업장 현황(4-1)
(2023)

단위 : 개소

구 분		계 Total	서울 Seoul	부산 Busan	대구 Daegu	인천 Incheon	광주 Gwangju	대전 Daejeon	울산 Ulsan	세종 Sejong
총 계	사업장수 Establishments	2,579,905	513,033	153,521	103,984	125,643	66,110	67,824	51,901	15,690
	신규성립 New	1,337,330	156,285	52,428	37,642	55,190	28,039	31,242	37,299	10,705
	소멸 Extinction	1,402,673	170,209	50,942	39,644	59,667	28,370	31,672	37,573	10,849
A. 농업,임업 및 어업	사업장수 Establishments	22,687	258	396	103	280	76	62	704	80
	신규성립 New	7,131	39	120	29	60	25	34	152	9
	소멸 Extinction	6,150	41	117	25	39	14	34	86	7
B. 광 업	사업장수 Establishments	963	21	5	7	10	15	1	9	4
	신규성립 New	56	0	0	1	1	1	0	0	1
	소멸 Extinction	85	0	0	0	1	1	0	1	0
C. 제 조 업	사업장수 Establishments	360,976	30,880	22,383	17,841	21,795	7,341	6,519	7,019	1,278
	신규성립 New	25,348	1,979	1,529	1,137	1,293	484	421	712	100
	소멸 Extinction	26,492	2,783	1,302	1,478	1,626	535	373	784	64
D. 전기 가스 증기 및 공기조절 공급업	사업장수 Establishments	2,728	127	52	78	35	143	54	40	12
	신규성립 New	299	12	1	6	3	22	9	2	0
	소멸 Extinction	157	7	3	4	3	6	4	3	0
E. 수도, 하수 및 폐기물 처리, 원료 재생업	사업장수 Establishments	9,687	525	477	366	605	204	165	202	64
	신규성립 New	1,350	56	29	25	45	14	8	16	12
	소멸 Extinction	1,138	25	27	19	34	10	7	10	4
F. 건 설 업	사업장수 Establishments	479,749	47,588	20,378	15,168	20,276	11,483	11,064	14,516	3,720
	신규성립 New	1,084,329	105,736	36,958	27,751	41,540	21,562	24,103	32,495	8,849
	소멸 Extinction	1,175,812	120,278	38,431	30,204	46,264	23,219	25,444	32,895	9,687

주 : 한국표준산업분류 10차개정 기준
'분류불능(…)'은 한국표준산업분류로 분류되지 않는 산업
자료 : 고용노동부 고용보험기획과

69. Number of establishments covered by employment insurance by industry(sections) and province(4-1)
(2023)

In each

경기 Gyeonggi	강원 Gangwon	충북 Chungbuk	충남 Chungnam	전북 Jeonbuk	전남 Jeonnam	경북 Gyeongbuk	경남 Gyeongnam	제주 Jeju	Division
683,876	83,964	83,217	114,615	89,738	94,839	133,400	158,002	40,548	All industry
289,889	80,006	58,749	87,211	72,948	88,608	122,331	105,971	22,787	
300,365	91,208	60,753	95,003	71,725	92,608	126,938	109,283	25,864	
3,462	1,435	1,644	2,120	1,399	2,836	3,237	3,010	1,585	Agriculture, forestry and Fishing
818	638	548	668	419	456	1,739	1,178	199	
588	676	420	581	319	439	1,565	1,001	198	
54	198	85	79	75	104	196	87	13	Mining & quarrying
4	15	1	4	3	8	12	5	0	
3	22	6	5	5	8	20	12	1	
130,433	5,912	13,358	17,401	10,016	10,443	23,424	32,785	2,148	Manufacturing
8,200	411	986	1,396	852	1,079	1,776	2,839	154	
8,402	350	1,144	1,279	628	915	1,966	2,688	175	
251	193	108	217	279	488	332	239	80	Electricity, gas, steam and air conditioning supply
33	19	15	14	37	58	34	29	5	
16	10	10	10	11	35	20	11	4	
2,739	469	461	575	405	510	910	887	123	Water supply; sewage, waste management, materials recovery
291	112	74	75	78	96	271	134	14	
241	108	76	52	65	92	251	106	11	
110,319	26,077	22,424	33,644	24,828	33,350	40,518	35,814	8,582	Construction
220,463	72,296	50,450	76,599	64,719	80,835	110,119	91,049	18,805	
242,574	84,762	52,657	86,184	65,651	86,020	115,103	94,762	21,677	

Note : Based upon the 10th revision of Korean Standard Industrial Classification
'(…)' is not available
Source : Employment Insurance Planning Division of the Ministry of Employment and Labor

69. 산업(대분류)·지역별 고용보험적용 사업장 현황(4-2)
(2023)

단위 : 개소

구 분		계 Total	서울 Seoul	부산 Busan	대구 Daegu	인천 Incheon	광주 Gwangju	대전 Daejeon	울산 Ulsan	세종 Sejong
G. 도매 및 소매업	사업장수 Establishments	520,281	129,308	34,550	22,590	26,058	14,479	14,835	7,786	2,137
	신규성립 New	57,453	12,570	3,675	2,412	3,437	1,548	1,655	896	314
	소멸 Extinction	54,742	13,922	3,134	2,647	3,405	1,254	1,628	977	205
H. 운수 및 창고업	사업장수 Establishments	58,706	8,505	5,787	2,112	4,179	1,568	1,414	1,598	310
	신규성립 New	6,314	716	564	226	472	163	144	164	41
	소멸 Extinction	5,741	788	423	240	473	167	149	178	39
I. 숙박 및 음식점업	사업장수 Establishments	348,470	72,332	23,838	14,641	17,668	8,928	10,871	6,919	2,720
	신규성립 New	71,417	14,034	4,916	3,077	3,963	1,951	2,270	1,507	633
	소멸 Extinction	63,588	13,721	3,897	2,548	3,993	1,570	2,109	1,431	434
J. 정보통신업	사업장수 Establishments	68,460	36,497	2,392	1,618	1,948	1,202	1,971	531	364
	신규성립 New	7,820	3,791	283	192	261	152	227	66	64
	소멸 Extinction	5,894	3,121	218	171	235	77	139	51	30
K. 금융 및 보험업	사업장수 Establishments	13,987	6,169	773	535	498	402	342	154	43
	신규성립 New	895	438	54	31	37	25	22	6	2
	소멸 Extinction	915	431	65	26	66	19	24	13	2
L. 부동산업	사업장수 Establishments	107,045	33,682	7,508	3,955	5,248	3,073	2,408	1,753	833
	신규성립 New	9,135	2,413	652	289	575	243	193	130	87
	소멸 Extinction	7,913	2,587	539	269	490	149	151	150	48
M. 전문 과학 및 기술서비스업	사업장수 Establishments	137,615	52,805	7,434	4,861	4,999	3,352	3,772	1,991	732
	신규성립 New	14,013	5,279	765	468	528	345	374	205	94
	소멸 Extinction	9,262	3,817	466	308	398	179	269	123	37

주 : 한국표준산업분류 10차개정 기준
　　 '분류불능(…)'은 한국표준산업분류로 분류되지 않는 산업
자료 : 고용노동부 고용보험기획과

69. Number of establishments covered by employment insurance by industry(sections) and province(4-2)
(2023)

In each

경기 Gyeonggi	강원 Gangwon	충북 Chungbuk	충남 Chungnam	전북 Jeonbuk	전남 Jeonnam	경북 Gyeongbuk	경남 Gyeongnam	제주 Jeju	Division
146,281	12,955	12,943	17,425	14,801	13,045	19,001	24,815	7,272	Wholesale and retail trade
16,705	1,447	1,580	2,169	1,764	1,531	2,162	2,781	807	
14,041	1,296	1,667	1,829	1,319	1,350	2,197	2,941	930	
14,827	1,554	1,907	2,448	1,914	2,993	3,050	3,742	798	Transportation and storage
1,822	163	219	290	204	338	314	397	77	
1,396	150	229	222	176	322	311	388	90	
86,761	14,159	10,571	14,130	11,583	10,023	14,375	20,014	8,937	Accommodation and food service activities
18,131	2,602	2,372	3,023	2,319	2,058	2,941	3,985	1,635	
15,329	1,981	2,249	2,451	1,709	1,714	2,780	4,037	1,635	
15,115	825	668	995	931	723	988	1,131	561	Information and communications
1,879	122	83	149	120	85	121	147	78	
1,163	86	67	86	70	82	99	113	86	
2,062	305	326	372	414	383	514	525	170	Financial and insurance activities
176	8	10	21	15	7	15	23	5	
171	8	15	8	11	6	18	27	5	
29,047	2,232	2,157	2,993	2,398	1,681	2,627	4,002	1,448	Real estate activities
2,915	177	193	284	185	154	258	272	115	
2,149	144	162	192	112	121	200	280	170	
30,886	2,943	2,814	3,747	3,518	2,928	3,890	5,324	1,619	Professional scientific and technical activities
3,294	267	265	361	390	316	395	494	173	
1,881	166	208	265	193	181	259	388	124	

Note : Based upon the 10th revision of Korean Standard Industrial Classification
'(…)' is not available
Source : Employment Insurance Planning Division of the Ministry of Employment and Labor

69. 산업(대분류)·지역별 고용보험적용 사업장 현황(4-3)
(2023)

단위 : 개소

구 분		계 Total	서울 Seoul	부산 Busan	대구 Daegu	인천 Incheon	광주 Gwangju	대전 Daejeon	울산 Ulsan	세종 Sejong
N. 사업시설관리, 사업지원 및 임대서비스업	사업장수 Establishments	77,107	18,581	4,317	2,965	3,670	2,038	2,317	1,325	562
	신규성립 New	13,677	2,021	543	337	756	272	330	208	124
	소멸 Extinction	11,836	1,819	419	327	684	198	274	216	68
O. 공공행정, 국방 및 사회보장행정	사업장수 Establishments	6,331	470	345	239	157	127	218	84	89
	신규성립 New	126	9	7	7	7	2	0	0	4
	소멸 Extinction	90	18	9	3	5	2	0	1	0
P. 교육 서비스업	사업장수 Establishments	82,784	16,876	4,972	4,134	4,200	2,566	2,571	1,883	899
	신규성립 New	9,958	2,106	606	470	591	299	301	186	141
	소멸 Extinction	7,974	1,871	420	367	470	243	238	178	62
Q. 보건업 및 사회복지 서비스업	사업장수 Establishments	159,772	31,175	10,215	7,730	8,368	5,348	5,471	3,072	1,037
	신규성립 New	12,590	1,939	759	545	831	449	651	227	104
	소멸 Extinction	10,755	1,756	653	410	611	374	357	194	77
R. 예술, 스포츠 및 여가관련 서비스업	사업장수 Establishments	40,549	9,137	2,536	1,688	1,867	1,094	1,111	710	310
	신규성립 New	6,421	1,328	401	255	353	166	194	145	56
	소멸 Extinction	6,089	1,429	358	252	399	135	185	114	38
S. 협회 및 단체, 수리 및 기타 개인서비스업	사업장수 Establishments	81,866	17,988	5,157	3,353	3,782	2,669	2,658	1,604	496
	신규성립 New	8,985	1,812	565	384	437	314	306	181	70
	소멸 Extinction	8,037	1,793	461	346	471	218	287	168	47
T. 가구내 고용활동 및 달리 분류되지 않은 자가소비 생산활동	사업장수 Establishments	24	7	3	0	0	0	0	1	0
	신규성립 New	4	3	0	0	0	0	0	0	0
	소멸 Extinction	0	0	0	0	0	0	0	0	0
U. 국제 및 외국기관	사업장수 Establishments	117	101	3	0	0	0	2	0	0
	신규성립 New	6	2	1	0	0	0	2	0	0
	소멸 Extinction	2	2	0	0	0	0	0	0	0

주 : 한국표준산업분류 10차개정 기준
  '분류불능(…)'은 한국표준산업분류로 분류되지 않는 산업
자료 : 고용노동부 고용보험기획과

69. Number of establishments covered by employment insurance by industry(sections) and province(4-3) (2023)

In each

경기 Gyeonggi	강원 Gangwon	충북 Chungbuk	충남 Chungnam	전북 Jeonbuk	전남 Jeonnam	경북 Gyeongbuk	경남 Gyeongnam	제주 Jeju	Division
20,238	2,595	2,649	3,358	2,260	2,167	3,252	3,374	1,439	Business facilities management and business support services; rental and leasing activities
4,457	648	790	725	441	487	766	598	174	
3,797	534	741	600	357	398	722	493	189	
867	452	362	501	431	565	675	625	124	Public administration and defence ; compulsory social security
19	8	5	8	13	10	16	10	1	
12	3	4	2	8	5	7	8	3	
21,371	2,494	2,151	3,074	3,195	2,583	3,537	5,001	1,277	Education
2,937	247	261	326	284	202	324	517	160	
2,163	170	201	249	222	182	312	495	131	
38,831	4,718	4,976	6,591	6,631	6,067	7,709	9,722	2,111	Human health and social work activities
3,452	317	425	519	579	440	493	718	142	
2,900	299	422	492	502	385	514	710	99	
10,436	1,504	1,170	1,516	1,479	1,259	1,628	2,227	877	Arts, sports and recreation related services
1,763	219	201	240	223	184	234	332	127	
1,548	192	212	209	141	131	252	331	163	
19,883	2,944	2,443	3,427	3,179	2,691	3,535	4,675	1,382	Membership organizations, repair and other personal services
2,529	290	271	340	303	264	341	463	115	
1,991	251	263	287	225	222	342	492	173	
6	0	0	2	1	0	2	2	0	Activities of households as employers; undifferentiated goods- and services- producing activities of households for own use
1	0	0	0	0	0	0	0	0	
0	0	0	0	0	0	0	0	0	
7	0	0	0	1	0	0	1	2	Activities of extraterritorial organizations and bodies
0	0	0	0	0	0	0	0	1	
0	0	0	0	0	0	0	0	0	

Note : Based upon the 10th revision of Korean Standard Industrial Classification
'(…)' is not available
Source : Employment Insurance Planing Division of the Ministry of Employment and Labor

69. 산업(대분류)·지역별 고용보험적용 사업장 현황(4-4)
(2023)

단위 : 개소

구 분		계 Total	서울 Seoul	부산 Busan	대구 Daegu	인천 Incheon	광주 Gwangju	대전 Daejeon	울산 Ulsan	세종 Sejong
분류불능(…)	사업장수 Establishments	1	1	0	0	0	0	0	0	0
	신규성립 New	3	2	0	0	0	0	0	1	0
	소 멸 Extinction	1	0	0	0	0	0	0	0	0

주 : 한국표준산업분류 10차개정 기준
    '분류불능(…)'은 한국표준산업분류로 분류되지 않는 산업
자료 : 고용노동부 고용보험기획과

69. Number of establishments covered by employment insurance by industry(sections) and province(4-4)
(2023)

In each

경기 Gyeonggi	강원 Gangwon	충북 Chungbuk	충남 Chungnam	전북 Jeonbuk	전남 Jeonnam	경북 Gyeongbuk	경남 Gyeongnam	제주 Jeju	Division
0	0	0	0	0	0	0	0	0	(…)
0	0	0	0	0	0	0	0	0	
0	0	0	0	1	0	0	0	0	

Note : Based upon the 10th revision of Korean Standard Industrial Classification
'(…)' is not available
Source : Employment Insurance Planing Division of the Ministry of Employment and Labor

70. 산업(대분류)·지역·성별 피보험자 현황(3-1)
(2023)

단위 : 명

구 분		계 Total	서 울 Seoul	부 산 Busan	대 구 Daegu	인 천 Incheon	광 주 Gwangju	대 전 Daejeon	울 산 Ulsan	세 종 Sejong
총 계	계 Total	15,199,534	4,634,520	771,074	505,260	671,357	314,621	421,874	328,848	80,452
	남 Men	8,481,079	2,451,311	399,425	259,940	364,749	159,199	234,085	216,057	42,217
	여 Women	6,718,455	2,183,209	371,649	245,320	306,608	155,422	187,789	112,791	38,235
A. 농업, 임업 및 어업	계 Total	53,852	883	2,525	242	409	141	80	377	221
	남 Men	38,995	695	2,126	177	291	94	42	262	173
	여 Women	14,857	188	399	65	118	47	38	115	48
B. 광 업	계 Total	8,199	236	11	64	141	17	4	93	25
	남 Men	7,325	185	10	58	131	10	4	81	23
	여 Women	874	51	1	6	10	7	0	12	2
C. 제 조 업	계 Total	3,841,945	478,035	161,723	129,964	205,702	67,953	58,168	151,139	21,337
	남 Men	2,883,136	343,179	114,585	93,966	146,687	50,751	42,993	131,167	15,865
	여 Women	958,809	134,856	47,138	35,998	59,015	17,202	15,175	19,972	5,472
D. 전기, 가스, 증기 및 공기조절 공급업	계 Total	82,149	7,422	5,115	6,453	3,804	2,568	4,403	3,773	1,086
	남 Men	68,120	6,152	4,176	5,429	3,206	1,993	3,546	3,137	920
	여 Women	14,029	1,270	939	1,024	598	575	857	636	166
E. 수도·하수 및 폐기물처리, 원료재생업	계 Total	96,158	8,381	4,810	2,662	5,988	1,474	9,605	1,731	472
	남 Men	79,901	7,398	3,960	2,219	4,798	1,265	7,561	1,488	392
	여 Women	16,257	983	850	443	1,190	209	2,044	243	80
F. 건 설 업	계 Total	780,059	183,724	35,384	22,753	31,051	21,204	18,578	16,178	3,700
	남 Men	637,173	150,055	28,157	18,330	24,928	16,780	15,028	13,388	2,947
	여 Women	142,886	33,669	7,227	4,423	6,123	4,424	3,550	2,790	753

주1 : 한국표준산업분류 10차개정 기준, '분류불능(…)'은 한국표준산업분류로 분류되지 않는 산업
주2 : 피보험자는 상용, 임시근로자 및 자영업자만 포함된 값이며, 예술인·노무제공자는 포함되지 않음
자료 : 고용노동부 고용보험기획과

70. Number of insured employees by industry(sections), province and gender(3-1)
(2023)

In person

경기 Gyeonggi	강원 Gangwon	충북 Chungbuk	충남 Chungnam	전북 Jeonbuk	전남 Jeonnam	경북 Gyeongbuk	경남 Gyeongnam	제주 Jeju	Division
3,576,429	352,584	440,923	594,110	401,646	437,252	674,411	836,655	157,518	All industry
2,081,732	181,946	258,982	367,717	214,466	254,739	413,221	500,040	81,253	
1,494,697	170,638	181,941	226,393	187,180	182,513	261,190	336,615	76,265	
8,110	3,692	3,057	6,879	4,141	6,808	6,137	6,661	3,489	Agriculture, forestry and fishing
5,499	2,632	2,185	5,108	2,851	5,001	4,338	4,818	2,703	
2,611	1,060	872	1,771	1,290	1,807	1,799	1,843	786	
577	3,371	744	523	444	615	814	432	88	Mining & quarrying
524	3,073	680	469	390	523	709	380	75	
53	298	64	54	54	92	105	52	13	
1,260,181	52,102	183,051	255,707	99,387	99,276	259,869	348,328	10,023	Manufacturing
927,395	34,618	136,244	201,743	75,233	79,803	205,664	276,439	6,804	
332,786	17,484	46,807	53,964	24,154	19,473	54,205	71,889	3,219	
9,909	4,190	1,505	7,999	2,709	5,923	8,530	5,525	1,235	Electricity, gas, steam and air conditioning supply
8,089	3,611	1,191	6,929	2,236	4,834	6,989	4,675	1,007	
1,820	579	314	1,070	473	1,089	1,541	850	228	
28,821	3,516	3,428	4,914	2,896	4,547	6,458	5,704	751	Water supply; sewage, waste management, materials recovery
24,302	2,783	2,915	4,207	2,480	3,736	5,038	4,724	635	
4,519	733	513	707	416	811	1,420	980	116	
155,837	31,899	27,474	37,621	32,540	57,228	50,359	41,332	13,197	Construction
124,559	26,945	22,741	31,437	26,366	48,091	42,743	33,693	10,985	
31,278	4,954	4,733	6,184	6,174	9,137	7,616	7,639	2,212	

Note1 : Based upon the 10th revision of Korean Standard Industrial Classification, '(…)' is not available
Note2 : Insurant values include Regular, Temporary employees and Self-employed (without artist and labor providers)
Source : Employment Insurance Planing Division of the Ministry of Employment and Labor

70. 산업(대분류)·지역·성별 피보험자 현황(3-2)
(2023)

단위 : 명

구 분		계 Total	서 울 Seoul	부 산 Busan	대 구 Daegu	인 천 Incheon	광 주 Gwangju	대 전 Daejeon	울 산 Ulsan	세 종 Sejong
G. 도매 및 소매업	계 Total	1,650,186	739,757	83,613	51,301	62,046	29,827	33,043	15,441	4,040
	남 Men	878,195	365,027	45,332	28,178	34,515	16,651	18,196	7,768	2,233
	여 Women	771,991	374,730	38,281	23,123	27,531	13,176	14,847	7,673	1,807
H. 운수 및 창고업	계 Total	672,413	245,446	60,254	17,867	47,507	11,169	18,018	15,110	2,234
	남 Men	522,497	174,258	50,632	15,201	36,122	9,863	13,449	12,987	1,883
	여 Women	149,916	71,188	9,622	2,666	11,385	1,306	4,569	2,123	351
I. 숙 박 및 음 식 점 업	계 Total	747,550	270,400	49,335	26,481	30,576	14,152	19,596	11,032	4,196
	남 Men	280,928	112,528	18,080	9,340	10,770	5,163	6,941	2,920	1,511
	여 Women	466,622	157,872	31,255	17,141	19,806	8,989	12,655	8,112	2,685
J. 정보통신업	계 Total	800,275	525,580	14,852	10,266	8,518	5,868	21,816	2,990	1,569
	남 Men	511,811	328,044	8,599	6,599	5,489	3,703	15,747	1,984	1,049
	여 Women	288,464	197,536	6,253	3,667	3,029	2,165	6,069	1,006	520
K. 금융 및 보험업	계 Total	502,042	322,821	21,183	12,416	5,097	5,874	5,541	9,585	867
	남 Men	265,220	166,035	11,426	6,842	2,675	3,020	2,907	4,064	464
	여 Women	236,822	156,786	9,757	5,574	2,422	2,854	2,634	5,521	403
L. 부동산업	계 Total	365,191	108,787	23,102	14,862	17,274	11,177	8,235	6,716	2,437
	남 Men	232,838	70,502	14,496	9,497	10,905	6,846	5,091	3,980	1,585
	여 Women	132,353	38,285	8,606	5,365	6,369	4,331	3,144	2,736	852
M. 전문,과학 및 기 술 서 비 스 업	계 Total	975,358	404,197	41,271	21,321	41,310	14,143	46,713	15,415	9,133
	남 Men	584,390	221,887	23,250	11,410	25,608	7,074	30,226	10,060	4,881
	여 Women	390,968	182,310	18,021	9,911	15,702	7,069	16,487	5,355	4,252

주1 : 한국표준산업분류 10차개정 기준, '분류불능(…)'은 한국표준산업분류로 분류되지 않는 산업
주2 : 피보험자는 상용, 임시근로자 및 자영업자만 포함된 값이며, 예술인·노무제공자는 포함되지 않음
자료 : 고용노동부 고용보험기획과

70. Number of insured employees by industry(sections), province and gender(3-2)
(2023)

In person

경기 Gyeonggi	강원 Gangwon	충북 Chungbuk	충남 Chungnam	전북 Jeonbuk	전남 Jeonnam	경북 Gyeongbuk	경남 Gyeongnam	제주 Jeju	Division
390,002	25,352	27,585	33,660	27,255	24,754	36,695	49,034	16,781	Wholesale and retail trade
227,760	14,076	15,100	18,860	15,164	13,530	19,930	26,613	9,262	
162,242	11,276	12,485	14,800	12,091	11,224	16,765	22,421	7,519	
121,733	8,705	12,400	17,137	12,549	17,548	30,959	24,449	9,328	Transportation and storage
95,824	7,593	10,379	14,693	10,835	15,333	25,387	21,019	7,039	
25,909	1,112	2,021	2,444	1,714	2,215	5,572	3,430	2,289	
154,284	29,182	15,455	20,117	16,422	15,019	21,708	30,628	18,967	Accommodation and food service activities
55,272	11,750	5,234	6,654	5,567	4,803	6,917	8,957	8,521	
99,012	17,432	10,221	13,463	10,855	10,216	14,791	21,671	10,446	
164,752	5,459	3,518	4,116	4,191	8,738	7,169	5,847	5,026	Information and communications
111,186	3,364	2,228	2,648	2,672	6,638	5,210	3,762	2,889	
53,566	2,095	1,290	1,468	1,519	2,100	1,959	2,085	2,137	
30,858	7,711	6,134	10,328	17,865	11,393	12,422	15,710	6,237	Financial and insurance activities
16,879	4,499	3,500	6,130	8,979	7,162	7,704	9,080	3,854	
13,979	3,212	2,634	4,198	8,886	4,231	4,718	6,630	2,383	
89,376	8,346	8,101	10,206	8,890	6,071	9,975	28,664	2,972	Real estate activities
57,442	5,323	5,216	6,205	6,350	3,684	6,192	17,793	1,731	
31,934	3,023	2,885	4,001	2,540	2,387	3,783	10,871	1,241	
192,573	10,339	22,399	27,435	22,442	22,444	29,788	39,236	7,199	Professional, scientific and technical activities
125,961	11,957	13,799	18,017	14,389	15,476	20,408	25,706	4,281	
66,612	6,382	8,600	9,418	8,053	6,968	9,380	13,530	2,918	

Note1 : Based upon the 10th revision of Korean Standard Industrial Classification, '(…)' is not available
Note2 : Insurant values include Regular, Temporary employees and Self-employed (without artist and labor providers)
Source : Employment Insurance Planing Division of the Ministry of Employment and Labor

70. 산업(대분류)·지역·성별 피보험자 현황(3-3)
(2023)

단위 : 명

구 분		계 Total	서울 Seoul	부산 Busan	대구 Daegu	인천 Incheon	광주 Gwangju	대전 Daejeon	울산 Ulsan	세종 Sejong
N. 사업시설 관리, 사업지원 및 임대서비스업	계 Total	1,175,269	626,406	46,259	34,483	42,620	21,361	40,754	12,562	3,527
	남 Men	608,477	313,650	25,209	17,728	23,262	10,963	18,398	7,446	1,868
	여 Women	566,792	312,756	21,050	16,755	19,358	10,398	22,356	5,116	1,659
O. 공공행정, 국방 및 사회보장행정	계 Total	358,626	45,741	15,490	11,281	7,527	7,255	43,951	6,231	7,562
	남 Men	174,642	22,286	7,703	5,486	3,242	3,270	32,916	3,052	2,743
	여 Women	183,984	23,455	7,787	5,795	4,285	3,985	11,035	3,179	4,819
P. 교육 서비스업	계 Total	548,478	141,799	33,565	25,420	27,512	16,797	18,548	13,474	4,037
	남 Men	161,704	44,013	9,301	6,894	7,042	4,715	6,011	4,006	1,163
	여 Women	386,774	97,786	24,264	18,526	20,470	12,082	12,537	9,468	2,874
Q. 보건업 및 사회복지 서비스업	계 Total	2,048,050	388,902	148,758	99,732	115,183	71,159	62,792	39,243	11,288
	남 Man	290,784	61,538	20,708	13,912	15,124	10,494	8,817	4,706	1,191
	여 Women	1,757,266	327,364	128,050	85,820	100,059	60,665	53,975	34,537	10,097
R. 예술, 스포츠 및 여가관련 서비스업	계 Total	161,392	42,755	6,830	5,531	5,873	3,793	3,122	2,371	719
	남 Man	83,857	19,772	3,482	2,671	2,913	2,054	1,681	1,114	367
	여 Women	77,535	22,983	3,348	2,860	2,960	1,739	1,441	1,257	352
S. 협회 및 단체, 수리 및 기타 개인서비스업	계 Total	319,380	91,811	16,916	12,161	13,219	8,680	8,907	5,387	2,002
	남 Man	162,189	43,648	8,155	6,003	7,041	4,488	4,531	2,447	959
	여 Women	157,191	48,163	8,761	6,158	6,178	4,192	4,376	2,940	1,043
T. 가구내 고용활동 및 달리 분류되지 않은 자가 소비 생산활동	계 Total	116	84	13	0	0	0	0	0	0
	남 Man	17	15	0	0	0	0	0	0	0
	여 Women	99	69	13	0	0	0	0	0	0
U. 국제 및 외국기관	계 Total	12,846	1,353	65	0	0	9	0	0	0
	남 Man	8,880	444	38	0	0	2	0	0	0
	여 Women	3,966	909	27	0	0	7	0	0	0

주1 : 한국표준산업분류 10차개정 기준, '분류불능(…)'은 한국표준산업분류로 분류되지 않는 산업
주2 : 피보험자는 상용, 임시근로자 및 자영업자만 포함된 값이며, 예술인·노무제공자는 포함되지 않음
자료 : 고용노동부 고용보험기획과

70. Number of insured employees by industry(sections) province and gender(3-3)
(2023)

In person

경기 Gyeonggi	강원 Gangwon	충북 Chungbuk	충남 Chungnam	전북 Jeonbuk	전남 Jeonnam	경북 Gyeongbuk	경남 Gyeongnam	제주 Jeju	Division
206,509	16,412	16,906	18,655	14,888	19,715	18,956	27,163	8,093	Business facilities management and business support services; rental and leasing activities
115,249	8,767	8,470	10,236	6,822	11,742	10,726	13,852	4,089	
91,260	7,645	8,436	8,419	8,066	7,973	8,230	13,311	4,004	
39,578	36,811	11,908	22,821	19,621	26,304	22,663	21,685	12,197	Public administration and denfence ; compulsory social security
17,288	14,315	6,042	8,508	8,445	11,247	11,815	11,171	5,113	
22,290	22,496	5,866	14,313	11,176	15,057	10,848	10,514	7,084	
120,075	12,483	19,848	19,159	17,835	14,215	26,317	32,047	5,347	Education
31,800	4,678	6,710	6,647	6,052	4,475	8,377	7,923	1,897	
88,275	7,805	13,138	12,512	11,783	9,740	17,940	24,124	3,450	
477,826	59,726	64,596	80,700	83,224	83,963	105,890	129,638	25,430	Human health and social work activities
64,477	9,118	9,309	10,675	12,284	12,013	15,047	17,159	4,212	
413,349	50,608	55,287	70,025	70,940	71,950	90,843	112,479	21,218	
41,669	11,694	3,926	4,690	4,450	4,158	5,975	7,452	6,384	Arts, sports and recreation related services
22,380	7,170	2,238	2,584	2,337	2,274	3,242	3,957	3,621	
19,289	4,524	1,688	2,106	2,113	1,884	2,733	3,495	2,763	
72,500	13,594	8,888	11,441	9,745	8,533	13,727	17,110	4,759	Membership organizations, repair and other personal services
41,529	5,674	4,801	5,967	4,940	4,374	6,785	8,318	2,529	
30,971	7,920	4,087	5,474	4,805	4,159	6,942	8,792	2,230	
5	0	0	2	3	0	0	9	0	Activities of households as employers; undifferentiated goods- and services-producing activities of households for own use
1	0	0	0	1	0	0	0	0	
4	0	0	2	2	0	0	9	0	
11,254	0	0	0	149	0	0	1	15	Activities of extraterritorial organizations and bodies
8,316	0	0	0	73	0	0	1	6	
2,938	0	0	0	76	0	0	0	9	

Note1 : Based upon the 10th revision of Korean Standard Industrial Classification, '(…)' is not available
Note2 : Insurant values include Regular, Temporary employees and Self-employed (without artist and labor providers)
Source : Employment Insurance Planing Division of the Ministry of Employment and Labor

고용평등
Equal employment

고용평등

71. 연도별 고용의무사업체 장애인 고용현황
The Employment Rate of the Persons with Disabilities in the Companies with Employment Quota System by Year

단위 : 명, % In person, %

연 도 Year	적용대상근로자 applicable workers	고용의무인원 No. of workers(the disabled) mandatorily required to be employed	장애인근로자 disabled workers	고용률(%) employment rate
2006	5,801,788	107,369	79,480	1.37
2007	5,807,665	107,012	89,546	1.54
2008	6,035,950	111,043	104,132	1.73
2009	6,091,555	120,277	114,053	1.87
2010	6,511,624	145,535	145,981 (126,416)	2.24 (1.94)
2011	6,909,276	154,432	157,468 (133,451)	2.28 (1.93)
2012	7,199,417	172,211	168,991 (142,022)	2.35 (1.97)
2013	7,499,665	179,330	185,745 (153,955)	2.48 (2.05)
2014	7,570,281	194,008	192,643 (158,388)	2.54 (2.09)
2015	7,713,036	197,581	201,805 (164,876)	2.62 (2.14)
2016	7,852,861	201,065	209,260 (168,614)	2.66 (2.15)
2017	7,912,772	219,274	218,441 (175,935)	2.76 (2.22)
2018	8,177,401	226,480	226,995 (180,328)	2.78 (2.21)
2019	8,389,402	250,141	245,332 (192,772)	2.92 (2.30)
2020	8,467,076	252,729	260,826 (203,347)	3.08 (2.40)
2021	8,674,826	259,072	268,663 (207,795)	3.10 (2.40)
2022	8,936,761	270,632	278,823 (213,653)	3.12 (2.39)
2023	9,175,615	277,654	291,323 (221,522)	3.17 (2.41)

주 : 1) '06년도부터 정부부문의 장애인 고용의무 적용제외 직종을 공안직군, 검사, 경찰·군인·소방·경호공무원에 한정하고, 민간부문의 업종별 적용제외율을 폐지하는 것으로 법이 개정됨.
2) 2010년 1월부터 중증장애인 2배수 고용인정제를 시행함(괄호안은 중증2배수 미적용) 또한 정부부문에 공무원 아닌 근로자도 적용대상으로 포함됨
자료 : 고용노동부 장애인고용과

Note : 1) The law is amended as the exclusive occupations from the employment quota system of the persons with disabilitie in government sector are limited to the group of public safety position, public prosecutors, police, fire fighter, military personnel and public guard and the applied exclusion rate of private sector by occupations is abolished since 2006.
2) The system which the person with severe disability is counted as double for the employment quota is operated since January 2010 (The number in parenthesize represents the employment rate not applied with the system). In addition, the employees who are not the officials in the government sector are included as applicable workers.
Source : Division for Employment of the Disabled of the Ministry of Employment and Labor

72. 고용의무사업체 장애인 고용현황(2023)
Employment Rate of the Persons with Disabilities in the Companies with Employment Quota System(2023)

단위 : 개소, 명, %
In each, person, %

구 분 Classification (Division)		대상사업주[1] Obligated Employers	적용대상근로자 Applicable Workers	고용의무인원 No. of the persons with disabilities with Employment Quota System	장애인근로자 Disabled Workers	고용률(%) Employment Rate
계 total		32,316	9,175,615	277,654	291,323 (221,522)	3.17 (2.41)
정부부문 government sector	공무원 Public Officials	318	968,828	35,034	27,707 (23,558)	2.86 (2.43)
	비공무원 Non-public officials	307	412,689	14,706	25,346 (18,946)	6.14 (4.59)
민간부문[3] private sector	공공기관 public org.	794	590,925	20,877	23,075 (19,159)	3.90 (3.24)
	민간기업 private enterprise	30,897	7,203,173	207,037	215,195 (159,859)	2.99 (2.22)

주 : 1) 대상사업주란, 「장애인고용촉진 및 직업재활법」상 장애인고용의무의 주체단위를 말함.
2) '06년도부터 정부부문의 장애인 고용의무 적용제외 직종을 공안직군, 검사, 경찰·군인·소방·경호공무원에 한정하고, 민간부문의 업종별 적용제외율을 폐지하는 것으로 법이 개정됨.
3) 민간부문의 장애인고용의무 적용대상은 월평균 상시근로자 수 50인 이상 사업주임('03년 이전에는 300인).
4) 2010년 1월부터 중증장애인 2배수 고용인정제를 시행함(괄호안은 중증2배수 미적용) 또한 정부부문에 공무원 아닌 근로자도 적용대상으로 포함됨
자료 : 고용노동부 장애인고용과

Note · 1) "Obligated employers" is a subject who are obliged to hire the persons with disabilities according to act on employment promotion and vocational rehabilitation for the persons with disabilities.
2) The law is amended as the exclusive occupations from the employment quota system of the persons with disabilitie in government sector are limited to the group of public safety position, public prosecutors, police, fire fighter, military personnel and public guard and the applied exclusion rate of private sector by occupations is abolished since 2006.
3) "Applicable employers in private sector for the employment quota system" are the owners with more than 50 full-time workers per month (it was 300 people before 2003)
4) The system which the person with severe disability is counted as double for the employment quota is operated since January 2010 (The number in parenthesize represents the employment rate not applied with the system). In addition, the employees who are not the officials in the government sector are included as applicable workers.
Source : Division for Employment of the Disabled of the Ministry of Employment and Labor

73. 민간기업 사업체 규모별 장애인 고용현황(2023)
The Employment Rate of the Persons with Disabilities by the Scale of the Company in Private Sector(2023)

단위 : 개소, 명, % In each, person, %

구분 Classification / 인원수 Person	대상 사업체수 Obligated Employers	적용대상 근로자 수 Applicable Workers	고용의무인원 No. of the persons with disabilities with Employment Quota System	장애인 근로자 수 Disabled Workers	고용률 Employment Drate
계 total	30,897	7,203,173	207,037	215,195 (159,859)	2.99 (2.22)
100인 미만	16,664	1,162,155	26,858	25,473 (19,571)	2.19 (1.68)
100~299인	10,357	1,709,052	47,862	56,613 (42,456)	3.31 (2.48)
300~499인	1,809	686,425	20,362	23,406 (17,251)	3.41 (2.97)
500~999인	1,198	828,469	25,052	28,556 (21,731)	3.45 (2.62)
1,000인~	869	2,817,072	86,903	81,147 (58,850)	2.88 (2.09)

주 : ( ) 고용률은 중증장애인 2배수 산정제도 미적용 Note : The number in parenthesize represents the employment rate not applied with the system
자료 : 고용노동부 장애인고용과 Source : Division of Employment for the Disabled of Ministry of Employment and Labor

74. 민간부문 산업별 장애인 고용현황(2023)
The Employment Rate of the Persons with Disabilities by industry in Private Sector(2023)

단위 : 개소, 명, % In each, person, %

구분 Classification / 산업별 Industry	대상 사업체수 Obligated Employers	적용대상 근로자 수 Applicable Workers	고용의무인원 No. of workers (the disabled) mandatorily required to be employed	장애인 근로자 수 Disabled Workers	고용률 Employment Rate
계 Total	31,691	7,794,098	227,914	238,270 (179,018)	3.06 (2.30)
제조업 Manufacture	9,522	2,179,765	62,572	53,015 (40,008)	2.43 (1.84)
보건업 및 사회복지 서비스업 Human health and social work activities	4,960	827,720	23,438	36,194 (24,294)	4.37 (2.94)
사업시설 관리, 사업 지원 및 임대 서비스업 Business facilities management and business support services	2,746	919,543	27,206	39,077 (32,834)	4.25 (3.57)
운수 및 창고업 Transportation and storage	1,867	462,732	13,780	15,266 (13,095)	3.30 (2.83)
도매 및 소매업 Wholesale and retail trade	2,024	582,925	17,020	13,778 (9,170)	2.36 (1.57)
그 외 Others	10,572	2,821,413	83,898	80,940 (59,617)	2.87 (2.11)

주 : 1) 한국표준산업분류 11차개정(2024) 기준 Note : 1) Based upon the 11th revision(2024) of Korean Standard Industrial Classification
2) ( ) 고용률은 중증장애인 2배수 산정제도 미적용 2) The number in parenthesize represents the employment rate not applied with the system
자료 : 고용노동부 장애인고용과 Source : Division for Employment of the Disabled of the Ministry of Employment and Labor

XIII. 국제노동통계
International labor statistics

75. 고용률, 경제활동참가율 및 실업률

(전체 15~64세)

(단위 : %)

	고용률 Employment/population ratio				경제활동 Labour force participation	
	2015	2021	2022	2023	2015	2021
호 주	72.2	74.9	77.3	77.5	76.9	79.1
오 스 트 리 아	71.1	72.4	74.0	74.1	75.5	77.2
벨 기 에	61.8	65.3	66.5	66.6	67.6	69.7
캐 나 다	72.7	73.5	75.6	75.8	78.3	79.4
칠 레	63.5	58.5	61.9	62.9	67.9	64.4
콜 롬 비 아	65.7	57.9	61.6	63.0	72.6	67.4
코 스 타 리 카	60.7	57.2	60.1	58.6	67.3	68.6
체 코 공 화 국	70.2	74.4	75.5	75.1	74.0	76.6
덴 마 크	72.1	75.6	77.1	76.8	76.9	79.6
에 스 토 니 아	71.8	74.0	76.4	76.2	76.6	79.1
핀 란 드	68.7	72.8	74.5	74.2	75.9	78.9
프 랑 스	63.8	67.2	68.1	68.4	71.3	73.0
독 일	74.0	75.6	76.9	77.4	77.6	78.5
그 리 스	50.8	57.2	60.7	61.8	67.8	67.3
헝 가 리	65.9	73.1	74.4	74.8	70.5	76.2
아 이 슬 란 드	82.3	79.8	83.3	83.7	86.3	85.0
아 일 랜 드	64.8	70.3	73.9	74.6	72.1	74.4
이 스 라 엘	68.3	66.6	69.2	69.8	72.2	70.2
이 탈 리 아	56.3	58.2	60.1	61.5	64.0	64.5
일 본	73.3	77.7	78.4	78.9	75.9	80.0
한 국	65.9	66.5	68.5	69.2	68.4	69.0
라 트 비 아	68.1	69.9	71.3	71.4	75.7	75.8
리 투 아 니 아	67.2	72.4	73.7	73.2	74.1	78.2
룩 셈 부 르 크	66.1	69.4	70.1	70.3	70.9	73.2
멕 시 코	60.7	61.0	62.5	63.7	63.6	63.8
네 덜 란 드	75.7	80.1	81.8	82.4	82.2	83.7
뉴 질 랜 드	74.2	78.3	79.7	80.1	78.7	81.6
노 르 웨 이	74.8	76.3	77.7	77.4	78.2	79.9
폴 란 드	62.9	70.3	71.3	72.3	68.1	72.8
포 르 투 갈	63.9	70.8	72.5	73.6	73.5	76.1
슬 로 바 키 아	62.7	69.4	71.3	72.0	70.9	74.6
슬 로 베 니 아	65.2	71.4	73.1	72.5	71.8	75.0
스 페 인	58.7	63.7	65.4	66.5	75.5	74.9
스 웨 덴	75.5	75.1	77.0	77.4	81.7	82.6
스 위 스	79.2	79.6	80.1	80.7	83.3	83.9
튀 르 키 예	50.2	50.2	52.9	53.8	56.1	57.2
영 국	73.4	74.7	75.5	75.7	77.6	78.3
미 국	68.7	69.4	71.3	72.0	72.6	73.4
O E C D [a]	66.3	67.7	69.4	70.1	71.4	72.3

a) 가중 평균임
자료 : OECD STAT (http://stats.oecd.org)

75. Employment/population ratios, labour force participation rates and unemployment rates

(Persons aged 15~64 years)

(%)

참가율 rate		실업률 Unemployment rate				
2022	2023	2015	2021	2022	2023	
80.3	80.6	6.2	5.3	3.8	3.8	Australia
77.8	78.2	5.8	6.3	4.8	5.2	Austria
70.5	70.5	8.6	6.3	5.6	5.6	Belgium
79.8	80.2	7.0	7.5	5.3	5.5	Canada
67.4	69.1	6.5	9.1	8.1	8.9	Chile
69.6	70.3	9.4	14.1	11.5	10.4	Colombia
68.7	64.5	9.8	16.7	12.5	9.1	Costa Rica
77.3	77.1	5.1	2.9	2.4	2.6	Czech Republic
80.3	80.7	6.3	4.9	4.1	4.8	Denmark
81.2	81.6	6.3	6.5	5.9	6.6	Estonia
79.9	80.0	9.5	7.8	6.9	7.3	Finland
73.6	73.9	10.4	7.9	7.4	7.4	France
79.4	79.8	4.7	3.7	3.2	3.1	Germany
69.4	69.5	25.1	14.9	12.6	11.2	Greece
77.2	78.0	6.7	4.1	3.7	4.2	Hungary
86.6	86.7	4.7	6.2	3.9	3.5	Iceland
76.5	77.2	10.1	5.6	3.4	3.3	Ireland
71.9	72.3	5.3	5.1	3.8	3.5	Israel
65.5	66.7	12.1	9.7	8.2	7.8	Italy
80.6	81.1	3.5	3.0	2.7	2.7	Japan
70.5	71.1	3.7	3.6	2.9	2.7	Korea
76.8	76.6	10.1	7.9	7.1	6.8	Latvia
78.6	78.8	9.3	7.4	6.2	7.1	Lithuania
73.5	74.1	6.7	5.3	4.6	5.2	Luxembourg
64.7	65.6	4.5	4.3	3.4	2.9	Mexico
84.7	85.5	7.9	4.2	3.5	3.5	Netherlands
82.5	83.3	5.6	4.0	3.5	3.9	New Zealand
80.4	80.4	4.4	4.5	3.3	3.7	Norway
73.5	74.4	7.6	3.4	2.9	2.9	Poland
77.4	78.9	13.1	6.9	6.3	6.7	Portugal
76.1	76.5	11.5	6.9	6.2	5.9	Slovak Republic
76.2	75.2	9.1	4.8	4.0	3.6	Slovenia
75.3	75.8	22.2	15.0	13.1	12.3	Spain
83.3	84.0	7.6	9.1	7.6	7.8	Sweden
83.6	84.1	4.9	5.2	4.2	4.1	Switzerland
59.2	59.5	10.5	12.2	10.6	9.6	Türkiye
78.3	78.7	5.4	4.5	3.6	3.8	United Kingdom
74.0	74.7	5.4	5.4	3.7	3.7	United States
73.2	73.8	7.1	6.3	5.1	5.0	OECD[a]

a) Weighted average.
Source : OECD STAT (http://stats.oecd.org)

75. 고용률, 경제활동참가율 및 실업률

(남자 15~64세)

(단위 : %)

	고용률 Employment/population ratio				경제활동 Labour force participation	
	2015	2021	2022	2023	2015	2021
호 주	77.5	78.8	80.7	81.0	82.7	83.2
오 스 트 리 아	75.1	76.7	78.0	77.9	80.1	81.9
벨 기 에	65.5	68.7	69.8	69.9	72.2	73.7
캐 나 다	75.9	76.5	78.4	78.5	82.1	82.8
칠 레	74.5	68.0	70.8	70.9	79.2	74.6
콜 롬 비 아	78.4	71.9	74.4	75.2	84.4	81.2
코 스 타 리 카	73.9	70.1	72.9	71.7	80.4	80.4
체 코 공 화 국	77.9	81.3	82.2	81.6	81.4	83.3
덴 마 크	75.3	78.5	79.2	79.1	80.2	82.6
에 스 토 니 아	75.4	75.6	77.5	77.1	80.4	81.4
핀 란 드	69.7	73.8	75.0	74.2	77.4	80.5
프 랑 스	67.1	70.1	70.8	71.0	75.3	76.2
독 일	78.0	79.1	80.6	80.9	82.1	82.5
그 리 스	59.3	66.4	70.3	70.8	75.9	75.0
헝 가 리	70.3	77.9	78.8	79.0	75.3	81.1
아 이 슬 란 드	85.1	82.5	85.2	85.9	89.3	87.6
아 일 랜 드	70.3	74.6	78.9	78.8	79.0	79.3
이 스 라 엘	72.1	68.1	70.8	71.4	76.1	71.8
이 탈 리 아	65.5	67.1	69.2	70.4	74.1	73.6
일 본	81.8	83.9	84.2	84.4	85.0	86.6
한 국	75.9	75.2	76.9	76.9	78.9	78.0
라 트 비 아	69.9	71.9	72.5	72.7	78.9	78.8
리 투 아 니 아	68.0	72.9	73.9	73.7	75.8	79.2
룩 셈 부 르 크	71.3	72.6	73.0	73.6	76.0	76.4
멕 시 코	78.3	77.3	78.7	79.3	82.0	80.7
네 덜 란 드	80.3	83.6	85.4	86.0	86.8	87.1
뉴 질 랜 드	79.6	82.4	83.6	83.9	83.9	85.7
노 르 웨 이	76.5	78.2	80.0	79.4	80.3	82.1
폴 란 드	69.2	76.8	77.3	77.8	74.8	79.5
포 르 투 갈	66.8	73.7	75.2	76.0	76.8	78.8
슬 로 바 키 아	69.4	73.3	75.0	75.5	77.5	78.6
슬 로 베 니 아	69.2	74.5	76.2	75.4	75.4	77.8
스 페 인	64.0	68.7	70.5	71.3	80.9	79.2
스 웨 덴	77.0	77.1	79.3	79.1	83.5	84.7
스 위 스	83.6	83.3	83.9	84.4	87.8	87.7
튀 르 키 예	69.8	68.6	71.1	71.9	77.0	76.9
영 국	78.5	78.0	78.8	79.3	83.1	81.9
미 국	74.2	74.3	76.1	76.4	78.5	78.7
O E C D [a]	74.4	75.1	76.6	77.0	79.9	80.0

75. Employment/population ratios, labour force participation rates and unemployment rates (cont.)

(Men aged 15~64 years)

(%)

참가율 rate		실 업 률 Unemployment rate				
2022	2023	2015	2021	2022	2023	
84.0	84.3	6.2	5.4	3.9	3.9	Australia
82.1	82.4	6.2	6.3	5.0	5.4	Austria
74.2	74.4	9.2	6.7	5.9	6.0	Belgium
82.9	83.2	7.6	7.7	5.4	5.6	Canada
76.7	77.6	6.0	8.9	7.7	8.7	Chile
81.9	82.1	7.1	11.5	9.1	8.4	Colombia
80.6	77.8	8.1	12.8	9.6	7.9	Costa Rica
83.8	83.4	4.3	2.4	1.9	2.3	Czech Republic
82.7	83.0	6.1	5.0	4.1	4.7	Denmark
82.7	82.2	6.3	7.1	6.3	6.3	Estonia
80.8	80.6	10.0	8.3	7.2	8.0	Finland
76.6	76.8	10.9	8.0	7.6	7.5	France
83.4	83.7	5.1	4.1	3.4	3.3	Germany
77.5	77.4	21.9	11.5	9.3	8.5	Greece
81.9	82.4	6.6	3.9	3.8	4.2	Hungary
88.9	89.5	4.7	5.8	4.2	4.0	Iceland
81.6	81.8	11.1	5.9	3.4	3.7	Ireland
73.7	74.2	5.2	5.2	3.9	3.7	Israel
74.6	75.7	11.6	8.9	7.3	7.0	Italy
86.7	86.9	3.7	3.1	2.9	2.9	Japan
79.0	79.0	3.7	3.6	2.7	2.7	Korea
79.1	79.0	11.4	8.8	8.4	7.9	Latvia
79.2	79.8	10.3	7.9	6.7	7.6	Lithuania
76.4	77.5	6.2	5.0	4.4	5.0	Luxembourg
81.4	81.7	4.4	4.2	3.4	2.9	Mexico
88.3	89.0	7.4	4.0	3.2	3.4	Netherlands
86.4	87.1	5.2	3.9	3.2	3.7	New Zealand
82.9	82.6	4.7	4.8	3.5	3.9	Norway
79.6	80.1	7.4	3.4	2.9	2.8	Poland
79.8	81.2	13.0	6.5	5.8	6.3	Portugal
79.8	80.2	10.4	6.8	6.0	5.9	Slovak Republic
79.2	78.2	8.2	4.3	3.8	3.6	Slovenia
79.7	79.9	20.9	13.3	11.5	10.7	Spain
85.4	85.7	7.8	8.9	7.2	7.7	Sweden
87.5	87.8	4.8	5.0	4.0	3.9	Switzerland
78.2	78.0	9.4	10.9	9.1	7.8	Türkiye
81.9	82.6	5.5	4.7	3.7	4.0	United Kingdom
79.1	79.5	5.5	5.6	3.7	3.9	United States
80.6	80.9	6.9	6.2	4.9	4.8	OECD[a]

75. 고용률, 경제활동참가율 및 실업률

(여자 15~64세)

(단위 : %)

	고용률 Employment/population ratio				경제활동 Labour force participation	
	2015	2021	2022	2023	2015	2021
호 주	66.8	71.1	73.8	74.1	71.3	75.0
오 스 트 리 아	67.1	68.1	70.0	70.3	70.9	72.6
벨 기 에	58.0	61.8	63.2	63.3	63.0	65.7
캐 나 다	69.6	70.5	72.8	73.1	74.3	76.0
칠 레	52.6	49.0	53.1	54.9	56.7	54.0
콜 롬 비 아	53.8	44.6	49.5	51.4	61.5	54.3
코 스 타 리 카	47.2	43.9	47.1	45.1	53.9	56.6
체 코 공 화 국	62.4	67.1	68.5	68.2	66.5	69.6
덴 마 크	68.8	72.7	74.9	74.5	73.6	76.5
에 스 토 니 아	68.4	72.4	75.3	75.4	72.9	76.8
핀 란 드	67.7	71.7	73.9	74.2	74.4	77.3
프 랑 스	60.6	64.5	65.6	66.0	67.3	70.0
독 일	69.9	71.9	73.1	73.7	73.1	74.4
그 리 스	42.5	48.2	51.2	52.8	59.9	59.6
헝 가 리	61.5	68.2	69.9	70.5	65.9	71.2
아 이 슬 란 드	79.3	76.8	81.2	81.3	83.3	82.2
아 일 랜 드	59.3	66.0	69.0	70.6	65.2	69.6
이 스 라 엘	64.6	65.1	67.6	68.1	68.3	68.5
이 탈 리 아	47.2	49.4	51.1	52.5	54.1	55.4
일 본	64.6	71.3	72.4	73.3	66.7	73.3
한 국	55.7	57.7	60.0	61.4	57.8	59.9
라 트 비 아	66.4	68.0	70.2	70.2	72.8	73.0
리 투 아 니 아	66.5	71.9	73.6	72.6	72.5	77.2
룩 셈 부 르 크	60.8	66.0	67.1	66.8	65.6	69.9
멕 시 코	44.7	46.2	48.0	49.7	46.8	48.3
네 덜 란 드	71.1	76.6	78.1	78.9	77.6	80.2
뉴 질 랜 드	69.1	74.4	75.8	76.2	73.7	77.5
노 르 웨 이	73.0	74.3	75.4	75.3	76.1	77.7
폴 란 드	56.6	63.8	65.4	66.7	61.4	66.1
포 르 투 갈	61.1	68.2	70.0	71.3	70.5	73.5
슬 로 바 키 아	55.9	65.6	67.6	68.4	64.3	70.6
슬 로 베 니 아	61.0	68.1	69.8	69.4	67.9	72.0
스 페 인	53.4	58.6	60.2	61.7	70.0	70.6
스 웨 덴	74.0	73.0	74.6	75.6	79.9	80.5
스 위 스	74.7	75.8	76.1	76.8	78.6	80.1
튀 르 키 예	30.5	31.7	34.5	35.6	35.0	37.3
영 국	68.5	71.5	72.2	72.2	72.3	74.7
미 국	63.4	64.6	66.5	67.5	66.9	68.2
O E C D[a]	58.4	60.4	62.3	63.2	63.0	64.6

75. Employment/population ratios, labour force participation rates and unemployment rates (cont.)

(Women aged 15~64 years)

(%)

참가율 rate		실 업 률 Unemployment rate				
2022	2023	2015	2021	2022	2023	
76.7	76.9	6.2	5.1	3.7	3.6	Australia
73.4	73.9	5.4	6.2	4.6	4.9	Austria
66.8	66.7	7.8	5.9	5.3	5.1	Belgium
76.7	77.2	6.4	7.3	5.2	5.3	Canada
58.1	60.5	7.2	9.3	8.7	9.3	Chile
58.0	59.2	12.4	17.8	14.7	13.2	Colombia
56.5	50.7	12.4	22.3	16.7	11.2	Costa Rica
70.5	70.4	6.2	3.5	2.9	3.1	Czech Republic
78.0	78.4	6.4	4.9	4.0	5.0	Denmark
79.6	81.0	6.2	5.8	5.4	7.0	Estonia
79.0	79.3	9.0	7.2	6.5	6.5	Finland
70.7	71.2	9.9	7.8	7.2	7.3	France
75.4	75.9	4.3	3.3	3.0	2.9	Germany
61.4	61.8	29.1	19.1	16.6	14.5	Greece
72.4	73.5	6.7	4.3	3.5	4.2	Hungary
84.1	83.7	4.8	6.6	3.5	2.9	Iceland
71.5	72.7	9.0	5.2	3.4	3.0	Ireland
70.2	70.5	5.5	4.9	3.7	3.3	Israel
56.4	57.7	12.8	10.8	9.5	8.9	Italy
74.3	75.1	3.3	2.8	2.5	2.5	Japan
61.8	63.1	3.7	3.7	3.0	2.7	Korea
74.5	74.4	8.8	6.9	5.8	5.6	Latvia
78.1	77.8	8.4	6.9	5.7	6.7	Lithuania
70.4	70.7	7.4	5.7	4.7	5.5	Luxembourg
49.7	51.2	4.6	4.3	3.4	2.9	Mexico
81.1	81.9	8.4	4.5	3.8	3.7	Netherlands
78.7	79.5	6.1	4.1	3.7	4.2	New Zealand
77.8	78.1	4.1	4.3	3.2	3.6	Norway
67.4	68.7	7.8	3.4	3.0	2.9	Poland
75.1	76.7	13.3	7.2	6.8	7.0	Portugal
72.2	72.8	12.9	7.1	6.5	6.0	Slovak Republic
72.9	72.0	10.2	5.4	4.3	3.6	Slovenia
70.8	71.7	23.7	17.0	15.0	14.0	Spain
81.1	82.2	7.4	9.3	8.1	8.0	Sweden
79.7	80.4	5.0	5.4	4.5	4.4	Switzerland
40.0	40.9	12.9	15.0	13.7	12.9	Türkiye
74.8	74.8	5.2	4.3	3.5	3.5	United Kingdom
69.0	69.9	5.3	5.3	3.7	3.5	United States
65.8	66.7	7.3	6.5	5.4	5.2	OECD[a]

76. 연령별 고용률, 경제활동참가율 및 실업률

(전 체)

(단위 : %)

		15 ~ 24세 (15 to 24)				25 ~ 54세 (25 to 54)	
		2015	2021	2022	2023	2015	2021
호 주	고 용 률	58.4	60.8	65.7	65.1	79.3	81.8
	경제활동참가율	67.3	68.6	71.5	71.0	83.4	85.3
	실 업 률	13.1	11.3	8.1	8.4	4.9	4.1
오스트리아	고 용 률	51.3	50.2	51.9	53.1	83.5	83.8
	경제활동참가율	57.4	56.3	57.4	59.2	88.0	89.0
	실 업 률	10.6	11.0	9.5	10.4	5.2	5.8
벨 기 에	고 용 률	23.4	24.7	26.0	26.5	78.5	80.7
	경제활동참가율	30.0	30.3	31.1	31.6	85.1	85.4
	실 업 률	22.1	18.2	16.4	16.1	7.7	5.5
캐 나 다	고 용 률	57.1	55.5	58.7	58.0	81.5	82.5
	경제활동참가율	65.5	64.2	65.3	65.0	86.6	88.0
	실 업 률	12.8	13.5	10.1	10.8	5.9	6.2
칠 레	고 용 률	30.6	21.3	24.2	23.5	75.3	70.3
	경제활동참가율	36.1	26.6	29.4	29.9	79.9	76.8
	실 업 률	15.3	19.9	17.8	21.4	5.8	8.5
콜롬비아	고 용 률	42.5	32.6	35.1	36.1	77.1	69.3
	경제활동참가율	52.0	43.9	45.0	45.2	83.4	79.1
	실 업 률	18.2	25.6	21.9	20.2	7.6	12.4
코스타리카	고 용 률	35.3	27.4	29.5	28.4	73.1	70.2
	경제활동참가율	45.9	45.3	42.8	37.9	78.9	81.0
	실 업 률	23.0	39.5	31.0	25.0	7.3	13.3
체코공화국	고 용 률	28.4	24.8	25.7	25.5	84.5	86.3
	경제활동참가율	32.5	27.0	27.7	27.8	88.6	88.7
	실 업 률	12.6	8.2	7.2	8.3	4.6	2.6
덴 마 크	고 용 률	51.3	53.9	56.1	57.0	81.5	83.5
	경제활동참가율	58.5	60.4	62.8	64.5	86.4	87.0
	실 업 률	12.2	10.8	10.6	11.5	5.7	4.0
에스토니아	고 용 률	37.4	33.5	36.5	36.1	82.8	83.9
	경제활동참가율	42.8	40.3	44.8	43.6	87.7	88.8
	실 업 률	12.6	16.7	18.6	17.3	5.5	5.4
핀 란 드	고 용 률	42.4	45.4	48.0	47.6	79.9	82.3
	경제활동참가율	53.7	54.2	55.4	56.1	86.6	87.9
	실 업 률	21.1	16.2	13.4	15.3	7.7	6.3
프 랑 스	고 용 률	27.9	32.2	34.9	35.2	79.4	82.1
	경제활동참가율	37.1	39.7	42.2	42.5	87.5	88.0
	실 업 률	24.7	18.9	17.3	17.2	9.3	6.8
독 일	고 용 률	45.3	48.4	50.4	50.9	83.7	84.2
	경제활동참가율	48.8	52.0	53.6	54.0	87.6	87.2
	실 업 률	7.2	7.0	6.0	5.8	4.4	3.4
그 리 스	고 용 률	13.0	13.4	16.1	18.3	64.5	71.1
	경제활동참가율	26.0	20.7	23.4	24.9	85.4	83.1
	실 업 률	49.8	35.5	31.4	26.7	24.4	14.4
헝 가 리	고 용 률	26.1	27.5	27.6	27.4	83.6	87.0
	경제활동참가율	31.4	31.8	30.8	31.4	88.7	90.1
	실 업 률	17.0	13.5	10.6	12.8	5.8	3.5
아이슬란드	고 용 률	70.2	65.6	71.2	71.7	85.9	83.5
	경제활동참가율	77.8	74.4	77.8	78.4	89.2	88.3
	실 업 률	9.8	11.9	8.4	8.6	3.7	5.5

a) 가중 평균임
자료 : OECD STAT (http://stats.oecd.org)

76. Employment/population ratios, labour force participation rates and unemployment rates by selected age groups

(Total)

(%)

2022	2023	55 ~ 64세 (55 to 64)					
		2015	2021	2022	2023		
83.6	84.3	62.1	65.4	67.1	67.1	Employment/population ratios	Australia
86.1	86.7	64.9	68.2	69.0	69.0	Labour force participation rates	
2.9	2.8	4.3	4.1	2.8	2.8	Unemployment rates	
85.7	85.4	46.3	55.4	56.4	57.3	Employment/population ratios	Austria
89.6	89.5	48.6	58.4	58.6	59.8	Labour force participation rates	
4.3	4.6	4.7	5.2	3.7	4.1	Unemployment rates	
81.8	81.5	44.0	54.5	56.6	57.8	Employment/population ratios	Belgium
86.1	85.7	46.6	57.1	58.8	59.9	Labour force participation rates	
4.9	4.9	5.6	4.6	3.7	3.5	Unemployment rates	
84.7	84.8	60.5	63.0	63.5	64.8	Employment/population ratios	Canada
88.6	88.8	64.6	68.1	66.9	68.0	Labour force participation rates	
4.3	4.5	6.3	7.4	5.0	4.6	Unemployment rates	
73.8	75.0	64.4	57.4	59.8	61.2	Employment/population ratios	Chile
79.8	81.5	66.4	61.0	63.5	65.5	Labour force participation rates	
7.5	8.1	3.1	6.0	5.8	6.6	Unemployment rates	
73.4	74.5	60.2	51.7	55.2	57.5	Employment/population ratios	Colombia
81.5	81.9	63.7	56.8	59.7	61.5	Labour force participation rates	
9.9	9.1	5.6	9.0	7.4	6.6	Unemployment rates	
73.3	72.3	54.4	51.6	54.2	50.3	Employment/population ratios	Costa Rica
81.6	78.1	57.2	56.6	57.8	52.3	Labour force participation rates	
10.1	7.4	4.9	8.9	6.3	3.8	Unemployment rates	
87.4	87.9	55.5	69.8	72.9	74.0	Employment/population ratios	Czech Republic
89.3	90.0	58.0	71.6	74.4	75.6	Labour force participation rates	
2.1	2.3	4.4	2.4	2.0	2.2	Unemployment rates	
84.9	83.8	63.5	72.4	73.4	74.6	Employment/population ratios	Denmark
87.7	87.3	65.7	75.3	75.0	76.4	Labour force participation rates	
3.2	4.0	3.2	3.8	2.0	2.4	Unemployment rates	
86.5	85.9	64.5	71.6	73.7	76.0	Employment/population ratios	Estonia
90.8	91.0	68.6	76.6	77.4	80.6	Labour force participation rates	
4.7	5.6	6.0	6.4	4.7	5.8	Unemployment rates	
83.3	82.8	60.0	68.3	71.2	71.7	Employment/population ratios	Finland
88.1	87.9	65.3	73.8	76.8	77.3	Labour force participation rates	
5.5	5.8	8.0	7.4	7.3	7.2	Unemployment rates	
82.7	82.7	48.7	55.9	56.9	58.4	Employment/population ratios	France
88.2	88.3	52.6	59.7	60.3	61.7	Labour force participation rates	
6.2	6.4	7.4	6.3	5.7	5.4	Unemployment rates	
85.2	85.5	66.2	71.8	73.3	74.7	Employment/population ratios	Germany
87.8	88.0	69.4	74.1	75.3	76.5	Labour force participation rates	
3.0	2.9	4.7	3.1	2.7	2.3	Unemployment rates	
75.0	75.7	34.3	48.3	51.9	54.1	Employment/population ratios	Greece
85.3	85.1	41.6	54.4	57.1	58.1	Labour force participation rates	
12.0	11.0	17.5	11.1	9.1	6.8	Unemployment rates	
88.1	87.9	45.3	62.8	65.6	69.1	Employment/population ratios	Hungary
91.1	91.3	48.1	64.7	67.7	71.4	Labour force participation rates	
3.2	3.6	5.8	2.9	3.1	3.2	Unemployment rates	
86.7	87.6	82.8	80.2	82.6	81.1	Employment/population ratios	Iceland
89.6	90.2	85.8	83.5	84.5	82.2	Labour force participation rates	
3.2	2.9	3.4	3.9	2.3	1.2	Unemployment rates	

a) Weighted average.
Source : OECD STAT (http://stats.oecd.org)

76. 연령별 고용률, 경제활동참가율 및 실업률

(전 체)

(단위 : %)

		15 ~ 24세 (15 to 24)				25 ~ 54세 (25 to 54)	
		2015	2021	2022	2023	2015	2021
아 일 랜 드	고 용 률	37.8	42.9	47.8	48.4	74.7	80.3
	경제활동참가율	47.4	50.2	53.0	54.1	82.0	84.2
	실 업 률	20.2	14.5	9.8	10.6	8.9	4.6
이 스 라 엘	고 용 률	44.4	39.9	41.6	42.9	78.7	77.8
	경제활동참가율	49.0	43.2	44.7	45.6	82.6	81.7
	실 업 률	9.3	7.8	6.9	6.0	4.7	4.7
이 탈 리 아	고 용 률	15.6	17.5	19.8	20.4	68.2	70.2
	경제활동참가율	26.2	24.9	26.0	26.4	76.8	77.3
	실 업 률	40.3	29.7	23.7	22.7	11.2	9.2
일 본	고 용 률	40.7	46.6	46.6	47.8	82.5	85.8
	경제활동참가율	43.0	48.9	48.6	49.9	85.4	88.2
	실 업 률	5.5	4.6	4.2	4.1	3.4	2.8
한 국	고 용 률	26.7	27.0	28.8	27.9	76.0	75.3
	경제활동참가율	29.9	29.6	31.0	29.6	78.5	78.0
	실 업 률	10.5	8.5	7.1	5.8	3.2	3.3
라 트 비 아	고 용 률	34.5	27.9	30.6	30.6	79.2	80.4
	경제활동참가율	41.3	32.7	36.1	34.9	87.6	87.1
	실 업 률	16.3	14.8	15.3	12.3	9.5	7.8
리 투 아 니 아	고 용 률	28.3	31.1	32.0	30.8	81.6	84.3
	경제활동참가율	33.8	36.3	36.3	35.8	89.3	90.1
	실 업 률	16.3	14.3	11.9	13.8	8.6	6.5
룩 셈 부 르 크	고 용 률	29.1	29.4	27.6	29.0	82.6	85.4
	경제활동참가율	35.2	35.4	33.4	35.7	87.7	89.2
	실 업 률	17.3	16.9	17.6	18.8	5.8	4.3
멕 시 코	고 용 률	41.0	40.8	41.4	42.1	70.8	71.3
	경제활동참가율	44.8	44.3	44.3	44.7	73.5	74.0
	실 업 률	8.6	7.9	6.5	5.9	3.7	3.6
네 덜 란 드	고 용 률	68.5	71.7	75.5	76.5	82.6	85.9
	경제활동참가율	78.3	79.1	81.8	83.4	88.1	88.7
	실 업 률	12.6	9.3	7.6	8.2	6.2	3.1
뉴 질 랜 드	고 용 률	52.9	58.0	61.2	61.3	81.6	84.8
	경제활동참가율	61.4	64.9	67.5	68.7	85.1	87.4
	실 업 률	13.8	10.5	9.4	10.7	4.1	2.9
노 르 웨 이	고 용 률	50.4	53.4	57.9	58.5	83.1	83.5
	경제활동참가율	55.9	61.1	64.3	65.8	86.5	86.6
	실 업 률	9.9	12.6	10.0	11.0	4.0	3.6
폴 란 드	고 용 률	26.0	27.3	27.8	28.5	79.5	84.8
	경제활동참가율	32.8	31.0	31.1	32.2	85.1	87.4
	실 업 률	20.8	11.9	10.8	11.4	6.6	2.9
포 르 투 갈	고 용 률	25.4	25.7	28.2	31.1	78.2	84.9
	경제활동참가율	37.4	33.6	34.8	39.0	88.2	90.1
	실 업 률	32.0	23.5	19.2	20.2	11.3	5.7
슬 로 바 키 아	고 용 률	23.3	20.8	21.3	21.7	78.1	83.2
	경제활동참가율	31.7	26.2	26.6	27.0	87.3	88.8
	실 업 률	26.4	20.6	19.9	19.8	10.5	6.3

76. Employment/population ratios, labour force participation rates and unemployment rates by selected age groups(cont.)

(Total)

(%)

2022	2023	2015	2021	2022	2023		
		\multicolumn{4}{c}{55 ~ 64세 (55 to 64)}		

2022	2023	2015	2021	2022	2023	Indicator	Country
83.5	84.3	55.4	64.1	68.1	69.1	Employment/population ratios	Ireland
86.0	86.6	60.2	65.7	68.4	69.1	Labour force participation rates	
2.8	2.6	7.9	2.4	0.4	0.0	Unemployment rates	
80.8	80.8	66.2	67.4	69.9	71.2	Employment/population ratios	Israel
83.5	83.5	68.9	70.1	72.1	72.9	Labour force participation rates	
3.3	3.2	3.9	4.0	3.1	2.3	Unemployment rates	
72.4	73.8	48.2	53.4	55.0	57.3	Employment/population ratios	Italy
78.6	79.7	51.1	56.5	57.8	60.1	Labour force participation rates	
7.9	7.5	5.5	5.5	4.8	4.6	Unemployment rates	
86.4	86.8	70.0	76.9	78.1	78.7	Employment/population ratios	Japan
88.8	89.1	72.2	79.1	80.1	80.8	Labour force participation rates	
2.6	2.6	3.1	2.8	2.5	2.5	Unemployment rates	
77.0	77.9	66.0	66.3	68.8	69.9	Employment/population ratios	Korea
79.2	80.0	67.9	68.6	70.3	71.4	Labour force participation rates	
2.7	2.6	2.8	3.3	2.2	2.1	Unemployment rates	
81.8	82.0	59.4	67.8	69.5	70.9	Employment/population ratios	Latvia
87.7	87.6	65.5	72.2	73.7	75.5	Labour force participation rates	
6.7	6.4	9.3	6.2	5.7	6.1	Unemployment rates	
85.2	84.6	60.4	68.0	69.8	69.1	Employment/population ratios	Lithuania
90.1	90.1	66.2	74.1	74.9	75.3	Labour force participation rates	
5.4	6.2	8.7	8.2	6.9	8.3	Unemployment rates	
86.8	86.8	38.4	46.6	46.6	46.3	Employment/population ratios	Luxembourg
89.9	90.5	40.3	48.8	48.7	48.3	Labour force participation rates	
3.4	4.1	4.7	4.6	4.4	4.2	Unemployment rates	
73.0	74.3	54.7	53.1	55.6	56.9	Employment/population ratios	Mexico
75.2	76.2	56.1	54.6	56.7	57.8	Labour force participation rates	
2.9	2.4	2.4	2.7	1.9	1.5	Unemployment rates	
86.8	87.0	61.3	71.4	73.1	75.0	Employment/population ratios	Netherlands
89.1	89.3	67.7	73.8	75.3	76.7	Labour force participation rates	
2.5	2.5	9.5	3.3	2.8	2.3	Unemployment rates	
85.8	86.4	75.1	77.9	78.5	78.5	Employment/population ratios	New Zealand
88.0	88.7	77.8	79.7	80.0	80.5	Labour force participation rates	
2.5	2.7	3.4	2.2	2.0	2.4	Unemployment rates	
84.5	84.0	72.2	74.6	74.5	73.8	Employment/population ratios	Norway
86.6	86.3	73.4	75.9	75.5	74.8	Labour force participation rates	
2.4	2.7	1.6	1.8	1.3	1.4	Unemployment rates	
85.6	86.4	44.3	54.7	56.4	57.9	Employment/population ratios	Poland
87.8	88.5	46.9	56.0	57.5	59.0	Labour force participation rates	
2.5	2.4	5.4	2.5	1.8	1.8	Unemployment rates	
86.0	86.4	46.2	62.3	65.1	67.1	Employment/population ratios	Portugal
91.0	91.5	53.3	65.8	68.6	71.0	Labour force participation rates	
5.4	5.6	13.3	5.4	5.1	5.4	Unemployment rates	
84.7	84.8	46.9	60.6	64.1	66.6	Employment/population ratios	Slovak Republic
89.8	89.7	51.8	64.1	67.1	69.3	Labour force participation rates	
5.7	5.5	9.3	5.4	4.5	3.9	Unemployment rates	

76. 연령별 고용률, 경제활동참가율 및 실업률

(전 체)

(단위 : %)

		15 ~ 24세 (15 to 24)				25 ~ 54세 (25 to 54)	
		2015	2021	2022	**2023**	2015	2021
슬 로 베 니 아	고 용 률	29.6	29.5	32.3	32.6	82.9	88.3
	경제활동참가율	35.3	33.9	35.9	36.2	90.8	92.2
	실 업 률	16.3	12.8	10.1	9.9	8.7	4.2
스 페 인	고 용 률	20.0	22.9	25.6	26.5	69.4	75.0
	경제활동참가율	38.8	35.3	36.4	37.1	87.4	86.9
	실 업 률	48.3	35.0	29.7	28.7	20.6	13.7
스 웨 덴	고 용 률	43.7	40.6	44.5	44.8	85.6	84.5
	경제활동참가율	54.9	54.0	56.8	57.5	90.9	90.9
	실 업 률	20.3	24.8	21.7	22.1	5.8	7.1
스 위 스	고 용 률	61.6	60.5	61.6	61.5	86.3	86.5
	경제활동참가율	67.5	66.0	66.1	66.8	90.2	90.9
	실 업 률	8.8	8.3	6.8	7.9	4.4	4.7
튀 르 키 예	고 용 률	34.2	32.2	35.3	37.6	59.5	60.2
	경제활동참가율	42.0	41.7	43.8	45.6	65.5	67.4
	실 업 률	18.5	22.6	19.4	17.4	9.1	10.7
영 국	고 용 률	53.5	51.3	53.7	54.0	82.3	84.2
	경제활동참가율	62.4	58.6	59.9	60.2	85.6	87.0
	실 업 률	14.4	12.5	10.4	10.4	4.0	3.3
미 국	고 용 률	48.6	50.1	51.1	51.8	77.2	77.6
	경제활동참가율	55.0	55.5	55.6	56.3	80.9	81.6
	실 업 률	11.6	9.7	8.1	7.9	4.5	4.9
O E C D[a]	고 용 률	40.7	41.2	42.9	43.7	76.5	77.5
	경제활동참가율	47.4	47.2	48.2	48.9	81.7	82.2
	실 업 률	14.2	12.8	10.8	10.5	6.3	5.6

76. Employment/population ratios, labour force participation rates and unemployment rates by selected age groups(cont.)

(Total)

(%)

2022	2023	55 ~ 64세 (55 to 64)					
		2015	2021	2022	2023		
89.7	89.3	36.6	52.7	55.2	54.2	Employment/population ratios	Slovenia
92.9	92.1	39.7	54.9	57.4	56.2	Labour force participation rates	
3.5	3.0	7.8	4.0	3.7	3.5	Unemployment rates	
76.8	78.0	46.9	55.8	57.7	59.5	Employment/population ratios	Spain
87.2	87.6	57.6	64.4	65.4	67.1	Labour force participation rates	
11.9	10.9	18.6	13.4	11.8	11.4	Unemployment rates	
86.3	86.7	74.6	76.5	77.1	78.0	Employment/population ratios	Sweden
91.5	92.2	78.9	82.1	81.5	82.4	Labour force participation rates	
5.7	5.9	5.3	6.9	5.4	5.3	Unemployment rates	
86.8	87.2	70.3	72.6	73.4	74.9	Employment/population ratios	Switzerland
90.3	90.6	73.2	76.2	76.3	77.5	Labour force participation rates	
3.9	3.7	4.0	4.7	3.7	3.4	Unemployment rates	
62.8	63.2	31.9	33.4	35.2	36.6	Employment/population ratios	Türkiye
69.3	68.9	34.2	36.1	37.6	38.7	Labour force participation rates	
9.3	8.4	6.7	7.4	6.4	5.5	Unemployment rates	
84.8	84.9	61.9	64.5	64.2	65.0	Employment/population ratios	United Kingdom
87.1	87.3	64.2	67.0	66.1	66.9	Labour force participation rates	
2.6	2.8	3.6	3.8	2.8	2.7	Unemployment rates	
79.9	80.7	61.5	61.9	63.5	64.2	Employment/population ratios	United States
82.4	83.3	63.9	64.6	65.2	65.8	Labour force participation rates	
3.1	3.1	3.8	4.2	2.5	2.5	Unemployment rates	
79.3	79.9	58.1	61.2	62.9	64.0	Employment/population ratios	OECD[a]
83.1	83.6	61.1	64.2	65.3	66.3	Labour force participation rates	
4.5	4.4	5.0	4.7	3.6	3.5	Unemployment rates	

76. 연령별 고용률, 경제활동참가율 및 실업률

(남 자)

(단위 : %)

		15 ~ 24세 (15 to 24)				25 ~ 54세 (25 to 54)	
		2015	2021	2022	2023	2015	2021
호　　　　주	고　용　률	58.1	59.6	64.2	64.4	86.2	86.9
	경제활동참가율	67.8	68.2	70.6	71.1	90.3	90.5
	실　업　률	14.2	12.7	9.1	9.3	4.6	4.0
오 스 트 리 아	고　용　률	54.0	54.6	55.6	56.3	86.6	86.9
	경제활동참가율	60.7	61.2	61.4	62.7	91.6	92.3
	실　업　률	11.1	10.7	9.5	10.2	5.5	5.8
벨 기 에	고　용　률	25.0	25.8	26.5	27.1	82.5	84.6
	경제활동참가율	32.8	32.2	32.4	32.9	89.9	89.7
	실　업　률	23.8	19.9	18.1	17.6	8.2	5.7
캐 나 다	고　용　률	55.8	54.8	57.3	57.4	85.3	85.9
	경제활동참가율	65.4	64.1	64.5	64.8	91.0	91.7
	실　업　률	14.6	14.5	11.2	11.5	6.3	6.3
칠 레	고　용　률	36.2	24.7	27.5	26.8	86.7	80.0
	경제활동참가율	41.9	30.2	33.0	33.3	91.7	87.4
	실　업　률	13.5	18.2	16.5	19.6	5.4	8.5
콜 롬 비 아	고　용　률	52.2	40.5	42.7	43.1	90.4	84.8
	경제활동참가율	60.6	51.4	51.8	51.7	95.6	93.9
	실　업　률	13.8	21.2	17.7	16.7	5.4	9.7
코 스 타 리 카	고　용　률	42.6	32.8	35.4	33.0	88.2	85.4
	경제활동참가율	53.3	49.2	48.0	42.3	93.4	94.4
	실　업　률	20.0	33.3	26.3	22.0	5.6	9.5
체 코 공 화 국	고　용　률	33.1	29.4	29.7	29.2	91.9	93.8
	경제활동참가율	37.4	31.9	31.7	31.7	95.4	95.8
	실　업　률	11.3	7.6	6.4	7.9	3.7	2.1
덴 마 크	고　용　률	50.4	54.4	56.0	55.9	85.4	86.9
	경제활동참가율	58.1	60.9	62.7	63.4	90.3	90.4
	실　업　률	13.2	10.7	10.6	11.8	5.4	3.9
에 스 토 니 아	고　용　률	41.4	33.1	32.7	33.4	87.5	86.6
	경제활동참가율	47.5	40.5	41.3	40.9	92.4	91.9
	실　업　률	12.9	18.4	21.0	18.4	5.3	5.8
핀 란 드	고　용　률	41.9	46.6	48.8	47.1	82.5	83.7
	경제활동참가율	54.1	55.6	56.0	55.5	89.6	90.0
	실　업　률	22.5	16.1	12.9	15.2	7.9	7.0
프 랑 스	고　용　률	29.9	33.8	36.3	36.7	83.7	86.0
	경제활동참가율	40.2	41.7	44.5	44.9	92.4	92.3
	실　업　률	25.8	19.0	18.5	18.2	9.5	6.8
독 일	고　용　률	46.5	50.7	52.7	52.7	88.1	87.9
	경제활동참가율	50.5	54.8	56.3	56.3	92.5	91.4
	실　업　률	7.9	7.4	6.4	6.5	4.7	3.8
그 리 스	고　용　률	15.2	15.6	19.0	20.2	73.7	80.8
	경제활동참가율	27.7	22.6	25.4	26.8	93.1	90.6
	실　업　률	45.2	31.1	25.1	24.4	20.9	10.9
헝 가 리	고　용　률	28.1	30.9	30.2	30.7	86.9	90.4
	경제활동참가율	34.4	35.1	34.0	35.5	92.0	93.6
	실　업　률	18.3	12.0	11.3	13.4	5.6	3.3
아 이 슬 란 드	고　용　률	67.2	63.2	67.9	68.0	90.2	87.2
	경제활동참가율	76.4	72.5	76.5	75.4	93.0	91.5
	실　업　률	12.1	12.8	11.2	9.9	3.0	4.7

a) 가중 평균임
자료 : OECD STAT (http://stats.oecd.org)

76. Employment/population ratios, labour force participation rates and unemployment rates by selected age groups

(Men)

(%)

		55 ~ 64세 (55 to 64)					
2022	2023	2015	2021	2022	2023		
88.1	88.6	69.3	70.8	72.8	72.6	Employment/population ratios	Australia
90.7	91.1	72.8	73.9	75.0	74.7	Labour force participation rates	
2.8	2.8	4.8	4.2	3.0	2.8	Unemployment rates	
88.5	87.8	54.1	62.7	63.9	65.4	Employment/population ratios	Austria
92.6	92.2	57.4	66.4	66.8	68.8	Labour force participation rates	
4.4	4.7	5.7	5.6	4.3	4.9	Unemployment rates	
85.6	85.4	48.9	59.3	61.5	62.2	Employment/population ratios	Belgium
90.2	90.3	52.2	62.5	64.0	64.5	Labour force participation rates	
5.1	5.3	6.3	5.1	3.9	3.6	Unemployment rates	
88.1	87.9	66.1	68.5	68.7	69.8	Employment/population ratios	Canada
92.0	92.1	71.0	73.8	72.5	73.3	Labour force participation rates	
4.3	4.6	6.9	7.2	5.2	4.7	Unemployment rates	
82.5	82.6	83.0	74.3	76.7	76.5	Employment/population ratios	Chile
88.8	89.7	85.7	79.1	81.2	81.9	Labour force participation rates	
7.2	7.9	3.2	6.2	5.6	6.6	Unemployment rates	
87.0	87.7	78.8	72.7	75.9	76.6	Employment/population ratios	Colombia
94.0	94.2	83.6	80.0	82.0	82.0	Labour force participation rates	
7.5	6.9	5.7	9.1	7.4	6.6	Unemployment rates	
87.9	87.1	73.9	72.7	75.2	72.5	Employment/population ratios	Costa Rica
94.6	92.9	78.0	78.4	79.5	75.2	Labour force participation rates	
7.1	6.2	5.2	7.3	5.4	3.6	Unemployment rates	
94.8	94.6	65.5	76.5	79.1	78.9	Employment/population ratios	Czech Republic
96.3	96.4	68.3	78.1	80.6	80.6	Labour force participation rates	
1.6	1.9	4.0	2.0	1.8	2.1	Unemployment rates	
87.4	86.6	68.9	76.3	77.1	78.8	Employment/population ratios	Denmark
90.2	90.2	71.0	79.7	79.3	80.5	Labour force participation rates	
3.1	3.9	3.1	4.3	2.8	2.0	Unemployment rates	
89.2	88.1	63.1	70.1	71.7	74.0	Employment/population ratios	Estonia
93.9	92.9	67.7	76.1	75.9	78.3	Labour force participation rates	
5.1	5.2	6.9	7.8	5.5	5.5	Unemployment rates	
84.4	83.5	57.4	67.9	69.9	70.0	Employment/population ratios	Finland
89.4	89.3	63.1	73.8	76.9	76.8	Labour force participation rates	
5.6	6.4	9.1	8.0	9.0	8.8	Unemployment rates	
86.6	86.4	50.7	57.7	58.3	59.7	Employment/population ratios	France
92.3	92.1	55.1	61.7	61.9	63.1	Labour force participation rates	
6.2	6.3	8.0	6.5	5.8	5.5	Unemployment rates	
89.3	89.6	71.3	75.9	77.2	78.3	Employment/population ratios	Germany
92.2	92.3	75.3	78.6	79.5	80.4	Labour force participation rates	
3.2	3.0	5.2	3.4	2.9	2.6	Unemployment rates	
84.8	85.0	44.9	60.7	65.4	66.8	Employment/population ratios	Greece
92.9	90.0	54.0	66.5	70.3	70.2	Labour force participation rates	
8.8	8.3	18.1	8.8	7.0	4.8	Unemployment rates	
91.3	90.9	54.4	74.1	76.8	79.3	Employment/population ratios	Hungary
94.3	94.2	57.8	76.6	79.4	82.0	Labour force participation rates	
3.2	3.5	6.0	3.2	3.3	3.3	Unemployment rates	
89.4	90.4	87.6	84.2	86.5	87.2	Employment/population ratios	Iceland
92.3	93.5	90.7	87.8	88.5	88.3	Labour force participation rates	
3.2	3.4	3.4	4.1	2.2	1.3	Unemployment rates	

a) Weighted average.
Source : OECD STAT (http://stats.oecd.org)

76. 연령별 고용률, 경제활동참가율 및 실업률

(남 자)

(단위 : %)

		15 ~ 24세 (15 to 24)				25 ~ 54세 (25 to 54)	
		2015	2021	2022	2023	2015	2021
아 일 랜 드	고 용 률	38.3	43.1	48.0	48.1	81.1	85.6
	경제활동참가율	50.1	50.3	53.5	53.8	89.6	90.2
	실 업 률	23.6	14.5	10.2	10.7	9.5	5.1
이 스 라 엘	고 용 률	45.5	39.0	40.5	42.2	83.4	79.8
	경제활동참가율	49.9	42.1	43.6	44.9	87.3	83.9
	실 업 률	8.9	7.5	7.2	6.2	4.5	4.9
이 탈 리 아	고 용 률	18.6	21.3	23.4	24.3	78.6	80.2
	경제활동참가율	30.4	29.4	30.1	30.8	87.7	87.3
	실 업 률	38.8	27.7	22.3	21.1	10.4	8.1
일 본	고 용 률	40.4	45.6	45.3	46.5	92.1	92.7
	경제활동참가율	43.0	48.0	47.7	48.7	95.5	95.5
	실 업 률	5.9	5.1	4.9	4.4	3.5	2.9
한 국	고 용 률	22.8	22.8	24.5	23.6	88.2	85.2
	경제활동참가율	25.7	25.2	26.5	25.2	91.1	88.1
	실 업 률	11.3	9.6	7.6	6.3	3.3	3.3
라 트 비 아	고 용 률	37.1	30.1	31.4	31.7	81.2	82.9
	경제활동참가율	45.2	35.3	39.0	37.0	90.6	90.9
	실 업 률	18.0	14.9	19.4	14.3	10.4	8.8
리 투 아 니 아	고 용 률	30.8	32.8	31.6	29.8	81.8	84.6
	경제활동참가율	36.7	38.1	36.5	36.0	90.4	91.0
	실 업 률	16.0	14.0	13.4	17.2	9.5	7.0
룩 셈 부 르 크	고 용 률	29.4	29.8	26.6	32.0	89.3	89.1
	경제활동참가율	36.2	36.2	32.0	37.9	93.9	92.5
	실 업 률	18.9	17.7	16.7	15.6	5.0	3.7
멕 시 코	고 용 률	53.4	51.8	52.8	52.8	90.8	89.6
	경제활동참가율	57.9	56.0	56.2	55.9	94.2	92.9
	실 업 률	7.8	7.5	6.0	5.6	3.7	3.6
네 덜 란 드	고 용 률	65.6	69.4	75.7	76.8	88.2	89.7
	경제활동참가율	75.8	76.8	81.7	83.7	93.1	92.2
	실 업 률	13.5	9.7	7.3	8.3	5.2	2.7
뉴 질 랜 드	고 용 률	54.9	58.4	61.2	61.8	88.7	89.9
	경제활동참가율	63.7	65.4	67.8	69.3	91.8	92.4
	실 업 률	13.9	10.8	9.6	10.8	3.4	2.7
노 르 웨 이	고 용 률	49.1	51.5	56.3	57.8	85.3	85.8
	경제활동참가율	55.2	59.4	63.4	65.2	89.0	89.2
	실 업 률	11.2	13.4	11.2	11.4	4.2	3.8
폴 란 드	고 용 률	30.5	31.6	31.9	31.9	84.9	89.9
	경제활동참가율	38.4	35.7	35.6	36.1	90.6	92.5
	실 업 률	20.7	11.5	10.4	11.6	6.2	2.9
포 르 투 갈	고 용 률	26.9	28.8	30.5	32.5	81.2	87.2
	경제활동참가율	38.2	36.5	37.1	41.0	91.1	91.9
	실 업 률	29.7	21.1	17.9	20.6	10.9	5.2
슬 로 바 키 아	고 용 률	28.4	25.6	26.6	25.4	85.1	86.8
	경제활동참가율	38.3	31.9	32.7	32.6	93.6	92.4
	실 업 률	25.8	19.8	18.8	22.1	9.1	6.1

76. Employment/population ratios, labour force participation rates and unemployment rates by selected age groups(cont.)

(Men)

(%)

2022	2023	2015	2021	2022	2023		
		\multicolumn{4}{c	}{55 ~ 64세 (55 to 64)}		

2022	2023	2015	2021	2022	2023		
89.4	89.0	64.6	71.0	76.6	77.6	Employment/population ratios	Ireland
91.9	92.0	70.7	73.0	77.2	77.6	Labour force participation rates	
2.7	3.2	8.7	2.8	0.7	0.0	Unemployment rates	
83.1	82.8	73.2	72.5	75.2	77.5	Employment/population ratios	Israel
85.8	85.7	76.6	75.8	78.2	79.5	Labour force participation rates	
3.2	3.4	4.4	4.3	3.8	2.6	Unemployment rates	
82.7	83.7	59.3	63.4	65.3	67.8	Employment/population ratios	Italy
88.6	89.4	63.3	67.2	68.6	71.0	Labour force participation rates	
6.6	6.4	6.4	5.6	4.8	4.5	Unemployment rates	
92.8	92.8	82.4	87.0	87.7	88.1	Employment/population ratios	Japan
95.5	95.4	85.6	89.8	90.2	90.7	Labour force participation rates	
2.8	2.7	3.7	3.1	2.7	2.8	Unemployment rates	
86.6	86.7	79.1	77.3	79.2	79.7	Employment/population ratios	Korea
88.8	89.0	81.8	80.1	81.3	81.5	Labour force participation rates	
2.5	2.6	3.3	3.5	2.5	2.3	Unemployment rates	
84.0	84.3	60.1	68.5	68.3	69.9	Employment/population ratios	Latvia
90.9	91.0	68.0	73.2	73.3	75.4	Labour force participation rates	
7.6	7.4	11.6	6.4	6.9	7.3	Unemployment rates	
85.8	85.9	62.4	67.6	69.3	68.1	Employment/population ratios	Lithuania
91.2	91.5	69.8	74.1	74.7	75.3	Labour force participation rates	
5.9	6.2	10.6	8.7	7.2	9.6	Unemployment rates	
89.5	90.3	43.0	51.4	54.2	50.3	Employment/population ratios	Luxembourg
92.7	93.9	45.5	54.4	56.6	53.0	Labour force participation rates	
3.4	3.9	5.4	5.6	4.3	5.1	Unemployment rates	
90.8	91.7	75.8	73.3	75.7	76.6	Employment/population ratios	Mexico
93.5	93.9	78.1	75.6	77.5	78.0	Labour force participation rates	
2.8	2.4	3.0	3.0	2.4	1.8	Unemployment rates	
90.5	90.5	70.1	79.4	80.1	81.8	Employment/population ratios	Netherlands
92.6	92.7	77.9	82.1	82.1	83.4	Labour force participation rates	
2.3	2.4	10.0	3.3	2.5	1.9	Unemployment rates	
90.7	91.0	80.3	83.3	83.8	84.1	Employment/population ratios	New Zealand
92.7	93.2	83.1	85.2	85.4	85.9	Labour force participation rates	
2.1	2.3	3.3	2.3	1.9	2.2	Unemployment rates	
87.0	86.3	75.6	78.8	79.6	77.4	Employment/population ratios	Norway
89.2	88.8	76.9	80.4	80.7	78.6	Labour force participation rates	
2.5	2.9	1.7	2.0	1.3	1.6	Unemployment rates	
89.9	90.5	54.2	67.4	69.5	70.2	Employment/population ratios	Poland
92.2	92.5	57.5	69.3	70.9	71.6	Labour force participation rates	
2.4	2.2	5.9	2.8	2.0	2.0	Unemployment rates	
88.3	88.9	51.6	68.2	70.5	71.2	Employment/population ratios	Portugal
93.0	93.7	60.7	72.6	73.6	75.0	Labour force participation rates	
5.0	5.1	15.0	6.0	4.3	5.0	Unemployment rates	
88.3	88.3	53.6	64.3	66.7	70.1	Employment/population ratios	Slovak Republic
93.3	92.9	58.4	67.7	69.6	72.7	Labour force participation rates	
5.3	5.1	8.2	5.1	4.2	3.6	Unemployment rates	

76. 연령별 고용률, 경제활동참가율 및 실업률

(남 자)

(단위 : %)

		15 ~ 24세 (15 to 24)				25 ~ 54세 (25 to 54)	
		2015	2021	2022	2023	2015	2021
슬로베니아	고용률	32.0	32.2	35.1	36.4	86.1	90.6
	경제활동참가율	38.9	36.4	38.5	40.7	92.9	94.1
	실업률	17.7	11.5	8.6	10.6	7.3	3.7
스페인	고용률	20.9	24.5	27.6	28.0	75.1	80.3
	경제활동참가율	40.6	37.1	38.6	39.4	92.6	91.1
	실업률	48.6	34.0	28.7	28.8	18.9	11.9
스웨덴	고용률	42.2	39.8	45.6	44.8	87.9	87.7
	경제활동참가율	53.6	53.2	57.1	57.8	93.3	93.7
	실업률	21.2	25.3	20.2	22.5	5.8	6.5
스위스	고용률	60.6	61.5	63.0	63.0	91.5	90.6
	경제활동참가율	66.8	67.1	67.6	68.6	95.5	94.8
	실업률	9.2	8.4	6.9	8.1	4.1	4.4
튀르키예	고용률	45.2	42.8	46.9	49.2	83.1	81.8
	경제활동참가율	54.2	53.1	56.2	57.4	90.4	90.4
	실업률	16.5	19.4	16.4	14.3	8.1	9.5
영국	고용률	53.9	50.8	52.4	54.4	88.4	88.2
	경제활동참가율	64.0	58.9	59.5	61.5	91.8	91.2
	실업률	15.9	13.8	11.9	11.6	3.8	3.3
미국	고용률	49.0	50.6	51.5	51.6	84.4	83.6
	경제활동참가율	56.2	56.5	56.5	56.6	88.3	88.0
	실업률	12.8	10.5	8.8	8.8	4.4	4.9
OECD[a]	고용률	44.1	44.4	46.2	46.7	85.9	85.9
	경제활동참가율	51.5	50.9	51.8	52.2	91.4	90.8
	실업률	14.3	12.8	10.8	10.6	6.0	5.4

76. Employment/population ratios, labour force participation rates and unemployment rates by selected age groups(cont.)

(Men)

(%)

		55 ~ 64세 (55 to 64)					
2022	2023	2015	2021	2022	2023		
92.0	91.5	42.6	57.1	59.4	57.7	Employment/population ratios	Slovenia
95.1	94.1	46.4	59.3	62.0	59.8	Labour force participation rates	
3.2	2.8	8.1	3.8	4.1	3.6	Unemployment rates	
82.2	83.0	54.0	62.7	64.7	66.3	Employment/population ratios	Spain
91.5	91.4	66.2	71.0	72.2	73.5	Labour force participation rates	
10.1	9.2	18.5	11.7	10.4	9.8	Unemployment rates	
89.1	88.8	77.0	78.2	79.4	80.7	Employment/population ratios	Sweden
94.1	94.0	82.0	84.8	84.2	85.5	Labour force participation rates	
5.3	5.6	6.0	7.9	5.7	5.6	Unemployment rates	
90.8	90.9	76.7	77.7	78.8	80.6	Employment/population ratios	Switzerland
94.1	94.0	80.2	81.8	82.1	83.5	Labour force participation rates	
3.5	3.3	4.4	5.1	3.9	3.5	Unemployment rates	
83.8	83.8	46.4	49.3	51.3	53.0	Employment/population ratios	Türkiye
90.9	89.9	50.3	53.7	55.3	56.4	Labour force participation rates	
7.8	6.7	7.9	8.2	7.1	5.9	Unemployment rates	
89.2	89.1	68.2	69.0	68.4	69.3	Employment/population ratios	United Kingdom
91.5	91.8	71.2	72.0	70.6	71.6	Labour force participation rates	
2.5	2.9	4.2	4.2	3.1	3.3	Unemployment rates	
85.8	86.3	67.1	67.4	69.2	69.7	Employment/population ratios	United States
88.6	89.1	69.8	70.4	71.0	71.6	Labour force participation rates	
3.1	3.2	3.9	4.2	2.6	2.7	Unemployment rates	
87.5	87.7	66.9	69.9	71.4	72.3	Employment/population ratios	OECD[a]
91.3	91.5	70.8	73.4	74.2	75.0	Labour force participation rates	
4.2	4.1	5.4	4.8	3.8	3.6	Unemployment rates	

76. 연령별 고용률, 경제활동참가율 및 실업률

(여 자)

(단위 : %)

		15 ~ 24세 (15 to 24)				25 ~ 54세 (25 to 54)	
		2015	2021	2022	2023	2015	2021
호 주	고 용 률	58.8	62.2	67.3	65.8	72.6	76.9
	경제활동참가율	66.7	69.0	72.6	71.0	76.6	80.3
	실 업 률	11.9	9.9	7.2	7.4	5.2	4.2
오 스 트 리 아	고 용 률	48.7	45.7	48.2	49.8	80.3	80.7
	경제활동참가율	54.1	51.5	53.2	55.7	84.4	85.6
	실 업 률	10.0	11.3	9.5	10.7	4.9	5.8
벨 기 에	고 용 률	21.7	23.7	25.4	25.9	74.5	76.9
	경제활동참가율	27.1	28.2	29.7	30.2	80.2	81.1
	실 업 률	20.0	16.2	14.4	14.4	7.1	5.2
캐 나 다	고 용 률	58.5	56.2	60.2	58.6	77.6	79.1
	경제활동참가율	65.6	64.2	66.0	65.1	82.2	84.2
	실 업 률	10.8	12.5	8.9	10.0	5.5	6.1
칠 레	고 용 률	24.7	17.8	20.7	20.0	64.0	60.5
	경제활동참가율	30.1	22.8	25.7	26.3	68.3	66.2
	실 업 률	17.8	22.1	19.4	23.8	6.3	8.6
콜 롬 비 아	고 용 률	32.6	24.5	27.4	28.9	64.7	54.8
	경제활동참가율	43.2	36.1	37.9	38.5	72.2	65.3
	실 업 률	24.6	32.1	27.8	25.0	10.3	16.1
코 스 타 리 카	고 용 률	27.0	20.8	22.4	22.7	57.8	55.4
	경제활동참가율	37.5	40.5	36.4	32.4	64.2	68.0
	실 업 률	28.0	48.8	38.4	29.8	9.9	18.5
체 코 공 화 국	고 용 률	23.4	19.9	21.5	21.8	76.7	78.4
	경제활동참가율	27.4	21.9	23.4	23.9	81.4	81.1
	실 업 률	14.4	9.1	8.4	8.8	5.8	3.3
덴 마 크	고 용 률	52.3	53.3	56.3	58.2	77.5	80.1
	경제활동참가율	58.9	59.9	62.9	65.6	82.4	83.5
	실 업 률	11.1	11.0	10.5	11.3	6.0	4.1
에 스 토 니 아	고 용 률	33.2	34.0	40.4	38.7	78.0	81.1
	경제활동참가율	37.7	40.0	48.4	46.3	82.8	85.4
	실 업 률	12.2	15.0	16.5	16.4	5.8	5.0
핀 란 드	고 용 률	42.9	44.2	47.2	48.1	77.3	80.8
	경제활동참가율	53.3	52.8	54.8	56.8	83.5	85.6
	실 업 률	19.6	16.3	13.9	15.3	7.5	5.6
프 랑 스	고 용 률	26.0	30.6	33.5	33.6	75.2	78.3
	경제활동참가율	33.8	37.7	39.9	40.0	82.7	84.0
	실 업 률	23.3	18.8	16.0	16.1	9.0	6.7
독 일	고 용 률	44.0	45.9	48.0	48.9	79.2	80.3
	경제활동참가율	47.1	49.1	50.8	51.5	82.5	82.8
	실 업 률	6.5	6.6	5.5	4.9	4.0	3.0
그 리 스	고 용 률	10.9	11.1	13.1	16.3	55.4	61.3
	경제활동참가율	24.3	18.8	21.4	23.1	77.7	75.4
	실 업 률	55.0	40.9	38.8	29.4	28.7	18.8
헝 가 리	고 용 률	24.0	23.9	24.8	23.9	80.3	83.4
	경제활동참가율	28.4	28.3	27.5	27.2	85.5	86.6
	실 업 률	15.5	15.5	9.6	12.0	6.1	3.7
아 이 슬 란 드	고 용 률	73.4	68.1	74.7	75.8	81.5	79.4
	경제활동참가율	79.2	76.5	79.1	81.7	85.3	84.8
	실 업 률	7.3	10.9	5.5	7.2	4.4	6.3

a) 가중 평균임
자료 : OECD STAT (http://stats.oecd.org)

76. Employment/population ratios, labour force participation rates and unemployment rates by selected age groups

(Women)

(%)

2021	2022	55 ~ 64세 (55 to 64)					
		2015	2021	2022	2023		
79.2	80.1	55.2	60.2	61.7	61.9	Employment/population ratios	Australia
81.7	82.4	57.3	62.7	63.3	63.7	Labour force participation rates	
3.1	2.9	3.5	4.0	2.6	2.7	Unemployment rates	
83.0	83.0	38.8	48.3	49.0	49.4	Employment/population ratios	Austria
86.6	86.8	40.2	50.7	50.5	50.9	Labour force participation rates	
4.2	4.4	3.4	4.6	2.9	2.9	Unemployment rates	
78.1	77.5	39.3	49.6	51.8	53.4	Employment/population ratios	Belgium
81.9	81.2	41.2	51.8	53.7	55.2	Labour force participation rates	
4.7	4.5	4.7	4.1	3.5	3.3	Unemployment rates	
81.4	81.7	55.1	57.6	58.5	60.0	Employment/population ratios	Canada
85.1	85.5	58.4	62.4	61.4	62.8	Labour force participation rates	
4.4	4.5	5.7	7.7	4.8	4.6	Unemployment rates	
65.1	67.2	47.4	41.7	44.1	46.9	Employment/population ratios	Chile
70.8	73.3	48.8	44.2	47.0	50.2	Labour force participation rates	
8.0	8.2	3.0	5.6	6.3	6.7	Unemployment rates	
60.6	62.0	43.9	34.1	37.8	41.3	Employment/population ratios	Colombia
69.7	70.4	46.4	37.5	40.9	44.2	Labour force participation rates	
13.0	11.8	5.4	8.9	7.6	6.5	Unemployment rates	
59.0	57.1	37.2	31.8	35.2	31.3	Employment/population ratios	Costa Rica
68.8	62.8	38.9	36.1	38.3	32.7	Labour force participation rates	
14.2	9.1	4.3	12.0	8.0	4.2	Unemployment rates	
79.5	80.5	45.9	63.3	66.8	69.0	Employment/population ratios	Czech Republic
81.8	82.9	48.3	65.2	68.4	70.6	Labour force participation rates	
2.8	2.9	4.9	2.9	2.2	2.3	Unemployment rates	
82.4	81.0	58.3	68.5	69.8	70.3	Employment/population ratios	Denmark
85.2	84.5	60.3	70.8	70.6	72.3	Labour force participation rates	
3.2	4.1	3.4	3.2	1.2	2.8	Unemployment rates	
83.6	83.7	65.6	72.9	75.5	77.7	Employment/population ratios	Estonia
87.4	89.1	69.4	77.0	78.7	82.6	Labour force participation rates	
4.3	6.0	5.4	5.3	4.1	6.0	Unemployment rates	
82.1	82.0	62.6	68.8	72.5	73.4	Employment/population ratios	Finland
86.8	86.4	67.4	73.9	76.8	77.9	Labour force participation rates	
5.4	5.0	7.1	6.8	5.6	5.7	Unemployment rates	
79.0	79.1	46.9	54.3	55.5	57.2	Employment/population ratios	France
84.3	84.6	50.3	57.9	58.8	60.4	Labour force participation rates	
6.3	6.5	6.8	6.1	5.6	5.2	Unemployment rates	
81.1	81.2	61.2	67.7	69.5	71.1	Employment/population ratios	Germany
83.4	83.6	63.8	69.6	71.2	72.6	Labour force participation rates	
2.7	2.8	4.1	2.8	2.4	2.1	Unemployment rates	
65.0	66.1	24.7	37.3	39.9	42.8	Employment/population ratios	Greece
77.4	77.3	29.5	43.6	45.3	47.3	Labour force participation rates	
16.1	14.5	16.5	14.4	12.0	9.5	Unemployment rates	
84.9	84.9	37.7	52.9	55.7	60.1	Employment/population ratios	Hungary
87.7	88.3	39.9	54.3	57.4	62.0	Labour force participation rates	
3.2	3.8	5.5	2.5	2.9	3.0	Unemployment rates	
83.7	84.5	78.0	76.2	78.7	75.1	Employment/population ratios	Iceland
86.6	86.5	80.8	79.1	80.6	76.0	Labour force participation rates	
3.3	2.3	3.4	3.7	2.4	1.1	Unemployment rates	

a) Weighted average.
Source : OECD STAT (http://stats.oecd.org)

76. 연령별 고용률, 경제활동참가율 및 실업률

(여 자)

(단위 : %)

		15 ~ 24세 (15 to 24)				25 ~ 54세 (25 to 54)	
		2015	2021	2022	2023	2015	2021
아 일 랜 드	고 용 률	37.3	42.8	47.6	48.7	68.5	75.2
	경제활동참가율	44.6	50.0	52.5	54.4	74.6	78.4
	실 업 률	16.3	14.6	9.4	10.6	8.2	4.0
이 스 라 엘	고 용 률	43.3	40.8	42.9	43.6	74.3	75.8
	경제활동참가율	48.0	44.3	45.9	46.3	78.1	79.4
	실 업 률	9.7	8.0	6.6	5.8	4.9	4.5
이 탈 리 아	고 용 률	12.4	13.5	16.0	16.2	57.9	60.1
	경제활동참가율	21.7	20.1	21.5	21.6	65.9	67.3
	실 업 률	42.6	32.8	25.8	25.2	12.2	10.6
일 본	고 용 률	40.9	47.7	47.9	49.2	72.7	78.6
	경제활동참가율	43.1	49.7	49.7	51.1	75.2	80.7
	실 업 률	5.1	4.2	3.5	3.8	3.3	2.6
한 국	고 용 률	30.4	30.9	32.8	32.0	63.3	64.8
	경제활동참가율	33.8	33.5	35.2	33.8	65.4	67.2
	실 업 률	10.0	7.8	6.7	5.3	3.2	3.5
라 트 비 아	고 용 률	31.9	25.6	29.7	29.5	77.3	77.9
	경제활동참가율	37.1	29.9	33.1	32.7	84.6	83.3
	실 업 률	14.2	14.6	10.2	10.0	8.6	6.6
리 투 아 니 아	고 용 률	25.7	29.3	32.3	31.9	81.4	83.9
	경제활동참가율	30.8	34.3	36.1	35.5	88.2	89.2
	실 업 률	16.6	14.7	10.4	10.2	7.8	5.9
룩 셈 부 르 크	고 용 률	28.8	28.9	28.5	25.8	75.7	81.6
	경제활동참가율	34.1	34.5	35.0	33.3	81.3	85.9
	실 업 률	15.7	16.1	18.5	22.7	6.9	5.0
멕 시 코	고 용 률	28.4	29.6	30.1	31.5	53.2	55.1
	경제활동참가율	31.6	32.4	32.5	33.7	55.2	57.2
	실 업 률	10.1	8.6	7.4	6.5	3.8	3.7
네 덜 란 드	고 용 률	71.5	74.1	75.3	76.2	77.0	82.1
	경제활동참가율	80.9	81.4	81.8	83.0	83.1	85.1
	실 업 률	11.7	9.0	8.0	8.2	7.4	3.5
뉴 질 랜 드	고 용 률	50.8	57.7	61.2	60.9	74.9	79.8
	경제활동참가율	59.0	64.2	67.3	68.0	78.8	82.4
	실 업 률	13.8	10.2	9.1	10.5	4.9	3.1
노 르 웨 이	고 용 률	51.8	55.3	59.5	59.3	80.7	81.1
	경제활동참가율	56.6	62.8	65.2	66.4	83.9	83.9
	실 업 률	8.6	11.8	8.8	10.6	3.8	3.3
폴 란 드	고 용 률	21.3	22.8	23.4	25.0	73.9	79.6
	경제활동참가율	26.9	26.1	26.4	28.2	79.6	82.1
	실 업 률	20.9	12.5	11.4	11.2	7.1	3.1
포 르 투 갈	고 용 률	24.0	22.8	25.8	29.6	75.5	82.8
	경제활동참가율	36.6	30.7	32.4	36.9	85.5	88.3
	실 업 률	34.5	26.4	20.6	19.8	11.6	6.3
슬 로 바 키 아	고 용 률	18.0	15.8	15.8	17.8	70.9	79.4
	경제활동참가율	24.9	20.2	20.2	21.2	80.8	85.0
	실 업 률	27.5	22.0	21.7	16.0	12.2	6.6

76. Employment/population ratios, labour force participation rates and unemployment rates by selected age groups(cont.)

(Women)

(%)

		55 ~ 64세 (55 to 64)					
2022	2023	2015	2021	2022	2023		
77.9	79.7	46.4	57.5	59.9	61.0	Employment/population ratios	Ireland
80.3	81.3	49.7	58.7	59.9	61.0	Labour force participation rates	
3.0	2.0	6.8	2.0	0.0	0.0	Unemployment rates	
78.6	78.9	59.7	62.5	64.8	65.3	Employment/population ratios	Israel
81.3	81.4	61.8	64.7	66.3	66.6	Labour force participation rates	
3.3	3.0	3.4	3.5	2.3	2.0	Unemployment rates	
62.0	63.8	37.9	44.0	45.2	47.2	Employment/population ratios	Italy
68.5	69.9	39.6	46.5	47.6	49.6	Labour force participation rates	
9.5	8.8	4.3	5.4	4.9	4.9	Unemployment rates	
79.8	80.6	57.8	66.9	68.5	69.5	Employment/population ratios	Japan
81.8	82.6	59.2	68.6	70.1	71.0	Labour force participation rates	
2.4	2.4	2.3	2.5	2.2	2.1	Unemployment rates	
66.8	68.5	53.2	55.5	58.5	60.2	Employment/population ratios	Korea
68.9	70.4	54.3	57.2	59.5	61.4	Labour force participation rates	
3.0	2.7	2.0	3.0	1.8	1.9	Unemployment rates	
79.5	79.7	58.9	67.1	70.5	71.7	Employment/population ratios	Latvia
84.4	84.3	63.5	71.4	74.0	75.6	Labour force participation rates	
5.8	5.4	7.3	6.0	4.7	5.2	Unemployment rates	
84.6	83.2	58.8	68.3	70.1	69.9	Employment/population ratios	Lithuania
89.0	88.6	63.3	74.0	75.1	75.3	Labour force participation rates	
5.0	6.2	7.1	7.7	6.6	7.2	Unemployment rates	
83.9	83.2	33.7	41.4	38.5	42.1	Employment/population ratios	Luxembourg
86.9	86.9	35.0	42.9	40.2	43.4	Labour force participation rates	
3.4	4.2	3.8	3.3	4.5	3.0	Unemployment rates	
57.3	59.1	36.6	35.8	38.9	40.8	Employment/population ratios	Mexico
59.1	60.5	37.2	36.6	39.3	41.2	Labour force participation rates	
2.9	2.4	1.5	2.1	1.2	1.2	Unemployment rates	
83.2	83.5	52.5	63.5	66.3	68.3	Employment/population ratios	Netherlands
85.5	85.9	57.6	65.6	68.5	70.1	Labour force participation rates	
2.7	2.7	8.8	3.2	3.3	2.7	Unemployment rates	
81.0	81.8	70.2	72.9	73.4	73.3	Employment/population ratios	New Zealand
83.4	84.3	72.7	74.5	74.9	75.3	Labour force participation rates	
2.8	3.0	3.5	2.2	2.1	2.7	Unemployment rates	
81.9	81.6	68.8	70.2	69.3	70.0	Employment/population ratios	Norway
83.8	83.7	69.8	71.3	70.1	70.9	Labour force participation rates	
2.4	2.5	1.5	1.5	1.2	1.2	Unemployment rates	
81.3	82.2	35.5	43.1	44.6	46.8	Employment/population ratios	Poland
83.5	84.3	37.3	44.0	45.3	47.5	Labour force participation rates	
2.6	2.5	4.8	2.0	1.6	1.6	Unemployment rates	
83.9	84.0	41.5	57.1	60.4	63.6	Employment/population ratios	Portugal
89.1	89.4	46.8	59.9	64.2	67.6	Labour force participation rates	
5.8	6.1	11.4	4.7	6.0	5.8	Unemployment rates	
81.0	81.3	41.0	57.3	61.6	63.4	Employment/population ratios	Slovak Republic
86.3	86.4	45.8	60.8	64.8	66.2	Labour force participation rates	
6.1	5.9	10.6	5.7	4.8	4.3	Unemployment rates	

76. 연령별 고용률, 경제활동참가율 및 실업률

(여 자)

(단위 : %)

		15 ~ 24세 (15 to 24)				25 ~ 54세 (25 to 54)	
		2015	2021	2022	2023	2015	2021
슬로베니아	고용률	27.1	26.6	29.1	28.4	79.5	85.7
	경제활동참가율	31.7	31.0	33.0	31.1	88.6	90.1
	실업률	14.6	14.4	12.0	8.7	10.2	4.9
스페인	고용률	19.2	21.2	23.6	24.8	63.7	69.7
	경제활동참가율	36.8	33.3	34.1	34.7	82.0	82.7
	실업률	48.0	36.2	30.9	28.5	22.4	15.7
스웨덴	고용률	45.3	41.6	43.3	44.8	83.2	81.1
	경제활동참가율	56.3	54.8	56.6	57.1	88.3	87.9
	실업률	19.4	24.1	23.4	21.6	5.8	7.7
스위스	고용률	62.6	59.5	60.2	59.9	80.9	82.4
	경제활동참가율	68.3	64.9	64.6	64.9	84.8	86.9
	실업률	8.4	8.3	6.8	7.6	4.6	5.2
튀르키예	고용률	23.2	21.2	23.2	25.4	35.7	38.4
	경제활동참가율	29.8	29.7	31.0	33.1	40.3	44.1
	실업률	22.2	28.7	25.2	23.3	11.4	13.0
영국	고용률	53.1	51.8	55.0	53.6	76.3	80.2
	경제활동참가율	60.8	58.3	60.3	58.9	79.6	82.9
	실업률	12.7	11.2	8.9	9.1	4.2	3.3
미국	고용률	48.2	49.7	50.6	52.0	70.3	71.7
	경제활동참가율	53.8	54.5	54.6	55.9	73.7	75.3
	실업률	10.4	8.9	7.5	7.1	4.6	4.8
OECD[a]	고용률	37.2	37.9	39.6	40.7	67.3	69.2
	경제활동참가율	43.2	43.5	44.4	45.4	72.2	73.6
	실업률	14.0	12.8	10.8	10.4	6.7	5.9

76. Employment/population ratios, labour force participation rates and unemployment rates by selected age groups(cont.)

(Women)

(%)

2022	2023	55 ~ 64세 (55 to 64)					
		2015	2021	2022	2023		
87.1	87.0	30.5	48.5	51.1	50.8	Employment/population ratios	Slovenia
90.5	89.9	32.9	50.6	52.8	52.6	Labour force participation rates	
3.8	3.2	7.2	4.2	3.3	3.4	Unemployment rates	
71.3	73.0	40.2	49.2	50.9	53.0	Employment/population ratios	Spain
82.8	83.7	49.4	58.1	58.9	61.1	Labour force participation rates	
13.9	12.8	18.7	15.3	13.5	13.2	Unemployment rates	
83.3	84.5	72.3	74.7	74.7	75.3	Employment/population ratios	Sweden
88.8	90.2	75.7	79.4	78.7	79.2	Labour force participation rates	
6.1	6.4	4.6	5.9	5.1	5.0	Unemployment rates	
82.7	83.4	63.9	67.4	68.0	69.1	Employment/population ratios	Switzerland
86.4	87.1	66.2	70.4	70.4	71.5	Labour force participation rates	
4.4	4.1	3.5	4.3	3.5	3.3	Unemployment rates	
41.8	42.4	17.7	18.0	19.5	20.5	Employment/population ratios	Türkiye
47.6	47.9	18.3	19.0	20.4	21.4	Labour force participation rates	
12.2	11.6	3.4	5.2	4.4	4.4	Unemployment rates	
80.5	80.6	55.8	60.1	60.3	60.9	Employment/population ratios	United Kingdom
82.7	82.9	57.4	62.2	61.8	62.3	Labour force participation rates	
2.7	2.8	2.8	3.4	2.4	2.2	Unemployment rates	
74.0	75.1	56.4	56.7	58.1	58.8	Employment/population ratios	United States
76.4	77.4	58.5	59.2	59.6	60.2	Labour force participation rates	
3.2	3.0	3.6	4.2	2.5	2.4	Unemployment rates	
71.2	72.1	49.8	53.1	54.8	56.1	Employment/population ratios	OECD[a]
74.9	75.7	52.1	55.6	56.8	58.1	Labour force participation rates	
4.9	4.7	4.4	4.5	3.5	3.4	Unemployment rates	

77. 시간제 취업자의 비중

(15세 이상)

(단위 : %)

	시간제 취업자 / 전체 취업자 Part-time employment as a proportion of total employment							
	전 체 Total				남 자 Men			
	2015	2021	2022	2023	2015	2021	2022	2023
호 주	25.2	24.9	23.9	23.5	14.3	15.3	14.6	14.9
오 스 트 리 아	20.8	21.2	21.5	21.5	8.2	8.5	8.9	9.6
벨 기 에	16.7	17.3	17.2	17.6	6.5	8.3	8.8	9.2
캐 나 다	19.0	18.4	18.2	18.0	12.4	13.0	12.4	12.8
칠 레	16.2	16.6	16.0	16.2	10.9	12.4	11.5	11.9
콜 롬 비 아	16.4	12.0	12.8	12.7	9.0	7.6	8.0	7.5
코 스 타 리 카	18.2	17.7	16.3	14.5	11.1	11.1	9.3	9.1
체 코 공 화 국	4.7	5.1	5.8	6.2	2.5	3.0	3.4	3.7
덴 마 크	18.7	16.6	17.1	18.1	13.7	12.5	12.7	13.5
에 스 토 니 아	8.6	10.3	10.6	11.1	5.1	6.5	6.6	7.3
핀 란 드	13.4	17.1	17.3	17.1	10.6	13.3	13.2	13.2
프 랑 스	14.4	13.8	13.1	13.3	6.9	7.3	7.3	7.4
독 일	22.2	22.1	22.2	22.6	9.0	10.1	10.4	10.7
그 리 스	11.0	9.1	8.8	7.9	7.2	5.1	5.1	4.3
헝 가 리	4.4	4.3	4.1	3.9	3.0	2.7	2.8	2.7
아 이 슬 란 드	17.2	17.0	17.2	16.5	11.3	10.4	11.0	10.6
아 일 랜 드	20.4	19.7	19.6	20.3	9.9	9.8	9.4	10.2
이 스 라 엘	15.9	14.7	15.4	15.7	9.4	8.9	9.1	9.5
이 탈 리 아	18.5	17.0	16.5	16.6	8.3	7.9	7.3	7.2
일 본	22.7	25.6	25.1	24.8	12.0	15.0	14.3	14.2
한 국	10.5	16.1	16.4	16.1	6.8	10.7	11.1	10.8
라 트 비 아	6.8	6.6	5.6	5.9	4.2	4.5	3.4	4.0
리 투 아 니 아	6.7	4.3	4.2	4.6	4.1	2.7	2.4	2.8
룩 셈 부 르 크	14.8	12.8	11.9	12.0	5.2	6.5	5.5	6.9
멕 시 코	18.1	17.9	17.0	17.6	12.3	12.5	11.6	11.8
네 덜 란 드	38.4	36.0	35.1	35.2	19.3	19.3	19.7	20.0
뉴 질 랜 드	21.4	20.0	19.1	19.5	11.1	11.5	10.9	11.3
노 르 웨 이	20.1	20.3	20.4	20.5	12.3	13.6	14.0	14.4
폴 란 드	6.3	5.0	4.9	5.0	3.7	2.9	2.9	2.9
포 르 투 갈	7.9	5.0	5.1	5.4	5.3	2.5	2.6	2.6
슬 로 바 키 아	5.7	3.1	2.9	3.2	4.1	2.0	2.1	2.0
슬 로 베 니 아	9.0	6.9	6.8	7.1	6.5	5.0	4.7	5.0
스 페 인	13.7	13.0	12.1	11.9	6.7	6.4	6.1	6.2
스 웨 덴	14.1	12.1	11.9	11.7	10.6	9.3	9.5	9.4
스 위 스	26.7	25.3	25.2	25.2	10.5	10.8	11.4	11.7
튀 르 키 예	9.9	9.0	8.9	9.3	5.9	6.2	6.0	6.6
영 국	23.3	21.7	21.9	21.8	11.3	11.3	11.8	11.9
O E C D[a]	16.7	16.3	16.1	16.2	9.4	9.8	9.6	9.7

a) 가중 평균임
자료 : OECD STAT (http://stats.oecd.org)

77. Incidence and composition of part-time employment

(Persons aged 15 and over)

(%)

여자 Women				시간제 근로자 중 여자의 비중 Women's share in part-time employment				
2015	2021	2022	2023	2015	2021	2022	2023	
38.0	35.5	34.1	32.9	.69.6	67.5	67.9	66.8	Australia
34.8	35.6	35.7	34.9	79.0	78.8	78.1	76.5	Austria
28.5	27.6	26.6	27.1	79.3	74.7	72.9	72.5	Belgium
26.3	24.3	24.6	23.8	65.7	62.7	64.4	62.8	Canada
23.9	22.5	22.2	21.9	60.5	56.0	58.6	58.1	Chile
26.7	18.7	19.6	20.1	67.9	61.2	62.8	65.4	Colombia
29.8	28.7	27.4	23.6	62.1	60.9	64.6	60.5	Costa Rica
7.4	7.8	8.9	9.4	69.5	67.3	67.5	66.8	Czech Republic
24.6	21.2	22.1	23.2	60.9	59.7	60.8	60.3	Denmark
12.2	14.2	14.6	14.8	69.8	68.3	68.7	66.9	Estonia
16.4	21.1	21.6	21.2	59.5	59.3	60.5	60.5	Finland
22.3	20.5	19.2	19.4	75.2	72.9	71.5	71.5	France
37.3	35.8	35.7	36.1	78.4	75.7	75.1	74.8	Germany
16.2	14.4	13.8	12.7	62.1	67.2	66.6	69.1	Greece
6.0	6.0	5.5	5.2	63.6	66.0	63.9	63.5	Hungary
23.7	24.8	24.3	23.4	65.6	66.8	65.6	65.0	Iceland
32.8	31.1	31.2	31.7	73.7	73.4	74.6	73.6	Ireland
23.3	20.7	21.8	22.1	68.3	69.1	69.7	69.2	Israel
32.7	29.5	29.1	29.4	73.9	73.1	74.6	75.2	Italy
36.9	39.0	38.5	37.8	69.8	67.4	68.4	68.3	Japan
15.8	23.2	23.3	22.9	62.6	61.8	61.3	62.2	Korea
9.4	8.8	7.7	7.7	69.7	66.6	69.7	66.6	Latvia
9.2	6.0	5.9	6.4	70.3	68.9	72.2	69.6	Lithuania
26.5	20.1	19.2	18.0	80.8	72.9	75.4	69.4	Luxembourg
27.5	26.4	25.2	26.0	57.8	57.6	59.2	60.2	Mexico
60.7	54.6	52.3	52.2	73.0	71.7	70.3	70.0	Netherlands
33.1	29.4	28.3	28.6	72.4	69.5	69.9	69.4	New Zealand
28.8	27.9	27.5	27.4	67.8	64.7	63.6	63.1	Norway
9.5	7.4	7.1	7.4	67.6	68.5	67.6	68.9	Poland
10.6	7.5	7.5	8.1	66.2	75.0	74.3	75.9	Portugal
7.8	4.5	3.9	4.5	59.9	67.0	62.6	66.6	Slovak Republic
11.9	9.1	9.4	9.7	60.4	60.3	62.4	62.0	Slovenia
22.1	20.7	19.1	18.4	73.3	73.3	72.9	72.1	Spain
18.0	15.2	14.7	14.4	60.7	59.4	57.8	58.0	Sweden
45.3	41.9	41.0	40.7	79.0	77.0	75.9	75.4	Switzerland
19.0	15.3	14.9	14.9	58.2	53.0	54.0	52.2	Türkiye
36.9	33.0	32.9	32.5	74.2	72.9	71.9	71.4	United Kingdom
25.8	24.4	23.9	24.0	68.7	67.0	67.2	67.1	OECD[a]

a) Weighted average.
Source: OECD STAT (http://stats.oecd.org)

78. 임시 근로자의 비중

(단위 : %)

	임시근로자 / 전체 근로자 Temporary employees as a proportion of dependent employees							
	전 체(15세 이상) Total(15+)				남 자 Men			
	2015	2021	2022	2023	2015	2021	2022	2023
호　　　　　주	5.4	..	..	..	4.6	..	..	..
오 스 트 리 아	9.1	8.8	8.7	9.0	9.1	9.0	8.9	9.3
벨　 기　 에	9.0	10.4	9.8	9.5	8.4	9.7	8.7	8.5
캐　 나　 다	13.5	12.0	11.9	11.6	13.1	11.4	10.7	10.7
칠　　　　　레	29.1	27.0	26.8	25.4	29.4	27.3	26.8	25.4
콜 롬 비 아	29.1	26.1	26.4	25.4	27.3	25.4	25.5	24.3
코 스 타 리 카	8.7	6.9	6.2	5.6	10.7	8.4	7.3	6.6
체 코 공 화 국	10.5	6.9	6.7	7.6	8.8	5.7	5.4	6.0
덴　 마　 크	8.2	10.8	10.7	10.1	7.4	9.1	9.5	8.8
에 스 토 니 아	3.5	1.7	3.1	3.2	3.8	1.8	3.0	3.2
핀　 란　 드	15.4	16.6	17.2	16.7	12.6	13.9	14.8	14.2
프　 랑　 스	16.1	15.1	16.2	15.7	15.5	14.4	15.6	15.0
독　　　　　일	13.1	11.5	12.4	11.9	13.0	11.6	12.6	12.2
그　 리　 스	12.0	10.1	10.1	10.8	11.4	8.2	8.1	8.8
헝　 가　 리	11.4	5.9	5.5	5.0	11.6	5.7	5.4	5.1
아 이 슬 란 드	12.6	12.5	12.8	11.1	11.5	11.1	10.3	8.3
아 일 랜 드	9.5	9.0	8.0	8.2	9.3	8.5	7.2	7.2
이 탈 리 아	14.0	16.4	16.8	16.0	13.6	15.7	15.7	14.8
일　　　　　본	..	15.0	15.0	14.9	..	10.5	10.9	10.8
한　　　　　국	22.2	28.3	27.3	26.7	20.4	25.3	24.5	23.9
라 트 비 아	3.8	2.8	2.7	2.6	4.6	3.3	3.0	3.0
리 투 아 니 아	2.1	1.9	1.9	2.0	2.4	1.9	1.8	2.0
룩 셈 부 르 크	10.2	9.2	7.4	7.5	10.2	8.4	7.0	6.8
네 덜 란 드	20.2	27.4	27.7	27.4	19.2	25.8	26.0	25.6
뉴 질 랜 드	..	8.0	7.1	6.9	..	6.6	5.8	5.6
노 르 웨 이	8.1	9.3	8.5	8.0	6.6	7.8	7.4	6.9
폴　 란　 드	28.0	15.1	15.4	15.4	28.0	14.6	14.5	14.4
포 르 투 갈	21.9	17.0	16.5	17.3	22.3	16.8	16.4	16.9
슬 로 바 키 아	10.6	4.3	4.5	4.5	10.0	4.2	4.3	4.0
슬 로 베 니 아	17.9	12.0	11.8	11.5	17.2	10.6	10.3	9.7
스　 페　 인	25.1	25.1	21.1	17.1	25.0	22.8	18.8	14.9
스　 웨　 덴	17.2	15.2	15.7	14.7	15.5	13.4	13.9	13.2
스　 위　 스	13.7	13.4	13.6	13.4	13.9	13.3	13.6	13.3
튀 르 키 예	13.2	11.6	10.7	11.0	14.0	12.5	11.6	11.9
영　　　　　국	6.2	5.6	5.4	5.3	5.8	5.0	4.9	4.7
Ｏ Ｅ Ｃ Ｄ [a]	12.2	11.8	11.3	11.0	11.9	11.5	10.6	10.2

a) 가중 평균임
자료 : OECD STAT (http://stats.oecd.org)

78. Incidence and composition of temporary employment
(As a percentage of dependent employment in each age group)

(%)

임시근로자 / 전체 근로자 Temporary employees as a proportion of total employees								
여 자 Women				임시근로자 중 여자의 비중 Women's share in tenporary employment				
2015	2021	2022	2023	2015	2021	2022	2023	
6.2	..	..	..	55.1	..	..	..	Australia
9.0	8.7	8.6	8.8	48.4	47.3	47.4	47.2	Austria
9.7	11.1	10.9	10.6	52.3	52.5	54.9	54.7	Belgium
13.9	12.7	13.2	12.5	50.8	51.7	54.5	53.0	Canada
28.4	26.5	26.8	25.4	37.6	39.3	41.1	42.0	Chile
31.5	27.2	27.6	26.8	46.9	45.5	46.5	46.8	Colombia
5.8	4.6	4.6	4.1	26.2	26.4	29.5	28.6	Costa Rica
12.4	8.3	8.1	9.5	54.6	55.8	56.6	57.9	Czech Republic
9.0	12.5	12.0	11.5	53.4	56.5	54.8	55.5	Denmark
3.1	1.7	3.2	3.1	45.4	50.1	53.2	50.8	Estonia
18.1	19.3	19.6	19.1	60.5	58.7	57.9	58.8	Finland
16.7	15.7	16.7	16.5	52.1	52.9	52.4	52.9	France
13.1	11.3	12.2	11.5	48.4	47.3	47.3	46.6	Germany
12.6	12.4	12.5	13.1	48.3	56.1	56.8	56.4	Greece
11.1	6.2	5.7	5.0	46.3	50.5	49.7	48.3	Hungary
13.8	14.1	15.4	14.1	54.3	54.0	58.4	60.8	Iceland
9.6	9.4	8.9	9.2	51.2	52.3	55.2	56.3	Ireland
14.5	17.3	18.2	17.5	46.7	47.6	48.7	49.4	Italy
..	20.5	19.9	19.8	..	61.7	60.2	60.5	Japan
24.6	32.0	30.7	30.1	48.1	51.1	50.7	51.5	Korea
3.0	2.4	2.3	2.2	41.5	43.8	45.6	44.4	Latvia
1.8	1.9	2.0	2.0	45.0	50.6	55.0	51.6	Lithuania
10.2	10.1	7.8	8.3	45.4	51.7	49.5	51.3	Luxembourg
21.3	29.1	29.5	29.3	50.6	52.3	52.3	52.6	Netherlands
..	9.4	8.5	8.3	..	58.1	58.5	58.8	NewZealand
9.6	10.9	9.7	9.2	57.7	56.1	54.7	54.7	Norway
27.9	15.6	16.4	16.5	46.9	49.7	51.6	52.6	Poland
21.5	17.2	16.6	17.7	50.7	52.1	52.1	52.6	Portugal
11.3	4.5	4.7	4.9	50.1	52.2	52.6	55.7	Slovak Republic
18.8	13.5	13.5	13.4	49.4	54.0	54.4	55.8	Slovenia
25.2	27.5	23.6	19.4	48.0	53.0	53.9	55.1	Spain
18.8	17.2	17.4	16.3	54.6	55.6	54.7	54.6	Sweden
13.6	13.4	13.5	13.4	46.8	48.0	47.5	48.2	Switzerland
11.2	9.6	8.9	9.1	23.7	25.6	26.9	27.4	Türkiye
6.6	6.2	6.0	5.8	52.7	55.1	54.9	54.7	United Kingdom
12.5	12.2	12.1	11.8	47.0	47.8	50.6	50.8	OECD[a]

a) Weighted average.
Source: OECD STAT (http://stats.oecd.org)

79. 취업자 1인당 연평균 실근로시간

	1990	1995	2000	2005
전 체 취 업 자				
호　　　　　주	1,778	1,786	1,767	1,719
오 스 트 리 아	..	1,653	1,675	1,632
벨　 기　 에	1,663	1,578	1,589	1,578
캐　　 나　　 다	1,797	1,775	1,789	1,747
칠　　　　　레	2,422	2,338	2,263	2,157
콜　 롬　 비　 아	2,362	2,364	2,347	2,416
코 스 타 리 카	2,358	2,345	2,362	2,352
체　　　　　코	..	1,832	1,900	1,803
덴　　 마　　 크	1,441	1,419	1,466	1,451
에 스 토 니 아	..	..	1,884	1,913
핀　　 란　　 드	1,671	1,677	1,651	1,614
프　　 랑　　 스	1,645	1,601	1,558	1,532
독　　　　　일	1,573	1,531	1,466	1,432
그　　 리　　 스	1,976	2,001	1,998	2,025
헝　　 가　　 리	2,082	1,948	1,932	1,834
아 이 슬 란 드	1,744	1,734	1,729	1,615
아　 일　 랜　 드	2,040	1,962	1,878	1,794
이　 스　 라　 엘	1,905	2,018	2,035	1,962
이　 탈　 리　 아	1,864	1,856	1,850	1,811
일　　　　　본	2,031	1,884	1,821	1,777
한　　　　　국	..	..	..	..
라　 트　 비　 아	..	1,867	1,865	1,842
리 투 아 니 아	..	1,552	1,657	1,688
룩 셈 부 르 크	1,659	1,615	1,605	1,567
멕　　 시　　 코	..	2,161	2,174	2,284
네 덜 란 드	1,454	1,482	1,464	1,434
뉴　 질　 랜　 드	1,809	1,841	1,836	1,815
노　 르　 웨　 이	1,493	1,479	1,448	1,429
폴　　 란　　 드	..	1,859	1,858	1,856
포　 르　 투　 갈	1,806	1,749	1,770	1,750
슬 로 바 키 아	..	1,853	1,816	1,769
슬 로 베 니 아	..	1,756	1,710	1,697
스　　 페　　 인	1,747	1,739	1,753	1,724
스　　 웨　　 덴	1,422	1,481	1,485	1,451
스　　 위　　 스	..	1,720	1,713	1,690
튀　 르　 키　 예	1,866	1,876	1,937	1,936
영　　　　　국	1,617	1,586	1,558	1,544
미　　　　　국	1,878	1,886	1,880	1,842
O E C D [a]	1,872	1,852	1,838	1,824

a) 가중 평균임
자료 : OECD STAT (http://stats.oecd.org)

79. Average annual hours actually worked per person in employment

2010	2015	2020	2023	
				Total employment
1,687	1,670	1,613	1,651	Australia
1,552	1,495	1,400	1,435	Austria
1,574	1,575	1,446	..	Belgium
1,715	1,710	1,653	1,865	Canada
2,070	1,999	1,828	1,953	Chile
2,454	2,396	2,069	..	Colombia
2,243	2,148	1,913	2,171	Costa Rica
1,799	1,751	1,677	1,766	Czech Republic
1,422	1,407	1,341	1,380	Denmark
1,785	1,763	1,637	1,742	Estonia
1,586	1,556	1,530	1,499	Finland
1,540	1,519	1,400	1,500	France
1,426	1,401	1,316	1,343	Germany
1,931	1,935	1,732	1,897	Greece
1,759	1,743	1,653	1,679	Hungary
1,528	1,511	1,464	1,448	Iceland
1,666	1,682	1,620	1,633	Ireland
1,954	1,894	1,778	1,880	Israel
1,777	1,717	1,543	1,734	Italy
1,733	1,719	1,597	1,611	Japan
2,163	2,083	1,908	1,872	Korea
1,692	1,663	1,577	1,548	Latvia
1,697	1,673	1,595	1,641	Lithuania
1,521	1,519	1,408	1,462	Luxembourg
2,244	2,234	2,207	2,207	Mexico
1,427	1,437	1,404	1,413	Netherlands
1,755	1,753	1,739	1,751	New Zealand
1,430	1,427	1,410	1,418	Norway
1,829	1,829	1,769	1,803	Poland
1,746	1,732	1,611	1,631	Portugal
1,805	1,754	1,572	1,631	Slovak Republic
1,680	1,687	1,532	1,616	Slovenia
1,706	1,694	1,558	1,632	Spain
1,483	1,465	1,420	1,437	Sweden
1,611	1,577	1,499		Switzerland
1,877	1,811	1,572	..	Türkiye
1,507	1,525	1,364	1,524	United Kingdom
1,810	1,830	1,789	1,799	United States
1,797	1,790	1,683	1,742	OECD countries

a) Weighted average
Source: OECD STAT (http://stats.oecd.org)

80. 임금근로자 1인당 연평균 실근로시간

임 금 근 로 자	1990	1995	2000	2005
호　　　　　　　주	1,814	1,797	1,781	1,750
오 스 트 리 아	..	1,540	1,542	1,518
벨　　기　　에	..	1,447	1,459	1,455
캐　　　　　　다	1,782	1,768	1,779	1,743
칠　　　　　　레	..	..	2,318	2,227
콜 롬 비 아	..	..	..	..
코 스 타 리 카	2,398	2,403	2,423	2,444
체　　　　　　코	..	1,752	1,794	1,713
덴　　마　　크	1,401	1,379	1,421	1,413
에 스 토 니 아	..	..	1,847	1,872
핀　　란　　드	1,565	1,571	1,539	1,508
프　　랑　　스	1,511	1,480	1,444	1,427
독　　　　　　일	..	1,446	1,377	1,349
그　　리　　스	..	1,768	1,767	1,840
헝　　가　　리	1,710	1,772	1,775	1,734
아 이 슬 란 드	..	1,779	1,762	1,636
아 일 랜 드	..	1,885	1,778	1,709
이 스 라 엘	..	2,002	2,022	1,955
이 탈 리 아	1,671	1,681	1,697	1,646
일　　　　　　본	..	1,896	1,853	1,804
한　　　　　　국	..	..	..	..
라 트 비 아	..	1,835	1,830	1,813
리 투 아 니 아	..	..	1,627	1,667
룩 셈 부 르 크	..	1,608	1,604	1,565
멕　　시　　코	..	2,360	2,360	2,353
네 덜 란 드	1,434	1,433	1,403	1,378
뉴 질 랜 드	1,734	1,766	1,777	1,785
노 르 웨 이	1,447	1,438	1,415	1,401
폴　　란　　드	..	1,744	1,775	1,764
포 르 투 갈	..	1,705	1,715	1,704
슬 로 바 키 아	..	1,800	1,738	1,690
슬 로 베 니 아	..	1,598	1,606	1,626
스　　페　　인	1,696	1,686	1,705	1,675
스　　웨　　덴	..	1,424	1,431	1,392
스　　　　　　위　　　　　　스	..	1,662	1,663	1,650
영　　　　　　국	1,535	1,530	1,517	1,500
미　　　　　　국	1,886	1,896	1,883	1,847
O E C D [a]	1,798	1,806	1,793	1,768

a) 가중 평균임
자료 : OECD STAT (http://stats.oecd.org)

80. Average annual hours actually worked per person in dependant employment

2010	2015	2020	2023	Dependant employment
1,734	1,714	1,670	..	Australia
1,468	1,420	1,322	1,391	Austria
1,432	1,431	1,353	1,437	Belgium
1,718	1,716	1,676	1,701	Canada
2,129	2,065	1,901	2,032	Chile
..	2,434	2,311	..	Colombia
2,289	2,216	2,044	2,245	CostaRica
1,731	1,709	1,644	1,721	CzechRepublic
1,399	1,380	1,330	1,364	Denmark
1,762	1,747	1,687	1,798	Estonia
1,488	1,479	1,485	1,436	Finland
1,439	1,422	1,319	1,389	France
1,350	1,337	1,273	1,301	Germany
1,712	1,706	1,541	1,687	Greece
1,684	1,683	1,625	..	Hungary
1,548	1,526	1,462	..	Iceland
1,601	1,617	1,600	1,603	Ireland
1,947	1,898	1,799	..	Israel
1,616	1,569	1,442	1,608	Italy
1,754	1,734	1,621	1,637	Japan
..	2,058	1,927	1,874	Korea
1,664	1,633	1,561	1,533	Latvia
1,656	1,632	1,573	1,606	Lithuania
1,520	1,516	1,418	1,462	Luxembourg
2,337	2,348	2,326	2,323	Mexico
1,357	1,356	1,329	1,351	Netherlands
1,741	1,750	1,774	1,749	NewZealand
1,406	1,406	1,392	1,400	Norway
1,741	1,733	1,685	1,743	Poland
1,710	1,697	1,588	1,593	Portugal
1,714	1,672	1,501	1,542	SlovakRepublic
1,637	1,644	1,496	1,582	Slovenia
1,644	1,614	1,502	1,563	Spain
1,432	1,418	1,382	1,419	Sweden
1,596	1,579	1,495	..	Switzerland
1,471	1,496	1,365	1,508	UnitedKingdom
1,822	1,840	1,807	1,810	UnitedStates
1,750	1,752	1,679	1,717	OECDcountries

a) Weighted average
Source: OECD STAT (http://stats.oecd.org)

81. 소득분포 및 저임금과 고임금 근로자 비중

(단위 : %)

	소득분포 Earnings dispersion									
	9분위수 대 1분위수 소득 Decile 9/Decile 1				9분위수 대 5분위수 소득 Decile 9/Decile 5				5분위수 대 Decile 5/	
	2015	2021	2022	2023	2015	2021	2022	2023	2015	2021
호 주	3.28	3.56	3.52	3.48	1.98	2.00	2.01	1.97	1.65	1.78
오 스 트 리 아	3.32	3.17	3.10	..	1.94	1.91	1.90	..	1.71	1.66
벨 기 에	2.36	2.57	2.34	..	1.72	1.69	1.65	..	1.37	1.52
캐 나 다	3.79	3.30	3.29	3.34	1.90	1.85	1.88	1.92	1.99	1.78
칠 레	4.09	5.09	5.12	..	2.57	3.48	3.21	..	1.59	1.46
콜 롬 비 아	4.81	4.83	5.76	5.15	2.78	2.90	3.31	3.24	1.73	1.67
코 스 타 리 카	3.55	3.69	3.28	3.27	2.00	2.22	2.17	2.22	1.77	1.66
체 코	3.57	3.18	3.16	3.21	1.85	1.81	1.80	1.82	1.93	1.75
덴 마 크	2.56	2.58	2.58	..	1.75	1.74	1.74	..	1.46	1.48
에 스 토 니 아	..	3.44	3.72	..	..	1.83	1.95	..	..	1.88
핀 란 드	2.56	2.57	2.57	..	1.77	1.77	1.74	..	1.44	1.46
프 랑 스	..	2.96	2.80	..	..	1.97	1.94	..	..	1.50
독 일	3.52	3.10	2.99	..	1.90	1.76	1.74	..	1.85	1.75
그 리 스	..	3.48	3.33	..	..	1.96	1.99	..	..	1.77
헝 가 리	3.72	4.00	3.84	..	2.27	2.16	2.15	..	1.64	1.86
아 이 슬 란 드	..	..	..	..	..	..	..	..	..	..
아 일 랜 드	..	4.50	4.50	..	..	2.11	2.11	..	..	2.14
이 스 라 엘	5.10	4.63	4.63	..	2.59	2.42	2.38	..	1.97	1.91
이 탈 리 아	..	3.09	2.87	..	..	1.95	1.92	..	..	1.59
일 본	2.94	2.70	2.67	2.66	1.85	1.78	1.77	1.76	1.59	1.51
한 국	4.59	3.61	3.65	3.68	2.39	2.24	2.27	2.26	1.92	1.61
라 트 비 아	..	4.51	4.02	..	..	2.32	2.16	..	..	1.94
리 투 아 니 아	..	3.51	3.54	..	..	1.98	2.01	..	..	1.78
룩 셈 부 르 크	..	3.02	3.30	..	..	1.87	2.01	..	..	1.61
멕 시 코	3.88	3.36	3.26	3.30	2.11	2.02	1.94	1.95	1.83	1.67
네 덜 란 드	..	2.78	3.10	..	..	1.79	1.86	..	..	1.56
뉴 질 랜 드	2.97	2.56	2.59	2.56	1.89	1.84	1.85	1.83	1.57	1.39
노 르 웨 이	2.35	2.34	2.33	2.31	1.65	1.64	1.65	1.64	1.42	1.43
폴 란 드	..	..	3.53	..	..	..	2.03	..	..	....
포 르 투 갈	..	3.33	4.21	..	..	2.47	2.47	..	..	1.35
슬 로 바 키 아	3.56	3.08	3.09	3.15	2.01	1.90	1.90	1.90	1.78	1.62
슬 로 베 니 아	..	2.87	2.95	..	..	1.89	1.88	..	..	1.52
스 페 인	..	3.64	2.78	..	..	2.07	2.01	..	..	1.76
스 웨 덴	2.09	2.17	2.20	2.20	1.58	1.60	1.61	1.62	1.32	1.36
스 위 스	..	..	2.77	..	..	..	1.86	..	..	..
튀 르 키 예	..	..	..	..	..	..	..	..	..	..
영 국	3.50	3.15	3.04	2.95	1.96	1.91	1.89	1.88	1.78	1.65
미 국	5.04	4.80	4.63	4.67	2.40	2.42	2.41	2.44	2.10	1.98
O E C D 평 균	3.41	3.37	3.34	..	2.03	2.04	2.04	..	1.68	1.65

자료 : OECD STAT (http://stats.oecd.org)

81. Earnings dispersion and incidence of high and low pay

(%)

1분위수 소득 Decile 1		근로자의 비중 Incidence of (%)								
		저임금 Low Pay Incidence				고임금 High Pay Incidence				
2022	2023	2015	2021	2022	2023	2015	2021	2022	2023	
1.75	1.77	15.44	17.88	16.67	17.49	19.25	19.42	20.85	19.73	Australia
1.63	..	15.86	14.96	14.36	..	20.91	20.39	20.05	..	Austria
1.42	..	4.60	11.10	11.80	..	13.50	12.60	13.30	..	Belgium
1.75	1.74	22.18	19.54	19.12	19.16	22.88	20.71	21.26	21.62	Canada
1.60	..	12.10	8.73	8.17	..	24.91	33.29	30.57	..	Chile
1.74	1.59	12.74	11.42	12.18	12.64	26.21	25.11	26.99	26.93	Colombia
1.51	1.47	14.87	11.63	10.12	9.17	18.16	20.20	17.85	19.81	CostaRica
1.75	1.77	20.65	17.25	17.34	17.49	..	..	..	..	Czech Republic
1.48	..	8.24	9.54	9.77	..	2.89	2.64	2.52	..	Denmark
1.91	..	..	19.90	19.38	..	..	19.40	20.85	..	Estonia
1.47	..	7.77	8.36	8.87	..	17.05	17.17	16.65	..	Finland
1.45	..	..	9.74	8.12	..	..	21.92	22.01	..	France
1.71	..	19.23	16.30	16.00	..	20.06	18.33	18.30	..	Germany
1.67	..	..	13.50	10.50	..	..	28.90	29.00	..	Greece
1.78	..	19.78	21.04	19.30	..	..	..	..	..	Hungary
..	..	..	..	..	..	..	..	..	..	Iceland
2.13	..	..	15.60	16.50	..	..	29.60	33.20	..	Ireland
1.95	..	23.79	23.39	23.38	..	29.19	27.43	26.35	..	Israel
1.49	..	..	4.30	3.90	..	..	22.40	21.20	..	Italy
1.50	1.51	13.46	10.66	10.30	10.40	..	12.02	11.58	11.28	Japan
1.61	1.63	23.50	15.63	16.94	16.24	..	..	..	..	Korea
1.86	..	..	22.80	21.30	..	..	26.60	25.30	..	Latvia
1.76	..	..	21.70	21.60	..	..	23.90	23.20	..	Lithuania
1.64	..	..	11.40	11.80	..	..	20.50	22.60	..	Luxembourg
1.68	1.69	17.25	13.17	15.68	17.49	20.83	22.12	18.62	19.86	Mexico
1.66	..	..	6.00	7.10	..	..	28.80	28.20	..	Netherlands
1.40	1.40	13.89	1.60	2.70	3.43	..	..	..	..	New Zealand
1.42	1.41	7.27	7.43	7.09	6.82	13.77	13.49	14.02	13.79	Norway
1.74	..	..	..	18.50	..	..	..	..	..	Poland
1.70	..	..	4.50	6.00	..	..	30.40	29.70	..	Portugal
1.63	1.66	19.00	14.00	15.00	16.00	..	..	..	..	Slovak Republic
1.57	..	..	14.30	15.60	..	..	21.20	20.40	..	Slovenia
1.38	..	..	11.70	10.40	..	..	27.30	26.70	..	Spain
1.37	1.36	..	..	..	..	..	..	..	..	Sweden
1.49	..	..	..	12.10	..	..	..	..	..	Switzerland
..	..	..	..	..	..	..	..	..	..	Türkiye
1.61	1.57	28.50	25.40	24.70	23.50	26.10	24.90	24.00	23.10	United Kingdom
1.92	1.92	25.02	22.69	22.66	23.28	..	..	..	..	United States
1.64	..	14.89	13.58	13.50	..	22.19	22.13	21.94	..	OECDcountries

Source : OECD STAT (http://stats.oecd.org)

부 록
【조사개요】

Appendix
【Outline of the survey】

경제활동인구조사

1. 조사목적

국민의 경제활동(취업, 실업, 노동력 등) 특성을 조사함으로써 거시경제 분석과 인력자원의 개발정책 수립에 필요한 기초 자료를 제공

2. 용어의 정의

○ 경제활동

상품이나 서비스를 생산하기 위해 수입이 있는 일을 행함을 뜻함

☞ 수입이 있더라도 다음의 활동은 경제활동으로 보지 않음

① 법률에 위배되는 비생산적인 활동(예 : 도박, 매춘 등)

② 법률에 의한 강제노역 및 봉사활동

③ 경마, 경륜, 증권, 선물 등 투자활동

○ 경제활동인구의 상태별 분류

〈경제활동인구 상태별 분류〉

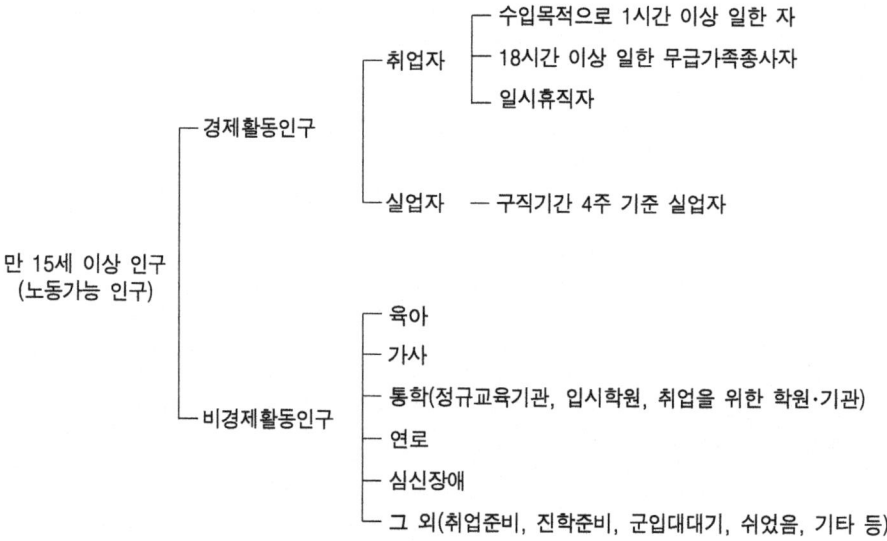

○ 경제활동인구

  만 15세 이상 인구 중 취업자와 실업자

  - 취업자

    ① 조사대상 주간 중 수입을 목적으로 1시간 이상 일한 자

    ② 자기에게 직접적으로는 이득이나 수입이 오지 않더라도 자기가구에서 경영하는 농장이나 사업체의 수입을 높이는 데 도운 가족종사자로서 주당 18시간 이상 일한 자(무급가족종사자)

    ③ 직장 또는 사업체를 가지고 있으나 조사대상 주간 중 일시적인 병, 일기불순, 휴가 또는 연가, 노동쟁의 등의 이유로 일하지 못한 일시휴직자

  - 실업자

    조사대상주간에 수입 있는 일을 하지 않았고, 지난 4주간 일자리를 찾아 적극적으로 구직활동을 하였던 사람으로서 일자리가 주어지면 즉시 취업이 가능한 사람

○ 비경제활동인구

  조사대상 주간 중 취업자도 실업자도 아닌 만 15세 이상인 자, 즉 집안에서 가사와 육아를 전담하는 가정주부, 학교에 다니는 학생, 일을 할 수 없는 연로자와 심신장애자, 자발적으로 자선사업이나 종교단체에 관여하는 자 등

  - 구직단념자

    비경제활동인구 중 취업의사와 일할 능력은 있으나 아래의 사유(노동시장적 사유)로 지난 4주간에 구직활동을 하지 않은 자 중 지난 1년내 구직경험이 있었던 자

    ① 전공이나 경력에 맞는 일거리가 없을 것 같아서

    ② 원하는 임금수준이나 근로조건이 맞는 일거리가 없을 것 같아서

    ③ 근처(주변)에 일거리가 없을 것 같아서

    ④ 교육, 기술, 경험이 부족해서

    ⑤ 나이가 너무 어리거나 많다고 고용주가 생각할 것 같아서

    ⑥ 이전에 찾아 보았지만 일거리가 없었기 때문에

○ 경제활동참가율

  만 15세 이상 인구 중 경제활동인구(취업자+실업자)가 차지하는 비율을 말함

○ 고용률

  만 15세 이상 인구 중 취업자가 차지하는 비율을 말함

○ 실업률

  실업자가 경제활동인구(취업자+실업자)에서 차지하는 비율을 말함

○ 종사상지위

  취업자가 실제로 일하고 있는 신분 또는 지위상태를 말하며 고용원이 있는 자영업자, 고용원이 없는 자영업자, 무급가족종사자, 상용근로자, 임시근로자, 일용근로자로 구분

- 비임금근로자

  고용원이 있는 자영업자, 고용원이 없는 자영업자, 무급가족종사자 형태의 근로자에 해당
  - 자영업자

    고용원이 있는 자영업자 및 고용원이 없는 자영업자를 합친 개념임
    - 고용원이 있는 자영업자

      한 사람 이상의 유급 고용원을 두고 사업을 경영하는 사람
    - 고용원이 없는 자영업자

      자기 혼자 또는 무급가족종사자와 함께 자기 책임하에 독립적인 형태로 전문적인 업을 수행하거나 사업체를 운영하는 사람을 말함
  - 무급가족종사자

    동일가구내 가족이 경영하는 사업체, 농장에서 무보수로 일하는 사람을 말하며, 조사대상 주간에 18시간 이상 일한 사람은 취업자로 분류
- 임금근로자

  자신의 근로에 대해 임금, 봉급, 일당 등 어떠한 형태로든 일한 대가를 지급받는 근로자로서 통상 상용, 임시, 일용근로자로 구분됨
  - 상용근로자
    - 고용계약설정자는 고용계약기간이 1년 이상인 경우
    - 고용계약미설정자는 소정의 채용절차에 의해 입사하여 인사관리 규정을 적용받는 사람
  - 임시근로자
    - 고용계약설정자는 고용계약기간이 1개월 이상 1년 미만인 경우
    - 고용계약미설정자는 일정한 사업(완료 1년 미만)의 필요에 의해 고용된 경우
  - 일용근로자

    고용계약기간이 1개월 미만인 자 또는 매일매일 고용되어 근로의 대가로 일급 또는 일당제 급여를 받고 일하는 자 등

○ 비정규직근로자

1차적으로 고용형태에 의해 정의되는 것으로 한시적근로자, 시간제근로자, 비전형근로자 등으로 분류됨
- 한시적근로자

  근로계약기간을 정한 근로자(기간제근로자) 또는 정하지 않았으나 계약의 반복 갱신으로 계속 일할 수 있는 근로자와 비자발적 사유로 계속 근무를 기대할 수 없는 근로자(비기간제근로자)를 포함
- 시간제근로자

  직장(일)에서 근무하도록 정해진 소정의 근로시간이 동일 사업장에서 동일한 종류의 업무를 수행하는 근로자의 소정 근로시간보다 1시간이라도 짧은 근로자로, 평소 1주에 36시간 미만 일하기로 정해져 있는 경우가 해당됨

- 비전형근로자

 파견근로자, 용역근로자, 특수형태근로종사자, 가정내(재택, 가내)근로자, 일일(단기)근로자

○ 산업

산업이란 조사대상 주간 중 취업자가 속한 사업체의 주된 경제활동을 의미하며, 산업의 분류는 1992년부터 2000년까지는 1991년에 개정된 6차 한국표준산업분류 기준, 2000년부터 2008년까지는 8차 한국표준산업분류 기준, 9차 한국표준산업분류(2008년 개정, 2004~2017년 수록), 10차 한국표준산업분류(2017년개정, 2013년~)를 적용하고 있다.

○ 직업

직업이란 조사대상 주간 중 취업자가 종사하고 있는 일의 기능별 종류를 말하며, 직업의 분류는 1993년부터 2000년까지는 1992년에 개정된 4차 한국표준직업분류 기준을, 2000년부터 2008년까지는 2000년에 개정된 5차 한국표준직업분류 기준, 6차 한국표준직업분류(2007년 개정, 2004~2017년간 신구 병행수록), 7차 한국표준직업분류(2017년 개정, 2013년이후 소급제공)를 적용하고 있다.

사업체노동실태현황

1. 목적
○ 「사업체노동실태현황」은 통계청 「전국사업체조사」 자료 중 일정한 물리적 장소가 없는 사업체와 「자영업자」 또는 「자영업자 +무급가족종사자」로만 구성된 사업체 및 공무원 재직기관을 제외하여 작성하는 통계로, 각종 통계의 모집단 기초자료, 정책의 기초자료로 활용하는데 목적이 있음

2. 법적근거
○ 통계법 제18조에 따라 승인된 일반통계 118021호

3. 집계방법
○ 사업체수
- 「전국사업체조사」의 조사대상 사업체 중 일정한 물리적 장소가 없는 사업체와 「자영업자」 또는 「자영업자 +무급가족종사자」로만 구성된 사업체 및 공무원 재직기관을 제외하고, 「상용근로자」 또는 「임시 및 일용근로자」 또는 「기타종사자」가 1인 이상인 사업체로 집계하였음

○ 종사자수
- 집계대상 사업체의 전체 종사자를 집계하였음

○ 대상 산업
- 「전국사업체조사*」에서 조사된 사업체 중 「O. 공공행정, 국방 및 사회보장행정」 산업분류에 해당하거나 공무원이 재직하는 사업체를 집계대상에서 제외하였음
    * 「전국사업체조사」는 「T. 가구내 고용활동 및 달리 분류되지 않은 자가소비 생산활동」, 「U. 국제 및 외국기관」 산업을 제외하고 있음

4. 용어의 해설
○ 사업체
- 사업체란 영리·비영리를 불문하고 개개의 상점, 사무소, 영업소, 은행, 학교, 병원, 여관, 식당, 학원, 교회, 사찰, 공공기관, 사회복지시설 등과 같이 일정한 장소에서 단일소유권 또는 당일 통제하에 재화의 생산·판매, 서비스 제공 등 산업활동을 영위하고 있는 모든 경영단위를 말함
- 사업체와 유사한 개념으로 기업체가 있는데, 기업체란 동일자금에 의하여 소유되고 통제되는 제도적 또는 법적 단위로써 하나 이상의 사업체로 구성될 수 있다는 점에서 사업체와 구분되며, 이 조사는 사업체를 조사단위로 하고 있어 1개의 기업체가 여러개의 장소에서 산업활동을 할 경우 각 장소별로 별개의 사업체로 파악하였음

○ 종사자수
  ① 상용근로자
    고용계약기간이 1년 이상인 근로자 또는 고용계약기간이 정해지지 않고 정규직원으로 일하는 자로서 사업체에서 급여를 지급하는 자
  ② 임시 및 일용근로자
    고용계약기간이 1년 미만인 근로자로서 사업체에서 급여를 지급하는 자
  ③ 자영업자
    개인 사업체를 소유하며 자신의 책임 하에 직접 경영하는 자
  ④ 무급가족종사자
    자영업자의 가족이나 친인척으로서 임금을 받지 않고 해당 사업체 정규 근무시간의 1/3이상 종사하는 자
  ⑤ 기타종사자
    독자적인 사무실, 점포 또는 작업장이 없고 계약된 사업주에게 종속되어 있지만 스스로 고객을 찾거나 맞이하여 상품이나 서비스를 스스로 직접제공하고 일한 만큼 실적에 따라 소득(수수료, 봉사료, 수당 등)을 얻으며 근로제공방법, 근로시간 등은 본인이 독자적으로 결정하는 형태로 일하는 사람 또는 그 외 기타 종사자
  ⑥ 전체종사자수 = ①+②+③+④+⑤

전국사업체조사

□ 조사목적
  ○ 중앙정부 및 지방자치단체의 각종 정책수립과 민간기업체의 기업경영 계획수립, 학계, 연구소 등의 학술연구를 위한 기초자료로 제공하고, 사업체를 대상으로 하는 각종 통계조사의 모집단을 파악하여 표본틀로 제공하는데 목적이 있음
□ 법적근거
  ○ 통계법 제17조에 의한 지정통계(승인번호 101037호)
□ 조사연혁
  ○ 1994년에 제1회 조사를 실시하였고, 매년 12월 31일 기준으로 조사를 실시하고 있으며 2022년 기준 조사는 제30회 조사
□ 조사대상
  ○ 조사기준일(12월 31일) 현재 대한민국의 행정권이 미치는 전 지역에 소재하는 모든 사업체를 조사대상으로 함
    단, 다음의 사업체는 제외
    • 개인이 경영하는 농림·어업사업체(법인 및 비법인 단체가 경영 하는 사업체는 조사대상)
    • 국방 및 가사서비스업
    • 국제기구 및 외국기관
    • 임금 종사자 없는 개인 부동산 임대업 사업체
□ 조사주기
  ○ 연간조사로서 매년 조사를 실시
□ 조사기준시점 및 기간(2022년 기준)
  ○ 조사기준시점: 2022. 12. 31.
  ○ 조사대상기간: 2022. 1. 1. ~ 12. 31.
  ○ 조 사 기 간: 2023. 2. 9. ~ 3. 6.
□ 조사항목
  ○ 사업체명, 대표자명, 창설연월, 소재지, 조직형태, 사업의 종류, 종사자 수, 연간 매출액, 사업자등록번호
□ 조사단위
  ○ 재화의 생산 및 판매, 서비스제공 등 산업활동을 영위하고 있는 종사자 1인 이상의 모든 사업체를 조사대상으로 함
    ※ 공장, 상점, 작업장, 광업소, 농장, 출장소, 영업소, 본사·본점, 연락사업소도 별개의 조사단위
□ 조사방법
  ○ 임시조사원이 사업체를 방문하여 응답자와의 면접조사 실시

직종별사업체노동력조사

1. 조사목적
   - 사업체의 정상적인 경영활동에 필요한 부족인원의 규모 등을 산업별, 규모별, 직종별로 조사하여 인력 미스매치 해소를 위한 고용정책 기초자료로 제공

2. 법적근거
   - 통계법 제17조 및 제18조에 의한 지정통계(승인번호 제118005)

3. 조사범위 및 대상
   - 조사범위 : 한국표준산업분류상의 농업, 임업 및 어업(A), 공공행정, 국방 및 사회보장행정(O), 가구내 고용활동 및 달리 분류되지 않은 자가소비 생산활동(T), 국제 및 외국기관(U)을 제외한 전 산업
     ※ 단, 국·공립 교육기관 등 공무원 재직기관은 조사대상에서 제외
   - 조사대상 : 조사기준일 현재 국내에서 산업활동을 수행하고 있는 종사자 1인 이상을 고용하고 있는 사업체 중, 층화계통추출방법에 의해 추출된 약 72천개 표본사업체의 종사자 (외국인 포함)
     ※ 종사자 구분
       - 상용근로자 : 고용계약기간이 1년 이상인 임금근로자 또는 고용계약기간이 정해지지 않고 정규직원으로 일하는 자
       - 기   타 : 임시 및 일용근로자(고용계약기간이 1년 미만인 자 또는 일정한 사업장 없이 매일매일 고용되어 일한 대가를 받고 일하는 자), 일정한 급여를 받지 않고 일한 실적에 따라 수수료 또는 봉사료 등을 받는 자 또는 기타 그 외 종사자
       - 외 국 인 : 합법 또는 불법 모두 포함

4. 조사기준 및 조사실시기간
   - 조사기준 : (구인·채용·미충원) 상반기: 1분기(1.1.~3.31.), 하반기: 3분기(7.1~9.30.)
     (현원, 부족인원) 상반기: 4.1., 하반기: 10.1
     (.채용계획인원) 상반기: 2~3분기(4.1.~9.30.), 하반기: 4~1분기(10.1.~3.31.)
   - 조사실시 : 상반기: 4~5월, 하반기: 10~11월

5. 조사방법
   - 전화, (전자)우편, 팩스, 방문, 인터넷조사 등을 병행

6. 조사항목 및 용어해설

   ○ 현원, 부족인원 및 채용계획인원
   - 현   원: 조사기준일 현재 종사자(상용근로자 및 기타, 외국인 근로자 포함)
   - 부족인원: 조사기준일 현재 채용여부나 채용계획과 무관하게 당해 사업체의 정상적인 경영과 생산시설의 가동, 고객의 주문에 대응하기 위하여 현재보다 더 필요한 인원
   - 채용계획인원: 조사기준일 이후 6개월 사이에 채용할 계획이 있는 인원

   ○ 구인인원 및 채용인원
   - 구 인 인 원 : 조사기준기간 중에 대외적인 구인활동을 한 인원으로 동 기간 사이에 합격자를 최종적으로 확정한 경우에는 채용인원이 아닌 최초 모집공고 당시에 채용하려고 했던 모집인원으로 산정
   - 채 용 인 원 : 조사기준기간 내에 구인인원 중 채용하기로 확정했거나 채용된 인원
   - 미충원인원 : 구인인원에서 채용인원을 제한 인원
   - 미충원사유 : 내국인에 대한 미충원인원이 있는 경우 미충원된 사유 기재

7. 표본개요

   ○ 표본틀
   - 2021년 12월 말 기준으로 조사된 「사업체노동실태현황」 결과 종사자 1인 이상 전체 사업체를 지역별·사업체규모별·산업별로 분류하여 사업체명부를 작성하여 표본틀을 구성

   ○ 층화
   - 종사자 1인 이상 전 사업체를 17개 시·도, 사업체규모 및 산업중분류별로 층화

   ※ 사업체규모(상용근로자수) : 0규모(5인 미만), 1규모(5~9인), 2규모(10~29인), 3규모(30~99인), 4규모(100~299인), 5규모(300~499인), 6규모(500인 이상)

   ○ 층별 표본크기의 결정
   - 17개 시·도, 사업체규모 및 산업중분류별로 층을 구성
   - 이를 부차모집단으로 간주하여 표본사업체수를 다음과 같이 결정. 목표오차는 각 부차모집단 내 근로자수를 고려하여 3.5~15%로 설정

$$n_k = n_{0k} \times \left(\frac{rse_{0k}}{rse_k}\right)^2$$

n_{0k} : k 시도에 대한 표본사업체 수
rse_{0k} : k 시도에 대한 상대표준오차
rse_k : 목표 상대표준오차

8. 추정방법

○ 가중값을 산정하고 조사된 종사자 수를 집계한 후 조사기준 시점의 「사업체노동력조사」 종사자 수에 벤치마크(benchmark)하는 RE(Ratio Estimation) 방법을 적용하며, 각종 모수 추정은 다음 과정에 따라 산출되는 최종 가중값을 통해서 이루어짐

- (1단계) 설계 가중값: 모집단 사업체 수 대비 표본 사업체 수의 비율

$$d_{hijk} = \frac{N_{hij}}{n_{hij}}$$

N_{hij} : h 시도, i 산업, j 규모의 모집단 사업체 수
n_{hij} : h 시도, i 산업, j 규모의 표본 사업체 수

- (2단계) 무응답 조정값: 조사가능 표본사업체 수 대비 응답 사업체 수의 비율

$$NRAF_{hij} = \frac{\sum_{\text{조사가능}} d_{hijk}}{\sum_{\text{응답}} d_{hijk}}$$

d_{hijk} : h 시도, i 산업, j 규모의 k 표본 사업체

- (3단계) 1차 가중값: 설계 가중값과 무응답 조정값의 곱

$$w^1_{hijk} = d_{hijk} \times NRAF_{hij}$$

- (4단계) 벤치마킹 조정값: 조사기준 시점의 기준 종사자 수로서 「사업체노동력조사」의 종사자 수에 벤치마크하는 사후층화 조정 과정을 거침

$$BMKF_{i \in d} = \frac{M_d}{\sum_h \sum_{i \in d} \sum_j \sum_{k=1}^{n_{ij}} w_{hijk} \times e_{hijk}} \quad : \text{벤치마킹 조정값}$$

e_{hijk} : h 시도, i 산업, j 규모, k 사업체에서 조사된 총 종사자 수
w_{hijk} : h 시도, i 산업, j 규모, k 사업체의 가중값
M_d : d 지역×산업×규모에 대한 총 종사자 수(사업체노동력조사)

- (5단계) 최종 가중값: 1차 가중값과 벤치마킹 조정값의 곱

$$w^f_{hijk} = d_{hijk} \times NRAF_{hij} \times BMKF_{i \in d}$$

○ 산업별, 규모별, 직종별 종사자 수 추정

- h시도, i산업, j규모 내의 특정 직종의 종사자 수는 다음 식에 의해서 추정

$$\hat{p}_{hij} = \sum_{k=1}^{n_{hij}} w^f_{hijk} \cdot p_{hijk}$$

w^f_{hijk} : h 시도, i 산업, j 규모, k 사업체의 가중값
p_{hijk} : h 시도, i 산업, j 규모, k 사업체의 특정 직종 종사자 수
n_{hij} : h 시도, i 산업, j 규모의 표본 사업체 수

사업체노동력조사

1. **조사목적**
   ○ 매월 노동수요측(사업체)의 관점에서 종사자수, 빈 일자리수, 입·이직자수, 임금 및 근로시간에 관한 사항을 조사하여 고용노동정책의 기초자료 활용 및 경기전망 등을 위한 경기지표 생산하는데 그 목적이 있음

2. **법적근거**
   ○ 통계법 제17조 및 제18조에 의한 지정통계(승인번호 118002호)

3. **조사범위 및 대상**
   ○ 조사범위
   농림어업, 가구내 고용활동 및 달리 분리되지 않은 자가소비 생산활동, 국제 및 외국기관을 제외한 전 산업
   ○ 조사대상
   - (고용부문) 종사자 1인 이상 사업체 중 약 50,000개 표본사업체
   - (근로실태부문) 공무원 재직기관을 제외한 상용 1인 이상 사업체 중 약 13,000개 표본사업체

4. **조사기준기간**
   ○ 고용부문
   - 종사자수, 빈 일자리수: 조사기준월 마지막 영업일
   - 입직자수, 이직자수: 조사기준월 초일부터 마지막 영업일까지 입·이직한 근로자
   ○ 근로실태부문
   - 매월 급여계산기간

5. **조사방법**
   조사의 시의성 확보를 위해 자계식조사(전화, 우편, Fax 등)와 타계식조사를 병행함

6. **조사사항**
   ○ 사업체 현황
   - 사업체 명칭, 경영형태, 사업체 형태, 소재지, 주요 생산품명 등
   ○ 고용 부문
   - 종사상 지위(상용, 임시일용, 기타)별 종사자수, 입직자수, 이직자수, 빈 일자리수 등

○ 근로실태 부문
- 상용근로자
  · 임금이 지급된 근로자수, 소정근로일수, 소정근로시간, 초과근로시간, 임금총액, 정액급여, 초과급여, 특별급여 등
- 임시일용근로자
  · 임금이 지급된 근로자수, 실제 총 근로일수, 실제 총 근로시간, 임금총액 등

7. 용어정의
   ○ 사업체
   영리·비영리 또는 적법·위법 여부에 관계없이 일정한 물리적 장소 또는 일정한 지역내에서 하나의 단일 또는 주된 경제활동에 독립적으로 종사하는 기업체 또는 기업체를 구성하는 부분단위
   * 기업체: 재화 및 서비스를 생산하는 법적 또는 제도적 최소 경영단위로 자원배분에 관한 의사결정의 자율성이 있고 수입·지출 및 자금관리에 관한 재무제표(손익계산서, 대차대조표, 기타 기록)를 유지·관리하는 단위 (1개의 기업체는 본사, 지사, 지점, 공장, 영업소 등 1개 또는 여러 개의 사업체로 구성)

   <종사상 지위>
   ○ 전체 종사자
   상용근로자 + 임시일용근로자 + 기타종사자
   조사기준월(월력상)의 마지막 영업일 현재 고용형태, 근무형태를 불문하고 당해 사업체에서 일하고 있는 종사자(외국인 포함, 소속 외 근로자(파견·용역) 제외)
   ○ 상용근로자
   고용계약기간이 1년 이상인 임금근로자 또는 고용계약기간이 정해지지 않고 정규직원으로 일하는 임금근로자
   ○ 임시일용근로자
   고용계약기간이 1년 미만인 임시직 또는 매일매일 고용되어 근로의 대가로 일당제 급여를 받고 일하는 사람
   ○ 기타종사자
   일정한 급여 없이 봉사료 또는 판매실적에 따라 판매수수료만을 받는 자, 업무를 습득하기 위하여 급여 없이 일하는 자와 그 밖의 종사자

   <고용 부문>
   ○ 빈 일자리 수
   조사기준월(월력상) 마지막 영업일 현재 구인활동을 하고 있으며, 한 달 이내 일이 시작될 수 있는 일자리 수
   ○ 입직자
   조사기준월(월력상)의 초일부터 마지막 영업일 사이에 입직한 근로자
   - 채용: 채용한 근로자
   - 기타 입직: 전입(본사와 지사, 지사와 지사간의 인사이동 등), 복직 등

◯ 이직자

조사기준월(월력상)의 초일부터 마지막 영업일 사이에 이직한 근로자

- 자발적 이직: 자발적 퇴직자
- 비자발적 이직: 고용계약종료(단기, 계절적 계약 포함), 구조조정, 합병 및 해고 등에 따른 면직, 회사 경영상 휴직 등
- 기타 이직: 전출(본사와 지사, 지사와 지사간의 인사이동 등), 정년퇴직, 사망, 병가, 육아휴직 등

<근로실태 부문>

◯ 전체 임금총액 및 근로시간은 상용근로자와 임시일용근로자의 임금 및 근로시간을 가중평균한 수치임
  - 또한, 상용근로자의 임금 및 근로시간은 내역별로 구분하나, 임시일용근로자는 구분하지 않음

◯ 상용 임금총액(세금공제 전 임금)

정액급여 + 초과급여 + 특별급여

- 정액급여: 근로계약, 단체협약 또는 취업규칙 등으로 소정근로시간*에 대하여 미리 정한 기본급과 통상적 수당, 기타수당(연차수당, 정근수당 포함)으로 지급한 총액

  * 소정근로일(취업규칙, 단체협약 등에서 근로하기로 정한 날)의 업무개시와 종료시각 사이에 휴게시간을 제외한 근로시간

- 초과급여: 근로기준법 제56조에 따라 연장·휴일·야간근로에 대한 수당으로 지급한 총액
- 특별급여 : 상여금, 성과급, 임금인상 소급분, 학자금(대출금 제외) 등으로 지급한 총액

◯ 상용 근로시간

소정실근로시간 + 초과근로시간

- 소정실근로시간: 소정근로시간 중 실제로 근무한 근로시간의 총계
- 초과근로시간: 임금지급 여부와 관계없이, 소정근로시간 이외의 시간(연장근로시간, 휴일근로시간)에 실제로 근로한 시간(초과수당 지급을 위하여 산정한 시간이 아님)의 총계

고용형태별근로실태조사

1. **조사목적**
   ○ 근로자 1인 이상(특수형태근로종사자 포함) 사업체 내 근로자를 다양한 고용형태로 구분하고, 이들의 임금, 근로시간 등 근로조건실태를 산업 및 직종별로 파악하여 노동정책의 참고자료로 활용

2. **법적근거**
   ○ 통계법 제17조 및 제18조에 의한 지정통계(승인번호 제118020호)

3. **조사대상**
   1) 사업체
      근로자 1인 이상(특수형태근로종사자 포함) 민간부문의 전 산업 중 통계적 방법에 의하여 추출된 33,000여개 표본 사업체
      ※ 제외대상: 국가 또는 지방행정기관, 군·경찰 및 국·공립교육기관, 국제기구 및 외국기관, 가사서비스업, 개인 운영 농림어업체
   2) 근로자
      자영업자, 고용주, 무급가족종사자 등 비임금근로자를 제외한 근로자(특수형태근로종사자 포함)

4. **조사기준기간**
   ○ 매년 6월 급여계산기간

5. **조사방법**
   조사의 시의성 확보를 위해 자계식조사(전화, 우편, Fax 등)와 타계식조사를 병행함

6. **조사항목**
   ○ 고용형태
      - 특수형태근로종사자, 재택/가내근로자, 파견근로자, 용역근로자, 일일근로자, 단시간근로자, 기간제근로자, 기간제가 아닌 한시적근로자, 정규직근로자
   ○ 성별
   ○ 학력
      중졸 이하, 고졸, 전문대(초대)졸, 대졸, 대학원졸 이상
   ○ 경력년수
      조사대상 기준일 현재의 업무내용을 수행한 기간으로 하되, 다른 사업체에서 종사한 동일업무도 경력년수에 포함하고, 수습 및 견습기간은 포함하나 휴직기간은 제외

○ 근무형태

　전일제(교대제 하지 않음, 2교대제, 3교대제, 격일제), 단시간제

○ 직종

　한국표준직업분류 7차 개정(2017)

○ 근로일수

　- 소정실근로일수

　　취업규칙, 단체협약 등에서 정한 소정근로일에 실제로 근로한 일수

　- 휴일실근로일수

　　취업규칙 및 단체협약 등의 소정근로일 이외의 날에 근로한 일수

○ 근로시간

　- 소정실근로시간

　　소정근로일에 정규적인 업무개시와 종료시간 사이에 실제로 근무한 시간

　- 초과실근로시간

　　연장근로시간, 야간근로시간, 휴일근로시간 등 소정근로시간 이외에 초과하여 근로한 시간

　- 휴일실근로시간

　　초과실근로시간 중 소정근로일이 아닌 휴일에 실제로 근무한 시간

○ 급여(당해년도 6월 급여 계산기간을 기준으로 산정 지급된 월급여액)

　- 정액급여

　　소정근로시간에 대하여 지급하기로 정한 임금기준에 따라 실제 지급된 급여

　- 초과급여

　　소정근로시간외 근무로 인하여 추가로 지급되는 급여(연장근로수당, 휴일근로수당, 야간근로수당 포함)

　- 전년도 연간 상여금 및 성과급 총액

　　전년도 1년간 지급된 고정상여금·성과급과 변동상여금·성과급의 합계액

6. 이용시 유의사항

○ 임금은 「월급여액(정액+초과급여)」과 「연간특별급여액」으로 구성되며, 「월급여액」은 6월기준이나 「연간특별급여액」은 조사기준년도 전년도 1년간의 것임

　따라서 월평균 임금총액은 「월급여액 + 전년도 연간특별급여액/12」로 계산함

　연간특별급여액은 조사 당해년도가 아닌 전년도의 1년간 특별급여액임에 유의

○ 특수형태근로종사자는 근로시간 등이 파악되지 않으며 임금은 보수개념임

○ '08년도에 「임금구조기본통계조사」가 동 조사로 통합되어 임금구조분석 내용이 포함됨

　- 임금구조 분석은 「임금구조기본통계조사」 결과와의 시계열 연계를 위해 상용근로자 5인 이상 규모의 상용근로자만을 대상으로 하므로 비상용근로자나 자영업자에 대한 통계로 활용할 수 없음

편 집 : 노동시장조사과

2024년
고용노동통계연감

초판 인쇄 2025년 06월 24일
초판 발행 2025년 06월 27일

저 자 고용노동부
발행인 김갑용

발행처 진한엠앤비
주소 서울시 서대문구 독립문로 14길 66 205호(냉천동 260)
전화 02) 364 - 8491(대) / 팩스 02) 319 - 3537
홈페이지주소 http://www.jinhanbook.co.kr
등록번호 제25100-2016-000019호 (등록일자 : 1993년 05월 25일)
ⓒ2025 jinhan M&B INC, Printed in Korea

ISBN 979-11-290-6034-1   (93310)   [정가 50,000원]

☞ 이 책에 담긴 내용의 무단 전재 및 복제 행위를 금합니다.
☞ 잘못 만들어진 책자는 구입처에서 교환해 드립니다.
☞ 본 도서는 [공공데이터 제공 및 이용 활성화에 관한 법률]을 근거로 출판되었습니다.